- 修订版 -

亚洲腹地考古图记

[第四卷]

[英]奥雷尔·斯坦因 著

巫新华 秦立彦
龚国强 艾力江 译

GUANGXI NORMAL UNIVERSITY PRESS
广西师范大学出版社
·桂林·

目 录

附　录

插图目录

第二十二章　从库尔勒到库车

第一节　沿着天山脚下走

库尔勒是我们四个测量小分队会合的地方。在那里，我先后见到了拉尔·辛格、阿弗拉兹·古尔和穆罕默德·亚库卜。他们在完成各自的任务后，都安全到达了库尔勒。拉尔·辛格成功地将三角测量从辛格尔穿过西库鲁克塔格一直做到了库尔勒附近的小山。他凭着顽强的毅力，忍受了劳累和物资匮乏之苦。这些困难一部分是因为荒凉的库鲁克塔格特别支离破碎，一部分是因为天气条件特别恶劣。他遇到了一系列强烈的沙暴，我们在南边也经历了这样的沙暴，沙暴天气在这个季节里是很常见的。11 月时他曾从阿勒提米仁克拉克望见了阿尔金山脉的遥远雪峰。他克服了长期艰巨的困难后，判断出了那是些什么雪山。如果他的判断正确，那么我们就成功地将天山山系同昆仑山最北段的测量体系连了起来（昆仑山测量体系是印度测量体系的延伸部分）。阿弗拉兹·古尔在营盘和我分别后，从铁干里克沿叶尔羌河边的大道进行平面测量，在喀拉库木到了孔雀河上。他全面测量了孔雀河下游那段还没有人测绘过地图的河道。穆罕默德·亚库卜是在我之前从吐鲁番沿大道来到库尔勒的。他把我的汉文秘书和多余的行李安置在库尔勒后，就开始考察博斯腾

在库尔勒与测量小分队会合

湖的湖滨（是我让他这样做的）。但由于在安排驮运物资的性畜时遇到了困难，他被迫耽搁了下来，只考察了从辛格尔来的小道到湖滨的那一个点（那条小道是沿着阿勒吞郭勒延伸的）。

库尔勒的灌溉水源

我住在库尔勒的大毛拉（伊斯兰国家对精通伊斯兰神学等有学问的人的尊称——译者）家那赏心悦目的花园里。在此期间，我忙于处理和将来的活动有关的各种实际事务，并校订我们几个小分队在离开吐鲁番后绘制的所有地图。我在这里收集到的的信息已经记载在《西域考古图记》关于库尔勒及其古代遗址的文字中了。[①] 在该书中，我还详细讨论了一些中国历史文献，它们证明库尔勒地区就是小国危须，而且证明这个小国与焉耆有密切联系。自从我 1907 年来过之后，重新开垦田地的活动在稳步进行。这里的灌溉水源之丰富是塔里木盆地的任何绿洲都不能比拟的。据说，只是因为库尔勒人坚持称所有能开垦的土地都属于他们，从库车和吐鲁番方向朝这里移民的大潮才得到了控制。新开垦的土地迅速朝西扩展，在那里新居民点艾里克坎土曼（Ellik-ketman）正在开垦之中，焉耆的地方长官已经视察过那个居民点了。库尔勒绿洲的一个头人恰迪尔伯克（Qādir Bēg，伯克是突厥人对小部落酋长、王室成员或高官的称呼——译者）告诉我，在东干人叛乱之前，库尔勒的官方人口统计数字是 600 户。而现在如果把南边分散的居民点算在内，人口约有 3 000 户。他的说法似乎是有据可查的。那个大毛拉（这是他的半中国化的称呼，我就住在他家里）是一个受过良好教育的人，曾在撒马尔罕（Samarkand）学习过，并在朝觐途中到过印度。

---

① 参见《西域考古图记》第三卷 1230 页。

他在当地的行政管理有很高的权威。这说明，这片有取之不
竭的水源的绿洲将来的前景是很辉煌的。①

　　4 月 6 日，我们分成三个小分队，远赴喀什。夏天我将
在帕米尔地区旅行，冬天要在遥远的锡斯坦展开工作。此
外，我还要把文物都装箱安全地运到印度去。因此，我急于
在 5 月底之前到达喀什。拉尔·辛格的任务是在季节条件和

到喀什去的路
线

---

　　①　在库尔勒停留期间，我从当地一个商人那里购得了下面这些小文物。那个商人说，他是从一个
罗布人手里得到这些东西的，并说它们来自麦尔得克协尔（Merdek-shahr）。我不知道他说的那个地方是
不是我在 1907 年 1 月考察的麦尔得克梯木（Merdek-tim）古代遗址（见《西域考古图记》第一卷 452 页
以下）。

　　这些小东西都属于一个塔提上能拾到的那种遗物。但我 1914 年 1 月在若羌隐约听到了一些传闻，
说我 1906 年第一次来过之后，罗布猎人在塔里木下游附近发现了一个也叫麦尔得克协尔的遗址。那里
带回来的东西都卖给了橘瑞超先生。从人们对那些东西的描述来看，遗址里似乎有建筑遗存。但由于我
在进入罗布沙漠之前没有多余的时间到那个传说中的遗址去看一看，对此我感到很遗憾。

　　Mer.01　天青石珠子。扁平，长方形，角上切割出了斜面。颜色很好。$\frac{5}{8}$ 英寸 × $\frac{1}{2}$ 英寸 × $\frac{5}{16}$ 英寸。

　　Mer.02　褐煤做的印戳。正方形，背面有一个钻孔的大纽，以便悬挂。正面有汉字，磨损严重。
$\frac{11}{16}$ 英寸 × $\frac{5}{8}$ 英寸，高 $\frac{3}{4}$ 英寸。

　　Mer.03　装饰性的青铜凸饰。形状像四瓣花，中间突起，花瓣到花瓣尖形成 S 形曲线，花瓣中央有
一条突起的脉络。凸饰中间有一个孔。保存良好。$\frac{5}{8}$ 英寸见方，高 $\frac{5}{16}$ 英寸。图版 LI。

　　Mer.04、05　2 个青铜圆盘。扁平，边像扇贝形，每个扇贝形内都有一个圆形凹陷。中间有一个
孔。直径 $\frac{5}{8}$ 英寸。

　　Mer.06　一对青铜圆盘。很薄，边像扇贝形，每个扇贝形内都有一个小凸饰。中间有一个孔。一个
已折断。另一个一侧伸出一条青铜长舌，大概是耳环。直径 $\frac{7}{16}$ 英寸。

　　Mer.07　青铜饰钉。短而粗，钉尖凸圆，钉头是扁平的心形，心形中央有一条凹槽。长 $\frac{7}{8}$ 英寸，
钉尖直径 $\frac{1}{8}$ 英寸，钉头直径 $\frac{1}{4}$ 英寸。

　　Mer.08　一对青铜纽扣。头圆形，像蘑菇一样，底下是小圆环。长 $\frac{7}{16}$ 英寸，头直径约 $\frac{3}{8}$ 英寸。

　　Mer.09　一对青铜纽扣。头长，心形，中央有条凹槽，像 Mer.07 一样，纽扣的孔像 Mer.08 一样。
一颗纽扣已断裂。长 $\frac{1}{2}$ 英寸，头的最长处达 $\frac{7}{16}$ 英寸。

　　Mer.010　青铜圆环。横截面是不规则的长方形。直径 $\frac{9}{16}$ 英寸。

有限时间的许可下，尽可能多地考察天山主脉。我派穆罕默德·亚库卜越过孔雀河和英其开河，到叶尔羌河上去。我要他在条件许可的情况下，尽量考察叶尔羌河的主河道，一直到莎车地区的北边。我把大多数骆驼都派去跟他走，只驮着很少的东西。这样，它们在历尽辛苦后就可以饱餐河边丛林中丰盛的牧草，然后我就要将它们遣返回去了。为了进行考古学考察，加之考虑到在有限的时间内要走漫长的路程（库尔勒和喀什之间的行程有 938 英里，我们共走了 55 天），我决定主要沿着天山南麓的那一长串绿洲走。

在"北道"沿线观察到的现象

自古以来，塔里木盆地的商贸、一般交通和军事活动的交通线，主要就是经过这些绿洲的那条道，这就是中国古代的"北道"。既然这条道如此著名，我当然有机会观察到一些有趣的现象，有的和历史地理学有关，有的和"北道"沿线绿洲目前的自然和经济条件有关。但由于上述原因，我必须快速前进，这使我记录下我们的考察内容外，没有时间收集这个广大地区自然状况的充足资料。另一方面，这些绿洲内或其附近的遗址，都已先后被走在这条大路上的德国、法国和俄国考古队在不同的时间考察过了，有的还被详细描述过。我也见到过这些遗址，但描述它们的工作必须留给那些考察过它们的人。所以，我的描述将只限于有广泛考古学意义的问题，或是还没被人考察过的遗址。同时我还要说一下在远离大路的地方看到的地面状况是什么样的，因为那些地方可能迄今为止没人说过。

动身到库车去

4 月 6 日早晨，我们开始分头行动，我和阿弗拉兹·古尔以及大本营里的人动身到库车去。我们尽量在库尔勒垦殖区北边附近的富饶的田地里面走，田野中的小麦刚长出来，果树上仍然繁花似锦。我们走的这段路和大路平行，大路延伸在天山的砾石缓坡脚下。无疑，大路是从孔雀河出山的那条峡谷直着延伸过来的，它在古代的路线也必定如此，这样才能避开西南的沼泽地。在沼泽地里，汇集了孔雀河西岸水渠中多余的水，以及田野中排出来的水。值得注意的是，在连续的田野的西端，过了都尔比勒（Durbil）村后，在比大路和沿着大路延伸的水渠高约 200 码的地方，有一座看起来很古老的堡垒遗址。当时，它北面和西面的残墙仍有约 26 英尺高，16 英尺厚。墙是用夯土筑成的。这些坚固的墙使我想起了在 T.XIV 古代玉门关遗址及十二墩（T.XLII.d）看到的长城堡垒。由于从附近山中下来的一条河的侵蚀作用以及人们在挖取肥料时造成的破坏，围墙里那块小地方的面积已经无法准确测量出来了。这座堡垒遗址大约可以追溯到汉代。我不禁想到，天山那些被侵蚀作用切割过的光秃秃的黑色山岩，曾有多少次看到中国军队从路上走过，走向帝国设在葱岭甚至葱岭以西的遥远前哨，却没几个人能够生还。

　　有直接证据表明，这里的古道经过了那座叫梯木的醒目的大土丘。我们在走了约 16 英里后到达了那里。它矗立在一些路边棚屋附近，棚屋位于一块新开垦的田地上方。这里是过了库尔勒之后的第一站。土丘原是一座烽燧，由于人们常在那里挖肥料，它已经变成了一个形状不规则的土堆，里面还有土坯。其底座或平台约有 53 英尺见方，仍有 18 英尺高。底座上矗立的烽燧只有约 8 英尺高了，现存的烽燧顶部有 26 英尺见方。土坯长 15 英寸，宽 7~8 英寸，厚 3 英寸，和营盘—库尔勒道上的烽燧相同。每两层土坯之间都夹一层芦苇，芦苇都已严重腐烂。从梯木可以望到先前说的那座古代堡垒。梯木南边几处地方可以分辨出用同样的土坯筑的围墙的残迹，有 70 多英尺长的西墙仍高达 5 英尺。离西墙 100

梯木烽燧遗址

英尺远的地方，可以分辨出朽坏很严重的东墙的残迹。其余的围墙都被挖肥料的人完全毁掉了。遗址中有大量看起来很古老的红色陶器碎片，我认为这座烽燧很可能也是汉代的。

缺水　　　　第二天，我们走到了 22 英里远的库尔楚（Charchi）。我们仍是沿着砾石缓坡脚下走，但没有什么遗址能说明这也是古道的路线。在我看来，古道很可能在南边，并大致沿直线朝轮台大绿洲延伸过去，这样就不必像现在的路这样绕行。现在之所以要绕行，是缺水的缘故。如今，只能在库尔楚、艾西买（Eshme）、策大雅（Chādir）小绿洲找到水，它们都离小溪能灌溉到的地方不远，那时小溪都还没有消失在生长着灌木的沙漠中。小溪是小山中或萨依边上的小泉水补给的。古代的时候，这些小溪大概能把水带到更靠南的地方，使那片地面能永久性地住人，而现在那些地方只有偶尔降雨造成的泛滥能够到达了。我观察到的两个现象支持了上述假设。1908 年，我在恰尔恰克河（Charchak-daryā）边上寻找实际并不存在的科克达尔瓦扎（Kök-darwāza）旧城（Kōne-shahr）时①，我那些自封的"向导"告诉我，曾有"寻宝人"在朝库尔楚延伸的光秃秃的土地上，搜寻因风蚀露出地面的有价值的小东西。这正像在和田的塔提发生的事情一样。我们在库尔楚没有打听到什么信息，而我们已抽不出时间考察上述说法是否正确了。作出上述假设的另一个原因是，就在策大雅正南约 14 英里远的地方，有一个叫阿格拉克（Aghrak）的遗址。它位于一条分散的古代垦殖区线上，阳霞河以前曾流到了那里。那个遗址恰好就在连接库尔勒和轮台的直线上。考察了那个遗址后我们发现，它一直沿用到

---

① 参见《西域考古图记》第三卷 1232 页以下。

了伊斯兰时期。①

　　去库尔楚的路是沿着缓坡脚下延伸的。路南边是一条连库尔楚的农田续的沙地，沙地上长着灌木和红柳沙堆，再往前还有胡杨树。从上方的山脉中下来的河床里都没有水。但在其中一条河床出山的地方，我们发现，羊塔克库都克兰干（Yantak-kuduk-langar）的水井在 15 英尺深的地方是有水的。库尔楚本身有一条小河灌溉，小河在上游约 6 英里的一座麻扎冒出地面，水流量约 2 立方英尺/秒。这已足够让这一片小绿洲的 16 户人家从事农业了。我问到的人说，他们不知道南边有什么古老农田的残迹。②

　　4 月 8 日，我们走到了小绿洲艾西买。我们经过的地面艾西买绿洲和前一天差不多。路大多数时候都是沿萨依脚下延伸的，路南边是灌木和胡杨树林。在废弃的路边驿站库鲁克艾西买兰干（Kuruk-eshme-langar），路延伸到了一块宽阔的冲积扇东边，冲积扇是朝艾西买去的水道冲积而成的。据说现在把水带到艾西买的那条水道曾有一条水渠，水渠本可以到达这里，但被一场大洪水毁掉了。从地貌状况看，这是很可能发生的。有一口约 8 英尺深的井，说明如今仍有地下水能穿过冲积扇到达这里。而且，从艾西买艾肯（Eshme-akin）来的

---

①　参见本章第二节。

②　赫尔曼博士在《丝绸之路》（Seidenstrassen）121 页以下提出，库尔楚有可能是捷枝的位置。《汉书》载有一份约公元前 90 年的奏章，奏章里把捷枝和渠犁相提并论，说它们都位于轮台的东边，都适于设立军屯点。参见魏利《人类学学会会刊》第十一卷 96 页。

　　我想，根据《汉书》中的地形学线索，我们可以断定渠犁就是沙雅下游的英其开河和叶尔羌河的河边地带。参见《西域考古图记》第三卷 1236 页以下。

　　捷枝似乎在别的地方没有出现过，我们还没有明确的证据能确定它的位置。《汉书》中说，捷枝和渠犁都"地广，饶水草……田美，可益通沟渠"。这似乎表明捷枝是某块河边地带，而不是现在的库尔楚。库尔楚从它上方比较低矮的山脉上是不可能获得很多水的。大概捷枝指的是恰尔恰克河沿岸宽阔的丛林带，某些年间会有水从库车方向来到那里。参见《西域考古图记》第三卷 1233 页。

泉水如今仍未到达艾西买。那处泉水始于上游约 5 英里远的地方，出自一条宽阔的河床中。自从前年 10 月后，在艾西买唯一能获得的水就是微微发咸的井水了。我从当地人那里得知，目前约有 45 户人家在艾西买从事耕种。在中国收复新疆之前，这里的农业完全废止了，后来只是通过移民才重新恢复了过来。据说在现在的田地两三英里长的距离内，可以看到一块旧农田，那里已经长满了灌木，有的地方长着高大的胡杨树。当地人认为，从古代开始水源就在减少。尽管水不充足，目前开垦的农田似乎在逐渐扩展。这是因为大路上的交通增多了，行政管理机关希望刺激农业来使交通更便利。这似乎说明，虽然水源可能发生了变化，但人类仍是这里农业的决定性因素。

第二节　都护治所

策大雅绿洲

从艾西买走了约 10 英里后，就到了下一片绿洲策大雅。它比我们从库尔勒起经过的其他绿洲都要大，一条溪流灌溉着它。据拉尔·辛格的考察，这条溪是从尤勒都斯高原的高分水岭上流下来的，夏天有时它会带下很多雨水。策大雅的灌溉水源原来只限于 1 塔什的水，即水量只够前后六七个磨中的每一块石头转三个月的。有了溪水后，策大雅的水源就大大增加了。据说，这里的人口在叛乱前的时代以来也激增了，目前大约有 160 户人家。我在那里停留了两个小时，并拜访了那里的老人和头人，但除了前面说的阿格拉克遗址，他们不知道现在的绿洲下方还有什么被弃的农田。近些年从阳霞方向来的人曾几次试图重新开垦那些遗址的农田，我在下文还要说到这件事。

中国收复新疆后，18 世纪的中国学者曾认为《汉书·西域传》中常提到的西域都护治所乌垒就是策大雅。① 但在讨论这个问题之前，我还是先来说一下两片较大的绿洲阳霞和轮台。走过策大雅后，沿着大路就会依次到达这两个地方。过了策大雅绿洲的西边后，我们先走过美丽开阔的牧场，然后穿过胡杨树林。这样走了 10 英里后，就在喀拉查查阿塔麻扎（Mazār of Kara-chacha-atā）来到了阳霞垦殖区的最东边。然后我们又走了 3 英里，穿过覆盖着灌木的地面和一条深陷的河床（据说这条河床有时能一直泛滥到南边的阿格拉克那样远的地方），这才来到了连续的农田。田野看起来十分美丽富饶，在大路两旁和伯克［Bēg，也叫"商爷"（Shang-yeh）］的果园里，有很多枝繁叶茂的老树。我们就扎营在伯克的果园里。

阳霞是一片古老的绿洲，在这里开垦新土地的工作正在缓慢而持续地进行。根据我获得的信息，这片绿洲的人口如果包括东北偏远的村庄马居鲁克和南边的喀拉库木，约有800 户。我们在各个方向对这里永久性农田的测量结果，和这个人口数字是相符的。除正常耕种的地方外，如果春天或夏初雨水特别多，南边的几块丛林带偶尔也会被清理出来并播上种子。在这里也有可靠的证据表明，自从中国的统治重新确立后，人口在激增，而在那之前，官方统计出来的人口数字只有 200 户。

有一条路从阳霞出发，穿过北边的高山，到达了焉耆谷地头部的尤勒都斯高原。这条路使阳霞的地位更加重要了。据说这是库车以东的第一条能到尤勒都斯高原的路，蒙古人

过了策大雅之后的路

阳霞绿洲

从阳霞到尤勒都斯的路

---

① 参见魏利《人类学学会会刊》第十一卷 95 页注 3。

常利用这条道把物资从阳霞绿洲运到他们的牧场去。人们说
路穿过分水岭的那个山口全年都有积雪。但他们告诉我，强
悍的蒙古族"主顾"们即便在冬天的几个月里也敢于从那里
走。由于我在阳霞作好了安排，我离开之后，拉尔·辛格勘
察了那条路，一直到了一个叫喀拉达坂的次要山口。那里的
海拔 11 800 英尺，厚厚的积雪使他再无法前进。他在谷地
头部看到了很多针叶林，说明这一段天山的气候是比较湿润
的。这也能够说明，为什么这段天山的谷地能给阳霞绿洲和
轮台绿洲带来充足的水源。

阿格拉克的旧农田　　　　阳霞当地人告诉我，只有两个地方有古代遗址，一片是
在绿洲北边的阿克塔木，另一个是在东南的阿格拉克，也叫
皮汗（Pīkhan）。为了节省时间并尽可能地带着平面图走更
多的路，我让阿弗拉兹·古尔到阿格拉克去，然后沿着大路
去轮台。我自己则打算去阿克塔木，然后经塔拉克（Tārlak）
和轮台大绿洲的北部到轮台去。阿弗拉兹·古尔在阿格拉克
发现，那里有一个用粗糙的土墙围成的小院落，土墙在水汽
的作用下朽坏得很严重，有点像我在轮台南边的拉帕尔
（Lapār）看到的围墙①。围墙附近有一块古墓地，其中无疑
是伊斯兰墓葬。这说明，那个地方一直沿用到了中世纪甚至
更晚的时候。在他穿过的某些地面上有废弃的农田的迹象，
很多农田看起来只是不久前才废弃的。我们在策大雅和阳霞
都听人们说，这个古老的"塔里木"周围的田地在过去 20
多年里偶尔也有人来耕种。阿弗拉兹·古尔的考察证实了这
种说法。那个遗址的价值似乎只是在于说明，在古代，从库
尔勒到轮台的大路比现在的大路更靠南，也更直。如果是这

---

① 参见本节。

样，我们就大概可以推测出后来那条古道上越来越不容易找
到水，所以就无法通行了。

　　我从阳霞的巴扎（Bāzār）出发朝西北走到阿克塔木去。　　　阳霞河边的路
我先是穿过田地，然后沿一条水渠走在砾石萨依上。这样的
水渠有好几条，它们把水从阳霞河引到绿洲的西部。① 走了
4 英里后，我们来到了阳霞河轮廓清晰的西岸。这里的河床
宽约 0.5 英里。岸比河的实际水面足足高出 80 英尺，共分成
六层，说明河床中的水量已经逐渐减少了。在上游不到 1 英
里远的地方，我们经过了阳霞那些水渠的起点。过了那里之
后又走了 500 码，发现在河西岸比较高的地方有两组坍毁很
严重的小遗址。

　　从砾石冲积扇顶部算起的第二层岸上，残留着一道长方　　　阿克塔木遗址
形建筑的墙。墙是用土坯（15 英寸×8.25 英寸×4 英寸）筑
成。残墙仍有 2 英尺高。在东南约 45 码远的地方，我发现
了一座形状不规则的矮丘，那里曾是一个完全坍毁的建筑。
矮丘约有 18 英尺见方，大概是一座佛塔的底座。再朝同一
个方向走 11 码，在这一层岸边附近，我发现了一个较大的
建筑的地基，墙是用夯土筑成的。由于岸边陷落，东墙被冲
走了一部分，但仍可以分辨出两个大屋子。外面的一点垃圾
中有芦苇秸秆，说明这里曾是人居住的地方。在南边约 20
码远的下一层较低的岸上，矗立着一个长方形建筑的遗存。
建筑的墙厚 2 英尺 8 英寸。从里面量，建筑长 26 英尺，宽
22 英尺。墙是用与前面一样的土坯筑成的，如今墙高只有
4~5 英尺，里面没有任何东西。南边有四座小土丘排成一
行，每座土丘都有 12 英尺宽，显然是小佛塔的底座，小佛

---

　　① 由于制图员的一个错误没有被我们发现，在地图中，在阿克塔木下游的共同的源头，本来有两
条彼此平行的水渠，但地图里画得像是一条河的两岸了。

塔已经被完全毁掉了,这说明这个长方形建筑可能是一座庙宇。从遗址和水渠源头的相对位置来看,我认为它们是一座佛教寺院遗址,以便人们到阳霞的这个"苏巴什"(水的源头——译者)来朝拜。从和田到吐鲁番绿洲的主要灌溉水渠的源头都有这样的朝拜地。[1] 这些小遗址没有沙子或厚厚的碎石保护,而且离垦殖区很近,很久以前"寻宝人"就已经在这里反复挖过了。对于我们这些挖掘者来说,这里已经空无一物,我们查看了周围的地方后也没有发现能提供年代线索的文物。

阳霞河的水流量　　在离开之前,我朝下又走了三层岸,下到了河边。河水冲刷着壁立的悬崖脚下,悬崖是由土层和卵石层构成的。据说五六天之前才从山中流来了水,但此时的水流量就已经到41 立方英尺/秒,而且还会迅速增加。人们估计,春末和夏季的时候,河水的"阿克苏"流量一般是 10~15 塔什,这已经足够灌溉现在的垦殖区了。在河水流来之前,人们依靠的是"喀拉苏",喀拉苏来自阳霞艾肯中的泉水,以及河床两侧的小水道与河床相连的地方的泉水,绿洲里面的大路南边也有泉水。现在这个时候,高山上的积雪才刚刚开始融化,阳霞河的水量就已经这么大了。由此判断,阳霞河流域应该比拉尔·辛格的平面图所示的朝山中延伸得更远。

走到轮台绿洲　　从阿克塔木出发,我们折向西—南西方向,在马路(Mālu)村绕过了阳霞垦殖区的最西北端,然后沿着沙漠的石缓坡脚下走。我们骑马走了 18 英里,来到了轮台绿洲的东北角。一路上我们不时穿过灌木丛和树林,有时朝南能望到灌木和树林。这说明在阳霞河与轮台河之间,有一些小水

---

[1] 参见《古代和田》第一卷 189 页;《西域考古图记》第三卷 1151 页以下、1155 页、1238 页;本书第三章第一节,第七章第五节,第二十一章第一节。

道把水分也带到了这里。我们在轮台方面到达的第一个村子是塔拉克。从那里，我们折向南边，又走了 15 英里后才到了小县城轮台。在这 15 英里中，我们几乎是穿过平整的田畴。这片肥沃的大绿洲之所以存在，完全是克孜勒（Kizil）河的缘故。我们在塔拉克下游越过了克孜勒河，在这个时候克孜勒河中只有泉水，山中的积雪融水都被上游的水渠引走了。深陷而泥泞的河床有 300 多码宽。据说，当积雪的"阿克苏"到来时，河床大部分都被水淹没了。在轮台城下游约 15 英里远的地方，克孜勒河注入了科克乔勒（Kök-chöl）大沼泽。我在 1908 年 1 月从英其开河方向第一次来到轮台城时，曾路过那片沼泽。从沼泽的面积看，轮台的克孜勒河水量是很大的。

　　我们在轮台城停留了一天，收集到的信息使我们对这片绿洲的范围和重要性有了更进一步的了解。中国行政管理机构用古名把这个县称为轮台县，县城设在轮台巴扎（Bugur-bāzār）。这个县包括从库尔楚到轮台的大路沿线的上游居民点，拉依苏以西的乔克塔木（Chuk-tam）是同库车的分界线。据说该县的人口是 4 000 户。前面说过的东边小绿洲人口加起来只有 1 000 户，而别的地方又没有农业。可见，轮台绿洲的人口大概占全县人口的三分之二强。这正与我们对这里的农田的勘测以及先前在东边的小绿洲获得的信息相符。那些小绿洲近些年来在开垦新土地方面有长足进展，但轮台绿洲似乎已经接近灌溉水源所允许的极限了。实际上，在南边的几个地方，我们看到了近年废弃的田地。这些田地之所以荒弃，是因为排水不足，土壤的盐度升高。那里的土地一眼望去完全是平坦的，所以造成了排水的困难。

轮台县

拉帕尔古城　　我在轮台城听说，克孜勒河仍能流到的仅有的两个都在南边的遗址。考察了它们之后我们发现，它们都不包含伊斯兰时期之前的遗存。我探访了拉帕尔古城，它位于现在的垦殖区南边以南约 4 英里的地方，那个方向的垦殖区一直延伸到了离轮台巴扎几乎有 3 英里远的地方。在长着稀疏灌木的极为平坦的地面上，很容易分辨出废弃的农田。农田上已经长出了小红柳丛，但还没有来得及形成常见的红柳沙堆。我们是沿着一条干水渠走的，越往前，水渠边地面上的肖尔就越多。这里的"古城"包括一圈大致 300 码见方的围墙，土墙形成的直线并不规则，大多数地方的土墙都坍毁得很厉害，只保留下来 10~12 英尺高。西墙受损最轻，墙头仍有 18 英尺高。在那里我们看出墙上用了大土块，每隔 3 英尺厚就夹一层不厚的灌木。那里的墙头有 22 英尺宽，墙顶上有护墙的残迹。护墙约 3 英尺厚，建筑方式和主墙一样粗糙。不规则的设计和粗陋的建筑方法说明，这是一道伊斯兰时期的围墙。围墙里面没有发现建筑遗存，只有很大的垃圾堆，说明这里长期有人住。就我手下人清理的垃圾看，垃圾中只有腐烂得比较严重的牲畜粪便、兽骨等物。许多地方的墙和垃圾堆中都有"寻宝人"乱挖一气的迹象，说明这个古城的年代不会太晚。

轮台城以南的农田　　我派阿弗拉兹·古尔沿一条沙漠道到库车去，沙漠道穿过了英其开河的一条已经干涸的支流。他在离轮台巴扎约 11 英里远的地方，发现了一圈围墙遗址，和我发现的围墙完全属于同一类型。那个遗址叫阔玉克协尔（Koyuk-shahr），它的围墙也已经严重朽坏了。从外面测量，围墙长 260 码，宽 240 码。在围墙里面的一块天然台地上，他发现了大量人骨，看来这是一块伊斯兰墓地。再往南走 3 英里，他在一个叫喀拉喀钦（Kara-kachin）的地方看到了废弃的农田。那里离一条水渠不远，水渠可以把水从轮台城下游的泉水引过来。再往南有一个叫玉奇托格拉克（Öch-toghrak）的小居民点，是从轮台城来的农民耕种的，也是靠这条水渠进行灌溉。可见水渠的修建时间不会太久远。上述情况以及我在轮台城得到的信息告诉我们，即便是现在，如果轮台巴扎下游的泉水的过度灌溉能被制止，水能有效地排出去，农田就可以朝南大幅拓展。同时，由于水渠和科克乔勒沼泽的偶尔泛滥，这片土地的土壤含水量很高。这就可以解释，如果古代的居民点延伸到了这里，为什么没有在地面上留下遗迹。这里以及库车下游的自然条件，和塔克拉玛干南边是截然不同的。

　　（按：以下斯坦因关于史地的论述多误，请读者参阅汉文文献，并参考现代研究成果——译者）在此我应该比较详细地描述一下，我在匆匆经过策大雅、阳霞和轮台这三片绿洲时，关于它们现在的条件和自然资源都收集到了什么资料。把这些资料对比一下，大概有助于对一个历史地形学问题得出比较合理的结论。这个问题就是确定《汉书》中说的轮台和乌垒两个古代地点究竟在什么位置。现代的中国学者认为轮台就在今布古尔。《汉书·西域传》说的是塔里木盆地和附近的各个小国，那里没有专门述及轮台。但在描述中国最早向西域进行扩张时，曾几次提到轮台。在一段我曾反复引用的文字中说，公元前 101 年李广利成功远征大宛后，"自敦煌西至盐泽往往起亭，而轮台、渠犁皆有田卒数百人，置使者校尉领护，以给使外国者"①。《汉书·西域传》对渠

古代轮台和渠犁的位置

――――――――――――

① 参见沙畹《通报》153 页注 2，1907 年。那里引用并澄清了司马迁的相关文字问题，司马迁用的是稍有不同的名称"仑头"。另参见魏利《人类学学会会刊》第十卷 22 页。

犁有单独的记载。从那些文字中我断定，渠犁就是从沙雅下游一直到孔雀河的英其开河和叶尔羌河之间的河边地带。①

《汉书》中记载的渠犁

《汉书》关于渠犁的记载中又一次提到了轮台。那段文字中抄录了一份呈给汉武帝的奏折："故轮台东捷枝、渠犁皆故国，地广，饶水草，有溉田五千顷以上，处温和，田美，可益通沟渠。"② 然后奏折又说用什么方式能使食物供应满足帝国的需要。之后，奏折建议道："可遣屯田卒诣故轮台以东，置校尉三人分护。"在列举这一措施的好处时，奏折说，当地人中那些过着半游牧生活的人会"诣田所，就畜积为本业，益垦溉田"。汉武帝对这道奏折的批复也长篇累牍地载于那里。汉武帝不同意这种"遣卒田轮台"的建议。显然，他为以前的"扩张政策"付出了沉重代价，他想对那个政策进行一些修正。③ 后来我们得知，汉昭帝（公元前86—前74年在位）最终采纳了那个建议，"以杆弥太子赖丹为校尉，将军田轮台，轮台与渠犁地皆相连也"④。但汉朝在轮台设置军屯点的计划又一次落空了，因为被新任命为校尉的赖丹原来臣属于库车，库车王害怕汉朝的新军屯点会损害他的利益，就杀死了赖丹。

轮台就是今布古尔

汉武帝的批复还说，轮台在车师（吐鲁番）以西1 000多里。以上就是我在魏利先生翻译的《汉书·西域传》中能找到的所有提到轮台的地方。将这些文字联系起来看，就可以看出中国人认为轮台在今布古尔是很有道理的。轮台和渠犁接壤，这本身就把我们带到了今布古尔。我们已经说过，

① 参见《西域考古图记》第三卷1236页。
② 参见魏利《人类学学会会刊》第十一卷96页。
③ 参见魏利《人类学学会会刊》第十一卷98页。
④ 参见魏利《人类学学会会刊》第十一卷99页。

渠犁就在轮台南边和东南边的英其开河和叶尔羌河上。而在《汉书·西域传》关于渠犁的记载中，单单没有指明渠犁北面接壤的是什么地方。① 说轮台在车师以西一千多里，而库车王不同意在他的边界上设立军屯点，这也都与今布古尔的位置相符。《汉书·西域传》提到轮台多水草，居民以放牧为生，如今轮台的情况依然如此。今布古尔南边朝英其开河的方向和北边的天山谷地中都有大量的牧场，据说巴依们的牛羊数量庞大。

　　现在让我们来看看与此密切相关的乌垒的位置问题。《汉书》中常提到乌垒，说那里是西域都护的治所。在《汉书·西域传》中，有单独一段关于乌垒的记载。② 那段文字是这样的：乌垒城，西域都护治所，在龟兹以东 350 里，渠犁以北 330 里。《汉书》中还标明了许多其他地区相对于乌垒的方向和距离，但那些方向和距离在很多情况下是自相矛盾的。而且，一个地方离乌垒越远，由于"错误的累积"，它的方向和距离就越有可能不正确。所以，最安全的办法是只考虑和乌垒相邻的两个已知位置的地点，即危须和尉犁。危须就是库尔勒，西域都护的治所在危须以西 500 里。西域都护的治所也在尉犁（在孔雀河上）的西边，距离是 300 里。这些记载把我们带到了轮台、阳霞和策大雅绿洲。但如果没有进一步的资料，却难以断定西域都护的治所究竟是这些绿洲中的哪一片。因为这些绿洲都在库车的东边、库尔勒

乌垒的位置

①　渠犁的边界是这样的：东北边是尉犁（孔雀河地带），东南是且末（车尔臣），南边是精绝（尼雅遗址），西边是库车河。参见魏利《人类学学会会刊》第十一卷 95 页；《西域考古图记》第三卷 1 236 页。

②　参见魏利《人类学学会会刊》第十一卷 95 页。魏利先生的译文把官衔"都护"译成"总督"。在引用这段译文的时候，我把"总督"换成了"总保护者"。沙畹在《通报》（1907 年）154 页注 1 详细解释了我这样做的理由。

的西边、渠犁（即英其开河的河边地带）的北边。

郑吉的治所在乌垒

现在，我们得求助于《汉书》中的另一些文字。它们记载了一连串的事件，这些事件促使了西域都护的设立（西域都护的治所在乌垒）。沙畹先生在一个具有启发性注中，第一次陈述了基本事实。后来，德·格鲁特先生把《汉书》中这些事件的主角郑吉的传记翻译了过来，现在我们可以查阅他的译文。[1] 公元前 68 年，汉朝统帅郑吉把军队扎在渠犁，在那里囤积了谷物，并获得了周围小国的支持。他把渠犁当作一个大本营，以便能攻打车师。[2] 公元前 67 年，车师国臣服，汉朝的势力后来一直扩展到了车师东北的匈奴部落。公元前 60 年，郑吉在东北大获成功，被任命为第一个在政治上对西域进行控制的西域都护。"吉于是中西域而立莫府，治乌垒城，镇抚诸国，诛伐怀集之。汉之号令班西域矣，始自张骞而成于郑吉。"[3]（《汉书》卷七〇——译者）

乌垒取代了轮台

这段有趣的记载告诉我们，西汉在塔里木盆地的势力达到最大时，乌垒扮演了重要角色。郑吉把渠犁的军屯点当作最初的大本营，这只不过是发展了公元前 101 年提出的一个计划。无疑，当郑吉完全获得了政治上的控制地位后，他之所以把乌垒选作西域都护的治所，一个决定性因素就是乌垒离他原来的大本营很近。我们看到，以前当中国试图向塔里木盆地扩张时，一个重要举措就是在轮台和乌垒建立基地，以便进行控制。自从郑吉从渠犁大本营成功地采取了行动后，《汉书·西域传》就再没有关于轮台的记载。中国政治活动中的一个极典型的特征就是其连续性。考虑到这一点，

---

① 参见沙畹《通报》154 页注 1，1907 年；德·格鲁特《公元前的匈奴人》205 页以下。

② 参见魏利《人类学学会会刊》第十一卷 107 页以下。

③ 参见德·格鲁特《公元前的匈奴人》206 页以下。

轮台的"消失"是很奇怪的。这样看来，乌垒地区大概只在名称上与从前的轮台有差别，而之所以叫乌垒，也是西域都护将这里当作自己的治所的缘故。

轮台大概是西
域都护的治所

我自己无法查阅有关这个问题的历史文献原稿，所以对上面提出的这个问题，我还不能作出明确的回答。[①] 但在此我要记下地形学上的两点事实，它们都说明西域都护的治所很可能在轮台。其一，同阳霞或策大雅绿洲相比，轮台绿洲要大得多，因此也重要得多。轮台现在的人口至少是阳霞人口的三倍甚至四倍，而策大雅的人口是根本无法同轮台相比的（当代中国的学者认为乌垒就在策大雅[②]）。自古以来，这些绿洲的人口数和农田的面积，都是由灌溉水源决定的。考虑到它们彼此相隔不远，自然条件类似，水源都来自同一条山脉，所以从古代起，它们之间的人口比例和农田面积的比例不会发生太大的变化。一个大行政管理中心会有很多职员、军队和流动人口（如现在的乌鲁木齐就有很多流动人口）。要满足这些人的需要，轮台自古以来的条件就比东边那些小绿洲优越得多。

乌垒到危须的
距离

此外，我们可以比较一下《汉书》中记载的乌垒—危须（库尔勒）之间的距离，和乌垒—库车（龟兹——译者）之间的距离。前一个距离是 500 里，后一个距离是 350 里。我们沿大路从库尔勒走到轮台巴扎，再从轮台巴扎走到库车，实际走的距离分别是 107 英里和 67 英里。这两个里程的比

---

① 《后汉书》和《魏略》中都没有专门提到轮台和尉犁。

《后汉书》中的确说到轮台是龟兹国的一部分。莎车的首领"贤"在征服龟兹后，把轮台分离了出来，置于一个单独的首领管辖之下。但那段文字无助于我们确定轮台的位置。参见沙畹《通报》200页，1907年。（《后汉书·西域传》：莎车王贤"数攻龟兹诸国"，"贤急攻杀龟兹王，遂兼其国"，"乃分龟兹为乌垒国。——译者）

② 参见魏利《人类学学会会刊》第十一卷 95 页注 3。

例，与《汉书》中的距离比例是很接近的。而且，如果在古代从梯木往西走更直的道，实际距离的比例会更接近《汉书》中的数字。① 但如果乌垒是在阳霞，实际路程的比例就无法与《汉书》中的距离比吻合起来。如果乌垒在策大雅，就相差得更远了。②

轮台的战略地位　　　西域都护是中华帝国对塔里木盆地进行政治和军事控制的"总代表"。从战略的角度来讲，他的治所选在轮台也是极为合适的。从那里他可以严密地监视天山脚下的大"北道"，那条道过去和现在都是整个地区的商贸和交通大动脉。对中国同西方的丝绸贸易来说，大道的安全是至关重要的。都护治所离楼兰不远，可以从甘肃的基地获得支持。都护也能戍守住匈奴最可能进犯的几个点。把行政管理中心不放在库车和焉耆等大国中，也有政治上的考虑。那些大国在发生麻烦的时候，会反抗中国。而所选的西域都护治所又离这两国都很近。最后，把治所设在这里还可以安全地到达南边的渠犁（渠犁很早以前就是中国的军事基地），并从渠犁到鄯善（即罗布）去。鄯善是"南道"的枢纽，郑吉在成为西域都护之前就是负责戍卫卫南道的。③ 当唐朝的势力再一次完全扩张到西域时，很多方面的条件都发生了重大变化。但即便在那时我们也发现，公元658年设的管辖安西四郡的安西都护也设在库车，从轮台朝西走三天就能到达那里。

---

① 本书第二十二章第一节。

② 在此我要说一个比较数字：根据现在中国官方公布的路程（新疆的路程都是很粗略地测量出来的），库尔勒到轮台有520里，轮台到库车城有300里。

③ 参见德·格鲁特《公元前的匈奴人》206页。

第三节　从轮台到库车

动身到库车去

4月12日，我从轮台动身沿大道到库车去。阿弗拉兹·古尔则带着一个向导朝南走，以便考察一下英其开河一条干涸支流沿岸的地面（据说在那里，在库车垦殖区的东南方有一些遗址）。我之所以想走大路，是希望能更仔细地看一下先前在1908年1月注意到的一些遗址。现在，考虑到我从营盘一直过了库尔勒后观察到的现象，这些遗址似乎具有了更大的意义。离开轮台巴扎后，有10英里的路都是穿过连绵的农田。但其间还穿过了一条长着灌木并覆盖着肖尔的地面，然后越过了一条古河床。根据上游一个村子的名称，这条河床被叫作迪纳尔（Dinār）。从河床上引出来的水渠灌溉着群巴克（Chompak）平整的农田（群巴克拥有自己的巴扎）。然后，我们又在光秃秃的砾石萨依上走了4英里，在一条覆盖着灌木的小河床边离开了车道。从小溪拉依苏中偶尔会有水泛滥到那条小河床里，那个地方也就被叫作拉依苏。我们折向西南方，去探访名为"拉依苏吐拉"（Lai-su-tura）的那个遗址。

拉依苏吐拉遗址

这个遗址坐落在路南约0.5英里远的地方，地面上有一些浅浅的小水道。从附图39中可以看出，这个遗址包括一座坚固的烽燧K.III，烽燧旁边还残留着一段围墙。烽燧和围墙看起来都很古老。烽燧用土坯筑成，特别坚实。从建筑细节上看，它和营盘—库尔勒道上的那些烽燧属于同一时期。烽燧底部有48英尺见方，下面还有一个约2英尺宽的底座，底座比地面高8英尺。烽燧仍高达47英尺，要很费劲才能到烽燧顶上去。土坯长15英寸，宽8英寸，厚3英寸，和营盘上游烽燧使用的土坯一样，很多土坯有不完全烧过的迹象。土坯之间夹着薄薄的芦苇层，并用坚实的木桩和木柱加固，和在 Y.III、Y.IV 看到的一样。这座烽燧的一个独特之处是，在南面和西面有一些三角形小孔，小孔之间的距离并不规则。它们既不可能是观察孔，也不是插木横梁的孔。它们究竟是做什么用的，仍是一个令我不解的问题。

拉依苏吐拉的
围墙

在这座烽燧北边约 110 码远的地方，是一圈朽坏得很严重的长方形围墙的东南角。东侧的围墙似乎有 192 码长，北墙只能追踪到 38 英尺长，南墙能追踪到 118 英尺。西南角似乎有座烽燧，如今它已经变成孤立的了。从它的位置看，原来的围墙可能是正方形的。西围墙已经完全消失，显然是那一侧经过的一条水道侵蚀的结果。围墙厚约 10 英尺，用土坯筑成，土坯大小和烽燧 K.III 使用的土坯大小一样。如今围墙比附近光秃秃的地面高不到 4~5 英尺。围墙里的地面上分布着只有 1~2 英尺高的小雅丹，说明风蚀也加速了这里的毁坏过程。前面说过，大概在围墙里面的东南角有座烽燧。烽燧用夯土筑成，底部有 39 英尺见方，高达 26 英尺，顶上还有一座小守望屋。在这座烽燧的北脚下有土坯墙的痕迹，墙附近还有一个灶。这说明烽燧原来和营房相连。烽燧脚下堆着牲畜粪便和残余的燃料。在这里，我们拾到了几颗小珠子和一些青铜小残片。

拉依苏烽燧的
位置

从遗址的位置和仍能分辨出来的建筑细节来看，它们很可能属于一座堡垒，堡垒所在的位置在汉代时是到库车去的一站。现在，从轮台到亚喀阿里克（Yaka-arik，库车垦殖区的东部边界）的路，几乎是成直线沿着天山最外围山脉的缓坡脚下延伸的。古代时在轮台和库车这两点之间的道路是不会比这更直的。这样看来，拉依苏遗址的年代是很早的。后来我们在沿途看到的其他遗址也完全证实了这个结论。我在离 K.III 不到 0.5 英里远的地方发现了废弃的农田的迹象。
而且，再往前的车道附近（这里的车道比较靠北，以便避开
一条深陷的雅尔）还有些田地，据说在过去几年里，有人实
际耕种过那些田地。以上事实都表明，在拉依苏烽燧仍是可
以找到水的。

我们回到大路上，继续往前走了 2 英里，穿过光秃秃的
风蚀地面，来到了一个叫乔克塔木的地方。那里的一座小清
真寺是轮台县和库车县的分界点。清真寺北边 400 码远的地
方有一圈残墙，似乎是一座年代比较晚的堡垒。墙用粗糙的
土块筑成。从附图 39 中可以看出，围墙内长约 102 英尺，
宽 84 英尺。似乎本来只有南边那座比较古老的烽燧，后来
才添筑了围墙。烽燧有 20 英尺见方，比较坚实，土坯尺寸
为 15 英寸×12 英寸×4 英寸。西边不到 200 码的距离内有一
块伊斯兰小墓地，还带有一道拱形大门。这说明这座烽燧的
年代较晚。有一条小河大概曾流到这里，小河是从缓坡高处
的皮占布拉克（Pichān-bulak）流下来的。我们在西边约 1.5
英里远的一个叫苏祖克（Süzük）的地方，穿过了这条小河
的小尾水。

当天晚上，我们在小绿洲英阿巴德（Yangi-ābād）扎了
营，那里有 18 户人家。北边 5 英里远的萨依高处的一个凹
陷的地方有泉水，农田就是靠那眼泉水灌溉的。4 月 13 日，
我们早早就动身，以便能走到大绿洲库车的东部边缘去，这
需要走很长的路。穿过一片光秃秃的地面后，我们遇到的第
一个遗址是一座叫阔玉克吐拉的古代烽燧（图 344）。它现
在底部有 32 英尺见方，加上顶部的墙高达 29 英尺。顶部的
墙约 4 英尺高，围成一座 13 英尺见方的守望屋。烽燧看起
来似乎是用夯土筑成。但仔细查看一下就会发现，夯土只是

乔克塔木遗址

阔玉克吐拉

1925

一层外壳，里面是一座更古老的烽燧。里面那座烽燧很坚实，用土坯筑成，土坯的尺寸和营盘以来的所有古代烽燧所用土坯尺寸都一样。烽燧里也可以辨认出坚实的柱子和横梁等木结构。在东侧，只要稍微清理一下就会露出原来粉刷成白色的烽燧表面。原来的烽燧有 18 英尺见方。当它仍是完好的时候，在外面加了一层夯土外壳，目的大概是在顶上建一座守望屋。除了路前方 5 英里远处的却勒阿巴德（Chöl-ābād），此处附近没有水。但在古代，从北边山上下来的那些小谷地 [在拉尔·辛格在地图上标作果尔吉勒伽（Gōr-jilga）的地方附近] 肯定能把水带到南边来。

却勒阿巴德的田地

"却勒阿巴德"的意思是"沙漠中的住房"，现在那里是人们常歇脚的地方。那里只有几个为过路人准备的"兰干"（驿站——译者），水源来自北边 4 英里远的一条谷口的泉水，水流量不足 1 立方英尺/秒。但即便这样少的水也足以在周围荒凉的环境中创造出一小片宜人的绿色了。那里有几座果园，给过路人提供了清爽的阴凉。碧绿的田地里种的是苜蓿，可以喂路人的牲畜。

却勒阿巴德西边的围墙遗址

过了却勒阿巴德后 3 英里，一个遗址引起了我的注意。它位于路西北约 6 弗隆远的地方，我先前没有去过那里。这就是围墙 K.VI。它坐落在一座烽燧土台地的南边。台地约 300 码宽，东西长约 700 码。离它不到 0.5 英里远的地方就有一条干河床，说明以前一度曾有水到达这里，水源就是现在灌溉着却勒阿巴德的那些泉水。在这里我发现了一圈长方形内围墙，长 57 码，宽 48 码。内围墙修在一圈外围墙的东南角（附图 39），两圈墙的长边都是南北走向，短边都是东西走向。围墙都有 4 英尺厚，用土坯筑成，土坯长 15 英寸，宽 7.5~8 英寸，厚 3.5~4 英寸，与我在孔雀河沿岸的烽燧和敦煌长城看到的土坯是一样的。大多数地方的墙体已经坍毁，只有 4~5 英尺高，但东南角仍高达 10 英尺。那里又用墙围出了一块 32 英尺见方的地方（i），里面塞满了土和土坯碎片。从烧焦的木头来看，这个地方曾被火烧过。它北边有低矮的土丘和土坯碎片，说明以前是某些营房的位置。内围墙南面有一道约 18 英尺宽的大门，大门的位置相当于南墙的中心。这表明，大门原来是围墙的入口，其中包括外围墙。两圈围墙建筑方法一样，但外围墙的北面和西面却坍毁得更厉害，说明外围墙大概更古老些。东北角有一个大垃圾堆，和现在外围墙的高度一样高（4 英尺）。清理了垃圾堆之后，我们除了发现纺织品残件，还发现有四件不完整的汉文文书，其中两件很大。从字体和纸张来看，我认为这些文书属于唐代。但只有经汉学家研究后才能知道它们的年代，而目前专家们研究的结果还没有到我手里。从遗址的位置和状况看，它似乎是一个受到保护的休息地，就像现在的却勒阿巴德一样。

回到路上后，我又查看了路边的另一座堡垒 K.VII 遗址（附图 39）。它离前一个遗址约 2.5 英里远，有一小圈围墙，围成的地方从里面量是 22 英尺见方。整个遗址底下是一个用夯土筑成的 16 英尺高的底座或平台。围墙厚 4 英尺，土坯尺寸为 18 英寸×8 英寸×3 英寸，比前面说过的路沿线遗址的土坯稍大一些。南面已经完全坍毁了，但其他方向的墙仍有 10 英尺高。北墙中央有一个灶的残迹，可见这圈围墙原来是有屋顶的，是人们居住的营房。显然，从前在南墙倒塌之后，人们又用粗糙的土块筑了另一堵墙，以便建筑残余的部分仍能住人。我们没有发现明确的年代线索，但这个遗址显然十分古老。

堡垒 K.VII 遗址

托盖塔木围墙遗址

在堡垒 K.VII 遗址以西 800 码的地方，另一圈更大的围墙就矗立在路北。这就是 K.VIII，人们称之为托盖塔木（Tüge-tam）。从附图 39 中可以看出，这显然是一个可以进行防御的路边萨拉依。围墙用粗糙的土块筑成，厚 5 英尺，围成的地方有 94 英尺见方，西北角和东南角的围墙仍有 13 英尺高。东南和西南角伸出来 12 英尺见方的棱堡，棱堡的夯土中还用了土坯（12 英寸×6 英寸×3 英寸）对其进行加固。大门开在南墙上，门外还有一圈墙保护，但这圈墙坍毁得很严重。从布局和粗糙的建筑方法看，这座小堡垒似乎不是汉人修建的。以上这两个遗址附近没有发现井或水道。但在北边 8 英里的地方，有一条小河灌溉过小村庄西斯塔拉的农田后，又在一条谷地里朝下流了一段距离，谷地的开口正在托盖塔木上方。那条小河大概曾把水带到了这里。过了这一点后，路沿着一座低矮而光秃秃的砾石高原朝上去。在那里，当夜幕已经降临的时候，我又一次望到了亚喀阿里克的碧绿农田。这是库车大绿洲最东边的田地。

到达亚喀阿里克

在那里扎营后，我过得很愉快，因为我收到了撒西伯·阿里汗（Sāhib ALī Khān）事先发来的一封考虑周到的信。他是库车的小印度居民点的阿克萨喀勒（有白胡子的人，即长者——译者），是我在 1907 年认识的老朋友。他在信中带来了我急切等待的从乔治·马继业爵士那里得来的消息，即我的文物已经安全地运抵喀什了。还有一个消息是来自印度政府外交部的，也同样令我高兴。我以前曾申请获准穿过俄国所属的帕米尔地区，到撒马尔罕和布哈拉去，再朝波斯东北走。这一申请已经获得了彼得格勒的批准。

4月14日，我们轻松地走了17英里后，来到了库车城。途中，大部分时候路的北面是光秃秃的砾石萨依（库车河冲积扇的上半部分），南面便是一组分散的农田的北端。灌溉着这些农田的水渠，其水源一部分是泉水，一部分是库车河水。有趣的是，这些水渠的水量，同灌溉着绿洲主体部分的木扎特（Muz-art）河那些水渠相比是很少的。在玉奇喀拉（Öch-kara）的水渠附近，我受到了在那等我的撒西伯·阿里汗和他手下的帕坦商人（帕坦人，分布在阿富汗东南部和巴基斯坦西北部的民族——译者）的热烈欢迎。在他们的簇拥下，我们穿过人声嘈杂的村中小道，来到了令人赏心悦目的城郊花园。花园在河东岸附近，离库车城不远。他们从库车的恰兹（Qāzī）那里把这个花园争取了下来，作为我宿营的地方和在县城的临时大本营。

在库车受到欢迎

简单描述了一下我们在从库尔勒到库车途中经过的地面状况之后，现在让我说一下唐代这两地之间的路线是怎样的。[①] 沙畹先生摘译了《唐书》卷四三的一部分，那段文字是这样的："离开焉耆朝西走50里后，就来到了铁门关。再20里是于术军事要塞（以下'要塞'在《新唐书·地理志》中均为'守捉'——译者），再200里是榆林要塞，再50里是龙泉要塞，再60里是东夷僻要塞，再70里是西夷僻要塞，再60里是赤岸要塞，再120里是安西都护府所在地（库车）。"

《唐书》记载的从焉耆到库车的路线

我们将看到，上面这条路线的终点就在现在的库车城附近。此外，起点和开头的两站也是可以确定的。我在《西域考古图记》中曾指出，铁门关就是库尔勒上游的那条峡谷，

从焉耆到库尔勒的各站

---

① 参见沙畹《西突厥史料》7页以下。

孔雀河从博斯腾湖穿过那里流到了塔里木的平原上。① 《晋书》也曾提到铁门关。而从焉耆古都所在的博格达特协尔（Baghdā-shahri），到去库尔勒的路进入峡谷的东端的那一点，距离正好有 50 里。从地形来看，于术城就在库尔勒绿洲的最东端附近。大路出了铁门关后，经过约 7 英里的距离就到了那里。

路的西段　　过了这一个点后，除了《唐书》记载的距离，我们便没有别的办法确定其余各站的位置了。首先应该指出的是，它们的总里程是 560 里。这表明，古道的路线比现在库尔勒和库车之间的车道要短。在车道上，我们的路码表测得库尔勒和库车城之间的距离是 175 英里。查一下地图我们就会看出，现在从轮台到库车的道路几乎是天山最外围山脉脚下的一条直线。对交通来说，这是最便捷的路线。从拉依苏往前的沿线的烽燧和堡垒说明，古道走的也是那条路线。

库尔勒以西的古道比现在的车道短　　但东边较长的那一段道路（即库尔勒和轮台之间）就不同了。从地图上可以看出，在这两点之间，现在的道路朝北绕了一个不小的弯。为了接近水源和物资供应地，道路不得不沿着那串小绿洲走，而这些绿洲都靠近灌溉它们的河流出山的地方。在古代，这些河流大概把水带到了南边更远的地方，那些地方如今是长着灌木的沙漠。我们在阳霞和轮台东南看到的古代和现代废弃的耕地，以及人们所说的库尔楚南边的塔提，都支持我们的这一假设。② 如果这一假设成立，

---

① 参见《西域考古图记》第三卷 1228 页以下。

② 参见本章第一节。我在 1908 年时听说，库尔楚南面有些带陶器碎片的风蚀遗址，村民在找燃料的时候到过那里。

在艾西买我也听说，在现在的小绿洲南边很远的地方，有一个古老的铁热勒伽。上一次东干人叛乱后，中国收复了新疆。自那之后，由于强有力的移民措施，现在的小绿洲已经重新活跃了起来。

在库尔勒垦殖区西段的梯木大丘和轮台之间，古代交通可以走一条更直、更短的路线。[1]《唐书》中的于术和榆林要塞之间有 200 里的距离，说明唐代的古道过了库尔勒绿洲，一直到艾西买或策大雅南边的一站，其间没有经过什么重要地点。从假设的直道路线经过的地面状况来看，这是很容易解释的。

轮台以西的各站

在缺乏直接的考古学证据的时候，我们想猜测一下两站（龙泉和东夷僻）的确切位置，是徒劳无益的。似乎可以肯定的是，它们都应该在现在的轮台垦殖区的东边。至于到库车之前的最后两站（赤岸和西夷僻），我们倒是可以一方面凭借着距离的比例，另一方面凭借着自然条件来作一点猜测（这些条件决定了轮台以西的道路上的休息地的位置，这一段的古道和现在的路线是一样的）。却勒阿巴德现在的路边小站，或它东边的阔玉克吐拉遗址，有可能是赤岸的位置。《唐书》称赤岸离安西都护府所在地库车有 120 里，是赤岸和东边最近的一站西夷僻的距离（60 里）的两倍。从地图上我们可以看出，却勒阿巴德到库车的距离，正是英阿巴德到却勒阿巴德距离的两倍。而阔玉克吐拉到库车的距离，也是从拉依苏到阔玉克吐拉距离的两倍。

---

[1] 在地图上的轮台北边约 4 英里的地方，标着阔纳二塘村（Kōne-Örtāng，古驿站）。那里大致应该是从库尔勒来的直道进入轮台垦殖区的地点。在县城设在轮台巴扎之前，它也是交通常经过的一站，从它的名称上就能看出这一点。

第二十三章　库车及古遗址

第一节　绿洲的地貌及境内古都的位置

库车的重要意义

在记述历时将近三个星期的库车大绿洲一带的调查工作之前，我想先概括地谈谈这个地区在历代政治和文化上的重要意义。这个重要意义有大量的证据：一方面，从汉代至唐代的历史和其他汉文文献对库车（龟兹①）多有关注；另一方面，这个地区能够发现的佛教胜迹数量颇多，分布广泛。库车地区在塔里木盆地历史上的重大作用，在中国对中亚的政策和交往中历来受到重视，其有关记载，这里毋庸赘述。中国历史文献和佛教著作中关于库车的所有资料，西尔文·列维已予辑录并作了评论；这些材料在他同样出色的一篇论文中也可看到。这篇论文断定，整个佛教时期库车人的语言，正是从当地发现的手稿中最先得知，并由其他学者定名为"吐火罗乃语"的那种特殊的印欧语。②

库车的佛教遗存

那些反映库车佛教寺院当年盛况，如今虽已成为废墟却依然令人神往的大量遗迹，以及寺院赖以为继的居民们所拥

---

① 汉文译名尚有丘兹、屈兹、屈支。参见沙畹《西突厥》114 页；西尔文·列维《皇家亚洲学会会刊》303 页，1895 年第 2 期。

② 参见西尔文·列维《库车的语言吐火罗乃语》，《皇家亚洲学会会刊》323～380 页，1913 年 9—10 月号。

有的充裕资源，这里也都无法一一陈述。早在 1908 年我头
一次踏勘库车之前，格伦威德尔、勒柯克和伯希和等教授率
领的德国、法国探险队就对苏巴什和杜勒都尔马库尔遗址上
那引人注目的佛教寺院遗迹，以及克日希（KTrish）上方森
木塞木（Simsin）、克孜尔伽哈（Kizil-Kāghe），还有库木吐
拉和克孜尔（Kizil）的明屋（Ming-oi）等地那连绵不断、
有精美壁画的石窟寺做过系统的考察。在俄国科学院的主持
下，别列佐夫斯基（Berezowsky）也在库车地区做过规模较
小的考古工作。我在第二和第三次探险考察中，也尽量充分
利用在库车停留的短暂时间，观察了这些引人关注的遗址。
但是有关这些遗址以及那里已经发现的考古、艺术和语言方
面遗存的情况，我想还要参阅格伦威德尔和勒柯克教授的重
要著作，以及伯希和先生细致发掘工作的全面报告。[①]

　　由于在我之前许多学者已在库车地区做过大量的考古工
作，我自己在这里的短暂停留中所看到的文物调查的潜力已
很有限。但我感到特别高兴的是，我因此而有机会考察整个
历史时期某些地理因素对库车的经济政治历程的长期影响。
这些地理条件同和田绿洲比较起来，还有另一种性质。在记
述我在调查过程中尽量做到的仔细考察之前，不妨先谈谈库
车在塔里木盆地中的相对位置及其自然条件和地理环境。

　　库车地区拥有比较广阔的可耕土地及充裕的经济资源，
这是由于它地处木扎特河和库车河的出山口上。这两条大河
从天山山麓丘陵流入塔里木盆地。木扎特河比库车河要大得

地理因素对库车的影响

库车的河流

---

　　① 参见格伦威德尔《古代佛教寺庙》7 页以下、181 页以下；《古代库车》；勒柯克《佛教壁画》
第 1~5 卷。伯希和先生在库车的几处遗址发掘所得的手稿，西尔文·列维和梅即先生在其各种论文中
做过研究。参见《皇家亚洲学会会刊》431 页以下，1911 年第 1 期；119 页以下，1911 年第 2 期；101
页以下，1912 年第 1 期；《语言学会会刊》381 页以下，1914 年；等等。

多，其主要水源是从天山山系中常年冰封的汗腾格里
（khān-tengri）峰的东坡沿山势而下的那些大冰川。在该河从
库车城西面的外围山脉流入克孜尔下方的峡谷之前，它穿过
较小的巴依（Bai）盆地，盆地内绿洲遍布，土地肥沃。大
概由于木扎特河及其几条较大支流在这里留下大量沉积，在
该河离开拜城盆地的出口处形成的广大扇形地带，这层肥沃
的冲积层土壤一直延伸到该河在库木吐拉上方的出口处。

丰富的水力资
源
如同和田的两条河流一样，这种良好的丰富的水源极有
利于灌溉。在那些介于河口与肥沃地带之间没有大片贫瘠沙
坡地的地方，灌溉方面的许多困难，诸如水分的蒸发和渠头
的改道之类的问题，都得以避免。可以说，库车的这种水利
条件至今还远未被充分利用。但即使这样也还是值得注意，
如地图所示，有木扎特河灌溉之利而实际上连续耕作的地
区，其最大跨度东西近50英里，南北则连同沙雅河干流共
计超过30英里。[1]

库车河的水利
库车河的情况略显逊色。这条河也是发源于向尤勒都斯
延伸的大山岭上的冰河，但其水量却小得多。5月5日，按
测量员阿弗拉兹·古尔的实测，该河在苏巴什出口上的水流
量约320立方英尺/秒。从苏巴什开头的水渠流经大片光秃
的沙碛地萨依，使库车城以东的耕地本应得益的供水受到减
损。由此产生的水利局限尤以春季特别明显。幸而这个地区
同克里（Keriya）及和田以东的较小绿洲一样，可以借助于
来自地下的泉水供给的喀拉苏。这样，库车河的水便使库车
绿洲增加了长约20英里、宽约6英里的一片处在木扎特河
灌溉范围之外的土地。

---

[1] 关于木扎特河几条水渠的流量，我们在库木吐拉上方做过测量，详见本章第二节。

库车绿洲因其充裕的水利资源而拥有的重要意义，由于它与塔里木盆地两大地理特征相关的优越地位而大大增强了。这两大特征是：北面是天山的层峦叠嶂高耸于库车绿洲之上；南面是无尽的流沙形成浩瀚的沙漠。只要我们比较一下和田的情况，就不难看出库车介于其间的优越位置。在塔里木盆地南部，耸立于和田绿洲之上的昆仑山脉，由于山坡异常贫瘠，峡谷既深又窄，只能提供极其稀少的定居或畜牧资源。喀喇昆仑山以东那些可供翻越山脉的少数几处险要山口，恐怕从来也没有成为常用的通道。山脉外面，伸展着需要多日行程才能越过的西藏西北部贫瘠高原，严峻的气候条件使那里根本无法住人，就连穿行其地也步履维艰。

库车、和田两
地位置的比较

库车地区以北的天山，自然条件要优越得多。在山麓丘陵之间，可以看到有一定规模的农业聚落；铜矿、铅矿和铁矿是这里的宝贵矿藏；汇纳南部山坡排水的几条山谷的顶端生长着针叶林，表明自北面越过山脊而来的潮湿空气有其明显的影响，故而这里地势较高的山坡上植被比较茂密，宜于放牧。尤其重要的是，在这条分水岭以北，沿这一带的天山主脉，伸展着一系列宽阔的横向河谷，如尤勒都斯河、特克斯河和孔尔斯（Kunges）河的谷地，那里不仅牧场丰饶，而且在地势较低的部分，往往有大片土地宜于耕作。我们知道，汉代时这些丘陵沃野就是强大的乌孙国的部分领土；其后，相继占据现今准噶尔的几支不时迁徙的大部族也频频往来其间。

库车以北的良
好气候

在这些令人向往的河谷与古时属于库车王国版图的绿洲之间，有不少山口可以通行，从而提供了有利可图的贸易渠道。地处汗腾格里峰之侧翼的木扎特河出山口，海拔约11 400英尺，在这些山口中位置最为偏西，也最为著名。其

天山的商道

余的山口从库车河和轮台河的源头通往大尤勒都斯的高原状顶端。这些关隘，尽管隆冬和早春时节全被冰雪封闭，但在其他季节，则可借助于畜力驮载而通行无阻。这些道路，为天山南北丰富产品的外销提供了必要的商道。而且由于它们地势较高，往南又经过狭窄的河谷，因而便于抵御游牧民族的侵犯和控制，远胜于自北而东通往焉耆、吐鲁番和哈密地区的商道。

库车南面的沿河地带　　库车相对于南方塔克拉玛干沙漠的位置同样非常有利。自西向东流的塔里木河的沿岸广阔地带，形成一道阻挡流沙的天然屏障，不像和田的外围农耕地区，由于靠近塔克拉玛干沙漠的大片沙丘覆盖地带而受到流沙造成的威胁，那里的灌溉还常常由于自然和人为的原因而遭受损失。而这片沿河地带，由于塔里木河以及木扎特河末段的河床分岔而变得更加宽阔。这种地形使库车的畜群能在这里找到丰饶的冬季牧场。在此顺便提及一下，塔里木河的洪水以三角形的图式泛滥，使这里的下层土壤普遍潮湿，因而库车地区南部古代居住区的外围遗址很少有遗迹保存下来。由于同样的原因，这些遗址中风力侵蚀的迹象也极为罕见。

库车会集的道路　　在库车地理位置的种种有利条件中，必须特别提到这个地区自古就是来自不同方向的重要道路的交会点。库车历来是颇具规模的贸易中心，有中亚大道经过其地，这条道路绕天山而行，将中国同阿姆河地区乃至整个西亚连接起来。库车大绿洲在这方面的重要意义，除当地资源外，还充分表现在其地正处于西面喀什与东面吐鲁番之间的中途。从古时中国的"中路"活跃的时候来说，也就是介于疏勒与楼兰之间的中途。

上述诸种因素所形成的战略意义，使库车在唐朝管辖塔里木盆地时成为安西四镇的军事政治中心。① 同样，汉朝的西域都护府设在乌垒，其地很可能就是轮台，是库车绿洲的一个前哨站。② 这一时期，天山以北地区尚在中国控制之外，将治所设在库车附近还有一个优点，即这个地点便于把守自北面南下的几条道路，遏制蛮族的侵犯对中国的贸易和军事行动可能构成的威胁。最后，不应忘记，塔里木河与和田河的沿岸地带，提供了一条最为便捷的路线，将北面的大道与和田以及塔克拉玛干以南的其他绿洲，及至西南方和东南方的叶尔羌河和罗布泊沿岸绿洲，都沟通起来。

尽管在伊斯兰教传入库车之前 1 000 年的历史中，中国文献对该城记载较多，但我们仍无法从中得知这个当地首府位于何处的直接资料。或许玄奘特地记述的两座都叫作昭怙厘的佛寺可以作为一条线索，据他的描述，两座佛寺位于"隔河相望的两座山冈之侧"，一座在东，一座在西（《大唐西域记》原文为"接山阿，隔一河水，有二伽蓝，同名昭怙厘，而东西随称"——译者③）。在库车河流向其扇形冲积地的出山口苏巴什，有两座隔河对峙的山嘴，遗留在那里的两座惹人注目的佛寺遗址，我们认为可能就是昭怙厘寺的遗存。如果这个推测无误，则当年香火旺盛时期的库车故城的位置应该可在今城一带找到。现今的库车，位于苏巴什庙址南端南偏西南约 8 英里处。这个位置与玄奘记述的距离和方向大致相符，按他的记载，昭怙厘寺及其著名的佛像在城北

库车的战略意义

玄奘记载昭怙厘寺

---

① 参见沙畹《西突厥》113 页注 2、118 页以下。

② 参见本书第二十二章第二节。

③ 参见朱利安《记》第一卷 5 页以下，沃特斯《玄奘》第一卷 62 页，西尔文·列维《皇家亚洲学会会刊》356 页以下，1913 年 9—10 月号。

40 里（玄奘认为 40 余里——译者）。

古都的位置　　紧靠库车河西岸的现今库车城，大部分围有不甚坚固的夯土城墙，这显然是近代建筑。在这一带的地表上，我敢断定没有古代遗迹。但是在河对面，在热闹的郊区市场沿着通往城里的大道伸展开来，与果园、田地和一簇簇农庄相间杂的地方，我调查到一座规模更大、年代也早得多的城墙遗迹。这些遗迹的位置几乎就在苏巴什寺的正南方，比今城更靠近寺址一些，可见它们很可能就是唐代库车城的城墙遗址。据我所知，这些遗迹迄今未见报道，所以我想将我头一次在此停留时所做的匆匆调查简记于此。

老城墙的遗迹　　当时我们的营地设在伽孜穆罕默德阿里（Qāzī Muhammadc Alī）的花园里，靠近河流东岸，在公路上方约 1 英里处，公路经过这地方后即通向城里。由此东行 0.5 英里，我看到老城墙的头一段遗存。事先我那聪明的 1908 年老"上司"和向导马合苏提（Mahsūd），曾和我提到过这处遗迹。这是一段夯筑坚实的土墙，基底宽约 60 英尺，残高约 18 英尺。残墙以此规模延伸约 300 码，再往前便消失在田地里。但接着又见断断续续的颓垣断壁逶迤东延，总长约 1 英里（附图 39）。至比加克（Bijak）村的一个地点，墙线向南急折，继而延伸 0.5 英里多，基本上没有中断，一般高约 23 尺。这段城墙上布有几座小型方堡，也都是用夯土筑成，间距不等。在这道东墙接近来自亚喀阿里克和轮台的公路的地方，城垣略有中断，但它的遗迹在距离喀拉墩买里（Kara-dong Mahalla）果园之间的道路约 2.5 弗隆的地方重又出现。据说由此一直往西，都有残垣断壁断断续续向一座被称作皮朗吐拉（Pīlang-tura）的碉楼式建筑延伸，但由于新屋和带围墙的花园的阻隔，所以我未能沿此线往前调查。

壮观的皮朗吐拉遗迹距城墙东南角约 0.75 英里，它的皮朗吐拉遗迹
外形像一座高大的望楼，但究竟其原先性质为何，并无明显
的迹象。整座建筑立在夯土台基上，通高达 37 英尺，墙体
用 16 英寸×8 英寸×3.5 英寸的砖块砌成，颇为坚固。顶部尺
寸为 82 英尺×70 英尺，见有两个房间的残墙和一个大台的
遗迹，为平面示意图（附图 39）所示。关于这座已毁建筑
的原先用途，我虽说不出其所以然来，但其年代之古老则属
毫无疑问。从它在城墙平面上所占位置来看（附图 39），这
座建筑当与城墙北折而形成城郭西墙的城角相距不远。

由于这一带郊区商店和房屋鳞次栉比，我无法在可以利关于老城周长
的推测
用的短暂时间内沿着想必是向北延伸的墙线进行调查。这条
墙线当与北墙相接，其交会点应该就是我起先看到的那段保
存颇好的北面残墙的起始点。根据这个推测，我们认为城周
长约 3 英里 3 弗隆。这个长度非常接近玄奘所记的库车大邑
的周长，即 17~18 里。[1] 联系到上面提到的城墙遗址相对于
苏巴什的位置，这种惊人相符极有利于说明城墙遗址的年代
当属唐代，同时也表明了昔日玄奘所见的库车大邑的大致位
置和面积。

第二节 木扎特河以西的遗址

4 月 20 日早晨，我启程踏勘当地知情人告知的几处古代关于古代遗址
的当地传闻
遗址。这些人对搜寻古物很有兴趣，他们告诉我这些遗址在
现今库车耕作区西南面和西面的远方。我希望能调查到与这

---

[1] 参见朱利安《记》第一卷 3 页，沃特斯《玄奘》第一卷 58 页。玄奘原文见《大唐西域记》卷
一："屈支国……大都城周十七八里。"——译者根据中国文献对中亚的里程记载，5 里约合 1 英里，参
见《西域考古图记》第二卷 735 页及注 28a。

个地区古代聚落的废弃相关的自然环境，尤其希望能有时间加以仔细考察。因为以往的考古勘察报告，就我所知，都没有提到这些地点。有关这些遗址的信息，主要是米尔·谢里夫（Mīr Sharīf）提供的，他是出生在费尔干纳盆地纳曼干（Namangān）的一位有知识的老乡，来到库车绿洲定居已有多年，别列佐夫斯基调查文物时曾雇用过他。米尔·谢里夫陪同我调查了下面几个遗址，附记中所列收购的小件文物，多数也是从他手上获得的。

科什吐拉遗址　　头一天的目的地是多先拜巴扎（Dō-shamba-bāzār），这是一片富庶农业区的大集市，整个农业区在木扎特河的一条流经沙雅的支流的西面。我们择路前行，穿过沙碛地和光秃秃的大草原，出库车城约 6 英里后，看到一处惹人注目的塔形建筑遗存，人们称之为科什吐拉（Kosh-tura）。它的位置靠近自木扎特河引水的几条新开小渠的东端，由于新渠的灌溉，长期荒芜的田地又得以重新耕作。这种情况使遗址所显示的古代这里有人居住的证据格外值得注意。遗址今存高度约 54 英尺，平面呈长方形。留在现今地面上的遗迹，北边长 95 英尺，东边长 82 英尺，其余两边已被严重破坏。建筑体在地表以上 25 英尺和 38 英尺的高处向内收缩，形成两道围绕坚固砖砌体的台阶，宽约 10 英尺。砖砌体的表面未见装饰痕迹。但从建筑特点来看，该遗址原先极有可能是一座佛寺，其平面与吐鲁番的高昌城、阿斯塔那和斯尔克甫遗址上的那些佛寺相似。[1] 墙壁用土坯（15 英寸×12 英寸×4 英寸）砌筑，间或用土坯与硬泥板混砌。在此西南约 40 码的地方，还有一座坚固的建筑遗存，高 36 英尺。起初这是一

---

[1]　参见《西域考古图记》第三卷图 272；本书第十八章第三节。

座夯土建筑，约 32 英尺见方，后来它的南部增修了颇大的砖砌体，但这个扩建部分已严重损毁。有可能这也是一座佛寺遗址，但其表面没有留下表明其性质的明确标志。

　　由此前行 3 英里，我们来到库木吐拉村南面的大片耕作地带。穿过这些田地，我们往木扎特河右岸走去。其间，我顺便测量了七条渠道的水量。渠头在上游方向约 3 英里处，靠近规模不大的萨拉依塔木（Sarai-tam）遗址，渠水灌溉着木扎特河东面和北面占库车农田多半部分的耕地。这些水渠的名称分别为拍鲁（Pailu）渠、恰喀（Chaka）渠、法依孜阿巴德渠、英托依巴勒德（Yangi-toibalde）渠、阔纳托依巴勒德（Kōne-toibalde）渠、托伽其（Toghache）渠和乌干（Ugen）渠，均因其主要受益村庄而得名。各渠的水量按大致的测量分别为 28、46、103、159、105、45 和 132 立方英尺/秒。因为我们的测量点离渠头较近，所以以每秒 618 立方英尺的总水量当可代表木扎特河当时对其左岸农田供应灌溉用水的总量，不过经过科什吐拉的新水渠据我们测量有 30 立方英尺/秒的水量未予计入。

　　这个总量与 9 天后我在杜勒都尔遗址上方峡谷的木扎特河出口上测得的水量，以及当此季节山里积雪加速消融而增供河水的潜力所显示的情况正相符。当时木扎特河出口处的流量 2 025 立方英尺/秒，其中近 800 立方英尺流入右岸的两条大渠即托兑苏（Toksu）渠和沙雅英吉（Shahyār yangı）河，供灌溉南面从多先拜巴扎上方耕地到沙雅一带的农田之用。右岸的第三条大水渠是供应西面尤勒都斯巴格区的渠道，当时正值一年一度的疏浚时节，因而渠中无水。从水渠的容积和坡度判断，要使渠水达到别人告诉我的那个深度，从而使水渠在这种季节里保持通常的流量，则其所需水量约

木扎特河右岸的水渠

760 立方英尺/秒。

广阔的灌溉面积

这里记录的测量数字尽管是一个大致数值，毕竟有助于推算现今库车区和沙雅区境内依靠现有渠道和方法，从木扎特河引水灌溉而成为可耕地的广阔面积——大概略小于 50 万公顷。没有对各种有关因素做透彻的专门研究，在人口显著增长和渠网相应发展的状况下，如今能够浇灌的土地面积是难以充分估计的。不过必须注意到，顺木扎特河河面下至该河扇形冲积地上白白流掉的水量必定是很大的。据说洪水约在 5 月的最后一个星期到来（比和田诸河的洪水期早得多），并在 6、7 两个月中在河床全线泛滥。这条河床在我们前往多先拜巴扎时跨越的点上宽约 1 英里，但当时水量很小，河道仅宽约 10 英尺，深 2~3 英寸。据说过了 5 月末便不能涉水而过，非用渡船不可。我有一个印象，即愈来愈大的人口压力成为一种动力，而且有利于和平发展的行政管理普遍存在，则可以利用的水利资源当能允许至少在木扎特河西南面的耕地再次扩大，从而把我们朝此方向考察过的古代遗址括入其中。

托克苏西南的小城堡遗迹

4 月 21 日早上，我们从托克苏的多先拜巴扎出发，走上据说是前往和田的商队常走的路。过了横在托克苏与英阿巴德两地之间的沼泽草地，我们沿英阿巴德的东缘向一大片耕地的南端进发。途中我们找了一个当地的文物搜寻人艾则孜·帕万做向导，然后沿着通往和田的路线走向塔希尔哈吉（Tāhir Hājī）的兰干附近的外围耕地。从那里再走约 4 英里，越过布满红柳的草地，来到卡尔梅克沙（Kalmak-shahr）遗址。这是一座小城堡的遗存，用夯土筑成，宽约 100 英尺。城墙高达 14 英尺，基底厚 13~30 英尺。城堡内填满了变质的松土，没有建筑遗存和可资断代的其他遗迹。艾则孜·帕万说，由此再往南，还有两座类似的小城堡，其名称分别为吉亚拉特里克（Ziāratlik）和奥特开特坎沙（Ot-ketkan-shahr），位置相邻。但因听信了不符实际的建议，我们的帐篷已让人送到了西北面的沙合德拉尔（Shahīdlar）村，我们得走很远才能到达营地，于是便无法去调查那两处遗址了。据说那两座城堡内部也没有建筑遗存。

尤勒都孜巴格的外围耕地

离开喀勒马克沙，我们沿通往和田的道路往西南行，来到达什吐格曼（Dāsh-tüghemen），那里有一座水磨坊，水是由北面沼泽地流过来的一条小溪供给的，小溪的源头是尤勒都孜巴格的水渠终端。在达什吐格曼附近，我们看到几块耕作马虎的田地，那是尤勒都孜巴格区南端农场库孜列克（Küzlek）的土地。在农场外围树木以西约 300 码处，我们看到一个叫作阿克提坎协尔（Ak-tiken-shahr）的古堡遗址，它的土墙已严重毁坏，面积约 90 码见方。堡内同样是填满了松土，不见建筑遗存。我们由此向北返回，穿过散乱的新开耕地和灌木丛生的荒草地，最后摸黑到了沙合德拉尔南缘附近的营地，总计行程 27 英里。

探查通古孜巴什

第二天早上，我离开营地向南前行，去调查通古孜巴什（Tonguz-bāsh，意为猪头）的遗址。脚下的小路有 4 英里都是沿着一块块大致连续的新垦土地的边缘向前延伸，路旁的耕地大约 20 年来是按轮作制播种的，但住房则是新近才建造起来的。灌溉这些田地的水渠伸向远方，穿过长满低矮的红柳的草地，一直延伸到遗址附近，这里离沙合德拉尔已有 11 英里的路程。在废"城"的北墙外将近 450 码的地方，我看到一块荒废的耕地，它的耕作年代可能是阿古柏统治时期，当时有人在城堡遗址内采掘硝石。

城堡遗址　　　　如附图 40 所示，城堡平面呈方形，大致朝东，城墙每边长 168 码，各边均有规模不同的小棱堡（即马面——译者）戍卫。城墙和棱堡均以土坯筑成，土坯尺寸多为 15 英寸×8 英寸×3.5英寸，土坯之间杂以被称为克色克的硬泥板。城墙一般厚 18 英尺，有些墙段至今仍高达 18~20 英尺。南北两面的城门外建有短护墙（瓮城——译者），它的后面有外院通至主墙上的豁口。北城门的外院有几间房子遗留下靠护墙而建的墙基。米尔·谢里夫说，他曾在院里东北面找到几枚木简，但我们清理这些房子时只发现一块陶片，编号为 Tong.011。它同该遗址内采集的其他陶片一样，胎质为细泥红陶。

通古孜巴什遗址的年代　　　　城堡内没有看到任何建筑遗存。在往北和往西延伸的城墙脚下，看见了很大的垃圾堆。我们不可能做深入调查，但仍然发现了一只做工考究的有襻童鞋，编号为Tong.02，其形制与敦煌石灰石地带发现的一致。发现几块纹绮残片（Tong.04）和一团生棉花（Tong.01）等物。陶片均属细泥红陶，其中 Tong.08 特别值得注意，它的两面挂深绿釉，稍稍发亮，当属唐代或稍早时期。[①] 这里还发现一张写有汉字的纸片，可惜尺寸太小，无法从中找到明确的断代依据。但总的情况无疑表明城堡当属前伊斯兰时期，与下文将提到的这一带的寺庙遗址一致。通古孜巴什是起自库车城和库车绿洲尤勒都孜巴什一带，为通往和田河畔商队道路的几条岔道的交会点。从这个事实并联系到黑大爷协亥尔城堡遗址处于直接通往罗布泊的道路之上[②]这种相似位置看来，或可推测

① 参见附录 D。
② 参见本章第三节。

这个交会点是一个设防要站，用以扼守自南面和田地区通至库车的最短路线。

在通古孜巴什"城"东偏东南方向约 1 英里的地方，我跟随向导踏访了他们称为布特哈那（Būt-khāna）的遗迹。走近其地，我发现一条旧渠道依稀可辨，宽约 8 英尺，高出平地约 10 英寸，渠道沿线留有一定程度的风力侵蚀的迹象。渠道外面，如附图 40 中的草图所示，残垣断壁散见于南北长约 130 码的地段，这显然是一些小型佛寺和寺僧住房的遗迹。据说这些建筑都由别列佐夫斯基的人做过调查，大概后来还被"寻宝人"挖掘过。大部分建筑用土坯建成，土坯的尺寸与通古孜巴什"城"墙的用料相同。此外，各处都有一些夯土建筑，并以木料梁柱插入加固，后来这些木构件也遭到自然力的破坏。遗址东侧留有一个小型的木料和篱笆墙构筑体的基址，平面图上标作 a，这显然是两座相背而建的小庙的围墙墙基。这里，在遭严重破坏和风雨侵蚀的木雕饰件残块中，我们发现一块灰泥浮雕，编号为Tong.010，上面保留着一个戴盔武士的半个头像。[1] 这件浮雕与我在焉耆附近七个星（Shikchin）的明屋佛寺中大量发现的小块浮雕一样，也是某种大型壁塑的局部。[2] 单凭这件浮雕，就足以断定整个遗址的佛教属性。但关于其年代的确凿证据，则有待于追寻并审察过去在这里发现的遗物，这些东西现在可能放在彼得格勒或其他地方。

佛寺遗址

---

[1]　器物描述见本章第三节的名录。
[2]　参见《西域考古图记》第三卷 1191 页以下。

沙希德拉尔以北的院落

当天晚上我回到设在乌尊皮青（Uzun-pichin）的营地。我们第二天的行程是向北前往尤勒都孜巴什的主要市场托尔帕克巴扎（Torpak-bāzār），去考察那里曾见报道的几个小遗址。最先碰上的遗址是克孜勒协尔（Kizil-shahr），位于西偏西南方向约 2 英里处，这里的地表上新开垦的田地与沙质草地相间杂。从粗陶片的堆积情况来看，草地的外形与塔提相似，我们在这里发现一处建有围墙的院落遗址。围墙用夯土筑成，墙基厚约 15 英尺，墙内场地呈四方形，面积约 168 英尺×153 英尺（平面图见附图 40），沿墙有小型棱堡加强防守，其中一座棱堡建在东边，是唯一可容穿行进入院内的门堡。有些墙段至今仍高 20 或 22 英尺，但墙内早已成为一片平地，在我这次考察大约三年之前成了田地。无论在这里还是在北面约 200 码开外的另一个更小的院落（约 102 英尺见方，附图 40），都未能发现任何明确的年代证据。但这第二个院子的夯土围墙已毁坏成不成形状的土墩，可见两个遗址都是古代遗存。

关于古代墓地的信息

由此往北前行，经过一个叫作托帕协尔（Tōpa-shahr）的地方时，我们看见几道残破土墙，这显然是废弃的农舍的遗存。接着我们进入一大片属于王也里（Wang-yeri）聚落的新垦土地。这时米尔·谢里夫指着一个叫作萨拉依塔木的小土墩说，他和别列佐夫斯基曾先后在这里挖到大型佛像的残块。只见这里洞痕累累，想必这种挖掘使如今成为水浇地的地表上先前存在的建筑遗存都被破坏殆尽。根据米尔·谢里夫提供的信息，土墩近旁曾有一块古代墓地。大约 20 年前，也是在米尔·谢里夫受雇于别列佐夫斯基的时候，听说过去曾有人在这里掘开低矮的砖砌拱顶墓，从棺材里挖出尸体。据说在这些墓里还发现了金币。这个传闻不管是真是伪，都足以证实眼前的洞痕是盗掘所致。由于这些土地如今都成了耕地，当年躲过盗掘的尸体都已荡然无存。家住墓地附近的艾则孜·帕万后来拿出从墓里出土的一块砖让我看。砖的尺寸为 17 英寸×12 英寸×3 英寸，烧制坚硬，提供信息的老乡说，如此质地的砖应为汉人所制。此说或许可信。

从萨拉依塔木往前再走约 4 英里，穿过王也里和玉其喀特买里（Och-kat-mahalla）的一片片农田，我们来到一个建有罕见的三重壁垒的地方。这第二个聚落正是得名于这些壁垒——玉其喀特意即"三重"。遗址位于一连串水田之外，由三条土墙构成，彼此相套，墙线形状不规则，或许是按大致圆形的要求建筑的。这些环形墙不是同心圆，外墙与中墙的间距，北部约 400 码，南部约 880 码。三重壁垒所占范围的直径，总计似略小于 1 英里。外墙基部 78 英尺，高约 15 英尺，有一条排水沟穿过墙脚。中墙墙基的厚度在实测处约 52 英尺。内墙环内的面积，直径仅 68 码，西墙段的高度近 20 英尺。这些墙圈内的土地，一部分是农田，一部分是长满红柳的沼泽地。没有发现建筑遗存，即使有也不可能在这样的地面上保存下来。

据当地的知情人说，这一带从未发现古物。三重壁垒仅仅以其平面布局令人注目。它的形制与我在中亚的考察过程中所见的任何其他古代城堡都大相径庭。那不规则的形状和粗糙的工程，都给我一个强烈的印象，即这二重壁垒的来历有别于库车地区或塔里木盆地其他地区古代遗址内所见的院落。我油然想起史前时期的壁垒遗存，例如从英格兰到里海或更远方的辽阔地域内散见的环形遗迹。

玉其喀特的壁垒，其年代是否会早于中国历史记载和塔里木盆地现存遗迹所反映的时期，或者它们是否有可能是较晚时期在文明上较为后进的入侵者所建造的工程，对此我无从说起。不过《晋书》中记述库车时有一条费解的记载值得在此一提。这条材料说，龟兹人"俗有城郭，其城三重"（《晋书·四夷传》——译者）。不能轻易设想库车大邑曾经建在玉其喀特的位置，尽管这条材料接着又说"中有佛塔庙千所"。不过晋时库车大邑的这个防御特点，如今从玉其喀特的三重壁垒得到例释，这是值得注意的。

尤勒都孜巴格
农田外侧的踏
察

当晚我们在2英里外的托尔帕克巴扎宿营。托尔帕克巴扎是尤勒都孜巴格村的主要集市，这个村落同库车地区西端农业区的其兰及其他几个村庄一起，现已归入沙雅县。4月24日早晨，我们动身前往塔吉克（Tajik）和托格拉克艾肯（Toghrak-akin）遗址，曾听说这是西部边缘地区保存有建筑遗迹的遗址。通往那里的道路据说间或有人用作前往阿克苏的直通路线，它穿过巴依小盆地边缘秃山脊南面的灌木沙地。大约走了4.5英里后，我们来到大片农田的边缘，不过前方2英里内也还有零星的新垦土地散见于草原地带。在这些新开田地以北约1英里处，可以望见一处叫作科什吐拉的遗址。我们在经过肖尔亚依拉克（Shōr-yailak）农场时已经走过了几个围有夯土墙的小型院落遗址。在科什吐拉，我发现一座大塔，基座为45英尺见方，残高34英尺，整个建筑用粗泥板筑成。大塔以北约86码处，有一个平台遗址，基底约46英尺×42英尺，建筑材料也是粗泥板，但上下用厚约3英尺的红柳枝层间隔。这个显示在古老年代的标志从顶部的发现得到了印证，顶部高出地面约18英尺，原先似有一座神殿。米尔·谢里夫说，约8年前，他还看到过顶上有墙，高出砌筑坚固的基座约6英尺，还带有壁画痕迹。的确，彩色的小块灰泥仍可俯拾，这是遗迹已彻底毁坏的证据。往东约 60 码，一道以夯土与红柳枝层间筑的矮残墙延伸约 70 英尺，似为围场遗迹。有迹象表明，导致围墙受到破坏的部分原因是风力的侵蚀。

　　自科什吐拉西行，穿过一片红柳稀疏、偶有低矮沙丘的黏土草地，我们逐渐走近上面说过的锯齿形秃山梁的脚下。这段山梁高出冲积平原约 2 000 英尺。塔吉克遗址距科什吐拉约 3.75 英里，如附图 41 所示，它的位置在山脊下一道荒瘠的小山沟的口上。我出乎意料地发现，距主要遗迹 100 码内，靠近一条干涸的泄洪道，有一口井贮着还算清澈的水。水井旁边，有一个保存颇好的小哨所，还有一棵白杨和一棵柳树。正是有这条从山梁通来的地下水道，古时和近代才有人在此居住，否则这里必是一片不毛之地。哨所据说是 1877 年清朝重新治理这个地区之后建立的，此后曾使用多年，镇守着上述从阿克苏直通库车的沙漠之路。

　　4 月 24 日至 27 日，我们调查了塔吉克及其西面托格拉克艾肯遗址的遗迹。这些遗迹包括一个破坏严重的四方形院落、一座佛殿遗存（位于谷口的一块自然土台地上）和一群分布在稍高处几座矮山梁上的小寺。第二天傍晚，从尤勒都孜巴格来了一群民工，这样我便有了足够的人手，将四方形院落的全部遗迹（Taj.I，平面图见附图 41、43）清理完毕。这里显然曾被一再挖掘。院子东南边和西北边的建筑几乎被破坏殆尽。但其他部位的遗存足以说明某些建筑特点。这是一座不高的天然土冈，中央掘成地穴，边缘保留不动，形成地穴四边的高台，即下沉式院落四壁的下部。这种建墙方法在西角尚有遗迹可寻，那里有三座房子的墙壁保留着一定的高度，墙壁下部在自然土冈上挖掘而成，上部则用泥板砌筑（图 353）。

塔吉克遗址

四方形院落遗迹

佛殿遗迹 　　清理堆积后，发现三座房子中有一座（编号为 i）是小佛殿（平面图见附图 43）。殿内后面中央有一佛龛（台座，前面有龛——译者），左右通往后室的拱顶过廊里留有壁画残迹。在 i 号遗迹，发现一个灰泥浮雕菩萨的头像（Taj.I.i.01）和一只木雕的右手（Taj.I.01，图版 LXVI），后者可能是呈无畏印手的佛像细部。还发现中国钱币一枚，但未能鉴定。i 号遗迹和西侧房间的地面上遍布着坚硬的天然石膏。清理中未见遗物。离此约 14 码处，即在四方形院落的西北边上，见有两座好像是小神祠的遗迹，分别为四方形和圆形。在邻接 i 号佛殿的 iii 区，我们发现三张写有龟兹文字的残纸。

　　清理四方形院落的其余部分，发现在北角也保留着建筑遗迹。在 ii 号房里，我们发现一枚中国钱币，但没有钱文；一块绿色厚玻璃，编号为 Taj.I.ii.01，当属容器器壁残块；三个大型粗陶罐，均露出地表，但已破碎。铺地的硬石膏块被大量发现，说明四方形院落的其他各边原先也有建筑，可能是僧房，但仅在东北边见有两个小房间的遗迹，地板也是用硬石膏铺面。

小寺群 　　前面提到的那群小寺（Taj.II），位于四方形院落遗址东北约 200 码外的两座黏土岩山梁上（图附图 41），两山峙立于一条小山沟的两侧，地势不高但山坡颇陡。II.i 号寺（附图 43）从疏松的岩石中开掘而成，是一个拱顶石窟，面积 10 英尺见方，后方有一条过廊。窟室后壁上曾有一个浮雕造像。走廊两壁的基脚部分保留着加固芦苇的灰泥，上面的壁画痕迹依稀可辨。在盖住地板的沙层中发现一张小纸片，纸片上写有婆罗米文字。更有意思的是，在洞窟下方山坡上不厚的垃圾层下发现一枚木牍（Taj.02，图版 CXXiii），长 13 英寸，宽 2 英寸，保存较好。木简的正面和背面都有三段龟兹文字（见附录 G）。木简上的穿孔表明这样的木简不只一枚。另一座小窟寺 Taj.Ⅱ.ii 的拱顶和前部几乎已完全毁掉；窟内后部没有过道，只有一个拱形神龛。Taj.Ⅱ.v 本是一个线崖凹，经人工开扩后成了一处简易的住所。石窟 Taj.Ⅱ.iii 已完全毁坏，洞壁无法确认，洞内有一座小塔，其方形基底残高约2英尺。该洞和严重毁坏的石窟 Taj.Ⅱ.iv（13 英尺 × $9\frac{1}{2}$ 英尺）的内部装饰，只有金叶碎片和彩绘的灰泥残块保存下来。

虽然我们的发现为数甚少，但塔吉克遗址的主要意义在于它所提供的有关自然条件的资料，这种自然条件可能曾普遍存在于这个地区，其年代正值当地盛行佛教，即可能是在唐代。不妨将这些资料与我在附近考察极其相似的托格拉克艾肯遗址时所获得的结果放在一起来考虑。该遗址位于一条狭窄曲折的峡谷中，如附图 42 的示意图所示，峡谷的起点也是远方那条荒瘠的山梁。峡谷的出口距塔吉克将近 2 英里，称为托格拉克艾肯，得名于因谷底地下水的滋润而长成枝繁叶茂、树干高大的一棵棵野白杨。我们穿过了一片芦苇和灌木丛生的原野，经过了一口咸水井，才到达那里。在谷口附近，我们看见一条小水渠，渠水清澈，水流涓细。原来最近有人想采用坎儿井来开发峡谷的地下水，以开垦下方扇形冲积地的肥沃土地。但因水源不足，这位雄心勃勃的库车土地占有者只好放弃这个打算——他只知道吐鲁番的坎儿井可以用来垦殖，却不了解此处完全不同的地质条件。然而这条小水渠却表明，即使现在，如果这里住上一群居民，其规模相当于峡谷两侧大量遗迹所反映的当年佛教时期这里居住的寺僧群体，那么，只要在托格拉克艾肯谷底的干涸渠床上掘出几口水井，想必也能满足这群居民的用水需要。

托格拉克艾肯遗址

雨水侵蚀的后
果

　　由于时间有限，加之所有遗迹都因不利的气候条件、人
为的破坏和崖坡极其松脆的性质而遭到严重毁坏，我无法彻
底考察全部寺庙和洞窟。不过有人数较多的民工给予帮助，
工作的成果已足以说明遗址的性质和年代。峡谷大致往北蜿
蜒深入约 400 码，沿谷底上行，只见陡峻而狭窄的沟壑遍布
各面山坡，突出地反映了雨水冲刷和侵蚀碎裂的岸坡所造成
的后果，尽管这里可能不常下雨。由于彼此交错的松软土层
不断消解，山坡和山脊上都暴露出几乎是直上直下的砂岩地
层，使原先构筑在山上的任何建筑物都加速毁灭。

遗迹的严重破
坏

　　许多破碎及不成形状的古代木料被冲到山坡之间的小峡
谷里。原先用这些木料构架起来的建筑，只有稀疏的遗迹留
在山沟上方的山脊上。同样，那些规模不大的洞窟，无论是
佛寺还是僧房，多数也因洞壁碎裂而局部崩塌，或者堆积着
雨水冲来的淤泥。每次登往高处去调查遗迹，脚下的表层松
土一踩就塌。遥想这个圣地兴旺时期，通往寺庙和僧房的道
路经行人反复踩踏，要说那时候的地表也是这样暴露在外而
受到破坏，那实在是难以置信。这方面值得一提的是，在大
峡谷以南的山坡上，我曾看见灌木的死树根，但树木本身如
今已全然无存。或许从前这里的土壤能够吸收到稍多一些的
水分，因而在一定程度上受到植被的保护。

主要佛的遗迹

　　最引人注目的遗迹是遗址平面图（附图 42）上标出的
I 号遗迹。它的位置在朝向大峡谷出口的小山坡上，峡谷在
这个出口上向西拐弯。这处遗迹包括一座石窟寺及其上方的
四级台地，每级台地均有凿崖而建的佛龛，为平面示意图及
剖面图所示（附图 43）。石窟寺内有一个 10 英尺见方的石
室，后方有 4 英尺宽的过廊，与石室后壁两侧的门洞相通。
石室和后廊均为拱顶。石室壁上的蛋胶画因岩石开裂和供作
画的灰泥太薄且已糟朽而受到严重损毁。但东南壁上尚有画

幅保留下来，画的都是坐佛和立侍菩萨，上方还有林间行猎图。这些壁画都已被小心揭下，尽管不无困难。壁画的文字描述和复制图像拟在后刊布。

石窟上方逐级后斜的山坡台地，自下而上分别开凿有 崖壁建龛的台地
10、8、6、4 座佛龛。这些佛龛都是在砂岩上开凿而成，宽
2.5~3 英尺，进深 2 英尺 6 英寸至 2 英尺 8 英寸不等。龛前的阶地以第二排上方的一级最大最高。龛内隐蔽较好的地方仍有部分灰泥壁面保存下来；推测龛内原先当有坐佛图像，但均已无踪可寻。在冲到山脚附近小水沟里的大量木料遗存中，我们没有发现明显的雕刻品，但在清理台地旁边的山坡时，我们在最大一片阶地的东端附近发现了一件雕刻细微的木料柱头，编号 T.A.I.01（图版 XV），尺寸为顶端 12 英寸见方，高 10 英寸。它倒插在 0.5 英尺厚的岩屑层底下。雕工出色的花卉纹饰，使人想起科林斯柱头，而其奔放的风格则与尼雅房屋遗迹中发现的斗拱雕刻相似。这件柱头和同样从台地旁边山坡上清理出来的一根旋成的栏杆残件（T.A.I.02），可能都是原先建在小山巅上的木建筑的构件，如今建筑已荡然无存，山巅也受到侵蚀。由此往东北约 170 码处的一座小山脊上，以及东南面的一座狭窄的鞍形山上，也发现有糟朽不堪的木料建筑遗迹，这些大概也是小寺庙的遗存。但这些地点都无法确定平面布局。

沿这道鞍形山下行，可以到达大峡谷东面山坡上离谷底 T.A.II、III 号石窟寺群
不高的一排小洞窟，附图 42 中标作 II，其中保存最好的 II.i
号窟（平面图见附图 43），看来过去曾被局部发掘。窟内有一个石室，14 英尺×11 英尺，后壁凿一个佛龛（即石室后部中间台座——译者），壁后（台座后面——译者）有一条走廊，宽 6 英尺。有两门洞通入走廊（即台座两侧甬道——译者），进入其中一个门洞上行，可以走到另一个石室的过廊，

但石室现已被完全毁掉。石窟 T.A.II.i 的石室顶部残存着坐佛的画像；彼此相邻的走廊内也有类似的壁画，技巧低劣。窟内地板用烧砖铺砌，上覆石膏。全面清理地板，只发现一件青铜饰物（T.A.II.i.01），上面带有镶嵌两块宝石的底托。北面近处，还有三座小窟，其前部均已塌陷。

　　另一群石窟编号为 III，位于东面高出谷底约 150 英尺处。其中一座是佛寺，平面与 T.A.I.i 相似，石室壁上保存着小坐佛像的菱形图案，均以镂花模板绘制；后廊顶部则有涅槃中的佛像，画工颇粗。佛寺南侧另有两座小窟，显然是寺僧的住所。

大院落遗址　　大峡谷的另一面，在一座陡峻的山冈顶部，有一处破坏严重的遗址。看来这是一个建有围墙的大院落，内部原先当有大规模的寺院建筑。由于山坡很陡，围墙有很大一部分已经滑塌，其围圈的面积约为 50 码×40 码。围墙内堆满了垃圾和陶片，无法弄清建筑特点。沿墙线一带及其他地方，见有"寻宝人"挖洞的痕迹，要做系统的清理，不仅颇费时日，而且不会有多大收获。于是我把注意力转到在此以南的两群小石窟（编号为 IV）上。这两群石窟位于一座陡峭的小山嘴上，彼此相对。较远的一组是两座小寺，其间有过道相通。经全部清理，仅发现小坐佛等壁画残迹。另一群包括四座石窟，当属住所无疑，其中较大的一座与另一座小窟有走廊可通，为 T.A.IV.i（附图 43）。移去洞内填积的松土，我们在一座小洞里（附图 43.a）发现 24 枚中国钱币，有些钱币嵌在地板上。其中 21 枚是唐代钱币，另外 3 枚无钱文，可能属较早年代。这样，我们在结束考察之前，就先后从壁画的风格和出土的钱币上看出，这里至唐代仍有人居住。

图 351　从营盘至霍拉途中，堡垒 Y.I 即哨所遗址（从东北向西南拍摄）

图 352　堡垒 Y.I 即古哨所的望楼和围墙（从南向北拍摄）

图 353 塔吉克方形院落遗迹

图 354 吉格代里遗址（从西向东拍摄，箭头所指是小窟寺的位置）

由于要给拉尔·辛格安排调查工作，我只好于 4 月 28 日冒着大风沙启程返回库车。在肖尔也力克，我让阿弗拉兹·古尔取道东南方向去调查尤勒都孜巴格与哈那克阿塔木（Khanak-atam）之间的地方。哈那克阿塔木在木扎特河东面，是库车地区最南端的聚落，我们约定在此会合。他走了三天才到这里。关于他途中考察的遗迹，后面再作简要介绍。但我不妨先在这里谈谈木扎特河西岸现今耕作区西界外面的塔提。这些遗迹，我是过后才在他的帮助下认定的。

返回库车

据陪同我们考察通古孜巴格及上述几个小遗址的向导艾则孜·帕万告知，作为一个"寻宝"老手，他曾在一些古遗址上捡到不少小件文物，大部分是金属器，也有几件是玻璃制品和石器。我从他手中获得了这些器物，关于它们的形态我们将在下文的名录中与得自米尔·谢里夫的收购品一并列述。艾则孜说，这些小件器物多数是他在一个他称为达坂库木（Dawān-kum）的古代居住区内采集的。据他的描述，那个地方是一个遭受风力侵蚀的塔提。其他人也用这个地名呼其地，它的位置在尤勒都孜巴格西端耕作区以外的一个地点，正当直通阿克苏的沙漠道路上。于是我便安排阿弗拉兹·古尔在我们将要离开库车时特地去那里考察一下，同时也好探察前往喀拉玉尔衮（Kara-yulghun）的路线。

从达坂库木采集的古物

阿弗拉兹·古尔的考察报告说，5 月 10 日，他从托尔帕克巴扎出发前往调查，当时他很高兴找到了一名"向导"，但很快就暴露这名向导对路线很不熟悉，而艾则孜·帕万又已谢绝做伴。从托尔帕克巴扎前行约 8 英里，来到拉木帕（Lampe），这时最后的几块田地已被他抛在身后。又走了 2 英里，到了风力侵蚀的地带，只见大量陶片堆积绵延约 0.75 英里，这便是古代的居住区了。向导把这个地方叫作哈

调查达坂库木的塔提

吉里克（Hajelik），对 1.5 英里以外的另一个类似的地方也这么称呼。再往前走了约 4 英里，两人来到向导称为达坂库木的地方。在那里扎营取不到水，但阿弗拉兹·古尔花了整整一天的时间，对预想中的遗址做了广泛的调查，那迂回曲折的探寻路线，从地图上看一目了然。这里由于红柳生长茂密而难以通行，调查工作毫无收获。阿弗拉兹·古尔没有发现土壤遭受风力侵蚀的迹象。因此，很难说这个地区会有塔提类型的遗址。在此后三天前往喀拉玉尔衮的艰难的长途旅行中，他也没有发现古代遗迹，而水井稀少、井水发黑则给他带来很大困难。这位调查员记录的这些经历，当可解释为什么库车与阿克苏之间的沙漠路线尽管径直，但如今除了急于逃避监视的人，很少有人由此经过。

通往阿克苏的古代路线　　有可能这条路线就是《唐书》所载，并由沙畹先生做过翻译①的一则"道里记"中叙述的从安西（即库车）到拨换城（与现今阿克苏相合②）的道路。当年玄奘从库车出发，西行 600 里而穿越一片不大的沙碛地之后，到达了"跋禄迦小王国"，他所走的也是这条路线，因为《唐书》有一段话明确指出跋禄迦就是拨换③。玄奘的《大唐西域记》没有提供这条路线的细节，但它的方向和里程与径直的沙漠路线是两相符合的，因为从库车耕作区的西部边缘，到以扎木台（Jam）村的耕地为标志的阿克苏耕作区的东部边缘，其间大致就是 120 英里。无论从里程还是从穿越沙碛地的记述来看，它都不可能是唯一值得考虑的另一条路线，即沿现今大道经过萨依拉木（Sairam）和巴依。后者的路程要长得多，

---

① 参见沙畹《西突厥》8 页。
② 其考证参见《西域考古图记》第三卷 1297 页。
③ 参见沙畹《西突厥》8 页脚注及 120 页。

而且始终不经过沙碛地。

在《唐书》的"道里记"中，我们也可看出这种方向和地图上的一致，尽管它所提到的几个特定路段无法确切定位。书中载道："安西（即库车）西出柘厥关，渡白马河（即木扎特河），百八十里西入俱毗罗碛。经苦井，百二十里至俱毗罗城。又六十里至阿悉言城。又六十里至拨换城……"（《新唐书》卷四三下——译者）这里首先必须指出，所记总距离420里比《大唐西域记》所记600里要少很多。显然，从沙碛地的开端到苦井之间的距离被省略了。

如果把这个省略考虑进去，则其他几段里程记载当可按下述推测的位置来解释。180里的距离若从库车算起，其终点大致在尤勒都孜巴格耕地西部边缘，两地直线距离约为32英里。苦井很有可能是在肖尔亚（Shōr-yār）的阿弗拉兹·古尔营地附近，那里在一条水质颇咸的小河旁边有一处泉水，泉水发黑但尚可饮用。由此往俱毗罗城约120里，可达乌鲁克亚（Ulūgh-yār）附属小绿洲的可耕地，其直线距离为往西约25英里。从这里到现今的阿克苏老城，直线距离约为32英里，略超过唐代"道里记"所载到阿悉言再到拨换的120里合计里程。但是，我们不能肯定阿克苏区境内无疑以"拨换城"为其名称的主要地点，其位置是否恰与今日阿克苏的阔纳沙（Kōne-shahr）相合；而且鉴于耕地实际上从扎木台村开始即往西延伸，可以设想拨换城的位置当在较近的地方，这样便与"道里记"所载里程较为一致。不过目前还没有明确的证据，拨换城及处在中介地位的阿悉言的确切位置，都应存疑。

第三节　库车东南的遗存发现和收集的古物名录

4月29日，我从乌干村的地盘东北端出发，继续赶路返回库车。途中我经过了称为杜勒都尔阿库尔的佛寺遗址，收集到一些资料，这在记述当地三条大水渠时已作交代，这些水渠实际上是从木扎特河西岸，从那个遗址（真正的苏巴什）的下方发端的。据当地的说法，从前河西的土地有八条灌溉水渠。的确，在杜勒都尔阿库尔遗址与现代渠头之间的那片贫瘠的狭长地带，还发现有三条现已废弃而年代较早的大渠道。如今河里是否能有足够的水量来供应这些仍然不能满足灌溉需要的渠道，看来是大可置疑的。

4月30日，我利用仅能在库车停留一天的时间，考察了一个叫作阔特鲁克乌尔都（Kotluk-ordu）的土墩遗址。这个遗址规模很大，但已严重毁坏。据米尔·谢里夫和其他几位当地知情人说，著名的鲍尔（Bower）写本以及其他几件重要的梵文和龟兹文文书就是在这里发现的。这些文书于1891年辗转到了印度，后来由已故的霍恩雷博士加以整理。土墩位于库车城西南角南偏西南方向约0.5英里处，与通往科什吐拉的道路经过耕种区边缘的地点相距不远。它的形状为椭圆形，全部由泥土堆垒而成，面积约54码×32码，西北端似有一座佛塔基座，但佛塔已完全毁坏。这个部分的土墩至今仍高出周围田地约20英尺。东边，一块宽约14码的平台与上述基座相连，高度较小。平台外侧还有一圈围墙遗迹，约44码见方，墙体已多处坍塌，成为一个个小土墩。整个遗址似为一座大型寺庙的遗存，由于人们长期在此挖掘泥土为田地施肥，加之"寻宝人"的大肆盗掘，遗迹已被破坏得几乎面目全非。在此以南不远处还有一个较小的土墩，其毁坏程度更为严重，如今已有一半被埋在沙里。米尔·谢里夫说，大约 28 年前，他和几个伙伴就是在这里挖掘到一大批古代写本的。他们把所获文物瓜分出卖，一部分卖给了阿富汗商人，然后这部分写本又转到鲍尔大尉（现在是将军）和麦卡特尼先生（如今是乔治·麦卡特尼爵士）手里，于是欧洲学者对塔里木盆地埋藏的古物开始产生极大兴趣。

　　5 月 1 日，经过 30 多英里的行程，我们来到了哈那克阿塔木。这时米尔·谢里夫想带我去看看他熟悉的几个古代遗址，说这些遗址离他在这一带的田地不远。我们走了约 3 英里，来到库车河灌溉区南端的阿拉布克（Ara-buk）。在这个地点的外面，灌木丛生的几片大草原与多半是狭长的农耕地相夹杂，沿着从木扎特河开始的几条大水渠的末段绵延伸展。沿途听见人们都在抱怨河水不够浇灌可以耕种的土地，因为耕地旁边的荒地也很肥沃。由此不难看出这个地区今不如昔，从前河里水量较大，这里的整片土地应该都能连续耕种。

前往哈那克阿塔木

　　我们沿灌溉波斯坦（Bostān）和哈那克阿塔木土地的渠道前行，只见渠里还是干涸无水，分散的农庄及其近旁遮阴蔽日的大树与耕作不周的田地形成鲜明的对比。在一个长期人烟不断的村庄里，这种现象是缺少灌溉导致庄稼连年歉收所造成的。然而这里的居民又不愿意放弃这个地区而迁到新开垦的和现时条件较好的土地上去。这样的土地我们在第二天就在哈那克阿塔木的最后一个旧农庄下方意外地发现约有 4 英里长。大约六年以前，奉区长之命开了一条新渠，于是不少垦殖者来到这里新开土地。但看来谁也没有足够的信心敢冒风险在这里安家落户。这充分说明，在所有这些绿洲的渠道末段，有各种各样的不稳定因素容易造成当地的农业无

缺少灌溉和新垦殖

法长期经营。

阿弗拉兹·古
尔考察的院落

在哈那克阿塔木，我与阿弗拉兹·古尔会合了，他从尤勒都孜巴格出发后，做完了横越库车耕作区南部的调查，并且在我之前到达了这里。他的考察以平板仪和沿途报告做了记录，我们从中得知，在库车至沙雅的大路以东地区，有几个废弃后遭受破坏的院落和望楼遗址。这些小城堡都是夯土建筑，遗迹的形状与我们在尤勒都孜巴格以南见到的极其相似。在阿克协尔（Ak-shahr）遗址有两处遗迹，其平面草图见附图40。这几个遗址都在现存渠道附近，离现在的居民区不远，因而当属因环境潮湿和人们经常掘土肥田或搜寻"财宝"而受到严重破坏。在这样的遗址上很难找到可以断代的遗物，所以我比较放心不再亲自前去调查。

琼协尔城堡

于是，我于5月2日从哈那克阿塔木最后一个农庄的营地向东南方向进发，去调查米尔·谢里夫说过要带我们去看的遗址。我们沿上面提到的新水渠走了约4英里（当时渠水流量将近4立方英尺/秒），经过了垦殖区的新开田地。这里，田地旁边的红柳长得更高，野白杨树丛从西北向东南延伸。在距离营地约9英里的地方，见有一条老水渠的护堤沿这个方向延伸于树丛之间。沿渠道前行，我们来到一座大城堡遗址，米尔·谢里夫说它叫琼协尔（Chong-shahr）。周围的土墙高约10英尺，平面呈不规则椭圆形（附图41）。堡内土地依长轴计算为自西北至东南约340码。西北堡墙与一座土墩相连，土墩南北约70码，高约30英尺。城堡内多处发现渗透着盐分的垃圾堆。城堡的年代至今无法确定。

接着我们朝东北方向走了约1.5英里，跨过了一片表面覆盖着松软的肖尔地带。这时米尔·谢里夫告诉我前面有一个遗址叫小镇。原来这是一个小哨所的遗迹，周围有厚约

7 英尺的夯土围墙，内部面积约 38 英尺见方。哨所外围还有
一圈外墙遗迹，也是夯土建筑，与内墙大致平行。内墙有几
段残高 12~13 英尺，可见内墙筑得颇为坚固。但我在这里
也未能发现明确的年代标志。

　　从这里往东南前行约 4 英里，我们走到一片叫作陶如克
（Tauruk）的大洼地。多年来每逢洪水时节，这里可从木扎
特河末段的东延河床沙央河（Shayān-daryā）得到灌溉。洼
地的底部如今已成旱地，但这里的井，只要挖到 2.5 英尺
深，就能冒出清澈的水来。就在一年前，这片洼地还曾短期
种植过小麦，小麦长势很好，这是木扎特河主要延伸河段英
其开河以及塔里木河下游沿岸一种广泛流行的做法的一个实
例。我在其他著作中已经指出，这种做法对遗迹研究有重大
意义①，因为据《汉书》记载，早期汉人曾竭力在渠犁地区
屯田。这个地区包括沙雅以东的木扎特河下游和塔里木河的
沿岸土地。

　　5 月 3 日早上，我们再次登程，向东偏东北方向进发，
经过了一片更晚时候被洪水淹过的土地，只见有些池塘还蓄
有清水。走了约 4 英里，我们又看到一个土堡遗址，与头一
天所见的琼协尔相似。它的平面呈不规则椭圆形，南北径长
约 200 码，土墙高出堡内被碱渗透的土地约 15 英尺。近处，
芦苇和灌木生长繁茂，可供放牧，说明这种土堡有可能是为
放牧人及其畜群暂时避身而修建的。但显示年代的遗物仍无
从查考。

　　离开这片表层覆盖着盐分的土地，进入一道红柳林带，
我们看到一条遗迹分明的古代渠道向东北延伸，渠底宽 22

水淹地

黑大爷巴扎遗址

①　参见《西域考古图记》第三卷 1236 页。

英尺。沿着渠道前行约 3 英里后，我们到达黑大爷巴扎（Khitai-bāzār）遗址，这时米尔·谢里夫说，他曾在这里挖掘过，找到了一些纸写本残卷。我们在这里发现了几处小型建筑的遗迹，这些大部分是木料和篱笆墙结构，散见于一处高坡上，坡地显然是从老红柳丛中开辟出来（平面图见附图 44）。由于受到风力侵蚀，后又经反复挖掘，这里的遗迹除墙基外几乎被破坏殆尽。但是在坡地的北头，我发现了一间小室残留下来的墙壁，墙体用粗糙的泥板砌成，室内面积为 $11\frac{1}{2}$ 英尺×13 英尺，周围建有一条回廊。清理回廊东面的垃圾后，我们发现几张写有婆罗米文的小纸片，字体酷似前些时候米尔·谢里夫给我看的一张龟兹文残写本，当时他还说这纸片是在这个遗址上发现的。根据这些考古证据似可断言，这些遭严重破坏的遗迹应是一座小佛寺的遗存，而且殿堂建筑旁边当有其他房舍。整座寺庙可能是在唐代被废弃的。

黑大爷协亥尔遗址

考虑到实际情况，我们应早日返回库车城。因此，我未能前往东北约 3 英里外的黑大爷协亥尔遗址进行考察。这个遗址，阿弗拉兹·古尔按我的嘱咐从轮台抄小路去库车时已做过调查。根据他的详细报告，他在那里发现了一座椭圆形的城堡，面积约 270 码×156 码，如平面示意图 41 所示。从他的描述来看，该遗址的建筑特点和保存状况均与通古孜巴什的院落相似。围墙基础厚约 26 英尺，若干墙段残高约 18 英尺。阿弗拉兹·古尔观察到筑墙的方法是夯筑和粗泥板砌筑的土层，每隔 2 英尺 3 英寸间以薄薄的一层红柳枝。围墙内的地面上渗透着碱，土墙基和胡杨木料残块之类的建筑遗迹早已在过去的挖掘中被全部毁掉。城堡西北面有两个矮土墩（平面示意图见附图41），其保存情况也是这样，土墩上曾有某种建筑。较近处的一个土墩，阿弗拉兹·古尔从其形状推测是一座佛塔遗址。在这两座土墩西北，他又看见一个院落呈不规则椭圆形，围墙较低，坚固程度较差，年代也较晚。

阿弗拉兹·古尔查看遗址地表时仅采集到一些红陶和灰陶碎片，见下文的文物名录中的描述。这些陶片虽不惹人注目，却是一批很有意思的考古资料。正如霍普森先生在分析我的陶器搜集品时所指出的[1]，黑大爷协亥尔陶片的纹饰和质地，表明它们属于在楼兰遗址和敦煌石灰岩地带大量发现的陶器所代表的那些器类。霍普森先生的观察结果说明这个遗址在很早以前曾有人居住，因此我特别遗憾未能亲自考察它的遗迹。但愿这里的记载能使将来某个有能力的考察家注意这个地方。阿弗拉兹·古尔的行程报告所记述的地形观察也是值得注意的。当时他从东北方走向黑大爷协亥尔，在距离该遗址大约还有1.5英里时，他跨过了一条形迹明显的道路，这条路从西北向东南延伸。他的向导说，这是往来于库车与罗布泊地区之间的人常走的路。鉴于这条路线在中国内地沟通西域的大道需从楼兰经过的早期具有重要意义，我们必须重视这样一个事实，即我们发现它的设防哨所恰恰就在它通至过去库车耕作区东南端的那个地点。

从黑大爷巴扎返回库车得经过一片片芦苇和灌木丛生的放牧场，当天很晚我们才走到梯木。这是一个偏僻的村庄，位于一条狭长耕地的尽头，田地有一条大渠从木扎特河引水浇灌。梯木村得名于一座古代的土墩遗址，但遗址毁坏太

（右侧旁注：形制古老的陶片）

（右侧旁注：返回库车时经过的地方）

---

[1]　参见附录D。

甚，竟无任何遗存显示其原先的性质。第二天（5 月 4 日），
我们沿这条狭长耕地走了 12 英里，然后又经过 9 英里的荒
凉草地。这个地方是库车河扇形冲积地的一部分，但如今已
得不到库车河水的灌溉。直到离库车城大约还有 6 英里的时
候，我们才进入长期连续耕种的地区。阿弗拉兹·古尔从黑
大爷协亥尔到库车城的路线在东面较远处。那条路线使他看
清了那一带水浇地的界限，其中大部分田地是近年才从灌木
丛生的荒地里开辟出来的。但是他在两个地点发现的土墩遗
址，以及在另一个地点考察的年代古老并建有围墙的桑罕阿
塔木（Sang-khān-atam）哨所①，证明那里也有人烟不断的
居住区，其范围曾一度比现在大。

在库车获得的
文物

由于时间紧迫，而库车的古代遗迹又散见于这片绿洲现
代范围以外的辽阔地区，我对上述诸遗址的踏察便只能是仓
促为之。然而我的考察已足以使我在一定程度上了解到，我
在绿洲停留期间所搜集到的并在下文名录中加以描述的各种
文物，可能是在哪种环境下发现的。这些小件器物的形制与
我们在库车绿洲一带，从佛教时期开始成为废墟的古代居住
地中所见到的塔提发现物均极其相似。鉴于库车灌溉区外面
的土地遭受风力侵蚀，尽管破坏的程度比塔克拉玛干以南地
区要小得多，我们仍可相信大部分发现物的提供者米尔·谢
里夫和艾则孜·帕万的叙述是真实的。他们说，这些器物是
在绿洲以西和西南的达坂库木及同类地点的塔提中拾得的。
不管实际情况怎样，有一点应该指出，即可能由于在佛寺遗
址上开荒种地而出土的灰泥浮雕残块，以及类似于和田古代
文化层因水流冲刷而大量出土的那种带有纹饰的陶制品残

---

① 平面示意图见附图 44。

片，在库车的搜集品中是几乎完全没有的。① 在收集的钱币中有数量较多的汉文—佉卢文二体钱（附录 B），这也是值得注意的。

　　数量最多的是青铜制品，其中首先值得注意的是印章。许多印章刻有动物纹（图版 CXI），多数形态怪异（Kuchā. 02、03、06、0101、0103、0113～0117、0120、0123、0126、0154、0157、0158、0160、0164）。少数印章雕有人物形象或半人神像。特别值得一提的是：Kuchā0156，图像为一佩剑男子，其站立姿态与某些贵霜钱币上的王者形象相似（图版 CXI）；Kuchā.0161（图版 CXI），图像近似犍陀罗浮雕中常见的人鱼神像。编号为 Yul.075 的青铜戒指印章（图版 CXI），其正面的阴刻也呈现出古典特征。不过这些青铜印章多数做工粗糙，似属当地产品。带有纹饰的小件青铜用品也为数颇多，如带扣、带钩、带环、纽扣，其中 Kuchā. 0110、0112、0121、0125 和 Yul.02（图版 CXI）饰有人物纹或动物纹，值得注意。青铜箭头种类繁多（Kuchā.059～069、0106，Yul.032～040；标本见图版 CXI），器形与敦煌石灰岩地带、罗布泊沙漠和尼雅等地遗址的发现颇相近似；有些铜镞形制较为特殊，如 Kuchā.069 和 Yul.032（图版 CXI）。

　　石料器物多半是褐煤制品，其中有不少印章，装饰与青铜印章相似（Kuchā.032、0109、0132～0135、0149，Yul.054、069～074、078；图版 CXI）。在 Kuchā.0136 印章和 Kuchā.0159 青铜印章（图版 CXI）上，刻有汉式碑刻文字。

带有雕刻装饰的青铜印章

石料器物和玻璃制品

---

　　① 仅发现两件陶制品：一件为陶猴，作蹲踞状，双肩顶一小猴分腿而立，参见 Kuchā.073（图版 X），是阿弗拉兹·古尔在前往达坂库木之前的收获；另一件为小型浮雕头像，Yul.050，受到风沙侵蚀。
　　Kuchā.074～076 的灰泥头像，据米尔·谢里夫说，是在阔特鲁克乌尔都西南小沙丘之间的风蚀堆积中拾得的。

玻璃器主要是串珠和垂饰（Kuchā.09、056、058，Yul.056~058、060、062、064；图版 CXI），形制往往与和田遗址中发现的同类器物相似。有几只玻璃小鸭（Kuchā.0144~0147，yul.065；图版 CXI），可能是随身护符。此外，还有少数几枚玻璃印章，其中特别值得注意的是 Kuchā.0152（图版 CXI），上面的图案是在菩提树下禅定的坐佛，做工甚精。另一枚玻璃印章（Yul.059，图版 CXI），刻有一只羚羊或一匹马，雕工颇粗，当与多数青铜印章一样同属当地制品。最后，我们还发现了刹形珠（Yul.067、068，图版 CXI）和垂饰（Yul.055）这类膏泥制品的坯料。

库车地区各遗址发现或搜集的文物名录
通古孜巴什遗址的发现物

Tong.01 **生棉花（?）团**。带荚，约 $3\frac{1}{2}$ 英寸×$2\frac{1}{2}$ 英寸×2 英寸。

Tong.02 **带襻童鞋**。形制与 T.XXIII.f.01、Y.VI01 等相同。做工颇好。后跟处鞋帮残缺。长 $7\frac{1}{2}$ 英寸，鞋底最大宽度 $2\frac{1}{2}$ 英寸。

Tong.03 **大麻（?）纤维团**。与乱绳混在一起。约英寸 3 英寸×2 英寸。

Tong.04 **2 块文绮残片**。织工精细。一件浅黄色，绞缬；另一件深红色。最大长度 7 英寸。

Tong.05 **陶器颈部残片**。上带侈口下带广肩。细泥红陶，有盐霜；素面。最长处 $2\frac{3}{4}$ 英寸，高 $1\frac{1}{2}$ 英寸。

Tong.06 **陶片**。细泥红陶，外壁施浅黄色陶衣。素面。$1\frac{3}{4}$ 英寸×$1\frac{1}{2}$ 英寸。

Tong.07 **陶片**。细泥浅褐陶，火候颇高；外壁似有陶衣。最大长度 $2\frac{1}{2}$ 英寸。

Tong.08　**陶片**。细泥红陶，内外施深绿釉，至今仍有光泽。最大长度 2 英寸。

Tong.09　**胡桃壳碎块**。最大长度 $1\frac{5}{16}$ 英寸。

Tong.010　**灰泥浮雕残块**。一个武士戴盔头像的右半部，至左眼中线残断。盔顶有圆纽，头后有顿项延至下颈成颈护。胎泥细腻，粉红色，大量掺毛。表面多残缺。脸部残留白彩，脸型同 Kuchā.074 ~ 076。有棒芯孔。高 4 英寸。

Tong.011　**陶器器壁残片**。细泥陶，胎色浅黄而略带粉红；无轮制痕迹，但表面有刮痕。上部内敛成较薄但不规整的平口沿。最长 5 英寸，高 $3\frac{3}{4}$ 英寸。

尤勒都孜巴格区科什吐拉的发现物

Yul.079　**灰泥浮雕残块**。弯曲为蜗牛壳，有施灰彩痕迹。直径 $\frac{7}{8}$ 英寸，高 $\frac{9}{16}$ 英寸。

Yul.080　**陶片**。浅黄略带粉红色，夹沙，有侵蚀痕迹。最大长度 $2\frac{1}{8}$ 英寸。

Yul.081　**陶片**。容器直颈至肩部残片，颈部有一只环耳。薄片状，赤陶，带盐霜。2 英寸 × $1\frac{3}{4}$ 英寸 × $1\frac{1}{8}$ 英寸。

Yul.082　**陶钵残片**。深灰色，火候颇高，上部内敛成平口沿。最大长度 $2\frac{7}{8}$ 英寸。

Yul.083　**文绮碎片**。有染红痕迹。甚破烂。最大长度 2 英寸。

Yul.084　青铜垂饰残片。可能是铃，现已压平。三角形，顶端有环。高 $\frac{11}{16}$ 英寸，最宽 $\frac{3}{8}$ 英寸。

塔吉克遗址发现物或发掘品

Taj.01　青铜片。可能是器柄的一面，与《西域考古图记》第四卷图版 VII 的 Y.K.i.001 类似。长方盒形，凹背，一端做成方头，另一端为尖头。方头的窝近中部开口，可能是任剑刃穿过的孔。正面饰卷草纹，刻纹从方头开始，为一对卷叶。背面靠近两端铆钉，突起 $\frac{13}{16}$ 英寸。保存颇好。$1\frac{7}{8}$ 英寸× $\frac{1}{2}$ 英寸。图版 CXI。

Taj.I.01　木雕右手。向上或向下张开，与腕成直角。腕截成方形，中间残留榫钉，可与臂相接。拇指以及其余各指首节残缺。指间纹理清晰。正面及背面均有白彩痕迹。可能是施无畏印的佛手。雕工颇佳，惜表面略朽。长 $3\frac{1}{4}$ 英寸。图版 LXVI。

Taj.I.02　木栓。光滑，圆柱形，向一端（已残）略内收。有通体施白彩痕迹，并有涂金残痕。一面中段有一个小孔，孔内残留细木钉头。长 $2\frac{7}{8}$ 英寸，最大直径 $\frac{9}{16}$ 英寸。

Taj.I.03　白石垂饰。扁平体，莲花瓣形，两边倾斜，底边的一端有一穿孔。长 $\frac{5}{8}$ 英寸。

Taj.I.04 陶片。细泥赤陶，火候颇高。素面。最大长度 $1\frac{5}{8}$ 英寸。

Taj.I.i.01　灰泥浮雕菩萨头像。偏于宽短，略具程式特点。头发以前额中部上方的一绺为中线向两边分开，松弛地系成对称的数绺，然后向上翻起，用一条饰有宝石的发带系牢。头顶的发髻已残缺。长耳。表面剥蚀。泥胎局部焙烧，当出于偶然。高 4 英寸。

Taj.I.ii.01　玻璃容器器壁残片。绿色透明，有弧度，表面开始氧化。碎成两块（现已对合）。$2\frac{1}{2}$ 英寸×$1\frac{15}{16}$ 英寸。

托格拉克艾肯遗址的发掘品或发现物

T.A.01　3 颗玻璃珠石珠。一颗为石珠，蓝白色，圆形；另一颗为蓝玻璃珠，半透明，圆形而呈棱面；再一颗是黄玻璃珠，半透明，长圆形。多少都有残缺痕迹。最大直径 $\frac{7}{16}$ 英寸。

T.A.I.01　刻纹木柱头。平面近方形。顶板由五个构件组成：自上而下第一层为 1 英寸厚的平沿，第二层为 1 英寸厚的内斜削角，两层之间有一个深槽；第三层为厚约 $\frac{5}{8}$ 英寸的平棱；第四、五层分别为外斜削角和平沿，其间也有深槽，它们与第一、二层相似，但顺序相反且稍薄一些。顶板之下，柱头各面内收约 $\frac{1}{4}$ 英寸，做成棱角为 $3\frac{3}{4}$ 英寸高的四个垂直平面。这些平面徐徐向里弯曲，过渡到柱头下部钟形体的叶形饰件。

每个垂直棱角的下端至垂直平面的中点均做出一条先是略向下鼓出继而又弯曲上升的反曲线。在各个平面上，两条相对的反曲线的顶端稍向下弯曲而后相接。

在反曲线边沿内侧 $\frac{5}{8}$ 英寸处和顶板的下平沿下，以及在柱头的垂直棱角部位，均刻有连珠纹边饰。

柱头的倒置钟形体，钟腹颇浅，形如一盆，由宽窄相间的八片花瓣组成。四片宽瓣置于四角。它们从"盆"底升起，形成浅盆，然后陡然向外下折，形成凸曲线，与反曲线的下部大弧线相接。介于宽瓣之间的窄瓣则向柱头各面的中点竖起，至反曲线的交会点下倒卷下来。它们雕刻颇深，形如一对鼓胀的鼻孔。八片花瓣的外表都有另一片稍小一点的花瓣覆盖其上。花瓣中脊明显隆起。各花瓣之间稍有凹陷以显示分隔。

柱头内部钻有一孔，宽 $3\frac{1}{4}$ 英寸、深 4 英寸，以套接在柱身之上。孔壁平整（部分残缺），厚约 $1\frac{1}{2}$ 英寸。凿工粗糙，凿痕未经修整。

通体尺寸为 1 英尺 $1\frac{1}{2}$ 英寸×1 英尺 1 英寸×（高）10 英寸。图版 XV。

T.A.I.02　残木栏杆。有车床旋出的横沟。约四分之三的厚度已损失，两端亦残缺。表面松软。$7\frac{3}{4}$ 英寸×$1\frac{5}{8}$ 英寸。原先直径约 2 英寸。

T.A.II.i.01　青铜浮雕饰物残件。用铜条盘筑而成，边沿有隆起的连珠纹或绳索纹，内部有一排镶嵌宝石（存两颗）的底座，由稍稍隆起的内环和连珠纹外环组成。已严重锈损开裂，细节莫辨。残件尺寸 $1\frac{3}{8}$ 英寸×$1\frac{1}{8}$ 英寸；宝石嵌座外径 $\frac{3}{4}$ 英寸、内径 $\frac{3}{8}$ 英寸。

黑大爷协亥尔遗址发现的遗物

Khitai-shahri.01　陶片。容器肩部残片，施弦纹，上方两道，往下 $1\frac{7}{16}$ 英寸处五道，其间刻垂花饰。泥质不纯。$2\frac{1}{2}$ 英寸×3 英寸×$3\frac{1}{2}$ 英寸。厚 $\frac{1}{2}$ 英寸。

Khitai-shahri.02　陶片。素面，似有刻纹痕迹。经水流严重冲损。$1\frac{5}{16}$ 英寸×$1\frac{1}{8}$ 英寸×$\frac{1}{4}$ 英寸。

Khitai-shahri.03　陶片。容器器身残片，饰齿形凸带纹。泥质甚劣。残留深黄色陶衣。2 英寸×$1\frac{1}{2}$英寸×$\frac{1}{4}$英寸。

在尤勒都孜巴格各遗址的器物搜集品

Yul.01　青铜钉头。半圆帽；钉体甚短，不高出帽檐。有一个横钻的孔。直径$\frac{1}{2}$英寸、高$\frac{1}{4}$英寸。图版 CXI。

Yul.02　青铜浮雕狮头。小型，严重磨损。铸件，中空，内有一杆，可借以安在其他器物之上。直径$\frac{9}{16}$英寸，高约$\frac{5}{16}$英寸。图版 CXI。

Yul.03　青铜"猫"铃。完整，有球形铃舌及环形柄，但磨损严重。直径$\frac{9}{16}$英寸。图版 CXI。

Yul.04　青铜钩。舌形，剖面平凸。以铜条前段向上再向后窝成弯钩。另一端在平底下有一颗凸钉，可借以安在带上或衣服上。锈蚀颇重。参见《西域考古图记》第四卷图版 XXIX，L.A.00177.d。长 1 英寸。图版 XI。

Yul.05、06　2 个青铜环。05 为圆形，06 为椭圆形；剖面均圆形。一侧突出一颗短钉，与环体成直角。05 钉头较粗，06 钉头略成钩状，均为安装之用。直径分别为$\frac{15}{16}$英寸和$1\frac{1}{8}$英寸。

Yul.07　镂空青铜饰件或链环。形状为一扁平圆环外带四个小环向四方伸出。整体成形。四个小坏外沿已磨损，一个有断口。$1\frac{1}{4}$英寸×$1\frac{1}{8}$英寸；中环直径$\frac{7}{16}$英寸、外环直径$\frac{3}{16}$~$\frac{1}{4}$英寸。

Yul.08　小型石质或膏泥浮雕人手。直体，手指屈入掌心；腕部有一圈凹槽。青蓝石质，外结沙壳。长$\frac{9}{16}$英寸。

Yul.09　青铜环。背面凹空，直径两端各有一颗小钉残体；正面隆凸，铸成九珠环形状。直径 $\frac{11}{16}$ 英寸。图版 CXI。

Yul.010~012　3个青铜带圈。D 字形长条铜片，靠近直边有长方形镂孔，后面有三（或四）颗凸钉。边沿有凹槽。保存甚好。高分别为 $\frac{7}{8}$ 英寸、1 英寸、$1\frac{1}{16}$ 英寸。

Yul.013~015　3个青铜带扣。D 字形长条，靠近直边有长方圈供安带。013、015 两件留有扣舌。保存尚好。高 $\frac{13}{16}$ ~ $\frac{15}{16}$ 英寸，宽 $\frac{3}{4}$ ~ $1\frac{1}{16}$ 英寸。图版 CXI。

Yul.016　青铜带扣。以铜片而非铜圈安带。背面有三颗铆钉，有扣舌，完整。高 $\frac{13}{16}$ 英寸，宽 $1\frac{3}{8}$ 英寸。图版 CXI。

Yul.017　青铜夹。拇指形铜片窝叠而成，以两颗长 $\frac{3}{16}$ 英寸的铆钉钉牢。铜片弯折处、边沿和中间均切去，仅留下两根狭窄弯曲的铜条。折叠件长 $1\frac{1}{16}$ 英寸，最大宽度 $\frac{9}{16}$ 英寸。

Yul.018　青铜钩扣。铜钩弯度颇大，用实心小铜杆做成，弯处较细，向上翘起的末端做成舌形。背面突出一颗钉，扁圆形，与铜杆成直角。坚实精致。长 $\frac{5}{8}$ 英寸，凸钉 $\frac{5}{8}$ 英寸。图版 CXI。

Yul.019　青铜扣。头部铸成盾形，背面凹空，直边起脊，其余各边有凹槽。背面有 $\frac{5}{16}$ 英寸长的扣针。头部（最大宽度和长度）$\frac{11}{16}$ 英寸。图版 CXI。

Yul.020　青铜带钩残件。头部长条、实心、叶子形，剖面平凹，通体两端之间稍隆起，钩残缺。背面有平底圆弧形凸钉。头部 $1\frac{3}{8}$ 英寸 × $\frac{3}{8}$ 英寸、凸钉深 $\frac{3}{8}$ 英寸。图版 CXI。

Yul.021 青铜带扣残件。长条，D 字形框，弯杆；直边两端各有一个凸纽，直边残缺。凸纽均有孔，可容舌轴插入。保存颇好。长 $1\frac{7}{16}$ 英寸，框宽 $\frac{3}{4}$ 英寸，杆宽 $\frac{1}{4}$ 英寸。

Yul.022 青铜用具残件。梯子形，用圆形剖面的铜杆做成。保留两根横杆，平行的两边外延，似成长方框，但残断。横杆背面，在方框的一端，有两个短凸。最大长度 $1\frac{3}{4}$ 英寸，宽 $\frac{7}{8}$ 英寸。

Yul.023 青铜杆。直杆，剖面圆形。一端较钝，向另一端逐渐内敛；另一端做成扁体，冲成一环，已残。形状与印度人施锑料于眼部的用具相似。长 $2\frac{3}{8}$ 英寸，平均直径 $\frac{1}{8}$ ~ $\frac{3}{16}$ 英寸。图版 CXI。

Yul.024 青铜杆饰件。用途不明。直体，中部六棱形，上下方均有弦纹。一端有扁平的纽，饰连珠纹一周。另一端亦有一纽，形状相似但体积较大，纽外仍有 $\frac{5}{16}$ 英寸的末端，饰弦纹两周，外周钻有一孔。长 $2\frac{3}{8}$ 英寸，杆径 $\frac{1}{4}$ 英寸，最大纽径 $\frac{3}{4}$ 英寸。图版 CXI。

Yul.025 残青铜片。止曲有稍稍隆起的汉式带纹痕迹。最大长度 $1\frac{3}{8}$ 英寸。图版 CXI。

Yul.026、027 2 个青铜带圈。026 为 D 字形铜片，027 呈方形；靠近直边均有镂孔，背面各有三四颗凸钉。$1\frac{3}{16}$ 英寸 × $\frac{3}{4}$ 英寸；$1\frac{1}{16}$ 英寸 × $\frac{15}{16}$ 英寸。

Yul.028 **青铜带圈。**双层，用两块椭圆形铜片做成正面和背面。正面边沿铸出醒目的沟槽，背面平整。二者用四颗小钉钉合，其间留有 $\frac{1}{8}$ 英寸的空隙。靠近一边有穿透两面的椭圆形镂孔，长度 $\frac{5}{8}$ 英寸×$\frac{5}{16}$ 英寸；椭圆框的一条长边中央有一个 V 字形刻痕。$\frac{13}{16}$ 英寸×1 英寸。图版 CXI。

Yul.029、030 **2 颗青铜扣。**029 为方形；030 圆形，中央微突。背面均有长方圈。已锈蚀。029 尺寸 $\frac{15}{16}$ 英寸见方，030 直径 $1\frac{1}{8}$ 英寸。

Yul.031 **青铜扣。**圆形微突，背面凹空，留有一根扁平杆供穿系。锈蚀，直径 $\frac{7}{8}$ 英寸。

Yul.032 **青铜镞。**长杆为圆形剖面，铁芯，微微隆起三片扁棱形镞叶。无倒刺；尖端及镞叶均甚钝。铁芯可能延伸成键，但现与镞的钝端齐平。保存颇好。长 $1\frac{15}{16}$ 英寸，最大宽度 $\frac{15}{32}$ 英寸，钝端杆径 $\frac{11}{32}$ 英寸。图版 CXI。

Yul.033~036 **4 枚青铜镞。**形制与 L.J.01 和《西域考古图记》第二卷 767 页 T.007 相同。镞面平整，无倒刺。034~036 锈损颇重，残存铁铤，锈迹由此扩至镞叶。最大长度 $1\frac{7}{16}$ 英寸。图版 CXI。

Yul.037~039 **3 枚青铜镞。**形制与图版 XXIII 等中的 L.J.01 相同，但有倒刺，镞面有三角凹。037 钝端周围有铁锈。保存尚好。最大长度 $1\frac{3}{16}$ 英寸。图版 CXI。

Yul.040 **青铜镞。**形制与图版 XXIII 中的 L.Singh.015 相同。中杆细小中空，周围突起三个锋利的镞叶。镞头尖锐，有倒刺。长 $1\frac{1}{4}$ 英寸。图版 CXI。

Yul.041　**青铜印**。圆饼形，背面有环纽。印纹为一向左挺立翘尾的孔雀。直径$\frac{9}{16}$英寸。图版 CXI。

Yul.042　**青铜印**。正面方形，背有环纽。印纹锈蚀莫辨。$\frac{5}{8}$英寸见方。

Yul.043　**青铜印**。正面方形，背有环首长纽。锈蚀严重，正面已损毁。$\frac{9}{16}$英寸见方。高$\frac{13}{16}$英寸。

Yul.044　**青铜印**。方形印面，长方环背纽。印纹锈损，似为向左挺立的翘尾四足兽。1 英寸见方。图版 CXI。

Yul.045　**青铜扣或印**。圆饼形，背纽顶端为一颗大的方形扁体。正面有印（?）纹痕，已锈损。圆面直径 $1\frac{1}{8}$英寸、方头$\frac{7}{8}$英寸×$\frac{3}{4}$英寸、纽长$\frac{3}{8}$英寸。图版 CXI。

Yul.046　**青铜印或扣**。形状与 045 类似，正面方形，背纽顶端为一边沿隆起的大型四叶饰。正面纹样为一人像，交足而坐，双（?）臂上举，头有背光（?）。已锈损，细节无存。四叶饰极脆。正面$\frac{3}{4}$英寸×$\frac{5}{8}$英寸，四叶饰$\frac{7}{8}$英寸×$\frac{5}{8}$英寸，纽长$\frac{1}{2}$英寸。图版 CXI。

Yul.047　**青铜印**。正面方形，背纽颇长，有梯级形底座及环首。印纹为有翼狮身鹰头兽（?），昂首向右挺立，锈损颇重。1 英寸×$\frac{7}{8}$英寸，高$1\frac{1}{8}$英寸。图版 CXI。

Yul.048　**青铜印**。圆饼形，背有长方形环纽。印纹为等臂十字架，臂端变粗并向右弯曲，呈单个旋涡形，是一种变体卐形纹。保存尚好，直径$\frac{13}{16}$英寸。图版 CXI。

Yul.049　**青铜印或扣**。圆饼形，背纽有颇大的菱形（?）顶饰，已残。

两面均有纹痕，纹样与 yul.048 类似，但仅有三臂，呈旋涡形，中心形成三角形，锈蚀不清。两面直径约$\frac{11}{16}$英寸，纽长$\frac{1}{2}$英寸。图版 CXI。

Yul.050　陶制浮雕头像。狮头或怪诞人头。表面剥蚀颇重，下部面容残缺。高约 1 英寸，浮凸度约$\frac{7}{8}$英寸。

Yul.051　残青铜杆。剖面长方形，逐渐内收成尖头；两端均残，边沿开裂。$\frac{7}{8}$英寸×$\frac{1}{4}$英寸×$\frac{3}{16}$英寸。

Yul.052、053　2 杆石墨或墨。短体，剖面八棱形，略向钝端内收。另一端截成方形，横钻一孔。长分别为$1\frac{1}{8}$英寸和$\frac{13}{16}$英寸。图版 CXI（图版无此物——译者）。

Yul.054　褐煤垂饰或印章残件。扁体，三角形，各边微突，纵钻一孔，两面表面均残缺。$\frac{13}{16}$英寸×$\frac{13}{16}$英寸×$\frac{11}{16}$英寸。

Yul.055　膏泥垂饰或护身符。祖形器。参见《西域考古图记》第四卷图版 IV 中的 Jiya.004。青蓝色，$\frac{11}{16}$英寸×$\frac{9}{16}$英寸。

Yul.056、057　2 个玻璃垂饰。扁体，三角形，顶端钻有一孔。原料分别呈深蓝色和深红色，半透明，有横条纹，与不透明的白膏泥线条相间，并以一条黄色（057）或彩虹色（056）玻璃修饰。长分别为$\frac{1}{2}$英寸和$\frac{7}{16}$英寸。图版 CXI。

Yul.058　玻璃垂饰残件。浅蓝色，透明，显然是三臂星形。一臂较短，有悬系的孔；另两臂较长，其中一臂残损。最大长度$\frac{3}{4}$英寸。图版 CXI。

Yul.059　玻璃印。蓝色透明，扁体，椭圆形。印纹粗略刻成，为一只羚羊或马侧面图，向右，头高昂。$\frac{11}{16}$英寸×$\frac{9}{16}$英寸。图版 CXI。

Yul.060 玻璃珠。蓝色透明，长桶形，表面有螺旋形沟纹。表面局部缺损。$\frac{5}{8}$英寸×（最大直径）$\frac{1}{4}$英寸。

Yul.061 残玛瑙垂饰。当为长水滴形，下端残缺。白色玛瑙。长$\frac{1}{2}$英寸，最大直径$\frac{1}{4}$英寸。

Yul.062 玻璃垂饰。瓶形，颈部有钻孔供悬系。形制与《西域考古图记》第四卷图版 IV 中的 Yo.06.f 相似，有小圈足、椭圆腹、长颈及喇叭口。白色透明。高$\frac{15}{32}$英寸。图版 CXI。

Yul.063 残玉髓珠。可能是桶形，火红色。最大直径$\frac{5}{16}$英寸。

Yul.064 残玻璃垂饰或珠。青黄色，透明，表面严重磨损，原形莫辨。最大直径$\frac{3}{8}$英寸。

Yul.065 鸭形玻璃护身符。形状与 Ark-Han.021 类似。深黄色玻璃，透明，有穿孔供悬系，表面有疤痕。高$\frac{1}{2}$英寸。图版 CXI。

Yul.066 残玉髓珠。浅红色，饰白线菱格纹，与《西域考古图记》第四卷图版 IV 所示 Jiya.005 的纹饰类似。最大直径$\frac{7}{16}$英寸。图版 CXI。

Yul.067、068 2颗膏泥珠。粉红色膏泥胎，施青白釉，刹形。直径分别为$\frac{7}{16}$英寸和$\frac{3}{8}$英寸。图版 CXI。

Yul.069 石墨印。一端六角形、钝尖，与 yul.052、053 类似；另一端较宽大，为粗略雕刻的四叶形，也钻有横孔。长 1$\frac{1}{16}$英寸，平头直径$\frac{1}{2}$英寸。

图版 CXI。

Yul.070　**石墨印**。四棱角锥形，顶端有穿孔。底面印纹已磨损。高 $\frac{3}{4}$ 英寸，底 $\frac{7}{16}$ 英寸 × $\frac{5}{16}$ 英寸。图版 CXI。

Yul.071　**褐煤印**。扁体四棱锥形，截顶。钻横孔。底面大部损坏，但仍可看出印纹为连珠方框内的动物（?）图。$\frac{3}{4}$ 英寸 × $\frac{5}{8}$ 英寸。

Yul.072　**褐煤印**。扁体椭圆形，钻横孔。印纹似一面为侧面头像，另一面为某种卷草纹。$\frac{11}{16}$ 英寸 × $\frac{1}{2}$ 英寸。

Yul.073　**残褐煤印**。扁体，椭圆形，沿长径钻孔。一面表面损毁，另一面为清晰的龙形卷纹，不完整。最大尺寸 $\frac{15}{16}$ 英寸见方。

Yul.074　**褐煤印**。方形，背纽圆筒形，正面（部分残缺）有篆刻汉字，但残损太重，无法释读。正面（原）$\frac{9}{16}$ 英寸见方，高 $\frac{9}{16}$ 英寸。

Yul.075　**残青铜印章戒指**。指环背部残缺。正面椭圆形，有一个凹雕头像，侧脸，向左。头上昂，鼻长而直，短上唇，突颏。戴紧箍帽，前额系带；也可能是头发贴得很紧，用发带系牢，发带系于项背。$\frac{5}{8}$ 英寸 × $\frac{3}{8}$ 英寸，环径 $\frac{3}{4}$ 英寸。图版 CXI。

Yul.076　**残青铜印章戒指**。指环背部残缺。正面椭圆形，已锈损，印纹莫辨。环径 $\frac{7}{8}$ 英寸。

Yul.077　**青铜指环**。有镶嵌宝石（已失）的圆框。顶面两侧的模制凸纹表明指环背部是两端扣合的，背部有十字沟纹。直径 $\frac{11}{16}$ 英寸。图版 CXI。

Yul.078　褐煤印。扁体，沿短径钻有横孔。一边已残缺，使两面都有损失。印纹一面为侧脸头像，向右，冠戴华丽。具有萨珊朝粗制品特征。另一面留下三个卷云纹圆轮廓的纹样，中间一个有影线。参见《西域考古图记》第四卷图版 XXIX 中的 L.A.VIII～IX001。1 英寸×$\frac{3}{4}$英寸。图版 CXI。

在库车城搜集的器物

Kuchā.01　玻璃印章戒指。黄色，印纹无迹可寻；底面残损。直径$\frac{15}{16}$英寸。

Kuchā.02　青铜印。印纹为一圈连珠纹（凸纹），内含一只有翼四足兽阴刻，侧身向左，圆圈的左右两侧各有三颗凸珠。背纽扁平，素面，有穿绳孔。做工尚好。参见《西域考古图记》第四卷图版 V 中的 Yo.0096.b。最大直径$\frac{7}{8}$英寸。图版 CXI。

Kuchā.03　青铜印章戒指。印纹为一兽图（狮?），侧身向右，前爪抬起作行走状，磨损、锈蚀颇重。背部残损。直径约$\frac{5}{8}$英寸。图版 CXI。

Kuchā.04　残青铜印章戒指。顶面破损。印纹锈蚀。直径$\frac{1}{2}$英寸。

Kuchā.05　青铜印章戒指。背部残缺。顶面弯曲。印纹雕刻粗略，无法辨认。形制参见《西域考古图记》第四卷图版 XXIX 中的 L.A.00107。直径约$\frac{3}{4}$英寸。

Kuchā.06　青铜印章戒指。印纹为一侧身向右的狮子图，前爪抬起作行走状。做工尚好。直径$\frac{3}{4}$英寸。图版 CXI。

Kuchā.07　青铜印。方头钉形，印纹仅一幅 X 形图。做工颇粗。头$\frac{3}{8}$

英寸见方。

Kuchā.08　**青铜印章戒指**。小型，有草率的卍形纹。直径$\frac{1}{2}$英寸。图版 CXI。

Kuchā.09　**玻璃珠**。有各种形状，呈不同色调的蓝色或黄色，一件涂金。最大直径$\frac{7}{16}$英寸。

Kuchā.011、012、015、016、019、022、025、026、029、036、046 **各式青铜小扣**。青铜扣、襻残件。029 为一件较好的铜襻标本，作直爪形。最大长度$1\frac{1}{4}$英寸（026）。图版 CXI。

Kuchā.013、014、027、031、038、039、040、045、047、048　**青铜残块**。047 为炼渣。最大长度$1\frac{1}{2}$英寸（013）。

Kuchā.017、033、034、037、042、043、052　**青铜丝残段**。或圆或扁，粗细不一。最长 $1\frac{5}{16}$英寸。

Kuchā.018　**残玻璃扣**。弧面形，深绿色玻璃，钻横孔，直径$\frac{11}{16}$英寸，厚$\frac{5}{16}$英寸。

Kuchā.020　**青铜镜背中心突起部**。有穿绳孔。高$\frac{1}{4}$英寸。

Kuchā.021　**青铜"猫"铃**。已残。直径$\frac{1}{2}$英寸。图版 CXI。

Kuchā.023、024、030、049　**残青铜片**。镜（？）。最大长度$\frac{7}{8}$英寸。

Kuchā.028　**青铜器**。形为马骊，钻有二孔，但尺寸太小，似非此种用具。$2\frac{1}{4}$英寸×$\frac{5}{16}$英寸。图版 CXI。

Kuchā.032　碎石块。黑色褐煤（？）印章。$\frac{1}{2}$英寸×$\frac{3}{8}$英寸×$\frac{1}{8}$英寸。

Kuchā.035、050　褐煤（？）。两片碎块，等边三角形器，三边外突。正面均有一个隆起不高的等边三角形。材料为黑色，可能是劣质褐煤或烧黑的象牙。边长$\frac{5}{8}$英寸。

Kuchā.041　圆青铜片或钱币。一面有佉卢文（？）。锈蚀颇重。最大直径$\frac{7}{8}$英寸。

Kuchā.051　黄色玻璃碎块。$\frac{1}{4}$英寸×$\frac{1}{4}$英寸。

Kuchā.053　岩晶碎块。粗糙。$\frac{7}{8}$英寸×$\frac{5}{8}$英寸×$\frac{3}{8}$英寸。

Kuchā.054　11颗蚌珠。浅黄色。

Kuchā.055　8颗水晶、玉、玉髓珠。形状不一。最大直径$\frac{5}{8}$英寸。

kuchā.056　6颗玻璃珠。有条纹，最大直径$\frac{7}{16}$英寸。

Kuchā.058　残串珠和护身符。不同石材或玻璃制品。一件为小型弧面玻璃印，有四瓣的花朵纹。另有一颗青铜珠，最大直径$\frac{3}{4}$英寸。

Kuchā.059　青铜镞。三角形，有凹棱、键、倒刺。与《西域考古图记》第四卷图版Ⅵ中的Khot.0017类似。长1$\frac{5}{16}$英寸。图版CXI。

Kuchā.060、0107　2枚青铜镞。凹棱，三叶，有倒刺。与《西域考古图记》第四卷图版XXIX中的N.XIV.008类似。1$\frac{1}{4}$英寸×$\frac{9}{16}$英寸。

Kuchā.061、063~068　7枚青铜镞。剖面三角形，棱面平整，下端六角形，铁铤（残去），倒刺短而钝。061、063与《西域考古图记》第四卷图版 LIII 的 T.XIV.a.007 类似。064 与该图版的 T.XXXII 中的 009 类似。065 与该图版中的 T.XV.a.i.007 类似。066 与 065 类似，但略显凸弧，倒刺较尖。067 与该书图版 XXIX 的 L.A.VIII~IX.005 类似，但下端为圆锥形。068 与该图版 L.A.0069 类似。一般长 $1\frac{1}{8}$ 英寸。

Kuchā.062　青铜镞。双叶；中脊颇粗，空心；尖锋修圆。参见《西域考古图记》第四卷图版 XXIX 中的 N.XIV.iii.0032。残损颇重。长 $1\frac{1}{4}$ 英寸。图版 CXI（图版无此物——译者）。

Kuchā.069　青铜镞。三角形。镞叶甚薄，曲线流畅，自尖端延至倒刺末梢；中杆圆锥形，空心，杆上有三个三角孔，分布于镞叶之间。倒刺颇长。做工精致。长 $1\frac{3}{8}$ 英寸。图版 CXI。

Kuchā.073　陶猴。当为雌猴，作蹲踞状；怀中有物，双肩顶一小猴分腿而立。写实风格。$2\frac{1}{2}$ 英寸×1 英寸。图版 X。

Kuchā.074~076　3 个灰泥武士头像。红色灰泥，质地细腻。头戴紧圆盔，显然盔顶已残；有颊护及项护，附有颇大的翼形耳饰。小眼微突平直。口鼻颇小。均为同一范具所制。$3\frac{1}{2}$ 英寸×$2\frac{1}{4}$ 英寸。

Kuchā.077　碎石块。玛瑙（?），圆锥形，磨制，浅黄色，透明。直径 1 英寸，高 $\frac{7}{8}$ 英寸。图版 CXI。

Kuchā.078　浅色玉环。或为翡翠。剖面半圆。中孔两侧各有一对斜钻的小孔，背面孔口相接。一侧双孔之间残损，故而新钻一孔。直径 $\frac{7}{8}$ 英寸、厚 $\frac{1}{4}$ 英寸。图版 CXI。

Kuchā.079~083　**5 颗蚌珠。** 079 形状不规则，$\frac{5}{8}$英寸×$\frac{5}{8}$英寸。其余大致作球形，直径$\frac{1}{2}$英寸。

Kuchā.084　**玛瑙珠。** 大致作球形。直径$\frac{1}{2}$英寸。

Kuchā.085　**卵石形玛瑙。** 直径约$\frac{1}{2}$英寸。

Kuchā.0101　**青铜印。** 椭圆形，背环残损。印纹为圆圈内一只鹅的侧视图，向左站立，做工颇好。$\frac{11}{16}$英寸×$\frac{9}{16}$英寸。图版 CXI。

Kuchā.0102　**青铜印。** 圆形，凸面，有背环。印纹为一行走（或站立）的小型人像，屈右膝，有四臂，两臂上举，两臂下垂，手握象征物。做工甚劣。直径$\frac{5}{8}$英寸。图版 CXI。

Kuchā.0103　**红铜印。** 双凸透镜形，有横钻的孔。正面有一只鹅侧视图，向右站立，喙衔花环。背面有一鸭头，侧面向右，似从巢里或水里伸出。$\frac{9}{16}$英寸×$\frac{1}{2}$英寸×$\frac{1}{4}$英寸。图版 CXI。

Kuchā.0104　**青铜珠。** 形如男子头像，五官略显，有唇髭，头发（或头帽）贴于前额，脸周及颏下有褶裥。钻一横孔。$\frac{9}{16}$英寸×$\frac{1}{2}$英寸×$\frac{3}{8}$英寸。

Kuchā.0105　**青铜印（？）。** 扁体，双凸透镜形，一端有一个凸纽。印纹不明，即使有也已磨蚀。$\frac{11}{16}$英寸×$\frac{7}{16}$英寸×$\frac{3}{16}$英寸。

Kuchā.0106　**青铜镞。** 三角形扁叶逐渐收敛成修长的镞尖锋。一面有深陷的三角纹。倒刺短而钝。长 $1\frac{1}{2}$英寸，最大宽度$\frac{3}{8}$英寸。

Kuchā.0108　**石墨器。** 三角形，两条长边突起，一个底角有穿孔。一面有草率的刻纹，另一面有形状不规则的坑洼。1 英寸×$\frac{9}{16}$英寸×$\frac{3}{16}$英寸。

Kuchā.0109 **残褐煤印**。方形，背面附一管形纽。印纹为汉式回纹，与《西域考古图记》第四卷图版 V 中的 Yo.0089 类似，但有较多细节，雕刻较精。$\frac{11}{16}$英寸×$\frac{3}{8}$英寸。

Kuchā.0110 **青铜饰物**。长方形，四角均有穿孔，下部七分之二部位有一个长方形大切口（似作扣饰之用）；上部有一个制作颇好的纹章式狮子浮雕（可能是铆上去的），狮子前爪抬起作行走状，回首后望，尾作叶子形。边沿有凹槽。留有红色颜料痕迹。背面凹空。1 英寸×$\frac{7}{8}$英寸×$\frac{3}{16}$英寸。图版 CXI。

Kuchā.0111 **残青铜饰物**。形状不规则，由几个略微变卷的部分组成。背部有方形环，已残。$\frac{3}{4}$英寸×$\frac{5}{8}$英寸。

Kuchā.0112 **黄铜饰物**。有浅浮雕和穿孔；扁平纽，钻孔。浮雕示一人坐在高座上，右手执权标在膝上，左手持剑高举。脸部磨损，但中心部位的上方及两侧各有一尖状物。参见 U.Z.05 木印上的鼠头神。1 英寸×$\frac{7}{8}$英寸。图版 CXI。

Kuchā.0113 **青铜印**。圆形，背面有环。印纹为一只有翼（或为有背峰）的牡鹿，前蹄抬起作行走状，做工尚好。残留红色颜料。直径$\frac{7}{8}$英寸。图版 CXI。

Kuchā.0114 **青铜印**。方形，背面有方环。印纹为一纹章式瘦兽（马?）侧身向左，前蹄抬起作行走状，有飘动的鬃毛（?），近胸部处以植物纹衬底，尾上卷。做工颇好，但已锈蚀。残留红色颜料。$\frac{3}{4}$英寸见方。图版 CXI。

Kuchā.0115 **青铜印**。方形，背面有两颗弯曲的铆钉。印纹为带翼狮身女怪，前足抬起作行走状，有冠，翼上卷，腿间有尾。做工颇好。参见《西域考古图记》第四卷图版 V 中的 Khot.004.a。1 英寸见方。图版 CXI。

Kuchā.0116 **青铜印**。方形，背面有方环。印纹为一牡鹿（?），作伏卧状，回首后望，侧身向左。锈蚀颇重，但做工似颇好。$1\frac{1}{8}$英寸见方。图版 CXI。

Kuchā.0117 **青铜印**。方形，背部有方环。印纹为一只豹（?），前爪抬起作行走状，侧身向左；张口，长耳，尾弯曲成折角形，头一个弯折处有凸节；一只前足向上曲起。做工颇劣。$\frac{7}{8}$英寸见方。图版 CXI。

Kuchā.0118 **青铜印**。菱形，背面有方环。印纹雕刻颇深，为一怪异舞者支撑于两根杆条之上，杆条下端相接。$1\frac{7}{16}$英寸×$\frac{15}{16}$英寸。图版 CXI。

Kuchā.0119 **青铜印**。方形，背面有颇大的管形隆突。印纹为汉式碑刻文字，已严重磨损。$\frac{3}{4}$英寸见方。图版 CXI。

Kuchā.0120 **青铜印**。方形，背面有方环，已残损。印纹为一严重变形的马，作伏卧状，躯体中部弯折成直角。参见 Kuchā.0121。做工尚好。$1\frac{1}{16}$英寸见方。图版 CXI。

Kuchā.0121 **青铜饰物**。穹窿形，空心，背部有横杆供安系。有浮雕纹，为一匹严重扭曲的马，作跪状，有偶然的孔穿透表面。参见 Kuchā.0120。直径1 英寸，高$\frac{1}{2}$英寸。图版 CXI。

Kuchā.0122 **青铜印章戒指**。颇粗大。印纹为规整的花朵纹，雕刻颇深。做工粗糙。顶面$\frac{3}{4}$英寸×$\frac{7}{16}$英寸，环径 1 英寸。图版 CXI。

Kuchā.0123　青铜印章戒指。顶面椭圆形。印纹图案为一只豹子，前爪抬起作行走状，周围有联珠纹。做工粗劣。椭圆$\frac{7}{8}$英寸×$\frac{3}{4}$英寸。图版 CXI。

Kuchā.0124　青铜印章戒指。顶面椭圆形，有印纹痕迹，肩部增厚。径长$\frac{7}{8}$英寸×$\frac{11}{16}$英寸。

Kuchā.0125　青铜鸟头。空心，可能是鹰，颈部残损，显然是棒头饰件。制作颇精。$1\frac{3}{5}$英寸×$1\frac{1}{5}$英寸×$1\frac{1}{10}$英寸。图版 CXI。

Kuchā.0126　青铜印。圆形，背纽颇长，顶端增大，有旋转的星形纹，星纹的五角均作成弯曲的半片菩提树叶形状。印纹图案为一只山羊，有长角，身躯颇弯曲，与器物的圆形相合。极富生机的高浮雕形象；前足随意弯曲。直径$1\frac{1}{5}$英寸，纽长$\frac{7}{10}$英寸，星形直径近 1 英寸。图版 CXI。

Kuchā.0132　褐煤印。不规则圆锥形，近尖端钻孔。正面抛物线形，右侧残损；一对双圈经过中点，两根棍棒自中点往下叉开，往上亦有一棒；空白处均填满。围线为圆形。做工粗糙。$1\frac{1}{16}$英寸×$\frac{11}{16}$英寸×$\frac{7}{8}$英寸。图版 CXI（图版无此物——译者）。

Kuchā.0133　褐煤印。双面，圆形扁体，钻横孔。正面为小型的鹿（?）图，作小跑状，头后横置一叶形物，颇大，或许是鹿角；背上方、身躯下及头后各有一个凸点。背面为一狮图，尾巴向背上方弯曲；下部残损。直径$1\frac{3}{16}$英寸、厚$\frac{3}{8}$英寸。图版 CXI。

Kuchā.0134　褐煤印。平凸形，椭圆体，钻横孔。正面有浮雕的卷草纹痕迹，背面可能是一狮子的侧视图，作站立状，回头后望；尾僵直折向背上；颈项多毛，前方有四个花瓣形物。$1\frac{1}{8}$英寸×1 英寸×$\frac{3}{8}$英寸。图版 CXI。

Kuchā.0135 **褐煤印**。扁圆形；正面印纹为一凤，作站立状；背面为周围加圈的花饰，相对成双，旁边的空白有简单的填充。参见《西域考古图记》第四卷图版 V 中的 Yo.00159。$\frac{3}{4}$英寸×$\frac{1}{4}$英寸。图版 CXI。

Kuchā.0136 **褐煤印**。方形，背面有桶形环。印纹为汉式碑刻文字。$\frac{1}{2}$英寸×$\frac{1}{2}$英寸×$\frac{1}{2}$英寸。图版 CXI。

Kuchā.0137 **残褐煤印**。一面有线条依稀可辨。$\frac{1}{2}$英寸×$\frac{3}{8}$英寸×$\frac{1}{8}$英寸。

Kuchā.0144～0147 **4 件小型玻璃鸭**。有孔供穿线。0144～0146 为黄色；0147 蓝色。一般尺寸约$\frac{1}{2}$英寸×$\frac{1}{2}$英寸。

Kuchā.0148 **玻璃印章戒指残件**。黄色，无印纹。

Kuchā.0149 **玛瑙印**。圆形扁体，有穿孔供穿绳。在施印纹的磨平部位，有一物似柏树，立于一汉字或门道之前；但雕刻草率，像是人形。$\frac{9}{16}$英寸×$\frac{5}{16}$英寸。图版 CXI。

Kuchā.0150 **玛瑙珠**。方形。用化学方法略施纹饰。两面均有边线和方头四瓣花饰。参见《西域考古图记》第四卷图版 IV 中的 Khot.02.r.。$\frac{9}{16}$英寸见方，厚$\frac{1}{4}$英寸。

Kuchā.0151 **玻璃印**。椭圆形，模制，平背。印纹为一只公鹿，作伏卧状；双角颇长，形式拘谨，有三个平行的分叉。做工颇好，但已磨损，$\frac{7}{8}$英寸×$\frac{5}{8}$英寸。图版 CXI。

Kuchā.0152　**玻璃印**。椭圆体，凹面，模制。背面光润，可能供安装金属饰件用。印纹：左方为一树（?）下禅定坐佛，右方另有一物。表面受侵蚀。$\frac{3}{4}$英寸×$\frac{5}{8}$英寸。图版 CXI。

Kuchā.0153　**玻璃印**。椭圆体，模制。印纹蚀损。$\frac{5}{8}$英寸×$\frac{9}{16}$英寸。

Kuchā.0154　**青铜印**。方形，背面方环残损。印纹图案为右方置一只羚羊，前蹄抬起作行走状，回首后望，左方置树一棵。做工尚好。$\frac{3}{4}$英寸见方。图版 CXI。

Kuchā.0155　**青铜印**。菱形，背面有方环。上端残损。印纹图案为一个人像，从卷草纹中立起，右手持一物上举，左手叉腰。参见 Kuchā.0118。1 英寸×$1\frac{1}{8}$英寸。图版 CXI。

Kuchā.0156　**青铜印**。椭圆形，背部有粗大的环纽，其向上的一面刻有对角线，形成四个三角区，各有一个凹窝。

印纹为一个站立男子，头向左，着长衫，紧缠头巾（或戴帽），右手执杖，左臂弯曲，手握腰间佩剑。姿态与某些贵霜钱币上的王者图像相似。雕工颇好。1 英寸×$\frac{3}{4}$英寸。图版 CXI。

Kuchā.0157　**青铜印**。圆形，背纽颇细，钻有穿绳孔。印纹为一只牡鹿，作小跑状，有分岔的大角；写实风格，做工颇好。边沿饰连珠纹。直径 $\frac{3}{4}$英寸。图版 CXI。

Kuchā.0158　**青铜印**。方形，背有方环。印纹似一只海马，但头为羊头；尾向方形体的一边翘起；弯翼。做工颇好。正面 $\frac{5}{8}$英寸见方。图版 CXI。

Kuchā.0159　**青铜印**。方形，凸纽颇长，模制，有穿孔供系绳。印纹为汉式碑刻文字。正面 $\frac{5}{8}$ 英寸见方，高 $\frac{7}{8}$ 英寸。图版 CXI。

Kuchā.0160　青铜印。圆形，背部有较细的圆环。印纹为一幅兽图（可能是牡鹿），侧身向右站立。锈损严重。直径 $\frac{5}{8}$ 英寸。图版 CXI。

Kuchā.0161　青铜印。方形，圆纽残损，印纹似为人鱼正面形象；两腿形如海豚身躯，向两边跷起，双臂外伸与腿相接。细节不清。$\frac{5}{8}$ 英寸见方。图版 CXI。

Kuchā.0162　青铜印。方形，印纹似为一只牡鹿静息图。锈蚀甚重。$\frac{5}{8}$ 英寸见方。图版 CXI。

Kuchā.0163　青铜印。圆形，无纽。正面凹陷，刻有圆形凸沿，内部三条凸带交会，将印面分成数格。参见 Yul.048 及庞佩利《考察》第一卷附图 51 中的图 8。保存尚好。直径 $\frac{3}{4}$ 英寸。图版 CXI。

Kuchā.0164　青铜印。叶形，背面有环，已残。印纹为一只飞鸟，有两根长冠毛，边沿饰连珠纹。$1\frac{1}{8}$ 英寸× $\frac{3}{4}$ 英寸。图版 CXI。

Kuchā.0165　残青铜印。印纹为菩提树叶形四瓣叶的侧视图。背环残损。$\frac{3}{4}$ 英寸× $\frac{5}{8}$ 英寸。图版 CXI。

Kuchā.0166　青铜饰钉。形为牡鹿（？）头。背面有供铆接的钉。$\frac{5}{8}$ 英寸× $\frac{3}{8}$ 英寸。

第二十四章　从库车到喀什

第一节　拜城境内的古代遗存

从库车出发　　　5月6日，我从库车出发西行，去调查喀什地区。从4月初开始，总领事一职由帕西·赛克斯上校（现在是准将、爵士）充任，乔治·马继业爵士则回英国休假，当时我得知他打算在6月的头一个星期从喀什启程。最要紧的是我得在他动身之前到达喀什，以便我在俄国帕米尔和奥克苏斯河最上游沿岸的既定旅行，在准备工作上确有把握得到他的帮助。库车与喀什相距近500英里，至少得连续走三个星期才能到达，加之沿途经过几个区政府时，总得做短暂停留，这样就剩不了多少时间再匀给路上使用了。我只好满足于利用这样的机会来大致地调查一下古代中国"北道"上我未曾问津的若干路段。我初拟将剩下来可供文物调查的有限时间用于巴依区的两个小遗址，据库车的知情人说，以往欧洲的考古学家从未对此两地做过调查。

前往克孜尔河　　从库车城前往克孜尔河，头两天我们走的是大路。这条的道路　　　　路爬上一连串贫瘠的山冈，沿着曲折的峡谷向木扎特河延伸，峡谷的入口距库车城约10英里。在向峡谷走了将近一半路程的时候，我们经过了克孜尔伽哈的一座高大的废塔楼和几座小窟寺，这些遗迹证明这一段路线有着古老的历史。

峡谷中最便于防御的地点叫作喀热勒，在这里我看到四座塔楼的基址坐落在险峻的悬崖上，显然是一座古老的丘萨的标志。

在越过一座海拔约 5 600 英尺的光秃秃的破败高原之后的第二天，我们到达了克孜勒欧乐堂村。接着于 5 月 8 日，我对木扎特河左岸山沟里的一大群佛教窟寺做了一次匆忙但很有意义的考察（图 343）。这个极其重要的遗址叫克孜尔明屋（即石窟寺——译者），以往俄国、德国和法国的几支考古队曾反复对它进行调查和勘察。石窟寺的许多极有意思的壁画，已由格伦威德尔在其相继出版的两部著作中作了充分的描述；而转移到了柏林的一大批壁画，也将在勒柯克教授的出版物中得到真实的再现。[①] 因此，这里无须赘述这些窟寺的地位和性质。在新疆地区，再没有哪个地方能像这个遗址那样使我联想到敦煌千佛洞留给我的印象。

查看孜尔明屋

5 月 9 日，我离开通往巴依区的大路，走上了更靠北面的路线。一路上先后经过了兴旺的拉帕尔村庄、灌溉村庄的河道的河床沿线，以及萨依拉木村庄，然后来到特扎克喀格明屋（Tezak-Kāghe Ming-oi）遗址。这个地方的名称源自处于该河出山口正下方的耕作区，遗址就在出山口附近。从附图 45 的平面示意图上可以看出，宽阔的河床从天山山麓丘陵伸出，一条山嘴沿着河床的右岸往下延伸，而遗址的位置就在它最南端的支脉上。在这山嘴的尽头，悬崖壁立，河道经过崖壁脚下，蜿蜒约 60 码。这里，一群小山洞开在密集的岩石丛中，其中向河而建的约有 8 座，其余的大体也是这

特扎克喀格遗址

---

① 参见格伦威德尔《古代佛教寺庙》37~181 页，《古代库车》第二卷 57 页以下，勒柯克《佛教壁画》。

个数量，见于一条小山沟的两侧，山沟揳入一块小高地，高
地上残留着一座塔楼和一座附属建筑（标号为 I）。

**特扎克喀格的
窟寺**

　　大多数小洞的石壁上暴露着形成石壁的粗石块，大概由
于施工草率，壁面很不平整，原先敷抹的灰泥面已经剥落。
因此不可能究明这些方形或长方形的小室到底是佛堂还是僧
房。有两座石洞面积稍大，直接开在上述附属建筑的下方，
其平面图见附图 44。洞壁上保留着部分灰泥抹面和破损严重
的壁画痕迹，iii 号洞内还建有环形回廊，可见此二窟应为佛
寺无疑。洞室的前壁和隔出一个小间的隔墙都是粗糙的砖砌
体。这两个洞和其余各洞都有迹象表明，在朝拜断绝之后，
它们曾一度或再度被用作栖身之所。

**山梁顶上的院
落**

　　I 号建筑遗址坐落在一座人工扩建的小山顶上，高出河
床约 120 英尺。破败不堪的夯土砾石墙围圈着面积约 40 码×
26 码的场地。西南角附近有一墙段残高约 9 英尺；其余几
段残墙只有低矮的砾石墩保存下来。据说在贝道拉特
（Bedaulat）统治时期，人们为挖取泥土中的硝石，曾将围墙
内部翻掘一遍。这说明古时遗址上曾建有住房。

小镇遗址

　　这座高原形状的山顶是上述山嘴向南和西南方向延伸的
尽头，山顶上散布着伊斯兰时期的低矮坟丘。这个事实或许
表明当地的崇拜曾在这里沿袭下来。山嘴的东南端有一个小
镇遗址，它的周围留有严重毁坏的围墙，唯一容易攻破的北
面和西面修有防御工事，当年的壕沟至今仍清晰可辨。壕沟
通贯山顶，长约 40 英尺，东北角上深达 10 英尺，凿岩而
过。围墙用取自河床的大石块砌成，北面厚约 3 英尺，遗迹
最为明显。在其他地段，由于南面和东面有河水流过悬崖陡
壁，围墙建得草率，几乎已无踪迹可寻。墙内的面积计约
140 码×100 码，但见石堆遍地，都是房屋石墙的遗存。整个
外貌酷似印度河畔的卡里夫科茨（Kārif-kōts）和印度西北边

省丘陵地带附近的其他城址①，只是那些城址的规模要大得多。

出于对殷勤的汉人区长的尊重，我在巴依区区政府停留了一天，然后再次离开我们走过的大路，去调查明屋。这个地点我在库车时听说是在木扎特河南面贫瘠的丘陵地区。我们先是在有喀普萨浪（Kapsalang）河灌溉、精心耕作的田地间走了大约 10 英里，然后在温巴什（Un-bāsh）小集市越过木扎特河到了右岸。有趣的是，这里的河床虽然足有 1 英里宽，实际上河水分成了三条小渠，总流量 580 立方英尺/秒。这个水量和不到两个星期之前我在该河流入平原的出山口上测得的 2 000 多立方英尺②比较起来，可谓十分有限。这说明当时测量的河水有很大一部分是由木扎特河在巴依区下方汇纳的几条支流供给的，而罕腾格里峰一带作为主要河源的冰川则尚未开始倾泻其夏季洪水。不仅如此，木扎特河的实际水量在流经巴依盆地时可能有不少已被亚喀阿里克一带沿河两岸耕地的灌溉渠道吸收了。

前往巴依并跨过木扎特河

我们在吉格代里克（Jigdalik）村扎下营帐。5 月 13 日，我调查了当地称之为明屋的石窟寺群。它们的位置在南偏西南方向约 5 英里外，正当一条狭窄曲折的山谷口上，山谷从荒瘠的山梁上节节下降，将巴依盆地与塔里木河北面的荒原分隔开来。在这条小谷延伸到谷底约 200 码的地方，两面都是松脆的砂岩形成的悬崖陡壁，在这里我们发现三股小泉彼此靠近。山泉在西面崖壁上一块突出的矮台地脚下自芦苇丛中流出。泉水清冽爽口，不过到了承接泉水的小溪里就变得略带咸味，再往下流动不远就干涸了。拜城的这一地带，到

吉格代里克的明屋

---

① 参见斯坦因《西北边省和俾路支斯坦考古调查报告》15 页以下，1912 年。
② 参见本书第二十三章第二节。

处是严重侵蚀的砂岩或页岩，山脊上寸草不生，然而却有可以饮用的水源，这想必便是为数众多的石窟佛寺和僧人住所能够存在的缘故。这些石窟中至少有六座是在西面的峭壁上沿着不超过 0.25 英里的崖面修建的。东面稍稍低矮的山嘴（图 354）上有四座，彼此靠近，还有几座隐蔽在侧面的窄山沟里，或者埋在碎石下面。前面提到的那座谷底小山梁或台地，上面似乎曾建有若干佛塔，但因"寻宝人"反复挖掘，就连塔基也难以寻找了。

主要的石窟寺群

西面的石窟中有一座小窟高出平地约 30 英尺，最容易登临。窟内有一道环绕的回廊，故而可以肯定它原是佛寺。它的前部已经陷落，由于雨水的冲刷，内部大部分填满了板结的淤泥。中央岩块上开有五个小龛，龛内和侧廊入口上方均留有壁画残迹。由此往南约 200 码有一群主要的洞窟。其中最高的一座（见照片的左端及附图 44 中标作 Jig.I 的示意图）据说曾出土写本，那是大约在七年（？）前，萨希布·阿里（Sāhib Ali）即印度驻库车的阿克萨喀勒，由他的一名当地勤杂工带路，在这里挖到一大包写本，后来交给了乔治·马继业爵士。这座石窟在大约 120 英尺的高处；如平面图所示，内有一个房间，面积约 12 英尺×14 英尺，开有一扇窗。它的门道有 3 英尺宽，位于一条 4 英尺宽的走廊的尽头。从地上和上方岩石上留下的沟痕可以看出，入口有木门可以关闭。房内北壁有一排火龛，上方有五个小壁橱。

Jig.I 出土的写本残片

房内的地面一部分尘封土盖，一部分铺满了废秸秆和残席子。这些垃圾中发现有大量各种碎纸片，上面写着中亚笈多（Gupta）类型的婆罗米文字。另有 20 张左右的碎纸字迹相似但字形较大，说明萨希布阿里的清理工作做得颇为草率。有可能此洞早先就曾被"寻宝人"翻查搜索，或许还不止一次，使写本遗存遭到破坏。在走廊里发现 6 张较大的纸片，一张棕榈叶及一张桦树皮写本的两张细碎残片。这些纸片虽然作为文献遗存意义不大，毕竟有助于断定由喀什总领事馆或由印度政府派人，在不同时期收购的以及曾由霍恩雷博士保管的那些写本均源自库车。①

往北，在地势约低 50 英尺处，也有一座石窟寺，标号为 Jig.Ⅱ（附图 44）。窟内有一间小室，宽 17 英尺，进深 10 多英尺，两侧及中央岩屏背后绕以回廊；廊道内有一壁龛（台座，台座前面有壁龛——译者），龛内原有一尊灰泥造像。小室的前部以及顶上的抹面均已塌陷。但顶部残留着彩绘的菱形图案；它与造像龛内所绘坐佛残迹一样，显得古朴工巧。小室和回廊中均未清理出遗物。再往北约 60 码，在地势又稍低一些的部位，有一个穹隆顶大洞，残宽约 31 英尺、进深超过 21 英尺。它的外观像个厅堂，可能供僧人聚会之用。前部已塌，落下的大量岩石覆盖着地板，堆积甚厚。由此再往北约 50 码，又有两个石洞，其间仅以薄薄的一道岩石墙相隔，但如今已有豁口相通，显然是近世开凿。

Jig.Ⅱ 附近的窟寺

---

①　关于梵文和龟兹文写本残卷的品名，参见附录 F 和附录 E。除残写本外，这里还发现下列小件器物：

Jig.I.i.01.a　长方形木简残件。一端修圆，有一穿孔；另一端残损。正面空白。背面有沙结层，仅在一边见有一行婆罗谜文（?）字迹。木质坚硬。6 英寸×3$\frac{1}{4}$英寸×$\frac{3}{8}$英寸。

Jig.I.i.01.b　残木块。两面均盖有一层黏泥，原先似为供书写文字用的细灰泥，但表面几乎被完全毁坏，文字（如果是）已残缺莫辨。2$\frac{15}{16}$英寸×1$\frac{5}{16}$英寸×（最大厚度）$\frac{1}{16}$英寸。

Jig.I.i.05　钢刀（?）或铁刀残件。单刃，平直，有键，形制与图版 LXXI 中的 Kao.Ⅲ.0172 一致。刀身在距刀键 1$\frac{1}{8}$英寸处残去。刀背扁平。保存尚好。连键长 2$\frac{1}{2}$英寸，刀身最大宽度$\frac{1}{2}$英寸。

Jig.I.i.06　残骨（?）片饰件。原先显然是铆在某种平整表面上的。窄长条，一边平直，边线与正面成直角。另一边棱面倾斜，边线由平直过渡到舌形的长曲线，与直边形成钝尖。另一端已残，原先可能也是尖头。有两个钻透的铆孔，其中一个里面保留着一截黑色角铆钉。长 2$\frac{1}{16}$英寸，最大宽度$\frac{3}{8}$英寸。

草率开凿的洞壁已被烟火熏黑，盖住地板的泥土和废秸秆层表明这里曾被反复挖掘。较大的一座宽约 18 英尺，进深 12 英尺，看上去像是自然洞窟，只是洞壁已经整平。地板上有一个洞穴，现已部分塌陷，由此往西穿行，可以进入另一个类似的洞窟。

东山坡的石洞　　山谷东面的洞窟都是小穴，由于雨水不时从岩石分解的山坡上倾泻而下，洞里遭到了水流的冲刷和淤泥的堵塞。山坡上的岩屑层大概把某些开凿的山路也一起盖住了，因而高处的山洞有的极难攀登。保存最好的石窟是一座精心开凿的小室，面积仅 5 英尺×6 英尺，位于溪岸上方约 80 英尺处。我发现洞内的地面曾被全面清理过。从这里往山嘴的北端（见照片左端）攀登，好不容易才穿过一座完全坍塌的石窟而到达窄小的山巅。在这约 200 英尺的高处，我发现两个石窟，洞内大部分已被淤泥填塞，从其平面布局判断，二者都是僧人住所。其中一个编号为 Jig.Ⅲ（附图 44），它的入口开在一个角上，进入石洞得先经过一段凿岩而建的走廊。石窟里没有清理出任何遗物。在该洞下方的一块小台地上，有一些烧焦的木料，木料下面的黏土地面已被烧成红色，可见这里原先建有木构小寺，后来毁于大火。在攀登这座东山坡时，一路上陶器碎片随处可见，说明这里曾长期有人居住。

侧山沟里的洞窟　　朝向山嘴东南端的山沟里的较小洞窟，可能是被雨水冲下来的碎石堆积层盖住了。被掩埋一半的洞口很难与水流冲刷出来的自然凹穴区别开来。但这样的洞穴我的向导只知道一个。它的位置在一条窄山沟的高处，沟底仅几英尺宽，我们爬了约 0.25 英里，又攀登了一段陡峭的碎石坡，才到达那里。这是一个小石室，面积 6 英尺×8 英尺，后面有 4 英尺宽的回廊。洞壁上仍然保留着白灰面，但无论是在洞壁上还是在中央方形岩块各面的壁龛内均无彩画痕迹可寻。小室和走廊的地面曾被挖掘过。此外，我还在西山坡较低处几条山泉下方约 0.25 英里处调查到一个石室，它的前部已完全被毁坏，洞内填塞着几层板结的淤泥，堆积的高度约 6 英尺。但在后壁上方还保留着一条饰带的彩绘痕迹。它的装饰线条向洞顶方向逐层收缩，形成木料顶板构件的效果。

总的说来，我在吉格代里克的这个明屋所得到的印象是，在这个荒凉贫瘠的山区，由于有山泉存在，因而在佛教时期这里成为一个"自然外道"（Svayambhū-tīrtha）类型的圣地。此后，当地的自然条件似无重大变化。这个观察结果在地理学上具有一定的意义，因为它表明，佛教时期以来的"干旱作用"，对天山的这条外围山脉并未产生重大影响。

第二节 经阿克苏和巴楚到达喀什

对吉格代里克的明屋的调查，标志着我这次在塔里木盆地的旅行中田野考古工作的结束。由于要赶回喀什去开展那里的大量工作，而且当时时间短促，我只好走大路取道阿克苏和巴楚。走这条路倒也有利，因为我以前一直没有机会对它做沿线调查，仅在上述两城附近做过短程考察。同时，大量的地形学依据也表明，自中世纪以来，沟通喀什的主要路线不可能离此很远，尽管在较早时期这条路可能会很难走。① 沿这条人们常走的商道，我用 17 天的时间就走完了距离喀什还剩下的 370 英里路程。由于走得快，而且这一段北道自贝尼迪克·吉欧斯时期以来是欧洲旅行家常走的大路，所以

沿大路前往阿克苏

① 1908 和 1913 年我前往巴楚时所走的古代大路，其路线较为偏北，也比较便捷一些，有关记述见《西域考古图记》第三卷 1307 页以下；本书第三章第二节；继而往西的道路，见本书第三章第一节。

下面只谈几点对它的一般印象。

从拜城盆地到
阿克苏

从水利资源丰富的拜城盆地到阿克苏大绿洲以东农田基
本相连成片的地区，它之所以交通便利，是因为围绕盆地南
缘的贫瘠山梁在亚喀阿里克与喀拉玉尔衮之间容易翻越。这
条山脉处于中央天山的偏外部位，其往库车方向延伸的东段
每有陡坡深谷，山岭高出木扎特河 2 000～3 000 英尺。往西
则地势降低，至亚喀阿里克附近形成冈丘起伏的低矮高原，
然后再度耸起，向西北转弯。因此，这道分水岭在亚喀阿里
克村与路边小站居尔伽（Jorga）之间，可容畜力车或手推
车顺利通过，其相对高程仅约 300 英尺①。与西南部邻接的
几个山嘴侵蚀甚重，山坡广阔、徐缓且铺满砾石，这样的地
形同样容易通过；而且喀拉玉尔衮村是在阿克苏区几片小绿
洲的东端，前往该村走的是一段很长的下坡路，总的说来水
源也不缺②。由此前往阿克苏，无论是去老城还是新城，都
只需轻松地走上两天便可到达。由于罕腾格里峰以南的天山
积雪能为纵横分岔的河床输送河水，所以有充足的水源使这
一带的土地成为可以耕种的田野。

关于阿克苏的
汉文记载

我在《西域考古图记》中已经谈过中国历史文献对现今
阿克苏地区的简短记载，包括《汉书》和《魏略》对姑墨
以及《唐书》和较晚文献对拨换、威戎等地的叙述。③ 在
《西域考古图记》中，还谈到了我对这一带地理因素的看法，

① 关于库车与喀拉玉尔衮之间我所走过的路线上用空盒气压表测得的，以及德格拉夫·亨特博士
确定的高度，参见《地图研究报告》中他所撰写的附录 B 的记注。

② 尽管这条道路有各种便利条件，及至唐代，来往于库车与阿克苏之间的旅客为缩短路程，仍然
宁愿取道这条外围山梁的南麓，参见沙畹在《西突厥》中（8 页）对唐代一则"道里记"的引述，又见
本书第二十三章第二节的讨论。

《西域图记》把拨换（即今阿克苏）考定为约有 100 户人家的简朴村庄亚喀阿里克，这个错误已由
沙畹恰当地予以纠正，见《通报》553 页注 1，1905 年。

③ 参见《西域考古图记》第三卷 1297 页以下。

这些因素决定了阿克苏在政治和商业上的重要地位。此外，
我还谈到当地河流提供的丰富水利资源在近代未能得到充分
利用的可能原因。

阿克苏的道台朱瑞墀先生是我的一位老相识，蒙他的盛
情接待，5 月 18—19 日，我分别在老城和新城停留了一天，
恰巧再次遇到拉尔·辛格，并给他安排了下一步的工作。拉
尔·辛格离开库车后，穿越鲜为人知的地方，沿天山山麓到
了木扎特河的出山口。他不顾春寒料峭，由此前行，带着平
板仪上溯仍被积雪覆盖的河源进行调查，登临了前往伊犁的
道路必须经过的冰川，那条路得翻越分水岭，山岭的西面便
是以海拔 23 600 英尺的罕腾格里峰为其顶点的大山岳。由
于乐于助人的道台欣然答应让地方上提供帮助和向导，我才
可能让这位调查员沿一条新的路线走到喀什。这条路线大部
分伸展于 1908 年我从北方南下时到过的那些光秃山脊之上
或之间，属于向柯坪小绿洲的东北和西南延伸的天山外围。[①]
于是拉尔·辛格得以把我们的调查扩展到过去完全未曾踏勘
的很大一个地区，然后经过喀勒塔亚依拉克，于 6 月的头一
个星期在喀什与我再度会合。

同现在一样，从阿克苏取捷径前往巴楚的路线，想必一
向是取决于旅行者能为自己及其驮载牲口找到水喝的那些地
方，因为这条路线始终是在南有叶尔羌河、北有天山余脉的
冲积平原上。因此，历史时期河道在地表的排水量或排水方
向上的变化，必然会留下一定的痕迹。所以不管我的仓促旅
行使我得出的看法多么难以概括全貌，我还是想在这里作一
简述，但愿有助于这些看法与塔里木盆地其他地区相应观感

拉尔·辛格的
调查工作

从阿克苏到巴
楚的路线

---

① 参见《西域考古图记》第三卷 1304 页以下。

的比较研究。在提到这种变化的迹象之前，我想先扼要地谈谈我们六天所走过的估计共约 150 英里的现代路线。

阿克苏的水利资源

经过头一天的行程，我们已靠近叶尔羌河左岸水渠所灌溉的常年耕作地区的西南边缘，来到托什干（Taushkan）河与库木阿里克河的汇合点附近。尽管春寒未消，但在这两条河的合流河床中（大路在乔克塔格附近涉河而过），以及在其西面支流［称为阔纳（Kōne，老河），有桥可通］，水流都很充足。这一现象再次表明，如前所述，阿克苏大绿洲今之耕作地区要比两河常年供水量①所容许的耕种面积要小得多。在最后一个村落罕贡（Khangung）附近陆续开垦的分散田地外面，道路沿多石的萨依地区［它从外围山岭英干塔格（Ingan-tāgh）的山麓延伸下来］与多黏土的平坦草地（长满了低矮的灌木，主要是红柳）的交界线上延伸了大约 30 英里。沿途见有三个废弃的哨站，旁边挖有水井，但只有肖塔库都克（Shōta-Kuduk）的井水勉强可饮。

其兰站

其兰站位于现代路线离开砾石缓坡的边缘而继续向西南延伸的地方。这里有 30 多户人家，房舍聚集在两座堡垒遗址周围。它的位置在柯坪盆地的排水流注地区的东头，水流如今可达阿恰勒村新垦土地之外，1908 年我曾经过其地②。根据地形特征我们可以确断，即使在较早时期，通往喀什的大路也要经过其兰。但是有充分的理由相信，在古代，至少及至唐代，大路经过这里之后，就径直向西延伸，穿越如今

---

① 参见《西域考古图记》第三卷 1296 页。阿克苏河的水量，据 5 月 20 日在新城下方渡口的测量，约 1 480 立方英尺/秒。

阔纳河的水量无法准确断定，因为桥下河道很深，水流湍急；但估计可能将近前者的两倍。此外，阔纳河的水还流入河对岸的渠道。有大量河水在流经萨依阿里克（Sai-arik）外面耕作荒疏的田地时被白白浪费了。

② 参见《西域考古图记》第三卷 1304 页、1306 页。

完全无水的沙漠地带，经过穷梯木和拉勒塔格遗址。

这个观点，以往我就谈过它的考古学证据①，而且在地图上也看得一目了然，因为如地图所示，从其兰开始，经过上述两遗址，穿过以阿拉奇的塔楼防守的山峡，最后到达巴楚，是一条几乎笔直的路线，它比现今的大路约短 15 英里。出于用水的需要，现代大路只好向南迂回，以便绕到叫作喀拉库勒吉勒伽的终端河床；这里的水来自吐木休克以南的沼泽地，每年夏天，喀什噶尔河和叶尔羌河都有洪水注入沼泽。在雅克库都克站遇上流经其地的喀拉库勒河之前，过了其兰一路上都找不到水，仅在亚依德有稍带咸味的井水。由于时间仓促和找水困难，我很遗憾，未能调查西面沙漠中自其兰至穷梯木古道沿线索克苏克协尔等地的塔楼遗址，仅在 1908 年 5 月离开柯坪后途中听人说过那些遗址。②

通往巴楚的早期路线

从亚喀库都克往前，道路大致保持着靠近蜿蜒的喀拉库勒河的左岸，大部分道路旁生长着茂密的胡杨树丛，直到恰依奴特库勒站。过了那里再往前约 6 英里，我们走到一条新垦田地相连成片的长条坝子。这是阿克塔木村的田地，它的范围看上去比上次我调查这个地区时扩大了许多。1908 年我到过附近的吐木休克村一带，走过由此通往巴楚的道路。在记述当时的印象时，对这里道路的重大变化记忆犹新，眼前呈现出蜿蜒的道路绕过一座座孤立的小山的脚下，山峦像岛屿似的隆起于巴楚以东和东北的平原③。这里需指出的是，

过了图木休克之后道路的变化

---

　　①　参见《西域考古图记》第三卷 1307 页以下；本书第三章第二节。
　　②　这里可以指出，在我们的亚依迪宿营地以南约 3 英里处横越道路的常年干涸的老河床，据当地的知情人说，当与经过图木休克西北却勒塔格脚下然后进入穷梯木以南如今无水的沙漠的同名老河床相关。很可能由于有这条河床提供灌溉，这里和附近的塔提遗址大概及至唐代（某些遗址甚至更晚）还有人居住。参见《西域考古图记》第三卷 1308 页以下。
　　③　参见《西域考古图记》第三卷 1309 页以下。

每年喀什噶尔河的泛滥，使乌库尔麻扎塔格与西南面的麻扎塔格之间的大部分低地甚至全部成为沼泽，因此，1877 年中国重新恢复治理之前，如今已成恰尔巴格及其邻村耕地的广大地区，是无法耕种和难以通行的。所以在这片土地被逐步开垦之前，从吐木休克开始的老大路不是沿乌库尔麻扎塔格的南端而行，而是在其北面经过阿拉奇山峡，穿行于乌库尔麻扎塔格与同样崎岖荒瘠的拜勒塔格之间。① 而更早时期较为直接地沟通阿克苏与巴楚的路线在经过穷梯木和拉勒塔格两遗址之后，想必也是穿行于这条两侧都有古代哨站遗址的山峡。

与自然因素相关的变化　这条道路上述较为晚近的转移是值得注意的，因为它有助于揭示与更大范围的地理及文物研究相关的自然变化。我指的是已往做过许多讨论的所谓历史时期干旱化的问题，主要是指它对塔里木盆地的影响。关于这个问题，我在最近的一篇文章中做过比较详细的探究，指出现有与此相关的考古资料所表明的两个主要事实之间明显存在的矛盾，可以从下述假设得到完满的解决，即这片沿河道流入亚洲腹地的无泄洪系统的大盆地的水量已逐渐减少（可能是由于为这些河流供水的高山冰川自最后一次冰期以来其积冰愈来愈少），而导致极度干旱化的盆地本身气候条件在我们的历史、文物资料所属的这两千多年中并未发生显著的变化。② 由于没有可靠的直接记载，难以断定流入巴楚以东喀什噶尔河三角洲的夏季洪水量的减少，以及原先卑湿地区泄水能力的相应提高，会在多大程度上为麻扎塔格与乌库尔麻扎塔格之间耕作

① 参见《西域考古图记》第三卷 1311 页以下。
② 参见《亚洲腹地》，《地理学刊》487 页以下，1925 年。

面积的扩大提供了方便。不过我认为我们可以有把握地指出，这里自然条件发生变化的近代表现，这种变化使以拉勒塔格、穷梯木及其附近遗址为标志的地带自唐代以来完全无水，于是大路从阿克苏开始只好往南转移到现今的路线。

各种各样的地形特征表明，巴楚一带向来条件优越，有利于喀什噶尔河畔终端绿洲的形成。我只需提一下下面这个优势，即绵延的山岭在这里穿过河流的泄水线，构成一种天然的拦河坝，而叶尔羌河的河道又离此较近，于是形成灌溉之利。如今巴楚的灌溉已有可能在很大程度上得到叶尔羌河河水的补充。输送河水的扎依（Zai）渠代替了插入大湖一般的阿纳尔库勒（Anār-köl）和科勒迭（Kölde）这两座水库的老库床。[①] 巴楚的位置想必也是历来具有重要意义，因为它是从阿克苏通到喀什和莎车的两条路线最合适的分岔点。

巴楚的位置优势

因此，在迄今所见的中国史书译本中，竟然找不到对巴楚的明确记载，这的确使人难以理解。沙畹先生曾提出巴楚就是《唐书·高仙芝传》所载高仙芝从库车向帕米尔进发时经过的握瑟德，理由是这个地点离拨换即阿克苏有 10 天行程之遥，与疏勒即喀什也是这个距离。[②]《唐书》在记述从拨换至疏勒的路线时也没有明确提到巴楚。[③] 所以我暂且不谈这个问题，待说完我们在前往喀什的大路沿线所作的仓促调查之后，再回过来分析这则记载，或许能从另一个角度搜集到有关资料。

---

① 参见斯文·赫定《中亚之旅》225 页以下。
② 参见沙畹《西突厥》153 页注。
③ 参见本书本章第三节。

第三节　唐代对阿克苏至喀什的道里记载

　　经过五天头顶烈日的长途跋涉，我从巴楚走到了喀什的新城（即疏勒——译者）附近，头三天走的路大部分靠近喀什噶尔河的现今主河床。这条路是两地之间的最短路线，但考古学和其他方面都没有证据表明这是古代的交通线。蜿蜒于冲积平原的河道反反复复的变化，以及夏季洪水的泛滥必然造成的困难，都表明古代的路线估可（Chürge）站与龙口（Lung-kou）站之间保持在将近 60 英里的距离内，现代道路在喀什噶尔河左岸，但从前却与现在的其他路段一样，都是经过喀什噶尔河的南面，直到亚库卜伯克统治时期结束之后过了很久才发生变化。这个说法的证据是这一段道路沿线我们所经过的一块块相隔不远的农田，明显地呈现出新垦土地的面貌。据说这些垦殖区中最大的奥德克里克约有 150 户居民，但它的历史也只有 30 年左右。同塔里木盆地平原上那些较低的河道沿线的情形一样，这里的耕作也是严重受制于河床的变化无定和接踵而来的渠头的难以保持。这一点在几个地点都能找到证据，那些地点的田地种植不过几年，就因河床变更、无法灌溉而只好荒弃。

　　我们在龙口渡过喀什噶尔河窄而深的河床，转到右岸。这里的土地也是一片荒凉景象，直到英阿巴德我们才看到喀什常年耕地的东端。茂盛的果园和高大的白杨树林由此往前伸展，表明这里长期以来人烟不断，这是意料之中的，因为它的位置恰在一条大河从山里流出不远之后形成的冲积扇上，有充足的灌溉水源。在一个格外清新的早晨，我们从龙口向法依孜阿巴德进发，眼前的壮丽景色，使我深切地感受到，群山离此不远，山上冰雪丰盈，这果然使山下绿洲气候湿润，宜于生活。冰川覆盖的巍峨山脊已赫然在目：它把塔里木盆地与帕米尔高原两相分开，向南则从慕士塔格阿塔圆丘伸展到喀什噶尔河的源头。这仿佛是一个直观的实证，表明我在亚洲腹地周游这个广阔盆地的长途旅行如今行将结束。在法依孜阿巴德，我得到官方的友好接待并停留一宿，这是塔里木盆地内我需要访问的几个区政府所在地中最后的一个。5 月 30 日，我从这里策马登程，前行约 32 英里，所过之处，大部分是精耕细作的农田；次日早晨又沿河走了一小段路程，一路上但见果园夹岸，绵延不断。至此，我终于又回到了殷勤好客的其尼巴格寓所——英国驻喀什总领事馆，我的新疆之行的总基地。

在简要地概述了从阿克苏到喀什基本上沿大路而行的过程之后，现在我们可以回过来谈谈我唯一能查到的有关这两地之间交通线的早期记述。这条路线是从《唐书》的一则道里记中得知的，对此沙畹曾附带提及①，承蒙吉列斯先生为我提供了译文。它的走向是：

唐代对阿克苏至喀什的道里记

自拔换、碎叶西南渡浑河，百八十里有济浊馆，故和平铺也。又经故达干城，百二十里至谒者馆。又六十里至据史德城，龟兹境也，一曰郁头州，在赤河北岸孤石山。渡赤河，经岐山，三百四十里至葭芦馆。又经达漫城，百四十里至疏勒镇，南北西三面皆有山，城在水中。（《新唐书》卷四三下——译者）

---

① 参见沙畹《西突厥》10 页注。吉列斯博士从《新唐书》中引了这则道里记。

总的方向与现
代道路相同

这条路线的起点和终点是明确的。拨换无疑就是现今
的阿克苏，疏勒即今喀什；而所谓碎叶镇，如前文明示，当
在今托克马克附近，沙畹先生认为是错误的插入。同样毫无
疑问，这则道里记所描述的路线，总的方向与现今的大路是
一致的，因为它与现今的大道一样，开始时也是取西南方
向，这在头一个地点上说得准确无误，至于第二个地点，唯
一可以作为另一条路线来考虑的是，先往西走到乌什，再沿
托什干河上行，走山路经过喀拉卓勒（Kara-jol）和苏衮
（Sughun），然后经由喀勒塔亚依拉克等地抵达喀什，这条路
线的开头部分在《唐书》的靠前一段文字中另有记载①。出
发后渡过的浑河，可以肯定就是合流后的阿克苏河，因为
《唐书》的同一篇文字中另有两段话对此有明确交代，提到
这条河的全称为思浑河，并正确地指明它的位置在拨换即阿
克苏及其河流［今库木阿里克（Kum-arik）河］以南。②

所说距离不可
靠

然而在通往巴楚的路线上，刚离开这个无可置疑的起
点，我们就遇上这则道里记中相继提到的地点无法考定的问
题。这些地点没有一个能在通过我能读到的其他中国文献译
本中找到，关于各点之间相距里程的记注也很难令人置信。
从其总计距离 840 里来说，很难把它们同我们沿现代大路前
进的每日行程所显示的阿克苏距喀什约 301 英里的实际距离
对应起来。此外，同 5 里合 1 英里的比例也不一致，这个比
例在有关塔里木盆地及其附近的其他汉文道里记中均有证据
可寻，它们表明唐代的道路计程所采用的正是这种量制。③

① 参见沙畹《西突厥》9 页；《西域考古图记》第三卷 1299 页以下。

② 参见沙畹《西突厥》8 页以下。书中把该河考定为塔里木河的说法，是因把拨换（后废弃）的
位置错定在亚喀阿里克所致。参见本章第二节注。

③ 参见《西域考古图记》第二卷 734 页以下；第三卷 1544 页"里程"条下。

同时，我们不能肯定各段距离均已列述无遗，因为这则道里记中至少有两个地点只有地名而无里程。由于这些原因，下面几个地点的位置，从一般的地形学分析看来，我感到应当视为在一定程度上带有推测性质。

我认为济浊馆当在其兰附近，因为其兰历来是这条道路的必经之地，而且从其用水能有保证看来，应是这段穿越干燥沙漠的路线上一个重要的歇脚地。过了济浊馆，说是有达干古城，可见此地当时即已荒弃而归入沙漠。所记至下一站谒者馆有 120 里的距离，以及"馆"字见于这个地名之中，似乎是指较为直接的古代路线所经过的穷梯木遗址。如果这个定位正确无误，则 60 里外的"据史德城"很有可能就在拉勒塔格遗址的西南面，那里的塔提遗迹表明从前此处曾有一个有一定规模的聚落[1]。所记道里与这个定位相符合，因为上面提到的两个遗址之间的直线距离，恰为其兰与穷梯木相距里程的一半。但把据史德说成"库车（即龟兹）边境线上的"地点则令人困惑莫解。很难相信龟兹的地域会向西伸得那么远，也很难设想文中这样记述是特意要指明据史德是一座边城。因为在这种道里记中通常的做法都是每说到一个新的地域，就要提到它的头一个地点，但不提刚刚说过的地域的最后一个地点。[2] 如果记述有讹，则似可推测龟兹或为佉沙之误，后者是玄奘和《唐书》记载的对喀什土称的译名。[3]

唐代的这则道里记接着说到的"郁头洲在赤河北岸孤石山"，当指巴楚以东和东北的山地附近。我认为它很可能是

济浊馆和谒者馆的位置

所记赤河即喀什河

---

① 参见本书第三章第二节。
② 参见沙畹《西突厥》6 页、9 页、13 页；《西域考古图记》第三卷 1331 页。
③ 参见沙畹《西突厥》121 页；其他汉文译名见《古代和田》第一卷 48 页。

指吐木休克西北的大遗址，包括石头山梁却勒塔格南端的大型佛寺遗迹、一座古代院落和大量住房。[①] 在这条山梁与南面较小的吐木休克山之间，有一条干涸的河床穿过大峡谷，然后延伸到戈拉阿金等地，古时它无疑是喀什噶尔河的一条终端支流。从这条古代路线经过巴楚及其东面孤立山峦这个总体走向看来，我以为所记赤河恐怕就是指喀什噶尔河。如今喀什噶尔河的主要支流（流经喀什老城南面）和上游也还是用同样含义的名称，即克孜勒苏（Kizil-su）河。

岐山即麻扎塔格

关于这条古代路线，我们还有一则明确的地形资料，说它"渡赤河，经岐山"。我认为岐山可以肯定就是麻扎塔格，它是这个地区的冲积平原上最高最令人注目的山岭。崎岖的山体高出巴楚绿洲 2 500 英尺，山巅是两座容易分辨的顶峰，从我们的测角器上可以看出它们的高度分别为 6 330 英尺和 5 910 英尺，来往行人还在远处就为之瞩目。这则唐代道里记中记载的山名，也是因此而得，因为"岐"字意即"双峰"[②]。大路如今从麻扎塔格西南山脚的旁边经过；而且我认为古时很可能也是这样。因为这一带地势偏高，来往客商要穿过一片夏季容易遭洪水泛滥，以致骆驼、马车有时也难以通行的地方，想必要从这里择路经过。古往今来，走这条路都得先渡过麻扎塔格北面的赤河即喀什噶尔河。

葭芦馆和达漫的位置

既然渡河而行并不新鲜，我们当可推测，从巴楚一带通到喀什的道路一直保持在河的南面。上面说过，事实上直到晚近也还是这样[③]。道里记中说的由此前行 340 里可达葭芦

---

① 这个遗址，欧洲旅行家曾反复做过调查，伯希和也做过局部考察，参见《西域考古图记》第三卷 1309 页。

② 参见吉列斯《汉英辞典》（第二版）108 页（1103）。

③ 参见本节。

馆，表明从巴楚一带到喀什，所经之地同现在一样，并无重
要聚落。葭芦馆的位置无从确定。大致上我倾向于把它定在
费扎巴德附近，这是喀什外围如今连续不断的农田的起点。
无论是从麻扎塔格山麓或从阿热其附近遗址算起为340里的
距离，还是此后再行140里即达疏勒镇的计程，都与这个定
位相符合。至于途中所经的达漫城，我无法提出任何意见。
不过值得注意的是达漫乃是公元7世纪初在位、《唐书》中
反复提及的西突厥可汗即最高首领的名字。①

　　最后，我可以指出，如果你曾在某个晴朗的日子里眺望
耀眼的雪山，欣赏它从远方的萨里库勒湖上伸延到北方的天
山那壮丽的全景，那么你就会感到，关于疏勒即喀什"南北
西三面皆有山"的描写，是多么富于魅力。

关于疏勒的描
述

---

① 参见沙畹《西突厥》3页、14页、51页。

第二十五章　穿越帕米尔

第一节　在喀什做准备

到达喀什　　　　我是在 5 月 31 日早晨到达喀什的。这使我及时回到了大本营，能够得到帕西·塞克斯爵士的友好协助和官方的帮助。塞克斯爵士已经升任为陆军准将，暂时取代乔治·马继业爵士做大英帝国的总领事，他一个星期后就要到俄属帕米尔地区打猎去了。尽管这位杰出的军人政治家和旅行家不久就离开了我，但他为我的住宿做了很好的安排。他还为我提供了种种便利，大大减轻了我的繁重工作。为了完成这些工作，我在其尼巴格一直待到了 7 月初。

将文物重新装箱　　　　工作中最让人头疼也耗时最长的，就是把我收集到的文物小心地重新装箱，以便将它们经过喀喇昆仑再经拉达克运到克什米尔去。那段路是漫长而难走的。我们要把所有文物都收集在一起，再仔细地分类、装箱（许多文物都是极不坚实的）。在足足五个星期的时间里，我和我的助手们一直忙于这项工作。主要得益于我们此时的精心细致，182 个铁皮箱中的东西经过 800 英里的长途跋涉，穿过高山，越过结着冰的山口，驮在骆驼、牦牛和马的背上，终于安全地运抵了克什米尔。幸运的是，很快就有人来帮助我了。这要归功于我的老朋友汗·萨西伯·巴德鲁丁·汗，他是和田的印度商人的阿克萨喀勒，他又一次急急地赶来，帮了我的忙。在他自己的地盘上时，他也总是这样高效的。① 同样令我高兴的是，我前一次旅行的忠实伙伴蒋师爷，仍像以前一样急于凭他的学识来解读和抄写我在考察过程中发现的汉文文书。我想，当这些文书在马伯乐先生的努力下得以出版后，人们就会充分意识到我这位博学而令人痛悼的朋友的价值。

在炎热的 6 月的一大堆工作中，最占据我的脑海的莫过于为将来的旅行作安排。我打算穿过俄属帕米尔，然后越过阿姆河以北的山岭和谷地。这是我酝酿已久的一项计划。多少年来，我都热切地注意着伊朗那个最东的地区，以及俯瞰着它的那部分世界屋脊。我最初的探险方案是在 1913 年向印度政府提交的。我说希望俄帝国政府能允许我从喀什出发，沿古代丝绸之路的可能路线，穿过阿赖（Alai）谷地，再沿着喀拉特金（Kara-tegīn）谷地走，走到波斯的东北部和锡斯坦，并到达穿越里海地区的大铁路去。我希望一旦到了那片地面后，俄国当局能允许我继续向南，朝阿姆河的上游考察。但我知道，以前还没有哪位英国旅行家被允许到那些地方去过，所以我也没有把它们专门列在我的计划里。

在回到喀什的前一年当我还在甘肃的时候，我曾要求印度政府外交部给我弄到俄国政府的许可，以便让我在俄属突厥斯坦旅行。1915 年 4 月 14 日，我从印度外交部得知，通过英国驻彼得格勒大使馆的活动，我已经得到了许可。但在到达喀什的时候，我发现俄国总领事梅斯切尔斯基（Mestchersky）公爵并不知道这件事。6 月的第三个星期，他直接打电报给俄国驻英国大使，才得到指令说允许我进入

計劃怎样穿过俄属突厥斯坦

得到了俄国政府的许可

---

① 参见《古代和田》第一卷 516 页；《西域考古图记》第三卷 1320 页。

俄国领土，但并没有说我应该走哪条道。幸运的是，梅斯切尔斯基公爵是位开明的官员，很愿意给我的科学工作提供帮助。6月末，我从乔治·布坎南爵士那里收到一封电报，说俄国外交部已经同意了我的旅行。于是梅斯切尔斯基公爵就专门发给我一张许可证，允许我考察帕米尔和阿姆河上游地区。而且，他还极为善意地把我推荐给负责那一地区的各个俄国官员。后来证明，他的推荐是极为有用的。为此，我在这里要对梅斯切尔斯基公爵表示极为诚挚的谢意。

测量员重新会合

在喀什停留期间，我的两个测量员都与我会合了（我在库尔勒把他们分别派出去）。拉尔·辛格在季节和交通条件允许的情况下，尽量靠近天山主脉用平板仪进行测量工作。从阿克苏往前，我为他安排了一条新路线，这样他走过的地方就是完全没人考察过的。他穿过了小绿洲柯坪东西两侧极为干旱的天山的外围部分。两个星期后，穆罕默德·亚库卜也安全到达了。在两个多月的艰苦行程中，他把测量工作从孔雀河附近一直沿塔里木河左岸做到了莎车上游（他的平面图和以前一样仍很粗糙）。炎热的天气再加上春天的河水泛滥，使得他们在河边地带走起来很困难，所以跟他来的我们那些骆驼都受了不少苦。尽管这些骆驼在将近两年的大部分时间里都在沙漠中工作，承受了很多困难，但我后来仍在莎车将它们遣返了，几乎没有给印度政府造成什么损失。

离开喀什

我做好了一切安排，以便那80只骆驼驮的沉重文物能安全运到印度去。之后，我终于能在7月1日离开喀什了。我本是把这些文物都托付给拉尔·辛格押运的。但由于冰川融化，昆仑山的谷地正在夏季泛滥时节，这些文物还暂时不能离开喀什到喀喇昆仑山口去。于是我让拉尔·辛格和我同时出发，考察一下那条积雪的高山山脉，它从慕士塔格阿塔

一直延伸到阿赖谷地东南的喀什噶尔河的源头。在到乌帕尔
（Öpal）小绿洲之前，我们的路线是一样的。在去乌帕尔的
路上，过了喀什郊区几英里后，忠诚的蒋师爷（图355）正
等在路边，准备以中国人的传统方式同我告别。我和他都希
望我们能在他的湖南老家或在克什米尔再次见面，但命运却
没有给我们这样的机会。1922 年春，在亚洲曾帮助过我的这
位最好的学者，在喀什任职的时候去世了。

　　拉尔·辛格从乌帕尔往西走，来到了克孜勒河（即喀什
噶尔河）的源头。然后他绕过前面说的那座雪山的最北端，
来到了雪山西边的帕米尔一般的木吉（Mōji）大谷地。大谷
地边上就是与俄属帕米尔地区的郎库里（Rang-kul）和喀拉
湖（Kara-kul）的分水岭。他沿这条谷地往下走，他的测量
工作就和我在 1900 年第一次探险考察的时候从慕士塔格阿
塔方向进行的考察连接了起来。然后他穿过乌勒伽特
（Ulūgh-art）山口，和我在波斯坦阿尔其（Bostān-arche）会
合。波斯坦阿尔其位于那条山脉上一座醒目的大雪峰东北的
一条高谷地中。

在喀什噶尔河
源头考察

图356 喀拉湖附近吉尔吉斯人的头人科扎·伯克

图355 游师爷与我告别

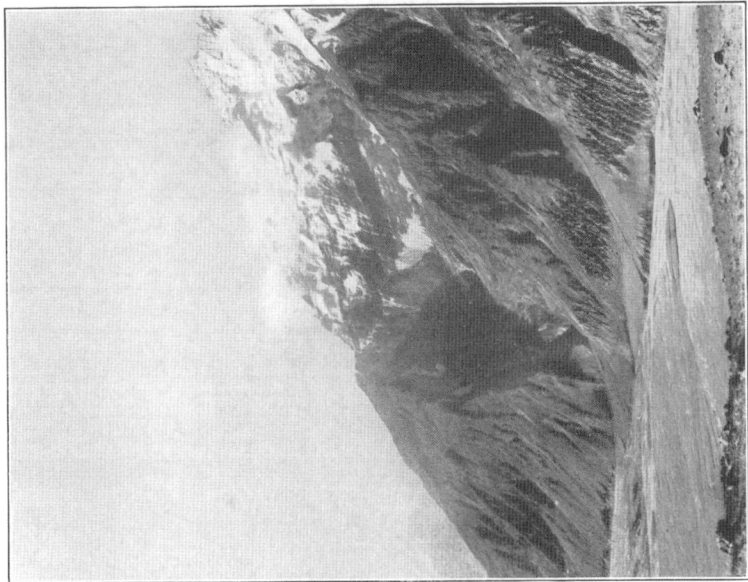

图358　塞勒塔格东部高峰下的塞勒达拉谷谷地，从阿勒勒吞麻扎麻上方仰望所见的景象

图357　波斯坦阿奇上方的谷地

图359 从博尔多巴看到的外阿尔泰山全景

图 360　把大帕米尔同瓦罕隔开的雪山，从维多利亚湖西端上方看到的景象

图 361　从穿过喀拉特金的库什布拉克山口看到的山脉，这条山脉矗立在苏尔赫河和木克苏河谷上方

波斯坦阿尔其有一座覆盖着冷杉的海拔超过 10 000 英尺的小山①，俯瞰着吉尔吉斯人最钟爱的营地（图 357、364），那里特别凉爽、幽静。我在那里过了 10 天，伏案撰写考察报告、描述文字以及关于文物收集的计划等。我在那里还做出了最后的安排。就是在这样的安排下，10 月中旬，我的那么多文物才在拉尔·辛格的押运下，安全地到达了在斯利那加的临时寄存所。和他一块完成这项任务的还有奈克·夏姆苏丁和测量员穆罕默德·亚库卜，他们把收集品一直押运到印度。于是，拉尔·辛格沿着车马道穿过英达坂（Yangi-dawān）时，以及在叶尔羌河最上游直至喀喇昆仑山口的印度边界，都进行了有益的地形学工作，补充了我们以前的考察资料。现在，留在我身边的助手只有阿弗拉兹·古尔了。我知道，即便在俄国土地上无法进行地形学和挖掘工作，他对我来说仍是特别有用的。

把文物运往克什米尔

第二节　沿着阿赖谷地行进

7 月 19 日，经过了几个星期的案头工作后，我带着一种重获自由的感觉从波斯坦阿尔其出发，朝我们面前矗立的高山和高山外的帕米尔走。一想到过了帕米尔后就可以一路畅通地到阿姆河北边的那些山区去，我就感到极大的鼓舞。那个地区的很多地理状况及其在人种学和历史学上的角色，从我年轻时起就吸引着我。我们先沿着从乌勒伽特山口下来的

穿过乌勒伽特山口

① 我们在索纳普（Saunāb）附近到达洛山谷地头部之前，除在下游的尧勒其莫依那克（Yolchi-moināk）见到了胡杨树，并在达劳特库尔干（Daraut-kurghan）见到了一些白杨外，波斯坦阿尔其的针叶林是我们见到的最后的树。在这条高谷地以及北边同一山脉的其他谷地中之所以会有针叶林，显然是天山湿润气候的影响。在这里，这条南北走向的山脉接近了天山。

主山谷走，第二天我们就越过了这个高高的山口（海拔
16 600 英尺）。我们走了很陡的一段路后，才来到了那个窄
窄的山口。云偶尔散开的时候，我们眼前的景象十分壮阔。
宽阔的木吉谷地展现在我们面前，谷地北边就是我们脚下的
这条积雪的山脉，南面是帕米尔朝东伸出的大分支。一座高
山上悬挂着一条约 10 英里长的巨大的冰川，冰川朝南延伸。
我们在山口可以望到冰川的中游和下游部分。

乌勒伽特山口
的冰川

  我们下到了冰川陡折向西的地方。那段路特别陡，驮东
西的牲畜是过不去的。再往下冰川边和冰川北面的山脚之间
几乎没有缺口，一直都很难走的小道只好依次登上那些山，
贴近垂下来的小冰川（小冰川将山分隔开来）。谷地南面也
有美丽的瀑布般的冰川。后来，我们终于来到了俯瞰着谷底
冰川口的高原，高原上是比较好走的。我们已经越过了古代
的伊毛斯大山，托勒密（Ptolemy）说的内外斯基泰
（Scythia）就是由此划分的，无怪乎这个地方给人的印象是
如此之深。在撒拉特（Sarāt）经过了吉尔吉斯人的一个营地
后，我们来到了木吉下游的主谷地，当晚到达了昆提格马孜
（Kun-tigmaz）。这一天我们步行加骑马共走了 33 英里。在昆
提格马孜我遇到了帕西·塞克斯爵士。他带着他的妹妹——
杰出的旅行家和作家爱拉·塞克斯（Ella Sykes）小姐，正
要从帕米尔回到喀什去。在与他一天的团聚时间里，我再次
得益于他关于呼罗珊（Khorāsān）和锡斯坦的专门知识。锡
斯坦这个目的地目前离我仍是很遥远的。

接近外阿尔泰
山脉

  7 月 22 日早晨，帕西爵士和塞克斯小姐朝乌勒伽特出发
了。我则朝西北走，以便到阿赖谷地去。我沿着宽阔的木吉
和吉亚克巴什（Kiyak-bāshi）谷地往上走，吉兹（Gez）河
最北边的那条支流就在这个谷地中。从那条南北走向的大山

脉的最北端，伸下来一条巨大的光秃秃的砾石缓坡。同砾石缓坡相比，谷地中间长着草的地带显得特别狭小，当时大约有 30 户吉尔吉斯人正在那里放牧。第二天，过了海拔约 13 800 英尺的阔什拜勒（Kosh-bēl）山口后，我第一次望到了高峻的外阿尔泰山（Trans-Altai）。它东西走向，有的高峰逾 20 000 英尺①，在它底下一条深谷里，是克孜勒苏河即喀什噶尔河的主要补给来源。当我们朝那里走时看到了很多古代冰川的遗迹，如侧谷库鲁木鲁克（Kurumluk）和库木拜勒（Kum-bēl）之间的光秃秃高原上的古代冰碛和冰斗。

我们在库木拜勒谷地中扎了营。7 月 24 日早晨，我们越过了库木拜勒山口（海拔约 13 600 英尺）。接着，我们在陡峭的山坡上垂直下降了约 3 000 英尺，来到了克孜勒阿特（Kizil-art）河［即买尔干苏（Markan-su）］的河床边。这条河源自考夫曼（Kaufmann）山的东南坡。从长度来看，它应该算是喀什噶尔河的正源。头两天，我们都是沿河边走的。河两边伸下来的陡山，迫使我们不时越过一块又一块窄台地，但这不是什么难事。有一条支流从北边的高山卡尼什哈坦（Kanish-khatan）下来，注入了买尔干苏。在注入口的下游，我们经过了一个圆锥形石堆，显然标志着俄国的边界到了。过了边界后，谷地在有些地方拓宽成了小盆地，如今盆地是干涸的，但以前那里曾是些小湖。我们经过的最后一个盆地叫克孜勒库里（Kizil-köl），它扩展了约有 4 英里宽，南边山坡上比盆地高约 200 英尺的地方可以看到早期的湖岸

沿着克孜勒阿特河朝上走

---

① 关于在阔什拜勒山口与阿赖谷地中的达劳特库尔干之间，道路所经地面的地形细节，见俄国的 1 英寸代表 10 俄里地图第七张。关于帕米尔和阿姆河上游地区的总体特征，我建议读者参看印度测量地图第 37、42 号（1 英寸代表 1 英里），以及法国 1 英寸代表 1 英里的亚洲地图北纬 40° 东经 72° 号（帕米尔地区），后者在军事地理学中心找得到。另参见许茨《帕米尔研究》（Forschungen im Pamir）一书所附的地图。

线。7 月 25 日晚上，我们就扎营在这条古湖床边。夜间刮起了暴风雪，早晨 5 点时气温下降到了冰点以下。

见到加盖罗上校

那天早晨，我们沿着缓缓抬升的高原轻松地往上走，走了约 11 英里就到了海拔约 14 000 英尺的克孜勒阿尔特山口，从俄属帕米尔及其主要谷地舒格楠来的车辆就是从那里越过了阿赖谷地。我们逆着这条到阿赖去的直道走，来到了歇息地博尔多巴［Pōr-döbe，西突厥斯坦人把它念成了伯尔托帕（Bōr-töpe）］。我们从吉亚克巴什出发后一直到博尔多巴共走了将近 100 英里的路，途中没有遇到任何过路人或是帐篷。我在博尔多巴见到了和蔼的俄国海关官员赞伯因（Zampoin）先生，他刚从费尔干纳—喀什那条主道上的伊尔凯什塔木赶来。他给我带来了一个好消息：负责帕米尔地区军事和政治事务的加盖罗（Jagello）上校要从他的总部赶到塔什干去，明天他将到达这里。我们在博尔多巴休整了一天，这样就提前和加盖罗上校见面了。这是一件幸事，因为我以后的经历证明，即便在兴都库什边界的印度这一侧，给我作的安排也不会比加盖罗上校在帕米尔以及他管辖下的瓦罕（Wakhān）、舒格楠和洛山做的安排更全面、更有效的了。主要是在加盖罗上校充满预见性的善意帮助下，我这才在很短的时间里没有浪费一天的时间走过了很多地方，其范围比我原来计划的要大得多。我将永远感激他、记住他的善意，以及我从他和他的助手（帕米尔地区的几个俄国地点的官员）那里得到的帮助。

阿赖谷地的历史意义

我从一开始就计划穿过帕米尔，到与帕米尔相邻的俄属阿姆河地区去考察。这样做的一个最主要原因，就是希望实地研究一下和古道有关的历史地理学问题（中国和西亚的最

早交往就是通过那些道路进行的）。因此，当我 7 月 28 日沿
着大阿赖谷地①往下走时，心里十分兴奋。1901 年 6 月我第
一次探险考察归来时，途中只在伊尔凯什塔木上方的陶恩木
伦（Taun-murun）鞍部和塔勒迪克（Taldik）山口脚下之间，
看到了这条谷地的头部。这条宽阔的天然大谷地延伸在高高
的帕米尔的北边。它东西走向，在喀拉特金以下，肥沃的克
孜勒苏河谷和阿赖谷地连在了一起。从地形因素、气候条件
和当地资源来看我们都可以断定，中国古代的丝绸商人就是
沿着这条大谷地到阿姆河中游地区的。托勒密有一段经典的
记载被人们反复讨论过，他说，蒂尔（Tyre，黎巴嫩西南部
城市，古代曾是腓尼基一个奴隶制城邦——译者）的马里纳
斯（Marinus）说起过，马其顿的麦斯（Maës）手下的商人
从巴克特拉（Baktra）出发是如何到丝国——中国去的。但
在讨论这段记载之前，我先简单说一下我沿着阿赖谷地一直
走到达劳特库尔干的途中都看到了什么现象。

出于对各种实际问题的考虑，我认为应该与俄国的那位
海关官员赞伯因先生保持联系，他也要去达劳特库尔干。因
此，我在沿着阿赖谷地往下走时，比我计划中的速度要快。
我们 7 月 28 日早晨从博尔多巴动身的时候，看到了外阿尔
泰山的最高的部分（图 359）。这段山脉朝克孜勒阿尔特西
边延伸，大概也包括约 23 000 英尺的考夫曼山。而那一天
的全天，薄薄的云一直遮住了大山脉的高峰。看来我们能看
到外阿尔泰山还是很幸运的。我们先沿着一条名叫加乃达尔
萨依（Janaidar-sai）的宽阔水道往下走，越过了长着草的高

沿阿赖谷地往
下走

① 关于从俄国资料中收集到的对阿赖谷地的清晰描述，参见盖格尔《帕米
尔领区》75 页以下；另参见许茨《帕米尔研究》40 页以下，那里还提到了当代其他描述性文字。

原。然后，我们又越过了克孜勒艾肯（Kizil-akin）河（是冰川融水补给的），它显然是从考夫曼山的东北坡下来的。在离出发点 22 英里的时候，我们来到了克孜勒苏的南岸，对面就是从外阿尔泰山上下来的金提克（Jintik）谷地。

没有遇到吉尔吉斯人的帐篷

克孜勒苏河流在一条宽阔的河床中，有很多交织的支流，河边是丰茂的牧草。我们经过的高原上的牧草也很丰富。第二天，我们在离博尔多巴足足 70 英里时，才走到了达劳特库尔干。这两天里我们没有遇到一个吉尔吉斯人的帐篷。当地有人告诉我，之所以这样，是因为过着真正游牧生活的吉尔吉斯人赶着大群的羊从费尔干纳朝上走以便度过夏天，他们的半游牧的同胞们则生活在谷地下游。这两种人都更愿意到大谷地两侧高高的侧谷去，因为在夏天最热的几个月里，那里有高山的冰雪融水，水源更充足。他们打算以后再到大谷底部来放牧。到达劳特库尔干之前，我们在萨克亚小麻扎（Sakeyār Mazār）来到了谷地的主路上，主路一直是沿着北边的山脉脚下延伸的。这无疑是为了避开河边的沼泽地带，春天时那一地带非常难走。我们沿这条清晰的小道一直走到天黑之后很久，才到达小河牙满科尔沁（Yamān-karchin）的注入克孜勒苏的地方。那里海拔 9 000 英尺，在高处放牧的吉尔吉斯人已经扎好了毡帐来接待我们。图 382 拍摄的是我们第二天早晨越过宽阔的谷地看到的外阿尔泰山。

新旧农田

刚从营地出发后不久，我就注意到了旧农田的迹象。很快我们就遇到了燕麦田，燕麦田分几层延伸在山间的低凹处。后来在类似的位置上我们又多次遇到了农田，还看到了一些围墙，那是冬天的时候设毡帐和给羊群栖身的地方。过了长满灌木的卡乌克（Kawuk）萨依后，路离石岭都很近。在克孜勒艾西买吉勒伽（Kizil-eshma Jilga）的谷口，我们发现农田之间有零星的泥屋子，说明那里是永久性居民点。在那里我们还看到了一圈长 120 码、宽 100 码的围墙遗址，人们把它叫作老库尔干。在它西北方 1 弗隆远的地方还有一座圆形小丘，最近被人挖过，西边不远的地方还有一些坟墓和半被毁掉的拱拜孜。人们说那些坟墓都是很古老的，吉尔吉斯人不知道它们的由来。

这一天我们走了约 24 英里后，路开始穿过很多小丘。小丘分布在河北岸宽阔的平原上，平原部分地方开垦过。这些小丘大小不一，最大直径有 20 码多，似乎本是用未砍削过的石头砌成的建筑，如今已经完全坍毁了。它们的性质和位置表明，这个地方曾有一个比上游分散的吉尔吉斯小屋更重要的居民点。从这里我们就可以望到达劳特库尔干的梯田和分散的用石头砌成的民居了。又走了 3 英里后，我们就来到了达劳特库尔干古堡。现在那里设了一个俄国警戒哨，因为在那里有一条风景如画的峡谷汇入了阿赖谷地，峡谷从阿赖谷地一直延伸到唐吉斯巴依（Tengiz-bai）山口。有一条到马尔吉兰和费尔干纳其他地方去的直路就越过了那个山口，那条路常有人走。

古代丝绸之路上著名的石塔（Stone Tower）很可能就在达劳特库尔干附近，我们最好联系着托勒密对石塔的描述来讨论这个问题。但在此之前，让我简单总结一下阿赖谷地的自然特点，就是这些特点使它仿佛是一条走廊，联系着阿姆河中游地区和塔里木盆地。从伊尔凯什塔木上方的陶恩木伦山口，一直到达劳特库尔干下游的喀拉木克（Kara-muk），在这段接近 90 英里的距离内，谷地中都没有特别窄的地方。从博尔多巴和塔勒迪克（Taldik）山口之间的那条道穿越谷地的那一点，一直到达劳特库尔干以下，谷地底部的宽度都

走近达劳特库尔干

阿赖谷地是一条天然通道

不少于 6 英里，有的地方甚至有 11 英里或 12 英里宽。从整体自然状况来讲，这真可以算作是个帕米尔[①]，但这里的气候条件和帕米尔明显不同。之所以有这种差别，一方面是因为这里没有帕米尔那么高，另一方面是它的地理位置决定的。阿赖谷地的平均海拔比那些公认的帕米尔要低得多，达劳特库尔干有 8 000 英尺，到陶恩木伦山口也不到 11 200 英尺。而阿赖谷地的降雪比帕米尔要多得多（极端干旱是帕米尔的一个显著特征）[②]，其结果是，阿赖谷地的草原植被比帕米尔要茂盛得多。同时，它又不像帕米尔高高的谷地那样全年都能放牧，因为从 11 月一直到次年 5 月初，阿赖谷地上游都有厚厚的积雪，牛羊群是无法找到食物的。

阿赖谷地下游半游牧的吉尔吉斯人

这样我们就可以解释两个有趣的现象。谷地上游是从费尔干纳平原来的过着真正游牧生活的喀拉吉尔吉斯人（Kara-Kirghiz），他们一年只能在那里待四个月的时间。而谷地下游的气候条件决定了那里有永久性居民，他们过着半定居、半游牧的生活。从海拔 9 000 英尺的地方往下，我们遇到的农田都是吉尔吉斯人耕种的。他们夏天的时候在较高的侧谷中放牧牛羊，秋天下到主谷地中来，冬天时则靠储存起来的牧草来喂养牛羊。[③] 即便在冬天也是可以从事一些放牧活动的，因为主谷地中刮的大风有时会把陡坡上的雪吹掉。一直朝上到牙满科尔沁燕麦都能成熟，从达劳特库尔干往下就可以种小麦了，而且大部分地方都不需要灌溉。

---

① 参见里克默斯《突厥斯坦的河间区》（*Duab of Turkdstan*）378 页。

② 参见里克默斯《突厥斯坦的河间区》494 页。

③ 喀拉特金的吉尔吉斯人的做法就是这样的。参见里克默斯《突厥斯坦的河间区》379 页以下。

阿赖谷地之所以被用作一条交通线，显然和以上简述的这些情况不无关系。驼队喜欢牧草丰茂的地方，从喀什的干旱山谷中来的驼队更是如此。同样重要的是，在海拔 9 000 英尺以下的谷地两侧都有永久性居民点，居民点可以为过往的人提供住处和一些当地物资。伊尔凯什塔木也有一点农田，而且它上游一个叫诺拉宁索瓦（Nōraning-sōwa）的地方（位于去陶恩木伦的路上）也有农田。这样，在阿赖谷地上没有居民点的地区就被减少到了不足 70 英里，即三天就能轻松走过的路程。[①] 一年中有八九个月的时间，驮东西的牲畜（包括骆驼）都可以通行。12 月到次年 2 月的时间里，据说厚厚的积雪封闭了道路。但如果有足够的往来能在雪上踩出一条道，就像从伊尔凯什塔木穿过海拔 12 700 英尺的铁热克（Terek）山口的那条路一样，交通工具也是可以过去的。喀什和阿姆河流域之间的交通以前曾穿过喀拉特金和阿赖谷地，现在这些交通已经不复存在了。如今，从阿姆河方面到了喀拉特金的商人，一般是经过费尔干纳地区的马尔吉兰或安集延（Andijān）到喀什去的。而从喀什来的人只在 4 月或 5 月时路过了阿赖谷地的东段，那时积雪使人们无法穿越到费尔干纳和那里的铁路去的铁热克山口。

但在公元前后的几个世纪里，巴克特拉是中国与波斯及地中海地区那条大丝绸之路上的主要商业中心。所有的地理因素，都使丝绸之路从喀什进入阿赖谷地，然后沿着克孜勒苏（或苏尔赫）朝阿姆河走。这条道的优越性在于，它在最低的地方越过了塔里木盆地和阿姆河之间的分水岭。而且，

阿赖谷地为交通提供了便利条件

商道的重要性

---

① 我以前曾说过，从阿姆河最上游河谷到萨里库勒（Sarīkol）的道路上也有类似情况。参见《古代和田》第一卷 32 页以下。

它延伸到喀拉特金的部分也全然没有自然条件上的困难之处。就是因为存在这类困难，再南边的帕米尔谷地就不适合做交通的大动脉了。根据我在达劳特库尔干及后来经过喀拉特金时收集到的信息，克孜勒苏北岸边或北岸附近的路，一直到阿布依伽尔木（Āb-i-garm），驮东西的马和骆驼都是可以全年通行的。从阿布依伽尔木，同样好走的道路越过希萨尔（Hissār）山，并在巴尔赫（Balkh）以北到达阿姆河边。

古代的丝绸之路

以上的地形学事实完全支持下面这个结论：从巴克特拉到丝国（中国）首都的道路，经过了喀拉特金和阿赖谷地。这个结论最先是由亨利·尤尔（Henry Yule）爵士提出的。马里纳斯叙述的那条古道的信息，是从"麦斯"手下的商人那里听说的，"麦斯是个马其顿人，也叫提提亚努斯（Titianus），他家世代都是商人"。托勒密在他的文字中①保存了这段关于公元 1 世纪同中国的丝绸贸易的极为有趣的记载，学者们曾反复讨论过这段话。但就托勒密的文字看，过了巴克特拉之后的某些地点是模糊不清的，而且可能永远如此。这大概是因为没有找到麦斯或马里纳斯的原文的缘故。我们就没必要叙述学者们讨论的结果了。托勒密提到了丝绸之路上的"山国须密驮"（Kōmēdoi），这使我们确信丝绸之路经过了喀拉特金。我以前曾说过，"亨利·尤尔爵士经过一系列缜密的论证，认定喀拉特金可能就是须密驮的位置"。之所以这样说，一方面是因为玄奘将喀拉特金地区称作拘谜驮，另

---

① 参见托勒密《地理》第一卷第 11 章第 7 节，第 12 章第 8 节以下。

一方面是因为阿拉伯地理学家也将这里称作库密多
（Kumēdh）①。

下文我们会论及中国史书中提到喀拉特金等处的文字。
但在此之前，我们首先看一下托勒密记载的麦斯手下的商人
走过的两个地点，这两个地点在喀拉特金的东边。托勒密告
诉我们，这位商人从安提奥齐亚·马吉亚那（Antiochia
Margiana）即麦尔夫（Merv）出发，"路朝东延伸，到了巴
克特拉，然后折向北，朝须密驮山上走。过了这些山后，路
朝南延伸，一直到大谷地与平原相连的地方"。他说，山区
北部和他们开始登山的西部在拜占庭的纬度以下，南部和东
部在达达尼尔海峡的纬度以下。所以他说，路朝两个相反的
方向都拐了个长度相等的弯。在朝东伸展的过程中，路朝南
弯，之后又朝北拐了一个大弯，这才到达了石塔。用他自己
的话说："当旅行者朝谷地上方走时，他就来到了石塔。过
了石塔后，朝东伸展的山与从帕里姆波特拉（Palimbothra）
朝北伸展的伊毛斯山连在了一起。"②

这里的道路方向发生了复杂的变化，我还无法完全解决
这些变化中的疑点。但我应指出几点明白无误的地形学事
实。要想从巴尔赫出发经喀拉特金到阿赖谷地来，最直接也
最好走的路线，就是在捷尔梅兹（Termez）附近穿过阿姆河
后，沿着苏尔汉（Surkhan）河宽阔的河谷走，经过代赫诺

托勒密记载的
麦斯手下商人
走的道

巴克特拉之后
路的方向

① 参见本书第二十六章第五节；《古代和田》第一卷54页以下。并参见尤尔《契丹》（Cathay）
第一卷190页以下；《皇家亚洲学杂志》97页以下，1873年；李希霍芬《中国》第一卷497页注。坎宁
安在《孟买人类学会杂志》1848年刊第17卷第II部分15页中，第一次提出托勒密说的是"须密驮"。

托马晒克在《粟特》（Sogdiana）一书77页以下，详细讨论了那段经典文字。关于"库密多"，参
见马夸特《伊兰考》（Ērānšahr）233页。

② 参见托勒密《地理》第一卷第12章第7～9节。译文见麦克林德勒《托勒密书中的古印度》
（Ancient India as described by Ptolemy）18页以下。

乌（Deh-nau）和里加（Rēgar），到达希萨尔地区的喀拉塔格山（Kara-tāgh），然后经过法依孜阿巴德，走到阿布依伽尔木下游的克孜勒苏。① 在喀拉塔格之前，这条路线都是朝北—北东方向延伸的，到法依孜阿巴德之前是朝东偏南延伸。从法依孜阿巴德往前，朝喀拉特金去的路大致是朝东北延伸的。喀拉塔格到法依孜阿巴德有 60 英里远，这一路段是稍微偏南的。而从巴尔赫到喀拉塔格的南—南西到北—北东走向的路段有 160 英里。显然，这并不是"朝相反方向拐了两个长度相等的弯"。但我不知道在以上地点之间还有什么更接近这个方向的路了。

沿克孜勒苏（苏尔赫河）朝上游去的路

那段文字中说的与"平原连接的大谷地"，我想很可能是喀拉特金主谷地，它比阿赖主谷地要窄些。在上游的喀拉木克和阿布依伽尔木下游，河流使谷地中有不少比较窄的地方。我从相反的方向沿着上面说的那条路走，并从阿布依伽尔木走到法依孜阿巴德上方长着草的丘陵地带时，我的确觉得自己好像来到了"平原地带"。马里诺斯自己说，"当旅行者朝谷地上方走时，他就来到了石塔（λίθινος πύργος）"。这显然把我们带到了达劳特库尔干附近。在那里，克孜勒苏的峡谷终于被从西方来的旅行者抛在身后了，他终于进入了阿赖谷地。紧接着，马里诺斯的话就证实了我们的判断："朝东伸展的山与从帕里姆波特拉朝北伸展的伊毛斯山连在了一起。"帕里姆波特拉就是现在的巴特纳（Patna，印度东北部城市——译者）。很久以前人们就注意到，所谓的伊毛斯，就是帕米尔东边的慕士塔格阿塔和它朝北延伸的

① 上文写完之后，我高兴地注意到，在赫尔曼《中国与叙利亚之间的古丝绸之路》（*Seidenstrassen zwischen China und Syrien*）第一卷有一张很有启发性的草图，图中也认为这是马里诺斯走的路线。

部分。这样，朝东伸展并与伊毛斯连在一起的山，指的就是
阿赖山。

马里诺斯关于古代到中国的丝绸之路的那段话（由托勒
密转述）中，还有一段话值得一提："在伊毛斯山上有一个
商人的站点 δρμητήριου，商人们就是从那里动身到中国去
的。"这段文字出现在托勒密书的第 VI.xiii.I 部分。那里说
的是过着游牧生活的萨凯人（Sakai）居住区的东部边界，
其中还包括须密驮山区和石塔。从前面引用的马里诺斯的话
来看，这个到中国去的商人的站点在石塔的正东方向。再加
上站点位于伊毛斯山上，这样看来，站点很可能就在从喀拉
特金沿须密驮谷地来的道路穿过分水岭到塔里木盆地的那个
地方附近。李希霍芬男爵就正确地指出了这一点。① 我同意
李希霍芬男爵的看法，即离陶恩木伦分水岭约 16 英里的伊
尔凯什塔木，也就是现在俄国边界和海关的所在地，有可能
就是马里诺斯所说的"商人的站点"。② 李希霍芬男爵正确
地注意到，有一个事实是支持这一判断的：在伊尔凯什塔
木，从阿赖谷地来的道路与另一条道路会合了。后一条路现
在有不少人走，古代也可能如此，它是从费尔干纳经过铁热
克山口到喀什去的。在麦斯所指的时期（大约是公元 1 世纪
的最后 25 年），中国对西域的直接控制并没有延伸到塔里木
盆地—阿姆河的分水岭以西。这样，伊尔凯什塔木附近就很
适合中国人设立一个在边界进行控制的站点（中国行政管理
机关一直习惯于在帝国边界上设立这样的站点），因为那里
的海拔有 8 550 英尺，还可以从事一点农业，灌溉水源也有
保证。③

伊毛斯山上的
商人站点

---

① 参见李希霍芬《中国》第一卷 500 页。
② 参见《古代和田》第一卷 54 页以下。
③ 有人认为上文说的这个站点在喀什。但就我看来，这样说似乎没有令人信服的证据。

达劳特库尔干
和恰特

　　为了找到一个向导，也为了弄到牲畜和物资，我被迫在达劳特库尔干短暂停留了一下，同时我也可以写点东西。利用这个机会，我还开始了在当地吉尔吉斯人中收集人体测量学资料的工作，并沿着河北岸走了一段。道路在某些地方人工拓展过。在约 1 英里的距离内，道路都是沿着河边上的陡崖脚下延伸的。人们说这是一条很古老的道路，骆驼一直能走。在下游约 3 英里的地方，科克苏（Kök-su）注入了主河道。我在那里发现了一大块耕耘得很好的农田，还有一丛丛的树木。农田是属于恰特（Chat）村的。农田外有一圈低矮的土丘，围住了一块长 300 码、宽 250 码的地方，那是一道古老的围墙。据说围墙里的地方一直沿用到了科坎（Kōkand）酋长们的统治时期。恰特地方很宽阔，风不大能吹到，似乎比达劳特库尔干更适合作路边大站。因为达劳特库尔干比较局促，而且暴露在外，树木在此不易生长。但在这两个地方，我都没有听说年代很古老的遗址。古代的堡垒（达劳特库尔干就是由此得名的）和现在的海关之所以都选在达劳特库尔干，是因为从那里很容易监视到马尔吉兰去的路以及沿着阿赖谷地上来的路。

第三节　沿着帕米尔的西部边缘行进

从达劳特库尔
干朝南走

　　8 月 2 日，我动身朝南走，以便越过那些高峻的雪山，它们把木克苏（Muk-su）以及穿过洛山和舒格楠的那些河流的源头，与阿姆河最上游的主要源头克孜勒河隔了开来。除了经过克孜勒阿尔特山口和喀拉湖的那条著名的道路，要想穿过俄属帕米尔和帕米尔西边的山到瓦罕去，这是唯一的一条道了，所以我选择了它。在加盖罗上校的安排下，我从途中遇到的很少几个吉尔吉斯人帐篷里获得了强壮的牲畜。但即便如此，这段路走起来仍是很困难的。但我们也得到了充分的补偿，因为我们不仅观察到了一些有趣的地理学现象，还能饱览高山的壮丽景色。这段山区迄今为止几乎没什么人考察过。

第一天，我们沿着从塔尔萨加（Tars-agar）山口流下来的小溪往上走。谷地里很宽阔，一直到海拔约 9 000 英尺的古特麻扎（Kūt-mazār）都遇到了燕麦田，大多数田地都不用灌溉。塔尔萨加山口海拔约 11 500 英尺，周围环绕着冰碛。我们在那里发现了一个吉尔吉斯人的小营地，并扎了营。朝正南边望到的雪山是极为壮美的，人们模模糊糊地把那条雪山叫塞勒塔格（Sēl-tāgh）或慕士塔格（Muz-tāgh，图 362）。① 更令人叹为观止的，是矗立在我面前的覆盖着冰川的巨大石壁，图 363 中只是这块石壁的一部分。石壁矗立在木克苏深谷宽阔的水道旁边，我们第二天早晨就是沿着这条深谷往下走的。这条覆盖着冰的壮丽山脉形成了帕米尔西北一个大支柱，它还有待于人们进行精确的考察。但我敢肯定的是，它锯齿状的嶙峋的峰顶线海拔逾 20 000 英尺，个别冰峰大概和考夫曼山一样高。②

进入木克苏谷地后，我们发现阿勒吞麻扎（Āltun-mazār）的 20 多间房子周围是茂密的农田和草地，那里的海拔超过 9 100 英尺。房子四周还可以看到不少树木。据说这

塔尔萨加山口和塞勒塔格

木克苏和喀因地谷地

① 关于俄国探险家对这座高山的描述，参见盖格尔《帕米尔领区》135 页。该书 111 页注 2 记载了人们对塔尔萨加山口的高度估计，那些估计数字之间差别很大。

② 早期俄国探险家对这条山脉的高度有各种估计，主峰的海拔有人估计是 20 000 英尺左右，有人估计是 25 000 英尺。参见盖格尔《帕米尔领区》135 页。俄属突厥斯坦地形学中心已经开始对帕米尔地区进行三角测量。据说 1915 年的时候，测量工作也没有因战争而中断。我希望他们已经测出了这些高峰的准确高度。这些俄属的高山很可以与慕士塔格阿塔和孔格尔高山相比。

里冬天的降雪比阿赖谷地要少得多。再往下的木克苏谷地缩窄成了峡谷，一年中大部分时间都无法通行，即便在冬天的时候想过去也是很困难的。我们本想沿这条谷地往上走（图358），从那里可以走到祖拉马特（Zulam-art）山口和塔赫塔昆仑（Takhta-koram）山口，那两个山口是分别通往喀拉湖和塔尼玛孜（Tanimaz）河流域的。但巨大的塞勒达拉（Sēl-dara）即费得臣库（Fedchenko）冰川的融水，使这条谷地从春天一直到秋末都无法通行。所以，我们只好先穿过了萨瓦克萨依（Sawak-sai）的几条大支流（萨瓦克萨依流域包括考夫曼山和更朝西的阿赖山的南坡）。然后我们朝一列山的低坡上走，这列山把萨瓦克萨依同喀因地（Kayindi）谷地分隔了开来。第二天，我们朝喀因地谷地的头部走，走得特别艰难。路大部分时候都蜿蜒在窄谷地之中，有些地方的古代冰碛和以前的冰川口崩落的碎石挡住了我们的去路。奇怪的是，冰碛和碎石之间长着草的小块地方生长着茂密而美丽的高山植被。这里和帕米尔西部高山中的其他地方一样，也有迹象表明最近冰川大大消退了。

越过喀因地山口到查库尔吉勒伽

我们将营地扎在海拔 14 000 英尺的地方。8 月 5 日，我们从营地出发，没费太大力气就越过了喀因地山口。从俄国地图看，那里海拔有 16 200 英尺。我们朝上走的时候，先走在古代冰碛上，最后有 1 英里是走在一条宽宽的倾斜下去的冰川上。冰川是从西边下来的。山口顶部几乎没有什么积雪。过了山口后，我们下到了一条峡谷中，库木什吉勒伽（Kumush-jilga）河就是从这条峡谷中流下去的。走了很陡的一段路后，我们来到了稍微向东南倾斜的一座高原上。从高原末端望出去，我们眼前的景象十分壮丽。向南边和东边可

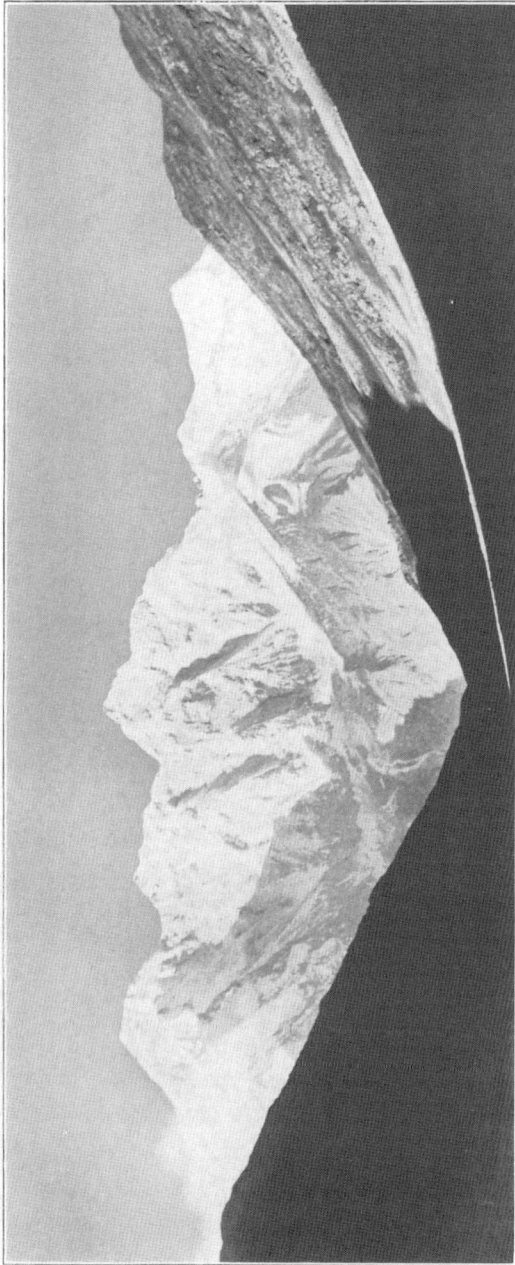

图 362 从塔尔萨尔加山口看到的蜜勒塔格（也叫慕士塔格）

图363　塞勒塔格山脉的中段，从阿勒勒吞麻扎上方的麻扎—贝勒—巴什依看到的景象

图364　沿着波斯坦阿奇谷地朝上看到的纵向山脉的奎克拉吉尔段（前景中的人是阿弗拉兹·吉尔）

以看到一些宽阔的大谷，一直能望到塞勒达拉河的源头。向西能看到塞勒达拉几条支流汇流后的河水从塞勒塔格边的一条峡谷中流了下来。有趣的是，从南边俯瞰着主谷地的那条长长的山岭，一直到比现在的河床高约 400 英尺的地方，分成六层清晰的古代河岸。整个壮阔的景象都极像帕米尔，而且植被很少，和木克苏和喀因地谷地形成了鲜明的对比。我们接下来沿着主谷地朝东南的上方走，经过了一些河流。它们是从那条与南边的塔尼玛孜河隔开的分水岭上流下来的，分水岭顶部覆盖着冰川。总共走了 33 英里后，我们在查库尔吉勒伽的谷口扎了营。我们从吉尔吉斯人那里租来的牲畜是急需休息一天的。利用这一天的休整时间，我探访了查库尔吉勒伽源头的美丽冰川（图 367）。冰川口有 0.5 英里多宽，海拔约 14 600 英尺。南边的山脉顶部覆盖着厚厚的永久性积雪和坚硬的冰。但我们聪明的吉尔吉斯向导说，在"吉尔吉斯人的古代"，人们从不止一条小道越过了那条山脉，以便袭击洛山比较高的部分。

穿过塔赫塔昆仑

　　8 月 5 日，我们沿着主谷地往上走。走了约 6 英里后，我们向南折进了塔赫塔昆仑吉勒伽（Takhta-koram-jilga）。这条谷地的底部坡度比较和缓，布满了光秃秃的碎石，它就是因此得名的。我们经过了四个深碧色的山中小湖后，没费什么力气就来到了海拔约 15 100 英尺的塔赫塔昆仑山口。西边有一条离山口很近的小冰川，从一座高峻的雪峰垂了下来。过了山口，往下走的路特别陡。先是走过一道光秃秃的石坡，然后穿过古代冰碛，进入了南边一条谷地。谷地底部很宽阔。在海拔约 13 000 英尺的地方，我们发现了一块令人赏心悦目的草地，并在那里扎了营。

　　如果我们继续前进，就必须租到新的牲畜，还要请到一个新向导。这使我第二天试图与科坎·伯克（Kōkan Bēg）取得联系，他是在东边的喀拉湖附近放牧的吉尔吉斯人的头人。为此，我们不得不先下到科克牙尔（Kök-yār）河谷中。这条河向西注入了塔尼玛孜河，塔尼玛孜河又称库达拉（Kūdara）河。在从塔赫塔昆仑山口下来的谷地连上科克牙尔谷地的地方，我们经过了巨大的终端冰碛（以前在塔赫塔昆仑谷地中曾是冰川）。又走了 2 英里后，我们折向北边的一条叫肖尔阿勒（Shōr-āle）的侧谷中，然后沿着一条陡峭的石谷往上走，石谷两侧是红色的砂岩悬崖。后来，我们走到了克孜勒拜勒（Kizil-bēl）山口。那里海拔约 14 700 英尺，山口就是从那些红色悬崖得名的。过了山口，我们沿一条坡度和缓的宽谷朝下走，之后就遇到了科坎·伯克。他是一个模样很潇洒的人（图 356）。他把我们引到了他手下一些吉尔吉斯人的夏季小营地。那个营地位于喀喇钦姆（Kara-chim），海拔约 13 700 英尺。

在喀喇钦姆拜访吉尔吉斯人

　　这个很有能力的头人给我们提供了有益的建议，告诉我们将来应该怎样走。从他那里我第一次听说，四年前由于一场大地震，穆尔加布（Murghāb）河谷中形成了一个大湖，它占据了原来是萨莱孜帕米尔（Sārēz Pāmīr）的地方。我本来是想沿直道经过喀拉布拉克（Kara-bulak）口子和马尔加奈（Marjanai）山口到阿利丘尔帕米尔（Alichur Pāmīr）去，现在这个湖挡住了我的路。我不愿意走经过帕米尔斯基（Pamirski）边防站的那条人所共知的路。所以，我决定往下走到洛山谷地头部的索纳普，然后再想办法绕过新湖那个大障碍，最终到阿利丘尔帕米尔较低的地方去。我在喀喇钦姆待的一天中，还从住在那里的吉尔吉斯人那里收集了一些人种学上的测量数据（图 365）。乔伊斯（Joyce）先生在附录 C

选定到阿利丘尔帕米尔去的路线

中详细讨论了我在这里及阿姆河以北收集到的人类测量学数据。①

下到塔尼玛孜
河谷中

8月10日,我们往回走,穿过克孜勒达坂（Kizil-dawān）回到了科克牙尔谷地中。我们沿着这条谷朝下走,一直走到了它与塔尼玛孜河（或库达拉河）的大河谷会合的地方。在那附近,塔尼玛孜河谷朝南陡然拐了一个弯。塔尼玛孜这条重要的河流是塞勒塔格的大冰川补给的。我们在高处宿营的时候,曾看到西方那些遥远的大冰川。道路沿着河左岸延伸,把我们带到了克孜勒托开（Kizil-tokai）,那里的海拔10 500英尺,生长着柳树和桦树。我们觉得已经把帕米尔甩在身后了。第二天的行程证实了我们的这种感觉。走了2英里后,我们经过了美丽的大麦田,它们是洛山的塔吉克人耕种的。由于塞莱孜（Sērēz）的泛滥,他们被迫从穆尔加布谷地或巴尔坦格（Bartang）迁走,并重新耕种了这个地点的旧农田。我们继续沿着河左岸走,大多数时候走过的是大碎石坡（图368）,在茂密的植被中经常出现一块块农田,是由小块的积雪灌溉的。

---

① 在《古代和田》第一卷23页注3中,我讨论了"萨里库勒"这个地名。在此我要说的是,我在喀喇钦姆和帕米尔的其他地方问到的所有吉尔吉斯人,都说萨里库勒这个名称是泛指整个帕米尔地区的。这个地区的北部边界是外阿尔泰山,南部边界是俯瞰着喷赤河最上游的那条山脉,并从慕士塔格阿塔,一直延伸到达尔瓦孜（Darwāz）、洛山、舒格楠谷地。

现在流行的"大众词源学"认为,萨里库勒这个词前半部分的"萨里",来自波斯语的"sar",即"头"的意思。但我认为更说得通的解释是,后一部分如果发音和拼写准确,包含突厥词汇"qol",即"谷"的意思;而前一部分是突厥语的"sarigh"或"sarik",即"绿"的意思。我在阿赖地区时,听见人们把地名"萨里克塔什"（Sarik-tāsh）一般念成"萨里塔什"（Sarī-tāsh）,这是辅音同化作用的结果,元音也相应延长了。qol或qöl在当地的地名中是经常出现的,比如阿利丘尔帕米尔的玉奇库勒（Öch-kol）,昆仑山中扎依里克（Zailik）南边的塔尔库勒（Tār-kol）等。

萨里库勒（意为绿谷）被用作帕米尔地区所有牧场的泛称,这是可以理解的。有人说它专指阿姆河—塔里木河分水岭东边的高谷地,从塔格杜木巴什帕米尔一直到塔格尔玛。这个问题需要在别处进行讨论。

图 365　在喀喇钦姆做人类学测量的吉尔吉斯人

图 366　索纳普的洛山头人

图 367 查库尔吉勒伽源头的冰川

图 368 从克孜勒托开下方沿着塔尼玛孜谷地（或库达拉）谷地看到的景象

在塔尼玛孜河与从科克乌依贝勒（Kök-ui-bēl）流来的河汇合的地方上游，我们穿过了崩落的大碎石岭，然后过到了河右岸。在那里，我们很快看到了 1911 年的大地震造成的毁坏。有一块叫帕莱孜（Palēz）的宽阔的平地，以前是有农田的，现在已经被废弃了，因为上方的山体滑坡堵住了把水引到那里的水渠。在河流会合点 1.5 英里的距离内，我们发现谷底都堆积着大量的碎石（图 377），这些碎石是大地震时从谷右边的山坡上掉下来的。原来是帕莱孜平原的地方，现在零乱的碎石一直堆了 200 英尺多高。有些地方的碎石被甩过谷底，甩到了对面的山坡上。这道巨大的障碍把河道塞住了几个月。在 2 英里的距离内，从碎石上过去或是从边上绕过去都是很困难的（图 369）。再往下的库达拉谷地受地震的影响就没有这么大了。

我们在塔吉克人的小村子巴索尔（Pasōr）过了一夜。这个小村子环抱在白杨树和柳树之中，海拔约 9 700 英尺。8 月 12 日，我们走到了巴尔坦格谷地。有些路段对驮东西的牲畜来说很难走。凡是岸边的悬崖留出了空隙的地方，路都是贴近河边的，否则就越过高台地。在其中一块台地上，我们经过了鲁克吉（Rukhj）小村，它碧绿的农田同四周荒凉的环境形成了令人愉悦的对比。再往前，路是沿着布满大石头的河床往下延伸的，两边矗立着高峻的悬崖。那里有一个地点有一个很恰当的名称叫达尔班德（图 390）。那里的一块大石头上原来有座瞭望塔，以便防止洛山这个祥和的伊朗人聚居点受到吉尔吉斯人的劫掠。然后，我们穿过一条窄峡谷的谷口。以前，阿姆河的大支流穆尔加布河也叫巴尔坦格河就是从这里流出去的，后来大地震把这条峡谷堵住了。如果没有塔尼玛孜河，这条朝西北延伸过去的深谷就将是空荡荡的了。最后，我们爬上陡峭的石壁，来到了一座岩石环绕的风景如画的高原。索纳普村和其田地就在这座高原上，吉尔吉斯人把这个村子叫作塔什库尔干。它的海拔约 9 000 英尺。

科坎·伯克事先把消息传了过来，使我们从索纳普的那些头人以及离这里最近的洛山村庄里都获得了必要的帮助，以便应付前面的艰难旅行。我们只在索纳普休整了一天，就安排好了物资运输，运物资的还包括很多抬东西的山民。索纳普是我在阿姆河地区遇到的第一个说伊朗语的规模较大的居民点，从很多方面都吸引着我。要不是前面还有很多路要走，而且我们必须在深秋到来之前走完山区，我真愿意再延长一下在这里的休整时间。由于索纳普位于难走的洛山谷地头部，位置与世隔绝，所以在那些俊美的山区塔吉克人（图 366）身上，阿尔卑斯人种的血统比较纯正地保留了下来。而且，这里的旧风俗和家庭建筑也都很有趣。实际上，我只来得及收集了一些人类测量学数据，并踏访了那座挤满了粗陋建筑的小堡垒（图 387）。在俄国人统治这里之前，所有的家庭都躲在这座小堡垒中，如今他们可以安全地住在自己的田地附近了。在被烟熏得黑乎乎的阿依旺（开放式客厅——译者）中，以及这里那里不时出现的粗糙的装饰性木雕中，我都发现了与马斯图吉和亚辛类似的地方。在物质文明和人种方面，兴都库什山都不是一道不可逾越的障碍。人们对阿富汗的压迫记忆犹新，我询问过的一些年纪很大的人还记得吉尔吉斯人的劫掠造成的恐怖，并记得曾有中国官员来过这里。

8 月 14 日，我们离开了风景如画的索纳普，越过碧绿的索纳普高原西边的那座石山，下到了 400 英尺以下的河谷中（图 370），河对面就是小村子努苏尔（Nusur）。这里的河面

图370　在洛山的努苏尔附近沿着巴尔坦格谷地看到的景象

图369　在塔尼玛孜谷地的帕米孜穿过因地震崩塌下来的碎石区域

图372 因萨莱汶地震堰塞形成的晒岛新湖

图371 阿劳特上游因地震堰塞的巴尔坦格河谷（前景中是新形成的湖，原来的河床被埋在破碎岩石底下）

图 373　巴尔坦格谷地因地震造成的阻塞，还可以看到刚形
　　　　成的萨莱孜湖的西端（在海拔约12 000 英尺的马尔
　　　　加奈山上朝西北看到的景象，云雾和粉尘是高处坡
　　　　上的岩石运动造成的）

图 374　从叶尔克峡湾的坡上越过萨莱孜湖朝东北看到的景象

图 375 叶尔克峡湾上方的碎石坡（箭头所指的地方是一个人正在刚踩出的小路上走）

图 376 从北边看到的叶尔克峡湾的上端

有 150 码宽，我们是乘山羊皮筏子过河的，后面还游着三个
人来引导筏子的方向（图 389）。我们从努苏尔越过河道高
处的小石山和小高原，来到了巴尔奇杰夫（Barchidīw）村。
如今这个村子是巴尔坦格谷地中最后一个农业居民点。第二
天早晨我们继续前进。在起初的前 4 英里内，我们都能沿着
旧道走，旧道在台地上延伸，台地下方原来是巴尔坦格河的
河床，如今河床已变成了一条清澈见底的美丽的小溪了。再
往上，地震引起的山体大滑坡在很多地方把河道完全塞住
了，河边或河上方的道路也被毁掉了。这条大河的水量一度
可以与喷赤河相比，并且是阿姆河的主要支流，如今已经完
全断流了。人们告诉我，北边一条叫劳特（Raut）的小侧谷
的谷口原来是洛山牧人的住所，结果被成堆的碎石掩埋了。
这样的地方还有好几个。我们主要是沿着崩落的大堆碎石走
的，偶尔也沿着陡峭的山坡艰难地爬上爬下。我们带的山区
马匹驮的东西都很少，而且它们都强悍灵活，善于爬山。但
我们不得不一次又一次地把它们背上的东西卸下来，由人来
扛我们那点行李。很多地方不时出现成串的色彩极美的高山
小湖（图 371），它们取代了河的位置，增加了我们前进的
难度。在有些地方，我们可以看到从新形成的那个大湖流来
的地下水冒出了地表，形成了大泉水，但泉水很快又被碎石
塞住了。在其他地方，山坡上的碎石是滑动的，无法踏脚。
我们的索纳普向导说，有一个地方的北面原来有一座大山，
结果被地震震塌了下来，谷的南侧到处是凌乱的石头和疏松
的碎石。我们在这样的地面上终于艰难攀登到了海拔约
10 600 英尺高的地方。那里是一块长着灌木的小台地，位于
原来的山侧，我们发现在那里终于可以宿营了。

　8 月 16 日，我们又沿着陡峭的石坡朝上攀登了 1 000 英
尺，来到了奥迪亚孜考塔勒（Odiāz-kōtal）山。山北面是一

下到晒岛新湖

列支离破碎的石岭，石头是山体滑坡时从巴尔坦格谷地对面甩过来的。我们从这个由碎石构成的新形成的山口往下走。这时，我第一次望到了那个窄窄的峡湾般的湖。那里以前本是晒岛（Shedau）谷地的谷口，由于有巴尔坦格河那样的大堵塞才形成了新湖。我们沿着混乱的碎石艰难地往下走，来到了晒岛新湖的北端（图372）。我们现在只能沿着这一堆大堵塞物的南脚下走，一路都是砾石和碎石，走得特别困难。最后，我们来到了一座山脚下。这座山原来将晒岛谷地与通向兰干山口的那条谷地分隔开了。在沿着这座山朝东南攀登的时候，我们这才完全意识到那场大地震使地貌发生了多么大的变化。

山倒塌阻住了巴尔坦格河

　　1911年2月，一整座山都坍塌了，完全塞住了河流，把所谓的"萨莱孜帕米尔"[1] 变成了美丽的山间湖泊（图374）。这个湖在1913年的时候就已经有17英里长了，那之后还朝谷地上方继续延伸。[2] 大堆的砾石和碎石被从北面的山脉上甩下来，在山崩的惯性作用下，被推到了晒岛谷口一侧的陡山上。即便在大山崩之后四年，障碍物形成的这条大"水坝"就已经比新湖的湖面高1 200英尺多了。图373是在比湖面高1 500英尺的地方看到的"水坝"。"水坝"上方的山体上依旧有石头滚落下来，照片中（图373）山的最上部分

---

　　① 关于这个不恰当的地名，参见寇松《帕米尔》（Pamirs）20页。
　　② 这些事情我是从普勒陶夫上尉的一份关于大地震的报告中看到的。该报告发表在塔什干地理学会1913年的《学报》上。我当场在普里奥布拉岑斯基教授手里看到了这份学报。杰出的俄国地质学家欧布罗柴夫先生在《地质学研究会期刊》（Zeischrift der Gesellschaft für Erdkunde）（1922年）47页提到了这份报告。当时人们估计湖最深的地方有131英尺深。
　　许茨在《帕米尔研究》（Forschungen im Pamir）158页以下，描述了1911年12月时地震造成的后果是什么样的，当时这个湖还比较小。（那里说障碍物高150米，大概是写错或印错了。）

看到的尘沙就是这样造成的。①

　　在上述那座山的脚下一片暗淡的塞满泥巴的洼地中，我有幸见到了普里奥布拉岑斯基教授率领的一支俄国小分队。他们刚从阿利丘尔帕米尔方向来到这里的营地，想要对这道大"障碍"进行系统的考察。那之后，普里奥布拉岑斯基教授在俄国地理学会的《地质学资料》（*Matériaux pour la géologie*）等刊物上发表了此次考察的详细结果（第 14 分册，彼得格勒，1920 年）。俄国科学家乘皮筏子从湖的南部来，他们是经过兰干山口到湖南部的。他们极为热情地欢迎了我。我本来想着行李从湖湾上方的陡坡越过去，但他们认为行不通。但由于跟着我们的那几个洛山头人很想试一试，我们就攀登到了海拔约 13 200 英尺的地方，并在那不远的一处低 600 英尺的小泉水边扎了营。

　　第二天早晨，我们朝下陡降了 2 000 英尺，来到了叶尔克（Yerkh）峡湾那炫目的碧水边（图 376）。我们这才充分意识到，要想在地震崩下来的陡峭石坡上走，越过仍很容易滑动的碎石，确实是很困难的。幸运的是，从洛山最高的那几个山村召集来的人都是优秀的攀岩者，很善于在无法通行的悬崖上用灌木和石头制成架状突出部。足足用了五个小时，他们才在高处弄出了一条稍微安全一点的小道，我们这才穿过了那些可怕的石壁中最难走的一个（图 375），而走过的直线距离刚刚只有 1 英里。最后我们总算来到了水湾的头部，水湾边上是半被掩埋住的白桦和杜松。我们在美丽的

（右侧旁注）
见到普里奥布拉岑斯基教授

艰难地越过叶尔克峡湾上方的山

---

　　①　加里岑公爵大致根据斯皮勒科上尉的报告（见《科学院学报》第 160 卷 810 页以下）写了一篇论文。他认为，萨莱孜的山体滑坡不是 1911 年 2 月 18 日那场地震的结果，而是地震的起因。很多遥远的地震站都测到了那次地震。R. D. 奥德汉先生提出证据反驳了这一观点，见《地质学学会会刊》（*Quart. Journal Geolog. Soc.*）1923 年第 4 期第 79 卷 237 页以下。

树丛中沿着谷地往上走了 2 英里，然后越过一个似乎是古代终端冰碛的地方，来到了一条比较宽敞的地带。自从地震之后，有六户洛山人家重新耕种了那里的土地，他们令人赏心悦目的大麦田和燕麦田海拔约 11 000 英尺，比当时的湖面高约 500 英尺。但即便在这里，人们仍害怕水面继续上升。

朝上走到兰干
山口

我们在这个美丽的地方待了一天。我手下那些山民利用这段时间，改进了叶尔克峡湾上方的小道，以便把他们那些善走山路的马带过来。8 月 19 日，我们沿着山谷向南朝上走。谷底的古代冰碛之间有一系列小湖，是在冰川作用下形成的，两边的侧谷头部可以看到悬挂的小冰川。这条路从来没有人考察过。只是在萨莱孜和阿利丘尔帕米尔之间的马尔加奈山口被新形成的湖塞住之后，这条路才有人走。我们一直走在古代冰碛和布满大石头的扇状地带上，行进得很困难。我们往上走了 11 英里，到达了乌什因奇（Ushinch）。谷底在那里变宽了，南面可以看到一圈顶部覆盖着冰的山峰。幸运的是，我们在那里遇到了帕米尔斯基边防站的站长给我们派来的新吉尔吉斯马匹，因此得以继续朝谷地上方走。现在，谷地折向了东南，并扩展成了一条帕米尔一般的大谷。又经过了三个小湖，我们在海拔约 14 400 英尺的地方扎了营。

图 377 帕莱孜附近因地震崩落到塔尼玛孜河右岸的石头

图 378 坎帕尔楚克附近的叶什勒库里

图 379 巴什拱拜孜谷地头部附近的吉尔吉斯人帐篷

图 380 从马尔加奈小谷地的谷口越过叶什勒库里看到的布鲁曼岭

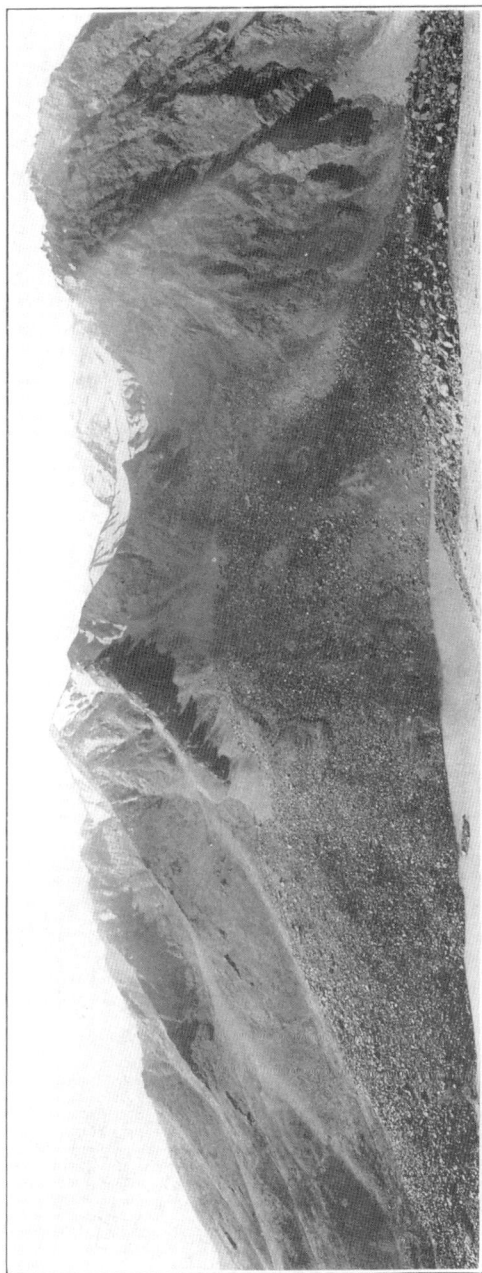

图381　隔着叶什勒库里和布鲁曼岭相对的山脉

图382 从牙满科尔沁营地越过阿赖谷地看到的外阿尔泰山

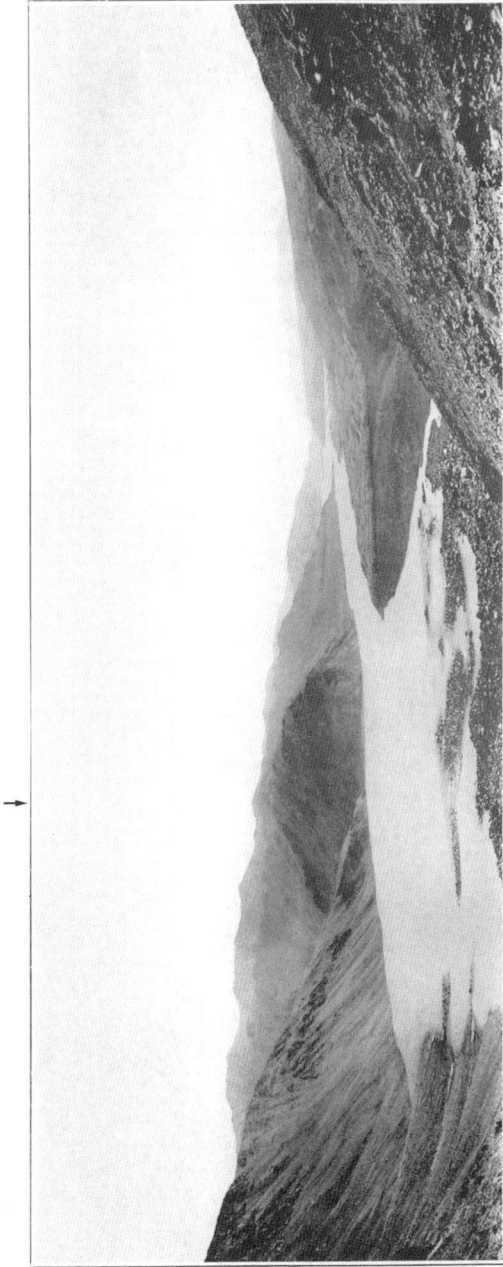

图383　从布鲁曼岭上看到的叶什勒库里（箭头所指的是马尔加奈小谷地的谷口）

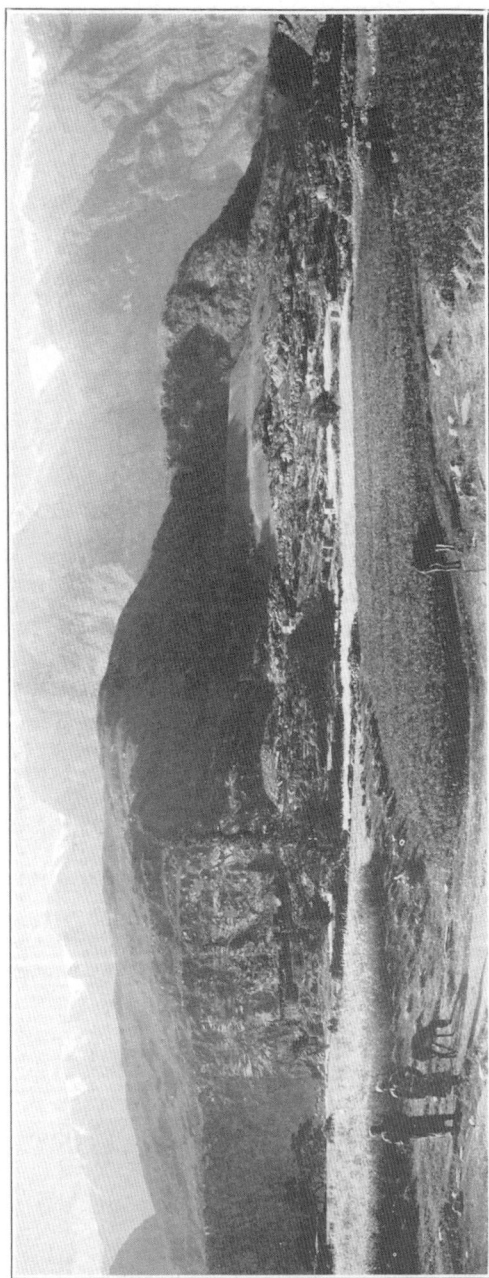

图384 洛山的索纳普（塔什库尔干）村及其田地

第二天，我们先朝东南的上方走，然后折向东方。走了 5 英里后，来到了兰干山口，那里是个几乎被碎石屑填平了 的鞍部，那里的海拔约 15 400 英尺。山口西北悬挂着一条大冰川，冰川融水一部分流进了我们在到山口以前经过的艾明库勒（Emīn-köl）小湖，还有一部分流进了山口另一侧的兰干库里（Langar-köl）。我们很容易就下到了兰干谷地。之后，我们大多数时候都是走在长着草的缓坡上，一直走到了有一些石屋的地方。那个地方叫兰干，海拔约 12 300 英尺。这一天我们总共走了 20 英里，晚上就宿营在兰干。

第四节　经过阿利丘尔和大帕米尔

我们从兰干折向东方，朝叶什勒库里（Yeshil-köl）和 阿利丘尔（Alichur）帕米尔走。由于这些地方以及南边的大 帕米尔都有人多次来过并描述过①，我只需简单说一下我们迅速走过这些地点的过程，同时也提一下几点特别值得注意的地方。我们从兰干出发攀登那座比较好走的山，它把兰干谷地的谷口同叶什勒库里的西端隔了开来。在攀登的过程中，我们眼前的景象极为壮阔，可以望到格浑德（Ghund）谷地的头部穿过舒格楠朝下伸展。当我们眺望着它宽阔的谷底和两侧长着草的缓坡时，我们完全意识到了，这是联系着帕米尔和西边的阿姆河的一条多么优越的交通线。的确，如今从帕米尔斯基边防站到舒格楠去的俄国车道，在叶什勒库里上方就离开了阿利丘尔帕米尔。在格浑德河从叶什勒库里流出的那一点下游 30 多英里的地方，车道才进入了格浑德

① 关于阿利丘尔帕米尔地区的有益信息，见盖格尔《帕米尔领区》131 页以下；许茨《帕米尔研究》61 页以下。关于大帕米尔，参见盖格尔《帕米尔领区》128 页以下，许茨《帕米尔研究》72 页以下。

谷地。但从阿利丘尔帕米尔出发，沿着叶什勒库里边上延伸，然后进入格浑德谷地头部的那条道当然要短得多，对于驮着东西的马来说也没有什么障碍。① 冬天的时候，车道在南面经过的山口上是厚厚的积雪，那时叶什勒库里道就是唯一能通行的道了（部分道路是从湖的冰面上过去的）。

叶什勒库里道在历史上的应用　　由此我们大概可以推断出，中国旅客和军队主要走的就是这条最直接的道。关于军队穿过帕米尔到舒格楠去的那些行动，我们有明确的历史记载。在这里我只需提一下高仙芝在公元 747 年穿过帕米尔和兴都库什的那次著名的远征，我在别的地方曾详细讨论过这件事。② 在远征过程中，高仙芝亲自率领一支不小的军队从喀什出发，到了萨里库勒和舒格楠。僧人悟空的旅行也值得一提，他在公元 751—752 年之间从喀什到了舒格楠。在 30 多年后从印度回到喀什的途中，他又经过了舒格楠。③ 1759 年清朝军队从喀什追赶大小和卓兄弟。下文将要说到的苏木塔什（Süme-tāsh）的汉文碑铭直接证明，中国人那次走了这条道。④ 苏木塔什位于叶什勒库里的东端，中国人和阿富汗人都意识到那里很适合监视湖北边到舒格楠去的道路。正是这个原因，1892 年才在苏木塔什发生了流血事件。⑤

---

① 许茨在《帕米尔研究》66 页中说，所有的交通都得越过科依特孜克（Koi-tezek）绕道而行。但我的这句话是凭亲身经历写下的。

② 参见《西域考古图记》第一卷 53 页；《地理学杂志》（*Geogr. Journal*）117 页以下，1922 年 2 月。

③ 参见西尔文·列维和沙畹合著的《悟空的行程》（*L' itinéraine d' Ou-k'ong*），《亚洲学杂志》346 页以下、362 页，1895 年 9—10 月；本书第二十六章第三节。

④ 参见本节；寇松《帕米尔》46 页。

⑤ 参见本节。

图 385 阿利丘尔帕米尔的苏木塔什处的悬崖和拱拜孜

图 386 从巴尔坦格谷地上方的奥迪亚孜考塔勒朝西看到的景象

图 387　在索纳普村的房顶上

图 388　在喷赤河谷上游的希萨尔看到的景象

图 389　在努苏尔乘皮筏子穿过巴尔坦格河

图 390　塔尼玛孜河和巴尔坦格河在索纳普上游的达尔班德交汇

图 391　越过维多利亚湖的东端，朝东南看到的尼古拉斯山脉

图 392　在兰干基什特越过阿姆河河谷看到的兴都库什山脉

图 393　在藏吉巴尔看到的喷赤河，左岸是达拉依喷赤冲积扇

图 394　在阿都德山口朝东望

　　我还要说一下布鲁曼（Būruman）岭。从格浑德谷地最上方来的那条道，在湖的最西端上方就上升到了布鲁曼岭上。根据我最近在萨莱孜那个新形成的大湖获得的经验，我认为一些地形学事实表明，叶什勒库里是早期一个类似的地震造成的，至少它目前的形状表明应该是这样的成因。不是地质学专家的人也能看出，湖西端矗立的布鲁曼岭（图381）似乎很像那个造成了萨莱孜湖的新形成的"大障碍"。有人认为，湖水之所以在布鲁曼岭前面存积了起来，是冰碛堆积的缘故[①]，但我却没有发现什么冰碛的迹象。另一方面，对面沟壑纵横的山坡上有一条大豁口。看来，这里本是一条深陷的河床，山体滑坡时从豁口那个地方掉下来的碎石把河床堵住了。不通车辆的马道穿越了布鲁曼岭，这个岭比湖面高400多英尺[②]。图383拍摄的就是在岭上看到的蜿蜒的青碧色湖面，十分美丽。图380中拍摄的，就是从小马尔加奈谷的谷口看到的布鲁曼岭。

　　在穿过风景如画的坎帕尔楚克（Kamparchuk，图378）小半岛之前1英里，我们越过了一段很难走的石壁，马背上驮的东西不得不卸下来一些，以减轻马的负担。再往前就是从大马尔加奈谷地流过来的小溪形成的绿草如茵的三角洲。在那里，人们指给我看一圈圆形石围墙，直径约55码。那个地方叫黑大爷库尔干（Khitai-kurghān）。离那里不到200码的距离内，还有两圈类似的较小的圆围墙。大概在中国人仍使用这条到舒格楠的道的某段时期，它们曾是路边站点。

---

　　① 　许茨在《帕米尔研究》67页中的确提到了山体大滑坡，但却把湖的形成归因于冰碛。
　　② 　从俄国地图看，叶什勒库里的海拔约12 500英尺。奥卢夫森《陌生的帕米尔》（*Unknown Pamirs*）6页中说它的海拔为12 828英尺（3 921米）。根据我自己的空盒气压表的数据，海拔是12 700英尺。

前方 0.5 英里远的地方还有三座被毁的小丘，我也未能判断出它们的年代。小丘附近有块黑色石碑，上面阴刻着伊斯兰教义和对安拉的祈祷。

阿利丘尔帕米尔的小溪是在湖的最东端注入湖中的。有一处叫苏木塔什的悬崖（图385）俯瞰着小溪的三角洲，悬崖顶上矗立着一座废庙。庙里原来有块石碑，纪念的是 1759 年清朝将领在这里对喀什的大小和卓取得的胜利，当时大小和卓正带着他们的手下人想穿过帕米尔到巴达克山去。① 1892 年 6 月 22 日，亚诺夫上校率领的哥萨克人消灭了离这不远的一个据点中的一小队阿富汗士兵。大概在那之后，石碑被运到了塔什干博物馆。但石碑的那个巨大的大理石底座仍在原来的地方。它大概称得上是帕米尔地区最能耐久的历史遗物了，也是中央帝国势力的一个合适的象征。在过去的两千年间，中央帝国的势力不时会延伸到遥远的世界屋脊。8 月 22 日，我们离开了在苏木塔什的营地。在河南岸 0.5 英里远的地方，我们路过了一圈很奇怪的三角形围墙。围墙是用大石头砌成的，被称作奇台库尔干，最长边有 25 码长。我无法确定它的起源。

我们沿着阿利丘尔帕米尔往上走了两天。我们先是走在一条泥泞的河沟里，然后穿过一片宽阔的草地，来到了巴什拱拜孜艾格孜（Bash-gumbaz-aghzi）。在这一侧的帕米尔放牧的吉尔吉斯人，把这里当作了他们夏季的主要营地。当时，那里有 20 多座"阿克奥依"，我们在那里停留了一天。利用这段时间，我对那里的居民进行了有益的人类学测量

苏木塔什的汉文碑铭

穿过巴什拱拜孜山口到维多利亚湖

① 参见寇松《帕米尔》45 页。那里引用了两个耶稣会教士在 1759 年 11 月 26 日在喀什写的一封有趣的信。该信发表在《有教育意义的信笺》（*Lettres Edifiantes*）第 31 卷 248 页上。

（图 439），还弄到了物资，绝大多数物资是从舒格楠那一方面运来的。然后我折向南方，经过巴什拱拜孜山口，穿越了阿利丘尔和大帕米尔之间的成串帕米尔。我们是经过一条也叫巴什拱拜孜的谷地朝那条山口走的。在谷地中可以清晰地看到一系列终端冰碛，它们是谷地中原有的大冰川后退时依次留下来的。8 月 26 日，我们在海拔约 16 300 英尺的地方越过了山口。它是我们一路上遇到的最高的山口，但那里却没有积雪，而且没有我们前面走的路那么困难。过了山口后的谷地连着一块辽阔的准平原。这块准平原矗立在维多利亚湖 ［Lake Victoria，也叫佐尔库里（Zōr-köl）］ 的最西端，俯瞰着从维多利亚湖里流出来的大帕米尔河（是阿姆河的一条支流）的河口。在这里，一幅壮美的景象展现在我们眼前（图 360）。这条醒目的宽谷地尽收眼底，我们可以一直望到那条顶部覆盖着冰川的山脉（就是这条山脉把谷地同瓦罕的最高处分隔开来）。我们沿着山脉脚下走了 6 英里，那条山脉从北边朝属于俄国的湖滨延伸过来。然后，我们在一片大水湾边扎了营，并休整了一天。

大帕米尔的历史意义　　大帕米尔的这个中部地段大概是整个帕米尔地区最有名的地方了，俄国和阿富汗的边界就穿过了维多利亚湖闪闪发光的湖面。能到达这里对我来说是一件令人兴奋的事。自从青年时代起，我就渴望着见到这个真正的大帕米尔。1838 年 2 月 19 日，伍德上尉第一次发现了维多利亚湖，他对湖进行了生动的描述。后来，当我对整个帕米尔和它东边、西边地区的地形有了更多了解后，我更确信玄奘和马可·波罗这两位大旅行家都和大帕米尔有关，他们从瓦罕来的路都经过了大帕米尔。这使我看一看这一地区的愿望就更加强烈了。我以前曾说过，为什么我也认为玄奘和马可·波罗都经过了大帕米尔①，这里就不再一一列举那些理由了。但由于在命运的安排下，我能在现场阅读到中国最伟大的朝圣者和中世纪最伟大的旅行家玄奘的文字，我还是引述一下这些文字，并加上一点简单的评论。

玄奘的文字是这样的：

玄奘对帕米尔
的描述

（商弥）国境东北，逾山越谷，经危履险，行七百余里，至波谜罗川。东西千余里，南北百余里，狭隘之处，不逾十里，据两雪山间，故寒风凄劲，春夏飞雪，昼夜飘飞。地咸卤，多砾石。播植不滋，草木稀少，遂致空荒，绝无人止。

波谜罗川中有大龙池，东西三百余里，南北五十余里，据大葱岭内，当赡布洲中，其地最高也。水乃澄清皎镜，莫测其深，色带青黑，味甚甘美。潜居则鲛、螭、鱼、龙、鼋、鼍、龟、鳖，浮游乃鸳鸯、鸿雁、鴐鹅、鹔、鷞。诸鸟大卵，遗壳荒野，或草泽间，或沙渚上。池西派一大流，西至达摩悉铁帝（瓦罕）国东界，与缚刍河（阿姆河）合而西流，故此已右，水皆西流。池东派一大流，东北至佉沙国（喀什）西界，与徙多河（叶尔羌河）合而东流，故次已左，水皆东流。……自此川中东南，登山履险，路无人里，唯多冰雪。行五百余里，至竭盘陁国（萨里库勒）②。（《大唐西域记·商弥国》——译者）

---

① 参见《古代和田》第一卷30页以下；《西域考古图记》第一卷65页。

② 参见比尔翻译的《西域记》第二卷297页以下；朱利安翻译的《西域记》第二卷207页以下；沃特斯《玄奘》（*Yuan Chwang*）第二卷282页以下。关于达摩悉铁帝（瓦罕）、佉沙（喀什）、徙多（叶尔羌河及其萨里库勒源头）、竭盘陁国（萨里库勒）这些地点的认定，参见《西域考古图记》第一卷62页以下；《古代和田》第一卷27页以下、35页、48页。

玄奘本人没有到过"商弥"。但就他的描述看，"商弥"在现在的马斯图吉或喀什卡尔巴拉（Kāshkār-bālā）。参见《西域考古图记》第一卷44页以下。

玄奘记述的
"大龙池"

寇松勋爵已经正确地强调过，"从这段文字描述的主要特征看，说的就是帕米尔地区"①。在玄奘对帕米尔地区的描述中我们容易看出，其中既有在当地观察到的现象，也掺杂着对传统观念的幼稚引用。这位虔诚的旅行家的全部旅行记都有这个特点。湖的清澈、甘甜和深蓝的颜色，正是他所叙述的那样。湖滨在春秋两季都有很多水鸟。而且，据吉尔吉斯人说，在湖滨稀疏的灌木丛中能找到很多水鸟蛋。我们很容易理解，古代的旅行者们在这么高的与世隔绝的地方看到这么大的一个湖时，为什么会觉得湖"深不可测"，而且充满了龙和其他怪物。遗憾的是，我无法得知如今关于这个湖还有什么传说，因为在大帕米尔放牧的吉尔吉斯人都远在东边高高的侧谷中，我在一天休整期间都见不到他们。

马可·波罗关
于帕米尔大湖
的叙述

从马可·波罗对帕米尔的描述来看，他显然也经过了这个大湖。他说："当你离开这个小国（瓦罕）后，朝东北骑马走三天，一直穿过山区走，就来到了一个极高的地方。据说那里是世界上最高的地方。到了这个高度后，你就发现了一个大湖，湖夹在两山之间，湖外面是一条美丽的河。河穿过一块平原，平原上有世界上最好的牧场，一头瘦牲畜在那待10天就会肥壮得令你满意的。那里有很多各种各样的野兽，其中包括肥硕的野绵羊，绵羊的角足足有六个手掌那么长。牧羊人把这些角做成大饭碗，还用羊角围成羊圈，以便晚上围住牲畜。"（还有人告诉马可·波罗，说那里有很多狼，咬死了许多野绵羊。所以人们发现了大量羊角和羊骨，在路边堆成了大堆，以便在地上有积雪的时候引导行路人。）

"平原叫帕米尔，你得骑马走12天才能穿过它，除了沙

---

① 参见寇松《帕米尔》69页以下。

漠什么都看不到，既没有居民也没有任何绿色的东西，旅行
者需要的一切东西都得自备。这个地区特别高、特别冷，甚
至都看不到飞鸟……"①

　　亨利·尤尔爵士把这段文字正确地叫作那位伟大的威尼
斯人"最能预见到当代探险活动的地方"，他还把约翰·伍
德上尉的叙述称作是"在细节上最与马可·波罗的文字吻合
的叙述"。亨利·尤尔爵士是马可·波罗的大评论家，他和
科尔迪耶教授曾花费了不少笔墨讨论马可·波罗。② 在此我
只需再加几句话就行了。在那一天休整期间，当我的眼睛越
过湖的最端点（图 391）朝东边那条不太分明的分水岭望去
时，景象极为开阔辽远。奇怪的是，这个时候我也产生了一
种"这是世界上最高的地方"的感觉。据说有很多商人的羊
群每年都被从瓦罕方面带到这里来，说明大帕米尔的牧场是
很好的。在我经过的时候，羊群正被放牧在湖南边的侧谷
中。马可·波罗说的野绵羊以他命名为"波罗羊"（Ovis
Poli），湖边的高山中如今仍是这些野绵羊最喜欢的地方。就
在巴什拱拜孜山口附近，我们遇到了一群野绵羊。在底下的
小块草地上，一些野绵羊冬天时被雪赶下山去，成了狼的腹
中之物，我们就遇到过很多这样的羊角和羊骨。在我们停留
期间，阿弗拉兹·古尔用步枪在北边的考格乌铁克吉勒伽
（Kög-ütek-jilga）打死了一只野绵羊，把那个精美的羊头送
给我作纪念。③ 8 月 27 日那一天停留期间，我意识到马可·
波罗说的帕米尔的寒冷是多么准确。最低气温有华氏冰点以
下 12°，凛冽的寒风吹刮在海拔约 13 990 英尺高的湖滨。尽

*马可·波罗的
描述是准确的*

---

①　参见尤尔《马可·波罗》第一卷 171 页。
②　参见尤尔《马可·波罗》第一卷 172~178 页。
③　许茨《帕米尔研究》72 页提到，猎人们说佐尔库尔（Zör-köl）附近有熊和豹子。

管天空万里无云，阳光普照，但我们一整天都觉得特别冷。

高仙芝的"北路"

除了这些古代旅行家的叙述，到大帕米尔我还从当地收集到一些信息，有助于澄清一个中国历史记载问题。这些信息证明那段记载十分准确。在叙述高仙芝公元747年翻越帕米尔和兴都库什山的那次著名远征时，《唐书》专门提到，唐朝军队沿东路、西路、北路向喷赤河（即现在的萨尔哈德）集结。从那里，高仙芝这位伟大的将领穿过了巴罗吉尔和德尔果德山口。以前当我谈论到这次杰出的军事行动的细节时①，我曾指出，东路和西路无疑指的是沿着喷赤河谷地下来和逆着喷赤河谷地上去的路。但这位唐朝将军的一支军队是沿北路从维多利亚湖方向到萨尔哈德的，在地图上或其他书中我没有找到关于这条北路的确切证据。的确，寇松勋爵在他关于帕米尔地区的著名论文中，用他特有的详尽风格记录了一些不太清楚而且并不一致的线索。那些线索似乎表明，有一个山口，通过它人们能从维多利亚湖到喷赤河去。②但他还说到，1895年8月，"英国边界考察队的一些成员希望在维多利亚湖南边的分水岭上找到这个山口或其他的某个

① 参见《西域考古图记》第一卷53页以下；《地理学杂志》117页以下，1922年2月。沙畹先生翻译了《唐书》中的高仙芝传，参见《西突厥史料》152页注1。

② 参见寇松《帕米尔》56页以下。那里详细摘录了英文和俄文中提到的直接连接大帕米尔和喷赤河的道路。

那里的资料有些地方是互相矛盾的。根据地形资料更准确的印度测量地图（北部边界地图之西北边界第2号，1896年）和从当地人那里打听到的信息，我下面这段简短的文字大概有助于澄清一些疑点。

戈登上尉曾提到从维多利亚湖源头处可以达到乌尔木山口（Wurm pass）。这个山口大概指的是喀拉吉勒伽头部的那个山口，从那里可以到瓦拉木（Waram）谷地去，瓦拉木谷地在兰干上游汇入了喷赤河河谷。印度情报地图中的地名"肖尔喀拉吉勒伽"，也叫"瓦拉木"（Shor Kara Jilga or Warram）在寇松勋爵的地图中也出现过。这个地名似乎被误以为是指东边的布尔古台（Burgutai）或柴拉坡（Chelap）山口，从那个山口可以到恰克马克丁湖（Lake Chakmaktin）的下游一端去。寇松勋爵从他的吉尔吉斯人那里听说，沿一条谷地有一条到维多利亚湖去的道路，他在"兰干下游12~15英里的时候路过了这条谷地"。这条谷地就是巴哈拉克达拉（Bahārak-dārā）。的确存在这样一条路，通向上文说过的肖尔吉勒伽山口。

山口"，但他们一无所获。他们还表示，事实上并没有这样
的山口存在。

　　我们的队伍中有两个见多识广的吉尔吉斯人。令我感到
意外地惊喜的是，当我向他们详细询问时，他们给了我明确
的证据，说有一条古代小道，如今喷赤河上的瓦罕村庄的牧
人仍常走那条道。小道从瓦罕方面穿过分水岭，来到肖尔吉
勒伽（Shōr-jilga）谷地那布满冰川的头部（从维多利亚湖可
以清晰地望到那条谷地的头部）。在印度测量地图上，这条
谷地就是拜什库那克吉勒伽（Bēsh-kunak-jilga）东边那条没
有标名称的谷地。下了这条谷地后，你既可以到达帕米尔河
的开阔河谷，也可以走过平缓的准平原，来到维多利亚湖的
西南湖滨。从大帕米尔这一侧要想到那个山口去，应该走肖
尔吉勒伽的西南分支。图 360 中的那张全景照片是在巴什拱
拜孜谷口拍摄的，照片中标箭头的那个地方就是肖尔吉勒伽
和那个山口的位置。在山口北侧，必须越过冰川。过了分水
岭，路就下到了科姆依奈克山上，然后路分成了两条。一条
路进入南部的肖尔吉勒伽，就是印度测量地图中标"肖尔"
的那个地方①，然后沿着喷赤河吉勒伽向上游走，到达了兰
干。另一条路据说在比较和缓的坡上依次穿过了伯孜戴克提
尔（Boz-dektir）和陶库孜巴什（Tokuz-bāsh）这两个有牧场
的谷地的头部，这样就来到了萨尔哈德河（喷赤河）。这些
吉尔吉斯人对路后半程的描述，和我 1906 年看到的矗立在
喷赤河边的坎斯尔（Kansir）山很接近。② 我得到的这些信
息再一次说明，中国史书记载的高仙芝那次山区壮举的地形

肖尔吉勒伽上
方的山口

---

①　1906 年，我听人们把这个谷口叫巴哈拉克达拉。
②　参见《西域考古图记》第一卷 25 页。

细节是可靠的。唯一令我遗憾的是，我虽然以前到达尔考特和喷赤河南边的战场去实地考察过①，但这次由于时间关系并考虑到阿富汗边界，我无法实地考察那些道路了。

沿帕米尔河朝下游走

8月28日，我离开了维多利亚湖，沿帕米尔河往下游走，以便到兰干基什特（Langar-kisht）去。在那里帕米尔河汇入了喷赤河。我们在三天中共走了78英里，这正是马可·波罗骑马从瓦罕到大湖的那三天经过的路线。自伍德上尉之后，帕米尔河河谷曾被人们多次描述过。因此，我观察到的现象中只有不多的内容需要在此记录下来。在帕米尔一般的谷地的上半部分，在巴什拱拜孜河的出山口下游4英里的地方，我们经过了一座天然的小山，山的形状像是个圆锥，有80英尺高。它叫麻扎多拜（Mazār-döbe），吉尔吉斯人崇拜着这里，说这里埋葬着神圣的武士。在佛教时期，这个形状如此规则的山在虔诚的人们看来像是"自生的佛塔"（Svayambhū Stūpa）。现在这里之所以仍是个圣地，大概是因为当地的拜神传统保留下来的。②

从喀尔高什和麦茨山口来的路

当道路与从喀尔高什（Khargōsh）帕米尔来的路会合的时候，我们来到了平整的俄国马道上，这条马道把兰干基什特同阿利丘尔帕米尔的车道连在了一起。喀尔高什谷地的谷口，就是河右岸吉尔吉斯牧场和瓦罕牧场的分界线。在那里（海拔约12 700英尺），我听说最近有人播下了燕麦种子，而且燕麦成熟了。再往下走2英里就是帕侬噶塔拉（Paiga-tala）平地。在平地上，我注意到了一个遗址，似乎是一个敖包，用粗糙的石头筑成，有15英尺长。它是东西走向的，

---

① 参见《古代和田》第一卷8页以下；《西域考古图记》第一卷55页以下、67页以下。
② 参见《西域考古图记》第三卷1303页。俄国和印度地图中由于绘图者的误解，把从喀尔高什山口来的那条溪的出山口下游的一个麻扎，也标了同一个名称"麻扎多拜"。

看来不是伊斯兰墓葬。在海拔约 12 500 英尺高的玉勒麻扎
（Yol-mazār），我们遇到了古代的梯田。再往下走 3 英里，我
们在河左岸经过了一条谷地的谷口，谷口很宽，长着草。这
条谷地叫伊塞克布拉克（Issik-bulak），是由一眼温泉得名
的。从那开始，有一条常有人走的道路通向萨里格哈孜
（Sarighaz）山口。驮东西的牲畜要想从帕米尔河到喷赤河
去，在瓦罕山脉上唯一能走的就是这个山口。①

　　第三天，我们经过了麦茨峡谷（图 401，沿着那条谷地
往上去，有一条到舒格楠的很方便的道路）。之后，谷地逐
渐变宽。在谷地两侧我们多次见到了旧农田和水渠，还有人
记得它们被废弃的时间。在兰干基什特上游约 10 英里的地
方再往前，我们遇到的小块农田越来越多，都分布在谷两侧
的山坡平地上，灌溉起来很方便。下游比较隐蔽的角落里，
还时常有小村落掩藏在树丛之中。一路上朝南望视野都很开
阔，可以望见兴都库什的雪山，雪山顶上是针尖一般的冰峰
（图 392）。这个醒目的景象告诉我们，与印度河的分水岭已
经近了。更近的是分水岭下的喷赤河河谷中的大洼地，瓦罕
就在这片洼地之中。

　　8 月 30 日傍晚，我们到达了兰干基什特，它位于帕米尔
河和喷赤河汇合点上游约 3 英里的地方。那里有一个小哥萨
克边防站，戍卫着俄属瓦罕。在那个边防站，我受到了极为
热情的接待。自古以来，阿姆河上游河谷地区和南边的兴都
库什山地区在种族和政治上都有密切的关系。其证据之一就

下到喷赤河

到达兰干基什
特

————————

　　① 在地图中，谷地也标作"萨里格哈孜"。实际上这条谷地并不是出自那个山口。这似乎是制图
者的误解造成的。

是，事先骑马到这里来接我的俄属瓦罕的"明巴什"（Ming-bāshi）名字叫萨尔布兰德·汗（Sarbuland Khān）。他是瓦罕以前的统治者阿里·马尔丹沙的弟弟，多年来，阿里·马尔丹沙已经确立了自己在阿希库曼的地位。而且，萨尔布兰德·汗还同达丽尔和丹吉尔的罗阇·帕克顿·瓦利很熟悉。两年前，就是萨尔布兰德汗的一个儿子带着一群瓦罕人勇敢地帮助我过了其林吉山口。①

---

① 参见本书第二章第三节。

第二十六章　在阿姆河上游地区

第一节　瓦罕的古代遗址

我又一次来到了阿姆河的主要支流喷赤河上，这令我十分高兴。1906 年，我只考察了喷赤河的最上游河道，即从萨尔哈德到瓦赫吉尔的冰川源头部分。当时沿河两侧到瓦罕的主要部分去的道路都不能通行。在《西域考古图记》第三章中我已经指出，尽管瓦罕位置偏远，气候条件不是很优越，人口和资源都很有限，但它却有特殊的历史意义和地理意义。经过瓦罕的路线，可以说是从古代的巴克特里亚（Bactria）到塔里木盆地那一串绿洲的最直接的路线。① 在那一章中我还说到，中国史书和古代旅行家，以及马可·波罗为我们留下了不少关于瓦罕的早期记载，我还详细讨论了这些记载。自从约翰·伍德上尉 1838 年来过之后，就有很多具备专业知识的欧洲人到这里探访过，并写下了描述性文字。就这条谷地的整体特点、居民及其生活状况而言，伍德上尉的记述仍是适用的。② 因此，在本书中我只说一下我在

瓦罕的历史地位

---

① 参见《西域考古图记》第一卷 60 页以下。
② 在《西域考古图记》第一卷 61 页注中，我引用了一些英文的描述文字。此外还应该加上奥卢夫森的《穿越陌生的帕米尔》（*Through the Unkhown Pamirs*）（伦敦，1904 年），该书的内容主要是民族学上的；许茨《帕米尔研究》139 页以下。

喷赤河北岸徒步考察的古代遗址，并简述一下我在当地观察到的与历史和种族有直接关系的现象。

瓦罕人是阿尔卑斯人种

我们在兰干基什特休整了一天。这一天大家过得非常愉快，因为过了这么长时间后，我们又看到了树木，成熟的庄稼，碧绿的草地。我利用这一天时间来收集人类学测量数据。我在瓦罕的其他地区也继续了这项工作。在测量过程中，我发现人口中阿尔卑斯人种的特征很明显，这再一次给我留下了深刻印象。我在第二次探险中考察瓦罕人时就注意到了这一特点。根据这些数据，乔伊斯先生认为瓦罕人和伊朗加尔查人（Iranian Galchas）即山区塔吉克人有最近的亲缘关系。[①] 9 月 1 日，我们出发后走了 1.5 英里，在希萨尔小村附近来到了阿姆河两条支流汇合的地方。一条支流源自大帕米尔，另一条支流源自萨尔哈德来（图 393）。村子东边附近矗立着一座孤立的石岭，石岭比农田高约 90 英尺。石岭顶上是一座废堡垒坚实的围墙（图 396），小村即因此而得名。[②]

希萨尔村的废堡垒

从附图 45 中可以看出，可以从西南方向登到堡垒去，其他几个方向的悬崖都特别陡，有的地方甚至无法攀缘。正是这个原因，山顶的西北面没有筑墙。山顶有墙保护的地方长约 140 码，最宽处宽 75 码。在一个点上，上山的道路穿过了一块大石头，石头中间有一条豁口。我注意到，在这扇天然的大门上方，残留着拱顶的遗迹。围墙特别坚固，即便墙顶部也足足有 6 英尺厚，有些地方还用长方形棱堡加固。围墙里面除了有几间依墙而建的小屋子外，还有一些孤立的

---

① 参见《西域考古图记》第三卷 1360 页；本书附录 C。
② 奥卢夫森在《陌生的帕米尔》176 页以下，比较生动地描绘了希萨尔地区（在那里被称作"藏吉巴尔"）。但那里的平面图数据和我们的考察结果不符。

建筑，它们都已经严重坍毁了。这类建筑大多数是长方形，分成许多小屋子，但东北角的几个建筑是不规则的椭圆形，从图388中可以看到这些建筑粗糙的墙。以前人们为安全起见必须住在堡垒中时，这些建筑肯定是人们居住的场所。建筑上有反复修过的痕迹，说明堡垒并不是连续沿用的。当地人认为，希萨尔堡垒以及我们在以后遇到的其他防御工事，是瓦罕的卡菲尔人建的，也就是建于伊斯兰时期以前的年代。

　　围墙上粗糙的石板嵌在灰泥中，灰泥特别坚硬。这表明围墙非常古老。但要不是瓦罕干旱的气候可以和萨里库勒相比，乍一看很难相信这是一个古老的遗址。① 我们还应该牢记于心的是，这里的围墙以及瓦罕其他古代要塞的围墙虽然看起来很粗糙，但比现在居民住的房子（更确切地说应该是棚户）坚实很多。这里以及其他遗址，都使我想起在斯瓦特以及附近的犍陀罗地区的山坡上见到的分散的民居遗址。那些遗址属于佛教时期，大多数建筑都很粗糙。但印度西北部边界的气候条件，远比瓦罕更不利于遗址的保存。不幸的是，我们在瓦罕的所有遗址中都没有找到钱币或其他可以提供年代线索的遗物。② 我们在希萨尔只拾到了少量陶器碎片，而且都没有装饰。但某些无花纹的陶器碎片表面是精美的棕色，陶土淘洗得很干净，是当地现代制陶工艺无法企及的。当地人认为，这些遗址都是卡菲尔人建的。至于他们说的卡菲尔人究竟是什么人，我以后会说到。③

围墙年代古老

---

① 参见《西域考古图记》第一卷69页、75页。在那里我评论了坎斯尔和克孜库尔干用土坯筑成的古代墙垣。

② 应该记住的是，在印度（大概其他地方也是如此），之所以会在遗址发现钱币等文物，一般是偶尔下大雨造成的。而瓦罕和萨里库勒几乎是没有大雨的。

③ 参见本节。

藏吉巴尔要塞
遗址

　　希萨尔西边约 1 英里的地方就是藏村。那里的海拔约
9 700 英尺，有 40 多户人家，是俄属瓦罕地区最大的村子。
那里的梯田和被树木掩隐着的民居沿着一条宽阔的幽谷延伸
开去，幽谷中有充足的泉水。藏村西边矗立着一座陡山，比
村子海拔约 1 000 英尺，最南端的山顶上是一个小要塞遗
址。小要塞呈不规则的长方形，长约 60 码、宽约 25 码，人
们称之为藏吉巴尔（Zangibār，图 395）。从附图 46 中可以看
出，小要塞里面布满了民居，民居和要塞的围墙一样，都是
用天然石块砌成的。墙上在 6~7 英尺以下的石块一层层均
匀堆砌，嵌在灰泥中。从这个高度往上，石块砌得粗糙得
多，说明上面大概是后来修的。要塞北面伸出来一座正方形
小棱堡，棱堡上有观察孔。棱堡似乎本来是一座孤立的瞭望
塔，后来才添筑了要塞的其余部分。村民说要塞是卡菲尔人
修的。但他们承认，在他们父辈的时候，如果吉尔吉斯人或
舒格楠人来进犯，村民有时会躲到要塞中去。要塞中没有陶
器碎片，说明大概偶尔才有人在这里短期居住。

瓦罕向外移民

　　在目前的条件下，能灌溉的耕地很少。再加上谷地属于
阿富汗的那一侧的人们经常受到压迫，因此在兴都库什山南
边的地区现在有很多从瓦罕迁出来的移民。[1] 大多数（或几
乎所有的）瓦罕人都属于伊斯兰教的伊斯玛仪教派
（Ismailia，是伊斯兰教什叶派的一个派别——译者），也叫
毛拉依（Maulāī）教派。这个教派在从罕萨到奇特拉尔的兴
都库什谷地中传播得很广，崇拜的精神领袖是孟买的阿加·

---

　　[1]　我在古赫亚勒［参见《和田废墟》（Ruins of Khotan）45 页以下］、马斯图吉（参见《沙漠契
丹》第一卷 41 页以下）、萨里库勒都发现过瓦罕人的移民点。昆仑山的高坡上，一直到桑株山口，都可
以找到放牧的瓦罕人。要简单提一下的是，以前伊朗对兴都库什山南部地区和塔里木南部地区的渗透，
在历史和语言上都是有其影响的。

汗（Aga Khān）圣座。因此，尽管人们说所有比较好走的山
口下都有阿富汗哨卡在进行监视，但这里仍穿过雪峰和南边
保持着密切联系。在藏村过夜时，我发现很容易就可以经过
奇特拉尔发出一些信到印度去。两个身体强壮的瓦罕人背着
我的信，穿过难走的乌斯特（Wūst）山口。为了不让阿富汗
人发现，他们是在晚上乘皮筏子渡过阿姆河的，并只用一个
多星期的时间就到了白沙瓦。

　　玄奘在说到瓦罕时，曾提到那里覆盖着砾石的扇形地面、石岬、河边沙地（上面分布着农田和草地）交替出现。① 9月2日，我一路上都是走在这样的地面上。在藏村下游4英里的地方，我们可以完全望见喀拉依喷赤（Kala-i-panja，图398）。那是近代瓦罕的米尔们的驻地，如今阿富汗在瓦罕谷地中的主要哨卡就设在那里。它是阿富汗属瓦罕地区的"首府"，现在只有15户人家，坐落在一块大碎石冲积扇的边上，看起来十分荒凉。但这里和下游的伊什玛尔格（Ishmarg，图397）以及谷地中的其他地点，朝南望视野都极为辽阔。我们可以看到兴都库什山那些冰雪覆盖的壮丽的主峰，矗立在狭窄的侧谷上方，看起来很近，就像是玉峰或银山一样。宋云和他的同伴惠生于公元519年沿着"钵和国"往下走时，就这样描述过那些山峰。② 我们在塞尔金（Shergin）、达莱什（Daresh）和尼奇加尔（Nichgar）村路过了一块块碧绿的农田，农田之间是石漠和沙漠。之后，我们在瓦朗（Warang）到达了一个令人愉悦的营地（图399），那里的海拔约9 700英尺。

走到瓦朗

────────────

① 参见《西域考古图记》第一卷63页。
② 参见沙畹《宋云行纪》23页；马夸特《伊兰考》224页。

藏吉巴尔的卡
菲尔堡垒

瓦朗西北有一座山，俯瞰着瓦朗河那大谷一般的出山口。据说山的高处有一座卡菲尔人建的堡垒，当天我就探访了这座堡垒。这个堡垒也叫藏吉巴尔，由一条粗糙的围墙构成。围墙保护的是一条石岭窄窄的南端（附图46）。石岭有几面是不可攀缘的悬崖，朝瓦朗河谷的脚下伸去，在没有悬崖保护的几面悬崖上筑了围墙。围住的地方长约108码，宽只有20码。里面有一些残墙和围墙一样，也是用天然石块干砌而成，这些残墙隔出了小屋子。在围墙里我们还发现了一座严重朽坏的正方形塔，还有一个窄窄的长方形平台，平台顶上有几座小丘。北边几百码远的地方有一座看起来很新的塔，叫托普哈那。据说它一直沿用到了近代，被用来戍卫一条经过这座山的道路，以防止从舒格楠方向来的劫掠者。

瓦朗附近的洞
屋

9月3日，我探访了一组小洞屋。它们位于瓦朗村西边0.75英里远的地方，开凿在俯瞰着瓦朗河出山口的砾岩石壁上。它们分成不规则的几组，延伸了约0.5英里远，大多数"洞屋"只比斜坡顶部稍高一点，上方则是几乎垂直的悬崖。要到洞屋去，可以经过拉法克（Rafaks，即用木头做的小走廊，如今全都断了），或经过在石头上开凿出来的窄过道，过道将洞屋连在了一起。这些洞屋都开凿得很粗糙，我查看的洞屋深度和宽度都不超过15英尺。由于悬崖面临着深谷，并受到侵蚀作用，不少洞屋已经部分地坍塌了。从当地人提供的信息和洞里的情况看，这些洞屋一直沿用到了离现在很近的年代。底下那层洞屋前面有一个用墙围起来的地方，可以做牲畜栖身的场所。瓦朗的头人还记得，在他小的时候，一旦阿富汗士兵或吉尔吉斯人来袭击，村民们就把牲畜和妇女都安置在这里。没有任何线索能说明这些不起眼的洞窟的

图 395　瓦罕的藏吉巴尔堡垒的残墙

图 396　从东北方向看到的希萨尔堡垒遗址

图 397　在伊什玛尔格上方越过喷赤河看到的兴都库什山脉的高峰

图 398　从喷赤河右岸看到的喀拉依喷赤河

图 399 瓦罕的瓦朗村

图 400 伊什卡什米和连接着泽巴克的高原，从努特越过喷赤河看到的景象

图 401　麦茨谷口附近的大帕米尔河的湍流

图 402　扎木尔伊阿提什巴拉斯特的西围墙

图404　恰拉依恰恰恰西南角的塔，以及看到的喷赤河

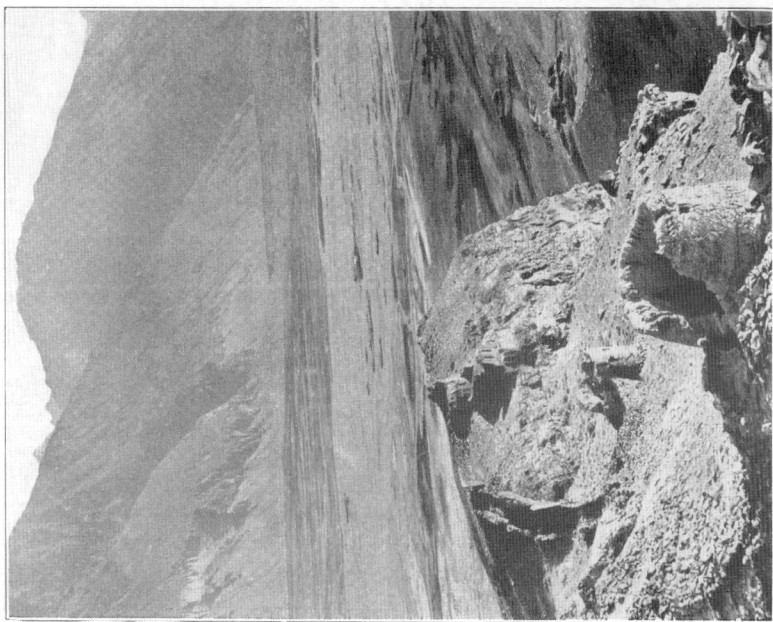

图403　俯瞰扎木尔伊阿提什巴拉斯特的西部围墙和塔

年代，我也看不出为什么它们被冠以"洞堡"（cave fortress）这样庄重的名称。①

当天我就朝下游 6 英里远的牙木沁（Yamchin）走，途中我经历了两件有趣的事。在魏努库特（Wenukut）村，我拜访了伊桑·卡里木·阿里·沙赫（Ihsān Karīm'Alī Shāh）。他是瓦罕地区的伊斯玛仪派教徒的主要皮尔（Pīr），正给那里一个生病的木里德（Murīd，即信徒）实行信仰疗法。这位老人被人们当作圣徒来崇拜，据说已经有 100 多岁了，他的身体状况似乎也说明了这一点。但他的思维能力却一点没有受损。而且，令我吃惊的是，他的话表明 1838 年伍德上尉经过这里到帕米尔去的时候，他曾在家里接待过伍德上尉。他还清楚地记得昆都士（Kunduz）的苏丹·穆哈德（Sultān Murād）的残暴统治，伍德上尉在他的经典回忆录中多次提到苏丹·穆哈德。

仍有人记得伍德上尉来过

在走近牙木沁的时候，坐落在喷赤河对岸一块肥沃的冲积扇上的汉都德（Khandūt）尽收眼底。汉都德有 50～60 户人家，据说是瓦罕最大的村庄。以前它可能还要大，因为在现在的水渠上方，可以看到两条废弃的水渠，那些水渠能灌溉很多别的田地。可以肯定的是，汉都德就是玄奘说的"昏驮多"，即瓦罕的都城。② 玄奘说城中间有座僧院，是昏驮多的第一任国王建的。玄奘还看到了某寺院中一座石佛像顶上悬挂的镀金铜华盖。所以，当我听说汉都德有座圣陵的时候，非常感兴趣。据说这座圣陵是一个叫沙伊克·伯克

汉都德，玄奘说的"昏驮多"

① 参见奥卢夫森《陌生的帕米尔》89 页以下。那里提到的高处的"堡垒墙"实际上是支撑梯田的墙。如今悬崖上方高地上的那些梯田已经被废弃了，一条曾把水引到梯田去的水渠也已被冲毁了。

在该书 92 页，正确地反复提到了天然或人工的小洞窟，如今贫苦的瓦罕人仍以这些洞窟为家。

② 参见朱利安《西域记》第二卷 201 页；沃特斯《玄奘》第二卷 279 页；《西域考古图记》第一卷 63 页。

（Shaikh Bēg）的圣徒安息的地方，如今那里是座古老的清真寺。清真寺掩隐在冲积扇西边附近的一片树丛中，从对面无法看见。但清真寺附近醒目的圆顶坟墓说明，那是一个比较重要的地方。由于当地拜神传统的连续性，我们是可以想到会有清真寺取代原来佛寺的位置的。[①]

扎木尔伊阿提什巴拉斯特

　　我们在牙木沁这个美丽的小村停留了一天。我利用这一天时间考察了附近一座山上的大城堡，城堡叫扎木尔伊阿提什巴拉斯特（Zamr-ï-ātish-parast）。伍德上尉已经注意到了它，奥卢夫森上尉在书中对它作了简单描述。[②] 这个遗址从大小和建筑式样上看都很特别，我们值得在此对它进行详述。从附图 47 中可以看出，遗址位于牙木沁河口西北的陡山上，遗址的落差约有 1 000 英尺。维奇库特（Vichkut）河的一条奇怪的支流从西边峡谷中流下来，将较低的山嘴的那一端与山的主体切割了开来，这使山体呈现出三角形，底边那一面朝着东南。从村子出发，过了牙木沁河灌木覆盖的河口之后就到了山脚下，那里离村子约有 1 英里远。在光秃秃的石坡上攀登 400 英尺后，就到了城堡最外层的那条防卫线。通过一道仍可以分辨出来的大门（i）就进入了城堡里面。大门为双层，门两侧是圆塔。从那里开始，有一道 4 英尺厚、有些地方仍高达 11 英尺的墙朝东北延伸，这道墙终止于陡崖上（ii），陡崖底下就是牙木沁河所在的峡谷。峡谷这一侧沿着城堡都是无法攀缘的绝壁，提供了天然的防卫线，所以无须筑墙。

---

　　① 值得注意的是，我在牙木沁听说在河对岸（左岸）有一个叫伊尼夫（Inif）的村子，村中一个圣墓有块石碑，碑上留有一个神人的脚印。以前人们很可能把这些脚印当作佛或罗汉的圣迹来崇拜。还有一块石头上刻着一只绵羊，据说也是被这个神人用咒语定住的。

　　汉都德和伊尼夫都在河的阿富汗那一侧，我和阿弗拉兹·古尔都无法过去。

　　② 参见伍德《阿姆河源》（*Source of the Oxus*）218 页；奥卢夫森《陌生的帕米尔》183 页。

最外面一圈墙还从大门朝西北延伸，一直连到了内层围墙的建筑方法
墙上。在顺着陡坡朝上延伸的地方，墙坍毁得比较严重，但
从保存完好的部分仍可以看出墙有 6 英尺厚。这座城堡的墙
体用天然石块垒成，石头层虽不规则，却垒得很精致，并用
灰泥加固，十分牢固。在围墙上的圆塔中，最东端那座保存
最好，塔里面的直径有 13 英尺。和其他圆塔一样，它也是
用土坯（12 英寸×9 英寸×4 英寸）筑成。它底下是一个高约
3 英尺的坚固底座。塔墙厚 6.5 英尺，在比塔里面的地面高
约 3 英尺的地方有一些观察孔。从里面看观察孔有 12 英寸
宽，到外面就变窄成了 8 英寸，可见观察孔是放箭用的，而
不是放火器用的。城堡其他地方也有观察孔，高度从 2 英尺
3 英寸到 3 英尺不等。

第二道围墙起于牙木沁河所在的峡谷边［峡谷对面是另内层围墙
一座城堡遗址祖勒克何玛尔（Zulkhomār），见图 409］。从那
里开始，围墙穿过山体朝西南延伸了约 450 码远，一直到俯
瞰着维奇库特河深谷的一座陡丘上。这段围墙厚 4.5～5 英
尺，也有上面说的那种观察孔，观察孔间的距离约 8 英尺。
到前面说的那座陡丘之前，围墙经过了一道很陡的石坡。经
过石坡的这段墙仍高达 15～16 英尺，有两排观察孔。这条
防卫线上有 17 座塔（图 405），大多数呈圆形，塔里面的平
均直径约 13 英尺。塔的保存状况很不相同，但看起来圆塔
的半个圆周突出在墙外，而塔朝墙里的那一侧也有观察孔。
这道墙里面似乎本来还有一道和它平行的内墙，内墙与外墙
距离约有 6 英尺。但内墙只有 1.5～2 英尺厚，在很长的地段
都已完全消失。在围墙的西段，内墙保存得最好（图 403）。
值得注意的是，内墙上没有观察孔。有些地方似乎还有横向
的墙，把两道墙之间的过道分隔开来，似乎表明围墙上的各

段可以各自为战。各段之间原来大概是通过外墙上的胸墙来保持联络的。这道墙上的大门就是平面图（附图47）中标作iii的那一点，那里的墙朝里收了一下，边上有一座方形棱堡加以保护。棱堡里可以分辨出小屋子，无疑是放哨人住的。从外面有一条带围墙的斜坡通到大门那里。

维奇库特峡谷上方的塔

这里的墙毁坏得比较厉害。从那里开始，墙延伸到了上文说的那座陡丘顶上一座坚固的塔，然后折向北—北西方向，朝上穿过一处山体西侧的一个小凹陷处。现在人们可以从一条小道到这个凹陷处去。小道是从维奇库特峡谷对面的农田来的，在不太难走的地方穿过了石壁。接着，墙折向北边。当墙接近维奇库特峡谷上方一段人们有可能接近的峭壁时，出现了一座保存很好的塔（iv）。塔里面的直径有15英尺，用16英寸×11英寸×5英寸大小的土坯筑成（图403）。塔底下是一个特别坚固的防御工事（图408），建在维奇库特峡谷上方的陡坡上，一直到了绝壁边上。这个长方形工事的墙和塔的墙一样，用垂直放置的大土坯砌成，上方都装饰了一行三角形小龛。大门iii附近的塔以及祖勒克何马尔城堡最低的那座塔也有一行类似的装饰，是用石头砌的。

城堡中的小堡垒

再往上，墙围住了悬崖朝里的一个小凹陷处［见图402（据本书英文版"补遗和勘误"应为"图403"——译者）］，有三座坚固的圆塔戍卫着这里，图403（据本书英文版"补遗和勘误"应为"图402"——译者）拍下了其中两座。最高处的那座（v）保存得最好。它有两排观察孔。在离底下一排观察孔5英尺高的地方，有一些孔洞，孔洞中原来插着木横梁，将圆塔隔成几层。这一点比最外面的大门高约600英尺。从这一点开始，墙几乎笔直地攀升了约400英尺高（图402），一直到了三角形堡垒vi的南角。这座堡垒坐落在山的最高处（图406），附图48中是它的详细平面图。堡垒朝北延伸了约130码。在它的两条长边相交的地方，朝西北还伸出一个V形棱堡状的部分（图410），最末端是一座坚固的方塔。有一座高原俯瞰着山，方塔就戍守着从那条高原能到城堡来的唯一通道。

一条峡谷将堡垒所在的窄石岭与那座更高的高原分隔开来（图406），谷底部比前面说的方塔要低约120英尺。城堡所在的山及其上方的亚茨（Yāzh）高原之间原来有窄窄的"颈部"相连着，后来维奇库特河的一部分河水流进了牙木沁河谷，冲开了"颈部"的砾岩，形成了这条峡谷。之所以会出现这种奇怪的分岔现象，是因为维奇库特河床穿过高原的地方比牙木沁峡谷高得多。如今，大部分维奇库特河水都奔流进了牙木沁河。余下的河水有一部分被引入了一条水渠，水渠的起点差不多就是维奇库特河分汊的那一点，水渠灌溉着普图伯（Putup）的农田。在分岔现象发生之前，维奇库特河为自己冲出了一条深陷的峡谷，如今那条峡谷中只有很少一点水了。我还要指出的是，亚茨高原高处的梯田由牙木沁河灌溉。牙木沁河的水源是冰川融水，水量比维奇库特河大得多。

上面说的三角形堡垒的围墙用石块垒成，石块的位置被精心地调整过，并嵌在坚硬的灰泥中。这些围墙的质量一点也不逊色于斯瓦特以及印度西北边境其他地方的佛教时期民居。堡垒的外围墙都有观察孔，墙体厚3.5英尺，顶上的胸墙有1.5英尺宽。最高的墙仍有13英尺高，但一些地方后来用较差的建筑方法修过。围墙的各个面上都有圆塔。墙里面

堡垒最北端下面的峡谷

堡垒的构造

图 405　扎木尔伊阿提什巴拉斯特南侧第二道墙上的塔

图 406　扎木尔伊阿提什巴拉斯特堡垒，从北方越过深谷看到的景象

图 407　恰拉依恰恰东面围墙上的塔 x

图 408　扎木尔伊阿提什巴拉斯特西墙外的工事

图 409　扎木尔伊阿提什巴拉斯特的祖勒克何玛尔要塞

图 410　扎木尔伊阿提什巴拉斯特堡垒北端的塔和 V 形棱堡

图 411　恰拉依恰恰西南面的墙和塔

图 412　恰拉依恰恰的南岭，从东面看到的景象

图 413　恰拉依恰恰东南面被装饰过的围墙

图 414　恰拉依恰恰矗立在河上方的废塔和残墙

分成很多大小不一的屋子，将屋子分隔开的墙一般有2英尺厚，但同样很坚固。这些屋子主要依着南墙和西墙而建，这大概是为了更好地躲避瓦罕的大风（一年中大部分时间，都有特别大的风沿着瓦罕谷地刮上来）。我没有找到堡垒的大门在什么位置。由此我得出的结论是，堡垒的入口大概是西北角的那条窄过道，如今过道已被堵塞住了（图410）。

上面已经说过，俯瞰着牙木沁河的那一面不需要筑墙来保护，因为只要有人在上面放哨，那里陡峭的石壁就能提供足够的防御。前面说过的那条从维奇库特河的小道穿过城堡后，来到了牙木沁峡谷的上方。我们发现，小道沿着一条窄窄的墙继续朝下延伸，墙看起来特别古老。如果没有这段墙，要想沿着石壁下去是十分危险的，甚至是不可能的。我们沿着小道下到了比峡谷底部高200英尺的地方，一路上没有发现塔或其他防御工事的迹象。大概原来曾有座门塔等工事，但由于陡坡使地基沉陷，门塔已经完全消失了。

下到牙木沁峡谷中

在主围墙的东边对面，有座小石岛矗立在分岔的牙木沁峡谷中间（图409，附图47）。在东边的那条河谷，牙木沁河水已经流不过去了，但河水以前无疑曾冲刷着那里。这座孤立的石高地比峡谷两侧的山低很多，形状很奇特，就像是一条折成直角的胳臂。石高地的顶部最宽的地方不足40码，大部分地方还没有40码宽。那里坐落着一座叫祖勒克何玛尔的小堡垒的围墙。围墙特别厚，但损坏得比较严重，大概是因为坡太陡，所以没有地方建稳固的地基。围墙的建筑式样各方面都和主城堡一样。似乎可以从谷地向上到堡垒的东南端去，那一端对着主城堡最底下那道墙上的圆塔ii。

外围堡垒祖勒克何玛尔

据说城堡是卡
菲尔人建的

关于以上这座醒目的城堡的年代，目前还没有直接的考
古学证据或其他证据。但从城堡的大小、坚固程度和总体的
防御风格来看，它是伊斯兰时期之前的产物。城堡的名称以
及当地人的说法都证实了这一点。"扎木尔伊阿提什巴拉斯
特"这个名称很有意思，因为它似乎使人想起了拜火教。尽
管这里是古伊朗最东边的地区，但拜火教仍有可能传播到过
这里。伍德上尉说，当地人认为，希萨尔、扎木尔伊阿提什
巴拉斯特、那玛德古特（Namadgut）这三座卡菲尔堡垒是加
巴尔人（Guebers，即拜火教徒）建的。[1] 伍德上尉还指出，
瓦罕有一个习俗似乎是"拜火教信仰的残余"。[2] 从他的文
字中我们得出这样的结论：当时的当地人和现在一样，也认
为这些堡垒是卡菲尔人，即"不信神的人"建的，并认为这
些人就是伊朗伊斯兰时期之前的古代信仰的教徒。无论如
何，这种说法似乎比最近欧洲的旅行指南中连篇累牍说的理
论更有历史可信性，那些书中说，卡菲尔人是卡菲里斯坦
（Kāfiristān）的西雅赫伯什人（Siāhpōsh）。[3] 瓦罕人当然知
道近代的那些卡菲尔人，他们一直到 18 世纪都时常袭击瓦
罕附近的兴都库什山北边的山谷。如果你向当地人问起建造
这些堡垒的卡菲尔人时，他们更愿意把卡菲尔人说成是近代
那些令人畏惧的部落，而不愿意承认自己的祖先也有可能是
"不信神的人"。我们知道，卡菲里斯坦山民的文明原始而野
蛮。说他们曾长期统治着瓦罕，并说他们建了这样复杂的堡

[1]　参见伍德《阿姆河源》218 页。

[2]　参见伍德《阿姆河源》218 页。他提到人们不愿意用嘴吹灭火，他在巴达克山人那里也注意到
这个典型特征。

[3]　参见奥卢夫森《陌生的帕米尔》173 页以下，那里有很多未经历史文献检验过的臆断和猜想。
该书 183 页以下也表现了这方面的不严谨，如该书说"牙木沁的西雅赫伯什堡垒"的墙周长估计有"12
公里"，可以把这个数字与我们的附图 47 作比较。

垒，这样的谬论简直不值一提。

　　如果没有经过系统发掘，我们就无法确定"扎木尔伊阿　　缺乏年代线索
提什巴拉斯特"以及那玛德古特附近与它很相似的"恰恰城
堡"（Castle of Qa'qa）究竟建于什么年代。但尽管没有年代
线索和其他明确的证据，我仍可以说一下观察后的整体印
象。从堡垒的大小和坚固程度来看，在建堡垒的时候，瓦罕
的人口比现在多，资源也比现在丰富。[①]这里临近两条高大
的雪山，所以从古至今，可供开垦的田地面积以及可供灌溉
的水量都不会发生太大的变化。但牛羊群在瓦罕的经济生活
中扮演着重要角色。以前，当强有力的统治阻挡住了从舒格
楠和帕米尔方向来的部落劫掠时，牛羊群肯定可以大大增加
当地的资源。而且，当安全有了保障的时候，沿这条道在塔
里木盆地和巴达克山之间进行的繁荣的贸易，也是瓦罕一个
不可忽略的收入来源。这里离瓦罕的旧都汉都德不远，汉都
德大概是瓦罕自然条件最优越的地方了。由此我想到，牙木
沁河上方这个已经很险要的山又被筑起了堡垒，大概是为了
给统治者提供一个安全的栖身之所。只有统治者才能维持这
么大的一个防御计划，才能提供足够的人来驻守城堡。

　　从性质上来看，这座城堡极像科哈特（Kohāt）附近的　　城堡是个临时
阿德依萨木德（Ādh-i-samūdh，1904年我曾考察过那里），　　的栖身之所
以及萨里库勒的奇孜库尔干。[②]那两个地方都是在险要处筑
了堡垒，以便在发生严重危险时，作为临时的避难所，而不

---

　　① 我不知道俄国官方有没有对瓦罕的人口普查数字。什特克哈尔瓦一个见多识广的叫恰孜·恰达
木沙赫的著名人物告诉了我瓦罕五个部分的户数：兰干44，藏村40，瓦朗36，普图伯（包括牙木沁）
34，什特克哈尔瓦36。

　　他对我说，每一户的人数从5到10人不等。假设每户平均有10人，俄属瓦罕（伊什卡什米上游）
总共就有2 000人。

　　据说，尽管现在的剥削导致人口外迁，阿富汗那一侧的人口包括萨尔哈德在内是更多的。

　　② 参见斯坦因《边疆考古调查》（*Archaeological Survey Work in NW. Frontier Province*）2页以下，
1905年；《西域考古图记》第一卷73页以下。

是永久居住的地方。牙木沁河上方的遗址只有极少的陶器碎片（我只在主围墙后面和小堡垒里面发现了几块陶器碎片），而且除了小堡垒里面，没有其他建筑遗存，这些都证明这是一个临时避难所。[1] 把这个遗址同奇孜库尔干比较后，我们还会得出另一个颇有启发性的结论。我在《西域考古图记》中已经证明，奇孜库尔干遗址就是玄奘提到过的一个山区要塞，当地人传说那里在汉代时发生过一件大事。早在公元642年玄奘路过那里之前，那些遗址就已经成为废墟。[2] 奇孜库尔干的墙体用土坯和粗糙的石块垒成，遗址所在的山坡甚至比扎木尔伊阿提什巴拉斯特还要陡。如果奇孜库尔干遗址仍能一直保留到今天，那么扎木尔伊阿提什巴拉斯特城堡（无疑它从整体上来看比奇孜库尔干保存得要好）也有可能在玄奘路过瓦罕的时候就已经存在了，或是在他过后不久建的。我们应该记住的是，瓦罕的气候和萨里库勒一样干旱，而奇孜库尔干位于海拔13 000英尺的地方，那里的积雪比瓦罕还多。

什特克哈尔瓦附近的里瓦巴尔悬崖

9月5日，我们沿谷地继续朝下走，路过了几个美丽的小村子，它们被一起称作普图伯。走了约7英里后，盛行的西风从谷地下游把流沙吹了上来，使谷底变成了一块沙质平原，还分布着红柳沙堆和沙漠灌木，使人不禁想起了塔里木盆地。又走了7英里后，我们来到了坐落在一块肥沃冲积扇上的什特克哈尔瓦（Shītkharw）小村。在那里，聪明的恰孜·恰达木·沙赫（Qāzī Qadam Shāh）加入了我们的队伍。

---

[1] 值得注意的是，我在有围墙保护的区域内没有发现梯田的迹象（奥卢夫森《陌生的帕米尔》187页也提到了这一点），也没有发现灌溉水渠。如果不大规模地使用炸药爆破山体，是无法把水引到堡垒底下的山坡上来的。

[2] 参见《西域考古图记》第一卷75页。

此后几天内，在他的帮助下，我获得了一些伊什卡什米
（Ishkāshmī）语的样本，这是加尔查语的一种。迄今为止，
这种语言还没人记录过。① 再往下走，河边是陡峭的悬崖
（图 448）。在俄国人修筑马道之前，善于攀缘的人只有借助
着踏脚孔才能上去。在那里，恰孜·恰达木·沙赫指给我看
石壁上一个奇怪的凹陷处。那个凹陷叫里瓦巴尔（Līw-bar）
[波斯语的"迪瓦达拉"（Diw-dara）]。据说，曾有一个时常
杀死过路人的妖怪，在被一个圣人制服后，从那个凹陷处退
到了山里。

　　那一天我们扎营在达尔萨（Darshai）村。在到达村子之
前，我们先经过一座桥，穿过了一条特别窄的峡谷。这条峡
谷像是一条裂缝，是冰川融水补给的达尔萨河在一座石山的
脚下切割出来的，裂缝顶部只有几英尺宽。裂缝东边的石头
上有一些圆形孔洞，直径约 3 英寸，挖得特别精巧，据说是
古代的卡菲尔人挖的，孔洞中曾插有横梁，横梁上架着早期
的一座桥。裂缝西边一块大石头上阴刻着很多粗糙的岩画，
画着巨角山羊、捻角野山羊和其他野生动物，岩画的年代我
不得而知。

达尔萨河谷

　　在桥的北边，我们来到了一座孤立的石岭的顶部。这里
比桥高 200 英尺，矗立着一些民居遗址（附图 48）。这里被
称作是达尔萨的卡菲尔堡垒，占据了岭上凡是有小平地的地
方。从自然条件来看，这个位置极为险要。邻近西边和北边
峡谷的地方是绝壁，而南面和东南面的光秃秃的石坡从上面
很容易就能守住。民居的墙有的地方高 6~7 英尺，是用水

达尔萨河上方
的民居遗址

----

① 这些资料发表在乔治·格里尔森爵士撰写的《伊什卡什米、泽巴克和亚兹古拉密，三种爱拉尼
方言的报告》上，皇家科学协会奖出版基金会，1920 年。

冲刷过的石头嵌在灰泥中垒成的。位置最高的平台上是一个更坚固的大建筑，其墙体用天然石块垒筑而成，石块大致按层放置，和扎木尔伊阿提什巴拉斯特一样。这个最高的建筑的墙外面有些地方仍保留着硬灰泥的墙面。顶部这块平台似乎用一道墙和东边伸出的那道石岭连在一起。那座石岭比顶部平台低 100 英尺，上面是几座朽坏严重的小建筑的遗存。在别的地方没有发现围墙。而且这些建筑群已经可以做一个安全的临时避居地了，用不着围墙。古人似乎沿着一条又陡又窄的小谷下到底下的裂缝中去取水。关于这座卡菲尔堡垒的年代，我只能说它大概可以上溯到伊斯兰时期之前，但也可能后来偶尔被人用过。

第二节　穿过伊什卡什米和加兰

路过伊什卡什米地区的边上

　　9 月 6 日我们的行程比较有趣，因为我们走到了喷赤河朝北大拐弯的那段河谷。从一张比例比较小的地图来看，那条河谷似乎是瓦罕的一个自然延续的部分。但实际上我们马上就会看到，在语言上和政治上，都可以将它看作是一个虽小却独立的地理区域的一部分。我们沿达尔萨下游走了 1 英里后，河床变窄成了一条峡谷，有很多地方都特别窄，河右岸的路绕着光秃秃的石坡脚下走，农田都是分离的小块。到了孤立的居民点拉玛尼特（Ramanit）和乌迪特（Udit），农田就不见了。过了乌迪特村后我们走了 3 英里，路过了一座名叫"桑"（Sang）的石山。据说，自古以来人们就把它看作瓦罕和河右岸的伊什卡什米之间的边界。翻过这座山后，路在一块宽阔的石质扇形地带上延伸，然后把我们带到了掩隐在果园和美丽的麦田中的那玛德古特村。尽管这里住的是瓦罕人，但这个可爱的小地方被认为属于伊什卡什米。

乔治·格尔森爵士分析了我从这段阿姆河河谷带回来的语言学资料。在为那篇分析写的文稿中我指出，自古以来，喷赤河上的伊什卡什米地区，同瓦独吉（Wardō）河上游的泽巴克和桑里奇（Sanglīch）就有密切的民族和政治联系。这三个山区的人们说的几乎是一样的加尔查语，这就充分反映了它们之间的关系。这是明确的地理条件的结果。由于这些条件有它们自己的价值，所以在此我不妨把我的那段话引用在这里。① "这一例子有趣地说明了地理学家们都知道的一个规律：如果有好走的山口和道路穿越分水岭，在民族和政治方面，谷地中的峡谷常常是比分水岭更重要的分界线。"

伊什卡什米与泽巴克、桑里奇之间的联系

"瓦独吉河注入了巴达克山的科克恰（Kokcha）河。从当地的传统和有限的历史资料来看，瓦独吉河上游的地区，与位于阿姆河主河道朝北大拐弯处的伊什卡什米地区，自古以来就构成了一个与众不同的山区小国或县，独立于西边的巴达克山和东边的瓦罕之外……泽巴克—伊什卡什米地区之所以与别的地方分开，是因为从兴都库什山朝伊什卡什米的阿姆河伸下来的宽山虽然把伊什卡什米同瓦独吉流域隔开，但人们可以通过一个特别容易走的山口翻越这座山。但朝巴达克山和瓦罕方向的河谷中却有很多特别窄的地方，形成了严重的交通障碍。北边的（加兰）也是这种情况……"②

与瓦独吉流域很容易联系

---

① 参见格里尔森《伊什卡什米、泽巴克和亚兹古拉密，三种爱拉尼方言的报告》4 页以下。在引用我的话时，我在拼写和措辞上稍微作了改动。

② 参见本节。

伊什卡什米是一个独立的地方

"伊什卡什米—泽巴克以及瓦罕过去是分立的小地区，由巴达克山的'米尔'的亲属分别统治，和远为重要也远为强大的巴达克山公国是一种封建隶属关系。公元1273—1274年，马可·波罗在去瓦罕和帕米尔的途中路过这里时，就注意到了这种年代久远的制度。[①] 现在，泽巴克地区和位于阿姆河以南的大部分伊什卡什米地区，都属于阿富汗的巴达克山省……阿姆河右岸（北岸）的伊什卡什米地区，朝上一直延伸到那玛德古特村上游的石峡谷，朝下延伸到玛勒瓦奇（Malwāch）。在玛勒瓦奇村，可以进入加兰峡谷。"

那玛德古特下游的城堡遗址

9月7日及第二天的一部分时间，我们都在那玛德古特村休整。利用这段时间，我查看了一座城堡遗址。遗址位于那玛德古特村的主体部分下游1.5英里远的地方，被称作恰拉伊恰恰（Qala-i-Qa'qa）。这一名称将城堡同阿拉伯人的英雄"恰恰"（Qa'qa）联系了起来。这说明，当地人已经不知道城堡的真正起源了。城堡坐落在河北岸一座孤立的石山上。石山和北边的山脉脚下之间，横亘着一座宽约0.5英里的高原，高原是那玛德古特的冲积平地延伸出来的部分。石山由两条紧密相连的岭组成，两条岭大致都是东西走向（附图49）。北边那条较大的岭最东端比河面高约400英尺，比岭脚下的高原高225英尺，那里是陡峭的悬崖。从那里开始，岭朝西逐渐下降，北面特别陡，南面则是一系列递降的平地（图412）。这条岭的总长度是0.5英里多一点。

天然险要的位置

从图412中可以看出，南面那条岭比北边那条岭短，但一直都很陡峭。两条岭之间由一条沟状凹陷处隔开。短岭西端的岩石伸出了沟外，形成了天然的V形棱堡。这条岭的窄

---

① 参见尤尔《马可·波罗》第一卷170页以下。参见《西域考古图记》第一卷65页。

顶部比河面高 350 英尺。两条岭脚下都是高度递降的窄平地（图 414），从这些平地到河边的地方都特别陡峭，许多地方都是石壁，根本无法通行。整座山外侧大多都有陡崖保护，一侧则是深陷的护城河般的阿姆河。这里的阿姆河一年四季都无法涉过，所以这个位置天然就特别险要。在火器发明之前，如果有人戍守，这里几乎无法攻克。古人为了在这里修防御工事，费了不少心血和劳动，这说明他们完全意识到了这里地理位置的优越性。

在描述这些防御工事的时候[①]，我最好先从外围工事说起。在主岭最东端（i），我们发现岭顶部像石高地一般，东边和北边临着平地的地方都是悬崖。高地边上围了土坯墙，和悬崖很相似。这一端的陡石坡本身就很险要，所以墙只有 3~3.5 英尺高，朽坏得比较严重。围墙用土坯筑成（外围墙的大部分都是如此），土坯不大也不小，长 14~15 英寸，宽 10~11 英寸，厚 3.5~4 英寸。围墙上用圆塔和方塔来加固，塔之间的距离并不规则。塔和墙的土坯底下是低矮的石头地基。残留下来的土坯上只有一排观察孔，观察孔一般都在石头地基上方不高的地方。观察孔的高度并不一致，里面有 3 英尺 3 英寸高，外面约有 2 英尺 3 英寸高。观察孔朝外变窄成了 7~8 英寸。这段围墙的北墙和南墙有一个特别的地方，那就是墙里面又有一道墙，与外层墙平行，与外墙保持 6 英尺的距离。里墙厚仅 1.5~2 英尺而且毁坏得很厉害，墙上没有观察孔。我们在扎木尔伊阿提什巴拉斯特也看到过与此完全一样的布局。[②] 这第二道墙的用途我还没有搞清楚。

东端的外层工事

---

① 　奥卢夫森在《陌生的帕米尔》187 页以下，粗略地描述了这些防御工事。那里有些细节是不准确的，一些猜测也不严谨，经不起推敲。

② 　参见本章第一节。

外围墙的北面　　　　在北面，主岭的整体高度朝西逐渐下降。但临着外面的高原仍是陡峭的悬崖，北面中部的悬崖仍有 60 英尺高。悬崖上原来有不太坚固的墙和塔，但在岭的高度下降的地方，出现了一道极为坚固的墙，墙外侧用土坯筑成，墙里面则用夯土筑成。在侵蚀作用下，墙上出现了很多朝里下降的裂缝。但除了平面图上标 ii 的地方有两条豁口（附图 49），整条墙的外面仍然十分坚固。ii 附近的墙约有 16 英尺宽，朝西北角逐渐加宽到了 33 英尺。西北角有一座坚实的圆塔 iii（图 411）。塔比外面的天然岩石平均高出 25 英尺，塔顶上原来有胸墙，胸墙现已消失。在这一段也无法确认出任何塔的位置。

外围墙的构造　　　　从西北角的 iii 开始，墙折向南—南西方向，越过了两条岭之间的豁口（图 411）。这里的墙顶部约有 22 英尺厚。但附图 49 中标作 iv 的那两座棱堡之间，墙的厚度减少到了 12 英尺。棱堡建筑在坚实的石头地基上，棱堡比两侧的墙都突出约 20 英尺。大概原来棱堡之间有扇大门或后门。但由于墙体的坍毁，已经无法分辨出门来了。仔细查看之后我们发现，这一点的棱堡和墙的里外两面都筑了一层坚实的土坯外壁，土坯尺寸为 16 英寸×9 英寸×4 英寸。土坯外壁里面则是一层层的夯土，夯土层之间每隔 6~10 英寸就夹着一层薄灌木。在恰拉伊恰恰的其他地方我也注意到了这样的建筑方式，很像坎斯尔和克孜库尔干的城堡。[1] 如今的当地人并不知道使用这种方法，但这种方法在中国新疆却被广泛应用。这说明，这座城堡非常古老。有几个地方还能在墙顶部附近分辨出砾石层，砾石层上面覆盖着 8~10 英寸厚的灌木捆。

---

[1]　参见《西域考古图记》第一卷 69 页、75 页。

过了豁口，墙朝南攀升，就来到了陡峭的岩石脚下，那些岩石就是较小的那条岭（即小堡垒所在的那条岭）的最西端。岩石顶上有一个 V 形棱堡状的外围工事，工事用坚实的土坯筑成。在悬崖上已经找不到墙的迹象了，但两条岭的结合点有一座大圆塔 v 戍卫着，这座大塔矗立在外围工事的咽喉处附近。在这一点，另一道把小堡垒和外围工事连起来的墙，与外面的墙会合了，这道墙底部有 10 英尺厚，构成了一道内层防线的一部分（下面我们会说到这道防线）。从外围工事的东端，外墙朝东南方的河边延伸。为了确保墙在陡坡上更能立得住，也为了更好地进行防御，这段墙上有几个朝外突出的地方。其中最大一个突出部有两座方塔戍卫着。在方塔下面一截朝南的墙上（即 vi 点），曾经用土坯大胆地装饰过（图 413）。装饰部分是一条约 18 英寸高的带子，用四层斜放的土坯构成。在土坯朝外突出的角之间，形成了朝里凹的角，这些就产生了一种很醒目的光与影的效果。这条带子上方是三层正常放置的土坯，再往上每隔一段距离就是一个 U 形小龛，每个龛都用垂直放置的土坯分成九个小部分，九个部分从一个三角形呈放射状朝四周伸展。这样做的目的也是要造成光与影的对比效果。这种装饰布局隐约使人想起东方化了的希腊艺术的影响。关于从这个装饰上大概能得出什么年代线索，我只能留给其他人来解决了。

　　再往下的墙已朽坏得很厉害，墙下降到了一组塔（vii，图 404）那里。这三座塔似乎戍卫着一座大门，如今仍有一条路经过那道门下降到河边的平地上去。南边位置最靠外的那座塔如今有 25 英尺多高，是用石头垒成的，表面是一层土坯和灰泥外皮。它大概还有一个目的，就是监视是否有人沿着河岸从底下上来。在 vii 东边的石头地面上，已经完全

小堡垒底下带装饰的墙

外围墙下降到河边

找不到外围墙的踪迹了。但在一座小丘上又出现了残墙，这里的墙接近了河边。从这一点开始，两条平行的残墙朝陡崖下面延伸，一直到了河床上方。它们大概本是一条有顶的路，以防止有人从河岸上来。

河边的围墙　　　我们有理由认为，原来河的这一面都是有围墙的，一直到了从塔 ix 朝上延伸的那段横向围墙（图 414）。但除了一段有三座塔的 120 码长的残墙，以及另一座孤立的塔，这部分围墙已经完全消失了。这是因为河边的石岸十分陡峭，在我去的时候，viii 那一点的河岸比河水的水面高 50 英尺。而且，墙上方的过道越来越窄。在图 414 左边的那座塔（ix），外围墙离开了河岸，破败的残墙在陡崖上攀升了 100 英尺高，来到了主岭的一块平地上。之后，它沿着这块平地边缘朝东延伸，一直到了大圆塔 x（图 407）。在到达塔之前的最后 30 码，墙里面又有一道内墙。内墙只有 2 英尺厚，和外墙保持着 10 英尺的距离。圆塔 x 上的观察孔保存得特别好。从图 407 中可以看出，从外面看，观察孔窄窄的顶部装饰着一个三角形小龛，龛里面突出的土坯造成了一种阶梯状效果。过了塔 x 后，外围墙折向北边，并留下了一条豁口，豁口显然是大门的位置。墙沿着大门上方的陡坡继续朝上延伸，最后到达了主岭最高部分底下的几乎壁立的悬崖。在悬崖上看不到墙的迹象。但在悬崖上方比河高 400 英尺的地方，围墙继续延伸。于是我们回到了最开始叙述围墙的那一点。

河边的第二道
防线　　　我们现在可以从这里回到较小的那道岭上。这道岭顶部又长又窄，上面有一座小堡垒（图 412）。在接近堡垒之前，我们都是沿着平地边缘走。那圈平地比河面高 150 英尺，平地上是前面说过的从塔和大门 x 来的那道朝西南延伸的外围墙。从围墙朝河边下降的那一点起，平地继续朝西延伸，平

地底下是陡崖。这里没有发现墙体的迹象。但可以肯定的
是，这里原来也有一道次级围墙，和附图 49 上标示为 xi 的
那一点朝同一方向延伸的次级围墙连了起来。以 xi 为起点
的那段墙在图 412 的左下角可以看到。有了这第二道防线，
即便从 viii 到 ix 的河边部分被占领了或被废弃了，仍可以护
卫主围墙。

墙攀升到小堡
垒上

　　从标作 xii 的那个角落开始，次级围墙拐了一个直角，
折向西北方向，攀升过一道窄窄的石坡后，来到了小堡垒那
里。这段墙非常坚实，用土坯（18 英寸×14 英寸×3.5 英寸）
筑成，大部分墙体仍高达 8~10 英尺。戍卫着这段横向墙的
有三座圆塔，圆塔的入口都开向南面堡垒的山坡。后来我们
注意到，有一段特别残破的墙从 viii 号塔延伸到角上的 xii，
我们这才明白为什么如此布局。有了这段横向的墙以及到达
堡垒的墙后，即便外围墙的大部分包括主岭都落入敌手，也
仍可以守住小堡垒和河道。同样为了这一目的，从小堡垒的
最西端伸出一道墙，伸到了塔 v（位于外围墙的 V 形棱堡状
外围工事的咽喉处），这段墙的塔是朝北的。

小堡垒的墙和
内部状况

　　小堡垒的墙依岭顶的轮廓而建，围住的地方长 150 码，
最宽处有 40 码宽。最高的那座小丘比河面高 350 英尺，小
丘上是一个小建筑（xiv）的残墙。这个小建筑包括一间长
28 英尺、宽 19 英尺的大厅，还有一间长 19 英尺、宽 11 英
尺的屋子。残墙厚 3 英尺，用土坯精心垒砌而成，土坯长
13~14 英寸，宽 10 英寸、厚 3.5 英寸。小堡垒东端一座稍微
低些的小丘上也有一个小建筑，它的墙朽坏得很严重。堡垒
朝河的围墙上有座塔（xv），塔旁边可以看到一座大门。我们
发现的陶器碎片主要是在堡垒里面和堡垒南面的坡上拾到的，
其中有很多特别细腻的红陶器，工艺要远胜于在藏村和牙木

沁遗址发现的陶器碎片。我们没有发现带装饰的陶器。从陶器碎片的分布来看，小堡垒里在某段时期曾有人定居，而围墙里的其他部分只是临时避难所。围墙里其他地方都没有发现房屋的遗存，这是一个很值得注意的现象。那玛德古特的村民说不曾在围墙里面发现任何古物。但后来在努特，图玛诺维奇上尉给我看了一枚在这发现的铁箭头。箭头的尖比较奇怪，有两个叉，就像一把打开的剪刀似的。

城堡的用意和
年代

在本章的前一节中，我说到了扎木尔伊阿提什巴拉斯特的起源和年代。那些话同样适用于恰拉伊恰恰，甚至可以说更适用。现在的伊什卡什米和泽巴克资源特别有限，很难相信这么坚固的一座大城堡会是伊什卡什米和泽巴克的首领建的。显然，城堡的主要目的甚至可以说唯一的目的，就是在危险情况发生时保证很多人的安全。从巴达克山很容易就能到达这里。巴达克山是一个土地肥沃、人口密集的地区，阿姆河和瓦独吉源头之间的这个地区和巴达克山在政治命运上总是密切联系在一起的。再考虑到堡垒极为险要的位置，我想这会不会是巴达克山某位统治者希望在敌人入侵的时候，自己和自己的家眷能在东边有条退路呢？目前我们没有发现什么明确的考古学线索，还无法断定堡垒的建筑年代。但它的建筑时间应该和牙木沁上方的城堡相隔不远。而且从某些建筑细节上看，我倾向于认为，恰恰城堡的年代是更早的。

佛教信仰的遗
迹

9月8日早晨，我们完成了对那座古堡的考察，并踏访了一下哈孜拉特·沙依玛尔丹（Hazrat Shāh-i-mardan）的圣陵。那是一个人们常去的圣地。我以前曾说过，那里堆放的天然石块形状有点像小佛塔。我还指出过，这些石块大概表

明，人们仍然继续崇拜着佛教时期被崇拜的东西。① 俄国的
边防哨卡设在努特，那里在伊什卡什米的对面。当我朝努特
走时，我在喀孜德（Kazi-deh）村和鲁恩（Run）村之间注
意到了一条宽宽的沙漠地带。据说那里有古代农田的遗迹，
人们用开辟新水渠的办法正在重新开垦那些田地。在普图尔
（Putur）村下游，一条陡山伸到河左岸。人们把那座山指给
我看，说它是那一侧的瓦罕和伊什卡什米的传统边界。

　　我在努特受到了那里的"头"图玛诺维奇上尉极为热情 在努特休整
的接待，他是一个很有文化修养的人。我利用一天的休整时
间，在伊什卡什米的居民中收集了更多的语言学和人体测量
资料（图441）。努特哨卡位置很高，海拔约 8 400 英尺，比
阿姆河高 400 英尺。在哨卡附近的山坡上有很多泉水。从努
特望去，视野十分开阔，可以看到阿姆河对岸的宽阔谷地
（图400）。对岸的梯田中散布着许多小村子，它们被合称为
伊什卡什米。梯田似乎一直朝上延伸到了那个特别好走的山
口（或说是高原），从那里可以到泽巴克和流入巴达克山的
瓦独吉河谷去。实际上，我们很容易意识到，为什么伊什卡
什米和山口那边的山区在语言上有如此密切的联系，并且为
什么它们都成为西边那个大地区［即古代的吐火罗
（Tukhāra）国］的附庸。我至少从远处望到了吐火罗斯坦的
山脉，这已经让我很满意了，尽管当时这使我想看到更多的
吐火罗斯坦。

　　9 月 10 日，我从努特出发，准备沿着阿姆河走到下游的 苏木沁上游的
堡垒
舒格楠去。离努特约 2 英里远的地方，河朝北边拐了个弯，
那里的河谷变得特别窄。但从河右岸的石高原上可以比较容

---

① 参见《西域考古图记》第三卷 1303 页。

易地过去，这样我们就在离努特 12 英里的时候来到了玛勒瓦奇村。正是这个原因，河右岸的 10 多户人家以及玛勒瓦奇村都被算作是属于伊什卡什米的。在离努特 7 英里远的地方，即苏木沁（Sumjin）小村上游一点，一座陡峭的石山从东边伸进谷底。石山末端比河面高出约 500 英尺。那个末端是一块平坦的小高地，高地底下就是绕着山脚的阿姆河，高地临河的地方都是绝壁。高地顶部有一圈粗糙的多边形围墙（附图 46），围墙用粗糙的石块垒筑而成，几乎没有使用灰泥。有几处墙上残留着 1.5 英尺高的观察孔。这就是苏木沁的恰拉（Qala of Sumjin），当地人对它的起源一无所知。但可以肯定的是，它比牙木沁和那玛德古特附近的城堡年代要晚。它大概是一个仓促之间筑起来的"丘萨"，以便戍卫从加兰来的道路，防卫舒格楠人的入侵。

穿过加兰的路
很难走

在玛勒瓦奇村之后，河谷依次有很多窄的地方。阿姆河（当地人称之为喷赤河）穿过这些峡谷，朝舒格楠蜿蜒流去。阿姆河的这段河谷就是加兰地区。在俄国工程师建了一条窄窄的马道之前，从南边和北边都很难走到这个地方来。马道出现之前，河右岸陡峭的山对驮东西的牲畜来说几乎是无法通行的。[1] 大自然在这段河道上设置了交通上的障碍，所以加兰紧紧地依附于巴达克山。从当地人的传统以及居民的面貌、说的波斯语，都可以看出这一点。加兰的农田数量极少，主要分布在窄侧谷的谷口处，这样的田地能养活的人口是很少的。[2] 以前居民是受巴达克山的米尔控制的。后来，这里才在阿米尔·谢尔·阿里（Amīr Shēr Alī）统治的时

---

[1] 奥卢夫森在《陌生的帕米尔》33 页以下，生动地描述了在路修好之前人们遇到的这些困难。
[2] 奥卢夫森在《陌生的帕米尔》56 页以下说，俄国占领之前，河右岸的加兰估计有 60 户人家。自那之后，俄国这一侧的加兰人口肯定增加了，但在我路过的时候不会超过 100 户。

候，被划入了阿富汗。

这里一年的大部分时间都能与巴达克山比较容易地来往。在巴尔肖尔（Barshōr）和安达吉（Andāj），河左岸都有侧谷，从侧谷可以走到亚古尔杜（Yaghurda）高原上去，高原就是与瓦独吉河的分水岭。过了分水岭后，有道路通向萨尔吉兰（Sarghilān）谷地，然后通到巴哈拉克（Bahārak）。巴哈拉克是巴达克山的旧都。这段路走起来只需两天，驮东西的牲畜在夏天和秋天都能通行。还有一条路同样也很好走。这条路进入一条侧谷，侧谷中的石瓦（Shiwa）湖是在达尔玛拉克（Darmārak）对面注入阿姆河的。路从湖周围丰茂的草地上开始，越过阿尔刚查（Arghancha）山口，到达了巴达克山现在的首府法依孜阿巴德。我听说，从西面俯瞰着阿姆河河谷的加兰和舒格楠地段的那条山脉上，有优良的草地。这样我们就比较容易理解，为什么那些草地对巴达克山的历任统治者（大月氏人、白匈奴人、西突厥人）有那么大的吸引力。①

很容易到巴达克山去

我用了三天的时间穿过加兰地区，一直走到舒格楠。这三天的情况我就用不着详述了，奥卢夫森上尉已经说过，在建马道之前这里的地面走起来是如何艰难。② 在很多地方，新道是在岩石上炸出来的，有时则借助于河边高高的栈道才能越过绝壁，从这些地方就能体会到以前的路会多么难走。在巴尔肖尔村下游不远的地方我们就遇到了这样的"栈道"（图 415）。9 月 11 日我们就是在巴尔肖尔村过夜的，那里的

加兰的红宝石矿

---

① 马可·波罗十分欣喜地回忆起，他在这些宜人的高地养好了他的病。参见尤尔《马可·波罗》第一卷 158 页以下。

② 参见奥卢夫森《陌生的帕米尔》34 页以下。关于努特下游的阿姆河河谷的地理状况，见许茨《帕米尔研究》147 页以下。

图 415　加兰的巴尔肖尔附近的阿姆河谷

图 416　在查尔斯木附近沿着格浑德谷地看到的景象

图 417　舒格楠沙克达拉的比戴奇的民居遗址

图 418　舒格楠的交山伽孜的塔和吉尔吉斯人的帐篷

图 419　什塔木山口洛山一侧的冰川，从西北方向看到的景象

图 420　洛山的什托克拉扎尔之下的费洛克桑高冰川

图 421　哈依哲孜下游的巴尔坦格河谷陡坡上的小道

图 422　乘皮筏子沿洛山的巴尔坦格河谷朝下游去

图 423　洛山帕古村的胡桃树

图 424　洛山叶木茨村上游的巴尔坦格峡谷

图 425　洛山喀拉依瓦玛尔村的米尔的堡垒

图 426　喀拉依瓦玛尔的洛山人家

海拔约 7 600 英尺。第二天，我们一直走到了安达拉伯（Andarāb）。这一天中，从沃德格（Vodhgh）村往下，我第一次在山坡高处看到农田只靠雨水和雪水浇灌，而不需人工灌溉。这表明，这里的气候比瓦罕要湿润得多。在去安达拉伯的路上，我们在西斯特（Sīst）村上游路过了一些矿坑，以前巴达克山的米尔们常强迫劳工在那里开采红宝石（也可能是类似红宝石的尖晶石）。这里的宝石在中世纪时是闻名遐迩的。马可·波罗也提到了"那些美丽而昂贵的巴拉斯红宝石（Balas Rubies）"，他还正确地指出了它们的产地。①

第三节　舒格楠谷地

到达哈鲁克　　安达拉伯海拔约 7 200 英尺，是我们在进入舒格楠之前的最后一站。在安达拉伯下游，我们碰到了对阿姆河河谷的交通来说最糟糕的障碍。因为这些障碍，在俄国的道路开通之前，当地走的是一条牲畜可以通行的小道。加尔姆恰什马（Garm-chashma）侧谷汇入了主河谷，小道就是沿着那条侧谷朝上去的，然后穿过东南方的山脉，进入舒格楠的沙克达拉（Shākh-dara）。从达尔玛拉克小村子，可以看到石瓦湖注入阿姆河的地方。村子里有果园，说明我们已经接近气候比较好点的地区了。后来，我们在奇特什夫（Khitshīf）的悬崖底下，经过了最差的一段路。之后，谷地逐渐变宽了，我们已经能够望见喀拉巴尔潘加（Kala Bar-Panja）的富饶梯

---

① "那些美丽而昂贵的巴拉斯红宝石就出自巴达克山的这个省份，它们嵌在山里某些岩石中。为了寻找宝石，人们在地上挖出了大洞，就像挖矿井开采银子似的。只有一座山产宝石，它叫西吉楠（Syghinan）。宝石是给国王采的，其他人若是敢在那里挖掘，就会搭上性命，还要损失财产。任何人也不允许把宝石带出国境"云云。参见尤尔《马可·波罗》第一卷 157 页、161 页以下。

田了，喀拉巴尔潘加是舒格楠在阿富汗一侧的首府。然后我们折入了一条开阔的河谷。那条河谷中的大河汇集了格浑德和沙克达拉的溪流之水，并注入了阿姆河。我们过到了这条河的右岸，并到达了俄国帕米尔地区的行政中心哈鲁克（Khāruk），那里的海拔约 6 650 英尺。

9 月 13—14 日，我们在那里待了两天，受到了负责帕米尔地区的加盖罗上校极为热情的接见，过得愉快而有意义。这位极有成就的军官曾在军队的情报部门工作过。他对我的考古学工作和其他工作很感兴趣，这才使我能够把考察活动在舒格楠地区扩展到很远的地方，超过了我的预期。他还发布了一些指示，极大方便了我在山区的旅行，当时山区是布哈拉的埃米尔统治的。对他这些及时而特别有益的帮助，我深为感激，矢志不忘。

加盖罗上校的帮助

在哈鲁克，俄国文明的影响不仅体现在拓展的农田和繁茂的果园上，而且体现在电灯和一所有很多学生的俄国学校上。我在哈鲁克停留期间收集到了人体测量学资料，还获得了关于舒格楠的历史及现在居民的生活方式的有用信息。让我联系着中国史书为我们保留下来的这个有趣山区的最早历史资料，来讨论搜集到的信息。人们早已意识到，《唐书》以及几位中国佛教朝圣者提到的稍有不同的名称"尸弃尼""识匿""瑟匿"等，都指的是舒格楠。[①] 这样说的证据，一则是这些名称都类似于"锡格楠"，而"锡格楠"是现在流行的当地名称"舒格楠"的变体，这个变体如今仍有人用。其二，那几份资料说到的位置证明说的就是舒格楠。

中国史书中的舒格楠

---

① 参见尤尔《皇家亚洲学学会杂志》（1873 年刊）113 页，那里提到了卡宁汉将军。

《唐书》记载：

　　识匿（国），或曰尸弃尼，曰瑟匿。东南直京师九千里，东五百里距葱岭（萨里库勒）守捉所，南三百里属护蜜（瓦罕），西北五百里抵俱蜜（喀拉特金）。初治苦汗城，后散居山谷。有大谷五，酋长自为治，谓之五识匿。地二千里，无五谷。人喜攻剽，劫商贾。播蜜川（帕米尔）四谷稍不用王号令。俗窟室。① （原文见《新唐书·西域传》——译者）

　　然后记载的是，公元646年，此国遣使来到唐朝，唐朝于公元724年还授予国王一个皇家军官的称号（"授王布遮波资金吾卫大将军"——译者）。下文还提到，公元747年高仙芝远征小勃律（亚辛）时，识匿国王给予了协助，并战死。② （"王跌失伽延从讨勃律战死"——译者）

　　我们可以看出，《唐书》的记载相对于附近地区的方位是十分正确的，距离也基本准确，对此我们无须细说。至于旧都"苦汗城"在哪里，由于书中没有提供任何线索，所以我们还无法判断。"五识匿"的说法在悟空的回忆录中也出现过。这种说法的根据是这个地区分成五条大谷，各有各的酋长。下文我们要说到的一个传统观念也是与此相符的。书中还说这里的居民好战，喜欢劫掠。一直到离现在特别近的时期，舒格楠人都有这样的名声，瓦罕人仍然清晰地记得舒格楠人的劫掠。而且，现在萨里库勒居民说的语言和舒格楠

---

① 参见沙畹《西突厥史料》162页以下。
② 参见《西域考古图记》第一卷53页以下。

语言只有很小的差别，无疑这是舒格楠征服了萨里库勒的结果。① 舒格楠的峡谷中可耕种的土地很少，也没有足够的牧场，所以舒格楠人才长于劫掠，并在外地设置居民点。也正是这个原因，现在的舒格楠人有特别明显的移民倾向和进取精神。每年都有很多舒格楠人离开贫瘠的家乡，到费尔干纳做临时的农业工人，还有很多人到喀布尔和马尔吉兰、科坎德（Kōkānd）等北部大城市当仆人。瓦罕的居民则十分驯顺。我从瓦罕来到舒格楠后，普通舒格楠人的独立意识和多样的生活方式给我留下了深刻的印象。

《唐书》中说识匿国划分成五个自治的小酋长国，这是地貌状况直接造成的。瓦罕的居民都集中在喷赤河那一条大河谷中，但舒格楠人却分布在不同的地区，各自有自己的特色，并有高山或与高山一样难以越过的河流峡谷隔开。看一下地图就能清楚地分辨出四个天然划分成的区域：格浑德和沙克达拉谷地，从加兰下游到喀拉依瓦玛尔（Kala-i-Wāmar）上游洛山边界的阿姆河谷地，以及洛山。洛山似乎自古以来在政治上就和舒格楠密切相连，那里的方言和舒格楠语言只有很微小的差别。考虑到渡过阿姆河是很困难的，我们可以假设阿姆河两岸应该划成不同的地区，这样就是五个"酋长国"了。也可能《唐书》在计算的时候把加兰也算在内了。

我询问了当地人。有一个叫土兰·伯克的 90 多岁的老人特别有智慧，简直就是当地信息的资料库。他大大促进了我们的询问工作。从他那里我得知，人们传统上习惯于把舒

> 划分成自治的
> 酋长国

> 传统上划分为
> 七个地区

---

① 我从当地人那里，无法得知萨里库勒的这个舒格楠居民点可以上溯到什么年代。人们只是说"那是很久很久以前的事了"。但根据我在沙克达拉获得的信息，沙克达拉的某些家庭和萨里库勒的某些家庭之间仍保持着亲戚关系。

格楠叫作七萨德舒格楠（Haft sadha-i-Shughnān），和《唐书》的记载很接近，而且这个名称至今仍在使用。关于七个"萨德"究竟包括哪七个，当地人的意见不尽相同。但他们一般认为应该包括达尔玛拉克、喀拉巴尔潘加、帕尔设尼乌（Parsheniw）①、哈鲁克②、沙克达拉、格浑德、洛山。但他们都说，在18世纪早期之前，格浑德、沙克达拉和洛山都是不同的米尔统治的，他们只是在名义上臣属于舒格楠的米尔（舒格楠米尔住在喀拉依巴尔潘加③）。公元7—8世纪的时候情况大概也是这样的，而《唐书》中记载的就是公元7—8世纪的事。

玄奘描绘的"尸弃尼"　　玄奘对舒格楠的描述和《唐书》也很接近。④ 这位朝圣者是在穿过瓦罕的时候提到舒格楠的，但他本人并未来过。他说：

逾此国（达摩悉铁帝国）大山北，至尸弃尼国。尸弃尼国周二千余里，国大都城周五六里。山川连属，沙石遍野。多宿麦，少谷稼。林树稀疏，花果寡少。气序寒烈，风俗犷勇，忍于杀戮，务于盗窃，不知礼义，不识善恶，迷未来祸

---

①　帕尔设尼乌是哈鲁克下游阿姆河右岸那片肥沃土地上的主要村落。

②　这个波斯语名称指的是格浑德河和沙克达拉河注入阿姆河之后的河谷。舒格楠人把这个地名读成"喀拉格"（Kharagh）。俄国采纳的官方发音是"喀洛克"（Khorok）。

在成为俄国的军事和政治中心之前，哈鲁克村是一个不重要的村子。我经过的时候，这个村子有60户人家。那里还有舒格楠人开的几家店铺和两个巴乔里来的商人。

③　土兰·伯克说，人们还记得舒格楠的五任米尔，他们是代代相传的，依次是：沙·万吉（Shāh Wanjī）、沙·埃米尔·伯克（Shāh Amīr Bēg）、考巴德·汗（Kobad Khan）、阿普杜拉西姆·汗（Abdurrahīm Khān）、玉素甫·阿里·汗（Yūsūf Alī Khān）。考巴德·汗征服了洛山，派一个弟弟在那里统治。阿普杜拉西姆·汗杀死了沙克达拉的米尔阿塔木·伯克（Atam Bēg）和他的六个兄弟，夺取了沙克达拉。几年后他还夺取了格浑德。舒格楠被阿富汗征服的时候，玉素甫·阿里·汗被迁到了喀布尔，并死在了那里。

④　参见朱利安《西域记》第二卷205页以下。根据沃特斯的《玄奘》一书第二卷281页以下的译文，我在上面的引文中作了小改动。

福，惧现世灾殃。形貌鄙陋，皮褐为服。文字同睹货罗（吐火罗）国，语言有异。（《大唐西域记》卷十二——译者）

这段文字非常准确地描绘了这个国家的自然特点。至今舒格楠人勇敢和凶悍的名声，仍远播于它南边和西边比较驯顺的"邻居"当中。尽管这里的居民很不驯服，但在中国的政治势力伸展过了帕米尔的时期，巴达克山和塔里木盆地之间的一些交通也有可能经过了舒格楠。后来两个到印度去和从印度来的佛教旅行家的记述中，提到了经过舒格楠的道路。印度僧人法月［即达摩战佗罗（Dharmacandra），公元653—743年，唐代的印度僧人——译者］在公元741年回国的途中，就从喀什走到了"式匿"。但当他走到乏骡山上的吉连城时，发现识匿国发生了叛乱，于是他回到了喀什，最后在和田示寂。① 现在我们仍无法断定乏骡山和吉连城在什么地方。我以前曾说过，公元747年高仙芝越过帕米尔远征时，到了"特勒满"谷地，也就是"识匿"五国。②

中国文献提到的公元 741、747 年的舒格楠

悟空曾两次穿过舒格楠，一次是公元752年从喀什到印度的途中，另一次是在大约公元786年回国的途中。但这位朝圣者仍是一如既往的言简意赅，他只说到"五赤尼也叫播密川（帕米尔）的式尼"。在去印度的时候，他穿过葱岭、萨里库勒到帕米尔去的一个山口，来到了舒格楠，然后到了护密（瓦罕）。③ 在从吐火罗斯坦回来的途中，他历经千难万险，在到达识匿之前，经过了拘密支国和若瑟知国。拘密

悟空到达舒格楠

① 参见沙畹《西突厥史料》163 页以下注 4。
② 参见《西域考古图记》第一卷 53 页以下；沙畹《西突厥史料》152 页注。沙畹先生在《西突厥史料》369 页说，"特勒满"的意思大概是"台金（王子）满谷地"。
③ 参见西尔文·列维、沙畹合著的《悟空的行程》，《亚洲学杂志》346 页以下，1895 年 9—10 月。

支国就是喀拉特金，若瑟知国是哪里我们还不知道。如果走这条路，他大概穿过了达尔瓦孜，并沿着阿姆河朝上游走，后来从识匿到了喀什。①

受中国影响　　我现在还无法察知，中世纪信仰伊斯兰教的地理学家们是否提到过舒格楠。② 但可以肯定的是，中国在 18 世纪下半叶收复新疆后，舒格楠以及阿姆河谷地以远的巴达克山和奇特拉尔都感受到了中国的影响。③ 当地人仍流传着受中国影响的事。沙克达拉的土兰·伯克告诉我，中国收复喀什后，于 1759 年越过了帕米尔。④ 人们的记忆似乎和那次行动有关。

居民的人种类型　　中国的影响之所以能伸展到舒格楠甚至更远的地方，肯定是因为从帕米尔方面和巴达克山的开阔高原上，到舒格楠谷地都比较容易。这个地理因素，再加上舒格楠人喜欢到外面去寻找财富来补充自己地区资源的缺乏，造成居民中既有当地"阿尔卑斯人"的血统，也有外来血统（图 442）。我在穿过舒格楠时收集了一些人体测量学资料，乔伊斯先生分析了这些资料后，就指出了这一点。⑤

人口数字　　我还要说的是，当地人说舒格楠以前的人口有 7 000 户。这个数字无疑是极为夸张的。但我发现，有很多可耕种的土地，尤其是在沙克达拉谷地上游，在很久以前就被废弃了。我还无法断定，这是由于阿富汗人和布哈拉人的管理不善，还是由于当地最后几任米尔的贩奴活动，或是因为最近越来越容易向外移民。人们告诉我，我在俄属舒格楠拜访的沙克

① 参见西尔文·列维、沙畹合著的《悟空的行程》，《亚洲学杂志》362 页，1895 年 9—10 月。
② 参见马夸特《伊兰考》202 页、223 页。
③ 参见《西域考古图记》第一卷 33 页。
④ 参见本书第二十五章第四节及本节。
⑤ 参见附录 C。

达拉、格浑德、哈鲁克的人口分别是 210、220、60 户。此外，还应该加上从格浑德河注入阿姆河的地点下游，一直到喀拉依瓦玛尔的阿姆河两岸的人口，这个数字也是不小的。

9 月 15 日，我离开了哈鲁克，准备沿着沙克达拉①谷地走，到谷地的头部去。那天，我们沿着溪右岸的马道走，路过了许多风景如画的小村庄，村子之间是一块块牧场。谷底走起来一直都很容易，在拉奇喀拉（Rāch-kala）那个堡垒般的村子，谷底扩展了足足 0.5 英里宽。拉奇喀拉海拔约 8 400 英尺，曾是沙克达拉的米尔们住的地方。② 我们就在那里扎了营。第二天走了 8 英里后，在贝寨茨（Bezets）村上方，谷地变成了一条茂密的河边丛林带。之后我们越过了一条冰川融水补给的大溪巴尊达拉（Bāzun-dara）。过了这条溪注入主溪的地方后，一条比较难走的路通向瓦罕的什特克哈尔瓦（Shitkharw），那条路古代的时候常用于劫掠。之后，我们到达了扎诺奇达拉溪（Zanōch-dara）出口处的一点。在那一点附近，沙克达拉河两侧都是壁立的悬崖，一大堆崩落的石头充塞在狭窄的河床上。有两座塔戍卫着这个关隘。

沿着沙克达拉谷地朝上走

过了这条峡谷之后 2 英里，峡谷变宽成了一个盆地，盆地中有很多小石山。在这里的比戴奇（Bidēch）的牧场，有一块比河边丛林高 80 英尺的平地，平地上长 150 码、宽 120 码的一块区域内都布满了民居遗址（图 417）。当地人说这是卡菲尔人建的。墙用天然石块嵌在灰泥中垒成，非常坚固，建筑质量优于我在舒格楠见到的任何建筑。墙一般是

比戴奇遗址

---

① 对沙克达拉的详细描述，见许茨《帕米尔研究》129 页以下。

② 土兰·伯克能记起沙克达拉的六代米尔：道拉特·伯克（Daulat Bēg）、哈桑·伯克（Hassan Bēg）、阿塔木·伯克、纳迪尔·沙（Nādir Shāh）、奥巴依杜拉·汗（Obaidullah Khān）、阿奇兹·汗（Azīz Khān，即当时谷地的明巴什）。阿塔木·伯克是最后一任独立的米尔，他在拉奇喀拉遭到了阿普杜拉西姆米尔的突袭，他和他的六个兄弟都被扔到了城堡下的悬崖。

2 英尺厚，有的地方仍高达 12 英尺。东南端的一座民居有几个大房间，其中一间长 25 英尺，宽 23 英尺。再往谷地上游走约 1 英里，河对岸有块孤立的岩石，约有 60 英尺高，人们称之为巴里喀克（Barīkak）。岩石上面有一些残墙，据说也可能上溯到卡菲尔时代。再往上，河就流在一条峡谷中了。路在河左岸延伸，穿过一条陡峭的石峡谷，来到了一座高原。高原上是森迪乌（Sendīw）的农田，海拔约 9 100 英尺。高原俯瞰着河的地方十分陡峭。在那里的高原边上，矗立着一座孤立的石丘，那里本是一个卡菲尔要塞最强固的部分。为了给新建的大房子明巴什提供材料，大多数墙被推倒了。但我看到有一段残墙从小丘下来，沿着一条小沟延伸，大概是为了确保水源。

走到奈马赫　　过了森迪乌之后 2 英里，我们遇到了沙克达拉的第一个也是唯一的一道险要的交通障碍。我们得在"栈道"上下降 200 英尺，这才能到河的左岸。要过这段路，我们必须把牲畜驮的东西都卸下来。过了小村子塞地吉（Sēdj）后，凡是谷底变宽的地方，我们都能遇到小块农田。有时河穿过了很窄的无法通行的峡谷，我们就得在陡坡上攀上攀下。但我们还是没费什么力气就走了 23 英里，晚上在海拔约 10 100 英尺的奈马赫（Nemādh）麻扎安了营。

交山伽孜的吉尔吉斯人农田　　9 月 18 日走的路比较有趣。我们先是沿着逐渐变宽的谷底往上走，经过了一系列小村子，村子里住的主要是洛山迁来的移民。走了 11 英里后，我们来到了长着草的宽沟交山伽孜（Jaushangāz）。这条沟海拔约 10 800 英尺，很像帕米尔。在这里我们发现了约 10 户吉尔吉斯人家，他们种植燕麦，但仍住在毡帐［吉尔哈（Kirghas）］中。他们近些年开垦了这里的土地，但东边几英里内还有更多的可供开垦的田地。燕麦和大麦在这里长得很好。所有迹象都表明，主谷地的这个头部地区很早就有居民。根据我从土兰·伯克那里听到的沙克达拉历史，据说这里曾有3 000户舒格楠人。这显然是一个夸张的数字，但仍是值得注意的。从这轻松地走两天，就能走到阿利丘尔帕米尔的萨西克库勒（Sassik-kul），那条道就是俄国现在的车道。因此，交山伽孜如果以前有很多居民，穿过帕米尔来往于舒格楠的商人很可能把这里当作一个重要的休息地和物资供应地。① 交山伽孜峡谷里矗立着一座小山（图418），山上有一座堡垒遗址。据说舒格楠人一直沿用那座堡垒，直到40多年前才废弃。堡垒的建筑看起来很新，质量远逊于比戴奇的卡菲尔遗址。

我们从交山伽孜折向北方，以便到朵扎克达拉（Dōzakh-dara）山口去，那个山口通向格浑德谷地。在到从山口下来的那条谷地之前，我们绕过了一些被废弃的农田，它们在库尔威奈克河（Khurwinek stream）岸边的平地上几乎不间断地延伸了4英里远（库尔威奈克河就是从朵扎克达拉山口流下来的）。山坡上可以看到旧水渠的明显迹象。河上方一个比较平的鞍部上有一堆堆石头，当地人称它们是曾在这里清点人数的一支中国军队留下来的。9月19日，我们轻松地走过三个古代冰碛后，越过了朵扎克达拉头部海拔约14 000英尺的山口。山口北侧有几个小湖，那里原来是一个冰川湖。在一块巨大的终端冰碛以下3英里的距离内，谷底都塞着碎石，特别难走，"朵扎克达拉"就是由这些碎石得名的，相当于阿尔卑斯山区极为常见的"可怕的小谷"

越过朵扎克达拉山口

---

① 交山伽孜有没有可能是法月朝舒格楠走时的汉文行纪中提到的"法罗山上的祁连城堡（fortified town of Chi-lien on Mount Fa-lo）"呢？见本节。

（Höllenthal）。后来，朵扎克达拉与从科依特孜克山口下来的陶库孜布拉克（Tokuz-bulak）大谷地连在了一起。在那里，我们来到了俄国的车道上。沿车道走了 2 英里后，我们走到了格浑德主谷地中瓦尔海茨（Warkhēts）的绿草地。那里的海拔约 10 000 英尺，我们在那里扎了营。

在格浑德主谷地中

9 月 20 日，我们沿着格浑德河朝下走，一路都十分愉快。我现在可以看看这条大谷地的中部了。一个月前，我在叶什勒库里的流出口，曾望到了这条谷地的头部。一路见到的景象都说明，只要舒格楠那边的情况可以保证道路的安全，穿过帕米尔到巴达克山去的交通走这条谷地就很便利。在萨尔迪木（Sardim）村和王（Wang）村以及下游的查尔斯木（Charsim）以下，我们都发现了舒格楠米尔们的堡垒，说明在近代人们是不敢太相信舒格楠那边的。查尔斯木村（图 416）掩隐在碧绿的农田和树木之中。在到达查尔斯木村之前，我们越过了一段难走的碎石带。碎石带伸展了长约 1 英里，横亘在宽阔的谷底。这些碎石是以前山体滑坡的时候从南边的悬崖上崩落下来的。这条障碍物的东西两侧都有很多低矮的防护墙，说明以前在不同的时期，障碍物都被当作防御工事来用。我们拾到了几块光滑的石头，上面除了阴刻一只张开的手或野绵羊（这些形象都是很常见的），还浅浅地刻着阿拉伯文，其内容是祷告或宗教表白书。在查尔斯木的当地头人家里，我满怀兴致地发现，他家大厅的屋顶和天窗正是我在米拉格拉姆和马斯图吉看到的古老风格，下文我将以喀拉依瓦玛尔的一个民居为例详述这种风格。① 查尔斯木下游 6 英里远的地方又是一个美丽的小村子，名叫魏尔

---

① 参见《西域考古图记》第一卷 48 页、图 16；本书本章第四节。

（Wēr）。我们从魏尔村走过一座摇摇摆摆的桥，来到了河右岸，并朝什塔木（Shitam）走。什塔木海拔约 9 000 英尺，是一个有 16 户人家的村子，位于一条特别陡的谷口，那条谷也叫什塔木。我们将从这条谷地头部的冰川山口，越过与洛山之间的分水岭。

格浑德的当地掌故

早晨出发的时候，为了进行必要的准备，我们耽搁了一会儿。我正好利用这段时间听听老人们能回忆起来的那点东西，他们把那些事当作格浑德谷地的掌故，津津乐道。这里的掌故远没有沙克达拉人的掌故那么久远，只能上溯到沙阿普杜拉西姆的时期。他是舒格楠的倒数第二任米尔，他的儿子叫玉素甫·阿里。除了这最后两位米尔，人们只隐约记得一个叫萨里木（Salīm）的米尔和一位吉尔吉斯王。但我问到的所有人都知道，中国的势力一度扩展到了舒格楠。他们说，谷地下游的德巴斯特（Deh-baste）有一个波斯文短碑铭可以证明这一点。根据我听到的说法（我也只能得到口头信息），那个题识是诗体的，提到了根据"喀迁依金的哈其木"（Hāqim of the Khāqān-i-Chīn）的命令，规定那里是格浑德和苏产（Sūchan，在哈鲁克附近）的分界线。我问到的人都说，在最后几任舒格楠米尔的统治时期及后来的阿富汗占领期，由于严重的剥削，格浑德的人口大大减少了。米尔们为了增加自己的收入，把妇女和儿童卖作奴隶。为了躲避这种剥削，大批人迁到了科坎德和马尔古兰等地。因此，像王村、魏尔、查尔斯木等地几乎人烟绝迹。俄国占领后条件改善了，这些地方才又有人住。我在什塔木测量的大多数男子都是来自洛山方向的雇工，这说明格浑德的人口仍是不足的。

第四节　从洛山到达尔瓦孜

9 月 21 日，我们离开什塔木村，准备越过一个也叫什塔木的山口到洛山去。我们沿着峡谷朝上走，峡谷中有两个地方都塞着崩落的成堆碎石。我们还越过了古代冰碛，并在海拔约 10 400 英尺的地方经过了一个已经干涸的小冰川湖，最后在海拔约 12 600 英尺的里杰乌（Rijēw）过了夜。这是驮东西的马能费力走到的最后一个地点了。第二天早晨，我们朝上走了 3 英里后，来到了一条冰河的最低点。这条冰河汇集了好几条冰川，冰川主要是从山口西南垂挂下来的（图 429）。为了避开一条巨大的冰瀑布，我们不得不从光秃秃的冰坡走到瀑布旁边一条高高的冰碛上去。在冰坡上，我们只能用刀砍削出踏脚的地方。再往上，我们有时在布满裂缝的冰川上走，有时得攀登冰川西侧的岩石。有些地方石头是有滑落的危险的。这样走了 3 英里后，我们在冰川头部的冰原上方，来到了板岩构成的窄窄的山顶，这就是那个山口（图 429），海拔约 16 100 英尺。我们在那里发现了一条小道的踪迹。夏初，由于没有积雪，比较容易走过冰川，那时洛山人就想办法把绵羊、牛和马沿这条小道带上来。在下游的巴尔坦格河峡谷中，他们的牲畜是无法通行的。

在什塔木山口，西边和西北边一幅壮丽的景象展现在我们眼前（图 430）。在那两个方向，很多美丽的冰川的源头汇聚成一条巨大的冰河，朝劳莫得（Raumēdh）谷地延伸了下去。朝西南方看去，越过一条带冰原的锯齿状的山脉顶部（图 427），我们可以望见巴达克山那些山脉的柔和的轮廓，山顶上都是积雪。朝南望，可以望到把沙克达拉和格浑德隔开的那条山脉的美丽雪峰（图 429）。我们从山口朝下走，先走过冰原（图 419），然后比较轻松地走了 1.5 英里后，来到了一块巨大的横向冰碛。我们沿着冰碛朝下走，又走了 3.5 英里后，在海拔约 13 900 英尺的地方见到了第一块植被。接着，我们沿着灰色的冰川继续朝下走了 1.5 英里，到达了那个叫萨尔考里哈拜尔伽（Sarkōlī-khaberga）的营地。那里正在冰川口底下，海拔 13 000 英尺。

　　令我高兴的是，有一批从劳莫得来的洛山人已在那里等待我们了，准备换下我们从舒格楠那一侧带来的扛东西的人（他们已经特别累了）。有趣的是，从舒格楠来的人大多说一口流利的波斯语，而从劳莫得来的那些人只懂自己的洛山语（舒格楠语的一种方言变体）。劳莫得是一个大居民点，据说有 30 多户人家。但它由于在深山之中，几乎与世隔绝了，劳莫得人的语言就告诉了我们这一点。同时我们还能看出一个更重要的事实：由于巴尔坦格谷地特别难走，所以洛山从未像舒格楠那样被当作巴达克山和帕米尔之间的交通要塞。

从劳莫得来的洛山人

　　9 月 23 日，我们沿着谷地朝下走。前 5 英里中，我们走过的是冰川消退时留下来的一系列古代冰碛。劳莫得人把从什塔木山口下来的冰川叫什托克拉扎尔（Shitok-lāzar）。根据他们头人的说法，从他父亲年轻的时候起，这条冰川前进了很多，费洛克桑高（Ferōkh-sangau）的小冰川也是如此（图 420）。我们是在比什托克拉扎尔冰川口低 1 700 英尺的地方，路过费洛兑桑高小冰川的。它从西—南西方向过来，

下到哈依哲孜

图 427　从什塔木山口看到的景象，与图 429、430 连在一起

图 428　从南面与斯塔格冰川连在一起的冰河，从海拔约 13 000 英尺的高度看到的景象

图 429　从什塔木山口看到的全景，此山口海拔约 16 000 英尺，位于舒格楠和洛山之间，南西（左边）是舒格楠，西南（右边）是洛山

图 430　从什塔木山口朝西（左侧）和西北（右侧）看到的全景

伸展进了一块极为平坦的盆地。它有 0.5 英里长，0.25 英里宽。在最后的冰碛底下的扎沃尔的亚依拉克（Yailak of Zhawōr），我们第一次遇到了白桦树。茂密的白桦树和粗大的杜松沿河边朝下伸展，一直到河与从劳莫得来的河汇流的地方。从劳莫得来的那条河很大，河水呈灰色，说明补给着它的是很大的冰川。在汇流点下游 3 英里的地方，谷底变得特别窄。路沿着碎石陡坡延伸，十分难走，有的地方路还不到 1 英尺宽。但再经过两块小农田后，我们突然进入了巴尔坦格谷地，来到了哈依哲孜（Khaizhēz）村的小草地和农田之中。哈依哲孜村海拔约 6 800 英尺，当天我们就在那里扎了营。

我用两天时间从哈依哲孜走到了阿姆河上的喀拉依瓦玛尔。这段路只是洛山主谷地的一小部分（我是在高处的索纳普第一次看到洛山谷地的），但已足以让我体会到巴尔坦格河谷是多么难走。巴尔坦格河在汇入阿姆河之前，穿过了很多蜿蜒的峡谷。这也告诉我们，为什么从帕米尔延伸下来的谷地中，洛山谷地是最难到达的，以及为什么它的居民和生活方式保留的古老传统最多。这些深陷的峡谷两侧矗立着高山（图 421、422、424），山顶怪石嶙峋，山脚陡峭难行。它们简直比我们来到巴尔坦格谷地时经过的冰川还要难走。我们从哈依哲孜乘山羊皮筏子渡到了河右岸，然后马上就得攀上陡峭的哈依帕斯特（Khaipāst）山，山下是奔腾而过的河水。这真是一道险要的关隘（即达尔班德或丘萨）。我们看到了矮石墙的残迹，说明有时人们在这里防御敌人。

过了那里之后 2 英里，我们就得在陡峭的石坡上攀上攀下（图 421）。道路特别窄，有时只是几英寸宽的踏脚孔。幸运的是，我们几个人可以乘羊皮筏子（图 422），以避开

穿过巴尔坦格峡谷

沿峡谷往上攀登

最难走的阿乌林孜（awrinz，意为峡谷），但前提是河水不是太湍急，可以乘羊皮筏子。在特别擅长游泳的人的引导下，我们乘筏子沿着湍急的河水朝下漂去，面对着壮美的景色，忘却了一切疲劳。从高高的石壁上方经常可以望见遥远的锯齿状雪峰。石壁从我们身边迅速后退，就好像我们离雪峰越来越近了似的。同时，那些善于爬山的洛山人扛着我们的行李，穿越山崖，山崖的某些部分和我在罕萨见到的一样险峻。

洛山民居的古风

在侧谷的谷口处，不时会看到一个小村子掩隐在美丽的胡桃树和其他果树之中。这些可爱的小村和山区与河谷的单调景色形成了强烈对比。我们在里特（Rīt）村和帕古（Paghū）村先后歇了一会脚（图423）。从外面看，我观察的民居都是不折不扣的用石头垒成的简易棚户。里面尽管被烟熏黑了，布局却显然是古代流传下来的风格，看起来非常舒适而有趣。在基本特征方面，如起居的大厅的平面设计、大厅中带天窗的屋顶以及用来坐的平台，都特别像我在塔克拉玛干的古代遗址看到的民居布局，南边兴都库什山的谷地中也有人仍住在这样的房子中。[1] 由于坐落在与世隔绝的深山之中，世界的这个小角落几乎没有受到时代变迁的影响。我想，如果古代的某位巴克特里亚希腊人（Bactrian Greek）或印欧—锡西厄人到这里来，看到的情景和坐现在大概没有太大差别。

洛山人属于"阿尔卑斯人"类型

我在顺谷而下的途中遇到的洛山人（图443），或是后来在喀拉依瓦玛尔测量的洛山人（图444），其身体特征也给我这样的印象。他们四肢细长，由于经常在难行的路上走，所以特别敏捷。他们的五官都轮廓分明，瞳孔颜色较

---

① 这样的洛山民居的平面图和描述性文字，参见本节。

浅，脸部特征很有古典风格。当时我得出了这样的结论：在我经过的这一地区所有说伊朗语的山区居民中，洛山人的"阿尔卑斯"血统是最纯正的。乔伊斯先生凭着专业知识，分析了我带回来的测量数据和其他资料，结果证实了我的结论（见附录 C）。①

9 月 25 日，我从海拔约 6 600 英尺的帕古村，来到了喀拉依瓦玛尔。这一天的行程是特别有启发意义的。喀拉依瓦玛尔是洛山的"首府"，巴尔坦格河在那里汇入了阿姆河。在汇入点之前，巴尔坦格河穿过的峡谷甚至比我在上游看到的峡谷还难以通过。在峡谷处，不坚实的木"栈道"紧贴着几乎是垂直的石壁，那就是"路"。在其中两条峡谷之间有一个风景如画的小村子叶木茨（Yemts），它有 30 多户人家，掩隐在胡桃树林和果园中。村里所有房子都有特别舒适的大厅。大厅前面经常还有敞开的凉廊，以便夏天使用。尽管木

从帕古到喀拉依瓦玛尔

---

① 据说，洛山的女子因美貌而闻名，尤其是因为她们肤色好。我曾偶尔见过洛山妇女，看来这个名气大概是有根据的。我与喀拉依瓦玛尔的头人一起经过他的房子附近时，看到他家的三代人聚在一起（图 426）。他的妻子和母亲皮肤白得就像是欧洲的女士。人群中有两个小女孩，祖母正在用某种野樱桃涂抹较大那个女孩漂亮的红脸颊，以使皮肤更白。由此也能看出，这里的人也喜欢将大自然的恩赐夸大。

洛山妇女的美貌闻名遐迩。巴克特里亚的国王奥克斯亚特斯（Oxyartes）的女儿名叫罗克萨娜（Rōxana），她出众的美貌引得亚历山大大帝娶她做了皇后。见阿里安（Arrian）《远征记》（Anabasis）IV.xix.5。"罗克萨娜"这个名称大概出自早期的一个东伊朗词"Raukhshāna"。现在洛山这个名称很可能也是由"Raukhshāna"演化而来的。（据本书英文版"补遗和勘误"补以下一段文字——译者）

印度信印度教的各邦有个大概很古老的习俗，那就是不用名称来称呼统治者的王后，而是用她们家乡的名称来称呼她们。据说，奥克斯亚特斯把罗克萨娜和她的母亲、姐妹放在粟特的一座高山城堡中，以便保证她们的安全。她们就是在那里被掳的。书中没有说奥克斯亚特斯的都城究竟在巴克特里亚的哪个地方。但如果是一位洛山公主嫁给了他并生了罗克萨娜，或是罗克萨娜本身就是他的领地，那么人们很可能用那个地区的名称来称呼罗克萨娜。

当地有一个与此类似的情况：18 世纪末的舒格楠统治者的名字叫沙万吉。之所以这样叫，就是因为他的母亲来自万吉（Wanj）。

［写下上面的文字之后，乔治·格里尔森爵士给我看了朱斯蒂（Justi）的《古伊朗语词典》（Altiranisches Wörterbuch），我以前看不到这本书。书上说，另外还有五个人叫罗克萨娜。看来我上面是猜错了。］

器上的雕刻比较粗糙，但我仍能看出某些残留的图案源自西方，并且是希腊—佛教浮雕中常出现的，比如铁线莲般的四瓣花，以及罗马风格的小花。离开叶木茨后，我们乘皮筏子过了大门般的最后一段峡谷，在最大的村子舒建（Shūjan）村下游来到了谷口。在那里，巴尔坦格河变宽了，并汇入了阿姆河（图434）。这真让我们舒了一口气。舒建村的头人送给我一块带装饰的木雕（图版LXVIII），是用来放松木片的，因为洛山居民靠点燃松木片来照明。

在喀拉依瓦玛尔看到的古代木雕

考虑到前面的行程和现在的季节，我在喀拉依瓦玛尔只能休整一天。该村海拔约 6 250 英尺，我们扎营在一个美丽的旧果园里，临近舒格楠米尔们的堡垒遗址（图425）。除进行不少人体测量和其他工作外，我利用这个机会仔细考察了明巴什侬·米尔·什克哈克（Ming-bāshi Mīr Shikrāk）的房子。这是座典型的洛山民居，离巴尔祖特（Barzūt）村附近的堡垒约0.5英里远。有人从那里给我带来一块旧木雕。询问之后我才知道，这块木雕出自一副精美的双拱形窗框。由于人们要对房子进行改造，把窗框取了下来，和木料堆放在一起。图449是这个窗框放在原位后的情景，图版LXVIII是它在大英博物馆临时竖立起来后的情景。门上和窗上的装饰的主要设计为阿拉伯风格，但也可以看出一些起源于希腊化后期的因素，奇怪的是看起来颇有拜占庭风格。门窗的侧柱上的图案以及两扇门重叠处的图案尤其如此。图案是成行的圆圈，两列波浪线把圆圈串在一起，波浪线在每个圆圈内都围成一个菱形。也可以把图案说成是连续的四瓣花（类似于铁线莲），在犍陀罗的希腊—佛教风格浮雕中常出现这种图案，这样的图案在尼雅和楼兰遗址的木雕中也很常见。① 侧柱侧面的空白处也填补着半朵半朵这样的花。大量小花也体现出古典风格的持久影响。

那位明巴什侬的房子内部结构可以代表洛山上层人的房子（附图 50），对此，请参阅下面的脚注。② 那座堡垒是舒格楠米尔的儿子和兄弟常来住的（据说以前舒格楠的米尔统治着洛山），仍残留着厚厚的外围墙。围墙是用粗糙的石块垒成的，石块中还插着大树干来起加固作用。这种建筑方式从印度西北边界一直到阿姆河流域都很流行。堡垒里面已经严重朽坏了，看不出什么明显的当地特色。在那里我见到了穆罕默德·其亚特·汗（Muhammad Ghiyāth Khān）。他是舒格楠最后一位米尔的儿子。前一年，他家人被从喀布

---

① 参见《古代和田》第二卷，图版 LXVIII、LXIX；《西域考古图记》，第四卷，图版 XVIII、XIX。当代的奇特拉尔与和田的木雕中也有这样的图案，见《西域考古图记》第一卷 35 页、48 页以下；第三卷 1525 页（索引）。另参见本书第一章第四节。

② 进了外面的门（图 449）后，就进入了外厅（dalīz）。小木柱把这个大厅分成中央过道（i）和两厢（ii），两厢的地面抬高了 2 英尺，以供人坐。后面有一扇无花纹的门，门后面是一条窄过道（chüt），是全家人起居的地方。这条过道上有两个小凹陷处是小牲畜的过冬之处，右边是给小牛犊的（gaukhāna），西边是给小羊羔的（bajīd）。前者有顶，顶高 6 英尺。顶和屋顶之间是孩子们睡觉的地方（dishatak），这样孩子在严冬就可以受益于火炕式的供暖。

另一个凹陷处的顶只有 4 英尺高，只比起屋大厅的另一个与它相邻的平台（arzān）高一点。这个平台比地面高 3 英尺 5 英寸，是家里主要的供暖处，由女人来照看。她们还照看 Bajīd 上方的那间小屋（khanjīn），小屋里还有一个供暖的地方。对面的 Arzān 上方也隔开了这样一个空间（chirēzek）。Arzān 前面有一个比它低 2 英尺的窄平台，叫 pish-arzen。这个平台中央有一个凹陷处，以便承纳"Arzān"产生的灰烬。

Arzān 对面是尊贵的平台（barnēkh），是给一家之主和他的尊贵客人坐的。它和"Dishatak"之间的那根柱子有一个很引人注目的名称"sir-takia-sitan"（波斯语的"sitūn"）。其余三根支撑着屋顶的柱子也各有自己的名称（见附图 50 中的平面图）和各自的等级次序。对着门口的那个平台（lushakh）和角上连着它的那个平台（kunj）只有 2 英尺高，是地位不太高的男子坐的。"Lushakh"前面有条宽宽的木凳子（rārau），微微凹陷，是在冬天的时候喂牛犊和羊羔用的。

Arzān 的墙上和其他地方有小凹陷处，用来做壁橱，放零碎的小东西。除 Chüt 外，即便在富有的家庭里也再没有人待的地方了。

屋顶一律是古代风格的，这种风格在奇特拉尔和亚辛的房子里也能见到。屋顶由四层横梁构成，形成了逐渐变小的长方形或正方形（chār-khāna），见《西域考古图记》第一卷 14 页图 16，本书第二章第二节。最顶上那层横梁留了一个开口（rōz），可以采光，也能把屋里的烟放出去。

房子的墙特别厚，是用粗糙的石头嵌在灰泥中筑成的，能很好地抵御严冬。但从其他方面来看，洛山的传统家庭建筑虽然比我在瓦罕和舒格楠见到的那种古老的房子要好，但在舒适程度上却不如我在塔里木盆地看到的那些民居遗址，它们可以上溯到公元后几个世纪。

尔流放了，他逃了出来。俄国当局允许他回到这里（这里是他的祖先的领地），靠数量不多的津贴生活。舒格楠的米尔们自称是伊朗的沙汉摩什（Shāh Khānmōsh）的后裔，是逊尼派，而他们的绝大多数旧臣民都是伊斯玛仪派。穆罕默德·其亚特·汗五官特征明显，肤色黝黑，似乎的确表明他不是本地人血统。

动身到布哈拉地区去

9月27日，我们从喀拉依瓦玛尔出发了，以便穿越最东边的谷地和山脉到喀拉特金去，那里曾是达尔瓦孜公国的领地。而自从1877年起，达尔瓦孜公国就臣服于布哈拉的米尔了。时节已经临近深秋，我计划走的路上那些高山口有可能即将因头几场雪而无法通行，所以我必须快点走。再加上布哈拉山区的很大一部分已经有人细致地研究过，不熟悉俄国的读者很容易就能找到这方面的出版物①，所以我对这部分的描述就比较简略了。

攀登到阿都德山口

为了到北边与洛山相邻的亚兹古拉密（Yāzgulām）谷地去，我选择了从阿都德山口越过洛山山脉的那条古道。洛山山脉很高，是从塞勒塔格（Sēl-tāgh）方向朝阿姆河延伸过来的。在我来之前几年，俄国人修了一条马道。在没有马道的时候，要想沿着阿姆河右岸从洛山到亚兹古拉密几乎是不可能的，因为那段河道有很多险要的峡谷。在朝阿都德（Adūde）山口去的时候，我们经过了沙·塔利伯（Shāh Tālib）的坟墓。他是伊斯玛仪教派的一位著名的圣人，他的墓常有人去。之后，我们沿一条窄侧谷朝上走，一直到海拔10 500英尺的地方，不时会遇到小块的农田和夏季牧场。

---

① 尤其要参见里克默斯《突厥斯坦的河间区》第十三、十四、十七、十八章。另参见普姆白利《在突厥斯坦探险》第二卷265页以下。

9 月 28 日，我们从海拔约 11 500 英尺的沙吉绍加依（Shahji-
shau-jai）出发，押运着驮东西的马匹在古代冰碛上走。走
了约 6 英里后，我遇到了一座坡度不太大的冰川，它是山口
东西两侧的小冰原补给的，冰川上还有很多小裂缝。最后，
在海拔约 14 500 英尺（见图 394，据本书英文版"补遗和勘
误"补——译者）的地方，我们在覆盖着冰的山口到达了分
水岭。这个山口的一个醒目之处就是它东边悬挂着一条美丽
的冰川。我们朝北面既可以望到把亚兹古拉密和万吉隔开的
山脉，还能望到更远处的顶部覆盖着冰的高峰（它们位于万
吉谷地和达尔瓦孜谷地之间）。

　　我们朝北从山口上下来。最初 4 英里时，我们不得不在
冰川上之字形前进。之后，我们到达了冰川现在的末端。那
里是一大块"死冰"（dead ice），一块巨大的终端冰碛矗立
在"死冰"前面。在这可以明显地看出冰川最近后退了。此
地海拔约 13 300 英尺，从这往下的路很陡。就这样，我们从
一系列旧冰碛上走过，一直下到了一条峡谷中，峡谷底部长
着茂密的白桦和杜松。在与岛德伽（Doderga）谷地会合的
那一点以下，河床是一段无法通行的峡谷，路是沿着峡谷上
方的陡坡延伸的。我们沿着这条路走，在海拔约 8 700 英尺
的地方遇到了第一块农田。接着，我们在布满大石头的递降
的平地上朝下走，这时夜幕降临了，我们只好在遇到的第一
块比较开阔的地方扎了营，营地在马陶恩（Matraun）村上
游约 6 英里的地方。

　　第二天我们下到了属于亚兹古拉密的这个叫马陶恩的村
子，一些被从达尔瓦孜派来的布哈拉官员迎接了我。他们的
出现使我放了心，看来在我以后的行程中，加盖罗上校已经
为我事先做好了安排。同时，看到他们飘飞的鲜艳衣裳和黝

下到亚兹古拉密

在马陶恩村停留

黑的脸庞，我意识到阿姆河上游真正的山区很快就要被我们甩在身后了。我们在海拔 5 500 英尺的马陶恩村短暂停留时，可以感到主河谷中温度比较高。再加上亚兹古拉密人的面貌，更加深了我们就快出山区的印象。他们脸色灰黄，显然是流行在亚兹古拉密下游的疟疾的结果。而且，我看到他们在建房子的时候，已经不把防寒作为主要目标了。

经过亚兹古拉
密

由于时间有限，我当天就朝万吉进发，因此我对亚兹古拉密［当地人称之为牙孜杜木（Yāzdum）］只能作最简短的叙述。亚兹古拉密南边和北边都是高大的山脉，从东边和沿着阿姆河峡谷般的河道也几乎到不了这里。因此，似乎有很长一段时间，亚兹古拉密都是夹在达尔瓦孜酋长国和舒格楠—洛山酋长国之间的一块无主地带。据说，这里的居民利用这个优势，一旦有机会就劫掠他们南边和北边的"邻居"。但至少在名义上，亚兹古拉密人承认自己隶属于达尔瓦孜的"沙赫"。这也反映在亚兹古拉密人是逊尼派上（北边所有的加尔查人都是逊尼派）。有一条路在谷口经过了阿姆河，把亚兹古拉密同河西边的地区联系起来，那些地区以前是属于达尔瓦孜的。这条路是到亚兹古拉密最好走的路。大概就是这个原因，亚兹古拉密与达尔瓦孜才发生了政治联系。但亚兹古拉密的居民（约 190 户）说的语言却很接近舒格楠语。① 此外，这里的人们还和万吉人自由通婚，所以我测量的亚兹古拉密人（图 445）在身体特征上与洛山人明显不同。②

---

① 参见乔治·格里尔森爵士在《伊什卡什米、泽巴克和亚兹拉密，三种爱拉尼方言的报告》8 页对我收集到的资料的评论。他还提到了戈蒂耶特先生在《亚洲学杂志》（1916 年）第 7 卷 239 页以下的更详尽的文字。

② 十分值得注意的是，在亚兹古拉密和万吉（图 445、446），甲状腺肿的发病比例都特别高，而在瓦罕和洛山的山民中这种病却很少见。关于人类测量学资料，见附录 C。

　　从亚兹古拉密出发，我们沿新开通的马道穿过阿姆河阴暗的峡谷（图433）。马道有的地方是在垂直的岩石上炸出来的，有的地方经过了建得很大胆的狭窄栈道。由此我们很容易体会到，以前即便是当地山民想穿过这一系列峡谷都是要冒很大风险的，想把东西运过去则几乎是无法办到的事。过了这段峡谷，我们可以望到河对岸的大村子左马奇（Zhōmarch）了。从左马奇有很好走的路，既能通到巴达克山的山地牧场，还能沿着阿姆河左岸朝下游去。在那里，就在万吉河注入阿姆河的地方下游，右岸也有几条很好走的小路。据说，自古以来从那里到达尔瓦孜的首府卡拉伊洪布（Kala-i-Khumb）的路，都是可以走马的。

　　9月30日早晨，我们来到了万吉的首府罗克哈（Rōkhar）。那里的海拔5 600英尺，有很多古堡遗址，现在，统治着万吉和亚兹古拉密的埃米尔的"阿姆拉克达"（Amlakdār）就在那里。天空中出现了阴云，看来斯塔格（Sitargh）山口有下雪的危险。于是我第二天就赶到了山口脚下的斯塔格村（海拔6 900英尺）。这一天我们共走了30英里，一路都能看出万吉谷地是很开阔的，有不少农田。只有在巴劳恩（Baraun）附近，我们得穿过一条峡谷（图435）。这里的气候也比较湿润，和帕米尔外缘的那些窄谷明显不同。一直到比谷底高1 000英尺的地方，两侧的缓坡上都可以看到农田。这里的农田不用灌溉，在降雨量正常的年景，庄稼的收成很好。无法耕作的陡坡上长着茂密的树木，村子周围是果园，田地之间也栽着成行的树。宽阔的梯田和谷地的冲积扇于是看起来仿佛公园一般。随着景色的不同，居民也发生了变化。这里的居民是塔吉克人类型，布哈拉地区所

亚兹古拉密下游的阿姆河峡谷

万吉谷地

有的山区居民都是如此（图446）。[①] 他们大概是古代粟特地区的伊朗种族，比平原上的萨尔特人（Sarts）血统更纯正。他们知道的唯一语言就是波斯语。据我估计，万吉的人口有300户。但我很快就发现，每幢房子（一般是粉刷成白色的大房子）里面都住着几家兄弟或亲属。

越过斯塔格山口

山上下起了大雨，还夹杂着雪，这使我们10月2日不得不待在斯塔格。好在天空及时放晴了，使我们能在第二天天还没亮的时候就能动身。起初往上走的路虽然陡峭却不困难，那条侧谷［它导向与新伽伯（Khingāb）之间的分水岭］覆盖着高山植被，同那些朝什塔木和阿都德山口延伸的峡谷比要开阔不少。从海拔12 400英尺的地方朝上，我们就走在覆盖着雪的大冰碛上。绕着一条陡峭的冰川边上的是一堆堆碎石，我们沿着这些碎石堆走。离出发的时间已经有七个小时的时候，我们终于来到了山口的那条窄岭，它的海拔约有14 600英尺。从山口只能看到那条大冰川的头部，我们就是从这条冰川上和旁边下去的。我们在大冰川上走了1.5英里，在很多长长的裂缝之间曲折前进，来到了一块横向冰碛。在对面的一点，冰河折向西北，那里比山口约低300英尺。这时，一幅辽阔的景象展现在我们眼前（图431、432）。再往下就是走在难行的横向冰碛的雪坡上。途中可以看到从南边下来的侧面大冰川（图428）。最后，离山口超过10英里远的时候，我们到达了现在的冰河末端。这条冰河是几条冰川汇集而成的，冰河口高达150英尺。过了冰河口后我们又走了3英里，来到了奇金藻（Ziginzau）小高原。那里海拔约10 500英尺，我们在那里宿营了一个晚上。

---

① 参见附录C。

10 月 4 日，我们沿着从斯塔格冰川流下来的河走，傍晚时分走到了帕什木格哈（Pashmghar）村，它位于长长的新伽伯谷地的头部。出发后 2 英里，我们先是走到了河与布尔孜达拉（Burz-dara）汇合的地方，那里是一条特别窄的峡谷，谷底几乎全被河占满了，余下的地方是山崩后的残留物。过了这之后路就好走了。一路的河边都生长着茂密的大白桦树和杜松，上方比较平缓的坡上长满了草，说明这里的气候比较湿润。在海拔约 9 500 英尺的地方，我们路过了第一块农田，但早在上游 3 英里的时候，我们就看到了旧梯田的迹象。在到达帕什木格哈（它是新伽伯谷地中位置最高的村子）之前，我们不得不穿过噶莫河（Garmo）的宽河床，噶莫河是新伽伯河的主要支流。令人高兴的是，我得知 1913年在西克莫斯先生（W.R.Rickmers）的率领下，一支设备精良的大考察队仔细研究并考察了噶莫河谷，一直到那些顶部覆盖着冰的大雪山脚下［就在两个月以前，我在木克苏（Muk-su）上游看到了那些雪峰］，而噶莫河谷以前还没人考察过。①

从海拔约 8 500 英尺的帕什木格哈，我们在两天中轻松地走了约 35 英里，来到了拉吉尔克（Lājirkh）。这个地方位于叫作瓦基亚巴拉（Wakhiā-bālā）的那段新伽伯谷地西段，剩下的那段叫瓦基亚帕延（Wakhiā-pāyān）。在这两天的行程中，我们经过了许多美丽的小村子，它们大多数坐落在河右岸高处的冲积平地上，掩隐在果园和树木中（图 436）。

下到新伽伯谷地的头部

穿过瓦基亚巴拉

---

① 参见《地理学杂志》182 页以下，1914 年 2 月。

图 431 从斯塔格山口（海拔约 14 600 英尺）底下的冰碛上向东南（左侧）和南面（右侧）看到的全景

图432　从斯塔格山口底下的冰碛上朝西南（左侧）和西面（右侧）看到的全景

尽管有迹象表明布哈拉的管理很不善，这些小村子看起来却很繁荣。不过，由于缺乏劳力，很多良田都没有开垦。中间那一晚我们扎营在海拔 7 400 英尺的大村子桑瓦，南边就是很大的麻扎（Mazār）谷地的谷口。从麻扎谷地的头部有几个山口通往阿姆河谷和万吉。据说，其中驮东西的牲畜只能走维什哈危（Vishkharwī）山口，而且还不是全年都能通行。

瓦基亚帕延的意义

这说明，尽管瓦基亚巴拉和新伽伯的其余地段似乎从中世纪以后就隶属于达尔瓦孜，但它和达尔瓦孜位于卡拉依洪布的传统首府之间是很难沟通的，还不如它和喀拉特金沟通起来容易（需经过新伽伯河与苏尔赫河的汇流处）。瓦基亚帕延在人口和经济资源上来讲都比瓦基亚巴拉更重要。拉吉尔克有一个见多识广的人叫米尔阿克胡（Mīr-ākhur）。他告诉我，在达尔瓦孜旧王国统治的时候，瓦基亚帕延的赋税据估计等于瓦基亚巴拉、麻扎谷地、萨格里达什特（Sagridasht）的总赋税。他还说，瓦基亚巴拉的人口有 500户，而新伽伯的下游部分有 1 000 户。我们下面还将说到，新伽伯和附近的喀拉特金以前有什么联系。

第五节　从喀拉特金到布哈拉

穿过噶丹依喀夫塔

10 月 6 日下起了大雨，我们只好扎营在拉吉尔克（Lājirkh）附近。那里是阿姆拉克达（Amlakdār）的破败的总部，海拔 6 800 英尺。但幸运的是，天气放晴了。尽管山上新下了雪，我们第二天仍越过了噶丹依喀夫塔（Gardan-i-kaftar）山口（海拔约 12 200 英尺）。走了 30 英里后，我们到达了喀拉舒拉河，它流在高高的吐普查克（Tupchak）大谷地中。西克莫斯先生已经详细描述过吐普查克谷地以及进

入谷地的山口，他曾把吐普查克谷地作为自己长期考察的据
点。① 因此，对于这条帕米尔般的谷地以及它南面和东南面
连着的一系列高大的山峰和美丽的冰川（图447），我只需
作最简单的描述即可。

　　吉尔吉斯人把我们宿营的地方叫库里科（Kulike），那
里的海拔约9 000英尺。10月8日，我们从那里出发，轻松
地朝上走到了库什布拉克（Khush-bulak）山口。山口所在
的那条大山脉一直沿着苏尔赫谷地延伸，北面连着喀拉特
金。山口是大山脉上的一个低矮的地方。山口东侧有一座小
丘，从小丘顶上望出去，一幅壮美的景象展现在我们眼前。
我们可以望到西边的彼得大帝雪山（the Snowy range of Peter
the Great）、大阿赖山脉（the great Alai chain），以及吐普查
克上方被冰川环绕的山峰。图361中的全景照片只是我们看
到的情景的一小部分，拍摄的是俯瞰着喀拉特金最高处的山
脉，右边远处是塞勒达拉（Sēl-dara）和木克苏上方的大冰
峰，我们是在塔尔萨加山口（the Tars-agar pass）第一次望
到这些冰峰的。两个月来，我们在帕米尔地区和阿姆河上游
边的高谷地中进行了有益的漫游，现在终于又回到须密驮山
谷以及我希望追寻的古代丝绸之路上来了。这真是一件令人
高兴的事。

　　我们从库什布拉克高地的最北边往下走，走过了宽宽的
山和平地。这些山和平地夏大的时候牧草很丰盛，但现在较
高的部分已经被雪盖住了。之后，我们下到了开阔的苏尔赫
谷地（Surkh-āb valley）中。我们路过了肥沃的山坡，那里
的雨雪很充足，不用灌溉就可从事农业。我注意到，海拔约

苏尔赫谷地上
方的山脉

下到苏尔赫谷
地

---

① 参见里克默斯《突厥斯坦的河间区》350~402 页。

8 000 英尺以下的地方才刚刚开始收割。而海拔 10 000 英尺以上的瓦罕的庄稼早在一个多月之前就已经收割完了，说明这里的气候比瓦罕要湿润得多。我们在谷底遇到的第一个村子叫奥依塔尔（Oital），海拔约 6 100 英尺。在那里，我发现自己又置身于说突厥语的人们之中了。这些定居的吉尔吉斯人建立的村庄都很舒适，沿着谷地从喀拉木克（Kara-muk）一直延伸到喀拉依拉伯依阿伯（Kala-i-lab-i-āb）。房子排列得很紧凑，还有美丽的果园和树木，使我联想起了中国新疆山脚下的村庄。喀拉特金有肥沃而面积广大的可耕地，并且很容易到富饶的牧场去。从一开始我就认为，这些特点肯定早在很久以前就把突厥族人吸引了过来，而现在的吉尔吉斯人不过是最后一批突厥人而已。

喀拉特金的资源

　　我们在喀拉特金宿营的第一个地方叫卡尼什伯克（Kānish-bēg）。从那里我们走了两天，一直走到了加木（Gharm）。一路上，我们充分体会到了喀拉特金谷地丰富的农业资源，这以前必定给经过这里的交通提供了很多便利。无论是在左岸的冲积扇上还是肥沃的平地上，灌溉水源都是有保证的，因为彼得大帝山脉的雪和冰川哺育了很多溪流。河右岸离泽拉夫尚（Zarafshān）的积雪比较远，灌溉水源没有左岸那么充足。但我们看到，只依靠雨水的梯田一直伸展到比河高 1 200 英尺的地方。在喀拉依拉伯依阿伯，从劳里喀威（Laulīkharwī）山口下来的溪流汇入了苏尔赫河。从那里再往下，谷底都特别开阔，非常好走，使我不由得想起了斯瓦特。当地人估计，喀拉木克和加木之间的河左岸共有 80 个村子，人口约 3 000 户，这似乎一点也不夸张。但有证据表明，人们还远没有完全开垦所有的可耕地，谷地的上游部分尤其如此。

根据我观察到的居民的民族特征，很容易找到这个现象的原因。据当地人说，两个世纪之前，一直到加木的整个喀拉特金谷地都是吉尔吉斯人占据的。但现在他们的属地到喀拉依拉伯依阿伯便终止了，让位于说波斯语的塔吉克人的居民点。喀拉特金本是伊朗的土地。从喀拉特金现在的名称以及当地的常见地名看，很久以前说突厥语的民族就占据了这里。吉尔吉斯人大概只是最后一批侵入的突厥人。有趣的是，现在从达尔瓦孜、泽拉夫尚谷地和西边的其他地方不断有塔吉克人移民到这里，把吉尔吉斯人又逐渐从这片土地上排挤了出去。

突厥人占据了喀拉特金

吉尔吉斯人仍遵循着半游牧生活的传统，夏天仍迁到牧场去，这使他们从土地上收获的农产品不如他们勤劳的塔吉克"邻居"那么多。塔吉克人于是找到机会，越来越多地买下吉尔吉斯人的土地。而吉尔吉斯人靠出售土地的钱又购进了更多的牲畜，他们常喜欢迁移到大阿赖谷地和北边的草原去，在那里他们就可以完全依照自己的传统方式生活了。这里的"和平收复土地"的过程也是有其历史意义的。这将有助于我们更好地理解，为什么过游牧生活的入侵者一次次把土地从古粟特地区的伊朗当地居民手里夺下来，伊朗居民却能在平原和低山地重新占有大份额的土地。① 而且，我在经过喀拉特金的时候得知，吉尔吉斯人常娶塔吉克妇女为妻。这又是另一个强有力的同化过程。通过这一过程，塔吉克本地人逐渐改变了他们的突厥族征服者的种族特性（虽然这并不能将突厥人完全同化过来）。

吉尔吉斯人被塔吉克人排挤出去

---

① 在喀拉特金，旧时代的统治者和后来达尔瓦孜继承他们的人们都支持这一过程。尽管他们自己不是伊朗血统，但他们发现，统治起驯顺的塔吉克人来，比与自己的土地联系不是很紧密的吉尔吉斯人和乌兹别克人更容易。

路过加木的商
人

我们经过了兰干依沙（Langar-i-shāh，那里曾是河左岸的中心地方）和其他掩隐在美丽的果园和树木中的大村子（图437），在10月10日来到了加木。那里是当时为布哈拉的埃米尔管理喀拉特金的米尔的驻所。我在达克瓦（Dādkhwāh）的大花园里受到了热情欢迎，并休整了一天。这一天时间里，我有机会看到在宁静而落后的西突厥斯坦地区，官方仍像中世纪一样讲究排场。我还得知了阿姆河以北的库拉伯（Kulāb）、巴珠宛（Baljuwān）、希萨尔等地区与科坎（Kōkand）、马尔吉兰进行的贸易（主要是马、羊和羊毛），喀拉特金仍是这些贸易的一条主要交通线。这种贸易走的路在加木上方沿谷地右侧朝上走。加木是两条交通线会合的地方，一条来自西南的希萨尔，另一条来自苏尔赫河的末端部分［瓦克什阿伯（Wakhsh-āb）］与阿姆河之间的地区。看来，加木似乎自古以来就是喀拉特金的一个重要地点。

沿苏尔赫走到
阿布依伽尔木

过了苏尔赫河与新伽伯谷地会合的地方，河谷大大变窄了。在离加木两天路程的距离之内，有很大一段河谷商旅是无法通行的。我们10月12—13日在去阿布依伽尔木（Āb-i-garm）的途中，经过了很多村庄，这些村庄大多数坐落在肥沃的侧谷中，或是在比苏尔赫河高不少的高原上。第二天行程快结束的时候，我们离开了主河谷。在那之前，我们从高处望到了漫长而蜿蜒的河谷，苏尔赫河就从这样的峡谷中穿过，之后在下游很远的地方（接近阿姆河平原）才流出峡谷。我们沿一条峡谷朝上走，来到了宽阔的阿布依伽尔木高原盆地（海拔约4 200英尺）。

　　在这里，我们算是到达了喀拉特金的最西端，也是古代丝绸之路的山区部分的末端（我们是在阿赖谷地中第一次追踪到古代丝绸之路的）。先前已经说过，托勒密说的"须密驮谷地"就是喀拉特金。① 现在我们只需简述一下提到这一地区的中国文献，这些文献证明喀拉特金的确就是须密驮。文献中最早的是玄奘说到"拘谜陀"的那部分。他曾提及他在公元630年朝印度去的时候，吐火罗包括哪些小国。关于"拘谜陀"的那段文字就出现在那里。② 玄奘本人并没有去过"拘谜陀"，但他说，"拘谜陀"在"珂咄罗"的东边。"拘谜陀国东西二千余里，南北二百余里，据大葱岭中。国大都城周二十余里。西南邻缚刍河，南接尸弃尼国。"这里说的相邻国家的方位，以及"拘谜陀"国的长度，都证明说的是喀拉特金。人们早已意识到了这一点。③ "珂咄罗"肯定就是早期阿拉伯地理学家说的"科塔勒"（Khottal），包括苏尔赫下游（即瓦克什阿伯）东边的地区，如巴珠宛（Baljuwān）、库拉伯（Kulāb）等。④ 而尸弃尼就是南边的舒

玄奘记述的
"拘谜陀"

---

①　参见本书第二十五章第二节。

②　参见朱利安《西域记》第一卷27页；沃特斯《玄奘》第一卷106页。

③　参见本书第二十五章第二节；另参见尤尔《皇家亚洲学杂志》97页以下，1873年。值得注意的是，人们之所以写的是达尔瓦孜，而不是喀拉特金，只是因为大家当时对这些地区的地理状况还不熟悉，还因为当时统治着喀拉特金的是达尔瓦孜的酋长。

　　第一个明确指出"拘谜陀"就是喀拉特金的，似乎是塞沃茨夫先生。参见沙畹《西突厥史料》164页注1。另参见托马斯克《粟特》47页以下，1877年。

④　参见马夸特《伊兰考》232页以下，尤其是那里关于伊恩·鲁斯塔的重要译文。那段文字正确描述了瓦克沙伯河（Wakhsh-āb），即苏尔克沙伯河的一段河道，即从卡鲁克突厥人的国土（喀什等），经过帕米尔地区、拉什特（Rāsht）和拘谜陀、普里桑金（Pul-i-sangīn）峡谷，到科塔勒的河道。

　　其他的早期阿拉伯地理学家说（见马夸特《伊兰考》236页），"拉什特"位于一条峡谷中，突厥人常通过那里侵入呼罗珊的最东段国土。看来，"拉什特"肯定是喀拉特金的最上游部分，那里的苏尔赫河在喀拉木克下游穿过了一系列峡谷。

格楠。①

《唐书》中的喀拉特金

　　《唐书》中有一些信息，可以作为玄奘的记载的有益补充。《唐书》在说到舒格楠和瓦罕的时候，中间有段文字："俱蜜者，治山中。在吐火罗东北，南临黑河。其王突厥延陀种。"（《新唐书》卷二二一下——译者）那里还说，俱蜜在尸弃尼（即识匿）西北 500 里。公元 642、719、742—755 年间，俱蜜国有使来朝。② 公元 658—659 年唐朝最终战胜了西突厥后，设立了行政管理机构。从那里我们得知，在俱蜜国的"褚瑟城"设立了"至拔"州都督府。但书中没有标明这座城的位置。③

喀拉特金和达尔瓦孜之间的关系

　　玄奘的记载和《唐书》恰好可以互相补充。在玄奘的文字中，充分体现了喀拉特金沿着苏尔赫河延伸的领土的长度。而《唐书》则说出了喀拉特金相对于舒格楠的方位，以及两个地区的主要地点之间的大致距离。我们应该考虑到，当时新伽伯和万吉小谷地可能受到喀拉特金的控制，正如 19 世纪初期喀拉特金受达尔瓦孜控制一样④，这样我们就可以理解为什么《唐书》中提供的距离是那样的了。

悟空经过喀拉特金

　　我还要提的是，悟空大约在公元 786 年从吐火罗斯坦来的时候，经过了"拘密支"，即喀拉特金，然后才到了"识匿"（舒格楠）。在这两个地点之间，还有一个"惹瑟知"地区，我不知道这个地方在哪里。⑤

---

　　① 它相对于阿姆河的方位没有说明。朱利安说是它在阿姆河的西南，沃特斯说它在阿姆河的东南。由于阿姆河拐了个弯，而且喀拉特金东西延伸了很远，所以从地图上看，这两个方向都是说得通的。

　　② 参见沙畹《西突厥史料》164 页。

　　③ 参见沙畹《西突厥史料》71 页注。

　　④ 参见尤尔《皇家亚洲学杂志》99 页，1873 年。那里引用了 *J.A.S.B.* 第三卷 373 页的话。

　　⑤ 参见西尔文·列维、沙畹合著的《悟空的行程》，《亚洲学杂志》362 页，1895 年 9—10 月。另参见本章第三节。

图 433　亚兹古拉密的阿木恩下游的阿姆河峡谷

图 434　从巴尔坦格河口上方沿着阿姆河谷看到的景象，阿姆河
　　　　下游流向喀拉依瓦玛尔

图 435　巴劳恩附近万级河上方的小道

图 436　在瓦基亚巴拉的达什特依布恩村休整

图 437　喀拉特金的叶尔克哈伯村的清真寺

图 438　希萨尔的法依孜阿巴德村（是个集市）

图 439　在阿利丘尔帕米尔的巴什拱拜孜做人类学测量的吉尔吉斯人

图 440　在瓦罕的瓦朗做人类学测量的瓦罕人

图 441　在努特做人类学测量的伊什卡什米人

图 442　在哈鲁克做人类学测量的舒格楠人

过了喀拉特金
之后的路

10 月 14 日，我从阿布依伽尔木（Āb-i-garm）出发，把从帕米尔地区下来的最后一条谷地也甩在身后了，其中包括我能仔细考察到的阿姆河流域的最西部地区。考虑到我在回到印度之前要到下一个目的地遥远的锡斯坦去，并且要在那里工作，时间是很紧的，这迫使我沿最近的路以最快的速度到撒马尔罕的穿越里海地区大铁路去。我们在九天里匆匆走了 270 英里，经过的都是人们比较熟悉的布哈拉山区，途中几乎没有机会进行细致考察。我是如此匆忙地穿过了古代粟特地区的重要部分，我对这些地区的描述只能是最简略的，无法在此探讨关于这些重要地区的历史地形学问题。

法依孜阿巴德
附近的牧场

前四天，我们走在阿姆河的支流苏克汉（Surkhān）河和卡菲尔尼汉（Kāfirnihān）河流域的开阔河谷平原，那里本是独立的小国希萨尔的属地。这块肥沃的地区对早期入侵粟特的人肯定特别有吸引力。我穿过阿布依伽尔木和法依孜阿巴德之间的分水岭的途中，一路经过了很多极好的牧场。这些牧场，以及从希萨尔山脉朝南延伸的那些谷地头部的牧场，都属于希萨尔的乌兹别克人。他们夏天的时候，赶着羊群和牛马群到这些牧场来。而且，谷地下游还有足够的雨雪可以从事农业。这些条件都特别适合过舒适的半游牧生活。因此，从中亚来的征服者（如月氏和他们后来的突厥人）肯定都特别看重希萨尔地区。这里和喀拉特金一样，塔吉克人的耕地在缓慢而持续地扩展，也进行着和平收复土地的过程。在分水岭附近的缓坡上，这些勤劳的伊朗居民的土地仅限于繁茂的牧场中间的小块开垦的耕地。而在谷地下游，比如繁华的村落集市法依孜阿巴德（图 438），相当一部分土地在很久以前就落入塔吉克人的手里了。有时他们是佃农，有时他们就是土地拥有者了。

我们在三天里都绕着一块肥沃的大平原的北边走，途经杜尚别（Dōshambe）、喀拉塔格（Kara-tāgh）和雷加尔（Rēgar）。平原上最富饶的可以进行灌溉的土地仍掌握在乌兹别克人手里，但民工却主要是塔吉克人。占统治地位的乌兹别克人生活方式很保守，仍然坚持着半游牧的传统。许多乌兹别克村民家的院子里都安着"喀帕"，即可携带的盖着毡子的芦苇屋，它们是在夏季牧场用过之后收回来的。乌兹别克人显然更愿意住在这些"喀帕"里，而不喜欢住周围那不坚固的泥屋。这与村子中塔吉克人居住的部分形成鲜明的对比，也与塔里木盆地的农业居民点截然不同（这里的自然条件和突厥语地名都让人想起塔里木盆地来）。

为了缩短路程，也为了看一看把希萨尔地区与西边的布哈拉平原隔开的那些山区，我选择的路从撒依珠依（Sar-i-jūi）出发，经过塔什库尔干到萨赫里萨布兹（Shahr-i-sabz）。这样我就没有看到很大一段古代大道。那段大道从阿姆河上的铁尔梅兹（Termez）出发，经过希拉巴德（Shirabad）和达尔班德（Darband），到达撒马尔罕、布哈拉等粟特古代城市去。玄奘穿过铁门山，走的就是这条路。穿过桑加尔达克（Sangardak）村（图450）下游的峡谷朝上走时，有些地方走得很困难。而且，远处的喀克忽什（Karkhush）很高（海拔约11 000英尺），并且已经有积雪了。所以，现在从希萨尔方向来的交通都沿着大路绕道，经过了巴依逊（Baisun）和达尔班德，一直到海拔约7 000英尺的美丽的山坡上都有很多树木。而且，过了山口后朝塔什库尔干村延伸下去的高原上也有丰富的牧草。这说明，尽管这里离布哈拉的干旱草原很近，但气候条件也是很宜人的。之后我们又越过了一座美丽的高原基那克（Kinnak），从阿姆河北边来的乌兹别克人常来这里放牧，他们被称为孔格拉德（Kongrad）。10 月 20 日，我们来到了萨赫里萨布兹城。它所在的那条灌溉条件良好的河谷是朝卡尔希（Karshi）延伸的。第二天，我乘车越过塔克塔卡拉查（Takhta-karacha）山口和俯瞰着泽拉夫尚谷地的那座宽阔高原，一路烟尘滚滚地来到了撒马尔罕。

在撒马尔罕停留

在山区艰难跋涉了三个月后，我的行李和器械都需要大修了。再加上有其他工作要做，我在这个繁忙的大城市里待了两天。自从我 1901 年来过之后，撒马尔罕属于俄国的部分看起来又大大地扩展了，比以前更像是一座东欧的城市。我以前曾探访过这里帖木儿（公元 1336—1405 年，帖木儿帝国创建者，兴起于撒马尔罕——译者）时代的纪念碑，我这次就查看了位于现在城东的阿夫拉西阿卜高原，那里布满了碎石丘。那就是粟特国的古都，也就是中国史书中说的"康国"或"萨末鞬"（Sa-mo-chien），亚历山大的历史学家称之为马拉坎达（Maracanda）。① 最近这些年，俄国政府似乎不准人在这巨大的碎石堆中挖掘古物。大概由于采取了这个正确的限制措施，当地商贩的店铺除几块陶像碎片外，再没有别的东西了。奇怪的是，这些碎片真有点像约特干出土的陶器碎片，而且要价极高。②

拜访布哈拉

10 月 25 日，我乘坐穿越里海铁路的火车来到了布哈拉。布哈拉是古代粟特国的另一个著名的中心城市，中国史书称之为安或布豁。1901 年我路过这里的时候，当局不许我到这座城市和哈纳特（Khanate，可汗统治区）的其他部分去。

① 关于阿夫拉西阿卜的优秀照片，见里克默斯《突厥斯坦的河间区》，图 22、57。
② 关于 1901 年获得的样品，见《古代和田》第二卷，图版 LXXXVIII。

现在，我在布哈拉短暂停留，并为我在布哈拉地区得到的所有帮助和关怀，亲自向埃米尔政府的代表库什伯克依（Khush-bēgī）表示最诚挚的谢意。在探访那个有历史意义的柜子（Ark）之前，我还得以在俄国的卡甘向舒勒加（Shulga）先生表示了真诚的感谢，我之所以受到这么热情的接待，就是他向俄国当局推荐了我的缘故。我在布哈拉待的时间虽然不长，却看到了标志着它中世纪辉煌的那些纪念物，也对自古以来大概就在西突厥斯坦这片主要的河终端绿洲中进行的繁忙贸易有了一点体会。10 月 28 日傍晚，我告别了布哈拉，也同时告别了粟特土地。当时我一点也没有想到，在随后的几年里，布哈拉的人民会遭受那么多苦难和挫折。

图 443　在帕古做人类学测量的洛山人

图 444　在喀拉依瓦玛尔做人类学测量的洛山人

图 445　在罗克哈做人类学测量的亚兹古拉密人

图 446　在罗克哈做人类学测量的达尔瓦孜人（来自万吉谷地）

图 448　瓦罕的什特克哈尔瓦下游的迪瓦达拉悬崖

图 447　从吉尔丹依卡夫塔下末时向东看到的冰川

图450 希萨尔的桑加尔达克上游的峡谷

图449 喀拉依瓦玛尔的明巴什依房子的古老的木雕门
（木雕窗见图版PL.LXVIII）

第二十七章　在呼罗珊东部

第一节　从阿什哈巴德到马什哈德

从阿什哈巴德
出发

　　10 月 29 日，我坐火车到达了外里海地区省（Trans-caspian Province）的首府阿什哈巴德（Askhābād）。由于俄国的边境管制在战争时期更严格了，我不能沿着一条更短也更有趣的路，即从杜沙克（Dūshak）经过卡拉提纳迪里（Kalāt-i-Nādirī）到马什哈德（Meshed）去（马什哈德是到锡斯坦去的第一站）。到了阿什哈巴德后的第二天，由于布哈拉领事馆的友好介绍，我得到了穿过边境的许可。阿什哈巴德有很多被战争赶到这里来的波兰农民，使人觉得似乎欧洲的东线战事离我们已经很近了。此外，这个重要的地点给人的感觉仿佛是印度西北边境的某个军事哨卡，而周围的环境又像是昆仑山或天山的光秃秃砾石缓坡脚下的某块小绿洲。10 月 31 日，我离开了阿什哈巴德。

到马什哈德去

　　阿弗拉兹·古尔押运着行李沿比较好走的路走。我则坐着一辆俄国轻便马车，穿过了边境上的那条山脉，并于当晚到达了波斯的边防站巴吉兰（Bājgirān）。在那里古昌（Kūchān）地区库尔德人的伊儿汗蒙古人（Ilkhānī，1256—1353 年，伊儿汗蒙古王朝统治着伊朗——译者）酋长给予我极为热情的接待，并骑马护送我。第二天，我坐车走了 50

多英里，穿过美丽如画的谷地，越过阿拉曼里克（Alamanlik）山口，来到了古昌城。之后我坐车走在烟尘滚滚的路上，穿过开阔的谷地，这些谷地是从阿特拉克（Atrak）河源头的那条很难分辨出来的分水岭两侧延伸下来的。两天之后，我于11月3日来到了马什哈德。

马什哈德是呼罗珊的故都。我在英国总领事沃尔瑟雷·海格（Wolseley Haig）上校那里受到了最热情的欢迎（如今他已是爵士）。因为要等行李，同时还要为将来的行程做准备，为此我在马什哈德停留了一个星期。沃尔瑟雷爵士是位杰出的学者型外交家。他和夫人在家里十分好客地接待了我，使我这一个星期过得极为愉快惬意。我在处理烦琐的官方账目方面，得到了领事馆的帮助。此外，沃尔瑟雷爵士还给了我特别好的忠告，告诉我在前面的行程中应采取什么样的安全措施。

在马什哈德停留

波斯的西部边境如今处于战争状态。而且，德国军队还打算从克尔曼（Kirmān）进入阿富汗，这给波斯—阿富汗边境附近的呼罗珊偏远地区造成了极为不安的局面。在这条边境线上，北边的俄国军队和南边的英国印度军队有几支特别分散的小分队，形成了一条脆弱的警戒线。这条警戒线根本无法制止大批从阿富汗方面来的劫匪侵扰从马什哈德到比尔詹德（Birjand）和锡斯坦的交通线。边境线两侧的地方大多是沙漠，这大大方便了他们的活动。在喀什的时候，帕西·塞克斯爵士劝告我，在从马什哈德到锡斯坦去的时候，选的路线要在一般人走的大路的东边，经过托尔巴特海达里耶（Turbat-i-Haidari）、卡伊恩（Kāin）和比尔詹德。这样走，一方面是经过的地方人们知道的比较少，另一方面是还能路过大概有考古学价值的几个地方。

沿波斯—阿富
汗边界走　　在马什哈德我得知，我计划走的这条路虽然离阿富汗边
境很近，但由于走的人少，所以我这一小队人马比较容易避
开不必要的注意，遇到不幸事件的风险也相对小些。我还发
现，有一小队哈扎拉（Hazāra，住在阿富汗中部山区的蒙古
血统民族——译者）民兵，是从居住在马什哈德东南的以前
的印度兵中征召的，准备到锡斯坦去服役。他们可以把我的
旅行笔记、照片资料和储备的金子安全地护送到锡斯坦去。
于是我就再没有什么顾虑，更一心要坚持原定的计划了。同
样令我高兴的是，从总领事馆军事参赞的地图资料来看，我
要走的这条路线还从未有人系统地考察过，因此，我们带着
平面仪器沿途进行测量，会对将来的人们有好处。

从马什哈德出
发到锡斯坦去　　在马什哈德停留的几天里，测量员阿弗拉兹·古尔以及
设营帐的人员与我会合了。而且电报中也传来了令我放心的
消息：我收集的那些文物已经安全到达临时存放地斯利那加
了。遗憾的是，我一直忙于整理已经拖后很久的账目和其他
案头工作，几乎没有时间看一看外面这个有趣的城市。但在
领事馆里以及它美丽的大花园中，我好像回到了某个欧洲乡
村别墅一样，在那里受到的所有善意关怀和帮助都使我十分
振奋。11 月 11 日，我动身到锡斯坦去。考虑到要走的路程
很远，而且当时波斯的局势十分紧张，我更加感激沃尔瑟
雷·海格爵士了，因为他采取了一切可能的措施来确保我能
迅速前进。我也不能不提一下那些强悍的赶骡子的波斯人和
他们的牲畜。他们使我总共用了 21 天的时间，其中没有一
天的耽搁，走过了 500 多英里长的路，而且大多数时候经过
的地方还都是荒山或沙漠。

第二节　经过波斯—阿富汗边界

　　我从马什哈德到锡斯坦共用了三个星期的时间，这使我对所经过的山区和谷地的自然状况、生活条件有了一个总体印象。这些山区和谷地是现在的呼罗珊的东部边境，北边是海里鲁德（Herī-rūd）地区，南边是一些内流沙漠洼地，波斯—阿富汗边境线就从这些洼地中穿过。但由于我只能走得特别快，所以对当地的地理和居民状况都没有进行仔细的考察。在大战后期，印度的考察队系统测量了这里的地面，在此我就没必要说这些地方的地貌特征了。从那以后，我也没有时间研究和这些地区的历史有关的资料。再加上写作的时间和本书的篇幅都有限，所以在记录这段路程的时候，我只限于说一下我们走的是什么路线，并简短描述一下我在路过的时候，注意到了什么有考古学和民族学价值的东西。

　　走了两天后，我来到了法里曼（Farīmān），它位于从马什哈德到赫拉特（Herāt）的主干道上。中途我们在桑巴斯特（Sang-bast）村停留了一下，这使我有机会探访了附近的古城遗址。据说这座古城是阿亚孜（Ayāz）建的，他是加兹尼的马哈穆德（Mahmūd）的一位"瓦齐"（伊斯兰国家的高级行政官员——译者）。那里仍矗立着的建筑遗存只有坚固的圆顶建筑和高塔，塔上有雕刻精美的花砖装饰。据说这两个建筑都是阿亚孜建的，因此，它们就称得上是波斯现存最早的伊斯兰建筑了。研究近东艺术的学者迪埃孜（Diez）博士曾经仔细研究并描述过这些有趣的遗址[1]，所以在此我只是提一下罢了。

---

　　① 参见迪埃孜《呼罗珊建筑遗迹》52 页以下，1918 年。

在去法里曼的途中和过了法里曼之后的很多地方我们都容易看出，在俄国占领里海地区之前，居住在呼罗珊这部分地区的爱好和平的波斯农民，由于北边土库曼人抢劫奴隶的活动和劫掠，遭受了长期的苦难。这里肥沃的可耕地虽然大部分不需要灌溉，却只有一小部分被实际耕种了。另一方面，村子里和田野中仍矗立着很多座塔。这些现象都反映出以前那些劫掠的影响。从前，当席卷山区和谷地的土库曼人突然出现时，人们匆忙之中就躲到塔里。在法里曼，一个叫米尔·穆罕默德（Mīr Muhammad）的年老的台克土库曼人（Tekke Turkomān），在领事馆的命令下加入了我们的队伍，陪我们走了两天（图 469）。我满怀兴趣地欢迎了这个人，他可以说是那个劫掠时代的一个具有历史价值的"遗物"。1885 年的潘加德赫（Panjdeh）之战后，他和 20 多个本部落的人追随了英国，离开了后来成为俄国领土的那个地方。他和这些流放者中的其他六人如今被雇作信差，每周从赫拉特给领事馆取信件，这些信件是从杰曼（Chaman，在现在的巴基斯坦——译者）那个印度铁路的起点经过阿富汗领土到马什哈德的。他年轻的时候曾多次参与过劫掠活动，很乐意谈起他帮着扛走的一个个奴隶，以及在这些活动之前的长期夜行军。

我从他那里得知了这些劫掠的细节，这才知道为什么劫掠者走了那么远的路，为什么他们的行动总是很秘密（他们的成功就有赖于此）。他们得穿过边境线上的那个山区。由于山区临近土库曼人的牧场，是毫无人烟的，所以这些劫掠小队给自己的人马带的口粮只够维持三四天。之后，他们从事先定好的波斯村子那里获得物资。这些村子的居民如果答应保守秘密（突袭是成功的基本条件），就可以幸免于难。

有了这样周密的计划，再加上土库曼人的马跑得特别快，特别有耐力，使他们完成了很多"壮举"。在一次著名的劫掠中，他们一直来到了南边的锡斯坦，劫走了很多战利品。有趣的是，米尔·穆罕默德有一种不露声色的优越感，说明他很自豪自己所属的是几百年来伊朗人谈虎色变的一个部落。同时他的五官很俊美，完全没有蒙古人的特征。这表明整个土库曼种族中都已经掺杂了伊朗人的血统，西亚的许多其他突厥族入侵者都是这样。在这位令人愉快的土库曼人的陪伴下，我意识到波斯史诗传统中的图拉尼亚人（Turanians）和拜火教典籍中的图尔亚人（Tūiryas），很可能和耕种着伊朗肥沃绿洲的那些"邻居"是同一血统，说的是同一种语言，而伊朗人却世代把他们看作敌人。

哈扎拉人和俾路支人的半游牧生活

之后的两天中，我经过骷髅塔（Kalla-mīnār, the tower of skulls）山口，穿过了南边的山脉。这条山脉的两坡分别被哈扎拉蒙古人和俾路支人（Balūch）占据着。他们仍过着半游牧的生活。从他们的生活方式上可以看出，波斯过着定居生活的农民，一次次缓慢地同化了本来过着游牧生活的入侵者。我们穿过了巴哈尔兹（Bakhārz）大谷地，从南面的山脉中有不少水流进这个大谷地中。11 月 15 日，我们经过了西玛塔巴德（Himmatābād）、喀拉伊瑙（Kala-i-nau）、阿伯尼亚（Abnia）等村子，它们都掩隐在果园中，比我们在去锡斯坦的途中看到的任何村了都吸引人。

到鲁伊哈夫和哈吉尔德

与此形成强烈对比的，是这条山脉的南坡。我们在 11 月 17 日来到了南坡上荒凉的鲁伊哈夫（Rūi-khāf）城。它破败的泥围墙里面已经被废弃，奇怪地使人想起穿过疏勒河河谷大道沿线的废"城"。鲁伊哈夫这条小河流入了那些宽阔的沙漠洼地中最北边的那个。这些洼地中有盐湖或沼泽，南北连成一线，将呼罗珊的山区和高原与东边阿富汗高原的脚下分隔开来。在鲁伊哈夫，我满以为今后几天肯定要连续穿过荒凉的地区。然而仅走了 3 英里后，我们就来到了小绿洲哈吉尔德（Khargird），这真使我又惊又喜。在那里的一座古代堡垒和几座圆顶泥屋（就是村子）附近，矗立着一座美丽的马德拉什（Madrasah，意为学校——译者）。这是提木里德·沙·鲁克王（Timuride Shāh Rukh）在公元 1444 年建的。这座建筑比例很匀称，是一个优雅的四边形（图 453），周围是两层带圆顶的房屋。大门带拱顶，朝东。撒马尔罕和布哈拉建于这一时期的很多大学中的建筑都是这样的布局。迪埃孜博士在战前几年就详细研究了这个遗址[1]，当时这个遗址最引人注目的地方，即是正面装饰着的精美的彩色瓷砖和正对着方形庭院的墙受到的破坏还比较小。所以这方面我就不多说了。

沙鲁克王的马德拉什遗址　　大多数地方的土坯烧得很硬，质量极好，经受住了时间的考验。瓷砖保存得也很好，它们拼成优美的植物图案或蔓藤花饰，色彩和谐，盖住了大部分墙面。但不幸的是，这种美丽的装饰也吸引了那些想要迎合西方人贪婪口味的人的注意。由于土坯特别硬，而嵌在土坯上的瓷砖特别脆，所以那些人在剥下一部分墙面装饰的时候，必然造成了很大的破坏。我发现方形庭院里的地面上，全都是散落的土坯碎片，碎片上仍保留着色彩鲜艳的釉质。我们拾起来的碎片样品的照片刊在图版 XVIII（据本书英文版"补遗和勘误"应为"图版 CXVIII"，另见附录 D——译者）等中了。当地人说大部分损坏，都是驻扎在巴拉巴德（Barābād）村，以及俄

---

[1]　参见迪埃孜《呼罗珊建筑遗迹》70 页以下，1918 年。

国与阿富汗边境线上其他地方的哥萨克军官让自己的手下人干的。高高的拱形大门两侧矗立着两个圆顶大厅，它们的墙上和龛中装饰着富丽的彩绘泥塑（图 470）。这里淡蓝色或镀金的精美植物图案处理成浅浮雕，受到的破坏比较少。以寸草不生的小山为背景，旁边是一片小绿洲，这座色彩绚丽的高贵建筑似乎集中体现了波斯艺术和文化的最优秀特征。遗憾的是，由于时间紧迫，我没能探访西南方 24 英里外的祖赞（Zūzan）村，那里的遗址是沙·鲁克王的又一个马德拉什。

我们从鲁伊哈夫开始就进入了一个地带，这个地带的农业几乎完全依靠坎儿井来灌溉。我们在进入纳马克萨尔盆地（Namak-sar basin）的途中，经过了巴拉巴德和桑甘（Sangān）这两个美丽的村子。从这两个村子中我们可以看出，波斯农民凭着自己的勤劳，依靠坎儿井，在干旱的荒野中取得了怎样的业绩。这两个地方的一片醒目特征就是美丽的柏树林。这些柏树是人们精心栽种的，以抵挡住从东北方刮来的大风，否则大风就会毁坏庄稼和其他植被。现在这里的风之所以是这个风向，并且这样猛烈，是由这片低洼的沙漠盆地中的对流作用引起的。大风、光秃秃的砾石平原、极少的发咸的地表水，这些都使我不由得回忆起罗布泊南边荒凉的缓坡。*接近纳马克萨尔盆地*

这个环境中同样也有被废弃的遗址。当我们接近破败的小堡垒木吉纳巴德（Mujnābād）周围那些简陋的小泥屋时，经过了一片碎石区，像常见的塔提那种类型，延伸了约 0.5 英里。当晚我们就在那里宿营。根据从当地人那里获得的信息，这个遗址本是一座"古城"，一直沿用到沙·阿巴斯王（Shāh Abbas）的时候。我们在这里拾到了几块上釉的陶器*木吉纳巴德附近的遗址*

碎片［图版 XVIII（据本书英文版"补遗和勘误"应为"图版 CXVIII"）——译者］和带装饰的青铜碎片，这些遗物都完全与当地人说的年代相符。① 据说这个地方以前叫马尼加巴德（Manijābād），是以阿夫拉西阿卜的一个女儿命名的。

在巴姆鲁德停留

11 月 20 日，我们走了 35 英里路，越过纳马克萨尔盆地边上的一条光秃秃的低矮山脉，来到了巴姆鲁德（Bamrūd）。我们一路上没有遇到人家，只在一个地方看到了牧人们偶尔使用的水井。巴姆鲁德小村坐落在一条荒凉的宽谷中，谷地朝东汇入另一片洼地。那片洼地中在阿富汗边境附近有一片

---

① **Muj.01 陶器碎片**。出自碗底，可以看到凸圆的圈足。里面上了铜绿色的釉，并稍微刻画了环形线。碗底里面有一朵小花，花瓣是黑色实心的，呈弧形，仿佛旋涡一样。各花瓣分开得很远。直径 3 英寸，高 1 英寸。图版 CXVIII。

Muj.02 陶器碎片。出自碗底，可以看到粗大的圈足。里面上了白色釉，釉上绘有环带状图案，图案的轮廓线是灰色的，还用了一点亮丽的蓝绿色和灰蓝色。$3\frac{1}{4}$ 英寸 $\times 2\frac{1}{4}$ 英寸 $\times \frac{3}{8}$ 英寸。

Muj.03 石质器皿残件。出自器皿的口沿和侧壁。口沿朝前的平平的地方装饰着交叉线。口沿之下有 $\frac{1}{8}$ 英寸宽的地方朝里收。从这个凹陷的地方开始，侧壁逐渐朝外鼓出。$2\frac{1}{2}$ 英寸 $\times 1\frac{1}{2}$ 英寸。

Muj.04、05、06、08 陶器碎片。上了釉。04 出自碗的口沿。里面、口沿以及外面一直到口沿之下 $\frac{1}{4}$ 英寸的地方都是绿松石色，但釉已经变成了黄色。05+06 出自里面的绿松石釉，绘有浓黑色的环线和方块图案。08 出自器皿的口沿，正反面都上了绿松石色釉，里面的釉已经变得斑驳了。里面有轮廓清晰的黑色图案。08 最大，$1\frac{1}{8}$ 英寸 $\times 1\frac{1}{16}$ 英寸。图版 CXVIII。

Muj.09、010、011 青铜。09 为瓶状物。腹部鼓起，上下是喇叭状的突出部。顶部那个面上有一条宽宽的横向裂缝。底下是完全敞开的。环绕着腹部有一个条带，刻着库法文字（Kufic，早期穆斯林用来抄写《古兰经》的字体，字形有棱角——译者），字母的背景是植物。用圆圈把背景划成四个部分，每个部分中央都用双线画着一个小圆圈。瓶身上有一条刻线，腹部底下相应地也有一条刻线。在底下那个"喇叭"的边附近，刻着一行扭索饰。高 $3\frac{1}{8}$ 英寸，直径 2 英寸。

010 为以中轴线对称的"栏杆"状物。由球形和圆锥形构成，三条突起的环形部分把球和圆锥隔开，顶上和底下也有这样的脊状突起。圆锥上方折断了，另一端是平的。整个看起来像是一个当代的印戳。$1\frac{7}{8}$ 英寸 $\times \frac{5}{8}$ 英寸。

011 为孔雀状的尖饰，冠顶是带尖的，朝前伸，尾巴分成三个尖并稍微朝两侧伸展。底下有一根短粗的圆铤，以便插入其他部分（这一部分已缺失）。2 英寸 $\times 1\frac{5}{8}$ 英寸。图版 CXVI。

咸水沼泽。从阿富汗方向来的强盗经常走穿过那片洼地的路，巴姆鲁德却一直能安然无恙。人们怀疑巴姆鲁德给阿富汗强盗们提供了一个方便的物资供应站，这种猜测也不是全无根据的。最近有一伙人在卡伊恩和托尔巴特海达里耶之间的大道上抢劫了一支大驼队，据说这伙人正在回去的路上。根据当地人的建议，我们在这个安全的地方休整了一天。

塔巴斯谷地

之后我们朝正南方走了两天，穿过阿辛加恩（Āhingarān）和古莫（Gūmeh），来到了盖兹克（Gezik）宽谷地。在穿越的山脉北坡上，我们路过了三个小村子，其中古莫村居民的相貌和语言像阿拉伯人。这使我想到，我所钟爱的中亚土地这下真的在我们身后了。从人口比较多的盖兹克村出发后，我们在 11 月 24 日来到了宽阔的高原谷地塔巴斯依马泽纳（Tabbas-i-Mazena）。这片谷地的自然特点和考古学价值比较值得注意。谷地十分开阔，看起来够荒凉的。无论谷地上流有什么水，早在谷地汇入第三片沙漠洼地［名叫大石提瑙麦德（Dasht-i-Nāumēd）］之前，水就消失在覆盖着土和砾石的大准平原上了（准平原两侧是光秃秃的小山脉）。但以前广泛采用的坎儿井灌溉体系肯定可以维持大面积的农业，比现在塔巴斯地区 400 多户人家耕种的田地面积要大得多。

塔巴斯依马泽
纳古城

那座很大的带围墙的古城（图 451）就证明了这一点。它周围有很多破败的民居遗址，说明这座古城以前只是一个大得多的居民点的核心部分罢了。从考古学角度来看，围墙里面那一层又一层带圆顶的土坯小建筑的确能给人不少启发。底层"房间"大概以前某个时候曾被当作马厩，里面垃圾一直堆到圆屋顶。这些垃圾大概是从上面房间地板上的大洞掉下来的，把底下的屋子变成了"垃圾箱"。在很多地方，上层的房间也发生了同一现象，于是人们在顶上又盖上房间。这个遗址是一个很好的例证，它告诉我，我 1907 年在米兰公元 8—9 世纪的吐蕃戍堡拥挤的营房中挖掘的那些垃圾堆是怎样慢慢积累起来的。[①] 显然，那里的人们也发现，在顶上新盖泥屋子比清理越来越多的垃圾更容易。

胡鲁马克附近的碎石区域

这座城如今大部分地方都已经被废弃了。离开它后，我们沿着去达斯特吉尔德（Dast-gird）的路走。在 5 英里多的距离内，我们经过的是一块块精耕细作的农田和光秃秃的砾石高原交替出现的地方，还有被废弃的不太古老的村庄遗址。在胡鲁马克（Khurumak）村西边，我看到了一块塔提的碎石区域，足有 0.5 英里见方，看起来比那些村子要古老得多。南边另一个村子中的居民把它叫作萨赫里劳坎（Shahr-i-Raukān）。人们说在这里曾偶尔发现过文物。但除了大量有釉和装饰的陶器碎片，我没有发现别的遗物。下文就是这些碎片的样品，其中有些的照片收在图版 XV、XVIII 中。它们似乎表明这个遗址沿用到了中世纪后期。值得注意的是，安德鲁斯先生指出，有些碎片（Khu.07、016、027、031）属中国制造的陶器。如果能确定这些碎片的大体年代，就可能会有助于我们判断多数当地陶器的年代。

为什么农田很有限

当晚，这个地区的老"奈伯"（Naib）穆罕默德·玉素甫·汗（Muhammad Yūsūf Khān）在他城堡般的大宅院中十分热情地接待了我。关于为什么塔巴斯如此荒芜，他说不出个所以然来。据说，现在人们用的 12 个坎儿井中的水足够灌溉如今耕作的农田了。只要有钱，就很容易修建更多的坎儿井。这个地区的不安定状态使人们无法筹集到必需的资金，而由于以前土库曼人时常劫掠，人口一直难以增长，所以还没有什么压力使人们想建坎儿井。

---

① 参见《西域考古图记》第一卷 459 页以下。

图 451　从南方看到的塔巴斯依马泽纳城

图 452　科赫依哈贾附近的萨亚德人的芦苇屋

图 453　哈吉尔德附近的马德拉什遗址庭院的西北角

图454 在奈扎扎附近做人类学测量的萨亚德德渔民

在塔巴斯胡鲁马克附近的碎石区域收集到的遗物

注：除 056 外，所有碎片都上了釉。陶胎的颜色从浅土红色到淡黄色或白色不等，装饰的颜色有蓝色、绿色和黑色，釉从白色到蓝绿色不等。其中某些碎片大概是中国产的，027、031 是真正的中国瓷器。

Khu.01、03、04、05、06、08、015、017、018、019 ~ 025、028、030、032、036、037、041、047~049、052　蓝色和白色陶器碎片。陶胎浅黄色。釉是颗粒状，淡蓝色、发绿的白色和深浅不同的象牙白色，大多数釉已经开裂，但仍紧附在陶胎上。画上去的装饰物是深浅不同的蓝色，从深海蓝色到暗灰蓝色不等，轮廓线都是深灰色。图案都已经破碎不全，大多数是植物。波斯—中国风格。在适宜的地方，比如口沿外、足或肩上有环形线。

024+036 的釉稍微有光泽。所有的碎片质量都比较好。024 最大，$4\frac{1}{4}$ 英寸×$1\frac{3}{4}$英寸。图版 CXVIII。

Khu.02　青铜圆盘。边沿呈扇贝状。直径 $\frac{1}{2}$ 英寸。图版 CXVI。

Khu.07、016　2 块陶碗（？）的口沿碎片。陶胎质地像搪瓷，白色，表面上了薄薄的白色釉。边沿稍微呈扇贝状。画有蓝色图案，轮廓线是黑色细线。里面画的是植物旋涡饰，图案的边是白色，蓝地，旋涡饰外还有几条较淡的蓝色带子。底下是无花纹的白色，外面是一条宽宽的边，边里面是龙和云。底下还有图案。大概产自中国。$2\frac{3}{4}$ 英寸 × $1\frac{1}{2}$ 英寸 × $\frac{1}{8}$ 英寸。图版 CXVIII。

Khu.026、050、053　陶器皿的碎片。026 的陶胎是淡土红色。外面是较浅的泥釉，泥釉外没有上釉；里面是橄榄绿色釉。050 的陶胎是暗黄色，里面隐约有发绿的釉，外面是厚厚的深绿松石色釉，由于饱经风霜，釉已经变暗了。053 是某个器皿的一部分直沿，像 026 一样里外上了不一样的釉，沿的边上没有上釉。平均尺寸 $1\frac{1}{8}$ 英寸 $\times \frac{7}{8}$ 英寸 $\times \frac{1}{8}$ 英寸。

Khu.027 陶器皿的口沿残件。陶胎白色，质地像瓷器。釉薄而硬，淡蓝色。里面和外面都用精美的蓝色绘着图案。两面的口沿下方 $\frac{1}{4}$ 英寸处各有一条环形细线，还有植物图案的痕迹。植物图案是蓝色，轮廓线是更深的蓝色。大概产自中国。$1\frac{3}{8}$ 英寸 $\times 1\frac{1}{8}$ 英寸。最厚 $\frac{1}{8}$ 英寸。

Khu.029 陶器皿的侧壁残件。陶胎暗黄色，颗粒粗糙，里面是无花纹的白色釉，外面是精美的蓝色釉。两面的釉大概都上在白色薄泥釉上。可能由于时间关系，表面的釉变得极薄。$2\frac{1}{4}$ 英寸 $\times 1\frac{1}{8}$ 英寸 $\times \frac{3}{16}$ 英寸。

Khu.031 陶器皿的口沿残件。特别薄，口沿极不明显地朝外折。外面绘有淡蓝色图案，里面绘有更深的蓝色图案。绘的是一个穿长袍（？）的中国人，立姿。下半部分已经变色。中国陶瓷。长 $1\frac{1}{4}$ 英寸，宽 $\frac{3}{4}$ 英寸，最厚 $\frac{1}{8}$ 英寸。

Khu.033、034、035、038、042、043 上了釉的陶器碎片。都是同一类型。陶胎淡土红色，颗粒较多。里面上了白色泥釉，白色泥釉外面又上了黑色泥釉。图案是刻出来的，穿透了黑色泥釉，到达白色泥釉，有的还穿透了白色泥釉。之后，整块碎片里面都上了半透明的淡绿色釉（042 的釉是深蓝绿色）。

034、038 是一个浅碟子（？）的一部分口沿和侧壁，外面也上了釉，但边沿上的釉被抹掉了，以防止在烧的时候粘连住（中国人在烧陶瓷时也这样做）。图案中有旋涡饰和植物卷须，刻画得很洒脱。图案不完整，无法看清布局。

033、043 陶胎颜色更深，也更粗糙。外面没有上釉，但也有类似的旋涡饰图案和更宽的扇贝状带子。033 最大，$2\frac{3}{8}$ 英寸×$2\frac{3}{4}$ 英寸×$\frac{3}{8}$ 英寸。图版 CXVIII。

Khu.039、040　陶碗碎片。陶胎暗黄色，颗粒较多。里外都先上了薄薄的白色泥釉，又在泥釉外上了淡蓝绿色釉。两块残片都出自碗的直沿。里外的口沿下方 $\frac{3}{16}$ 英寸处各有一条黑色环形线。在里面的环线下，用粗的黑色轮廓线绘着一行直边的有三个尖的花瓣，花瓣碰到了环线。再往下又用蓝绿色细线绘了一行类似的花瓣，每个蓝绿色花瓣中心的那个点正好落在相邻黑色花瓣之间的空白处。产自波斯（？）。釉细致坚硬，黑色颜料特别细腻。较大的一片为 $2\frac{3}{8}$ 英寸×$1\frac{1}{2}$ 英寸×$\frac{1}{4}$ 英寸。图版 CXVIII。

Khu.044　陶碗的口沿（？）碎片。陶胎淡土红色，颗粒较多。两面都先上了薄薄的白色泥釉，之后再上了釉，釉外面绘着绿色和黑色图案。边上绘着一条带子，带子中是很多互相交叉成直角的鲜艳的蓝绿色线，构成了一系列正方形。绿色是半透明的，渗透到了无色的釉中。又用黑色粗线绘了第二组正方形，绿色正方形的角处于黑色正方形的中心。边的里侧和外侧是黑色带子。碎片外面有用黑线勾勒的图案的痕迹。宽 $1\frac{5}{8}$ 英寸，长 $\frac{1}{2}$ 英寸，厚 $\frac{5}{16}$ 英寸。图版 CXVIII。

Khu.045、046、051、054　陶器碎片。陶胎淡土红色。里面上了监绿色釉，外面也有釉的残迹。图案黑色，是环线和模式化的植物。051、054 大概是碗的无花纹的口沿，釉比其他两块碎片颜色深。几块残片上的釉都附着得不好。045 最大，$1\frac{1}{2}$ 英寸×$1\frac{3}{16}$ 英寸。图版 CXVIII。

Khu.047　陶碗残件。与 045 属于同一类型，但釉是暗灰色，图案是暗钴蓝色。$1\frac{1}{8}$ 英寸 × $1\frac{3}{4}$ 英寸。

Khu.050　陶器碎片。朝两边弯曲。陶胎粉黄色，颗粒较多。外面上的是细腻的绿松石色釉，由于时间关系，釉已经变暗。里面也有一层薄薄的同种釉的痕迹。$1\frac{1}{8}$ 英寸 × $\frac{5}{8}$ 英寸。

Khu.053　陶碗残件。口沿和一部分侧壁。陶胎淡土红色，颗粒较多。两面都上了灰色釉，外面的釉上得不太均匀。$\frac{3}{4}$ 英寸 × $1\frac{1}{4}$ 英寸。

Khu.055　陶器碎片。出自器皿（碗？）的侧壁。陶胎土红色，颗粒较多。里面上了白色釉，绘有钴蓝色图案，图案包括一对环线和植物（？）图案。外面有白色釉的痕迹。$1\frac{3}{8}$ 英寸 × $1\frac{1}{4}$ 英寸。

Khu.056　陶器碎片。陶胎土红色，一条边上有一条明显突起的带子，底下是浮雕的棕榈叶图案。没有釉保留下来，很破旧。$1\frac{1}{2}$ 英寸 × $1\frac{1}{4}$ 英寸。图版 CXV。

Khu.057～059　玻璃碎片。淡绿色。057、059 已经氧化，后者有金属光泽。057 最大，$1\frac{1}{8}$ 英寸 × $\frac{3}{4}$ 英寸。

第三节　进入赫尔曼德盆地

从达斯特吉尔德穿过山区到杜鲁赫

　　达斯特吉尔德的地下水和盖兹克谷地一样，都流进了同一片沙漠洼地。我们从达斯特吉尔德轻松地走了两天后，来到了杜鲁赫（Duruh）绿洲。它坐落在一个大盆地的最西北端，赫尔曼德（Helmand）河的尾闾就注入了这个大盆地。

这两天我们没有走那条通常走的车马道，而是沿一条更直的
路线走。这条路线是沿着一条破碎的山脉顶上延伸的，小山
脉把杜鲁赫谷地同朝阿富汗边境倾斜下去的那条宽沟分隔开
来。我们在这些石山中看到了很少几块牧人耕种的小田地，
它们完全依靠泉水（灌溉）。尽管这一带的海拔近 6 000 英
尺，却无法仅仅依靠雨雪进行耕作。这说明我们接近的地区
气候十分干旱。

杜鲁赫村有 300 多户人家，坐落在一座陡峭的圆锥形山
下，山顶上有一座小堡垒遗址。在这条宽阔而荒凉的谷地
中，杜鲁赫村是一片令人愉悦的小绿洲。11 月 27 日，我从
杜鲁赫村出发，去探访了加拉科（Ghāla-kōh）这座山区堡
垒。我是从达斯特吉尔德的"奈伯"那里第一次听说它的。
我发现它的确是一个特别有趣的古老遗址。我们的营地在绿
洲南端附近，海拔约 4 000 英尺。从那里出发后朝东南走，
沿着覆盖着灌木的砾石缓坡朝上走 5.5 英里，就来到了加拉
科这座孤立的高峰脚下。在我们前一天的行程中，它都像一
个路标似的，极为醒目。被侵蚀得厉害的山坡经过一条峡谷
朝南倾斜。我们沿着峡谷上方的一条陡峭的石径朝上攀登，
走了约 0.5 英里后，来到了山西北方石壁下的一口小泉。那
里的海拔约 4 800 英尺。从那往上之后，由于坡比较陡，坡
上还疏松地覆盖着成堆的砾石，所以攀登起来很困难。从附
图 51 可以看出，我们的路从那里延伸到崎岖峰顶的北端。
在比小泉高 400 英尺的一个地点，我们的向导（一个熟悉本
地地形的老牧人）第一次把一条带围墙的马道指给我们看，
这条马道一度延伸到山顶上。再往高处走的时候，我们多次
遇到了弄得很平整的地面，那条马道就经过了这些平地。有
几处地方，路外侧的护墙仍有约 8 英尺高。

加拉科堡垒遗
址

接近山顶　　　　　　这条马道使我想起了越过马拉根德（Malakand，在巴基斯坦——译者）和其他山口进入斯瓦特谷地的佛教徒之路（Buddhist roads）。在海拔约 5 800 英尺的地方，这条马道通到了山顶朝北延伸的地方上的一级窄台阶。在那里我们路过了一个约 8 英尺宽的小水塘，水塘是从红砂岩上挖出来的。从这里开始，路呈之字形延伸，经过陡峭的悬崖，来到了石峰顶上，之后一直延伸到了三角形山顶北端的楔形部分。在最后这段路上，山坡上散布着很多疏松的石头，它们是一堵已经坍毁的厚墙的残余部分。空盒气压表的读数显示，山顶的最高处海拔约 6 200 英尺。在山顶上我们发现了三组建筑遗址（附图 51）。

加拉科的建筑　　　　　　这些建筑遗存都由小屋子构成，屋子都是呈四边形。屋
遗存　　　　子都是用粗糙的石头垒成的，石头嵌在水泥一般坚硬的灰泥中。保存得最好的部分，是区域 i 西角附近的一组住房。那里有很多屋子，从 11 英尺见方到 12 英尺见方不等。屋子围成的院落中间有一个开凿在石头上的大水塘。这里东侧和北侧的外墙完好，比现在的地面高出约 5 英尺。在墙上可以看到细心码放整齐的石头，每一层高 1 英尺 8 英寸，每两层之间有一层 2 英寸厚的硬灰泥。墙厚 1 英尺 8 英寸。在这个庭院里和其他地方，我们发现碎石中有很多烧硬的土坯，有 8~9 英寸见方，2 英寸厚。它们大概本是用来收集雨水，并把雨水引到水塘中去的。水塘呈椭圆形，长轴约 18 英尺，短轴约 12 英尺。它的侧面原来有一层石头，石头外又是一层硬灰泥。现在水塘不足 7 英尺深，里面堆积了碎石，显然原来还要深。在其他两个地方（ii、iii）我们还发现了较小的水塘。山顶南部有一排房屋（iv）保存得很不好，不太容易辨认出来，大概是它们底下的山坡很陡的缘故。在最高点上可以分辨出一座方塔（v）的地基。从高地般的山顶有一条

小谷朝东北延伸，谷底有一个凹陷处（vi），长21英尺，宽15英尺，是在石头上开凿出来的，大概是贮水的"水池"，但它的侧面没有石头外壳，可见它大概没有完工，尚未投入使用。

山顶的四面都是极陡的悬崖，这使加拉科天然就是一个很容易防守的险要地方。但人们很难到山顶上去，而且在那里发现的陶器碎片也比较少，这些都说明它大概只是一个临时的栖身之地，而不是一个永久住人的地方。在上文说到"扎木尔伊阿提什巴拉斯特"时，我也作出了这样的评论。[1]陶器碎片是红陶，都没有花纹，无法判断出年代来。据我所知，人们也没有发现任何能提供年代线索的东西。但当地人认为这个遗址十分古老，说它就是《王书》（*Shāhnāma*）写的关于鲁斯塔木的故事中的斯盘德科（Sipand-kōh）。[2]我无法判断这个说法是否正确。墙体十分坚固，却朽坏得很厉害，由此看来遗址似乎十分古老。这些贫瘠的山区东边与一条广大的沙漠地带相邻，在这样的地方，雨水十分稀少。即便降雨很频繁，要把这么坚固的水泥般的建筑变成一堆堆碎石，也需要很长的时间。

加拉科山顶的视野很开阔。我们可以眺望到孤立的峰岭，这是那条从西北朝东南延伸的山脉瓦解而成的。我们还能望到一些被侵蚀得很厉害的山坡，山坡上的小山已经变成了光秃秃的起伏的准平原。一层尘沙遮住了东边的古代得兰吉亚纳（Drangiana）平原。我在昆仑山脚下和俯瞰着喀什、沙车的山脉上，曾多次见过这样的尘沙。我的牧人向导告诉我，如果空气明净一些，朝东能望到赫尔曼德河终端潟湖最

> 堡垒很古老

> 从山脉望到的景象

---

[1]　参见本书第二十六章第一节。

[2]　参见诺勒得克《伊朗语言学基础》（*Grundriss der iran. Philologie*）第二卷168页。那里提到了《阿维斯陀》中的山名"斯盘达塔"（Spentôdâta，Yt.xix.6）。

靠西的两条支流，即哈鲁特（Harūt）河和法拉（Farah）河。它们的古代名字是 Hʸarenaṅuhaiti 和 Fradatha，也就是普林尼书中的 Pharnacotis 和 [O] Phrados。我还是学生时在《阿维斯陀》（*Avesta*）一书中第一次发现这两条河的古代名称。[①] 既然在命运的安排下我无法进入阿富汗，那么能离很久以前就吸引着我的这个地方这么近，我已经很满足了。在灰色尘沙的遮盖下，整个场景看起来特别荒凉。但据说如果春天雨水充足，那些光秃秃的山坡上有一小段时间是有丰富的牧草的。向导告诉我，在加拉科山顶上，冬天有两三个星期的时间有积雪。

下到锡斯坦盆地　　11 月 28 日，我们继续朝锡斯坦走，两天中走了 65 英里，来到了班丹（Bandān）。在那里，我们发现了从比尔詹德来的大道。这两天穿过的地方都是沙漠。但有一段地方，路离开了杜鲁赫下游的宽阔平坦的谷地，攀升过一道砾石缓坡，下到了一座高原上，高原上有哈贾依都恰汉（Khwāja-i-dū-chāhān）水井。在到达水井之前，我注意到有一大块被晒得很硬的黏土平地，上面还有浅水渠的痕迹。看来，当春天的雨水特别充足，河水泛滥到这个地区并渗透下去的时候，人们偶尔在小块地方进行耕种。沙雅下游的塔里木河的河边地带，也正是以这种方式在河水泛滥到的地方偶尔耕种土地的。[②] 从都恰汗水井开始，道路沿着一条宽阔的谷地朝下延伸。谷地中有已经干涸的沙质河床、红柳沙堆，还有被风切割过的小块地面，这些都使我仿佛又回到了塔里木盆地

---

① 参见我的论文《〈阿维斯陀〉地理学中的阿富汗》，《学术界》349 页，1885 年 5 月；《印度文物》22 页，1886 年。

② 参见本书第二十三章第三节。值得注意的是，我们的那个来自杜鲁赫村的向导说有一个古代遗址，显然是塔提类型，当地人称之为"石尔克哈"（Shīr-kōha）。他说这个遗址位于上面说的那个地区东南约两个法尔桑（Farsang）远的地方。

一般。在到班丹之前的最后几英里中，道路是沿着一条河床延伸的，河床边上是枣椰林。这一景象使我颇为吃惊。而且，晚上我们在这一荒凉的路边小站过夜时，天气也很暖和。我这才体会到，这都是锡斯坦离印度和阿拉伯海的海滨比较近的缘故。

11 月 30 日，我们越过一块辽阔的冲积扇（冲积扇上都是碎石和砾石），来到了哈木恩（Hāmūn）边上。哈木恩是赫尔曼德河终端的大盆地，使我想起了在中亚的沙漠地区经常见到的熟悉景象。因为，我们在 32 英里内经过的地方，与无论是从昆仑山的冰川出发还是从库鲁克塔格贫瘠的山坡出发到古代罗布泊去，所经过的地方都很相似。我们在拉比巴灵（Lab-i-Bāring）那个地方，到达了真正的哈木恩的北边。在这之前，我们路过了一系列清晰可辨的古代湖岸线，更使我觉得这里像罗布泊了。我注意到的第一条古代湖岸线离现在的湖西边足足有 8 英里远，由此可见湖收缩了多少。

走到哈木恩湖滨

12 月 1 日是我们在路上的最后一天，我们走到了纳斯拉塔巴德（Nasratābād，又名扎博勒——译者），即属于波斯的锡斯坦的首府。一路上我看到的现象，证实了哈木恩湖每年都要经过怎样的变迁。在废塔米里那迪尔（Mīl-i-Nādir）东北约 1 英里的地方，我们又来到了直路上（直路的标志就是电报线）。这之后，我们可以骑马越过哈木恩湖那个细腰般变窄的部分。从 2 月初到秋天，这个部分一般是有水的。但在冬天的几个月里，湖水收缩了，不用乘芦苇筏子就可以过去，一年中的其他时间则要用卢苇筏子才能把人渡过去。就这样，在 10 英里的距离内，我们沿着一条窄道走，窄道穿过了茂密的芦苇滩，就像我在日益干涸的塔里木河尾水边的河边地带以及罗布泊最西边的潟湖看到的芦苇滩一样。大群牛羊在这里吃草。而在一年中的大部分时间里，这里都只有

越过哈木恩湖

鱼和水鸟。

没有盐霜 　　这样的芦苇越来越稀疏，最后让位于光秃秃的湖滨。一个醒目的现象不由得吸引了我的注意。我指的是，这里完全没有盐霜，而盐霜是罗布泊沼泽附近以及塔里木盆地所有河流尾水附近地面的一个典型特征。看来，锡斯坦土壤的表面状况和中国新疆那个大得多的塔里木盆地很不一样，而在其他方面它却和塔里木盆地极为相似。出于两种原因，这种不同应该引起我们的注意。其一，我们一开始就要记住一个重要的事实，那就是哈木恩沼泽（它东边连着赫尔曼德三角洲，这个三角洲是锡斯坦可耕种的部分）并不是赫尔曼德河的真正尾闾。因为赫尔曼德河每隔几年就会有一次大洪水，把哈木恩沼泽中的水都冲出去，冲到了沙漠下游 60 英里处的咸水湖济里盐沼（Gaud-i-Zirrah），因此哈木恩沼泽中的水总是淡水。其二，这个地理现象也有助于我们更好地理解为什么赫尔曼德河三角洲的土壤这样肥沃，而且为什么有大量遗址以证明锡斯坦何等繁荣的古代文明。

　　我们在从哈木恩到纳斯拉塔巴德的途中，遇到了很多被废弃的农田和村庄。这足以告诉我们，虽然锡斯坦在伊朗的历史上享有盛名，现在古代的荣光已经消失殆尽了。在纳斯拉塔巴德，我受到了普里斗（F.B.Prideaux，现已晋升为中校）少校的热情欢迎，他是英国驻锡斯坦和卡侬恩的领事。主要是在这位杰出的军官的极为善意、有效的安排下，我才得以用比较少的时间在锡斯坦做了大量的考古学工作。普里斗少校本人也对我的工作给予了真诚的帮助和鼓励，这使我尤为感激，因为当时波斯的局势很不稳定，驻扎在克尔曼的一支德国军队还要有所行动。为了保证英属俾路支斯坦这段偏远边境的安全，军官们已经很忙了。

第二十八章 锡斯坦圣山

第一节 锡斯坦的历史地位

从我年轻时开始研究古伊朗的时候起，古代的萨卡斯塔内（Sakastanē），也就是中世纪伊斯兰作家们说的萨吉斯坦（Sagistān），即现在的锡斯坦，它的历史就一直吸引着我。锡斯坦的地理位置使它成为伊朗东西之间的桥梁，各种民族因素在那里融合在一起（现在的锡斯坦也是如此）。因此，古代文献中它的早期名称就有几个。[①] 锡斯坦位于波斯（指伊朗园——译者）和印度西部之间的主要交通线上。自古以来，无论是为了进行和平交往还是侵略，锡斯坦都是一个要地。大自然赋予锡斯坦以赫尔曼德河的河水，这条河是伊朗境内从兴都库什山到里海一线以南最大的河。有了这样的河水，如果没有战事发生而且管理得力，锡斯坦就足以作为伊朗中部的大粮仓，也足以哺育一个繁荣的文明。

锡斯坦的地理意义

[①] 我们在大流士的碑铭中看到，东伊朗人把锡斯坦称为茨兰卡（Zranka）。类似的名称也出现在希罗多德的《历史》和阿利安的《亚历山大远征记》中。但阿利安还知道，西伊朗人称锡斯坦为Δράγγαι。这个名称出现在斯特拉博（Strabo）的《得兰吉亚纳》（*Drangianē*）以及托勒密等古典作家的作品中。中世纪的地名"扎兰吉"（Zaranj）和现在的地名"济里湖"（Zirrah lake）中都保留着古代的东伊朗地名，其中"济里湖"是来自《阿维斯陀》中的Zrayô，即"湖"的意思，也就是古波斯语的draya[h]。

早期的历史文献

    显然，对于研究古伊朗的人来说，锡斯坦是很有吸引力的。关于锡斯坦早期历史的现存资料极少，但也并不是完全没有。① 大流士一世和希罗多德在列举阿契美尼德帝国（Achaemenidian Empire，公元前559—前330年，伊朗古代王朝——译者）的省份时，都提到了锡斯坦。② 亚历山大在朝印度边境进军时，也穿过了锡斯坦。关于这位伟大的征服者的壮举，我们的资料主要来自阿利安的《亚历山大远征记》，那里曾用不同的名称提到了锡斯坦和那里的居民③。那本书中揭示了一个有趣的事实：锡斯坦当时位于东伊朗和西伊朗的语言分水岭上（现在从某种意义上来说也是这样）。这大概是由自然地理引发的民族分化造成的，锡斯坦的政治史也一直反映了这一点，比如现在，锡斯坦就分属于波斯和阿富汗两国。

宗教传统和史诗传统

    在很久以前，伊朗的宗教和史诗传统中就常以锡斯坦为背景，这反映了锡斯坦在伊朗古代文明中的重要地位。拜火教典籍中现存的最有趣的章节就是《阿维斯陀》的赞歌 xix 中赞颂"王者光辉"的那段文字。所谓王者光辉，就是合法统治伊朗的神圣标志。那段话把"王者光辉"同"从 Zrayô Kãçaoya（即锡斯坦湖）所在的地方进行统治的人"联系在

---

    ① 关于这些资料以及中世纪早期的相关文献，亨利·罗林森爵士的《锡斯坦笔记》仍是一个有益的概论。该文发表在《皇家地理学会杂志》（1873年）272页以下。

    ② 关于对这些文献的分析，参见托马斯博士关于锡斯坦的那篇有启发性的文章。该文登在《皇家亚洲学会会刊》1906年刊181页以下。那里讨论了把锡斯坦称作"塞人（锡西厄人）之国"这个称呼是如何起源的。

    ③ 阿利安在他的书中不加区别地使用了 Ζαράγγαι 和 Ζαραγγαîοι（VI.17.3、27.3、VII.6.3）和 Δράγγαι（III.21.1、28.1、VII.10.5），这说明，给他提供资料的那些同时代作家听到当地人两种地名都使用。

了一起。① 就是说，从很早的时候起，一直到菲尔多西
（Firdausī，公元 935？—1020，波斯诗人，著有 6 万对句的
史诗《王书》——译者）完成了伟大民族史诗为止，人们
都认为传说中伟大的波斯王朝卡威（Kavi）或卡亚尼亚
（Kayanian）国王们的家乡都在锡斯坦。直到今天，锡斯坦
还有一个自称卡亚尼（Kayānī）的当地家族，自豪地说自己
是那些国王的后裔。② 根据拜火教的早期信仰，锡斯坦湖将
出现胜利的救世主（çaoshyant），他将战胜恶之神阿里曼
（Ahriman），拯救全世界。③《阿维斯陀》中的 Astvat-ereta 也
证实了这一点。同样值得注意的是，伊朗史诗中流传最广的
英雄扎尔（Zāl）和鲁斯塔木的家就在锡斯坦，而且锡斯坦
是他们创造伟大业绩的主要地方。④

　　锡斯坦的传说很丰富也很古老。与此形成鲜明对比的 缺少历史资料
是，关于锡斯坦伊斯兰时期之前的历史，流传到现在的可靠
资料却很少。塞人（Sakas）即锡西厄人（Scythians）曾征
服了锡斯坦，因此这个地方才被称为萨卡斯塔内，意为塞人
之国。屋大维时代查拉克斯（Charax）的伊西多尔

---

　　① 尤其应该看《阿维斯陀》的赞歌 xix.66 之后。关于把 Haêtumant（即赫尔曼德河地区）称为
"具有王者的光辉"（hᵛarenah，波斯语的"farr"），见《阿维斯陀》Vend.i.13 和赞歌 xix.39。

　　我曾写过一篇文章，叫《〈阿维斯陀〉地理学中的阿富汗》（见 1885 年 5 月 16 日《学术界》348 页
以下；《印度文物》第十五卷 22 页）。在那篇文章中我推断出，《阿维斯陀》紧接看赞歌 xix.66 之后与赫
尔曼德河一起提到的四条河，即 Hᵛâçtra、Hvaçpa、Fradatha、Hᵛareṅuhaiti，就是现在的哈什（Khāsh）
河、胡斯帕斯（Khuspās）河、法拉河和哈鲁特河。这四条河都从北边流进了哈木恩湖。这说明《阿维
斯陀》的作者对锡斯坦地区的水文状况是很熟悉的。

　　② 参见泰特《锡斯坦》1 页和 280 页以下。

　　③ 参见《阿维斯陀》Vend.xix.5 和赞歌 xix.92。另参见巴陶罗马的《古伊朗语词典》（*Altiranisches
Wörterbuch*）471 页。

　　④ 关于菲尔多西的《王书》中这些伟大英雄的家乡和有关他们的传说的起源，参见诺勒得克的
《伊朗民族史诗》（*Das iranische Nationalepos*），该文登在《伊朗语言学基础》第二卷 138 页以下。

（*Isidoros*）第一次记下了这个地名。① 但关于这次重要的民族迁徙，却没有任何明确的记载。值得庆幸的是，锡斯坦的考古学遗物很多。从近代起，人们对这一地区的地理、经济和民族状况都有了比较深入的了解。1903—1905 年，印度政府派了一支波斯—阿富汗边界考察队到锡斯坦。在亨利·麦克马洪（Henry McMahon）爵士上校的领导下，这支考察队进行了长期细致的考察。我们了解的锡斯坦的情况，主要是他们考察的结果。他们当时收集到了很多资料，但公众能看到的只是其中发表的一部分。即便如此，对研究锡斯坦地理状况的人来说，在泰特（Tate）先生的指导下印度测量局完成的大规模正确测量，以及亨利·麦克马洪爵士及其助手对这一地区及居民的描述，大概比现在东伊朗任何地方的资料都充足完备。②

大量遗址　　从文物的角度来讲，有一点是应该牢记于心的，即赫尔曼德河三角洲各地之所以会有大量遗址，直接原因就是这里的自然条件。这里的自然状况和塔里木盆地很接近，只不过塔里木盆地的规模要大得多。赫尔曼德河三角洲有些地方曾在以前某个时候被废弃，而极度干旱的气候很有利于遗址的保存。河流三角洲的一个主要特点就是主河道经常改道，而农田完全是依靠从赫尔曼德河引出的水渠来灌溉的，河流在

---

① 公元前 2 世纪前半叶，大月氏人把塞人从费尔干纳以东赶走了。冯·古特施米德在《伊朗历史》（*Geschichte Irans*）78 页第一次提出，锡斯坦被征服大概是塞人（或萨卡人？）的迁徙造成的。托马斯博士对此提出了质疑，见《皇家亚洲学学会会刊》189 页，1906 年。

关于汉代史料中提到的"塞"及其释读，参见德·格罗特《汉文文献》（*Chinesische Urkunden*）第二卷 25 页。

② 参见麦克马洪《锡斯坦的历史和现状》（*Seistan Past and Present*），《地理学杂志》209 页以下、333 页以下、522 页以下，1906 年；泰特《有关锡斯坦的历史、地形、遗址和人民的一份研究报告》（*Seistan: a Memoir on the History, Topography, Ruins and People of the Country*，简称《锡斯坦》），加尔各答，1910 年。

不同时期的改道肯定大大影响了农田的位置和范围。有些遗址所在的地方如今已经变成了沙漠或沼泽，证明了很久以前赫尔曼德河曾经改道。近期的改道则有实际记录和当地人的说法为证。

同时，这里凡是以前曾有人住的冲积地面后来都长期缺乏植被保护，风蚀在流沙的"协助"下就可以大施威力了（现在的情况也是这样）。这恰好和罗布盆地有相似之处。在赫尔曼德河三角洲的南部地区，可以清楚地看出风蚀对遗址建筑的毁灭性影响，正像塔克拉玛干的古代遗址一样。但风蚀也同样帮助了考古学家，把早期的遗物暴露在地表（中国新疆的塔提遗址就是如此）。如果进一步比较中亚的塔里木大盆地和锡斯坦的三角洲地区我们就会发现，锡斯坦的古代湖盆底部也有一部分区域在历史上或史前曾"见"过人类。这些区域周围及其当中的某些地方是硬土台地，大多数台地上都覆盖着砾石。这些台地标明了古代湖面的位置。正是在这样的台地上（就像疏勒河尾水的台地一样），建筑遗址最容易经受住水汽和风蚀的考验而保存下来。

从以上这些简略的文字中我们可以看出，历史和地理状况使锡斯坦成了一个极有可能存在重大考古学发现的地方。1903—1905 年的英国锡斯坦考察队在这里待了很长时间，而且工作进展得特别顺利，实属机会难得。但由于队伍中没有资深的考古学家，所以没能利用这次机会对边境两侧的整个锡斯坦地区都进行系统的考察。我的时间有限，况且不能到属于阿富汗的那部分锡斯坦地区去，而大多数已成为沙漠的遗址都在那一边。所以我也不敢把自己的目标定得太高。

风蚀

进行考古学研究的好地方

泰特先生的工作

泰特先生通过以前的工作熟悉了附近的英属俾路支斯坦，他对呼罗珊的历史也很感兴趣。政府鼓励他利用这次机会，探访了考察范围内的大部分遗址。他在《锡斯坦》一书中，认真记录了他从当地人和晚期伊斯兰教文献中收集到的关于最醒目的那些遗址的资料（这样的信息一般是不多见的）。就晚期遗址来说，这些信息以及对遗址的总体描绘都是很有益的。但即便在这些地方以及一些历史地形学问题上，这本书也有值得商榷的地方。除去这类局限外，泰特先生的著作以及书中那些质量很高的照片，对研究锡斯坦历史的人来说都是极好的辅助资料，从该书中我们对需要考察的主要遗址会有一个大概的了解。而且，在他的指导下绘制的地图对我也是极有益的指导。为此，我要向泰特先生表示真诚的谢意。

本书的描述仅限于我考察到的遗址

出于几方面的考虑，我描述的遗址都是我实际考察过的。我无法到阿富汗那一边的锡斯坦去，在波斯这一边待的时间也不是很长。再加上我撰写本书的时间也有限，所以我就不讨论锡斯坦的地理对它的政治和文化都产生了怎样的影响了。我也无法论及历史地形学问题，因为我手头没有这方面的文献资料。即便有资料，我也没有时间研究它们。出于同种原因，我也只能让其他人来比较一下在伊朗其他地方发现的建筑细节和遗物，从而推测锡斯坦其他遗址的年代。我完全明白，要想进一步澄清锡斯坦以及伊朗其他地区遗址的年代问题，必须进行系统的发掘。锡斯坦的遗址已经遭到"寻宝人"的破坏了。因此，有特权在波斯—阿富汗边境两侧进行考古发掘的国家，更应该尽快让它的学者到锡斯坦这个遗址丰富的地方来考察。还有一点值得注意的是，在描述这一地区时，我不像其他遗址一样按照工作的时间顺序，而

图455 科赫伊瓦贡山上的加加沙遗址和科克伊克扎伊尔遗址，从东方看到的景象

图456 科赫伊瓦贡山上的加加沙遗址，从到山顶的路上向东看到的景象

是根据地形分类的顺序进行描述的。

第二节　科赫伊瓦贾的遗址

科赫伊瓦贾山

11月6日，我离开了纳斯拉塔巴德好客的锡斯坦领事馆，到科赫伊瓦贾（Kōh-i-Khwāja）去。第二天早晨，我们过了道迪（Daudī）村后，走到了没有耕种的平地上，水是有可能泛滥到那里的。之后，我们来到了哈木恩（意为盐湖、沼泽——译者）的边上，那里正对着科赫伊瓦贾石岛（图473）。这座醒目的山是完全孤立的，比哈木恩沼泽的中部以及赫尔曼德河三角洲的平地高400多英尺。我之所以想探访一下科赫伊瓦贾岛上的遗址，首先是因为这座山顶上有人们常去的伊斯兰教寺院，是一个朝圣的地方。它的意思是"圣人阿里（Alī，第四任哈里发，穆罕默德的女婿和追随者——译者）之山"，这本身就说明它是一个圣地。它矗立在宽阔湖盆的正中央，十分醒目。我想，大概从古代起人们就开始崇拜它了，而且这样的崇拜很可能延续了下来。因此，那里的遗址大概是比较古老的。

石山形成了岛屿

在科赫伊瓦贾山与冲积平原西边之间，是一条长着芦苇的沼泽带。冬天的时候由于水位较低，沼泽约有1英里宽，但之后沼泽大概更宽。在这个地点附近我们测量到的沼泽岸是特别低的，海拔只有1 600英尺，可见山所在的位置大概以前很长一段时间一直是一座岛屿。赫拉特有一部伊斯兰教史书，在描述公元15世纪的事件时提到了哈木恩沼泽中的这座岛，说那里的遗址是一个要塞。[①] 从附图52可以看出，山的顶部形成了一块被岩石环绕的高地（图475），从东北向西南方向延伸了1英里多，宽度也只比1英里少一点。高

---

① 参见泰特《锡斯坦》267页。

地边上朝下 150 英尺的悬崖都是特别陡的（图 458、463、473）。再往下悬崖底下就是不太陡的斜坡了，斜坡一直延伸到狭窄的结着盐壳的涨滩边上。山上有一座小丘叫科克伊扎尔（Kok-i-Zāl），小丘顶部有遗址。在山的东南端，一条窄岭（图 455）从小丘底下伸出来，窄岭的坡上是常被叫作加加沙（Ghāgha-shahr）的遗址，意思是"加加城"。①

"加加沙"的围墙

这座岭东西两侧都是陡峭的山谷，将岭和相邻的山坡分隔开来，因此这个位置被选作修筑防御工事的地方。防御工事的主围墙（附图 52）和里面的建筑一样，都是用土坯筑成，围住的区域南北长约 170 码，最宽处有 130 码。这个区域在最高的地方变窄了，接近了山崖脚下，山崖顶上就是科克伊扎尔的墙。似乎还有一道外围墙从悬崖脚下延伸成半圆形，围住了上面所说的那个区域。这道墙的建筑质量同主围墙相比大为逊色，与主围墙的距离 160~100 码。这道外围墙已经严重坍毁了，只在南边和西南可以分辨出来。在它和主围墙之间几乎没有发现什么建筑遗存。② 主围墙的厚度不超过 8 英尺。在上坡的地方，主围墙底下有厚得多的地基。有些地方的主围墙仍有 30 英尺高。墙上的土坯和围墙里大建筑的土坯一样都很大，长 17~22 英寸，宽 12~15 英寸，平均厚度 4~5 英寸。低处的大门似乎位于东南角（图 459）。那里有两座塔，一座为八角形，另一座为圆形，特别细。它们显然是用来戍卫大门的。

低坡上的营房遗址

在围墙里面，南面的低坡上是带拱顶的屋子和过道遗址。这些屋子和过道等占据着不规则的平地，似乎是分层建

---

① 这是我听到的名称。泰特先生在他的《锡斯坦》一书第 265 页中，把这个地方的名称拼作 Kakha 或 Kak-hā。他还把这个名称和法尔斯宛人（Farsiwān，"法尔斯"为伊朗中南部地区——译者）的一支联系在了一起，据说法尔斯宛人是锡斯坦的土著民族。参见《锡斯坦》281、295 页。

② 参见附图 53。遗址破败得很厉害，难以测量，所以这张简图中的测量数据都只是约数。由于时间有限，我们更无法对主围墙进行详细测量。

的。低处的房屋中塞满了碎石和垃圾，许多屋子大概在整个遗址仍在沿用的时候就被废弃了，塔巴斯依马泽纳的情况就是这样的。我们在一处进行了试掘，发现在浸着盐的硬土壳底下仍有保存良好的贝冢垃圾（midden refuse）。从一开始我就注意到有很多细腻的红陶碎片，质地比现在当地的陶器要好得多。其中最常见的质地类似赤土，外表有整齐的凸纹，样品参见 Gha.02、07、08（图版 CXV）。①

———————————

① 安德鲁斯先生是这样描述那些有代表性的样品的：

Gha.01　陶器皿的侧壁残片。用陶轮制成，深灰棕色，没有上釉。图案是刻出来的。一条边附近刻着两条环线。在边和这两条线之间有一个条带，条带中是很多扁长的微微倾斜的杏仁状凹陷，凹陷上还有突起的横线。$2\frac{1}{2}$ 英寸×$4\frac{1}{2}$ 英寸。

Gha.02~04、06~08　陶器碎片。用陶轮制成，深浅不一的红陶。所有碎片的外表都有很明显的比较规则的横向凸纹。有些碎片里面也有凸纹，但这些凸纹不太明显。凸纹是这类陶器的典型特征，似乎是用带短齿的工具刻出来的。齿是凸圆的，刻出的凹槽之间的地方有的是凸圆的，有的是方的。1 英寸的距离内大约有四条凸纹。但 07 的凸圆的凹槽很宽，凹槽之间只有一条凸圆的凸纹，07 的四条凸纹占据的距离为 $1\frac{1}{4}$ 英寸。07 曾用细腻的赤褐色含铁黏土涂过色。最大尺寸 $3\frac{1}{2}$ 英寸×$3\frac{1}{8}$ 英寸。图版 CXV。

Gha.09、014、015　陶器皿的口沿残片。用陶轮制成，红褐色。09 大概是鼓出来的，肩和颈上有微微突起并打磨过的线。短颈朝里收，然后微向外伸，之后又朝里收，收在向外折的口沿底下。$1\frac{1}{2}$ 英寸×$2\frac{7}{8}$ 英寸。

014 的尺寸为 $5\frac{1}{4}$ 英寸×$\frac{3}{4}$ 英寸。

015 口沿较厚，口沿朝上的那个面是凸圆的，朝外的面有规则的缺口（绳索般的纹路?）。$3\frac{1}{8}$ 英寸×$\frac{7}{8}$ 英寸。

Gha.010、011、012　陶器碎片。用陶轮制成，红褐色，并用更鲜艳的红色涂过色。011 纵向看是双曲线形状，里面和外面都隐约有横向凸纹。$2\frac{9}{16}$ 英寸×$1\frac{1}{2}$ 英寸。

010、012 里面隐约有螺纹，一条边附近还有一个条带，条带由 15 条打磨过的细线构成。对面的那条边上有几条随意刻出来的线。2 英寸×3 英寸。图版 CXV。

Gha.013　陶器皿的侧壁残片。用陶轮制成，红褐色，表面比较破旧。外面有一对突起的条带，一条比另一条宽，条带上还有缺口（珠子或钉子装饰）。$1\frac{3}{8}$ 英寸×$1\frac{3}{16}$ 英寸。

　　穿过这片比较简陋的营房遗址，有一条仍可辨认的道路蜿蜒到了一道高墙脚下，高墙支撑着一个平台（图460）。在这道特别厚的墙后面，平台底下有很多房间，大概分成几层。所有房间很久以前就坍塌了，平台顶上的凹陷就证明了这一点。道路沿着平台的脚下向上攀升，穿过一座窄大门，进到了一个外院里，外院四周环绕着保存得比较好的带拱顶的建筑。拱顶是用土坯筑成的倾斜的拱，这种拱顶如今在锡斯坦也很常见，可以罩住中等大小的屋子，而完全不必集中成屋脊。从这个外院出发，道路沿着平台的顶部折了回来（平台顶长约40码），一直通到一座特别醒目的拱形大门（图465）。这座大门在平台顶部的西角附近。大门顶上似乎曾有堞口，顶部两侧有窄窄的开口，似乎是守军用来向冲上来的敌人灌热水、投石块用的。大门左侧靠墙有一条带拱顶的小过道 i，在那里我们有一个有趣的发现，下文我将说到这件事。

　　穿过这座大门就进入了一个长 24.5 英尺、宽 14.5 英尺的开阔内院。从内院出发，路穿过一条过道，进入了一个带拱顶的大门厅（ii）。这个大厅比大内院周围的其他建筑遗存保存得更好，而且建筑特征比较典型，所以在这里我们简单描述一下这个大厅。从附图53中可以看出，大门厅由一个带圆顶的中央部分和两条通道构成。中央部分的圆顶支撑在拱之上，拱底下是拱柱，拱长 3 英尺 9 英寸、宽 2 英尺 6 英寸。这些拱和通道的拱顶一样，都是用一排排垂直放置的土坯筑成，土坯长边的方向和拱的曲线方向一致。和西方风格的真正的拱一样，这里也有拱顶石。拱顶有 1.5 英尺高的土坯层构成一个长方形，由于角落里还有内角拱，长方形就变成了八边形，八边形之上就是圆顶。圆顶上开了四个口以便采光，开口已经破损得很严重。两条通道长 10.5 英尺、宽 5 英尺 8 英寸，上面是半圆形顶棚，长边上方的顶棚末端是半圆室（图 471）。两道较矮的墙上各有 4 英尺宽的凹陷处。所有的墙上离地面 9 英尺 6 英寸高的地方都有一条窄窄的柱基，柱基上方是一排 15 英寸深、2.5 英尺高的小龛。长边上有三个小龛，短边的凹陷处上方有两个小龛。14 个小龛中，在几个保存较好的小龛里面可以分辨出约 8 英寸高、10 英寸深的灰泥底座。从小龛离地面的高度来看，它们只能是放小雕像用的，而不可能有其他用途。但我们清理了两个角上的垃圾堆后，没有发现小雕像的残件，而只发现了带绿松石色釉的陶器碎片和几块毛织品和丝织品。①

过了这个大门厅后，我们沿着一条窄过道来到了一个特别宽阔的方形庭院。方形庭院的三面都是带拱顶的大房间的残墙。第四面的地面较高，有很多堵扶墙支撑着一块平台，平台顶上是更多的建筑。沿方形庭院的两条长边分布的建筑

方形庭院周围的建筑

---

① **Gha.ii.01 陶器皿的侧壁残片**。手工制成，淡赤褐色，大概出自一个大碗。里面上了绿松石色釉。外面画了一个蓝黑色螺旋形，螺旋形上用刷子留下了三片叶子般的形状。$3\frac{7}{8}$ 英寸 × 5 英寸 × $\frac{3}{4}$ 英寸。图版 CXVIII。

Gha.ii.02 陶器皿（碗?）的侧壁残片。淡红色，里面上了绿松石色釉，还有刷子留下的宽宽的痕迹。釉大多已经剥落。3 英寸 × $2\frac{1}{4}$ 英寸 × $\frac{3}{8}$ 英寸。

Gha.ii.03 结实的毛（?）织品残片。大概出自一只鞋底。编织而成，隔一段距离出现一条纵向凸纹。4 英寸 × 3 英寸。

Gha.ii.04~07 毛织品和毛线残片。04 是一小条淡蓝色平纹布，6 英寸 × 1 英寸。05 是一团毛线，白色。06 是渔网（?）残片，网眼宽 $\frac{3}{4}$ 英寸，有棕色脏点，大概是在使用的时候留下的。07 是小片毛毡子，结了层泥巴。

Gha.ii.08 丝绸残片。平纹，带彩色条纹。条纹中是成对的暗棕色线，每对之间是暗黄色。这对线之间的中心有一条 $\frac{3}{16}$ 英寸宽的淡粉色条带，两侧是淡蓝色条带。约 4 英寸 × $1\frac{3}{4}$ 英寸。

Gha.ii.09 陶器碎片。用陶轮（?）制成，红褐色。里面上了深绿松石色釉。2 英寸 × $\frac{1}{2}$ 英寸。

图 457　从科克伊扎尔看到的加加沙遗址

图 458　加加沙方形庭院遗址西北面平台和建筑遗址

（背景中可以看到科克伊扎尔底下的山崖）

图 459　加加沙围墙的东南角（右侧是门楼）

图 460　加加沙外院的扶墙和门

图 461　加加沙方形庭院遗址上方平台西侧的遗址（前景中的拱顶通向走廊 iv）

图 462　加加沙方形庭院遗址东北侧的上层房间

图 463　加加沙方形庭院遗址西北侧带扶墙的平台（上方山顶是科克伊扎尔遗址）

图 464　加加沙方形庭院遗址上方的建筑，从南面看到的景象

很可能有两层，但它们的墙毁坏得特别严重。由于遗址里面塞满了碎石，所以在附图 53 中我们只能极粗略地画下它们的布局。从图 456、457 中我们可以对这些建筑有更多的了解。那两张照片是从方形庭院后面的山坡上拍摄的，可以看到被墙围起来的区域的整个上半部分的建筑群。相对而立的那两堆高大的土坯（图 464）是一个很奇特的地方。它们朝向庭院的坡太陡了，不可能有台阶。我猜想，它们大概是后来添筑的，以便支撑后面的建筑。有几个房间特别大，东南角就有两个大房间，一个长 79 英尺，宽 16 英尺；另一个长 42 英尺，宽 26 英尺。这说明这些大房间的用途在于容纳很多人。但从建筑上我们看不出要容纳这么多人是为了戍卫酋长的驻地，还是因为这是一个人口众多的圣地。

平台的墙及扶墙

方形庭院西北面的平台比方形庭院高约 20 英尺。有扶墙支撑着平台，抵消了上面的建筑朝外耸的势头。扶墙之间用带拱顶的窄凹陷处隔开，凹陷处分成了两层（图 458、463）。只要看一下这些扶墙不规则的布局我们就知道，它们曾被反复修过，位置也变更过。后来我们在一堵扶墙外面的土坯后面有一个有趣的发现，证实了我们的判断。通过其中一个带拱顶的凹陷处（e），有一条如今已经被碎石塞住的过道。这条过道似乎通向一条带拱顶的走廊，走廊支撑着平台，走廊后面就是平台高处的那些建筑。在中央两堵扶墙之间，可以清晰地分辨出一条 8 英尺宽的台阶，从方形庭院通向平台。

平台顶上中央的建筑

在和台阶连成一线的地方，矗立着高处遗址群的中央建筑（即 v，见图 463）。从它的位置以及它的某些罕见的结构特点来看，这是一个重要的建筑。不幸的是它已遭到了严重毁坏，如果不进行仔细清理，就无法断定它的性质。这个中央建筑的结构是这样的：穿过一条宽阔的门廊，就进入了一条 40 多英尺长的前厅，过了前厅是一个 22 英尺见方的"内殿"。从四角残留的带拱柱的墙来看，"内殿"顶上似乎曾有一个圆顶，支撑在 4 条宽拱上面。有一条 4.5 英尺宽的过道环绕着内殿的三面，从前厅可以到过道中去。乍一看，这条过道似乎是为了绕行用的。"内殿"后面分布着几座长方形屋子，一直延伸到了主围墙那里。在左边（即西边），一条窄过道把围墙同前面所说的遗址群隔了开来。

前厅正对着平台前面的那堵厚墙的编号为 g，墙外面支出 5～6 英寸长的红柳枝做的小木钉排列成不规则的横排。在硕尔楚克的明屋寺院①以及塔里木盆地的其他寺院，泥楣上就有这样的木钉。这使我想到，这里的木钉可能也是用来支撑泥浮雕的。我从远处在比较好的光线下反复查看，果然发现这面墙的高处仍残存着这样的浮雕。围墙 h 朝向平台并与平台平行的那一面上也有浮雕。这些浮雕是平浮雕。由于雨水的破坏作用以及长期暴露在外，它们都已经严重受损了。但在太阳位置比较高的时候，通过阴影可以看出浮雕的轮廓线，我们能进行释读并拍照（图 466）。在围墙 h 上可以分辨出三个骑马的人物排成一排，都转向左边。骑马者腰以上的部分几乎已经消失了。但从图 466 中可以看出，马身和头部的很多部分都保留了下来。马脖颈很短，身体粗壮，与我们在萨珊石刻上看到的类型相似。②这样就给我们提供了一条有价值的年代线索。马的身体比平台地面高约 8 英尺，从背到腹约有 3.5 英尺。再往下在离地面 5 英尺的地方

外墙上的泥浮雕

①　参见《西域考古图记》第三卷 1191 页以下。
②　如参见萨尔《古波斯艺术》（*Kunst des alten Persien*）附图 70～74。

是成行的孔洞，标明一条已经完全消失的楣的位置。在标作 g
的墙上，我也辨认出了一个类似的骑马的人，也转向左。他
前面有头几乎直立的狮子，朝马头跳去。在我看来，狮子僵
硬的姿势和造型很像萨珊石刻上的狩猎场面，甚至像更早的
阿契美尼德浮雕。[①] 狮子现存的部分长约 4.5 英尺，马头现
存的部分长 2 英尺 3 英寸。整个遗址中央建筑的墙上有典型
的萨珊形象，这本身就足以说明这是一个伊斯兰时期之前的
遗址。

带拱顶的小屋子　　平台西角上是一个内殿（iii），其建筑特征（图 461）
令我们很感兴趣。遗址高处部分的某些带拱顶的小屋子也有
这样的特征，但它们朽坏得更严重。在内殿中四根粗重的拱
柱从墙上突出来，支撑着半圆形的拱。拱上面的部分比拱背
高出约 1.5 英尺。由于四角有内角拱，所以整个内殿变成了
八边形。八边形之上是圆形的鼓状部分，这个部分如今已经
毁坏。拱柱的侧面以及拱上方的角落里有一些方孔，大概是
插横梁用的，以便抵消圆顶朝外鼓的趋势（主围墙北角的门
厅 vi 附近也有一个这样的带拱顶的内殿，即 vii）。有迹象表
明，这里的灰泥墙面上曾有过装饰性的壁画，但壁画的布局
已经无法辨认了。在从大门折向东南的那段围墙附近，我们
发现地面上铺着碎石，说明那里曾有一些小房屋。在图 462
中看到的墙是朝方形庭院的东北面延伸的，那段墙有一部分
是顶层房屋的墙，底下的那层房屋已经完全被掩埋了。

---

① 参见萨尔《古波斯艺术》附图 17。

还有一个虽小但很有趣的建筑特征值得一提。我曾说过，有明显的迹象表明，依平台的墙而建的扶墙是后来添筑的。在台阶右边的第二堵扶墙后面的拱底下，我发现了彩绘灰泥的残迹，那才是原来的墙。清理扶墙和拱顶上粗糙的土坯后，一个陶立克式的柱头露了出来，底下是一根半露在墙外的柱子。柱头和柱子都有一层灰泥外壳（图472，附图54），柱头的顶部和底部用的是烧过的土坯。右边的下一堵扶墙也掩盖着同样的一根柱子，也有同样的柱头。这两堵扶墙之间的墙上残留着一条楣梁，上面用白泥装饰着旋涡饰。由于黄蜂筑了巢，这条装饰性浮雕大部分已经被毁了，后来建的粗陋扶墙并不足以提供保护，但我们仍能看出保存下来的这点浮雕显然是希腊化风格的。这也正与我们从前面所说的那些浮雕中得出的年代结论相符。

扶墙后面的柱子上有陶立克式柱头

第三节　壁　画

在加加沙遗址发现了两处醒目的壁画。我之所以把壁画留到最后来说，是因为前面对遗址的概述虽然简略，却有助于我们更好地理解壁画的含义。我是在去探访这个遗址的第二天发现壁画的，我一直停留到12月17日也主要是这些壁画的缘故。前面我曾提到一条带顶棚的窄过道 i，它依墙而建，就在内围墙大门的左边附近（图465中表现的是清理之后的过道位置），这条过道只有5英尺宽。在过道的西角，和我从道迪村来的一个人注意到墙上一条裂缝中露出带颜色的灰泥。把外面粗陋的土坯剥去后，后面一块旧墙面露了出来。我认为这块墙面上画的是一块带花纹的纺织品（后来证明我的判断是正确的）。第二天早晨，我叫人把过道的顶棚

在过道Gha.i的墙上发现的东西

取了下来，以便能更安全地查看侧墙遮住的墙面，那段墙面离大门最近。我们把离角落最近的这段侧墙的顶部也剥了下来，这时墙面上露出了一个衣裳华丽的人物的双腿。这里的土坯层只有 14 英寸厚。我们继续把这层土坯弄松，土坯很快裂开并掉了下来。这时，我们看到了一幅令人惊叹的画面。高处的墙上画着一行衣裳华贵的人物，腰以下的部分都保留了下来，而暴露在后来添筑的过道墙外的部分都已消失了。底下有一条与上方画面隔开的楣梁，楣梁上露出一些带项光的头部。尽管整幅壁画不完整，保存得也不好，却使我立即想起了米兰寺院 M.v 过道墙上的壁画①。我们接着把剩下的添筑的土坯都小心地剥了下来，底下那条楣梁上露出了四个带项光的人物，还有第五个人物的一部分（图 468）。这几个人物的总长度有 11 英尺。

剥下壁画 　　从一开始我就意识到，由于潮湿的空气以及昆虫（大概是白蚁）对泥墙的毁灭性破坏，这些壁画比中国新疆佛寺的壁画保存得差得多。锡斯坦在冬季偶尔会下一两场雨，只要再下一场雨，就足以毁掉这些有趣的壁画了。而在我看来，这是在伊朗迄今为止发现的仅有的伊斯兰时期之前的壁画遗迹。显然，要想尽可能把壁画保留下来，唯一的办法就是将其剥取下来。由于灰泥特别不坚实，壁画表面还很容易剥落，所以这个任务完成起来有不少技术上的困难。我们利用领事馆可提供的资源，临时凑足了必要的工具和材料。之后我和阿弗拉兹·古尔按照在新疆遗址的做法，有计划地将壁画分 12 块剥了下来。我深知要想把这些壁画装箱并运到印度，必然会造成进一步的破坏。而由于没有专业人士的帮

---

① 参见《西域考古图记》第一卷 517 页以下。

助，我又无法在现场给这些壁画拍照。因此，我在剥下壁画前做了笔记，并将笔记收录在这里。后来，经验丰富的安德鲁斯先生将壁画在新德里重新拼了起来。但即便对那些读过我的笔记后又能看到壁画原件的人来说，这些笔记也是有用的（安德鲁斯先生在仔细研究那 12 块壁画后，向我提出了一些建议，我因此对笔记作了补充和修改，补充和修改的部分放在方括号中）。

高处那条楣梁现存的部分从顶部到底部有 3 英尺高，一直伸到比地面高约 8 英尺的地方。最左边的画面残破不全，好像是件深红棕色的长达膝盖的衣服。此外，楣梁上还可以看到五个衣饰不同的男性人物。人物都是正面，腰以下的部分都保留了下来。① 左起第一人穿一件宽大的长达膝盖的紫色衣服，衣服上装饰着黄色的小圆圈，画的是纺织品上的图案（花绸?），图案是萨珊风格中常见的"点"。从腰的中部［一根白色窄带子上］，垂下来一条带棱角的白色织物，织物的底下比上面宽。热瓦克（Rawak）佛塔庭院的门神像的这个位置，也有一个与此类似的三角形衣褶。② 硕尔楚克的明屋遗址一个身披铠甲的武士小雕像的腰带上，也垂下一块类似的东西。③ ［长达膝盖的衣服底下有宽松的白裤子的迹象，左

高处楣梁上的人物

---

① 关于人物的服装，安德鲁斯先生给我提供了下面这段笔记：

［上排的 6 个人物的服装，很像柏林博物馆藏的一尊立姿小银像的服装（见萨尔《古波斯艺术》附图 43）。唯一的区别在于，小银像没有穿长筒靴。塔吉波斯坦（Taq-i-Bostan）的大石窟左墙上的霍斯罗夫（Khosröes，伊朗古代国王——译者）雕像穿的也是这样的长达膝盖的衣服（见萨尔《古波斯艺术》附图 89）。但这个雕像没有穿斗篷，国王站在一条船中，船沿遮住了他的腿。大英博物馆"阿姆河瑰宝"（Oxus Treasure）藏品中有块金质薄板，上面凸饰着的人物穿的也是类似的服装，也有长筒靴，但没有斗篷（见萨尔《古波斯艺术》附图 42）。同样的服装，包括斗篷还出现在许多贵霜钱币上。］

② 参见《古代和田》第一卷 495 页，第二卷图版 XIV.c。

③ 参见《西域考古图记》第四卷图版 CXXXV 中的 Mi. xii. 0017。另参见冯·勒柯克《图录》（Bilderatlas），图 56。

图 465　通向加加沙方形庭院遗址的内大门（大门左侧是过道 i 的位置）

图 466　加加沙的建筑 v 外墙上的灰泥浮雕

图 467　加加沙过道 i 的西角，拆掉晚期的墙后看到的情景

（箭头所指的是残存的立姿绘像的位置）

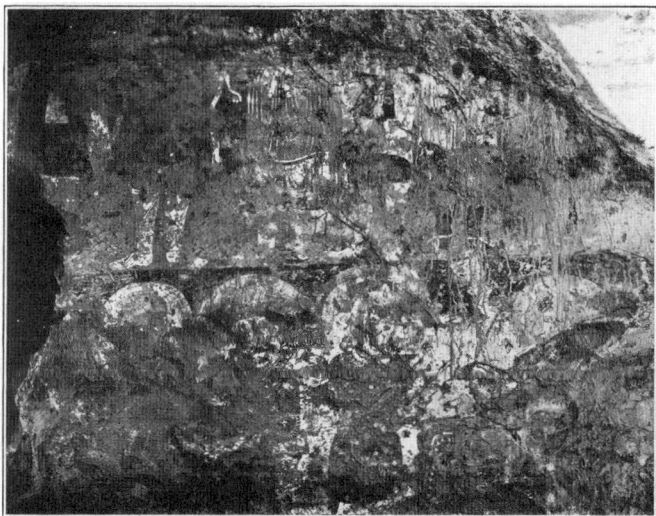

图 468　加加沙过道 i 的早期墙上的壁画残余

图470 哈吉尔德的马德拉什里的佛龛，带有彩绘泥饰

图469 法垦曼的台克土库曼人米尔·穆罕默德

图472　加加沙方形庭院北边的平台墙的扶墙［箭头所指的位置是半嵌入墙内的柱子（其柱头为陶立克式）被后来的土坯遮住的地方］

图471　加加沙的入口大厅 ii 的东廊

右好像还有白色斗篷（?），] 其余部分都已缺失。第二个人
物身穿红衣，腿上套着高高的白色靴子（也可能是鹿皮鞋似
的毡鞋）。靴子上有红色和黄色的细绳交叉着，一直延伸到
脚踝，并好像系在了鞋上。红衣后面可以看到一张黄色的兽
皮，[红衣旁和兽皮的边上露出白色的毛，] 右边垂着一只兽
脚，并露出白色的爪子。第三个人物穿浅红色外衣，用白色
颜料来勾勒宽阔衣褶的轮廓线。外衣底下是鼓鼓囊囊的黄色
裤子（或者是短裙般的绑腿），扎在白靴子中。[右边像是
一件浅绿色斗篷]。膝以下的部分磨损得很厉害。第四个人
物穿白色外衣，外面还罩着一件深棕色或深粉色外套。白衣
上有黄点图案，很像柏孜克里克（Bezeklik）石窟壁画中飘
在空中的花朵。[1] [底下可以看到有同样图案的深红色裤子，
扎在黄色长筒靴中。] 最右边第五个人物毁坏得很厉害，只
能分辨出长达膝盖的黄色衣服。[此外还可以看到白色裤子，
裤子上有黄色点状图案。底下还能看出暗红色长筒靴，靴子
上系着白色蝴蝶结。]

底下楣梁上的
画面

　　底下那条楣梁上的画面要有趣得多。从这条楣梁顶上的
那条线算起，保存下来的壁画约有 4 英尺高。但在 3 英尺高
的部分以下，只保留着分开的小块画面。整幅画面的背景似
乎是赭黄色，头旁边的项光也是赭黄色。但头之间的背景一
直到楣梁顶部，都是发棕的紫色。整幅画的内容是朝最右边
那个坐姿神人礼拜和献祭。最左边的墙面被"挖宝"的村民
毁坏了。从这一侧开始，可以看到一个人物的项光（人物已
经完全消失了）。然后是一个画得很清晰的男子的头部，头

① 参见冯·勒柯克《图录》图 128。那座石窟中的一部分壁画被带到了新德里。[安德鲁斯先生
认为，这些图案是一气呵成的模式化的火焰祭坛（?）。]

外面环绕着一圈窄窄的黄色项光，项光边先是浅绿色，再往外是粉色。在用明暗法进行处理时，使用了色调较深的红色颜料，使五官显得很突出。五官画的是四分之三侧影，很像拜占庭的作品。眼睛圆而突出，目光看向右上方。头上原来戴有头饰，但头饰上的着色已经完全消失了。项光的右边沿上可以看到一条红色的轮廓线，看来那个已经缺失的人物一只手中似乎拿着某物。下一个人物受到了水汽的严重损伤，水汽使一些地方的灰泥鼓了起来，还导致某些地方的颜料剥落了。这个人物的头部看得不是很清楚，只能看出他只有一个头，皮肤涂成肉色，头戴奇特的宝石头饰，看似有锯齿状的角。一条宽宽的深红色带子缠着头，带子上装饰着黄色宝石。［还有一圈黄色项光，颜色朝外边逐渐变深。］绕了两圈的项链和绣花的衣服边是红色，装饰着黄色短横线。双手朝右端着一个富丽的深红色扁平盘子，盘子上有纵向的黄色凸纹。［凸纹有点像卵形。］盘子里面有很多小圆球，圆球边是黄色的，画的可能是水果。

第四个人物保留下来四分之三长。这是一个三头人物，中间那个头完整地画了出来，两侧的两个头只用红色轮廓线画了侧影，而且比例比中间那个头小。［左边那个头戴着缠头布状的头饰，头饰前面是颗发光的宝石。］主头半朝右偏，这和仿佛在祷告（？）的手势是一致的。［双手掌心朝上，手指微屈。］主头上有白色头饰的残迹，头饰上还有一颗火焰状的扣子。头后面矗立着一个奇怪的物体，似乎是椅子背的顶部。这个物体涂成深红色，并有黄色装饰。耳朵上戴着大耳环，耳朵底下可以看到发绺的末端。脖颈上戴着宽宽的宝石项链。在项链下，从两肩上垂下来的两条深红色带子挂在胸前，带子上有小圆圈，画的是宝石璎珞。外衣是深绿

三头人物

色，袖子边是红色和黄色。里面的衣服是紫红色，好像长达脚踝，垂成宽大的衣褶。从衣服边底下露出人物的右踝和右脚，足背上有一条红色带子。而人物的左腿几乎被完全磨光了。

王子般的坐姿人物

三头人物的对面就是整幅壁画的主要人物，也是最有趣的人物。此人的比例比其他人都大，是一个年轻男子，转向左边，身体似乎微弯，呈发号施令状。唇上有胡子，眉毛浓重，面部表情比较僵硬。[前额上方的粉色颜料上，又画了一串深红棕色鳞片状物，好像是某种头饰。]再往上有一团白色颜料，大多已经剥落了。[成团的短发垂到后脖颈上。这样的短发以及鳞片状头饰在萨珊钱币上都是很常见的。]右臂微微伸出，右手朝上抬，持一根弧形权杖。权杖涂成红色，并有黄色装饰，杖头抬到了人物头饰的高度。杖头的形状是很小的牛头，两根牛角分得很开。这个杖头很像鲁斯塔木的"古尔孜"，《王书》以及其他书中常见的伊斯兰时期的波斯插图中，常把鲁斯塔木的"古尔孜"画成这个样子。人物左手抬在腰部上方，但看不出手中持的是何物。

像鲁斯塔木的人物的服装

一件深蓝色的袍子从脖颈延伸到膝盖上方，盖住了从肘到腕的部分。袍子边上镶着一条深红色的带子，带子上的黄点图案与前面所描述的一样。右臂上只能看到这条带子。腰上系着一条深红色的腰带，中央有一个圆形的宝石扣环。左腿从袍子底下伸出来，左膝屈着，腿上裹着华丽的窄裤子或绑腿。裤子是深红色的，上面绣着（或织着）繁复的黄色植物图案。左脚转向左边，脚上穿着深色的到脚踝的靴子。左大腿边悬挂着一把窄剑，剑鞘画成一条红色带子，沿着带子点缀着珠子。[剑从可以看到的那条大腿后面穿过，在胫骨前面又露了出来。]头上环绕着绿色项光。从脖颈后面朝上飘起两条弧形的白色带子，穿过项光前面，并伸出了项光之外。头饰也是白色的。我由此判断，这两条白带子就是萨珊石刻和钱币上的国王王冠后面飘飞的头巾状发带。从这个醒目的人物再往右只能分辨出一个侍者的头，比主要人物的头比例小得多，并转向前者。①

那个接受朝拜和献祭的坐姿人物无疑是一个半神化的人，他手里持的牛头杖说明画的是锡斯坦传说中的伟大英雄鲁斯塔木。实际上，我雇用的那些"奈扎儿"（Naizār）村民一下子就认出了这个熟悉的标志物，并很快把发现这幅壁画的消息散布开来。但在我看来，更有趣也更令人迷惑不解的却是呈朝拜姿势站在坐姿人物前面的那个三头人物。对三个头的处理方法，与中国新疆佛教艺术中的三头神完全一样②，这就使我注意到此人物在其他细节上（比如珠宝饰物、彩色项光和服装等）与中亚佛教绘画的共通之处。我不禁想起了在和田东北沙漠中的丹丹乌里克佛寺遗址发现的一幅精美的壁画 D.VII.6，以及那幅壁画一侧的一个人物。那个人物坐在带花的坐垫上，体形和富丽的服装完全是波斯风格。这个人物虽然出现在一个佛教朝拜场所，但和其他佛教神祇却截然不同。③在描述那幅引人注目的画时，我曾强调说，这个人物无疑源自伊朗，被当地人改头换面之后放在了

画的是鲁斯塔木

---

① 安德鲁斯先生下面这两段笔记让我注意一些有趣的相似性：

"低处那条楣梁中鲁斯塔木的姿势，和公元 5 世纪一个银碗上的国王叶孜德吉尔德（Yezdegird）完全一样（见萨尔《古波斯艺术》图版 III）。银碗上压出来的国王像中，也可以清楚地看出剑的位置很奇特，国王的右腿也是隐蔽的。实际上，这幅壁画和银碗上的国王像是出自同一个原型。"

"剑之所以穿过小腿后面，是为了防止在坐下的时候剑别扭地从大腿旁边支出来。某位研究文物的有洞察力的艺术家注意到了这个细节。之后，其他艺术家也用这个细节来说明波斯人和他们的前辈是何等崇尚现实主义的艺术手法。"

② 参见出自丹丹乌里克的三幅壁画（D.VII.6，X.5、8）；《古代和田》第二卷图版 LX、LXI、LXII；见该书第一卷 298 页以下。

③ 参见《古代和田》第一卷 279 页以下。

佛教的万神殿之中。但当时却没有任何线索能说明他究竟是什么身份。

丹丹乌里克的壁画

对照着在遥远的锡斯坦发现的壁画，我重新研究了那幅画，于是找到了这条线索。同时，这样的对照还有助于我们正确理解锡斯坦壁画的造像学含义。丹丹乌里克壁画中的波斯神祇有四臂。右下手握成拳，放在大腿上。左下手抬到胸前，持一件物体（我当时以为这是一个金刚杵，但勒柯克教授说也可能是一个杯子）。[①] 很容易看出，左上手举着的东西是一个矛头。右上手也是举起来的，持一件弧形的长物体，这个长物体顶端的东西大部分已经被磨光了。先前我完全凭着猜想，说那有可能是朵花。同科赫伊瓦贾的壁画比较之后，我们现在可以认出那件物体是一根权杖的头，这样就和人物的武士形象更为一致了。而两幅壁画中此物底下的支撑物都是弧形的，更证实了我们的结论。

D.VII.6 壁画中的三头人物

如果我们认定丹丹乌里克的那幅壁画一侧画的是神化的伊朗史诗中的民族英雄鲁斯塔木，那么也有助于我们理解壁画另一侧的人物。那是一个三头人物，有项光，皮肤呈蓝色，坐在一块装饰过的坐垫上。脖颈上和胳臂上佩戴许多珠宝首饰，此外腰上还围着一张虎皮。他四只手中持的法器、底下画的两头抬头蹲伏的牛以及其他几处细节，好像是借自婆罗门教的湿婆或是他在佛教中的相应人物。[②] 而在锡斯坦的壁画中，神化的鲁斯塔木也和一个三头神祇画在一起，这不能不引起我们的注意。我还无法断定两幅画中的这个人物是什么身份，可能应该在伊朗的传说中查找他。如果是这

---

① 参见冯·勒柯克《图录》50 页。那里对图 40 做的笔记摘自《古代和田》的图版 LX。
② 参见《古代和田》第一卷 279 页。

样，我只能把这个问题留给有相关资料的更资深的学者去解决了。但在这里我可以大致指出一点：丹丹乌里克佛寺还有两幅壁画中也有这个四臂三头神。① 其中 D.x.5 也画了一个来自波斯的骑马者（但方向和锡斯坦的壁画是相反的），作为一个传说场景的主题。那个场景在别的地方也出现过，但迄今为止对它的内容还没有合理的解释。② 我们在这里看到的，有没有可能是起源于伊朗传说并从中亚佛教造像中传入的画面呢？③

我们应该充分考虑到这幅画与佛教造像之间的联系，然后才能正确理解这个遗址的其他壁画。我们是在过道 Gha.i 附近进一步考察时发现其他壁画的，不幸的是它们已经遭到了严重毁坏。但我们把遮住上面所说的那条绘有壁画的楣梁的后来筑的墙（α）剥去之后，在西角的绘有壁画的墙（β）的一条裂缝处看到了一块更古老的墙面（γ），它在里面 15 英寸远的地方。我们把那些楣梁都剥下来并处理过之后，就拓宽了这条豁口，使那堵更古老的墙露了出来。但我们发现，墙上的壁画只伸展到了角落右边 2 英尺远。过了这之后，墙面就完全支离破碎了（图 467）。从附图 54 中可以看出墙的次序。这堵最早的墙上只有小块的墙面保留下来，画着一个身穿袍子的立姿人物，几乎有真人大小。从姿势和服装上看，这个人物很像尊菩萨，我对中亚的佛教雕像和壁画

Gha.i 的其他
壁画

① 关于 D.X.5、8，参见《古代和田》第一卷 300 页以下；第二卷图版 LXII。

② 参见《古代和田》第一卷 248 页、298 页；第二卷图版 III、LIX（D.VII.5）；《西域考古图记》第一卷 180 页（Kha.i.E.0034）。

③ 在此我要简单提一下诺勒得克教授的观点。他在对伊朗民族史诗的精辟分析中（见《伊朗语言学基础》第二卷 139 页）提出，鲁斯塔木和他的父亲扎尔本来大概并不属于史诗所说的传说世系。他在那里提了一个这样的问题：这两个人物是不是征服了锡斯坦的塞人从他们原来在中亚的居住地带过来的呢？

中这样的菩萨是很熟悉的。

菩萨般的人物　　　　壁画的颜料剥落了很多。即便是没有剥落的地方，颜色也已经变淡了。因此，图467中的照片只能体现出人物的轮廓，而且只是细腰以上的轮廓。那个粉色的椭圆标志着头的位置，头上的细节以及晕染的色彩都已经消失了。还可以分辨出背光的残迹。脖颈下面画着个宽宽的红色项圈，装饰着宝石。从佛教艺术的犍陀罗时期起，无论是绘画中的菩萨还是雕像中的菩萨都常佩戴这种项圈。胸和右臂上裹着件紧身的浅黄色内衣。从腰部以上一直到膝部，可以看到一件深红色衣服。从左肩垂下来一件斗篷似的棕紫色外衣。再往下，在左膝附近可以看到黄色衣褶，大概是内衣上的。由于灰泥脱落，底下的画面已经全部消失了。右肩上方有另一个头的痕迹，脖颈下面有条椭圆形带子。上面所说的这个菩萨般的人物的着色以及过道 i 后面墙上的着色，不同于墙 β 上的粗陋着色。

过道 Gha.i 后面的壁画　　　　过道 i 后面的那堵墙有4英尺多厚。在拱形大门 δ 的上方以及两侧，还有小块的彩绘灰泥墙面保留了下来（在图467 中可以看到大门 δ）。这个墙面与墙 β 上的壁画墙面是平齐的，由此可以判断角落两侧的壁画是同一年代的。残留下来的彩绘灰泥墙面只比拱形大门高1英尺多，可见大门是后来开的。这座大门有4英尺3英寸宽，并不位于后来那条带顶棚的过道的中轴线上。过道有可能是在大门开了一段时间后建的。大门右边的彩绘墙面由于水汽和白蚁留下的泥巴的影响，已经无法辨认出连续的布局了。在拱形大门的上方，我只能在两个地方分辨出华丽的服装，还有一个呈放射状的红色背光。在同一堵后墙上再往左，过道的东南墙（是依后墙而建的）在某种程度上保护了墙面。把这堵后来的墙剥去之后，我们发现了 3 英尺宽的彩绘灰泥墙面。在白蚁的作用下，墙面大部分已经消失了。但在右边仍残留着一个约真人大小的人物的一部分，穿一件紫色的袍子，好像把一个碗献给左边的什么人。人物的头已经支离破碎了，在头底下可以看到一条宽宽的宝石项链。左边的人物则只剩下了紫色袍子的褶皱边。

值得注意的是，在两堵比较古老的墙 β、γ 被后来的带堞口的大门前墙遮住的末端，墙面上都涂了白色灰泥。这两堵旧墙形成了一个房间的西北侧。由此看来，早在修建大门之前，这个房间就已经存在了，而且还进行过修缮（后来筑的外墙 β 就证明了这一点）。此后，在房间的西南墙开了一道拱门。至于原来的房间朝西南方向延伸了多远，我们已经无法判断了。但值得注意的是，这堵墙过了门后又延伸了约24 英尺。

建筑格局上的添加和变动

从墙 β、γ 的壁画来看，后来被建筑 i 占据了一部分的地方，原来是一个大厅、内殿或过道，这个"内殿"是和佛教信仰有关的。伊斯兰教是大约在公元 7 世纪中期传入这里的。大体看来，这些壁画要早于伊斯兰教的传入。但由于鲁斯塔木那个神化的英雄在民族史诗传统中有崇高的地位，即便是狂热信仰伊斯兰教的人也可能会容忍那幅"鲁斯塔木壁画"的存在，把它当作世俗性质的东西。毋庸置疑的是，在萨珊时期（也可能在那之前），佛教在伊朗东部就有了立足点。至于佛教的影响向西延伸了多远，这个问题我们只能通过将来的考古挖掘来证实了。我对这个遗址的匆匆考察足以表明它可以上溯到很久以前。只有对这个遗址进行系统的清理和研究（那大概需要多年的长期工作），才有可能判断出它的主要建筑原来是做什么用途，后来在中世纪后期又是作

佛教信仰的遗迹

什么用途的。从这些佛教风格的壁画上我们只能看出，"圣山"上的这个遗址包含一座佛教寺院。[①] 而在伊斯兰教传入之前，锡斯坦人自古以来大多数都是拜火教徒。由此可以判断，这个遗址肯定吸引了更多的拜火教徒。下文将说到的《阿维斯陀》中的文字更证明了这一点。但从印度到中国都有足够的证据表明，在东方，人们常去的朝圣地，尤其是"自生的朝拜地"（Svayaṃbhū-tīrtha），常常有一些设施来满足完全不同的教派和信仰的需要。

走廊 Gha.iv 中残留的壁画　　从中央大厅 v 的位置和大小来看，它都是一个很引人注目的地方。但由于它朽坏得很厉害，我无法判断出它的最初用意是什么。它是一座宫殿的主厅呢，还是拜火教徒们举行宗教仪式的场所？大厅面对着平台前面的墙上有浮雕，由此看来这个建筑也可能是世俗性质的，但这算不上是明确的证据，因此我们后来在平台底下发现的壁画意义就更重大了。壁画是在一条带拱顶的地下走廊（Gha.iv）中发现的。显然，这条走廊原来就在平台对着方形庭院的整条边底下，它的作用是支撑平台。如今，走廊已经朽坏，可以追踪到 62 英尺长。它破碎的开口在中央大厅的门廊附近（图 461），之后走廊朝西南延伸过去。在我测量的时候，侧墙之间走廊的宽度是 6.5 英尺。正对着四边形的那堵墙上有一条小豁口。我手下一个想找到更多壁画的人注意到豁口后面有块彩绘的灰泥墙面。我们把外面粗糙的土坯剥去了一点，露出了一个人物的一部分。这说明此处后来也添筑了墙，遮住了先前的墙和拱顶。添筑的墙用土坯（24 英寸×13 英寸×3 英寸）

---

① 我先前在一篇文章中（见《地理学杂志》第四十八卷 221 页），仓促地提到了一座大佛寺。现在经过更充分的考虑后，我希望限定那座大佛寺的范围。

筑成，被随意地嵌在灰泥中。显然，拱顶的状况以前就已经不太好，于是筑了这堵墙来加固拱顶。

在露出来的那块早期的墙面上可以看到一个裸体男子的头和胸，是用赤褐色的颜料绘成的，我们一眼就能看出它是古典风格的。为了进一步揭示这幅有趣的画，我命人把附近后来添筑的墙尽量剥去。但为了保险起见，有必要先加固一下拱顶（拱顶在古代就已经不稳固），并尽量减轻拱顶上方的土坯和碎石的重量。为了加固拱顶，我让人沿走廊的中轴线筑了一堵墙，一直筑到拱顶那么高。这项工作以及移掉走廊上方的平台土坯的工作，是在领事馆的公共事务部的监督下雇人完成的。利用这段时间，我还在南边的沙漠进行了勘察。我回来的时候发现，里面和外面后来添的墙面有 15 英尺长都被小心地剥掉了。可以看出，除了在第一次发现壁画的那个地方保留着 8 英尺长的壁画，白蚁以及潮湿的灰泥（后来添筑的墙面用的就是这样的灰泥）几乎把原来墙上和拱顶上的装饰都毁掉了。

但不知为什么，那块 8 英尺长的墙面上还保留着一幅有趣的壁画。在比原来的地面高 3 英尺的地方，可以看到两个面对面的人物，似乎是坐在地（?）上。两个人物从头到腰的部分多少都保留了下来。右边的人物左腿朝外伸，左臂抬到了几乎与脖颈平齐的地方，手中握着不可辨认的某物。右腿放在地上，右臂沿着右腿伸出，但由于灰泥上有一条大裂缝，右臂大部分已经缺失了。裂缝大概是白蚁造成的，从头顶上方的那条楣梁斜着穿了过来。头是侧影，约 5 英寸长，五官是纯粹的古典风格。和人物的其余部分一样，头也只是用赤褐色画了轮廓线。整个人物奇怪地使人想起了希腊花瓶

剥下后来添筑的墙

古典风格的壁画

上对人物的处理。对面的那个人物毁坏得更厉害，但头保留了下来，胸和胳臂也保留下来很多，可以看出他的姿势和右边那个人是密切对应的。乍一看，这两个人似乎在玩什么游戏。背景被白蚁啃啮得很厉害，看不出什么细节。显然，赤褐色颜料不大合那些具有毁灭力量的白蚁的口味，所以人物才保留了下来。

　　[以上这些文字是我在走廊暗淡的光线下看到的情景。后来，这幅壁画在新德里拼了起来，安德鲁斯先生仔细研究了壁画，并提供给我下面的文字。附图54中对这幅残破不全的壁画的临摹，就出自这位艺术家之手。他给我的笔记是这样的："灰泥墙面上用蛋彩颜料绘着两个腰以上都赤裸的年轻男子，两人面对面。每人腰上的白色衣纹表明他们都系了裹腰布。左边的人物基本上呈侧影，双肩微朝左转，身体朝右倾，双臂都完全伸出，双手在腰际握着一根矛（或绳子），矛（或绳子）横穿过画面。头基本缺失，好像是侧影，目光看向第二个人。头后面可以看到一部分白色发带。

　　"右边的人物头保存得要好一些，呈现的是完美的希腊风格的侧影，充满朝气的眼睛圆睁着，一条白色发带缠在头上。由于左臂的姿势，双肩朝右转。左臂后举，屈肘，左手在肩际，持一根竖立的棍或矛。右臂朝左伸，右手与腰平齐。这个姿势是正在防卫的击剑者的姿势。实际上，这两个人看起来像是一个在进攻，一个在防守。

　　"人物的线条非常逼真，本质上是希腊化风格。左边那个人物背部的弧形线条、胸部和腹部的线条表现得很好。几乎所有的细节部分都缺失了，所以现在的人物看起来就像是剪影一般。人物的背景如今已经变成了白色，背景上有一串竖立的叶子，好像是画得比较粗糙的莨苕叶。这串叶子部分地出现在人物头部的后面和上面。叶子上方又是一串横向的花和叶子，花环上每隔一段距离就缠绕着一条飘带。"]

这里的灰泥墙面比 Gha.i 的墙更细腻，也更硬。于是，尽管上面所说的那幅画面已经遭受了那么多损坏，我们还是把它剥了下来。墙上用了两层灰泥，每层约有 1.5 英寸厚。画面上方还保存着一小块装饰性的楣梁，原来的楣梁在走廊的外墙上似乎伸展了很长的距离。墙顶部比地面高 8.5 英尺，墙顶上的土坯朝外伸出 2 英寸，支撑着拱顶。这层土坯底下是一条 3.5 英寸高的圆线脚，涂成深红色，线脚往下就是一条 28 英寸宽的楣梁。从草图上可以看出，楣梁是由不同颜色的条带构成的。其中最宽的条带上是设计得很好的旋涡饰图案，看起来像是一条用飘带系着的花环。整个装饰和底下的人物一样，都明显可以看出希腊化风格的影响。在内外墙上的其他地方也可以看到与此相同或极为接近的装饰，但都比较模糊。剥去后来的土坯后，我们发现的灰泥墙面上的壁画都磨损或破碎得极为严重，无法判断其布局。但值得一提的是，过了上文所说的那幅画面后 5 英尺的地方，可以分辨出一条大帷幔状的弧形部分，弧形部分上是一系列不同颜色的条带。在帷幔（？）的顶上和底下可以看到叶子般的形状，但画面的布局我们还不清楚。

清理走廊西南端上方的碎石后，我们发现有一道门（κ）通到了房间 viii 里面。大门右侧底下装饰着一块硬灰泥墙面，墙面上有凹陷的几何图案（见附图 54 中的临摹），凹陷表面的凹槽中仍有红色颜料的残迹。门里一直到这块墙面的上方都塞满了土坯，这在一定程度上保护了墙面。灰泥从这块装饰底下一直延伸到地面上。没有什么证据能表明这里的灰泥装饰和我们发现的屋子 viii 是同时期的。而且，它看起来也绝对晚于底下走廊墙上的壁画。而那条走廊位于平台底下，平台上就是中央大殿 v，整个方形庭院以及庭院周围的

装饰性的楣梁

装饰过的灰泥墙面

建筑都是以那个大殿为基准修建的。从走廊的位置看，它肯定属于遗址的早期部分。现在我们还很难断定那里的壁画究竟是什么时候绘上去的。但考虑到那两个面对面的人物是不可置疑的希腊化风格，以及平台墙的其他建筑细节（比如扶墙后面隐藏着的陶立克式柱头），都使我不免得出这样的结论：整个遗址的中央部分是在萨珊时代早期修建的。

第四节　山顶的遗址

加加沙后面山坡上的墓葬

　　在围墙的北面之外，陡坡一直朝上延伸到了悬崖的脚下（图458），山顶的边上大多数地方都是这样的悬崖。凡是坡上容许进行建筑的地方，我们都发现了用石头垒成的粗糙平台，平台上是墓葬。这样一来，围墙围住的地方四周就环绕着一块宽阔的墓地。大多数墓葬都按照伊斯兰教的习俗进行了准确的定向。墓葬的低矮石墙上放着的扁平石块都塌落了，可以看到里面已经发白的骸骨。有些分布紧密的墓葬群离河床很近，偶尔会有雨水沿着河床从围墙两侧流下来。河床边上和里面这里那里不时有用大石块垒成的护墙。它们的用意可能更多的是防止水流冲击墓葬，而不大可能是为了收集雨水。

科克伊扎尔遗址

　　有一条保存得很好的路，沿着悬崖在用墙垒起来的斜面上攀升。从这条路可以来到高地最高的边上，那里大约比加加沙最高的遗址还高200英尺（图463）。有一处地方需要在光秃秃的石壁上攀登20英尺高。沿着一条天然的石道走，然后穿过一段粗陋的石墙，便绕过了山顶石边上的一个凹陷处。从东北俯瞰着这个凹陷处的那个制高点，就是被称为科克伊扎尔（Kok-i-Zāl）的带围墙的小遗址（图474）。那里厚厚的土坯墙围住了一块长约50码、宽约30码的地方。依着西北面的墙有一排带拱顶的方形屋子，朝向加加沙的那个面上也有一组带拱顶的小屋子。这个带围墙的遗址，其用意无疑是为了保卫底下那个遗址不受来自上面那个制高点的进攻。墙上使用的土坯长17英寸，宽12英寸，厚4~5英寸，与底下那些比较古老的建筑中用的大土坯有所不同。

从前面所说的那个凹陷处出发，沿着一段残墙朝西南方向攀登约50码，就来到了一座完全坍毁的小丘。小丘坐落在石头地基上（见图474的前景）。那里大概本是座塔，以便成卫那条从凹陷处朝下延伸的道路。再朝西南走约160码就来到了另一个这样的小丘（图458）。它在悬崖的顶上，悬崖底下就是加加沙的外围墙终止的地方（附图52）。

高地边上的土丘遗址

沿着高地边上朝西走约0.33英里，就到了一个叫奇西勒杜克塔兰（Chihil-dukh-tarān）的遗址，它名称的意思是"40个女子"。这座堡垒占据了高地朝外伸出的一个部分的最末端，南边和西边都是极陡的悬崖。在西面它俯瞰着达拉依索克塔（Dara-i-sōkhta）小谷地，从那条谷地到山顶上来是最容易的。显然，就是为了成卫那条路，小堡垒才被置于此。它的围墙是用摆放整齐的坚实的土坯筑成的，围成了一个长约40码、宽30码的长方形。大部分围墙上都有观察孔，观察孔比地面只高出数英尺。大门开在东墙中间，门两侧有两座小圆塔，其中一座圆塔中用拱顶分成了上面一层和底下一层。围墙四角是圆形棱堡。沿着西墙里面有一个长长的大厅，原来也是有圆顶的，大厅地基用大致呈方形的大石块垒成。沿着北墙和东墙也发现了类似的做地基用的墙，说明那里是已经坍毁的小屋子。在这座小堡垒以及科克伊扎尔发现的陶器碎片大多是质地很好的红陶，外表上有凸纹，在加加沙发现的典型陶器也是这样的。从这一点以及小堡垒的

奇西勒杜克塔兰堡垒

状况来看，奇西勒杜克塔兰与加加沙似乎是属于同一时期的。泰特先生记述了一个很流行的传说，说明这座堡垒为什么叫这个名称。[①] 在北边 80 码的地方，可以看到一圈破败的用粗糙石头垒出的方形围墙，大概是一个萨拉依。再朝这个方向走 20 码，就会发现一组用同样方法建筑成的屋子，它们从东到西延伸了约 30 码远。

当地人崇拜的地方

在科赫伊瓦贾山顶上发现的其他东西也具有考古学价值。它们有力地说明，至今人们仍把这里看作一个神圣的地方。在古道经过石坡上的凹陷处的地方附近，有一块石头中有两个圆形的孔洞。据说这是鲁斯塔木那匹著名的马留下的脚印，这两个脚印被称作祖木依杜尔杜尔（Zum-i-Duldul）。传说以前从脚印中曾冒出一眼泉水。再往上，科克伊扎尔西边约 250 码的地方有块更大的石头，传说那上面保留着瓦贾（Khwāja）即神圣的阿里留下的特别长的脚印。所说的"脚印"，实际上就是两条约 2 英尺长的凹槽，凹槽之间是石头表面自然形成的褶皱。一道粗陋的石头墙保护着这个神圣的地点。与印度东北边境和中亚的很多地方一样，这里的当地崇拜是很坚定的，这种崇拜大概用伊斯兰教的圣人替换了乔达摩佛。[②]

科赫伊瓦贾的圣陵

成千上万从锡斯坦各地来的信徒都来朝拜高地北边的一组圣陵（图 475，附图 52）。尤其是在新年庆典的时候，整个高地顶上都是狂欢的场面。而且，据当地人说，还有一个晚上在这里有大量的乱交活动。主要的圣陵似乎是山顶附近的皮尔·加尔坦（Pīr Ghaltān）。在比较低的地方我还发现

---

① 参见泰特《锡斯坦》266 页。
② 参见我的论文《信伊斯兰教的中亚地区的当地佛教信仰》，见《皇家亚洲学学会会刊》839 页以下，1910 年。

了另外三座圣陵，那里有竖立的大石头，朝圣者的祭品就放在大石头附近。在传说中的皮尔·刚都木（Pīr Gandum）的安息地，人们的祭品是谷物。另一座圣陵据说安息着一位叫皮尔·奇里（Pīr Chillī）的圣人。人们说他是一位来自印度的米拉西（Mirāsī），即行吟的歌者。

从图475中可以看出，圣陵周围的所有地方都是墓葬。墓葬大多数在地上，但并非所有的墓葬都如此。这里有很多粗糙的石块，所以这样的埋葬方式大概比在石质地面上挖坟墓更方便。可以肯定的是，这里的绝大多数墓葬以及加加沙附近山坡上的墓葬中埋葬的都是伊斯兰教徒，但我也注意到有几座墓葬并不是按照伊斯兰教的正统方式定向的。我看到的大多数墓葬被打开了。当地人告诉我，"三四代人之前"，锡斯坦的村民大规模地洗劫了这里，据说当时他们找到了不值钱的小东西、珠宝等。要打开几百座这样的墓葬是很费力的，这说明当地人说的话还是有点根据的。

科赫伊瓦贾上的墓地

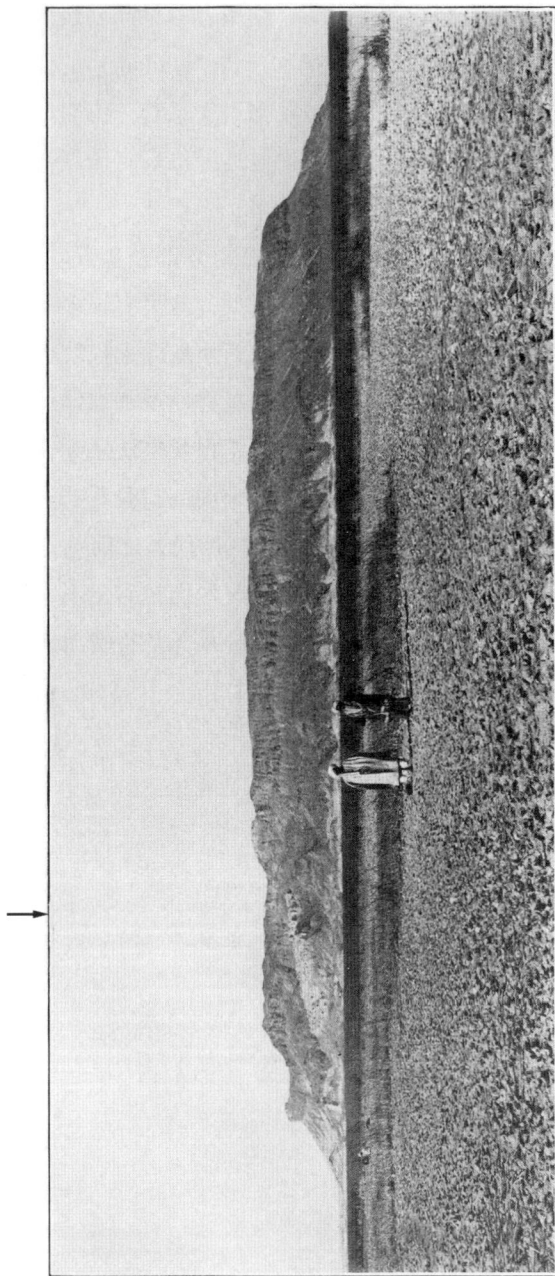

图473 从东边越过哈木恩望到的科赫伊瓦贯石岛（箭头所指的是加加沙遗址的位置）

图474　科赫伊瓦费山上的科克伊扎伊尔遗址

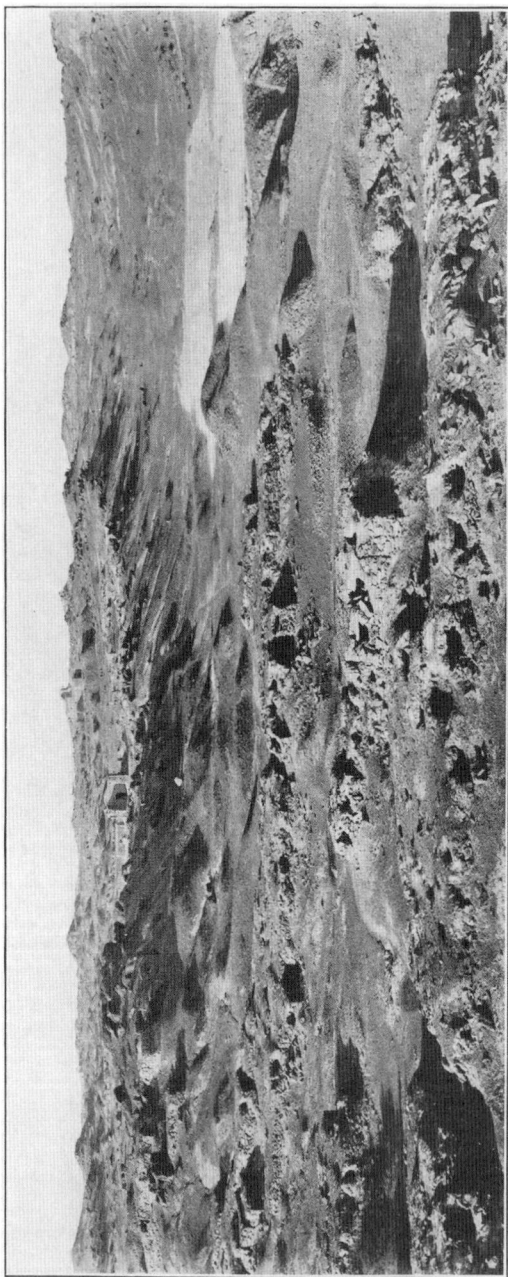

图475　从科克伊扎尔所在的科赫伊瓦贾山顶上看到的坟墓和圣陵

这块高地还有一个很奇特的特征。在科克伊扎尔和圣陵之间，基本平坦的地面上有很多挖出来的大坑。它们无疑本是古代的采石场。考虑到它们的位置，它们可能只是为那些地面墓葬提供石材的。在坑里或者坑附近，我只能看到天然的岩石，还有不能用于建筑的小块石头。坑附近的地面上是大堆大堆这样的小石头片。据说下过雨之后，在一段不长的时间内坑中能储存一些水，朝圣者们充分利用了这里的水。但大坑最初似乎不可能是当作水库用的。

圣陵、墓地和地名都证明，从很久以前起，人们就崇拜着科赫伊瓦贾这个地方，对此我们无须多说。这座山顶上是火成岩，孤独而醒目地矗立在辽阔而平坦的沼泽以及锡斯坦盆地冲积平原的中央。显然，从很早的时候起，这样一个地方就会受到住在附近的人们的崇拜。用印度的神秘术语来说，这个地方对附近居民来讲成了一个"自生的崇拜地"（svayaṃbhū-tīrtha）。幸运的是，我们可以从伊朗最早的宗教文献《阿维斯陀》中找到证据，说明这座山在古代就已经盛名远扬了。前面我在说到《阿维斯陀》是如何重视锡斯坦湖时，曾提到了《阿维斯陀》中的第 xix.66 赞歌。[1] 由于那一章节是我发表的第一篇文章的主题，所以我对它记忆犹新。还在科赫伊瓦贾的时候我就意识到，那段文字中不仅说到了流入锡斯坦湖的河名，还提到了矗立在湖中央的这座山的名字。后来令我十分高兴的是，我发现我已故的极可敬的老朋友詹姆斯·达麦斯特特教授对那段文字早已进行了正确释读[2]，使我们能看出《阿维斯陀》中的"乌什德浩山"

大坑

神圣的科赫伊瓦贾

---

[1]　参见本书第二十八章第一节。

[2]　参见达麦斯特特《阿维斯陀古经》第二卷 634 页。

（Mount Ushidhâo）就是科赫伊瓦贾山。

《阿维斯陀》
第 xix. 66、67
赞歌中的"乌
什德浩山"

　　《阿维斯陀》中的第 xix. 66、67 赞歌是这样的①："ughrem ahᵛaretem hᵛarenô … yat upaṅhacaiti yô avadhâ ṭ frakhshayêitê, yathâ zrayô yat Kãçcaêm Haêtumatem, yathâ gairis yô Ushidhâo yim aiѡitô paoiris âpô hãm gairishâcô jaçentô. （67） avi tem avi-hantacaiti avi tem avi-hãm-vazaitê Hᵛâçtraca Hvaçpaca Fradatha Hᵛareṅhaitica yâ çrîra Ustavaitica yâ çûra Urvadhaca pouru-vâçtra Erezica Zarenumatica. avi tem avi-hantacaiti avi tem avi-hãm-vazaitê Haê［tumâo］② raêvâo hᵛareṅ uhâo…"翻译过来就是："［我们崇拜］那个人不可企及的光辉，他统治着赫尔曼德河汇成的 Kãçaoya 湖。乌什德浩山就在那里。环绕着乌什德浩山，很多条山溪汇流在一起。朝这座山流的有 Hᵛâçtra 河、Hvaçpa 河、Fradatha 河、美丽的 Hᵛareṅuhaiti 河、宏大的 Ustavaiti 河、岸边布满牧场的 Urvadha 河，还有 Erezi 与 Zarenumati 河。这些河都汇流在一起。美丽光辉的赫尔曼德河也朝这座［山］流淌，并汇入湖中。"这样的释读就是达麦斯特特教授在法语译文中使用的版本。它不仅和原文的字面意义极为吻合，而且地理学事实也证明它是正确的。上面我们已经说过③，我认为《阿维斯陀》中提到的前四条河分别是现在的哈什（Khāsh）河、胡斯帕斯（Khuspās）河、法拉河、哈鲁特河，这四条河也是按照从东向西的顺序排列的。看一下地图我们就知道，尽管

---

　　① 为了排字方便，这段释读依据的是朱斯帝在《手册》中用的那套体系，用 hᵛ 替代了 q。

　　② 盖尔德纳教授把原文中的 Haê_校订成了 Haêtumâo 是正确的，也已经被学术界所认可。见巴陶罗马《古伊朗语词典》1729 页。

　　③ 参见本书第二十七章第二节。

这些河以及《阿维斯陀》那段文字末尾提到的赫尔曼德河都汇入了一个沼泽中，但它们却是从相距十分遥远的山上（像赫拉特和喀布尔那么远）流下来的。由此看来，"Ushidhâo yim aiwitô paoiris âpô hām …jaçentô" 就应该像上面所说的那样理解，应该把介词 "aiwitô" 理解成它通常的含义，即 "在周围"。而不是像我在第一次研究这段文字时那样，将其翻译成 "从周围" 或 "在……脚下"，其他人也犯过这样的错误。

正确释读了 "乌什德浩" 这个名称后面的那些文字，再加上我们现在对锡斯坦盆地的地形知识，由此我们可以看出，"乌什德浩山" 就是科赫伊瓦贾山。[①] 这也有助于我们理解这座山为什么是神圣的（《阿维斯陀》中还有几个章节提到了神圣的乌什德浩山），也有助于理解它的名称起源于

"乌什德浩山" 就是 "科赫伊瓦贾山"

① 达麦斯特特教授在《阿维斯陀古经》第二卷 633 页注 98 中，讨论了 "乌什德浩"（Ushidhâo）和 "乌什达里纳山"（Ushidarena，在《阿维斯陀》其他章节中，这两个名称指的是同一座山，见赞歌 i. 28 和 xix.2）。当时他留下了一个悬而未决的问题。他说，这座山 "或者是在那些遥远的山脉中，赫尔曼德河和其他锡斯坦河流就是从那些山中流下来的；或者它是锡斯坦平原上的某个孤立的高地，比如'鲁斯塔木堡垒'，即科赫伊瓦贾，纳迪尔沙（Nādir Shāh，生于 1688 年，波斯的统治者和征服者——译者）曾攻打那里，却徒劳无益。"

现在我们对锡斯坦的地形有了确切的了解。如果当时这位研究《阿维斯陀》的大学者就知道这些，我敢肯定他一定会选择后一个假设。1887 年，他毫不犹豫就同意了我对和那座山有关的河名的判断。

何处。①

《阿维斯陀》
中还没有辨认
出来的河流

现在让我根据上面讨论到的赞歌，来简单说一下赞歌中提到的另外四条还没有被辨认出来的河，即 Ustavaiti、Urvadha、Erezi、Zarenumati。我们上面已经证实了乌什德浩山的位置，这些河都汇入了乌什德浩山"周围"。于是我想到，是否应该在地图上标的从西边山上流入盆地的那些河流中寻找这四条河。的确，只有在比尔詹德和奈赫（Neh）的那些山脉下了特别大的雨的时候，这些河流的水才会泛滥到"哈木恩"中来。但哈什河、胡斯帕斯河以及哈鲁特河也都是这样的。② 前四条河的名称完全是按照从东向西的顺序排列的，而最后提到的是赫尔曼德河，这似乎也支持了我的假设。但我从这些溪流现代的名称中却无法找到直接的证据能支持我的假设，这个问题只有在将来进行现场考察之后才能

---

① 这个地名的主格是"乌什德浩"（Ushidhâo），宾格是 Ushidâm（见《阿维斯陀》赞歌 i.28）。可以肯定的是，这是一个复合词。词的前一部分的"乌什"（ush），即梵文中的 ushas、ush，意思是"黎明、曙光"，大概是个方位格的形式（locative form）。巴陶罗马在《古波斯语词典》415 页中认为，这个复合词的第二部分是 dam，即"房屋、住所"的意思，这在语法上是说得通的。这样一来，复合词的意思就是"居住在曙光中的人"。

但这个词的第二部分也可能是 dâ，即"光"（参见巴陶罗马《古波斯语词典》第 725 页），这样就得出了"乌什德浩"（Ushidhâo 或 Ushidâo）的字面意义，即"他人能在黎明中看到的人"。对科赫伊瓦贾山而言，这样的名称是很合适的。这座高山是完全孤立的，整个平坦的盆地都尽收眼底。早晨的时候，第一线曙光先照到山上，于是东边遥远的垦殖区的人都能望到这座山。

对于钵罗钵语（Pahlavī，中古波斯语的主要形式，通行于公元 3—9 世纪——译者）中的"Ōsh-dāshtār"，人们可以作不同的解释。内里奥散格（Neriosengh）采纳的意思是"把智慧赐予人并保护着这种智慧的山"。达麦斯特在他的注解中解释了这一含义：被曙光第一个照到的山，也照亮了人们的智慧，因为曙光和智慧都是"元始"［ushā 和 ushi 都是"大元始"（Grand Bundahis）］。

这座山的另一个名称是 Ushidarena，在钵罗钵语中也用 Ōsh-dāshtār 来表示。在《阿维斯陀》耶斯那（Yacna）2.4 中，和这个词搭配的形容词是 mazdadhâtem ashaʼâçtrem yazatem，意思是"光明神（Mazda）所创造的，赐予人们正义和悠闲的、神圣的"。这说明这座山在古代的时候就是座圣山，如今科赫伊瓦贾山仍是这样。

② 参见泰特《锡斯坦》109 页、116 页。

解决。①

以上是我在哈木恩东滨附近停留期间观察到的东西。在结束这段描述之前，我最后要简单提一下我在那里遇到的萨亚德（Sayād，即渔人）小部落。这个小部落过着"两栖"的生活。有充分的历史证据和传统证据表明，锡斯坦现在的居民人种很多样化，大多数是通过一次次征服和迁徙来到这里的。② 而最多地保留了原来的人种特征的，就是萨亚德部落。他们在哈木恩长着芦苇的潟湖边狩猎、打鱼，生活方式特殊而原始，这使他们与农业人口保持着很大的距离。出于生计考虑，他们必须随着湖的季节性变化而迁移，本质上过着流动不拘的生活。他们的住所不断变换，住的都是临时性的芦苇棚子（图452）。而且，按照部落的传统，湖和沼泽的不同部分被指派给不同的家族，这也是和他们特殊的流动生活方式相符的。③

萨亚德渔民部落

---

① 在我手头的地图上，这样的干河床有的没有标名称（比如经过班丹的那条河床），有的只有一些泛泛的描述性文字，如"肖尔鲁得"（Shōr Rūd）或"图尔什阿伯"（Tursh-āb），这些词只能说明那里的水是咸的。

《元始经》中有一段文字无疑指的是 Zarenumati。见韦斯特博士在《东方圣书》第五卷82页的译文。那里提到，阿夫拉西阿卜"把 Zarīnmand 泉水（也就是人们所说的赫图曼德河）引到了 Kyānsīh 海"。Kyānsīh 海就是《阿维斯陀》中的 Zrayô Kāçaoya，也就是哈木恩湖。Zarīnmand 指的是不是赫尔曼德河的一条叫"比亚班河"（Rūd-i-biyābān）的古代支流呢？那条河已经断流100多年了。而自从史前时代起，它曾在不同时期把水带到拉姆罗得（Rāmrūd）以东和以南的沙漠中。或者，这个名称会不会指一条叫 Rūd-i-khushk 的更古老的支流呢？这条河曾流进济里湖中。参见本书第三十章第一节。

② 泰特在《锡斯坦》一书的第四部分"锡斯坦的居民"中收集了很多有用的当地资料，说明了锡斯坦现在的民族分化。但那里也掺杂了不少民族学问题上的臆测。作者既使用了错误的资料来源，还在那些资料基础上作了假设。从这两方面来讲，那本书都是值得商榷的。那里也没有收集人类测量学上的数据。

该书估计整个锡斯坦的萨亚德人只有1 500人。关于对萨亚德人的描述，见该书297页以下。

③ 参见泰特《锡斯坦》124页以下。

对萨亚德人进行的人类学测量

很容易理解，这样的生活条件使萨亚德人很少与他们那些过定居生活的"邻居"来往。在萨亚德人中，害羞和自立这两种特性奇怪地混合在一起。后来我费了不少周折才收集到了这个部落的人类测量学资料（见附录 C），那一次经历使我意识到了萨亚德人的自立特性。这些资料是从住在离道路不远的地方的萨亚德人那里获取的（图 454），那条道路穿过"奈扎尔"，朝班丹（Bandān）延伸过去。① 把这些资料与我从锡斯坦人和在锡斯坦服役的那些俾路支人那里获取的大量资料比较一下就能看出，萨亚德人很可能是陷入穷苦境地的土著人的后裔（乔伊斯先生就指出了这一点），而不太可能像某些人猜测的那样是阿拉伯血统。

---

① 1月末，当我抽出时间来收集人类测量学资料的时候，印度向比尔詹德派驻了军队，因此要征调萨亚德人来制造大量的"土丁"，即芦苇筏子。当时，由于哈木恩湖湖水泛滥，到班丹去的路沿线地区已经被淹没了，所以要用到芦苇筏子。而且，只有萨亚德人知道怎么制造和使用这种筏子。但尽管萨亚德人会得到丰厚的报酬，他们还是被吓坏了，带着家眷和家产逃到了沼泽里的芦苇丛中。他们像野鸭一般藏在那里，离湖岸很近，从岸上就能听到他们的声音。但对于不习水性的人来说，是完全无法抓到他们的。关于我最后怎么说服他们从那个安全的栖身地出来，接受人类学测量，这又是另一个故事了。

第二十九章　波斯境内锡斯坦绿洲的遗址

第一节　沙利斯坦及其附近的遗址

现在，让我们从哈木恩湖滨，转向现在波斯境内锡斯坦垦殖区的对面，即垦殖区的东端。那里的平地上矗立着一些高地，赫尔曼德河水可以灌溉到或泛滥到那里，于是一些十分古老的遗址被保存了下来。其中最古老的，当属被称作沙利斯坦（Shahristān）的那个遗址了。它占据着一座独立的土岭顶部。土岭醒目地矗立在冲积平原上，不远处就是波斯境内三角洲的主要水渠从锡斯坦河（Rūd-i-Sīstān）上引出去的地方（目前锡斯坦河是赫尔曼德河的南支）。这座岭是一座覆盖着砾石的高原的最外围。高原沿着赫尔曼德河左岸朝南延伸了很远，把赫尔曼德河与从哈木恩到济里盐沼的冲积平原分开了。岭顶部视野极为开阔，赫尔曼德河三角洲的头部尽收眼底，这块三角洲从大锡斯坦坝（Band-i-Sīstān）开始，包括赫尔曼德河的两条支流锡斯坦河和纳德阿里河（Nād-Alī）之间的全部地区。

沙利斯坦岭南北延伸了约 1 英里，最高的地方比岭东边脚下延伸的那条水渠的岸高 80 英尺（图 477）。一条被侵蚀而成的小谷把岭分成南北两半。从附图 55 可以看出，南半部分上有古代围墙遗址，北边那个小部分上则有一些近代小

沙利斯坦遗址

堡垒遗址

建筑，比如伊斯兰墓地旁边的几座墓葬的圆顶。过了这一小部分后，岭继续延伸成了低而窄的高地，一条小谷将高地与岭的主体隔开了。南边那圈围墙长约 800 码，朝北的那一端最宽，有 250 码。围墙用土坯筑成，本来特别厚，现在已经严重坍毁了。从图 478 中可以看出，围墙以及加固围墙的塔和棱堡大部分已经变成几乎辨不出形状的小丘了。围墙最北端的山坡是最平缓的，容易受到攻击，于是筑了两道围墙，这两道墙如今都已只有残迹。南端的岭最高，那里的遗址是一座堡垒或宫殿，形成一个长 140 码、宽 80 码的四边形建筑（图 478）。在堡垒的东北角，地表上仍可以辨认出一些土坯。这里用了两种土坯：18 英寸×16 英寸×4 英寸；16 英寸×11 英寸×4 英寸。

有证据表明遗址很古老

尽管外围墙和里层堡垒的围墙都特别厚，但朽坏得很严重。由此看来，这是一个十分古老的遗址。考虑到遗址所在的地面既没有地下水的侵害，也不会受到风蚀的影响，这一点就更值得注意了。整个区域内都有大量的陶器碎片。我观察了这些碎片后，也觉得这是一个古老的遗址。安德鲁斯先生仔细研究了我带走的那些带装饰的碎片，他也证实了我的推断。关于陶器碎片提供的证据，我们还必须考虑到在锡斯坦其他遗址获得的经验。

陶器碎片提供的线索

有两个现象是特别具有启发性的。其一，这里有数量极多的带规则凸纹的精美陶器，这在加加沙就极为常见。可以

图 476　横越赫尔曼德河的锡斯坦坝，在波斯岸上的坝头附近看到的景象

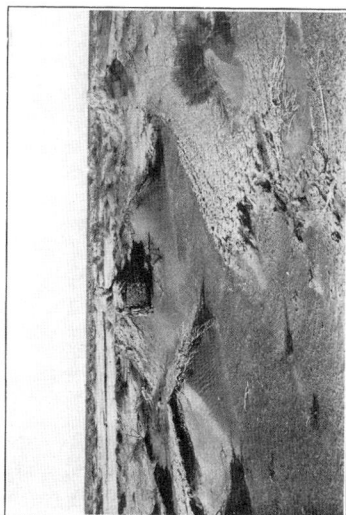

图477a　喀拉特吉尔德东南的烽燧丘上的伊斯兰教墓葬遗址

图477　沙利斯坦遗址所在的岭，从东南面看到的景象

图478 沙利斯坦堡垒的围墙，从北向南看到的景象

肯定，这种陶器是萨珊时期的，甚至有可能更早。① 其二，不论是早期还是晚期的伊斯兰遗址，都会有大量带釉的陶器碎片，而这样的碎片在这里却极少见。另一方面，我在沙利斯坦拾到了比较多的带装饰的碎片，而我探访的锡斯坦众多伊斯兰遗址中都没有这样的碎片。就锡斯坦地区而言，这里的陶器碎片的装饰风格是很古老的。碎片上的图案有的是刻画上去的，有的是击打上去的，有的处理成浮雕。关于这些图案的细节，请读者参见本节末尾的文物目录中安德鲁斯先生对带装饰的碎片的分析。② 但有一点是值得注意的：我在沙利斯坦和加加沙都没有遇到一块彩绘的史前陶片，而我在探访沙利斯坦遗址之前和之后于锡斯坦现在的垦殖区南边的沙漠中考察了一些风蚀遗址，那些遗址就有很多彩绘陶器。

只有经过系统挖掘后，我们才能找到明确的证据，来说明遗址中最古老的部分可以上溯到什么时期，以及后来遗址又沿用了多长时间。但我认为，上面说的那些线索已经足以告诉我们，沙利斯坦可以上溯到萨珊王朝之前，但可能在萨珊时期也沿用了一段时间。从那之后，这座岭上的残墙也许偶尔也被人们当作临时栖身的场所。现在那里有几个小棚户，住在那里的农民最近刚将丛林开垦成农田。我敢肯定，在遗址最终被废弃之后，最多只会有这样的几间小屋出现在那里（图477）。

早期历史

---

① 这种带凸纹的陶器碎片在沙利斯坦很常见，所以我没有带走很多。它们的类型，见图版CXV中的Gha.02、08。（据本书英文版"补遗和勘误"补以下一段文字——译者）牛津埃及古物学教授和讲师 F.Ll.Griffith 先生告诉我，在埃及，这种带棱陶器是晚期罗马和拜占庭时期的典型器物，它一直沿用到了阿拉伯时期。参见彼特里 *Ehnasya*，第七、八章，图版XXX以下，1904年。

② 另参见安德鲁斯先生在本书第三十章第三节的"笔记"。

**泰特说这就是
"拉木沙利斯
坦"**

　　当地人的确认为沙利斯坦遗址是极为古老的。但尽管我
询问的时候特别小心谨慎，我还是没听到他们把现在这个遗
址叫拉木沙利斯坦（Rām Shahristān）。而泰特先生说，这就
是拉木沙利斯坦。依据这个地名，他认为这里就是伊斯塔赫
里（Istakhrī，公元 10 世纪）的一段文字中提到的拉木沙利
斯坦。亨利·罗林森（Henry Rawlinson）爵士曾引用过那段
话。那段文字中说，拉木沙利斯坦是锡斯坦的古代都城，当
时已经成了废墟，位于到克尔曼（Kirmān）去的路上，离扎
兰季（Zaranj）有三天的路程那么远。[①] 扎兰季是中世纪早
期的都城。人们普遍认为（这种看法似乎是正确的），扎兰
季位于纳德阿里河上游，在沙利斯坦东北约 12 英里远的地
方。所以，如果古书中说"三天的路程那么远"这个距离是
正确的，就应该到西南方更远的地方去寻找"拉木沙利斯
坦"。[②]

**阿提什卡达赫
遗址**

　　从沙利斯坦出发，我探访了一个叫阿提什卡达赫
（Ātish-kadah）或阿提什伽赫（Ātish-gāh）的遗址，它的名
称的意思是"火之庙"。它位于基马克（Kimmak）村西边，
与沙利斯坦的直线距离有 6 英里。遗址坐落在一座窄土岭的
最北端。土岭十分孤立，像一块台地。附近有一条宽阔的地
带，有时锡斯坦河的河水可以泛滥到这里来。[③] 土岭呈南一

---

　　① 参见泰特《锡斯坦》194 页以下。关于亨利·罗林森爵士的引用，参见他的《锡斯坦笔记》，
《地理学会杂志》283 页，1873 年。
　　② 出于这个原因，亨利·罗林森爵士提出，拉姆鲁德（Rāmrūd，见本书第三十章第一节）有可能
就是拉木沙利斯坦。诚然，现在被叫作拉姆鲁德的那些遗址都是近代的。但在那个地点东北，我发现了
一个年代要早得多的遗址（参见本书第三十章第二节）。从地图上看，它们与扎兰季（纳德阿里）之间
的直线距离约 56 英里。
　　值得一提的是，在最初发表的锡斯坦考察记录中，正文中说的那个遗址标的是"沙利斯坦"，而不
是"拉木沙利斯坦"。
　　③ 参见泰特《锡斯坦》192 页以下的简短文字。

南东到北—北西走向。土岭北段（图486）长约160码，一条护城河般的小谷将土岭北段与它的其余部分隔开了，谷附近的北段高达60英尺。从土岭的走向看，它和沙利斯坦一样也是南边高原的外围部分。小谷陡峭的南侧的土中开凿了一个约10英尺见方的小洞，洞的后面有一个神龛，洞顶3英尺以下的地方都塞满了流沙。洞东边还连着一个形状不规则的更小的洞。从附图57可以看出，离谷最近的岭顶上是一圈围墙遗址，围住的地方有72英尺见方。围墙约4英尺厚，已经严重坍毁了，在东面几乎无法辨认出来。过了这座小堡垒之后，在离小堡垒只有约10码远的地方又是一圈较小的围墙，外面还有一圈约32英尺见方的外围墙。外围墙之内有一座圆塔，围墙和塔之间是一条约8.5英尺见方的过道。里面那圈墙比塞满碎石的过道高9英尺，墙上还有观察孔，好像分成两排。塔西边和北边不远的地方有两个小建筑的遗存。

土岭的最北端高度下降了，只比20码宽一点，那里矗立着一个十分醒目的遗址（即i，见图488）。从附图57可以看出，这个遗址里面是一个长35英尺、宽27英尺的大厅，大厅前面连着一个约17英尺宽的前厅。墙约有5英尺厚，用土坯筑成，土坯尺寸为16英寸×11英寸×4英寸，（沙利斯坦和科赫伊瓦贾的土坯尺寸与此相同），有些地方的墙仍高达20英尺。在大厅的西墙上可以辨认出拱，拱上面原来支撑着圆顶。拱的土坯和加加沙的一样也是垂直放置的，土坯的长边和拱的方向一致。在中间，南墙和北墙的大部分都已经消失了，大概是盛行风，即锡斯坦的巴地萨德沃

醒目的建筑遗址

比斯特罗兹风侵蚀的结果①，所以无法看出大厅和前厅的入口在什么地方。但在大厅南墙的右边有一条带拱顶的高过道，宽约 5 英尺，从前厅向大厅敞开。

大概是拜火教徒朝拜的地方

这个醒目的建筑很有意思。考虑到它的布局，以及它两侧的地面都很有限，说明这不是一个防御工事，也不是居住的地方。所以它的名称阿提什卡达赫或阿提什伽赫（即火地）必须引起我们足够的重视。这个名称是我们从当地人那里听来的，信息来源准确。我们知道，拜火教信仰在整个中世纪一直在锡斯坦绵延不绝，今天的克尔曼和亚兹德（Yazd）仍有拜火教的信众。这样我们就可以理解这里的地名了。从 Vendidad 两篇最古老的手稿的文末题记看，它们出自另一篇手稿，后者是公元 1205 年一位拜火教的"牧师"在锡斯坦抄写的。他来自印度，到锡斯坦来是为了给帕西人（Parsis，公元 8 世纪为躲避穆斯林而从波斯移居印度的拜火教徒——译者）取经。② 即便在公元 1511 年，帕西商人带到印度的一封信中还说锡斯坦的拜火教徒有 2 700 人，是伊朗当时最大的拜火教团体。③

陶器碎片证明这是一个古老遗址

在拜火教信仰在锡斯坦开始逐渐消亡之前，这个遗址就已经被废弃了很久。从严重坍毁的遗址和从这里发现的大量陶器碎片的类型中都能看出这一点。大多数碎片都是有精致凸纹的那种类型，这样的碎片在加加沙是极常见的（图版 CXV）。这些带凸纹的碎片的一个典型特征就是大多数的表面都涂有鲜艳的红色，还有一些碎片是带装饰的。本书文物目录中收了一些样品（图版 CXV）。值得注意的是，我在

---

① 参见本书第三十章第一节。
② 参见韦斯特《伊朗语言学基础》第二卷 82、129 页。
③ 参见韦斯特《伊朗语言学基础》第二卷 125 页。

这里没有发现一块上釉的碎片。为了进一步说明陶器碎片提供的线索在锡斯坦有多大价值，我要说一下一小圈围墙。这圈围墙是我们在去阿提什卡达赫途中并离它有 1.5 英里的时候路过的。我们的向导说，这两个遗址属于同一时期。但小围墙那里有大量带釉的陶器碎片，却没有带凸纹的碎片，而且围墙使用的土坯尺寸为 11 英寸×7 英寸×2 英寸。所有的迹象表明，小圈围墙修建于伊斯兰时期晚期。

　　泰特先生提到，这附近还有残塔遗址，它们在近代被当作瞭望塔来使用，但原来大概是拜火教的"寂塔"［towers of silence，即"达克玛"（Dakhmas），拜火教徒死后曝尸之塔——译者］。① 为了寻找这些残塔，我从沙利斯坦出发后探访了一个地方，我亲耳听到有人把它叫作达克玛。泰特先生曾提到一座塔坐落在经过沙利斯坦到纳斯拉塔巴德（Nasratābād）去的路边的一座小丘上，我探访的大概就是这个地方。过了马利克海达尔（Malik-Haidar）村，在离沙利斯坦约 4 英里的地方有一块覆盖着砾石的小高地，上面的伊斯兰墓葬中有几座圆顶的坟。从地名来看，这个地方曾是一个以拜火教的正统方式处理死者的地方，但没有什么塔保留下来。再朝南—南西方向走 1 英里，又有一块比平原高 30 英尺的小高地，高地上有一圈用夯土筑成的圆墙，直径约 80 英尺，还有一座宽约 6 英尺的大门。北边约 60 码远的地方又有一圈同样类型的圆墙，直径有 140 英尺多。这些圆墙看起来像是羊圈，所以这个地方才叫作阿忽尔（Ākhur，意为羊或马的食槽）。在锡斯坦，只要是大致呈圆形的遗址都会被叫作阿忽尔，而且这样的地方一般都和传说中鲁斯塔木的

"寂塔"遗址

---

① 参见《锡斯坦》191 页。

骏马拉克沙（Rakhsh）有关。没有任何迹象表明这里是"寂塔"。西边 200 码和东北边 300 码远的地方，各有一座孤立的小丘，小丘上有两个方塔遗址，使用的土坯都很小，看来是伊斯兰时期的。

在沙利斯坦收集的陶器碎片样品
无装饰的陶器碎片

Shahr.04、05、015、018　红色，淘洗得很干净。04 是平的，边斜削过，$2\frac{3}{4}$ 英寸×$2\frac{3}{8}$ 英寸。

05 有不明显的螺纹，$2\frac{1}{2}$ 英寸×$1\frac{7}{8}$ 英寸。

015 底边上有更明显的凸纹，朝上逐渐变得不明显，颈附近就是完全光滑的了。$5\frac{3}{8}$ 英寸×$3\frac{1}{2}$ 英寸。

018 是罐子的一部分底座。有无花纹的圈足，上方还隐约有一条环形刻线，底部的一个椭圆之内大概是陶工留下的记号（文字?）。长约 $3\frac{1}{2}$ 英寸。

Shahr.012、035、039　无装饰，是红陶，表面是更红的颜色，成条地打磨过。012 表面暗淡无光，$2\frac{1}{4}$ 英寸×$1\frac{1}{2}$ 英寸。图版 CXV。

035 的尺寸为 2 英寸×2 英寸。

039 有两条打磨出来的特别细的线，隔得很远，里面还有几条环形刻线。$1\frac{3}{4}$ 英寸×$1\frac{5}{8}$ 英寸。图版 CXV（图版中无此件——译者）。

带装饰的陶器碎片

Shahr.02 等　02 口沿呈很大角度地朝外折。肩上印着一行凸圆的叶子，叶子里面是隐约的人字形刻线。$3\frac{1}{2}$ 英寸×$2\frac{5}{8}$ 英寸。图版 CXV。

03 是器皿的肩和一部分颈。装饰着一条突起的环形带子，带子里面是用钝尖的木棍戳出来的成行的凹陷。$3\frac{3}{4}$ 英寸×$2\frac{5}{8}$ 英寸。图版 CXV。

09 是器皿的环柄和一部分口沿和肩，柄上印着一行三角形凹陷。口沿朝上的表面上也有类似的装饰，但要大一些。颈的中部有一条凸纹，凸纹上也像柄那样装饰。颈底部有一组印上去的三角形。凸纹将颈分成两部分，两部分都装饰着刻得很深的大三角形。高 $2\frac{1}{2}$ 英寸，最长处 $2\frac{3}{4}$ 英寸。图版 CXV。

023 装饰着三行排列得很紧密的叶子形状，叶子边是阶梯状方形锯齿，底下是一条微微突起的环线。$2\frac{3}{8}$ 英寸×$1\frac{3}{8}$ 英寸。图版 CXV。

010 口沿很朴素，比其他部分厚，口沿底下有一条突起的带子，再往下是用梳子状工具斜着画出来的隐约的帷幔状装饰。口沿顶部有一排小缺口。$2\frac{1}{4}$ 英寸×2 英寸。

011 是器皿的肩和口。外面装饰着一条突起的带子，带子中有浅浅的凹陷。底下有弧形刻线的痕迹。3 英寸×$1\frac{7}{8}$ 英寸。图版 CXV。

014 出自一个大罐子的肩。用刻线划分成几个区域。从顶部开始，先是一行三角形凹陷。接下来的区域里是刻上去的折线，折线顶上和底下每个转弯的地方都有三角形小凹陷。再往下的区域比较窄，里面是粗略地画上去的折线，还有几个凹陷。$5\frac{3}{4}$ 英寸×$3\frac{1}{4}$ 英寸。图版 CXV。

017 是一个扁平的圆碟子（盖子?）的一部分。装饰着两组环形浅刻线，两组线之间的凸纹上有凹陷。在圆圈之内还有一组用梳子状工具画出来的"帷幔"，圆圈外面是一组用梳子状工具画出来的折线。$2\frac{1}{2}$ 英寸×$2\frac{3}{8}$ 英寸。

图版 CXV。

033 大概出自一个很大的器皿。装饰着一组凹槽、一行印上去的圆圈和凹槽。底下的区域里是大之字形或三角形，由一行行印上去的圆圈构成。4 英寸×4 英寸×$\frac{5}{8}$英寸。图版 CXV。

036 是器皿口和颈的一部分。口底下的外面有一条带缺口的凸纹，凸纹上方和下方各粗略地刻着一条折线。2 英寸×1$\frac{1}{4}$英寸。图版 CXV。

037 是陶罐的一部分肩。颈底部有一条宽宽的区域，分成很多小块（三联浅槽饰），是梳子齿留下的垂直痕迹与波浪形（或之字形）痕迹交替出现，痕迹都特别浅。这个区域上方是横向的波浪形梳子齿痕迹，区域下方是帷幔状梳子齿痕迹。3 英寸×1$\frac{5}{8}$英寸。图版 CXV。

08 是器皿的一部分肩和环柄。绕着肩有一条宽$\frac{3}{4}$英寸的突起的平带子，带子的底边削成了锯齿状的尖。5 英寸×3$\frac{1}{2}$英寸。图版 CXV。

Shahr.041　陶器碎片。一部分肩，装饰有一条带子，带子由两条刻线构成。带子上方和下方是梳子齿留下的帷幔状痕迹。3$\frac{1}{4}$英寸×2 英寸。图版 CXV。

刻画过的陶器碎片样品

在以下这些碎片中，器皿肩和颈结合的部分都有一行叶子形状的印痕，叶子之间的距离不等。叶子是三角形的，边是锯齿状的，大概是模仿葡萄叶。上半部分一般印得很深，底下则几乎没有印上。这个印模的一个变体，就是 Shahr.030 上面印的松果形状（边是光滑的）。

Shahr.06 等　06 印得很深，长 3$\frac{1}{8}$英寸。

016 在稍微突起的平带子上印着小叶子，长 $4\frac{2}{5}$ 英寸。

019、021 印着小叶子，没有突起的带子，长分别为 $3\frac{1}{4}$ 英寸和 $2\frac{1}{2}$ 英寸。

022 印得很深，大叶子排列紧密，长 $4\frac{1}{2}$ 英寸。

024 印着小叶子，没有突起的带子，叶子的尖是方的，长 $2\frac{1}{5}$ 英寸。

027 浅浅地印着现实主义风格的叶子，3 英寸。

030 装饰着松果形状，印得很浅，$3\frac{1}{5}$ 英寸。图版 CXV。

034 印着小叶子，2 英寸。

07 印着小叶子，并用放射状的凸纹把叶子划分成了七片花瓣般的部分。底下装饰着凸纹，凸纹之间是浅槽。$4\frac{1}{4}$ 英寸×$3\frac{3}{4}$ 英寸。图版 CXV。

刻着各种图案的陶器碎片

Shahr.01 等　01 是一个粗糙的大器皿的底座。装饰着大致呈圆形的凹陷，凹陷的直径约 $\frac{3}{8}$ 英寸，长 $5\frac{1}{4}$ 英寸。

025 出自器皿的肩。装饰着两个圆圈，圆圈是由排列紧密的垂直短刻线构成的。长 $1\frac{3}{8}$ 英寸。图版 CXV。

031 是一个器皿的腹部残片。装饰着一条约 $\frac{3}{4}$ 英寸宽的突起的扭索。$5\frac{1}{2}$ 英寸×$5\frac{1}{4}$ 英寸。

032 出自器皿的腹部。也装饰着一条约 $\frac{3}{4}$ 英寸宽的突起的扭索。长 4 英寸。图版 CXV。

040 在两条直线之间装饰着深深的之字形刻线，直线外是距离不规则的戳出来的痕迹。长 $1\frac{3}{4}$ 英寸。

044 是一个粗陋的环柄。表面刻着蕨状装饰。长 $2\frac{1}{2}$ 英寸。

045 出自器皿的肩。装饰着双绲边，上方还有一行（?）长方形凹陷。$2\frac{1}{10}$ 英寸。图版 CXV。

013 出自器皿的肩。用梳子状工具画了一条宽宽的帷幔。$2\frac{1}{2}$ 英寸。

028、029、040 出自器皿的侧壁。装饰着一条环形刻线，刻线上方和底下是大胆的不规则刻线。长分别为 $3\frac{1}{2}$ 英寸、$3\frac{1}{2}$ 英寸、$1\frac{3}{7}$ 英寸。

042 出自器皿的侧壁。可以看到两条相距 $\frac{1}{2}$ 英寸的环形刻线，刻线打磨过。上方是一行梳子齿画出来的帷幔，底下是一条梳子齿画出来的直带子，从这条带子朝下还垂着一条梳子齿画出来的竖线。可能是分块格局。长 $2\frac{1}{4}$ 英寸。

Shahr.026 彩绘陶器残件。 一个大器皿的一部分。里面有波浪状的柔和的宽凸纹。陶胎红色，外边暗黄色。似乎用黑色轮廓线画着一双腿（从膝部往下），还画着一个不明之物，特别粗糙。$5\frac{1}{4}$ 英寸×5 英寸×$\frac{5}{8}$ 英寸。

在阿提什卡达赫遗址发现的陶器碎片样品

Atish.02 出自一块圆形陶板，是盖子（?）。红色，表面是薄而鲜艳的颜色，稍微打磨过。一端有三条很深的圆形凹槽，背面无花纹。3 英寸×$1\frac{7}{8}$

英寸×$\frac{1}{2}$英寸。图版 CXV。

Atish.03、06　03 红色，大器皿的一部分肩和颈。颈的底部有一行印上去的棕榈叶形状，底下是规则的横向凸纹。颈本身是无花纹的。$4\frac{3}{8}$英寸× $4\frac{1}{2}$英寸。

06 出自器皿的肩。陶胎深红色，外面是很厚的红色颜料。在环柄破碎的地方留下了疤痕。肩上印着两片叶子，叶子边像 Shahr.023 一样也是阶梯状锯齿。$2\frac{7}{8}$英寸×$1\frac{1}{2}$英寸。

Atish.04　**出自器皿的侧壁**。红色，有规则的凸纹，凸纹之间是浅槽。$1\frac{1}{2}$英寸×$2\frac{3}{8}$英寸。

Atish.05　**出自器皿的侧壁**。红色，有轻轻打磨过的环形刻线，刻线上方是一条用梳子状工具画出来的浅帷幔。$2\frac{1}{8}$英寸×$2\frac{1}{8}$英寸。图版 CXV。

Atish.07、08　**红色，表面是深红色**。07 出自器皿的侧壁。外面无装饰，里面有一条凹槽，$2\frac{3}{8}$英寸×$1\frac{1}{4}$英寸。

08 出自器皿的口。颈从口沿的底下那条棱朝里收。$1\frac{5}{8}$英寸×$1\frac{1}{2}$英寸。图版 CXV。

Atish.09　出自球形（?）器皿的口和肩，细红陶，没有颈。口只是球形顶部的一个洞，但口沿是凸圆的，很精致。球形外面装饰着一对细凹槽，凹槽上方有一条扇贝状刻线，底下有一条希腊风格的波浪状回纹饰。$2\frac{1}{8}$英寸×$1\frac{5}{8}$英寸。图版 CXV。

Atish.010　**红色**。环柄的一部分。装饰着四条小凸嵌线。$1\frac{3}{8}$ 英寸×

$1\frac{3}{4}$ 英寸。图版 CXV。

Atish.011　**陶锭盘**。有孔，红色。海胆状，一面中凹，另一面中部突

起。边上装饰着环线，中凹的那一面上装饰着放射线。$\frac{7}{8}$ 英寸×$\frac{9}{16}$ 英寸。

第二节　锡斯坦坝以及赫尔曼德河的古名

灌溉要依赖赫
尔曼德河上的
水坝

　　我在锡斯坦河以北探访了一些遗址，它们的年代都比较
晚。在描述这些遗址之前，我要简单提一下锡斯坦坝。在沙
利斯坦南边 8 英里远的地方有一条大水坝，赫尔曼德河在那
里分成了两支，灌溉着锡斯坦现在的垦殖区。这条坝很可能
有考古学价值。因为，自古以来，锡斯坦地区的灌溉都要依
靠修建和现在的锡斯坦坝差不多的坝和堰，而之所以会有农
业人口定居在这里，也是由这里的灌溉条件决定的。和所有
进入三角洲地区的终端河道一样，赫尔曼德河的河道也会不
时发生大变动，现在的萨那河（Sana-rūd）和比亚班河［也
叫图拉昆河（Rūd-i-Trākun）］的干河床就证明了这一点。我
下面要说到的遗址证明，在历史上相距遥远的不同时期，比
亚班河曾把水带到了锡斯坦的南部三角洲，而现在那里已经
完全成了沙漠。[①]

---

① 参见本书第三十章第四节。

　　但不管赫尔曼德河走的是哪条河道，要想利用河水灌溉大面积的地区，都必须用水坝来控制河的水量。春雨下过之后以及山上的冬雪融化完了之后，赫尔曼德河的水量会锐减，所以有必要建水坝。同时，夏季和秋季的酷热和大风使平原上蒸发过度，水源就更少了。由于泥沙的淤积以及相伴出现的其他情况，河床会逐渐抬高，导致主河道会经常变动。但不论河流如何改道，要想让河中有足够的水来灌溉农田，一年中大部分时间都要完全依靠水坝。①

赫尔曼德河水量的季节性缩减

　　在不同的时期，根据不同的情况，人们建了一系列这样的水坝，锡斯坦坝只是最晚的一个罢了。当地人说，那些早期水坝的位置在现在河道的上游，一直到一个叫卡码勒汗港（Bandar-i-Kamāl-Khān）的地方。② 在那里，一直到喀拉依比斯特（Kala-i-Bīst），赫尔曼德河都是流淌在一条轮廓分明的河沟中。出了河沟后，河在卡码勒汗港朝北拐了个大弯，应该说赫尔曼德河三角洲就是从那里开始的。阿富汗那一侧的旧河道边曾有人居住，现在则全是沙漠，大面积的遗址标志着原来的垦殖区的位置。那些旧堤坝与旧垦殖区之间有什么关系，这是一个很有历史价值和考古学价值的问题，我只能把它留给将来某个有资格的学者来研究了。他不仅应该亲自考察过那些遗址，还应该研究一下锡斯坦外交使团的灌溉学大专家托马斯·瓦尔德（Thomas Ward）爵士收集的那些丰富资料。但我们大概可以说，那些古代工程在基本特征上可

早期水坝

---

　　①　关于赫尔曼德河的几条河床，参见泰特《锡斯坦》127 页以下。如果能看到河的实际河道的水量以及用水要受到什么条件制约等数据，当然是再好不过了。但这些数据我是无法看到的，因为它们要留在锡斯坦使团的另一则记录中来说。（据本书英文版"补遗和勘误"补以下一段文字——译者）按照亨利·麦克马洪爵士发表于《地理学刊》1906 年第 28 期 219 页上的观察记录，赫尔曼德河在正常年份的水量为 2 000~7 000 立方英尺/秒，而在反常的年份中，水量估计会多达 700 000 立方英尺。

　　②　参见泰特《锡斯坦》153 页以下。

能和现在的锡斯坦坝差别不大，而每年都修锡斯坦坝是关系到整个锡斯坦地区繁荣的一件大事。

锡斯坦坝的建造方式

从图 476 中可以看出，锡斯坦坝是一条顶部宽约 6 英尺的土堤，并用红柳捆加固（锡斯坦的河道两岸和塔里木盆地的河岸一样有大量红柳），还用红柳筑成护墙，把坝的底部拓宽到了 21 英尺。坝每年都要修一次，时间是在夏末或秋初水位很低的时候。那时，坝几乎横贯大赫尔曼德河。而在下游约 10 英里的地方，主河道分出了帕里恩河（Rūd-i-Pariūn）和纳德阿里河两条支流。坝上只留出一条小水道，让水沿着主河道流下去，其余的河水都转入了锡斯坦河，这条河灌溉着伊朗境内的锡斯坦的大部分地区。到三四月的时候，河水的春季大泛滥把整条坝都冲走了。那时候，人们主要关心的就是如何防止赫尔曼德河那两条东部支流泛滥出自己的河道，那样就会冲毁灌溉水渠的头部，淹没哈木恩北部附近的农田。据说，要修好这条大坝，得用 1 000 个人干上 20~30 天。考虑到赫尔曼德河在泛滥的时候水量极大，而在夏末和秋天水量却特别有限，有人认为这种修临时大坝把河水导入一条主要支流的古老做法，是最适合这块三角洲的水文状况和地面状况的。如果在得力的管理下，赫尔曼德河的灌溉量可以达到埃及和印度某些地区的水平，那么锡斯坦坝这样的工事就足以确保三角洲地区全部农田的灌溉了。

赫尔曼德河的古名"海图曼特"

需要指出的是，赫尔曼德河上这样的水坝对锡斯坦的农业生产来讲至关重要。它们不仅和这一地区的历史有密切关系，而且有助于澄清赫尔曼德河的名称问题。《阿维斯陀》中保留着赫尔曼德河的古名"海图曼特"（Haêtumant）。从字面来看，这个词就是"有堤坝"的意思。Vendidād 中有一个章节（xix.30）就体现了 haêtu 的这个意思，正像在语音上和 haêtu 对应的梵文 setu 一样。① 自从这条河第一次被用来给定居的农业人口提供灌溉水源开始，每年在主河道上修堤坝并维护众多的小水渠，在锡斯坦就是一件大事。考虑到这个重要事实，我们就会明白为什么河的古名会是那样的了。这也有助于我们理解，为什么在《阿维斯陀》中曾有两处（Vd.i.13；xix.39）把锡斯坦地区称作"海图曼特"。

关于后来的河名，有一点比较有意思。现在的河名"赫尔曼德"是和东伊朗的一个语音规律相符的：东伊朗人会把西伊朗语（波斯语）中的 l 换成 d。我们以前曾说过，东伊朗和西伊朗的语言似乎在锡斯坦"相遇"了，Ζαράγγαι：Δράγγαι 等双重形式就证明了这一点。② 我在古典文献中发现了这条河的不同名称，这也证实了锡斯坦的语言分水岭地位。阿利安（IV.vi.6）称之为Ετύμανδρος，托勒密（VI.xvii.17）称之为 Ετοιμάνδρος，库尔提乌斯（Curtius）（VIII.ix.10）称之为 Ethymantus③，波里比阿（Polybios）（XI.xxxiv.13）称之为 Ερύμανθος，普林尼（Pliny）（《自然史》VI.25）称之为 Erymandos。最后两个形式显然是过渡形式。东伊朗人先把元音之前的清辅音变成浊辅音，如将 t 变成 d，然后这个 d 经过 r 这个过渡阶段，最终变成了 l。④

河名的古典形式

① 巴陶罗马在《古伊朗语词典》1729 页中正确指出了"海图曼特"的这个含义。在《伊朗语言学基础》第二卷 393 页中，把这个词翻译成了"充满浅滩的河流"（furtenreiche），这种早期的解释法没有充分注意到《阿维斯陀》中的 haêtu 和梵文的 setu 已经被证明的含义。

② 参见本书第二十八章第一节注。

③ 库尔提乌斯说，Ethymantus 拐了很多弯，并被用于灌溉，这和赫尔曼德河的情况是极为吻合的。麦克林特勒在《亚历山大入侵印度》（*Invasion of India by Alexander*）184 页对波里比阿的 Erymanthos 和阿利安的 Hetymandros 就是赫尔曼德河这种看法提出了质疑，他的质疑是站不住脚的。

④ 参见达麦斯特特《阿富汗民歌》（*Chants populaires des Afghans*）xxv 页。

第三节　扎黑丹遗址以及西北方的晚期遗址

灌溉毁掉了遗址

　　从赫尔曼德河三角洲现在有人居住并实行灌溉的地区的自然状况看，任何比较古老的遗址要想在那里保存下来，一个必要条件就是在遗址被废弃后，遗址所在的地面应该没有受到过水汽和冲积物的影响。而如果进行灌溉，或是地面偶尔会被河水泛滥到，就一定会产生水汽和冲积物。近些年来，在赫尔曼德河三角洲的北部（也就是现在仅存的部分），那些支流的河道多次发生重大变化。依赖着河道的水渠系统也相应地发生了变化。现在的垦殖区以东阿富汗的土地上有大面积的遗址，充分说明以前河道也变更过。但在波斯境内的北部三角洲地区，在赫尔曼德河和它的尾水延伸出来的部分锡克萨（Siksar）河以西，有些地方曾因为无法灌溉或是其他原因（如敌人大举入侵等）在不同时期被废弃了。但当河道的变更使人们又能进行灌溉，或是人为的因素使人们又可以收复被废弃的肥沃土地时，这些被废弃的地方一次又一次地被重新耕种了。因此，人们仍能记得有大面积的遗址消失了，或者是被埋在了厚厚的冲积物下面（河的支流被导入新水渠后，带来了这些冲积物），或者是被开垦成了农田。①因此我们就能明白，除了上面所说的那几个坐落在高原外围的"小岛屿"上的遗址（如沙利斯坦、阿提什卡达赫），为什么上述这一地区保存下来的所有遗址都是伊斯兰时期的。

扎黑丹废城

　　这些遗址中面积最大也最醒目的无疑要属扎黑丹（Zāhidān）废城了。当地人说那里是锡斯坦的故都，在公元1383年被帖木儿（Tīmūr）攻克了。它位于沙利斯坦西北约6英里的地方，坐落在一条低矮的土岭上。土岭朝西北伸展

① 参见泰特《锡斯坦》115页、177页、202页、236页。

过去，一边是纳瑟鲁河（Rūd-i-Nāseru）的古河床，另一边
的宽阔地带是帕里恩河可以泛滥到的地方。尽管岭不高，两
边却都泛滥不到顶上去。帖木儿入侵锡斯坦后不久，扎黑丹
大概就被废弃了。而在扎黑丹被废弃后，地面状况发生了变
化（现在从锡斯坦河引出的水渠很容易就可以延伸到这里），
所以这条宽岭的大部分都没有被耕种。因此，这里保留下来
大量遗址。凡是没有灌溉过的地方，风蚀都发挥了巨大威力。

　　泰特先生曾详细描述过扎黑丹遗址[①]，而且这些遗址年 　**城堡的墙**
代比较晚，所以我在这里就不必进行详细叙述了。我只想简
单提一下遗址的基本特征，其余的部分请参看附图 56 中的
草图[②]。城里保存得最好的部分就是那座城堡。它里面有一
座内层堡垒，用坚实的塔或半圆形棱堡加固。内层堡垒的东
北和东南面还有两圈外围墙，外围墙上也有塔。这些工事都
是用土坯（12 英寸×6 英寸×2.5 英寸）筑成，底下的地基用
夯土筑成。在塔墙上的土坯之间，隔一段距离就夹一层烧得
很硬的土坯，这样的土坯还把夯土和上面的土坯隔开。古城
的主围墙以及城堡附近的地面上，风蚀都很明显，但城堡的
墙受到的风蚀则小得多。这似乎表明，外面被废弃了之后，
城堡似乎仍沿用了一段时间，还曾经被修过。

　　在城堡外面没有什么大建筑，但有一组分离的建筑，显 　**古城的主围墙**
然是住房。住房上面和住房之间堆积了不少流沙，这有助于
将它们保存下来。我注意到，它们的屋顶都有西方类型的
拱，而不是像加加沙和阿提什卡达赫那样，把土坯垂直放

---

　　① 　参见泰特《锡斯坦》219 页以下。
　　② 　之所以有必要准备这张图，是因为《锡斯坦》一书第三节之后的草图有不准确的地方，可能是
由于比例尺错误或是编绘时的错误造成的。例如，图上堡垒的东北墙有 0.5 英里长，而实际长度是 1.5
弗隆。

置，而且长边沿着拱的弧度方向。外围墙形成了一个不规则的长方形，南端被截短了。围墙长 1.5 英里多一点，最宽处宽 0.75 英里。大部分围墙都严重坍毁了。在我看来，围墙似乎是用夯土筑成的，顶上还有用土坯筑成的护墙。墙上不时出现一座半圆形的棱堡。在东北面的墙上，有一道叫"达尔瓦扎伊巴哈提亚里"（Darwāza-i-Bakhtiārī）的大门，一道四边形的小防御工事包围着大门。我们可以注意到一个有趣的事实：锡斯坦盛行风的风蚀，和罗布地区及疏勒河盆地遗址所受的风蚀非常接近。西北的那面墙正对着萨德沃比斯特罗孜（Sad-ō-bīst rōz）风，大多数地方几乎被夷为平地了（图 482）。而大致沿着风向延伸的墙则多少保留下了一段段醒目的墙体。

围墙里的状况　　　　看了围墙里面的情况后，我就更觉得这里像那些遥远的中亚沙漠遗址了。从附图 56 中可以看出，围墙里面的部分地面覆盖着沙堆，其余的地面是长着红柳和带刺灌木的荒凉沙地。在围墙里面以及东南角附近的围墙外面，没有植被保护的地面都被风切割成了规则的 3~7 英尺高的雅丹。在堡垒附近，当代扎黑丹村的田地侵入到了围墙里面，那里的围墙已经完全消失了，由此可以看到农耕活动造成的破坏。围墙里面很大一部分地方都是伊斯兰墓葬，许多墓葬看起来年代都很晚，奇西勒皮尔（Chihil-pīr）圣陵周围的地区是附近村子最钟爱的墓地。在堡垒附近和堡垒东北的古城的其他零星遗址，凡是被夹杂着流沙的风切割过的地面都露出了大量陶器碎片，其中很多是上了釉的陶器（见下文文物目录中收录的样品）。尤其值得注意的是，这里没有发现带凸纹的陶器碎片，说明这个遗址不会早于伊斯兰时期。

东北墙外面约 300 码远的地方有圈较小的围墙，约 1.5
弗隆见方，叫作喀拉伊帖木儿（Kala-i-Tīmūr）。它的东北和
西南的墙尽管只有 4~5 英尺厚，但保存得比较好。而正对
着盛行风的那两面墙都已经严重破裂，或是已完全消失了
（见图 482 的前景）。在围墙里面中央附近，矗立着一座醒目
的两层大房屋（图 495）。大房屋中央是一个长 30 英尺、宽
23 英尺的大厅，大厅四周环绕着带拱顶的房间。① 从附图 58
中可以看出这座建筑的内部结构，它是统治者的住所。当安
全问题并未迫在眉睫，他不必住在古城中的堡垒宫殿时，他
就住在这里。从结构上看，房屋的主要入口应该在东面，那
里有一块宽阔的平台，连着一间前厅，平台前面也许原来是
有台阶的。在中央大厅后面的墙上留出了一段台阶，以便到
顶层去。和锡斯坦所有的新老建筑一样，这个建筑采用这样
的方向也是为了不受盛行风的影响（这里的盛行风是从北稍
偏西一点吹来的）。② 土坯的尺寸：10 英寸×6 英寸×2.5 英
寸；10 英寸×10 英寸×2.5 英寸。值得注意的是，在整个建
筑中，拱顶上土坯的放置方法都是常见的西方类型。

在这圈围墙里，还有其他几个建筑的遗址（附图 56），
可能是统治者的随从等人的住所。其中最大的一个是依西南
面的围墙建的，结构很像中央的大房屋。在中央大房屋西北
约 3 弗隆远的地方，紧挨着一段朝西北延伸的墙，我发现了
两处建筑。当地人说其中一处是清真寺，另一处是雅哈丹
（Yakhdān，即储存冰的地方）。他们的说法也许是对的。前
者的中央大厅朝西南的方向有一个神龛，这是和清真寺的

喀拉伊帖木儿遗址

清真寺遗址和"雅哈丹"

① 这个内大厅的照片，见泰特《锡斯坦》221 页。
② 根据麦克马洪发表在《地理学杂志》1906 年第 28 卷 224 页的文章，风向从 316.5° 到 333.75° 不等。

"身份"吻合的。另一个建筑有一个圆顶，圆顶支撑在一圈足足有 7 英尺厚却只比地面高 4 英尺的墙上，建筑里面的直径是 43 英尺。从保存下来的部分看，圆顶似乎是由水平的土坯层构成的。但建筑的中央部分上面可能原来有一个真正的圆顶。为了在锡斯坦这样的气候条件下获取足够的冰，大概需要用很浅的一层水淹没很大的一个区域。由此也许可以解释，为什么这个奇怪的建筑坐落在古城围墙外面比较远的地方。如果说这个建筑还可能有别的用途，那只能是当作谷仓用，但谷仓按理说是不应该放在防御工事外面的。①

米里卡斯木阿巴德塔

从扎黑丹出发，沿着古城所在的这条低矮的土岭朝西北走，在 1 英里多的距离内，经过的都是风蚀地面。这里有一条清晰的古代水渠，水渠的弃土堆成的岸比地面高约 3 英尺，岸与地面之间的水渠底部特别硬。在没有沙子的光秃秃的地表上，有大量扎黑丹那种类型的陶器碎片。但在接近一座废塔之前，我们都没有拾到带螺纹的陶器。

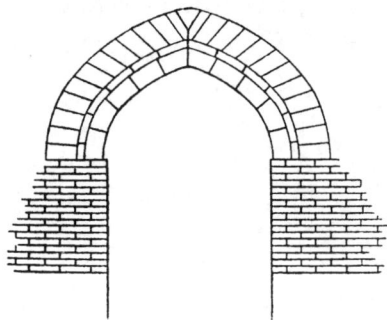

附近一个村子里的人称那座塔为米里卡斯木阿巴德（Mīl-i-Kāsimābād）。即便在这里，也只能在风蚀地面上发现带螺纹的碎片，而且这种碎片同伊斯兰时期的那些大量碎片相比要

---

① 泰特先生说，有一座"天然的土丘"，就是帖木儿在自述中说到的塔帕（tappa），在攻城之前，帖木儿就从那座土丘顶上查看了锡斯坦的都城（见《锡斯坦》55 页以下）。但我没有找到这座土丘。泰特先生详细描述了从土丘上看到的情景，也就是当年展现在帖木儿眼前的情景。在他的平面图中，他把这座土丘标在了主围墙西南角外约 0.5 英里远的地方（参见《锡斯坦》222 页）。

少得多。这座塔比地面高 70 多英尺，是一个醒目的路标。泰特先生已经详细地描述过它。[①] 在这里我要补充的是，塔用土坯（14 英寸×8 英寸×2 英寸）筑成。此外，在塔底部，里面的直径约有 10 英尺，墙约有 6 英尺厚。塔顶部的土坯上浮雕着两条阿拉伯文题记。底下的那条题记提到了死于公元 1163 或 1164 年的老马里克·塔朱丁（Malik Tājuddīn）。高处的那条题记提到了前者的重孙。因此，题记的翻译者艾里斯（Ellis）先生认为，"老塔朱丁死的时候，他的塔还没有完工"[②]。这就为在塔周围和塔西边不远处的小建筑遗址那里发现的陶器碎片提供了大致的年代线索。

建屋顶的不同方法

　　那些方形小建筑上的一些细节特别值得我们注意，它们也能告诉我们一些年代上的信息。它们使用的土坯尺寸均匀 12 英寸×7 英寸×2.5 英寸。其中一座建筑中有一个祈祷用的神龛，看来是一座清真寺。在这座清真寺和其他两个小建筑中，拱顶的桶形部分是用横向放置并彼此重叠的土坯层筑成的。在这部分底下似乎是某种护墙，护墙上的土坯是长边朝下垂直放置的，和加加沙遗址的拱一样。但在一个小内厅中，我注意到这面护墙似乎是一种过渡形式的拱。那里有一个西方类型的真正的垂直的拱，拱底下是上面所说的那种护墙。在拱和护墙之间夹了一层土坯（附图 54）。垂直的拱的建筑方法是不正确的，因为拱上的土坯不是从一个中心点呈放射状朝四面分布，也没有拱顶石。看起来就好像是建筑者试图在这里使用新式的拱，但没有完全理解这种拱的建筑原则。

---

① 参见《锡斯坦》268 页以下，附有照片。
② 参见《锡斯坦》270 页。

加拉塔帕遗址　　　　在前面所说的这个遗址西北约 1 英里的地方，有一座叫加拉塔帕（Ghala-tappa）的低丘。丘顶上是用夯土筑成的椭圆形双层围墙，已经严重坍毁了。围墙里面的地方长约 340 码，宽 240 码。外层围墙比现在附近的田地高约 10 英尺，厚 52~64 英尺。内层围墙约 16 英尺高，厚 24~28 英尺。围墙朽坏得很厉害，说明这是一个古老的遗址。在这里发现了大量的陶器碎片，既有带螺纹的，也有无花纹的，也完全证实了我们的结论。本书文物目录也收入了带釉的碎片和带简单装饰的碎片（有的装饰是刻画上去的，有的装饰是突起的），这两种碎片都很少。

伊斯兰时期的　　　　我的营地位于卡斯木阿巴德（Kāsimābād），上面那座塔**遗址**　　就是以这个村子命名的。从这个村子出发，我先后参观了村子北边和西北分布的一系列零星的遗址群。它们所在的地面稍高，东边的帕里恩河泛滥不到那里，西边的纳瑟鲁河古河床中偶尔发洪水也淹不到那里。正是这个原因，遗址才得以保存下来。它们都是伊斯兰时期的，泰特先生在简单提到它们时也正确地意识到了这一点。[①] 这些遗址大多是旧房屋、可以进行防御的住宅或风车等。遗址数量特别多，占据的面积也特别大。要对这些遗址进行详细考察需要很长时间，而我是抽不出这么多时间的。因此，在这里我只简单说一下它们的位置和整体特征，以及可能与它们的年代有关的线索。

---

　　① 参见《锡斯坦》235 页以下。

图479　要塞R.R.V，从南面看到的景象（前景中是一条晚期的水渠）

图480 查卡堡（R.R.IV）要塞的堡垒遗址的南面

图481　查卡堡（R.R.IV）要塞的堡垒遗址，从东北面看到的景象

图 482　从喀拉伊帖木儿眺望扎黑丹（前景中是喀拉伊帖木儿的围墙）

图483　从西南面看到的喀拉特吉尔吉尔德的主围墙

图484 锡斯坦的布赖附近的大厦遗址，从南面看到的景象

过了加拉塔帕约 1.5 英里后，一行行民居遗址朝北延伸了约 0.5 英里远，一直延伸到了比比多斯特（Bībī-dōst）圣陵周围那些面积广大的墓地。这里的地面以及下面将要说到的其他遗址所在的地面上生长有大量灌木，所以没有受到风蚀的影响。但这些民居都比扎黑丹的遗址朽坏得更厉害。许多民居建得特别坚固，还有塔状建筑（图 497），是为了在敌人进犯的时候确保安全。就我考察到的民居来说，我只看到了在加加沙第一次见到的那种式样的拱顶，也就是说土坯是垂直放置的，土坯的长边和拱的曲线平行。这说明，这些遗址的年代可能比扎黑丹遗址要早。后来我发现的陶器碎片也证实了这一点。上釉并且无花纹的鲜艳的绿色和蓝色陶器碎片特别多，而在扎黑丹所见到的那种用彩绘或釉装饰着图案的碎片则极少。也有无装饰的凸纹碎片，但不像在加加沙那么多。土坯尺寸和在附近的米里卡斯木阿巴德的遗址是一样的。在一个破败的大厅中，也有在加加沙 Gha.ii 的入口大厅所见到的那种内角拱。两侧的墙上装饰着带拱顶的神龛，神龛用互相重叠的土坯砌成。

再往北走约 5 英里，穿过几条当时被帕里恩河水淹没的设拉（Shēlas，即窄河床），就来到了一座叫林丹（Rindān）的矮丘。丘上有一些陶器碎片，表明以前曾有人居住在这里。丘东边伸展着一窄条严重朽坏的遗址，从东南朝西北延伸了 3 英里多，显然是和一条古代水渠平行的，水渠则和现在的两侧河床平行。这些遗址中最醒目的，是一架特别坚固的奇基尼（Chiginī，即风车），它仍高达 40 英尺。图 498 中也有一架这种类型的风车，年代可能比我们看到的这座要晚。风车的两个大轮子原来肯定矗立在一间屋子的拱顶上，拱顶的跨度有 21.5 英尺。

比比多斯特附近的民居遗址

林丹附近的遗址

比比多斯特圣陵西北约 3 英里的地方就是小村子阿富汗堡（Burj-i-Afghān）。村子东边矗立着零星的大建筑遗址，尽管它们朽坏得很严重，却依旧引人注目。有一个大建筑的底下有用夯土筑成的地基。从结构上能看出，它们是用作防御工事的。大多数建筑中央大厅的墙上用土坯装饰着成行带尖的拱。我看到的拱顶都是和在加加沙看到的一样属于倾斜的拱。但在图 496 拍摄的遗址中，我也注意到了一个过渡类型的拱顶，也有一个是真正的拱，底下还有护墙（护墙上的土坯是沿拱的曲线方向垂直放置的）。上文在说到米里卡斯木阿巴德时，曾提到这样的过渡型拱。[①] 这里和下面将要说到的喀拉伊瑙（Kala-i-nau）的土坯，尺寸一般是 12 英寸×12 英寸×2 英寸。在村子东边约 1 英里的地方有一座圆形小城堡，城堡里面的直径约 210 英尺，有双层围墙。里层围墙用夯土筑成，厚 18 英尺，仍高达 20 英尺。外层围墙离里层围墙有 40 英尺远，比里层围墙薄得多，除了南面保存下来一部分，其余地方几乎已经消失了。在这里我们发现了大量带凸纹的陶器碎片，上面大多有凸圆的凸纹和凹槽（与图版 CXV 中的 B.-i-A.01 一样）。本书文物目录中，还收入了其他上过釉或带有其他装饰的碎片（图版 CXVII）。

我探访的最后一个遗址群在纳瑟鲁河床的西边，其中最近的在阿富汗堡西北约 5 英里的地方，过了布赖（Bulai）村耕耘平整的农田之后才能到达那里。那里有零星的民居，因水汽的作用而大多严重朽坏了。在民居之中矗立着两个很大的建筑。图 484 中就有其中一个，可以看到它高高的带尖的大门，里面的大厅墙上还装饰着几排带拱顶的神龛。由于

---

① 见图 496 中那个男子右边的拱。

水渠泛滥出来的水有时会到达这里，所以地面长着灌木或结了盐壳。因此，在这些遗址中只发现了极少的陶器碎片。从陶器碎片的大体状况以及没有西方风格的拱顶这一事实来判断，我认为这些遗址和从卡斯木阿巴德村出发所探访的那些遗址一样，都属于伊斯兰时期早期。

米扬康吉（Miān-kangī）地区人口稠密，从帕里恩河延伸到锡克萨河（Siksar river，是波斯和阿富汗的边界）。在这一地区，比较古老的遗址只有塔赫特伊普尔（Takht-i-pul）桥和喀尔库沙（Kārku-shāh）的废丘，这两个遗址泰特先生都曾描述过。[①] 喀尔库沙是一座小堡垒遗址，它位于一块孤立的台地上。台地顶上和坡上大多数地方被一个现代村子的民居占据了。在土丘的西北坡有一段朽坏很厉害的墙，墙用土坯或夯土筑成，似乎还用棱堡加固。墙保留下来 100 多码长。在这段墙的上方，可以把一段内层围墙追踪 60 码远。围墙之内矗立的遗址好像原来是城堡的中心堡垒。这个中央遗址只有东北墙的长度是完整的，从外面量有 46 英尺长。由此看来，这座堡垒特别坚固。这面墙有 8 英尺厚，墙脚下是用烧过的土坯砌成的，墙脚露在外面的部分最高有 5.5 英尺。这种烧过的土坯（25.5 英寸×16.5 英寸×2 英寸）特别大，这样大的土坯非常少见。墙的上半部分是用土坯筑成的，和其他伊斯兰时期早期遗址的土坯尺寸差别不大。残墙仍高达 11~12 英尺。

喀尔库沙

---

① 参见泰特《锡斯坦》205 页以下。

阿拉伯地理学家说的喀尔库耶

喀尔库沙很可能就是喀尔库耶（Karkūyeh）。在早期阿拉伯地理学家描述的从赫拉特（Herāt）到塞吉斯坦（Sejistān）的路上，喀尔库耶是一个重要地点。根据伊斯塔赫里的记载，喀尔库耶离扎兰季有三个法萨赫（farsakh，长度单位，1法萨赫＝6240米——译者）远，这和喀尔库沙到纳德阿里的距离是吻合的。[①] 那些阿拉伯地理学家还说，城里有古代的拜火教庙宇。从上面所说的那些遗址看，无法判断出这座庙宇的位置。

塔赫特伊普尔桥

塔赫特伊普尔桥遗址如今大部分已经被淤泥掩埋了。它用土坯筑成，位于喀尔库沙的北—北西方向约2英里远的地方。从扎兰季（即纳德阿里）到朱韦因（Juwain）和赫拉特去的大路肯定是朝这个方向延伸的。所以泰特先生认为，这座桥大概就是伊斯塔赫里（Istakhrī）的路程表中在巴舌尔［即白沙瓦兰（Pēshawarān）］和喀尔库耶之间的那一站。泰特先生的假设是很有根据的。[②]

从阿富汗那一侧的遗址带过来的文物

一个叫鲁斯塔木的当地"寻宝人"为我派出一些俾路支人到阿富汗那一侧的锡斯坦的某些遗址去。他们带回了一些陶器碎片和类似的小文物，我将以此来结束我对伊斯兰时期遗址的描述。这些文物收录在下文的文物目录中，我无法知道它们出自什么遗址。但它们主要都是伊斯兰时期那种上釉的陶器，似乎表明，泰特先生关于纳德阿里和苏尔赫迪克（Surhdik）遗址的断代是正确的。[③] 有些碎片据说是从塔赫特伊鲁斯塔木（Takht-i-Rustam）带回来的，大多有凸纹，

---

① 参见亨利·罗林森《锡斯坦笔记》（*Notes on Seistan*），《皇家地理学学会杂志》286页以下、294页，1873年。

② 参见泰特《锡斯坦》205页以下；亨利·罗林森《锡斯坦笔记》294页。

③ 参见《锡斯坦》199页以下。

说明这个遗址可能年代比较早，它的名称也表明了这一点。在深度地图中，普扎克盐沼（Hāmūn-i-Pūzak）的北边标了这个地点的位置。我不知道普什特伊高（Pūsht-i-gau）的确切位置在哪里。它大概就是泰特先生提到的坡斯特伊高（Pōst-i-gau）①，即查坎苏（Chakānsur）北边的一个遗址。萨里扬（Saliān）据说是法拉河（Farāh Rūd）东边的一个遗址，在白沙瓦兰附近，在地图中，那里标了一个叫萨尔沃塔（Sār-o-tār）的带码头的现代村子，图版 CXVI 中的那些小青铜物件就来自那里。那里如今是赫尔曼德河以东的一个重要地点。②

　　本书文物目录中标 A 和 B 的那些装饰过的陶器碎片，是阿弗拉兹·古尔 1918 年在东伊朗考察时，在锡斯坦盆地西北的两座山上堡垒收集到的。他说，遗址 A 坐落在萨尔比沙（Sarbīshah）东边约 14 英里远的一座山上，那座山位于从锡斯坦到比尔詹德的大路边。遗址 B 在胡尼克（Khunik）附近，也在上面所说的那条大路边，比大路高约 500 英尺，从奈赫来的路与那条大路在那附近会合在一起。从装饰风格来看，出自这两个地方的陶器碎片（图版 CXVII）好像和阿富汗堡的陶器碎片大致属于同一时期，所以我把它们收录在这里。

出自锡斯坦西北遗址的装饰过的陶器碎片

---

① 参见泰特《锡斯坦》187 页以下。
② 参见泰特《锡斯坦》224 页以下。

第四节　出自锡斯坦北部晚期遗址的陶器碎片和其他小遗物

出自扎黑丹遗址的陶器碎片样品

Zah.01　陶器碎片。深灰色，特别坚硬。无花纹，可能烧得过头了，因为炽热而变了形。$1\frac{1}{4}$英寸×$1\frac{5}{8}$英寸。

Zah.02、03、04　陶碟子碎片。02 呈红色，装饰着灰色图案，图案外上了深绿色釉。沿是灰色的，碟子的平边上装饰着一系列斜置的窄叶子。碎片里面有一条灰色环线，环线里面是一系列实心的灰色柳叶形，从中心呈放射状朝外伸展。柳叶形之间有枚生长在线上的三角形小叶子，尖朝下。$3\frac{3}{4}$英寸×3 英寸。

03 呈暗黄色，釉和 02 一样，有实心植物边和清晰的图案。图案外面上了釉，还有几条粗的灰色线条。$2\frac{3}{8}$英寸×$2\frac{3}{4}$英寸。

04 颜色和 02 类似，但颜色较浅。沿是单一的灰色。碎片里面有两条环线，环线里面是重复出现的灰色小旋涡饰。$1\frac{5}{8}$英寸×$1\frac{3}{8}$英寸。

Zah.05、09　陶器碎片。出自扎黑丹西北的风蚀地面上，外面有规则的凸纹。05 呈深灰色，表面棕灰色，$2\frac{7}{8}$英寸×$1\frac{1}{2}$英寸。

09 呈红色，$2\frac{1}{8}$英寸×1 英寸。

Zah.06、07　陶器碎片。可能出自同一个器皿。装饰着刻画上去的三角形，三角形之间是呈扇状分布的一组线条。平均尺寸 $1\frac{1}{4}$英寸×$1\frac{1}{8}$英寸。

Zah.08　陶器碎片。出自碟子的沿。横截面呈优雅的弧形，外面用微微突起的部分来突出弧形的方向变化。碟边是灰色的。边上是扁长的背光形状

（轮廓线灰色）和成对的线条交替出现，每个背光形状上都有一块绿松石颜色的色块。白釉已经变色。$1\frac{7}{8}$英寸×$2\frac{1}{4}$英寸。

Zah.010　灰泥（?）残片。有两层灰泥（石灰?），之间有一层砖红色的泥。$2\frac{3}{8}$英寸×$1\frac{3}{4}$英寸。

Zah.011　陶器碎片。出自扁平的碟子，还有一部分低矮的圈足。红色，上了白色釉，釉外面绘着精致的钴蓝色旋涡饰和云朵。$1\frac{1}{4}$英寸×$1\frac{5}{8}$英寸。

Zah.012　陶器碎片。暗黄色，可能出自碟子中心附近的部分。里面上了精美的深绿松石色釉。图案中可以看到两片有叶脉的叶子，只是黑色的，画得很好。背面有一块釉。$1\frac{1}{8}$英寸×1英寸。

Zah.012.a　陶器碎片。出自碟子的沿。暗黄色，里外都上了白色釉。里面的边上装饰着极为模式化的弧线，弧线的背景是沿不同方向交叉的直线，这些图案都是精美的钴蓝色。外面在轮廓线发生变化的地方有一条线。$2\frac{3}{8}$英寸×$1\frac{3}{4}$英寸。

Zah.013、014、015　陶器碎片。出自碟子。陶胎白色，颗粒较多。装饰着蓝色图案，图案轮廓线为灰色，图案外上了白色釉。013里面可以看到带棱角的黑色细茎，茎上生着细细的五瓣花，花上有蓝色块，边沿附近也有一个蓝色块。外面上了釉，还可以看到一部分黑色旋涡饰。$1\frac{1}{4}$英寸×$1\frac{1}{4}$英寸。

014出自碟子边。陶胎和上面说的一样，釉白色。里面的边是一对灰线，这两条线之间有四瓣花和卷曲的茎，茎两侧都有叶子。花和叶子涂成蓝色，轮廓线灰色。碎片外面有一对环线。$1\frac{1}{2}$英寸×$1\frac{7}{8}$英寸。

015 出自碟子扇贝状的边沿。陶胎和上面说的一样。里面的边是一对环线，环线之间是细茎和花，茎和花的轮廓线为黑色，花上有蓝色块。碎片外面有四对灰色细线。$1\frac{3}{4}$英寸×1英寸。

Zah.016　陶器碎片。陶胎粉红色。一面上了白色釉，还有清晰的黑色大花瓣形图案，"花瓣"夹在黑线之间。$1\frac{5}{8}$英寸×$1\frac{1}{2}$英寸。

Zah.020　陶瓷碎片。薄瓷器。口沿像中国类型的碗似的稍朝外折。陶胎白色，玻璃一般，釉白色。两面都用朦胧柔和的蓝色绘着模式化的图案。$2\frac{1}{8}$英寸×$\frac{7}{8}$英寸。

Zah.021　陶器碎片。出自碗的薄沿。遍体都上了白色釉。陶胎白色，多颗粒。碎片里面在一对蓝色细线之内有一条茎，茎上生着一朵花和几片小叶子。轮廓线都是蓝色的，花和叶子上涂了蓝色。碎片外面有一对细环线，还有一个小圆圈，圆圈外环绕着小花蕾。用了蓝色，以使图案更加突出。$\frac{7}{8}$英寸×$\frac{13}{16}$英寸。

在加拉塔帕发现的陶器碎片样品

Gh.Ta.01、07、09、015、016、017　　上绿釉的陶器碎片。01陶胎是精美的棕灰色，里面上了灰绿色釉，外面一部分地方也上了这样的釉。$1\frac{3}{4}$英寸×$1\frac{1}{4}$英寸。

07里面上了灰绿色釉，外面一部分地方上了厚厚的深绿色釉。1英寸×$\frac{5}{8}$英寸。

015 陶胎暗黄色，沙质，里外都上了深绿色釉。$2\frac{1}{4}$英寸×2英寸。

016 陶胎暗黄色，沙质，碗的一部分平沿上有深绿色釉。$1\frac{3}{8}$英寸×$\frac{7}{8}$英寸。

017 陶胎暗黄色，是边沿的碎片，两面都上了绿色釉。

09 外面在边沿以下$\frac{3}{4}$英寸处有一条突起的带子，带子上有排列紧密的垂直的缺口。里面刻画着两条隔得很开的细边线。遍体都上了黄绿色釉，釉剥落得比较严重。$1\frac{3}{4}$英寸×$1\frac{1}{4}$英寸。

Gh.Ta.02　陶器皿碎片。用陶轮制成，陶胎是温和的暗黄色，外面是暗黄绿色，无装饰。$1\frac{7}{8}$英寸×$1\frac{7}{8}$英寸。

Gh.Ta.03~05　陶器皿碎片。用陶轮制成，赤褐色。装饰着弧线和折线，是用带齿的工具画上去的。03 装饰着三条纵向延伸的弧形带子，带子之间有一条纵向延伸的折线。都是用带四齿的工具画出来的。$2\frac{1}{4}$英寸×2英寸。

04 装饰着用六齿工具画出来的弧形和折线，肩上还绕着一条深深的环线。$2\frac{1}{4}$英寸×3英寸。

05 装饰着用五齿工具画出来的弧线。3英寸×$2\frac{1}{4}$英寸。图版CXV。

Gh.Ta.06　陶器皿碎片。用陶轮制成，赤褐色，上了一层薄薄的淡粉色泥釉。碎片里面画了一条纯红色的带子，带子朝里一侧的那条轮廓线是深棕色的，带子中是用浅棕色线构成的一部分图案，还有一个鲜艳的绿色点。遍体都上了釉，但釉已变暗。在烧制过程中，浅棕色和绿色颜料漫流了。$1\frac{1}{8}$

英寸×1$\frac{1}{2}$英寸。

Gh.Ta.08　陶器皿碎片。用陶轮制成，淡赤褐色。外面用成组的环形刻线划分成两条带子。其中一条带子上有一朵 12 瓣的花，造型很精致，像浮雕一样。另一条带子上有一个横放的流苏形状。这些装饰都是用模子印上去的。1$\frac{1}{4}$英寸×1 英寸。图版 CXV。

Gh.Ta.010、011、013、014　陶器皿的侧壁残片。用陶轮制成，赤褐色，外面有像 Gha.02 等那样的凸纹。010 一端没有凸纹，2$\frac{7}{8}$英寸×2$\frac{3}{4}$英寸。

011 是特别深的红色，带凸纹的部分之间有一条无装饰的带子。3$\frac{7}{8}$英寸×2$\frac{3}{4}$英寸。

013 从里面一直到接近外表附近都烧成了黑色。1$\frac{1}{2}$英寸×2$\frac{3}{4}$英寸。

014 有特别均匀的凸纹。1$\frac{7}{8}$英寸×2$\frac{5}{8}$英寸。

Gh.Ta.012　陶器皿碎片。用陶轮制成，赤褐色，表面颜色很细腻。里面有规则的环线，外面有不规则的环线。2$\frac{1}{2}$英寸×2$\frac{5}{8}$英寸。

出自阿富汗堡和比比多斯特的陶器碎片样品

B-i-A.01　陶器碎片。出自器皿的侧壁。红色，有均匀的凸纹，凸纹和凹槽都是柔和而凸圆的。2$\frac{3}{4}$英寸×2$\frac{3}{4}$英寸。图版 CXV。

B-i-A.02　陶器碎片。鲜艳的红色，装饰着两片柳叶，是用带三齿工具刻画上去的。在叶子分离的地方之间，垂直悬挂着一个三重之字形。很像红铜时代的彩绘图案。$2\frac{3}{8}$ 英寸 $\times 1\frac{3}{8}$ 英寸。图版 CXV。

B-i-A.03、04、05　陶器碎片。每片都有一部分厚重的圈足。釉是绿松石色，图案灰色。03 图案是细茎，还有一枚深灰色的实心叶子。$3\frac{1}{2}$ 英寸 $\times$ 2 英寸。

04 可以看到中央有两个圆圈，从圆圈上生出茎和旋涡形叶子。$4\frac{1}{8}$ 英寸 $\times 2\frac{1}{8}$ 英寸。

05 边是双线画成的圆圈，边里面可以看到一系列旋涡饰。4 英寸 $\times 2\frac{1}{8}$ 英寸。图版 CXVII（图版上的 06 似应为 04——译者）。

B-i-A.06、07、08、023　上釉和带彩绘的陶器碎片。06 呈淡赤褐色，是深圈足和一部分碗底。里面的釉已经变成了灰色，装饰着清晰的黑色浮雕图案，还有一块块深红褐色的釉。$3\frac{3}{4}$ 英寸 $\times 2\frac{1}{2}$ 英寸（似为图版上的 04——译者）。

07 里面上了斑驳的绿松石色釉，中央绘着粗略的黑色星星。$3\frac{1}{3}$ 英寸 $\times 2\frac{1}{4}$ 英寸。

08 里面上了不洁净的白色釉，用黑色轮廓线绘着一朵清晰的花，大花心是鲜艳的绿色。$2\frac{3}{8}$ 英寸 $\times$ 2 英寸。

023 里面上了绿松石色釉，在一个圆圈内用黑色画了一棵模式化的树。$2\frac{1}{2}$ 英寸 $\times$ 2 英寸。图版 CXVII。

B-i-A.09　陶碗盖残片。盖子从平面看大概是圆形的，从横截面看顶部稍微鼓起。里外都上了白色釉，釉外面有鲜艳的绿色颜料的痕迹。侧面有$\frac{9}{16}$英寸深，没有上釉，很光滑，似乎是为了与碗口相吻合。顶部涂成灰黑色。边由两对线构成，两对线之间似乎绘着白色叶子或云，背景是黑色的。边以内是极为模式化的植物旋涡饰，还有一些鲜艳的绿色大点（花?），大点宽宽的轮廓线是黑色的。$2\frac{7}{8}$英寸×$3\frac{3}{8}$英寸。图版CXVII。

B-i-A.010　陶碗碎片。粉黄色，装饰着一对比较浅的刻线。里面上了发绿的白色釉，外面也有这样的釉。$2\frac{1}{8}$英寸×$1\frac{3}{8}$英寸。

B-i-A.011、017　陶碗碎片。011呈淡红色，很坚硬，上了淡绿松石色釉，装饰图案是黑点和蓝点，釉已开裂。$1\frac{3}{8}$英寸×$1\frac{1}{16}$英寸。

017是同一个碗或一个类似的碗的残片。$1\frac{3}{4}$英寸×$\frac{3}{4}$英寸。

B-i-A.012、014、016、027　陶碗碎片。012呈淡红色，含不少沙子。里面的白釉底下可以看到一条宽宽的黑色斜条网格，表面有光泽。$1\frac{5}{8}$英寸×$1\frac{1}{2}$英寸。

014是陶碗碎片。红色，表面是更深的红色。$1\frac{1}{2}$英寸×1英寸。

016出自类似的碗，但外面的一条黑线外也上了釉。$\frac{3}{4}$英寸×$\frac{5}{8}$英寸。

027是碗沿朝上的那个面。宽而平，涂成深蓝黑色。里外都上了白色釉。釉外面（在朝上的那个面上）用黑线绘了旋涡饰，还有蓝色块。1英寸×1英寸。

B-i-A.013、015、018、019、020、021、024、033　陶器皿碎片。上的是不同色调的绿色釉，从黄绿色到绿松石色不等，装饰着黑线。018里面有三条平行的黑色直线，还有小色块。外面没有上釉，有浓重的凸纹。

019 里面稍微有凸纹，上了无花纹的釉。外面的釉底下有一条由黑色螺旋形构成的宽带子。

024 外面有绿松石色釉，边线和边上有斑驳的黑色块和小点。

013 最大，$3\frac{1}{4}$ 英寸×$2\frac{1}{4}$ 英寸。

B-i-A.022　陶器皿碎片。外面是直的，横向均匀地分布着凹槽，凹槽之间有锐利的凸纹。里面光滑，里外都上了鲜艳的铜绿色釉。$1\frac{1}{8}$ 英寸×$1\frac{1}{8}$ 英寸。图版 CXVII。

B-i-A.025　陶碟子残片。暗黄色，多颗粒，淀粉色釉。里面装饰着一个圆锥形，圆锥形的轮廓线是宽宽的钴蓝色带子，尖上是鲜艳的绿色块。圆锥形里面是交叉的斜线，外面有黑色圆圈。残片的外面有几条呈放射状的黑色茎。2 英寸×$1\frac{3}{4}$ 英寸。图版 CXVII。

B-i-A.026　陶器皿碎片。暗黄色，里外都上了淡绿松石色釉。外面一条宽宽的黑线上有一行均匀分布的圆点，如今圆点变成了疤痕，也可能本是突起的珠子（?）。里面有一片叶子形，叶子里面是交叉的斜线，轮廓线是突起的点（也变成了疤痕）。其他的线上也是这样处理。$1\frac{1}{8}$ 英寸×$\frac{7}{8}$ 英寸。图版 CXVII。

B-i-A.029、031、032　陶器皿碎片。029 呈淡黄色，用三个尖的工具刻画着窄窄的叶子和不规则的旋涡饰，长 $1\frac{3}{4}$ 英寸。

031 刻画着波浪形的条带，还有一块区域中有粗略画成的交叉线，长 $1\frac{3}{4}$ 英寸。

032 呈淡黄色，表面都是用梳子状的工具画出来的垂直交叉的线。还有一个圆锥形凸饰，凸饰上有垂直的凸纹。长 $1\frac{1}{2}$ 英寸。

B-i-A.035　陶碗残片。 暗黄色，上了白色釉，边沿涂成黑色。里面的边是由一对对竖立的三瓣状的叶子构成的，叶子的轮廓线是灰色细线，背景钴蓝色。边的上方和下方各有一条白色带子，再往下又是钴蓝色。外面装饰着莲花瓣，花瓣顶上的拱形部分是用宽宽的钴蓝色线画成的，花瓣之间填补着简单的黑色图案。再往上有一条环线。$1\frac{1}{4}$ 英寸×1 英寸。

Bībī-dōst.01　陶碟子（？）残片。 在深棕色地上绘着白色植物图案。陶胎呈红色。$1\frac{3}{8}$ 英寸×$1\frac{1}{4}$ 英寸。

从纳德阿里遗址带回来的遗物

Nad Ali.01～04、011　陶器皿碎片。 用陶轮制成。01 呈暗黄色，在最宽的地方一侧里外都有凸纹，另一侧的外面是光滑的，里面略有凸纹。外面有一块深绿色釉，还有零星的较小的釉块，其余的釉都已剥落了。$2\frac{5}{8}$ 英寸×$2\frac{1}{2}$ 英寸。

02 两面都有凸纹。其余几个残片只在外面有凸纹。03 最大，$3\frac{3}{8}$ 英寸×2 英寸。

Nad Ali.05、06　陶器皿残片。 用陶轮制成，浅黄色。里面有浓重的凸纹，宽凸纹和窄凸纹交替出现。外面有一条由刻线构成的带子。06 最大，2 英寸×$1\frac{7}{8}$ 英寸。

Nad Ali.07、08　陶器皿碎片。 用陶轮制成，淡黄色。07 里外都上了绿松石色釉，$1\frac{1}{8}$ 英寸×$1\frac{5}{16}$ 英寸。

08 两面都上了白色釉，边沿的平的那一面上了深蓝灰色釉。$\frac{1}{2}$ 英寸×

$1\frac{1}{8}$ 英寸。

Nad Ali.09、010　陶器皿碎片。用陶轮制成，赤褐色，外面隐约有凸

纹。09 最大，$1\frac{3}{16}$ 英寸×$2\frac{3}{4}$ 英寸。

Nad Ali.012~015　青铜物件。012 是奇形怪状的鹰。身体横向看是扁

平的，刻出了翅膀和尾巴。脖颈稍微粗些，但比较扁平。脖颈上是立体的头

部，像猫头鹰的头。脚缺失。2 英寸×$\frac{7}{8}$ 英寸。图版 CXVI。

013 是奇形怪状的动物（狮子？）。立姿，前腿融合成实心的一块，后腿

也是如此。尾巴较短，看起来只是贴近腿的一个三角形。无细节。$1\frac{1}{2}$ 英

寸×$1\frac{3}{8}$ 英寸。图版 CXVI。

014 是空心的半球形。顶上有一个小圆环，边上有六个钩状突出部，分

布得很均匀，其中一个钩子已缺失。是挂饰（？）的一部分。直径 1 英寸。

图版 CXVI。

015 是很小的盘子状物（盖子？）。空心的盘子中有一个圆圈以便穿绳。

直径 1 英寸，深 $\frac{3}{16}$ 英寸。图版 CXVI。

从普什特伊高带回来的物件

Pusht.01~04、08　陶器皿碎片。是粗陶器（？）。01~04 上了白色釉，

打磨得很细致，但釉已经开裂了。01 外面有条灰色环线。$1\frac{1}{2}$ 英寸×$2\frac{1}{8}$ 英

寸。

02 是接近碗底的一部分。绘了黑线，还有鲜艳的蓝色块。$1\frac{5}{8}$ 英寸 × $2\frac{1}{4}$ 英寸。图版 CXVIII。

03 里面绘了淡蓝色线。$\frac{3}{4}$ 英寸 × $1\frac{1}{8}$ 英寸。

04 里面残留着黑线构成的图案，还有鲜艳的蓝绿色块。$1\frac{1}{8}$ 英寸 × $1\frac{3}{8}$ 英寸。

08 上了灰绿色釉（青瓷釉），釉底下是突起的蕨状植物图案。表面的釉极为平整。$1\frac{7}{16}$ 英寸 × 2 英寸。前面这些碎片都明显有中国陶瓷的风格。图版 CXVIII。

Pusht.05~07、09、010、012、013、016~020　用陶轮制成。05、06、010、013、018、019：上了深绿色釉，装饰着清晰的黑色图案。013 最大，$\frac{3}{4}$ 英寸 × $1\frac{3}{4}$ 英寸。

018 里面有一对黑线，黑线底下是一朵实心的浓黑色小花的一部分。$\frac{3}{4}$ 英寸 × $\frac{7}{8}$ 英寸。

07 的绿釉很多已经消失，露出了黑色旋涡饰图案和叶子，图案和 Surhdik.04 一样是浮雕。外面有与 Surhdik.04 类似的大旋涡饰。$1\frac{7}{8}$ 英寸 × $2\frac{1}{2}$ 英寸。图版 CXVIII。

09 出自器皿的侧壁，里面上了白色釉，还有朦胧的黑色图案。$1\frac{1}{4}$ 英寸 × $1\frac{1}{8}$ 英寸。

012 里面上了黄棕色釉。1 英寸×1 英寸。

016 遍体都上了蓝绿色釉，釉特别光彩夺目。平沿上有两条黑线，里面在平沿底下也有一条黑线。1 英寸×$1\frac{1}{4}$英寸。

017 上了白色釉，里面残留着一部分方块状图案。方块状图案用宽宽的钴蓝色线勾勒而成，方块里面还有黑色细线及色块。残片外面有两条灰线。1 英寸×$\frac{7}{8}$英寸。

020 是与 Nad Ali.08 类似的口沿。顶部是鲜艳的蓝色，底下是白色，里面有两条纵向的蓝色带子。$\frac{1}{2}$英寸×$\frac{7}{8}$英寸。

Pusht.011、014、015　陶器皿残片。用陶轮制成。011 呈暗黄色，里面有不规则的凸纹。$\frac{7}{8}$英寸×$1\frac{1}{2}$英寸。

014 呈灰色，里外都有浓重而规则的凸纹。$1\frac{3}{8}$英寸×$1\frac{1}{2}$英寸。

015 呈红褐色，外面有凸纹，还有釉（？）的残迹。$1\frac{3}{4}$英寸×$1\frac{1}{8}$英寸。

从萨里扬带回来的陶器碎片样品

Sal.01、04、07、08、012～014、016　陶器皿碎片。用陶轮制成，上了釉。01 呈淡赤褐色，外面有一条突起的凸圆线脚，里面上了赭黄色釉。$1\frac{3}{8}$英寸×$1\frac{1}{4}$英寸。

04 呈淡赤褐色，上了鲜艳的红色泥釉，一端还有一点黑色釉（？）的残迹。$1\frac{1}{8}$英寸×2 英寸。

013 和 04 属于同一个碗，是一部分侧壁。里面完全覆盖着黑釉，外面有两个点。$1\frac{1}{8}$英寸×2英寸。

07 是碗的厚圈足和一部分侧壁。暗赤褐色，里面上了白色釉，有粗略画成的灰黑色环形带子。带子外面有两对斜置的色块，两对之间的地方有鲜艳的蓝绿色块。$1\frac{3}{4}$英寸×$3\frac{1}{4}$英寸。

08 和 Nad Ali.07 一样是平沿，淡红色，朝外的那个面上半部分上了白色釉，里面上了黄白色釉。里面绘了弧形的黑线和垂直的色块，是从下半部延伸上来的，还有鲜艳的铜绿色块。沿朝上的部分也是铜绿色。$1\frac{1}{8}$英寸×$1\frac{1}{2}$英寸。

012 是淡灰色粗陶器（?）。里面上了白色釉，装饰着一组组花瓣，每组有三个带尖的重叠花瓣，花瓣的轮廓线是蓝色，背景也是蓝色，背景上还有一部分卷须。1英寸×$1\frac{1}{2}$英寸。图版 CXVIII（图版中无此物——译者）。

014 两面都上了淡绿松石色釉，边沿黑色，还装饰着黑色环线和叶状黑色块。外面有一条环线，环线底下的釉之下是凸纹。与 Surhdik.04 属于同一类型。$1\frac{3}{8}$英寸×$1\frac{5}{8}$英寸。图版 CXVIII。

016 呈灰白色，两面都上了白色釉，外面一端有块发紫的色块。$\frac{3}{4}$英寸×$\frac{1}{2}$英寸。

Sal.02、05、010　**陶器皿碎片**。用陶轮制成，赤褐色，外面有凸纹。最大残片 $2\frac{3}{4}$英寸×$2\frac{1}{8}$英寸。

Sal.03、09、011　**陶器皿碎片**。用陶轮制成。03 呈红褐色，很淡，外面呈粉黄色。三条环线构成一组，上方有一条突起的浅之字形带子，下方有两枚柳叶形状。$1\frac{3}{8}$ 英寸×2 英寸。图版 CXV。

09 赤褐色，外面微呈粉色，装饰着粗略刻上去的帷幔状。2 英寸×$1\frac{7}{8}$ 英寸。

011 呈黄白色，装饰着环行刻线，里面有凹槽。$1\frac{5}{8}$ 英寸×$1\frac{1}{2}$ 英寸。

Sal.06、015 陶器皿碎片。用陶轮制成。里面隐约有凸纹，此外无装饰。最大尺寸 $1\frac{1}{2}$ 英寸×$1\frac{3}{4}$ 英寸。

从苏尔赫迪克带回来的陶器碎片样品

Surhdik.01、03、06、08 陶器皿碎片。用陶轮制成，颜色从淡赤褐色到深赤褐色不等。01 里面和边沿上了淡灰绿色釉。$2\frac{1}{4}$ 英寸×3 英寸。

03 里面上了鲜艳的绿松石色釉，大概釉底下先上了白色泥釉。1 英寸×$1\frac{3}{8}$ 英寸。

06 陶胎深紫色，上了深褐色釉，还夹杂着斑驳的灰绿色釉。4 英寸×3 英寸。

08 和 01 颜色和质地都类似。2 英寸×$2\frac{1}{4}$ 英寸。

Surhdik.02、04、05、07 陶器皿碎片。用陶轮（？）制成。02 呈赤褐色，里面上了白色釉，还装饰着植物图案。图案中从实心的根上生出一些带叶子的灰色茎，还有鲜艳的绿点的残迹。4 英寸×$2\frac{1}{2}$ 英寸，足高 $\frac{7}{8}$ 英寸。图版 CXVIII（该图版中将 Surhdik 写成了 Sardik，下同——译者）。

04 呈暗黄赭色，上了釉，绘有黑色螺旋形和叶子图案，釉和图案都与

Gha.ii.01 类似。所有釉都已消失，露出了黑色浮雕图案。$3\frac{1}{2}$英寸×$1\frac{3}{4}$英寸。图版 CXVIII。

05 呈浅灰色。里面上了白绿色釉，釉底下是复杂的黑色植物图案，还有绿色块。外面有一条实心的黑色带子。$1\frac{3}{8}$英寸×$2\frac{1}{8}$英寸。

07 陶胎浅灰色，两面都上了白色釉。里面装饰着钴蓝色圆圈，从圆圈上延伸出来一些线。$1\frac{5}{8}$英寸×$1\frac{1}{8}$英寸。图版 CXVIII。

从萨尔沃塔遗址带回来的青铜物件

Sar.01　青铜印戳。表面圆形，后面是稍微变细的长柄，柄上端又变粗，形成了一个大圆环。表面的花纹是一组旋涡饰，含义不明。被锈蚀了一部分。直径 $1\frac{3}{8}$英寸，高 1 英寸。图版 CXVI。

Sar.02　青铜印戳（?）。表面大致呈半圆形，无花纹。从直的那一边中央伸出一个垂直的小圆环。顶上那一面有一个不规则的金字塔形突起，突起物的上方立着一只鸟。直径$\frac{3}{4}$英寸，高 $1\frac{3}{8}$英寸。图版 CXVI。

Sar.03　青铜纽。顶部有一个扁扁的尖。尖底下是一个简单的圆球，再往下是一个稍微扩展开来的椭圆形底座。底座朝下的那个面是平的，这个面上还有一对横向的凹线。高 $1\frac{1}{16}$英寸。图版 CXVI。

Sar.04　小青铜鸟。是鹰（?）。在本该是腿的地方有一个短柄。1 英寸×$\frac{3}{4}$英寸。图版 CXVI。

从塔赫特伊鲁斯塔木带回来的陶器碎片

Takht-i-Rustam.01~014　**陶器皿碎片**。用陶轮制成，赤褐色。01 为一部分侧壁，外面有柄留下的痕迹，底下是不规则的浅凸纹。$2\frac{1}{2}$ 英寸×$3\frac{1}{2}$ 英寸。

02、04、011、012、014 里面有明显的凸纹，外面有不明显的凸纹。最大尺寸 $3\frac{3}{4}$ 英寸×$2\frac{3}{8}$ 英寸。

03 为器皿的底部，里面有不规则的突起的螺旋形。$2\frac{3}{4}$ 英寸×$2\frac{3}{4}$ 英寸。

05、07、09、010、013 有的无装饰，里面隐约有不规则的凸纹。

06、08 外面有明显的凸纹。最大片 2 英寸×$1\frac{3}{4}$ 英寸。

在萨尔比沙以东的遗址 A 收集到的陶器碎片

A.01~017、020、021、023、030、031　**陶器碎片**。大多出自碟子，上白色釉。绘棕黑色、砖红色、粉色、黄绿色蔓藤图案。图版 CXVII。

A.018、026、033~036　**陶器碎片**。淡红色，没有上釉，刻了图案。样品见图版 CXV 中的 A.026（$4\frac{3}{8}$ 英寸×$2\frac{3}{8}$ 英寸）。

A.022　**陶碟子残片**。碟子的边沿，有一对环线，里面还有植物图案，上了黄绿色釉，还有鲜艳的绿色块。图版 CXVII。

A.024　**陶器碎片**。出自管状人器皿的侧壁。陶胎粉黄色，里面有凸纹。外面的深棕色地上装饰着一条条铜绿色旋涡状的宽带子，之后上了釉。$3\frac{1}{4}$ 英寸×$1\frac{3}{4}$ 英寸。图版 CXVII。

A.025　**陶器碎片**。管状器皿的一部分，装饰着之字形凹槽和垂直的凹槽，之后上了蓝绿色釉。图版 CXVII。

A.027、028　陶器碎片。出自一个碗或几个碗。折沿，沿的顶部是平的。表面装饰着横向和纵向的带子和方块形状，方块内是模式化的斑驳的点。釉已经消失。图版 CXVII。

A.029　陶器碎片。一个带嘴的小油灯。红色，上了白色泥釉，嘴附近有一块块的黄绿色釉。微呈虹彩，大约有一半已缺失。直径 $2\frac{3}{4}$ 英寸，高 $1\frac{1}{8}$ 英寸。图版 CXVII。

A.032　玻璃残片。出自喷水嘴的口。半透明，发绿的白色。镶嵌着一条扭索状装饰，制作粗糙。两端都断了。$1\frac{9}{16}$ 英寸×$1\frac{7}{16}$ 英寸。图版 CXVI。

在胡尼克附近的遗址 B 收集到的陶器碎片

B.01~018　陶器皿碎片。陶胎暗黄色，多颗粒。里面上了白色和各种色调的蓝色、绿色釉（04、07、013 外面也上了釉）。

03、06、08、010、016 外面有凸纹。

02、014、018 装饰着灰色或黑色植物图案。图版 CXVII。

第三十章　锡斯坦的沙漠三角洲

第一节　古代和近代的遗址

现在我们来说一说波斯境内赫尔曼德河南部三角洲的遗址，那里如今已全是沙漠。从年代相隔很远的建筑遗存和其他遗物看，从史前时期开始那里就不时有人居住。而现在那里是沙漠，使我们能比较清楚地根据考古学证据判断出在什么时期那里有人居住。从地形来看，南部三角洲的地形特征比北部三角洲的明晰得多，有利于我们探寻它的历史（在北部那块大得多的三角洲中，有广阔的冲积平原和不断游移的哈木恩沼泽，地形特征很难判断出来）。两块三角洲之间的分界线是一座轮廓清晰的砾石高原。它是沿着赫尔曼德河现在河道的左岸延伸的高原朝西北伸出的部分，一直伸到了哈木恩的南部边缘，即瓦尔马勒（Warmāl）村附近。

> 把北部三角洲和南部三角洲隔开的砾石高原

这个高原的南坡比哈木恩能泛滥到的地面高约 50 英尺。从南坡脚下开始是一块冲积平原，一直延伸到了 30 英里外的谢拉格（Shelāgh）深沟。在赫尔曼德河的洪水量特别大的年份里（近几年就常出现这样的情况），哈木恩沼泽中的水会沿着这条深沟流进济里盐沼。前面所说的这片平原上满是肥沃的冲积物。在平原上东西最宽达 15 英里的距离内，在古代都可以进行灌溉。灌溉水渠源自赫尔曼德河的一条旧

> 南部三角洲以前的灌溉情况

河床的河口，这条河叫特拉昆（Trākun）河或比亚班河，如今已经干涸了。从地图上看，这条河床是在锡斯坦坝正南约36英里远的地方，在一个叫卡码勒汗港的地方从现在的赫尔曼德河上岔出去的。它朝西蜿蜒而去，穿过了上面所说的砾石高原，在亚克拱拜孜（Yak-gumbaz）遗址南北，从几个出口"流"出了高原（亚克拱拜孜离波斯和阿富汗的边境很近）。①

赫尔曼德河的
支流比亚班河

赫尔曼德河的这条古河床曾把水带到南部三角洲。关于这一点的直接的历史证据，最早只能上溯到帖木儿时期。而且，我们只有接受一种传统说法，即帖木儿毁掉的鲁斯塔木大坝就是卡码勒汗港附近的坝，才能将这样的证据追溯到帖木儿时期。② 但我们发现，有足够的理由可以证明，南部三角洲在帖木儿时期之前好几百年就有人居住了。而且不论南部的居民区是大还是小，都并不影响到北部三角洲有没有居民。有人认为，比亚班河的水渠可以灌溉到的地方，被一直耕种到了17世纪末叶（至少部分地区如此）。③ 虽然资料来源不明，这种看法却可能是正确的。当地人说，在马里克·法特赫·阿里（Malik Fath Alī）统治时期（公元1692—1721年），情况发生了变化。在那之后，比亚班河的水量就不充足了，农业生产只能局限在又宽又深的旧河床中。这样的农业是依靠水渠来灌溉的，水渠从赫尔曼德河的主河道上引出。自那之后，赫尔曼德河现在的河道就是唯一有流水的河道了。④ 18世纪末叶，马里克·巴拉木·汗（Malik Bahrām

---

① 关于比亚班河这条"无水之河"的情况，以及这条河"流"经的地区，见泰特《锡斯坦》129页以下。

② 参见泰特《锡斯坦》156页以下。

③ 参见泰特《锡斯坦》160页以下。

④ 参见泰特《锡斯坦》163页。

Khān）以阿富汗为宗主国统治着锡斯坦。他修了很多灌溉设施，使比亚班河的旧河床中有充足的水，这样就能重新耕种南部三角洲的一部分土地了。这些土地分布在北边的霍兹达尔和马吉（Machī）附近，以及南边的拉姆鲁德附近。[①] 但好景不长。19 世纪初期，这些地方又全变成了沙漠。国境线那边阿富汗的图拉昆和基纳（Gina）遗址附近，比亚班河沿岸的所有农田也被废弃了。

如今这里一片荒芜。而且，当赫尔曼德河水以前无法流到这里时，这一地区也曾反复被废弃过。正因如此，现在我们能发现年代相距遥远的考古学证据（在北边的赫尔曼德河主三角洲则不太容易做到这一点）。大致同一时期的遗址并不局限在某一区域内，而是分布在这个地区的大部分地方，有时还是分层的。因此，在描述我考察到的遗址时，我将大体按照历史年代来分组，而不是完全按照地形情况来分组。我们最好从最晚的遗址说起，因为我最先看到的就是它们，而且当地人仍能记得它们。

12 月 19 日，我从现在波斯锡斯坦的"首府"出发，沿着往南去的大路走。过了卢塔克（Lūtak）村的田地后，我们穿过了一座布满砾石的高原。我注意到，这座原与疏勒河终端盆地两侧的高原特别像。高原边上矗立着一条条孤立的土岭或一块块台地。在我看来，这里的台地也是在风蚀和水蚀的共同作用下形成的。[②] 过了卢塔克村约 7 英里后，穿过高原的车马道边有成行的圆形小土堆，和车马道平行，土堆中间是凹陷的。我的向导告诉我，这是以前修一个坎儿井时

（旁注）南部三角洲先后被废弃的时期

（旁注）没有完工的坎儿井

---

① 参见泰特《锡斯坦》167 页以下。
② 参见《西域考古图记》第二卷 575 页、589 页。

挖出的弃土。① 据说人们修这条坎儿井，是想把水从瓦尔马勒村附近引到南部三角洲，但没有完工就废弃了。

霍兹达尔遗址　　过了高原，路经一片辽阔的"水湾"，"水湾"所在的地区每年都会被哈木恩湖淹到。之后，我们来到了霍兹达尔遗址。遗址外有一圈四边形围墙，大门在东面，东墙有 140 码长。围墙里面有一个带圆顶的霍兹（hauz，即蓄水池），此地就是由此而得名的。此外，围墙里面还有圆顶小泥屋，环绕着一个破败的大房屋。当地人说，这个可以进行防御的村子一直沿用到 19 世纪初期农田完全被废弃的时候。从泥屋的建筑方法和保存状况来看，他们的说法是对的。以霍兹达尔为中心，向北、向东直径约 2 英里的范围内有几个零星的遗址，其中包括一架在锡斯坦常见的高大风车。这些遗址年代都很晚。所有遗址用的土坯都很小，拱都是常见的西方样式。西南约 4 英里远有一个叫昆达尔（Kundar）的小村子（图 490）可以进行防御，年代也很晚。

阿克忽尔伊鲁斯塔木遗址　　在霍兹达尔西南约 1.25 英里远的光秃秃的平原上，矗立着一座矮丘（图 489），丘上的遗址比较古老。这些遗址被称为阿克忽尔伊鲁斯塔木（Ākhur-i-Rustam），并被认为是鲁斯塔木的骏马的马圈。矮丘顶上那一堆土坯（附图 57）比矮丘顶部高 23 英尺，但朽坏得很厉害，无法看出原来是什么形状和用途。这堆土坯底部长 50 英尺，宽 35 英尺。土坯是晒干过的，很大，长 22~24 英寸，宽 12 英寸，厚 4 英寸。在离土坯堆脚下 50~70 英尺的地方，可以辨认出一圈大致呈椭圆形的厚围墙。围墙有 10~11 英尺厚，是用 20 英

---

① 大概就是在这里，泰特先生在《锡斯坦》195 页中提到"有一系列低矮的柱子，是用烧制的土坯筑成的"，如今它们已经"分解成了暗橘黄色的粉尘"。他认为那些"柱子"标志着一条古代商路的路线。但我没有发现任何证据能支持他的结论，但小路的路线可能的确是比较古老的。

寸×12 英寸×3 英寸大小的土坯筑成的。西北面和西面的围墙几乎已经消失（风蚀的结果），但南墙仍有 13 英尺多高。

　　单从土坯的大小上就能看出，这是一个十分古老的遗址，它的名称也说明了这一点。但尤其令我们感兴趣的是，光秃秃的风蚀坡上的陶器碎片证实这里早在史前时期就已经有人居住了。从下文第三节的文物目录中的样品可以看出，陶器碎片中有不少是红铜时代（chalcolithic）的彩绘陶器（见 Akh.09、011~013、015~018）。南边的风蚀丘上也有大量这样的碎片，它们可以追溯到锡斯坦有历史记载的最早时期之前。石器皿碎片（Akh.01、02、019、023）也是经常和这样的陶器相伴出现的那种。

　　这座醒目的土丘矗立在平地之上，哈木恩湖水是淹不到它的。从丘顶上眺望，整个盆地都尽收眼底。我们有充足的理由认为，在有历史记载的时期这里也被沿用过，其年代比霍兹达尔及其周围的遗址要早得多。我们在这里发现了大量质地很好的陶器碎片，有的无装饰，有的装饰过，还有的上了釉（图版 CXV 中的 Akh.03~07、010、014 就是这样的样品）。它们很像在加加沙和沙利斯坦所见到的那种陶器，属于有史记载的早期。我们还发现了大量有均匀凸纹的碎片，如 Akh.08。目前，这座天然的土丘比周围一马平川的地面高约 12 英尺，而沙伊索克赫塔以及南边沙漠中覆盖着史前陶器碎片的土丘高 20~25 英尺。之所以会产生这样的差别，是因为霍兹达尔周围的地面被长期灌溉过。由于赫尔曼德河在泛滥时节所含的泥沙量很大，所以地面堆积了很多淤泥，因而被抬高了。

土丘在史前时代有人居住

早期陶器碎片

在此地西南约 1.25 英里的地方，我们发现了一圈奇怪的围墙，叫作帕依喀什依鲁斯塔木（Pai-kash-i-Rustam）。从名称上就可以看出，人们认为这里有鲁斯塔木的名马"拉克沙"留下的脚印。从附图 57 中看，围墙的形状是不规则的，最宽处宽 100 码。围墙比平地高约 20 英尺，厚 40~80 英尺。仔细查看了朝向里面的陡峭倾斜的墙面后，我发现墙是用坚硬的天然泥土筑成的。高原表面的砾石底下就有这样的泥土，当地人称之为西尔（sir）或基木（kim）。围墙里面基本上是空荡荡的，地面上覆盖着盐碱。之所以如此，是因为在赫尔曼德河泛滥得很厉害的年份，哈木恩湖的洪水会泛滥到围墙的外脚下（那里仍可见到的狼藉的芦苇就证明了这一点）。在我看来，我们对这圈奇特的围墙能作出的唯一的解释就是，一块孤立的土台地（在砾石高原边上附近有很多这样的土台地）里面被挖空了，这样就变成了一圈天然的围墙，以便给人们提供保护。但东北面有一条宽 70 英尺的豁口（显然是入口）就难以解释了。难道这圈围墙有可能是被当作寂塔用的吗？

在离东北围墙脚下只有 6 码左右的地方，有一个建得很坚固的圆形小房屋（图 491），它也无法告诉我们围墙的用途是什么。房屋的墙厚 6 英尺，用土坯筑成，土坯长 17~18 英寸，宽 8~9 英寸，厚 2.5 英寸。房屋里面的直径有 14.5 英尺。房屋上面原来有一个圆顶，圆顶在离现在的地面高 11 英尺的基座上开始朝上伸展。从房屋残留下来的部分看，圆顶是"水平"类型的，由互相重叠的土坯层构成。屋子的开口在南面，开口上方也有同样的圆顶。开口本来宽 4 英尺，后来添加的土坯使开口缩窄到了 2 英尺 9 英寸。开口外的墙上开凿了 2.5 英尺深的部分，仿佛门厅一般。屋子里面的碎土屑一直堆了 4 英尺高，在水汽的作用下，碎土屑已经变成了坚硬的一大块。在比现在的地面高约 3 英尺的地方，墙外面可以分辨出四个观察孔，间隔约有 11 英尺。可能还有其他的观察孔，但它们大概被掉下来的土坯堵住了。

这间圆屋子附近的地面上有很多陶器碎片，大多数是在加加沙常见的那种带凸纹的类型。除了工艺精湛的无装饰的碎片，我们还发现了一些没有装饰的上了釉的小碎片（釉呈绿色、蓝色和白色），以及粗糙的绿色玻璃和一块发蓝的釉料。这些陶器碎片说明，在萨珊时期此地曾有人居住，或是有人来过。在离圆屋子北脚约 3 英尺的地方，我手下一个人在我面前拾起了一枚包兰（Boran，公元 630—631 年）女王时期的银币（见图版 CXX 中的 20 号），它有力地证实了我的判断。这枚钱币保存得很好。①

发现了一枚萨珊钱币

在霍兹达尔东北约 7.5 英里远的地方，我第一次发现地表厚厚地覆盖着一层绘有图案的陶器碎片和类似的史前文化遗物。这些碎片所在的高原离大路只有约 2 英里远，看起来很醒目，所以人们把这里叫作沙伊索克赫塔（Shahr-i-sōkhta，意为被焚的城）。我们把这个遗址留到下一节再说。现在让我们跳到马吉遗址。这个遗址在霍兹达尔东南约 2 英里的地方，面积很大。

沙伊索克赫塔遗址

马吉的建筑遗存所在的位置，和被废弃的三角洲南边的拉姆鲁德（Rāmrūd）一样，19 世纪初的时候本是一个大村子。② 大多数建筑遗存的面貌以及地面本身的状况都完全证实了这一点。我是在黄昏时分第一次来探访它的。在夕阳的

荒村马吉

---

① 参见附录 B。钱币上的文字是 J. 阿兰先生释读的。

② 当我扎营在霍兹达尔的时候，我从领事馆带来的聪明的锡斯坦总管纳克西（Nakhi）说，大约在 1910 年，他遇到了一位年纪特别大的老人，自称生于拉姆鲁德。老人说自己已经有 100 多岁了。

斜晖中，不仅可以清楚地分辨出曾把水引到田地中的水渠分支，还可以看出把田地分隔开的低矮土堤。在很多地方仍能看到低低的树干（主要是棕榈树），是人们在废弃村子的时候砍倒的。这一切都使我不由得想起了遥远的和田沙漠边上的古代达玛沟（Domoko）。① 极为平坦的地面上有光滑的硬泥壳，泥壳上有很多陶器碎片，大多数看起来很现代。迄今为止，风蚀似乎还没有对地面或建筑产生什么影响。但流沙已经在一些避风的地方堆积起来，而流沙是风蚀发挥威力的载体。这些轻微的朽坏迹象使我想到，这个地方一些醒目的遗址大概只能上溯到马里克巴拉木汗重新把灌溉水渠延伸到这里的那段时期。

这样的建筑，图498中的奇基尼是比较值得注意的，它是一架典型的工艺精湛的巴德伊阿西亚（bād-i-āsiya，即大风车）。在锡斯坦的后期伊斯兰遗址中，时常会见到这样的风车。风车原来有两个大轮子，立在一个大厅的地面上，大厅底下由圆顶支撑（圆顶原先的跨度有24英尺）。和马吉及拉姆鲁德的其他大多数遗址一样，这里的拱都是常见的西方类型。风车西南约300码远的地方有一座坚固的大房屋，附图58反映了大房屋中房间的有趣布局。图499呈现的是这座大房屋精美的阿依旺。阿依旺上面有三个桶状拱，支撑在高高的尖拱之上。整个建筑的坚固性和合理比例都很引人注目。这说明，一直到了离现在不是很远的近代，锡斯坦的建筑技术都是很高超的。再往南我们还发现了两三座住房，结构比较有趣，都有一个十字形的中央大厅（附图58）。

---

① 参见《古代和田》第一卷458页以下。

在这座坚固的大房屋南—南西方向约 2 英里远的地方，矗立着一座土丘。它约有 20 英尺高，80 码长，30 码宽，如今这块古老的台地顶上全是伊斯兰墓葬。但在台地上发现的大量陶器碎片说明，以前在相继很多个时期中，它都是人们居住的地方。出自这座土丘的陶器碎片，既有红铜时代的绘了图案或是没有图案的碎片（见图版 CXIII 中的样品 Machi.01~012），也有工艺精湛的无花纹红陶（与加加沙和沙利斯坦的红陶差不多）。带蓝色釉的陶器碎片十分少见，而且釉底下都没有绘图案。016 是一个石罐碎片，在这个地区其他地方的红铜时代陶器碎片中也曾发现过这样的石罐，它也属于此地有人居住的最早时期。在南部三角洲的其他地方，这一时期的遗物也很多，下一节我们将讨论这个问题。第三节中的文物目录里，也收录了在这一遗址的其他地方发现的陶器碎片样品和玻璃碎片，它们中有很多（可以说是大多数）是近代的。但我们必须记住的是，风蚀在某些地方可能会把早期的遗物带到地表来，马吉地区的南部尤其如此。在前面所说的那座土丘周围，地面明显有被风蚀作用切割过的痕迹，可以看到一些萌芽状态的红柳沙堆正在形成，正像塔克拉玛干沙漠南边刚被废弃的遗址一样。

有史前陶器碎片的土丘

我们从马吉出发，朝吉尔迪查（Girdī-chāh）要塞走，那里还有一口水井。在霍兹达尔西南约 16 英里远的商路上，我第一次经过了一条规则的雅丹带。锡斯坦人把雅丹叫作卡勒瓦尔德（kalward）。它们只有 4~5 英尺高，但已经足以使我想到南部的伊斯兰遗址群经受了多么大的风蚀。这些零星的遗址群在吉尔迪查东南一直延伸了 9 英里，最宽的地方有 3 英里。比亚班河的一些支流曾把水带到这一地区，这些支流仍然清晰可辨。从波斯—阿富汗国界线在地图上的两根柱

风蚀

子之间穿过这些支流开始，它们一直朝西和西南流，在有些地方仍能分辨出从支流上引出的水渠。

拉姆鲁德遗址 离我们最近也是最出名的遗址是拉姆鲁德遗址。我前面说过，在拉姆鲁德附近一直到 19 世纪初人们都在耕种农田。"拉姆鲁德"这个地名主要指的是一个废城堡般的荒村（图 494）。查看了这个村子和其他某些遗址后我发现，晚期人们住在这里，只是重新耕种以前被废弃过的部分土地而已（那些土地已经变成沙漠很长的时间了）。从附图 57 中可以看出，城堡的围墙朽坏得很厉害，北面和西北有些地方已经完全消失了。由此看来，夹带着沙子的风蚀在这里施展威力的时间已经要超过一个世纪。围墙四周的地面已经被风切割成了规则的沟和脊（图 503），这也给我以同样的印象。因此我认为，在马里克·巴拉木·汗统治下，水被重新引到这附近时，这座堡垒就已经是废墟了，东南约 0.5 英里远的那座较小的堡垒可能也是如此。拉姆鲁德堡垒东边约 1 英里远的地方，在风蚀作用极为轻微的地面上有一个墓葬群，其中包括八九座圆顶坟墓，有些坟墓还很大。它们很可能是有人居住的最晚时期的遗物。在拉姆鲁德东南约 1 英里的距离内，我们经过的极为平坦的地面上覆盖着一层硬泥壳，那里也许曾是最晚期的农田。

喀拉特伊吉尔德围墙遗址 过了这个区域后我们继续朝东南走，穿过了一带低矮的沙丘，沙丘底下是高约 8 英尺的雅丹。之后，在离拉姆鲁德遗址约 3 英里的地方，我们来到了一圈叫喀拉特伊吉尔德（Kalāt-i-gird，即圆堡）的大围墙遗址，因为被围住的地方大致是圆形的（附图 57）。主围墙里面的直径是 160 码多一

图485　要塞R.R.XVII，从外围墙的西南面看到的景象

图486 从东面看到的阿提什伽赫遗址（箭头所指的是主建筑遗址）

图487　要塞 R.R.XVII 外面的营房，发掘后的情景

图 488　从南面看到的阿提什伽赫的主遗址

图 489　霍兹达尔附近的阿克忽尔伊鲁斯塔木，从西南面看到的景象

第三十章　锡斯坦的沙漠三角洲

图 490　昆达尔村里的民居遗址

图 491　帕侬喀什依鲁斯塔木外面的圆形建筑物遗址，从东南面看到的景象

图 492　要塞 R.R.XII 遗址，从南面看到的景象

图 493　要塞 R.R.XX 遗址入口处清理出的屋子

点。围墙约 8 英尺厚，并用圆形棱堡加固（图 483）。围墙
用土坯筑成。在我查看过的地方，土坯长 13~14 英寸，宽
14 英寸，厚 3 英寸。这圈主围墙受到了风蚀的极大毁坏，西
北段和东南段都有大豁口，其他很多地段的墙顶在风蚀下已
经变成了锯齿般的形状。

在西边，主围墙的一部分被用墙隔离开来，这面墙显然
是后来添筑的，它保存得很好，墙里面的建筑仍高达 10~12
英尺。在主围墙里面的其他地面，没有任何建筑遗存保留下
来。在被用在晚期堡垒的主围墙上添筑了棱堡，以使原来的
围墙更坚固。显然，这个遗址在长期被废弃后，又出现了一
个小居民点，晚期堡垒就是小居民点的位置。晚期堡垒的墙
顶上用的是烧制的土坯（12 英寸×12 英寸×2 英寸），说明土
坯是后来修墙的时候添上去的。墙里面住房的土坯也表明住
房是后来建的。住房使用的土坯（11 英寸×6 英寸×2 英寸）
和主围墙上的土坯很不相同。从主围墙里面的地面状况看，
也能看出主围墙的年代要古老得多。围墙里面的很多地方都
已经被夹带着沙子的风切割得比原来的平面低了 15 英尺。
我注意到，在晚期围墙里，晚期的上釉陶器碎片要比它外面
的地面多得多。

里面的晚期堡垒

在晚期围墙里面，我们拾到了七枚伊斯兰时期小钱币，
在晚期围墙外面还发现了六枚。这些钱币磨损严重，仍有待
辨认。但我当场就在其中一枚上发现了伊斯兰历六九二年的
字样，也就是公元 1293—1294 年。J. 阿兰先生后来还辨认
出，另一枚钱币是尼穆罗孜（Nīmrōz，即锡斯坦）王"库特
巴丁"（Qutb-ud-dīn，公元 1331—1383 年在位）发行的。在
主围墙内外我们都发现了大量无花纹的红陶碎片，但其中很
少有带凸纹的，而凸纹碎片是伊斯兰时期之前的遗址的典型

沿用的时期

特征。根据以上这些情况，我得出了以下结论：人们曾在两个不同的时期居住在喀拉特伊吉尔德遗址。早期的居住年代也许和扎黑丹差不多，大致在公元 14 世纪。至于晚期的居住年代，我只能说，那一定和第一段居住时期隔了很长时间，但又不会像马吉和拉姆鲁德最晚的居民点那样离现在这么近。

喀拉特伊吉尔德外的遗址

　　喀拉特伊吉尔德附近还有一些建筑遗存，其中有几座可能属于伊斯兰时期早期。有一个遗址在喀拉特伊吉尔德东北约 0.25 英里的地方，墙高 20 英尺，墙上装饰着一行行带拱顶的神龛。这个遗址有一个长 36 英尺、宽 24 英尺的大厅，朝南敞开得很大。大厅东南角的地面因风蚀已经比墙基低了 6 英尺，说明这一是个比较古老的遗址。土坯尺寸为 14 英寸×13 英寸×3 英寸，和喀拉特伊吉尔德主围墙上的土坯一样，也说明了遗址是比较古老的。在此地西南约 150 码的地方又有一个废弃的大厅，我注意到它用的也是这样的土坯。城堡附近的一些伊斯兰墓葬受到的风蚀十分明显，属于比较早的那段有人居住的时期。在主围墙西北约 2 弗隆的地方就有这样一座原先带圆顶的墓葬（图 504），如今那里的土已经被风切割得比地基低了 8 英尺，使建筑的一角坍塌了下来，整个建筑也有全部坍塌的危险。这座墓葬占据了一座常见的风蚀土雅丹的最北端，雅丹延伸了约 50 码远，走向为北—北西到南—南东。这座雅丹之所以能保存下来，就是因为它上面那些土坯筑成的地上墓葬。在东南约 2 英里的地方有一些小雅丹（图 477a），那里的一系列伊斯兰墓葬也被切割了很深。假设较早的那段有人居住的伊斯兰时期到公元 14 世纪末就终止了，那么这里风蚀的速度就是每世纪 1.5 英尺，甚至比楼兰遗址还快。[1]

一条风蚀地带

但应该记住的是，由于此地各个地段情况不同，既没有水也没有植被保护的时间长度不同，所以风蚀的影响也不同，这样就能解释后来探访喀拉特伊吉尔德周围其他晚期遗址时观察到的现象了。我朝拉姆鲁德南边走，想要看一看距喀拉特伊吉尔德西边 1 英里多的地方的某些遗址。途中，我穿过了一条古老的雅丹地带，雅丹上覆盖着一层比较薄的盐碱（图 501）。它们奇怪地使我想起了罗布沙漠中的"白龙堆"，当然它们的规模比白龙堆小得多。这些雅丹高 8 ~ 10 英尺，其走向大致为北 325° 西—南 175° 东，和锡斯坦盛行风的风向一致。它们的北端（即头部）都很陡峭，而另一端则比较和缓，像尾巴一样，因此那些善于观察的中国人才把它们比喻为可怕的"龙堆"。[2] 这些奇特的雅丹为什么是白色的呢？过了雅丹带后，我们穿过了一条 100 多码宽的轮廓清晰的河床，河床岸上有大量灌木。看来白色的雅丹是这条河床造成的。

晚期建筑遗存

上面提到的喀拉特伊吉尔德西边 1 英里处的那些遗址在地图上被标作"拱拜孜伊沙依"（Gumbaz-i-shāhī），而我的向导则称它们为"喀拉特伊塔加兹"（Kalāt-i-tāghaz）。它包括八九座圆顶墓葬，分布在一块宽阔的伊斯兰墓地中。这里的地面几乎没有风蚀留下的痕迹。圆顶建筑尽管看得出比较古老，却保存得比较好。由此看来，它们可能和马吉的大厦一样年代要晚些。从它们的土坯来看，在建造这些坟墓的时候，附近的地面就已经是沙漠了。土坯的尺寸为 10 英寸×6

---

① 参见《西域考古图记》第一卷 371 页、389 页。
② 参见本书第八章第四节。

英寸×2 英寸。这些土坯中一律布满了小红柳树枝和类似的灌木枝，如今在河床附近也生长着大量这样的灌木。在喀拉特伊吉尔德东南约 3 英里的地方，我发现了墓葬遗址和一个小农庄。它们的土坯尺寸也是 10 英寸×6 英寸×2 英寸。考虑到那里风蚀切割过的地方一律不足 4 英尺深，那里可能属于南部三角洲后一段有人居住的时期。

第二节　史前居民点遗址

覆盖着陶器碎片的土丘

在如今已经没有水的南部三角洲的地表上，干旱和风蚀合起来为我们保留下来古人居住的遗迹，其中史前文明留下的遗物大概是最引人注目的。这些遗物就是陶器碎片、石器碎片和其他类似的硬碎片，它们数量极多，厚厚地覆盖在风蚀小台地的顶上和坡上。这些台地数量很多，像岛屿一般矗立在北边的霍兹达尔和南边的喀拉特伊吉尔德之间。从大范围的勘察来看，朝东南越过阿富汗国界后，也有很多这样的台地。一层层遗物标明各时期居民点的位置。正是由于这些遗物层的保护，它们底下的冲积土壤保留着原来的高度。而在夹带着沙子的北风的切割作用下，周围的地面已经被削低了 20 多英尺。在锡斯坦，春天和夏天整整有四个月的时间会刮这样的风，当然风的强度会随时间而有所不同。[1]

风蚀的不同速度

这些覆盖着遗物的高台地是史前时期的真正见证。它们的高度之所以有所不同，是因为周围地区自从最初有人居住

---

[1]　亨利·麦克马洪爵士第一个意识到了这些风蚀台地的真正性质和成因，他还提请人们注意台地上遗物的考古学价值。参见《近期在锡斯坦的考察与探索》一文，该文发表在《地理学杂志》1906 年第 28 卷 226 页以下。他注意到这些"浑圆的土丘"上覆盖着"黑色陶器碎片和黑色石头碎片"，他认为这些东西是旧石器时代的。的确，我考察到的台地远看都很暗，但我并没有发现一块"黑色陶器碎片"。

后，经历了不同的情况。只要是比亚班河的水能时不时流到
的地方（有时是通过泛滥，有时是通过水渠），都会暂时生
长起植被，植被保护了地面不受风蚀的影响，于是地面被削
低的趋势就被延缓下来。同时，这些古代居民点的见证之所
以比较高，还因为在它们被废弃后风蚀开始发挥威力的时
候，厚厚的遗物层保护了它们。风会把硬的遗物层从疏松的
泥土和垃圾中筛选出来。因此，只有在坚硬的遗物层达到一
定厚度和一定硬度的时候，它才能对地面提供有效的保护。
显然，在人口比较稠密而且很长时间都有人居住的地方，这
个遗物层更容易变厚、变硬。而如果居民比较少，并只是偶
尔居住在那里，还不时随季节迁徙过着半游牧的生活，遗物
层就不容易变厚、变硬。还有一个问题也是不容忽视的：如
果这些遗址在后来隔了很长时间又有人居住，这无疑也会影
响遗物层，并决定着我们在那里能找到什么遗物。同样容易
理解的是，早期的遗物因风蚀大概会在别的地方被带到地
表，和后来很晚时期的遗物并列出现在一起。在塔克拉玛干
的塔提遗址或罗布沙漠的风蚀遗址，都发生过这样的情况。

除了最后说的那两点，可以肯定的是，在锡斯坦南部三
角洲的这些台地上发现的绝大多数遗物的性质都是一样的，
都可以上溯到一个单一的、延续了很长时间的文明。考虑到
和这些遗物同时发现的为数比较少的小青铜物件，再考虑到
出自这些遗址的带装饰的陶器碎片和其他地区［例如像塞萨
利（Thessaly）和中国西部这样彼此相距十分遥远的地区］
的遗物极为相似，这个锡斯坦早期文化可以被称为红铜文化。
遗物中的样品都收录在文物目录中，见图版 CXII ~ CXIV。在
简要分析这些样品的特征之前，我想先简单说一下它们都是
在什么地方发现的，又是在什么情况下发现的。我们最好从

红铜文化的遗
物

南部地区开始，因为上文对晚期遗址的描述已经把我们带到了这一地区。我是在那里第一次清楚地注意到一些特殊条件，正是因为这些条件，遗物才保存了下来。

喀拉特伊吉尔
德附近的土丘

在喀拉特伊吉尔德北边约 0.5 英里多一点的地方有一座土丘，长约 80 码，宽 66 码，比光秃秃的平地大致高 24 英尺。它的纵轴是和盛行风的方向一致的，稍微朝南—南东方向倾斜。在其他土丘我也发现了这样的现象。罗布盆地中的台地都带着"尾巴"，原因和这里一样。[①] 在土丘平坦的顶部和大部分坡上，都厚厚地覆盖着红铜时代的陶器碎片，有的无花纹，有的花纹是刻画上去的，有的花纹则是画上去的。如果将这些陶器碎片全部查看一遍，需要数日甚至几个星期。而如果把它们全部带走，则能装满许多辆车。我们带走了大量样品，在下面的文物目录中都标作 K.G.。其中K.G.07是特别值得注意的，在它上面可以看到一个画得很好的山羊头。还有 10 多件用陶轮制成的雪花石膏（alabaster）器皿（K.G.07、0141 等）以及加工过的石头（K.G.0116~0118），也是在这个土丘采集到的，其中做工精湛的箭头K.G.0206 是我亲手拾到的。在这里还发现了几块青铜碎片，K.G.0295（图版 CXVI）好像是刀尖。这里发现的带釉的陶器碎片极少，其中我只注意到了没有装饰的几件。由此判断，这座土丘后来并没有人定居。另一方面，喀拉特伊吉尔德内外的风蚀地面上却有很多带釉的陶器碎片、玻璃碎片等，但没有红铜文化的任何遗物。

---

① 参见本书第七章第三、七节，第八章第四节。

我们朝拉姆鲁德东北走，走到了一个地区之中。那一地区在近代一直没有被耕种过，大概在伊斯兰时期早期也只是偶尔有人住。就是在那里，我们发现沙漠平地上矗立的几乎每个土丘上都有史前生活的遗物。我们查看的第一个土丘是R.R.I.，它约有 20 英尺高，矗立在一条轮廓清晰的雅丹带中，离拉姆鲁德约有 3 英里。实际上，这座土丘顶上有一个已经朽坏的小建筑。从它的名称"兰干伊哈吉"（Langar-i-Hājī）和它的土坯来看，它大概是伊斯兰时期的一个路边哨卡。土丘顶上约 120 码长，覆盖着的陶器碎片绝大多数都是红铜时代的（有的无花纹，有的画着图案），石器和石罐碎片也比较多（见箭头 R.R.I.043、046、047，图版 CXII）。还有几片带凸纹（如 R.R.I.05、033、040）或上了釉的陶器碎片及玻璃碎片，这又证明这里晚期也有人居住。

土丘 R.R.I

再过 1 英里就是土丘 R.R.II，它的顶部长约 140 码，土丘顶都覆盖着厚厚的红铜时代的陶器碎片以及窑的炉渣。在我们带走的石器中，有两个粗糙加工过的石制器具（R.R.II.030、031）、一个石罐残件（R.R.II.028）和一颗石珠子（R.R.II.032）。再走过 3 英里后，又有一座醒目的小土丘（R.R.III）。它长约 100 码长，宽也是大约 100 码，上面覆盖着厚厚的一层陶器碎片，其中既有无花纹的，也有绘着花纹的。在出自这里的样品中，特别值得注意的有几个完整的罐子（R.R.III.013、016，图版 CXIV），还有一个器皿的颈部（R.R.III.010，图版 CXIV）画着一个很生动的巨角山羊的头。在加工过的石头中（R.R.III021~030），有一个是碧玉的断刃。莱吉纳德·史密斯先生指出，这个刃支离破碎的背和用过的刃锋，很像出自罗布沙漠的一个刃（史密斯先生就我第二次旅行中发现的文物写了一篇论文，其中图 25 就是

出自 R.R.II、III 的石器等

那个刃）。① 这种相似性也许在断代上有一些价值，因为这种形式的石器最早是属于玛德林（Madeleine）洞窟时期的。

在塔苏吉井附近的地面上发现的遗物

我望见在 R.R.I 和 R.R.III 之间的路西边的远处，有一些孤立的土丘，和前面所说的土丘成因一样。我本人没有到那些土丘去。我扎营在 R.R.V 废墟。R.R.III 西南约 5 英里的地方有一口叫塔苏吉（Tāsuki）的水井。我手下那些人在从水井取水回来的时候，带回来各种小物件，都是在那些土丘上拾到的。这些物件在文物目录中编号为 R.R.。它们主要是红铜时代的陶器碎片，还有加工过的石头和青铜碎片（这些东西常和红铜时代的陶器碎片同时出现）。此外还包括一些上了釉的陶器碎片、玻璃以及铅质玻璃，这也是意料之中的事。因为在这个地区我们可以辨认出一些古代水渠（地图上标了这些水渠），它们表明这里在晚期曾有人居住（至少是偶尔居住）。

查卡堡遗址

我们从 R.R.III 出发朝东—北东方向走的时候，穿过了一条这样的水渠。它是一条晚期的水渠，目的是把水引到昆达尔和霍兹达尔附近来。我之所以朝那个方向走，是因为一个巨大的遗址引起了我的注意。它矗立在一座砾石高原上，离我们有 2 英里多。它就是 R.R.IV，被人们称作查卡堡（Burj-i-chākar，图 480、481）。它是我发现的第一个古代要塞。一系列这样的古代要塞构成了一条长城般的线，横亘在南部三角洲中。在第四节中我会详细描述这个遗址。在此我要说的是，我主要是在追寻这条"长城"的时候，才来到其他曾有史前文化的地点。R.R.IV 要塞遗址坐落在一条低矮的砾石高原上，高原上几乎没有风蚀留下的痕迹，也没有史前

① 参见 R.A.史密斯《中国新疆的石器时代》，《人》1911 年第 52 号。

文化的遗物。

　　R.R.V 的地面状况几乎和 R.R.IV 差不多（图 479），位于 R.R.IV 北—北东方向约 3 英里的地方，是"长城"线上保存得比较好的一个要塞。要塞遗址西边和北边的地面上都有红铜时代的陶器碎片，说明早期也有人在此居住。更引人注目的是，在土坯中也嵌着这些碎片。碧玉箭头和燧石箭头 R.R.V.09、010（图版 CXII）以及一个石碗的边沿和侧壁（R.R.V.06）都是史前时代的遗物。但文物目录中收录的带绿釉的陶器碎片（R.R.V.03）以及大小不一的玻璃碎片和铅质玻璃，都是出自要塞有人驻守的那段时期。

在 R.R.V 发现的文物

　　我们的营地在 R.R.V。从那里朝东—南东方向走1.5英里，穿过覆盖着砾石的平原，就来到了醒目的土丘 R.R.VI。在那里我们发现了大量的史前陶器碎片，还发现了石箭头（R.R.VI.01、013～017，图版 CXII）、旋出来的雪花石膏器皿（R.R.VI.08～012）。再朝东—南东方向走约 2 英里，就到了 R.R.VII。它是一块典型的台地（图 500），坡很陡，比砾石平原高约 25 英尺。在这里，台地脚下周围的平地上也覆盖着厚厚的史前陶器碎片，有无花纹的，有刻画着图案的，也有绘着图案的（见图版 CXIII、CXV 中的样品）。石箭头 R.R.VII.024～026 收录在图版 CXII 中。

R. R. VI、VII 土丘的史前遗物

　　此后，我折向西南方向。在不足 1 英里的距离内，我发现了三块台地（R.R.VIII～X）。这三块台地高约20 英尺，布满了红铜时代的陶器碎片，有的无花纹，有的绘有图案（见图版 CXIII 中的样品）。再走 1 英里就到了另一座土丘（R.R.XI）。在那里除了发现了石箭头（R.R.XI.015、016，见图版 CXII）、雪花石膏罐或碗外，我们还发现了一个浮雕的青铜印戳（R.R.XI.014，见图版 CXVI），印戳上装饰着有

在 R. R. VIII～XII 发现的红铜时代的遗物

趣的图案。再朝西南走 1.5 英里，我发现了一个要塞遗址
（R.R.XII，图 492）。它和 R.R.IV 几乎是一样的，只是朽坏
得很厉害。它周围的地面上有不少史前陶器碎片，要塞的土
坯中也嵌着这样的碎片，说明要塞是在一个古老得多的红铜
时代的居民点上建起来的。在这里拾到的雪花石膏器皿也都
是红铜时代的，但铁刀 R.R.XII.037（图版 CXVI）显然出自
这个地点后来住人的那一时期。

土丘上的要塞遗址　　南—南东方向的下一个遗址（R.R.XII.a）是一个比较
小的要塞，但结构基本上与 R.R.XII 一样。它也坐落在一座
分布着红铜时代遗物的土丘上。我后来在 R.R.IV 西北的
"长城"线上查看要塞遗址时，也反复遇到这样的情况。于
是我很快就明白了为什么这些要塞所处的位置，都有极为古
老的文明的遗物。当在南部三角洲上修建这条边境线的时
候，那些土丘由于得到了早期遗物的保护，免受了风蚀的侵
害，所以已经比周围的地面高了不少。如果要修一系列要
塞，来保护北边的农田不受游牧部落的劫掠，把要塞建在这
些"高地"上是最好不过的，因为高地上的视野比平地更开
阔。

要塞 R.R.XVII~XIX 所在的土丘　　要塞 R.R.XVII 遗址就属于这种情况。它位于 R.R.V 南—
南西方向约 1.5 英里处，是一座小城堡，城堡中央有一座堡
垒（图 485，附图 59）。在围墙外，我们发现了大量史前的
带花纹的陶器碎片和雪花石膏杯子，但围墙里面的陶器碎片
主要是比较粗糙的无花纹碎片。从要塞 R.R.XVII 出发朝西
北走约 1.5 英里，就到了要塞 R.R.XVI 遗址，下一个要塞
R.R.XVIII 也是将边境线朝同一方向继续延伸下去。这两个
要塞都坐落在土丘顶上，土丘比平地高很多，有迹象表明史
前时代曾有人居住在那里。值得注意的是，在 R.R.XVIII 这

个小要塞破碎的土坯中，我们发现了一枚三角形的青铜箭头（R.R.XVIII.01，图版 CXVI），它显然出自这个要塞和"长城"线上其他地方都有人戍守的时期。要塞 R.R.XIX 遗址离要塞 R.R.XVIII 约有 3 英里，是我在追踪"长城"线最西北端时发现的最后一处要塞。它也坐落在一座土丘上。但由于离哈木恩湖已经比较近，土丘的坡受了盐霜的影响，因此我在那里只发现了很少的陶器碎片。值得注意的是，在这一段，要塞遗址所在的土丘或高地都不如土丘 R.R.V ~ XI 高。我想之所以会有这样的差别，可能是因为土丘 R.R.V ~ XI 附近的地面上有一层薄薄的砾石，而北边的地面则是光秃秃的土，这说明砾石比泥土能延缓风蚀。由于土丘上面也有砾石保护，所以土丘上的遗址才没有朽坏得太严重。下面我会说到，这些要塞都是十分古老的。① 尽管如此，暴露在外的土坯被风蚀切割下去的深度都不超过 4 英尺，大多数地方比 4 英尺还少得多。②

在从 R.R.XII.a 朝南延伸的这条古代边境线上，我们发现的史前遗物要少得多。之所以如此，我想可能是因为这条边境线穿过了比亚班河的很多古代支流。这些三角洲地区的支流会改道并泛滥，不利于红铜时代的人们定居于此。在要塞 R.R.XIII 遗址，我们仍能发现绘着花纹的陶器碎片和石器，但坐落在古代支流岸上的要塞 R.R.XIV、XX、XXI 就没有这样的遗物。在要塞 R.R.XXI 东南约 0.5 英里的地方，一条砾石岭上有大量的矿渣和早期的陶器碎片，说明那是一个窑的位置。后来我又发现了一处小要塞（R.R.XXII ~ XXV），

比亚班河附近的史前遗物

---

① 参见本章第四节。
② 在敦煌以西的沙漠中覆盖着砾石的高原上，我看到的汉长城烽燧也是这样的。参见《西域考古图记》第二卷 572 页、661 页以下。

它们朝阿富汗国界的东—南东方向延伸。仓促查看后，我们没有发现红铜时代的遗物。

R.R.XV 混杂在一起的陶器碎片

还有两个地点我没有说，它们都位于古代边境线以北。有确凿证据表明，那里曾是红铜时代的居民点。在 R.R.V 西北约 1.5 英里的地方，有一座低矮的土丘（R.R.XV）引起了我的注意，土丘顶上还有一个小建筑遗址。查看之后我发现，这个建筑遗存系伊斯兰时期晚期，大概是人们歇脚的地方，但小建筑所在的地面上却厚厚地铺着陶器碎片。大多数陶器碎片都是无花纹也没有上釉的红铜时代的陶器。这样的陶器常常和石器同时出现。我们在地表简单搜寻了一下后，就收集到了有代表性的这样一堆石器（R.R.XV.01～022、026、028、030、031，图版 CXII）。值得注意的是，这些石器中除了有加工得很好的红铜时代的碧玉和燧石箭头（R.R.XV.03、08、026、028），还有一些打制过的粗糙的尖石块，以及一个带凸纹的小"刀刃"（R.R.XV.01，图版 CXII）。这个"刀刃"和在罗布沙漠的风蚀地面上发现的大量遗物完全属于同一类型。[1] 在旧石器时代的遗物中人们曾见过这样的"刀刃"，说明新石器时代也有这样的东西。[2] 但在同一块地面上，就在这些古老的遗物旁边，我们发现了看起来很现代的上了釉的陶器碎片（如带中国式花纹的样品 R.R.XV.024、025）。再过几个世纪后，假如赫尔曼德河的河道永久地改到现在这块已经成了沙漠的三角洲上来，那么这些遗物就会被"冲积物"覆盖住。那时，某位考古学家如果发现了这样混杂在一起的"遗物层"，他必定会大惑不解的！

---

[1] 参见《西域考古图记》第一卷 357 页，第四卷图版 XXX；本书第六章第一、五节图版 XXII。
[2] 参见史密斯先生的文章，发表在《人》1911 年第 52 号第 82 页。

　　另一个出现史前遗物的地方是一个重要遗址。它的位置
更远，已经接近了古代三角洲的最北端。在霍兹达尔东北
面，砾石高原陡峭的边缘弯曲过来，围住了一片大"水湾"，
哈木恩湖有时能泛滥到这片大"水湾"中。这个古代湖滨的
西南端是支离破碎的，形成了岬角和岛屿一般的孤立台地。
在一个"岬角"顶上，延伸着一条覆盖着碎屑的区域，人们
称之为沙依索克赫塔。它离霍兹达尔的直线距离约 7 英里。
哈木恩湖每年泛滥的时候，南边车马道的路线就离它很近，
所以路人都很熟悉这个地方。沙依索克赫塔遗址从东北朝西
南延伸了约 800 码，最宽的地方有 400 码。遗址所在的高原
朝外突出的部分比南面的光秃秃的平坦地面高 35～40 英尺，
那块平地是以前哈木恩湖的一个延伸部分。过了高原突出部
分的脚下后，地面上有一片轮廓清晰的洼地，可能是以前某
个时期比亚班河的一条支流的河床。在高原突出部分的头部
附近，一条更窄的"河床"从洼地上岔出来，并折向西北，
把高原的突出部分同广大的高原隔开了。高原的突出部分上
覆盖着碎石，并布满了流水冲刷出来的小沟。小沟两侧以及
高地坡上，一直到小高原的脚下，到处是为数极多的陶器碎
片。可以判断，以前高地顶部覆盖着碎屑的区域肯定比现在
要大。即便从今天的状况看，也能看出这里曾是一个比先前
说过的任何史前遗址都大得多的古代居民点。尽管没有任何
建筑遗存保留下来，但它是完全配得上"城"的称呼的。

　　那里的陶器碎片足足可以装满几个车皮。它们都是没有
上釉的红铜时代的碎片，有的无花纹，有的绘着图案（见文
物目录中的样品）。我们还发现了石杯子、石碗碎片，主要

沙依索克赫塔
遗址

大量陶器碎片

是用雪花石膏制成的，显然都是旋出来的。① 我们还发现了石珠子。S.S.089 是一个用打火石做的印戳，刻着图案。S.S.055、091 是小青铜碎片的样品。长时间探寻之后，我没有发现一片上釉的陶器碎片。我想，这足以证明，这个遗址在红铜时代被废弃后就再也没有人住过。我们在六七处地方朝下挖了挖，观察到了一些比较有启发性的现象。在陶器碎片层和细小的砾石层下，一律是一层疏松柔软的分解土壤。土壤一般有点发红，好像被火烧过，因此这里才被称为沙依索克赫塔。土壤中似乎经常掺杂着碎骨。在几个地方，我似乎还闻到了腐烂的动物或植物的味道。挖到 12 ~ 18 英寸深的时候，我们就挖到了极为坚硬的土壤（或称为西尔），赫尔曼德河南边的高原底下好像到处有这样的土。

史前长期有人居住

在我看来，对此能提出的最好的解释就是人类曾长期居住在这里，使得这座岛屿般的高地顶上覆盖了厚厚的一层"文化层"。这层遗物主要是由分解的泥墙或土坯、厨房垃圾和其他垃圾构成的。其中好像还夹杂着细沙，细沙是锡斯坦的北风吹起来的冲积物中的颗粒或风蚀土壤中的颗粒，这些细沙被像黄土一样阻滞在人居住的地面上。自从遗址被废弃后，风蚀就在这里发挥着威力，逐渐使所有比较柔软的东西都破碎掉，并被刮走了。当原来疏松的土壤被逐渐吹走的时候，土壤中的陶器碎片和其他硬碎片、土坯和泥墙中含有的砾石就越来越下沉，最后都厚厚地堆积在地表。一旦这一过程完成之后，不同时期的"文化层"的硬沉积物就形成了一个"壳"，保护着地表，使其不再受到风蚀的侵害，或至少

---

① 我带走的遗物中包括这样的石罐、石碗碎片样品。目前，安德鲁斯先生把它们也收录在文物目录中，但这部分内容如今我拿不到，所以没有列在本书中。

大大延缓了风蚀的进程。显然，要使上述这个过程得以发生，有一个必要条件，那就是地面上必须长期有人居住。意识到这一点后我们就会明白，如今在这里以及其他史前遗址的地表发现的陶器碎片，很可能是延续了几个世纪的制陶工艺的产物。沙漠三角洲中的这些陶器碎片以及其他个别小物件，都有助于我们体会到，这里的红铜文化不仅时间持久，而且发展到了一个很高的水平。

显然，在上面考察过的这些史前遗址中，要想获得一些关于那里的居民以及他们居住的大致年代的线索，只能依靠经受了毁灭性的风蚀后保留下来的遗物。在这些遗物中，陶器碎片是数量最多也最能给人启发的。下一节的文物目录前面，收录了安德鲁斯先生对锡斯坦遗址的陶器碎片所做的"笔记"，在"笔记"的第一部分中有对这些陶器碎片的材料、形状、装饰图案的详细分析。安德鲁斯先生先前还准备了一篇论文草稿，讨论了这些史前遗址的彩绘陶器。① 在那篇论文中，他已经充分注意到，这些陶器无疑很像最近在欧洲和亚洲不少地方发现的红铜文化的陶器，因此具有重要价值。帕西瓦尔·亚茨博士就这篇论文曾发表过一段虽然短却很有启发性的文字，说的是安德生博士在河南和甘肃发现的重要的大面积红铜文化遗址。② 在那段文字中，亚茨博士也强调了这种相似性。霍普森先生在附录 D 中分析了我们发现的锡斯坦陶器碎片，其中有一段简短却含义丰富的文字，说到了和这些碎片的图案十分接近的彩绘陶器的分布地区是如

出自红铜时代遗址的陶器碎片

---

　　① 参见安德鲁斯先生的文章《奥雷尔·斯坦因爵士在锡斯坦发现的绘有图案的新石器时代陶器碎片》，发表在《柏灵顿杂志》304 页以下，1925 年。

　　② 参见亚茨先生撰写的《中国的新石器时代彩绘陶器》，另参见《柏灵顿杂志》同一期 308 页以下。

何之广。看一下 T.J.阿尔纳博士撰写的极有教益的论文（讨论的是安德森博士在河南发现的彩绘陶器），或是安德森博士本人关于在甘肃发现的陶器的"先期报告"，我们都会体会到这类陶器的分布地区是何等广阔。如今能看出，这一地区从中亚开始，经过俾路支、波斯、美索不达米亚地区和近东的其他地区，一直延伸到了俄国南部、特兰西瓦尼亚（Transylvania）、塞萨利（希腊东部一地区——译者）。①

锡斯坦把红铜文化地区联系了起来　　在锡斯坦发现的彩绘陶器，和欧亚大陆其他遥远地区的类似陶器究竟在哪些地方比较接近，对此我还无力详细讨论。而且，即便我如今手头有为数众多的资料，我也无法说出关于红铜文化的起源、传播和年代界限，这类陶器大体提供了什么线索。但读者应该注意这样一个事实：从地理上看，锡斯坦的陶器把一样的（或很接近的）史前文化地区联系了起来。如果没有锡斯坦，那些地区相距得就太遥远了。我的意思是说，锡斯坦西边是苏萨（Susa，两河流域奴隶制国家埃兰的古城，波斯帝国都城，遗址在今伊朗西南部胡泽斯坦省——译者），西北是阿瑙（Anau），东南是俾路支遗址和印度河下游河谷。这些地方都有与这里很接近的史前文明的遗物。

---

① 参见 T.J.阿尔纳先生撰写的《中国河南省的石器时代彩绘陶器》，发表在《中国古物》D 系列第一卷第 2 册，北平，1925 年。另参见 J.G.安德森先生撰写的《甘肃考古研究先期报告》，发表在《中国地质研究大事记》A 系列第 5 号，北平，1925 年。
　　这两篇论文都提供了关于近东和欧洲发现的文物的零星文献的信息。

如今人们已经证明，在巴基斯坦信德省的摩亨佐达罗（Mohenjo-daro）、旁遮普南部的哈拉帕（Harappa）、俾路支的纳尔（Nal）发现的一些遗址的文化，在很多方面既像两河流域和苏萨在苏美尔人时代之前的遗址，又像外里海阿瑙地区的早期文物层。我们还不知道造成这种相似性的原因，是民族的迁徙、征服，还是和平环境下的交往。但可以肯定的是，大自然给上述这些活动提供的道路一定经过了锡斯坦。看一下地图我们就会知道，现在的赫尔曼德河三角洲大体上位于阿瑙和摩亨佐达罗之间的中点上，从纳斯拉塔巴德到阿瑙的直线距离是 500 英里多一点，比到摩亨佐达罗的距离少几英里。锡斯坦的史前陶器碎片在形状、工艺和彩绘图案上，和普姆白利探险队从阿瑙的坟墩遗址的古代遗物中发现的陶器①特别接近。安德鲁斯先生已经完全意识到了这一点。在这两个地点出土的石器和青铜碎片大体上来说也很相似，也证实了两地的联系。但我们要记住的是，在锡斯坦是无法确定任何遗物的地层学先后顺序的。

外里海地区和巴基斯坦信德省的类似文化

地理条件使得锡斯坦和现在的信德省、英属俾路支斯坦之间存在着密切联系，这种联系一直延续到了今天。于是我们猜想，在赫尔曼德河南部三角洲出土的红铜文化遗物，与现在正在摩亨佐达罗和哈拉帕遗址发掘出来的遗物之间，一定也有同样的联系，甚至比锡斯坦与阿瑙遗物之间的联系更密切。摩亨佐达罗和哈拉帕引人注目的发掘结果现在只出版了一部分，在此只能简单提一下。但我们已经可以看出，那

信德省和俾路支早期遗物的联系

---

① 关于史密特博士在阿瑙进行的考古挖掘，参见普姆白利《在突厥斯坦探险》中的《阿瑙的史前文明》，第一卷，第六到第九章。该书中配有极好的插图。关于插图，见图版 9~35。

里的彩绘陶器和锡斯坦的陶器是十分接近的。在印度河河谷发掘出的遗物更是如此。在那里，约翰·马歇尔爵士和他那些来自印度考古队的助手，正在系统地发掘大面积的建筑遗存，那些建筑是由一个文明留下的。从这个文明的印戳和其他遗物看，我们可以断定它是和两河流域苏美尔时代之前的文明同时的。现在，我们要想大体确定锡斯坦史前遗址的年代，主要就得依靠在印度方面的这些发掘的结果了。

第三节　在赫尔曼德河南部三角洲地区遗址发现的文物

锡斯坦和附近地区出土的史前及晚期的陶器碎片的整体特点

F.H.安德鲁斯

在锡斯坦和临近的呼罗珊遗址发现的陶器碎片可以分成两大类：史前陶器和晚期陶器。

史前陶器碎片

从陶胎的材料看，史前陶器又可以划分成三小类：暗黄色、红色和灰色。每小类中都有各种色调，主要是因为火候的不同造成的。

1. 暗黄色：有温暖的发淡粉的暗黄色（K.G.0131，图版CXIII）、深粉色（R.R.VIII.011，图版 CXIII）、浅绿色（R.R.III.05，图版 CXIII）、深绿色（K.G.09，图版 CXIV）、接近黑色的颜色。

2. 红色：有淡红褐色（Machi.010、011，图版 CXIII）、深红褐色（S.S.0119，图版 CXIII；S.S.02，图版 CXIV），陶胎红色表面也是红色的碎片、深灰色碎片。

3. 灰色：深灰褐色（K.G.039，R.R.III.018，S.S.0107，图版 CXIII）、略带紫红的深灰色（S.S.03、074，图版 CXIII）、几乎是黑色（R.R.XVII.08，图版 CXIII）。

大多数陶器都是彩绘的，没有彩绘的那些可能因为时间太长，彩绘已经消失了。大多数图案是用浓度不同的黑色颜料绘成的，颜料上一般有釉。有几件样品的图案颜色是棕色或棕黑色。图案大多数是几何图形，但有几件的图案更加自由。以下是图案的大体分类。

A. 直线。

i. 简单的直线。有横向的，比如口沿、各区域的顶部和底部的界线，参见 K.G.011、039、055、058、0135，Machi.010~011、05，Md.（R.R.）II.07、013、018、040，III.04，III.03、05、011、018，VIII.011，IX.02，XVII.01、05、08，S.S.01、03、015、024、074、0107，图版 CXIII；K.G.01、08~010、0127、0137，Md.（R.R.）II.02、021，III.01，III.010、013，S.S.02、05、0101、0105，图版 CXIV。有纵向的，用于把各个区域划分成小块，比如 R.R.XVII.08，S.S.04、051，图版 CXIII；K.G.08，Md.III.01，S.S.0101，图版 CXIV。有时竖线还用在成组的三联浅槽饰中，比如 R.R.III.011，XVII.01，图版 CXIII。

ii. 之字形线或 V 形线。有横向的，如 K.G.039，R.R.IX.01，S.S.0119（图版 CXIII），K.G.0127，R.R.III.013，S.S.02、066（图版 CXIV）。有纵向的，如 R.R.XIII.018，S.S.05、051、085（图版 CXIII），Md.（R.R.）II.021，R.R.III.010，S.S.014（图版 CXIV）。也有斜向的，但比较少见，如 K.G.0132，Md.（R.R.）II.07，R.R.VIII.011，S.S.01、015、026（图版 CXIII），K.G.09（图版 CXIV）。这样的线一般都成组出现。

iii. 三角形。当底边由一条边线构成时，三角形都是横放的，组成区域如 R.R.XVII.08，S.S.03、074、0119（图版 CXIII）。当三角形的底边从一条边线延伸到另一条边线时，三角形是斜放的，顶点落在区域之间，如 Md.（R.R.）I.011，III.018（图版 CXIII）。

iv. 菱形、正方形和长方形，如 K.G.0131，Md.II.03、08，R.R.III.03，XVIII.04，S.S.09、0148（图版 CXIII）、Md.（R.R.）II.021，S.S.06（图版 CXIV）。

B. 弧线。

i.半圆形，分布成一个区域，直径由区域的上边线和下边线交替构成，如 R.R.IX.02，S.S.024（图版 CXIII），S.S.02（图版 CXIV）。

ii.窄叶子，很像柳叶，一般连成 V 形，底边交替着与叶子尖相碰（可能源于交叉的倒置半圆形），如 R.R.III.05、IX.02（图版 CXIII）。

iii.宽叶子，是上面所说的窄叶子的变体。完整的叶子纵向放置。有时是单行，出现在边线之间（这样的图案上有时也有横向放置的半片叶子），叶子的中脉与边线吻合。有时是成对出现，一片依着上边线，另一片依着下边线。见 Md.（R.R.）II.018，III.04（图版 CXIII）。

iv.帷幔形。这些帷幔形一般由一对线构成半新月般的弧形，有时帷幔是朝下挂的，比如 K.G.047，Md.（R.R.）II.013，R.R.XVII.01（图版 CXIII），K.G.0137（图版 CXIII）。有时帷幔是朝上弯的，比如 Md.（R.R.）II.040（图版 CXIII）。从其中一条线或两条线上，朝外伸出一些短直线，好像穗子边一样。有的碎片上，两条线之间的地方是交叉线。

v.几块碎片上出现了 S 形的弧线。S 形有时朝左，有时朝右，伸得很长。S 的每个环上都有一组折线横着穿过。在一块碎片（R.R.VIII.012，图版 CXIII）中，S 形的每一端形成的封闭区域内都是交叉线。这种图案是随意以各种角度放置的，显然是单个出现的（K.G.01，图版 CXIV）。

vi.旋涡饰。旋涡饰自由舒展，比较少见。但在一块碎片（S.S.04，图版 CXIII）上有一组清晰的垂直的线（共三条），垂线左右是扁平的旋涡饰，从这些旋涡饰上还生长出次一级的旋涡饰。在旋涡饰相交的地方，一律有两条短短的突出的"脊"，仿佛葡萄藤上的小根似的。另一件样品 Md（R.R.）II.02（图版 CXIV）上有卷曲的旋涡饰，每个旋涡饰朝外弯的弧形部分的上侧都有"穗子边"。有两块残片上粗略地画着小旋涡饰，看起来像小植物（小草），它们是 K.G.058（图版 CXIII）和 K.G.010（图版 CXIV）。

vii.波浪形的叶子。这是一种很复杂的叶子图案。叶子呈规则的弧线绕在器皿上，中脉像龙骨一样突起，叶子用一条宽宽的黑色颜料涂成实心。弧线凹陷的地方清晰地绘着锯齿状的叶子边。叶子的背景中画了交叉线，以便使叶子更突出。整个区域边上也是突起的龙骨形条带（参见 Machi.010、011，图版 CXIII）。

C.动物形象。

只有 3 块碎片上绘着动物形象。一个是 S.S.05（图版 CXIV），它几乎笔直的侧壁上好像绘的是一条蛇，蛇放置在垂直的波浪形中。另一个是 K.G.07.a，上面有一只山羊的头和脖颈的剪影。还有一个是 R.R.III.010（图版 CXIV），清晰地绘着一只巨角山羊。最后这个图案和其他图案都不相同，可能是从别的地方"进口"来的。

能分辨出来的器皿形状有：

平底宽口碗（K.G.01.a、120，图版 CXIV）。

平底的海胆状窄口罐，口沿稍微朝外侈（R.R.III.013，图版 CXIV）。

小罐子，罐身形状像窄端朝下的无花果，无花果底下变平，成为典型的小底座，口沿稍微朝外侈（R.R.III.016，图版 CXIV）。

大口杯，底下是典型的小底座，从底座往上朝外伸展成一个圆锥形。圆锥形和最宽部分的一圈鼓起的弧形融合在一起，再往上稍微朝里收，一直到了口沿附近。口沿微微朝外折。参见 Md.（R.R.）II.037（图版 CXIV）。

管状罐，侧壁朝上逐渐往里收，朝下微成弧线，底座比较宽。参见 Md.III.01（图版 CXIV）。

高高的梨形罐，梨形宽的一端朝下，再往下经过一条凹曲线到达典型的窄底座。上端（折断了）可以看出又开始朝外扩展。树干一般的底部是实心的。参见 Md.（R.R.）II.027，S.S.0121（图版 CXIV）。

扁扁的海胆形碗，宽口简单地朝里收，底下是实心的短"干"，"干"底下粗略地斜削成底座。参见 K.G.028、029（图版 CXIV）。

有几个残件的形状无法断定。R.R.VIII.011，S.S.01、03（图版 CXIII）可能是宽口碗（有弧形的，有直边的）。S.S.05（图版 CXIV）可能是高高的罐，侧壁倾斜，口沿朝外折。S.S.015（图版 CXIII）可能是浅碟子。还有窄口折沿球形罐，如 K.G.0131，Md.III.04，R.R.XVII.08（图版 CXIII）。

第 I 组中出现了上面所说的所有这些形状。第 III 组中则几乎都是宽口碗或浅碟子般的器皿。唯一的例外就是 Md.III.04（图版 CXIII），它是一个扁扁的球形罐的一部分侧壁。

任何一组都没有出现柄、耳、喷水嘴等的痕迹，也没有这样的部分保留下来。所有陶器似乎都是用陶轮制成的。

晚期陶器碎片

晚期陶器碎片，也就是有史记载的历史时期的陶器。其中既有上了釉的，也有没上釉的。分类情况如下：

没有上釉的：包括无花纹的、带凸纹的、刻画着花纹的、装饰着浮雕花纹的。

上釉的：包括无花纹的，带刻画花纹、浮雕花纹或绘上去的花纹的。陶胎的质地很不相同，有的是暗黄色的沙质陶胎，有的是接近瓷器一般的细腻陶胎。大多数残片是红色（但深浅不同），有的特别精美。有很多碎片表面薄薄地涂了一层烧成了鲜红色的黏土。有几件还有打磨过的痕迹。

在没有上釉的那一类中，最常见的处理方法，是将表面划分成很多基本上比较规则的横向凸纹和凹槽（Gha.02、07、08，Shahr.07、045，B.-i-A.01，K.G.024、0223，图版 CXV）。这样的凸纹和凹槽似乎布满了整个器皿的腹部，在肩部逐渐消失。肩和颈结合的地方有时会装饰着一条带子（Shahr.07，图版 CXV）。另一种偶尔出现的处理方法是打磨出成组的环形细线，使光滑的表面有所变化（Gha.010~012，图版 CXV）。

刻画上去的图案有很多种处理方法。图案有的是用模子印上去的，有的是用一个简单的图案多次重复构成的，有的是用带一个尖或几个尖的工具画上去的。一个典型的模子就是叶子图案（Shahr.02、07、030，图版 CXV）。叶子是一个模子，经常在一条横线上重复，或是像鱼鳞一般地重复（Shahr.023，图版 CXV）。叶子模子不尽相同，有的带尖，叶子边是直的（Shahr.030，图版 CXV）；有的叶子边是各种形状的齿。一般说来，叶子图案和凸纹处理方法一起使用，用来装饰器皿的颈的底部。还有的残片上一个简单的小三角形点反复出现，构成图案（Shahr.09、014，图版CXV），有时也用圆圈状的小凹陷（Shahr.033，A.026，Akh.014，图版CXV）。在伊斯兰时期的陶器碎片中，有时用这样的小单位构成复杂的阿拉伯式花饰（K.G.091，图版CXV），有的阿拉伯式花饰是用一个完整的模子印上去的。

用带一个尖的工具刻画上去的图案比较少，也比较简单，但有时会表明工匠的判断很敏锐（Shahr.014、036，R.R.01，图版CXV）。多尖的工具和"梳子"可以不费多少力气就能制造出比较复杂的效果。有的碎片上有用这样的工具画成的之字形、帷幔形、三联浅槽饰等多种图案，有的图案颇使人想起红铜时代绘在陶器碎片上的图案（Shahr.017、037、041，Gh.Ta.04、05，B.-i-A.02，图版CXV）。

浮雕图案出现得不多，一般是饰线或带子，造型不尽相同（Shahr.03、08、011、032、033，图版CXV）。有时用的是一个植物凸饰（Gh.Ta.08，图版CXV）。

带釉的陶器碎片分类如下。

第一类是绿松石色釉，陶胎粗糙，绘着灰色或黑色图案，如B.018，B.-i-A.03、05、07、023（图版CXVII），Muj.01，Gha.ii.01，Sal.014，Surhdik.02、04，Pusht.07，Machi.086，K.G.0144、0146、0249、0250、0260、0264（图版CXVIII）。釉有的色调特别淡，有的则极深。釉一般从陶胎上剥落了。绘上去的图案一般由自由绘制的螺旋形构成。这一类的一种变体就是在图案上加一点钴蓝色。参见Khu.044，B.-i-A.08、09、025，B.02、014（图版CXVII），K.G.083、0246（图版CXVIII）。

第二类是白色釉，绘着阿拉伯式花饰图案，图案的轮廓线是黑色的，还装饰着钴蓝色带子和灰色颜料（有时是青铜色颜料）。参见K.G.084、086、099、0153、0155、0241、0245，图版CXVIII。

第三类也上了白色釉，图案蓝色，是中国风格和波斯—中国风格的。见Khu.03、04、05、06、015、016，Pusht.02，Machi.021、027，K.G.081、088、

098、0154，R.R.03（图版 CXVIII）。

第四类陶胎细腻，上了白色釉，装饰着棕色和绿色的现实主义风格的小枝干，类似蕨类植物，图案没有画出轮廓线（参见 Machi.051、052，图版 CXVIII）。

第五类在青瓷般的灰绿色地上有突起的浅色图案，见 Pusht.08（图版 CXVIII）。

第六类和以上几类都不同。这一类中的所有残片几乎都出自浅碟子，上面有特别清晰的阿拉伯式花饰图案，图案由黑色、深棕色、粉色、红色、灰绿色和黄色条带构成，背景为白色。有的彩色带子上留出了圆圈和点（参见 A.02~06、08~011、013、014、017、021~023，图版 CXVII）。有一两块残片鲜艳的釉泛着虹彩。

在哈吉尔德沙·鲁克王（Shāh Rukh）建的学校中出土的墙瓦和瓷砖（见本书第二十七章第二节）构成了另一个类型。这些瓷砖的陶胎一般颗粒都很大，烧得不透。有两个样品可以看到用瓷砖镶嵌的图案（Khar.021、025，图版 CXVIII）；有的则模仿镶嵌图案绘着花纹（Khar.02，图版 CXVIII），还有的只绘了花纹（Khar.01、03、019、026，图版 CXVIII）。

在阿克忽尔伊鲁斯塔木发现的遗物

Akh.01、02、019、023　石器残片。01 出自斜纹大理石碗的口沿和侧壁。2 英寸×$1\frac{5}{8}$英寸。

02 出自直边大理石罐的口沿。$1\frac{3}{16}$英寸×$\frac{1}{2}$英寸。

019 出自侧壁倾斜的罐的口沿。1 英寸×$\frac{3}{4}$英寸。

023 出自器皿侧壁。深灰色，刻了两条环线，底下刻着交叉线，$\frac{3}{4}$英寸×$\frac{1}{2}$英寸。

Akh.03 陶碗残片。与侧壁平齐的碗口。碗口之下 $1\frac{1}{4}$ 英寸的外侧，有一条突起的环形，突起部分上刻了缺口。$2\frac{3}{8}$ 英寸×$1\frac{1}{2}$ 英寸。

Akh.04 陶器碎片。出自器皿的侧壁。浅黄色，无装饰。$2\frac{3}{8}$ 英寸×$1\frac{3}{4}$ 英寸。

Akh.05、06 陶器碎片。出自浅口碗。红色，没有上釉。05 好像原先上了红色泥釉，泥釉还打磨过，$3\frac{5}{8}$ 英寸×$1\frac{5}{8}$ 英寸。

06 和 05 类似，但比 05 薄，$2\frac{1}{4}$ 英寸×$1\frac{5}{8}$ 英寸。图版 CXV。

Akh.07 陶器碎片。淡红色，外面上了黄绿色釉，釉打磨得特别光滑。$1\frac{1}{8}$ 英寸×$\frac{3}{4}$ 英寸。

Akh.08 陶器碎片。陶胎暗黄色，不细腻，里面有规则的凸纹。$2\frac{3}{8}$ 英寸×$2\frac{3}{4}$ 英寸。

Akh.09、011~013、016 陶器碎片。暗黄色，绘有红铜时代的图案，图案的颜色是棕色和棕黑色。09 画着弧线和交叉线，$1\frac{1}{2}$ 英寸×$1\frac{1}{8}$ 英寸。

011 绘着环线和一系列平行的帷幔。$1\frac{7}{8}$ 英寸×$1\frac{1}{2}$ 英寸。

012 有一对环线，还有一条倾斜的波浪线。$2\frac{3}{8}$ 英寸×$1\frac{1}{8}$ 英寸。

013 有一个区域，区域边上是两对直线，区域中像 011 那样用三条线画着帷幔。$1\frac{3}{4}$英寸×$1\frac{5}{8}$英寸。

016 里面有环线，还有其他线条。1 英寸×$\frac{3}{4}$英寸。

Akh.010　陶器碎片。陶胎红色，表面是发绿的暗黄色。没有绘图案。$2\frac{1}{2}$英寸×$1\frac{3}{8}$英寸。图版 CXV。

Akh.014　陶器碎片。浅黄色，表面布满了印上去的小圆圈。$2\frac{3}{8}$英寸×$1\frac{3}{4}$英寸。图版 CXV。

Akh.015　陶器碎片。红色，表面上了淡粉色泥釉。里面画了两条弧线，还有一条和弧线平行的线。1 英寸×1 英寸。

Akh.017、018　陶器碎片。灰色，画了图案。017 外表面是红色的，画了四条环线，$\frac{13}{16}$英寸×$\frac{7}{8}$英寸。

018 外表面是浅灰色的，用双线画着之字形，两条线之间是梯子般的交叉线。之字形的每个凹陷处中都有一个三角形，三角形中有交叉线。$1\frac{7}{8}$英寸×$\frac{7}{8}$英寸。

Akh.020　玛瑙碎片。$\frac{5}{8}$英寸×$\frac{1}{2}$英寸。

Akh.021　铁錾头残件。长 $1\frac{1}{2}$英寸。图版 CXVI。

Akh.022　贝壳做的珠子。管状。$\frac{1}{8}$英寸×$\frac{3}{16}$英寸。

在马吉遗址附近发现的遗物

Machi.01、03、04　陶器碎片。红铜时代。01 与 R.R.III.016 一样是无花果形，暗黄色，没有绘画，高 2 英寸，直径 $2\frac{1}{8}$ 英寸。

03 口沿外面绘着一对环线，里面也有一对环线。里面这对环线之间有一条波浪线。表面打磨过，是鲜艳的红色。$1\frac{3}{8}$ 英寸×$1\frac{1}{2}$ 英寸。

04 呈淡黄色，外面绘着黄棕色图案。图案由各个区域构成，区域中是用双线画成的帷幔，帷幔之间的空地上是横向的交叉线。$2\frac{1}{2}$ 英寸×$2\frac{3}{8}$ 英寸。

Machi.05　球形器侧壁。淡黄色，外面绘着黄棕色图案。图案中可以看到一条由互相缠绕的波浪线构成的区域，波浪线围成的地方里面是小短线。$2\frac{1}{4}$ 英寸×$2\frac{1}{2}$ 英寸。图版 CXIII。

Machi.06~08　器皿残片。06 呈淡黄色，绘着棕色图案。外面绘着一对环线，底下是一个三角形的顶点，顶点里面涂成了实心。$1\frac{3}{8}$ 英寸×1 英寸。

07 呈淡黄色，无花纹。$1\frac{1}{2}$ 英寸×$1\frac{1}{8}$ 英寸。

08 呈黄绿色，无花纹。2 英寸×$1\frac{1}{4}$ 英寸。

Machi.09、029、038、088　玻璃镯子残件。

Machi.010+011　陶器残片。出自球形器皿的侧壁。直径最宽的那部分上环绕着两条龙骨状凸纹。两条凸纹之间是一条波浪形的突起的线，形成了一枚特别模式化的叶子，叶子边是锯齿状的。在出现锯齿的地方，背景中绘着垂直的短线。所有的凸纹和锯齿都画成浓重的黑线，颜料底下是不太洁净的白色泥釉。横向弦长 6 英寸，纵向弦长 $3\frac{3}{4}$ 英寸。图版 CXIII。

Machi.012~014、025 陶器碎片。灰色，细腻。025 外面可以看到一组连在一起的正方形。1 英寸×$\frac{5}{8}$英寸。

Machi.015、028、059、060~063 陶器碎片。用陶轮制成，呈淡黄色和淡赤褐色。015 里面上了鲜艳的蓝色釉，2 英寸×$1\frac{1}{4}$英寸×$\frac{3}{8}$英寸。

028 遍体都上了黄棕色釉，1 英寸×$\frac{3}{4}$英寸×$\frac{1}{8}$英寸。

059 两面都上了淡灰绿色釉，里面有宽宽的横向凸纹。$1\frac{7}{8}$英寸×1 英寸×$\frac{1}{5}$英寸。

060 里面上了鲜艳的黄绿色釉。$1\frac{5}{8}$英寸×$1\frac{3}{8}$英寸×$\frac{3}{10}$英寸。

061 两面都上了细腻的灰绿色釉。$1\frac{5}{12}$英寸×$1\frac{1}{4}$英寸×$\frac{3}{16}$英寸。

062 只有里面上了灰色釉，上面还有斑驳的棕色（霉斑）。有钻孔，以便进行修补。3 英寸×$1\frac{5}{8}$英寸×$\frac{1}{4}$~$\frac{1}{2}$英寸。

063 只有外面上了釉，釉是斑驳的绿色和深灰色。2 英寸×$1\frac{1}{2}$英寸×$\frac{1}{2}$英寸。

Machi.016 大理石（?）罐残片。侧壁是直的，平底。直径 $1\frac{1}{8}$英寸，高$1\frac{3}{8}$英寸。

Machi.019 瓷器碎片。白色，半透明。两面都上了细腻的白色釉。外面的釉底下用比较浅的线刻了图案。$1\frac{1}{2}$英寸×$1\frac{1}{4}$英寸×$\frac{1}{8}$英寸。

Machi.020~023、026、027、043、044、046~050、053、054、056、061、065、066、067、070　**陶器碎片**。陶胎坚硬，暗黄色，多颗粒。釉一般是白色的。图案绘成蓝色，有时还勾勒了黑色轮廓线。大体是中国或波斯—中国风格的旋涡饰和植物图案。

021 质地很好的粉黄色陶胎，白色釉。里面和外面都画着深蓝色的植物图案，所有的轮廓线都是黑色细线。$1\frac{5}{8}$英寸×$1\frac{1}{2}$英寸×$\frac{1}{4}$英寸。图版 CXVIII。

022 外面用蓝线画着模式化的植物和鸟（?），后来还添了些颜色。2 英寸×$1\frac{1}{4}$英寸。

027 上部表面画着模式化的中国式（?）风景和鸟（?）。$1\frac{3}{4}$英寸×$1\frac{3}{4}$英寸。图版 CXVIII。

Machi.024　贝壳般的物件。1 英寸×$\frac{3}{4}$英寸。

Machi.030　陶器碎片。陶胎坚硬，暗黄色，多颗粒。里面上了白色釉，外面是斑驳的钴蓝色釉。$1\frac{1}{8}$英寸×$\frac{5}{8}$英寸×$\frac{1}{5}$英寸。

Machi.032~037、082　玻璃碎片。都是发绿的白色。最大残片 $1\frac{1}{4}$英寸×$1\frac{1}{4}$英寸。

Machi.041　石杯子（?）残件。里面的杯子底是完整的，足和侧壁缺失。高 $1\frac{3}{8}$英寸，直径 $1\frac{1}{2}$英寸。

Machi.042、058、068、069　陶器碎片。上了釉。042 陶胎淡红色，外

面暗黄色，$1\frac{9}{10}$英寸×$1\frac{3}{10}$英寸。

058 陶胎暗黄色。里面上了无花纹的鲜艳的绿色釉，外面上了黄绿色釉。外面的釉磨损了，已经暗淡无光。$1\frac{5}{8}$英寸×$1\frac{3}{8}$英寸。

068 陶胎暗黄色，两面都上了白色釉，装饰着淡蓝色图案。1 英寸×$\frac{9}{10}$英寸。

069 陶胎暗黄色，里外都上了白色釉，用深蓝色细线装饰着图案。$\frac{9}{10}$英寸×$\frac{6}{10}$英寸。

Machi.045　瓷器碎片。上了纯白色的釉，一面残留着一部分钴蓝色植物图案。$\frac{7}{8}$英寸×$\frac{11}{16}$英寸×$\frac{1}{8}$英寸。

Machi.048　上了釉的陶器碎片。上了薄薄的白色釉，外面是灰绿色植物图案，里面是鲜艳的蓝色植物图案，轮廓线黑色。1 英寸×$\frac{7}{8}$英寸。

Machi.051、052　陶器片。上了白色釉。051 外面画着草一般的小枝，茎是浅棕色，叶子灰绿色。$1\frac{1}{2}$英寸×$1\frac{1}{4}$英寸×$\frac{1}{6}$英寸。

052 是类似的器皿，外面画着深红棕色小枝。$1\frac{7}{12}$英寸×$\frac{5}{6}$英寸×$\frac{1}{4}$英寸。图版 CXVIII。

Machi.055　陶器碎片。里面上了白色釉。外面上了鲜艳的钴蓝色釉，还用较浅的蓝色画着带五个尖的叶子，叶子用不透明的珐琅质画在蓝色底上。这是收集品中唯一使用这种处理方法的。$\frac{7}{8}$英寸×$\frac{3}{4}$英寸×$\frac{1}{8}$英寸。

Machi.057　青铜薄片残件。$\frac{3}{4}$英寸×$\frac{1}{2}$英寸。图版 CXVI。

Machi.062　**陶碗残片**。上了釉，里面和口沿顶部上了斑驳的淡绿松石色釉。弦长 3 英寸，高 $1\frac{5}{8}$ 英寸，侧壁高 $\frac{1}{2}$ 英寸。

Machi.080　**陶器侧壁残片**。两面都上了淡灰绿色釉。外面用黑色轮廓线画着波浪状带子，轮廓线里面涂成钴蓝色。里面画着一对黑色环线。$\frac{4}{5}$ 英寸×$\frac{4}{5}$ 英寸×$\frac{1}{8}$ 英寸。

Machi.086　**陶碟子残片**。上了绿松石色釉，已褪色。里面绘着纯黑色叶子的剪影。$1\frac{3}{4}$ 英寸×1 英寸。图版 CXVIII。

Machi.087　**陶器碎片**。细腻的灰色，也许是个不常见的足的一部分。弦长 $1\frac{5}{8}$ 英寸，高 $\frac{2}{5}$ 英寸。图版 CXIV。

Machi.089　**陶器碎片**。两面都上了不洁净的白色釉。里面绘着淡蓝色图案，绘的是一对环线，底下是萨珊风格（?）的叶子图案，顶上有之字形图案的残迹。$2\frac{1}{6}$ 英寸×$1\frac{1}{2}$ 英寸×$\frac{3}{5}$ 英寸。

Machi.090　**玻璃珠子残件**。深蓝色或黑色，镶嵌着白色旋涡饰。直径 $\frac{1}{5}$ 英寸。

在喀拉特伊吉尔德及其附近发现的遗物

K.G.01、08.a、030、040、041、044·046、080、0121、0122　**没有上釉的陶器碎片**。没有绘画。01 灰色，发粉。外面隐约刻了成对的环线，环线之间的距离不尽相同。高 $2\frac{3}{8}$ 英寸，弦长 $3\frac{1}{4}$ 英寸，厚 $\frac{3}{8}$ 英寸。

08.a 与 01 类似，但更薄，凹槽更浅。$1\frac{1}{2}$ 英寸×$1\frac{3}{4}$ 英寸。

030 是小杯子的一部分，几乎有一半已经缺失。直径 $2\frac{1}{4}$ 英寸，高 1 英寸。其余的残片都是红色，无花纹，有的上面有细腻的红色泥釉，泥釉不同程度地打磨过。

08.a 最大，$2\frac{3}{4}$ 英寸×$2\frac{5}{8}$ 英寸。

K.G.01.a　大陶碗残片。已破碎。做得比较粗糙，在晒干和烧制的过程中变了形。形状像个简单的盆，口沿稍微朝外折，口沿涂成棕黑色。里面就在沿缘下装饰着一条横放的 S 形，S 形的两个"圈"上有两条不规则的线。12 英寸×$6\frac{1}{2}$ 英寸。图版 CXIV。

K.G.02、05、06、0114、0156、0157、0224、0229、0243　陶器碎片。没有上釉，刻画着图案。02 呈黄绿色。外面刻画着一条环线，从环线上每隔一段距离垂着一些直线。$3\frac{1}{4}$ 英寸×3 英寸。

05 呈黄绿色，装饰着一个条带，条带中有三组凹槽和凸纹，底下还有一条线。从最后一条线上画出三对不规则细线，各对线之间的角度都不同。$2\frac{1}{4}$ 英寸×$2\frac{3}{8}$ 英寸。

06 呈淡黄色。装饰着三条不完全一样的环形窄凹槽。凹槽上方布满了双线构成的格子，底下是用"梳子"画出来的波浪线的顶部。$1\frac{3}{4}$ 英寸×$2\frac{5}{8}$ 英寸。图版 CXV。

0114 是一块小残片。上面有一条窄窄的带子，带子中有紧密的缺口，每一侧各有一条隐约的直线。$1\frac{1}{2}$ 英寸×$1\frac{1}{8}$ 英寸。

0156 呈红色，表面深红色。三条凹槽构成一条环形带子。$1\frac{5}{8}$ 英寸×

$1\frac{5}{8}$ 英寸。

0157 呈暗黄色。隐约有一条环形带子，带子中有垂直的短凸纹。从这条带子上垂下来两对互相分离的细刻线，这两对线之间有两条之字形竖线。$1\frac{1}{2}$ 英寸×$2\frac{1}{8}$ 英寸。

0224 口沿顶部装饰着一系列缺口，是用方头棍的边沿戳出来的。在短颈的底部，侧壁呈凹弧形伸出，然后垂下来，构成了腹部。颈底部朝里凹的地方装饰着一行切口。底下有波浪形的痕迹。$2\frac{1}{4}$ 英寸×$3\frac{1}{4}$ 英寸。

0229 装饰着一条粗略画出来的波浪形，红色。$1\frac{7}{8}$ 英寸×$1\frac{3}{4}$ 英寸。图版 CXV。

0243 是一个瓶子般的器皿的颈和口。颈上装饰着波浪形，波浪形的弧的弯度很大。在口和颈衔接的地方有一条环形凹槽。口的侧面在六个地方朝外伸出。口沿呈大角度朝外折，口沿顶部是平的。柄从杯子状的口沿底部开始，几乎连到了口上，再往下朝外伸，形成了常见的环柄（环柄如今已缺失）。暗黄色。直径 $2\frac{3}{8}$ 英寸，高 $3\frac{1}{4}$ 英寸。

K.G.02.a、0208～0210、0295、0297、0299　青铜残片。02.a 为一个发扁平底座。图版 CXVI。

0208 为一个圆圈。两端都是平的，末端没有连在一起。图版 CXVI。

0209 为一个圆盘。边沿呈扇贝状，可能是 0208 的底座。图版 CXVI。

0210 为一块加工过的青铜。$\frac{5}{8}$ 英寸×$\frac{5}{16}$ 英寸。

0295 为一块扁平的刀尖般的青铜。$\frac{11}{16}$ 英寸×$\frac{3}{8}$ 英寸。图版 CXVI。

0297 为一颗小珠子。直径 $\frac{3}{16}$ 英寸。

0299 为棍子残件。$\frac{3}{8}$ 英寸×$\frac{1}{8}$ 英寸。

K.G.04、022、0105、0149、0161、0220、0263、0278　陶器碎片。
上了深浅不同的绿色釉，有的还有黑色图案。0263 最大，$3\frac{1}{8}$ 英寸×2 英寸。

K.G.07、0141、0230、0267、0268、0270～0271　大理石器皿残件。
0268 可以看到薄薄的折沿和陡然朝下垂并加厚的侧壁。0141 最大，$1\frac{7}{8}$ 英寸×$1\frac{7}{8}$ 英寸。

K.G.07.a　陶器碎片。没有上釉，画着一只山羊的头和颈。$1\frac{1}{2}$ 英寸×$\frac{3}{4}$ 英寸。

K.G.08、066、073、0125、0129　陶器碎片。没有上釉。绘着各种样式的正方形，正方形的外角画得像鱼尾一样。08 口沿上绘了图案。口沿底下是一个宽宽的区域，区域边是两条线。区域中似乎被成组的垂线分割成了三联浅槽般的样式。三槽之间的平面似乎由两条对角线分成了四个三角形。$1\frac{3}{4}$ 英寸×$1\frac{5}{8}$ 英寸。图版 CXIV。

066 可以看到一部分正方形，正方形的边特别长。正方形之间的空地用黑色涂成实心，黑色实心部分朝外的那一端装饰着穗子边，这样就形成了典型的鱼尾形状。$2\frac{1}{4}$ 英寸×$1\frac{1}{2}$ 英寸。

K.G.09　陶器碎片。画着一对粗粗的环线，底下斜画着两组之字形线，每组有三条，一组朝左，一组朝右。残片末端有一条蕨类植物一般的线。$2\frac{1}{2}$ 英寸×$2\frac{1}{2}$ 英寸。图版 CXIV。

K.G.010、058、0132　陶器碎片。没有上釉，绘了图案。010 碗边稍朝外折，边沿是凸圆的。碗里面装饰着两条线，一条线在另一条的里面，每条线都弯出两个相连的鱼鳞状。$2\frac{1}{4}$ 英寸×$2\frac{1}{4}$ 英寸。图版 CXVIII。

058 外面画了一条环线，从环线朝上生成几条弧线，看起来像树一般。$1\frac{3}{4}$ 英寸×$1\frac{1}{2}$ 英寸。图版 CXIII。

0132 外面粗略地画了一条之字线，之字线顶上有两笔线条，悬挂在一条环线上。2 英寸×$1\frac{7}{8}$ 英寸。图版 CXIII。

K.G.010.a、094、0109、0144、0146、0150、0152、0226、0244、0247、0248~0250、0260、0262、0264、0277　**陶器碎片**。上了铜绿色或绿松石色釉，装饰着黑色旋涡饰和植物图案。0260 最大，$5\frac{1}{4}$ 英寸×$2\frac{1}{4}$ 英寸。图版 CXVIII。

K.G.011、0135　**陶器碎片**。没有上釉，绘着图案。陶胎淡红色，表面暗黄色。外面绘着两对粗粗的环线，两对环线之间的空地上是一条不连续的之字形带子，看起来像飞鸟。$2\frac{1}{8}$ 英寸×$1\frac{3}{4}$ 英寸；$2\frac{1}{8}$ 英寸×$2\frac{1}{4}$ 英寸。图版 CXIII。

K.G.012、083、087　**陶碗残片**。上了白色和蓝色釉，装饰着黑色旋涡饰图案。087 最大，$3\frac{3}{4}$ 英寸×$1\frac{1}{4}$ 英寸。083 见图版 CXVIII。

K.G.014、038、068、0136　**陶器碎片**。没有上釉，绘着半月牙形图案，背景是很多平行斜线。014 最大，是口和肩的一部分。口呈喇叭形，精细的薄口沿涂成黑色。在短颈的底部有一条宽宽的环线，再往下一点的肩上又有一条这样的环线。半月牙形图案是用粗线画成的，其直径和第二条环线吻合，相邻的弧的末端是相碰的。颈的弦长 $2\frac{1}{8}$ 英寸，高 $1\frac{1}{2}$ 英寸。

K.G.015、044　**两个碗口残片**。口沿黑色。

015 外面装饰着一条细线，还有朝下延伸的一组组三联线。在三联线之间的空地上，是三条朝上弯曲的线的末端。里面有一部分平放的 S 形曲线，S 形的一个环形部分中斜穿过一条宽宽的不规整的带子。$1\frac{3}{4}$ 英寸×$1\frac{1}{2}$ 英寸。

044 里面装饰着一个清晰的菱形，穿过菱形的中心有一条不规整的带子，和菱形的两条边平行。$1\frac{1}{4}$ 英寸×$1\frac{1}{2}$ 英寸。

K.G.016、017、043、075、076、077、0133　陶器碎片。没有上釉，画着环线。016 最大，$3\frac{3}{4}$ 英寸×$1\frac{7}{8}$ 英寸。

K.G.018、032、034、051、057、059、060、065、0134　陶器碎片。没有上釉，绘了图案。0134 发粉，其余都是发绿的黄色。都装饰着柳叶形花纹。057 最大，$3\frac{1}{2}$ 英寸×$2\frac{3}{4}$ 英寸。

K.G.020、021、056、070、078、0126、0128　陶器碎片。没有上釉，灰色，淘洗得很干净。绘着线，大多数是环线。056 最大，$2\frac{1}{8}$ 英寸×$1\frac{3}{4}$ 英寸。

K.G.023、047、062、064、0137　陶器碎片。没有上釉，绘着帷幔状图案，有的还有新月形图案。047 最大，3 英寸×2 英寸。图版 CXIII。

K.G.024、0223　陶器碎片。有凸纹。0223 呈红色，外面有凸圆的凸纹，凸纹宽度不等。$2\frac{3}{4}$ 英寸×$2\frac{3}{4}$ 英寸。图版 CXV。

024 外面变黑了，里面是深红色。平的，可能是器皿的沿。凸纹逐渐变窄，凹槽逐渐变宽。$2\frac{1}{8}$ 英寸×$2\frac{5}{8}$ 英寸。图版 CXV。

K.G.025、050、0130　陶器碎片。没有上釉，都绘着由多条线构成的之字形。0130 最大，$2\frac{1}{8}$ 英寸×$1\frac{5}{8}$ 英寸。

K.G.026、036、049、069~071　陶器碎片。没有上釉，绘有之字形和环线。049、070、071 上有不规整的条带。069 最大，$2\frac{1}{4}$ 英寸×$1\frac{3}{8}$ 英寸。

K.G.028、029　陶罐。没有上釉，暗黄色。形状像扁扁的海胆，在平足上可以看到陶工的细绳的痕迹。里面有陶工在旋转时留下的螺旋形凹槽。口涂成一圈棕黑色，从这圈颜料上朝侧壁伸出粗略的放射线。028 直径 3 英寸，高 $1\frac{5}{8}$ 英寸。029 直径 $2\frac{1}{4}$ 英寸，高 $1\frac{1}{8}$ 英寸。图版 CXIV。

K.G.033　陶器碎片。没有上釉，绘着一个黑色三角形，三角形的一条侧边上有穗子。$2\frac{1}{4}$ 英寸×$2\frac{1}{8}$ 英寸。图版 CXIII。

K.G.035、037、052、063、0115　陶器碎片。没有上釉，绘着正方形，正方形中是交叉的斜线。063 最大，$2\frac{1}{2}$ 英寸×$\frac{7}{8}$ 英寸。

K.G.039　陶碗残片。没有上釉，绘着图案。口沿黑色。里面绘了一对环线，外面绘了一条锐利的之字形线，一条环线纵贯之字形线的中间。顶边和底边是两条模糊的线。整个图案在绘完之后似乎打磨过。$1\frac{3}{4}$ 英寸×$1\frac{3}{4}$ 英寸。图版 CXIII。

K.G.054　陶器碎片。没有上釉，绘着环线和两条之字形线。$1\frac{5}{16}$ 英寸×$1\frac{1}{8}$ 英寸。

K.G.055　陶碗残片。没有上釉，绘着图案。口沿是黑色的。碗外面在两对线之间有一条带子，带子中是短斜线构成的菱形。外表面有刮过或打磨过的痕迹。$1\frac{7}{8}$ 英寸×2 英寸。图版 CXIII。

K.G.067、072　陶罐残品。没有上釉，在成对的环线之间绘着一组小三角形，三角形里面是短斜线。067 的尺寸为 $1\frac{1}{2}$ 英寸×1 $\frac{3}{8}$ 英寸。

K.G.076　陶器碎片。器皿的短喷水嘴。没有上釉，无装饰，红色。$1\frac{3}{4}$ 英寸×1 英寸。

K.G.081、0154　陶器碎片。两面都上了白色釉，装饰着淡蓝色图案，釉底下是坚硬的白色泥釉。081 的尺寸为 $2\frac{1}{4}$ 英寸×1 $\frac{1}{2}$ 英寸。图版 CXVIII。

0154 的釉几乎已经消失了，里面的图案是用蓝色细线画出来的，看起来像是一个扭结，整个看起来有点像现代荷兰绘在瓷砖上的图案。2 英寸×$1\frac{3}{8}$ 英寸。图版 CXVIII。

K.G.082、095、098、0106、0108、0237、0238、0240　陶器碎片。上了蓝色和白色釉。082 最大，2 英寸×$1\frac{1}{3}$ 英寸。图版 CXVIII。

K.G.084、0102、0103、0107、0239、0241、0245　陶碗残件。上了白色釉，绘有棕黑色阿拉伯式花饰图案，后来又添加了柔和的暗蓝色。0245 最大，$1\frac{1}{2}$ 英寸×1 $\frac{5}{8}$ 英寸。图版 CXVIII。

K.G.085、086、0160　陶碟残片。白色釉，用黑色轮廓线勾勒着阿拉伯式花饰图案，主要图案的双线之间还有一条灰蓝色带子，花饰中央覆盖着一朵小花。$2\frac{3}{4}$ 英寸×1 $\frac{3}{4}$ 英寸。图版 CXVIII。

K.G.088、0110、0111　陶器碎片。上了白色釉，绘着蓝色和黑色图案。088 的尺寸为 $2\frac{1}{2}$ 英寸×1 $\frac{1}{2}$ 英寸。图版 CXVIII。

0110 上有一块蓝色和黑色植物图案，里侧的两个区域中是交叉斜线。$1\frac{7}{8}$ 英寸×$1\frac{1}{2}$ 英寸。

0111 用黑色细线画着相连的圆圈，圆圈之间的地方有黑色旋涡饰。1 英寸×1 英寸。

K.G.089　陶碗残片。 里外都上了发绿的白色釉，里面的图案和前一件差不多。$1\frac{1}{4}$ 英寸×$\frac{3}{4}$ 英寸。

K.G.090、0104、0155　陶碗残片。 上了白色釉，绘着蓝色和黑色图案。0155 上有钴蓝色正方形网格，网格中还画着黑色细对角线。0155 最大，$2\frac{1}{2}$ 英寸×$1\frac{1}{8}$ 英寸。图版 CXVIII。

K.G.091、092　陶器碎片。 刻画着深深的图案。091 上有一朵圆形大团花，团花中央是八瓣小花，团花四周有八块小区域。$2\frac{1}{8}$ 英寸×$2\frac{7}{8}$ 英寸×$2\frac{1}{4}$ 英寸。

092 上有一个很宽的条带，刻画着一组深深的之字形。$2\frac{3}{4}$ 英寸×$2\frac{3}{4}$ 英寸。图版 CXV。

K.G.096　玻璃碎片。 原来可能装饰着垂直的凸纹，像角一般的颜色。$1\frac{5}{8}$ 英寸×$1\frac{1}{4}$ 英寸。

K.G.097、098　陶器碎片。 097 是口沿的一部分，口沿黑色。残片外面有一条环线，还有稍微斜着朝下伸的平行短细线。里面是一个钩子状装饰物的一部分环形，一条不规整的线穿过环形中间。$1\frac{3}{8}$ 英寸×$1\frac{3}{8}$ 英寸。

098 上有一条环线，从环线上垂下一组三联线，三联线之间是鱼尾状装饰。$1\frac{3}{8}$ 英寸×$1\frac{5}{8}$ 英寸。

K.G.099　陶碟残片。上了白色釉。顶部是一朵阿拉伯式小花的一部分，小花里面有五片放射状分布的叶子，叶子之间是排列紧密的点。$1\frac{3}{16}$ 英寸×$1\frac{1}{8}$ 英寸。图版CXVIII。

K.G.0100、0143、0145　陶器碎片。上了白色釉，绘着黑色和灰色图案。0100在一条环线之上用清晰的笔法写着个汉字。$1\frac{5}{8}$ 英寸×$1\frac{1}{8}$ 英寸。图版CXVIII。

0143上有一个宽宽的区域，区域中布满了极为模式化的直立的叶子，叶子是白色的，有三个裂，成对出现。在重复出现的成对叶子之间有一个圆形，圆圈中还有六个点围成一圈。底下那个区域中是一组组的五条纵向短线。$2\frac{3}{4}$ 英寸×$2\frac{5}{8}$ 英寸。图版CXVIII。

0145边上绘了画。里面由环线围成的区域中是交叉线。$2\frac{1}{8}$ 英寸×$1\frac{3}{4}$ 英寸。图版CXVIII。

K.G.0101、0265　陶碟残片。白色釉底下是靛蓝色线脚，边上涂成钴蓝色。0101最大，3英寸×$1\frac{7}{8}$ 英寸。

K.G.0112　陶罐残片。没有上釉，也没有画图案。红色。$2\frac{3}{8}$ 英寸×$1\frac{3}{8}$ 英寸。

K.G.0115、0158、0159、0162~0166、0188、0189、0199、0201、0203、0232~0234、0288、0302~0306　玻璃制成的器皿、纽和珠子残件。

颜色为黄色、深浅不同的绿色和蓝色。0302 最大，$1\frac{5}{8}$ 英寸×$\frac{7}{8}$ 英寸。

K.G.0116、0117　**石头小片。**

K.G.0118　**石头。**带尖的椭圆形，灰色，一面平，另一面凸。被沙子磨损了很多，磨出了凹槽。长 $1\frac{2}{5}$ 英寸。

K.G.0120　**陶碗残片。**没有上釉，无花纹，红色。侧壁几乎是直的，在底下，侧壁陡然收成简单的小足。直径 $5\frac{7}{8}$ 英寸，高 $2\frac{1}{4}$ 英寸。图版 CXIV。

K.G.0127　**陶器碎片。**没有上釉，灰色，表面暗黄色。外面绘了类似 K.G.039 那样的图案。$1\frac{1}{8}$ 英寸×$1\frac{3}{8}$ 英寸。图版 CXIV。

K.G.0131　**陶器碎片。**暗黄色，没有上釉，画着一系列四边形嵌板。四边形的内角涂成实心黑色，还有笨拙的"穗子边"。$3\frac{3}{16}$ 英寸×$2\frac{1}{8}$ 英寸。图版 CXIII。

K.G.0142　**陶罐残片。**没有上釉，"茎"部有一部分是空心的。直径 $2\frac{3}{4}$ 英寸，高 3 英寸。

K.G.0147　**陶器碎片。**外面上了白色釉，里面上了细腻的绿松石色釉。里面绘着清晰的植物图案，图案中还用了点钻蓝色颜料。$1\frac{5}{8}$ 英寸×$1\frac{1}{16}$ 英寸。

K.G.0148、0261　**陶器碎片。**上了白色釉。图案灰黑色，还涂了鲜艳的绿色。$2\frac{1}{8}$ 英寸×$1\frac{3}{4}$ 英寸。2 英寸×2 英寸。图版 CXVIII。

K.G.0153　**陶碗残片。**上白色釉，绘有蓝色和黑色图案。$1\frac{3}{8}$ 英寸×

$1\frac{1}{2}$ 英寸。图版 CXVIII。

K.G.0167~0187、0190~0196、0198、0289、0300、0307~0310　**玻璃镯子残件**。有的是直的，有的呈螺旋形。有几个混合了几种颜色，还装饰着宝石般的纽、小嵌线和大理石般的花纹。颜色有深蓝色、浅蓝色、深浅不同的绿色、黄色、红色、黑色、白色。有的不透明，有的半透明。图版 CXVI、CXVIII。

K.G.0202　**铅质玻璃珠子**。黄色，装饰着三朵红棕色小花，花心绿色。直径 $\frac{3}{8}$ 英寸。

K.G.0204、0205、0235、0276、0279、0281、0287、0290、0296　**石头碎片**。

K.G.0206　**石箭头**。椭圆形，带尖，棕色，稍微磨损了。长 $1\frac{4}{5}$ 英寸。

K.G.0207　**铁箭头**。刃的横截面是扁长的菱形，轮廓线是窄叶子形状。在最宽的部分底下逐渐变窄，成了一个六边形，六边形底下是铤。$2\frac{1}{16}$ 英寸×$\frac{7}{16}$ 英寸。图版 CXVI。

K.G.0219、0227、0228　**陶器碎片**。上了白色釉，绘着黑色图案。平均尺寸 $1\frac{1}{4}$ 英寸×$1\frac{1}{4}$ 英寸。

K.G.0242　**陶碗残片**。上了釉，外面有蓝色和黑色线。$1\frac{1}{8}$ 英寸×$1\frac{1}{8}$ 英寸。

K.G.0246　**陶碟子残片**。上了白色釉，里面装饰着黑色、蓝色和绿色图案。$2\frac{7}{8}$ 英寸×$1\frac{3}{4}$ 英寸。图版 CXVIII。

K.G.0266　**石碟残片**。中间钻一个孔。锭盘（?）。直径 $1\frac{3}{8}$ 英寸。

K.G.0269、0272~0274　**加工过的大理石。**

K.G.0283、0284、0300　**贝壳**。最大残片 $\frac{5}{8}$ 英寸 $\times \frac{7}{16}$ 英寸。

K.G.0286　**青铜薄片**。大致为菱形，一角连着实心圆柄。$1\frac{1}{8}$ 英寸 $\times \frac{13}{16}$ 英寸。图版 CXVI。

K.G.0303、0305、0306　**玻璃碎片**。0303 呈鲜艳的蓝色，装饰着浮雕的旋涡饰图案。$1\frac{1}{8}$ 英寸 $\times \frac{5}{8}$ 英寸 $\times \frac{1}{8} \sim \frac{1}{16}$ 英寸。

0305 呈白绿色，有鲜艳的红色大理石般斜纹。$\frac{7}{8}$ 英寸 $\times \frac{3}{4}$ 英寸 $\times \frac{1}{20}$ 英寸。

0306 出自器皿的肩。淡粉色。$1\frac{5}{16}$ 英寸 $\times \frac{7}{8}$ 英寸。图版 CXVI。

在拉姆鲁德北边的土丘 R.R.I 发现的遗物

Md.（R.R.）I.01　**陶碗残片**。没有上釉，红色。里面有凸纹，使厚度变得不均匀。画着两条环线。上半部分涂了一层深色泥釉。纵向弦长 $3\frac{3}{8}$ 英寸，横向弦长 $2\frac{1}{2}$ 英寸。

Md.（R.R.）I.02、028　**浅口碗残片**。形状像深碟子，红色。02 里面涂了颜色较深的泥釉，在烧制过程中，泥釉稍微变了色。里面贴着一层发白的铅质玻璃。横向弦长 $3\frac{3}{4}$ 英寸，纵向弦长 $2\frac{1}{8}$ 英寸。028 的尺寸为 2 英寸 $\times 1\frac{1}{16}$ 英寸。

Md.（R.R.）I.03、07　**陶器碎片**。03 像是圆锥形的碟子，深红色，涂了稍浅些的泥釉。外面有一部分刻画得比较浅的图案，画出两个三角形，顶点对着顶点。横向弦长 $2\frac{1}{8}$ 英寸，纵向弦长 $2\frac{1}{8}$ 英寸。

07 可能出自大口杯状的罐子，外面有一条刻线。红色，涂了深色泥釉。横向弦长 $1\frac{3}{8}$ 英寸，纵向弦长 $1\frac{5}{8}$ 英寸。

Md.（R.R.）I.04 陶器残片。里面是粉色，向外几乎过渡成了黑色，外面涂了黄绿色泥釉。横向弦长 $1\frac{3}{4}$ 英寸，纵向弦长 $1\frac{5}{8}$ 英寸。

Md.（R.R.）I.05、033、040 陶器残片。有不规则的凸纹，外面是黄绿色。最大一件的横向弦长 $2\frac{1}{8}$ 英寸，纵向弦长 $2\frac{3}{8}$ 英寸。

Md.（R.R.）I.06 陶器侧壁残片。深灰色。外面有几个地方掉了几小片，可以看到刮削者留下的纵向和斜向痕迹。参见普姆白利《在突厥斯坦探险》第一卷图版 14 中的图 3、图 4，1904 年。横向弦长 $1\frac{3}{4}$ 英寸，纵向弦长 2 英寸。

Md.（R.R.）I.08+030、031、035 陶器残片。鸽灰色，密度很大，淘洗得很干净。都用粗细不同的黑色直线绘着图案。08+030 在口沿和肩衔接的地方有一条宽宽的实心带子，底下 1 英寸的地方还有两条类似的带子。带子之间的空地上是一组粗略画成的之字形线，之字形线与顶上和底下的带子一起，构成了一组三角形，三角形的顶点轮流出现在顶上和底下的那条带子上。横向弦长 $3\frac{5}{8}$ 英寸，纵向弦长 2 英寸。

031 口沿上有一条带子（一直伸展到残片里面），底下还有两条带子。再往下是一组垂线，垂线顶端朝左弯曲，从左侧伸出四笔线条，仿佛羽毛一般。横向弦长 1 英寸，纵向弦长 $1\frac{1}{8}$ 英寸。

035 外面有一条宽宽的实心带子，从带子上伸出几根线条，不知构成何种图案。横向弦长 $1\frac{1}{4}$ 英寸，纵向弦长 $\frac{3}{4}$ 英寸。

Md.（R.R.）I.09、010、038、039、041　陶器残片。用陶轮制成。暗黄色，画有黑色的直线图案（环形带子、正方形、三角形等），图案的深浅颜色各不相同。09 图案参见图版 CXIII 中的 Md.II.08。010 最大，横向弦长 $2\frac{1}{8}$ 英寸，高 $1\frac{1}{2}$ 英寸。

Md.（R.R.）I.011　陶器皿残片。暗黄色，画着两组三角形，每组都夹在边线之内，三角形里面是斜线。$2\frac{1}{3}$ 英寸×$2\frac{1}{3}$ 英寸。图版 CXIII。

Md.（R.R.）I.012~016　石罐残片。与 S.S.012 类似。012 为大理石，不透明，白色。是罐的一部分侧壁口沿，口沿平，朝外折。高 1 英寸，横向弦长 1 英寸。

013 为大理石，半透明，暗黄色，有更深的纹路。是罐的一部分侧壁和极宽的平沿。高 $\frac{3}{4}$ 英寸，横向弦长 $1\frac{1}{8}$ 英寸。

014 为灰白色大理石（?）。比较薄，口沿急剧朝外折，口沿的内边沿和残片的内表面成尖锐的直角。高 1 英寸，横向弦长 $\frac{7}{8}$ 英寸。

015 和 014 的材料一样，是一部分侧壁。高 $\frac{5}{8}$ 英寸，横向弦长 1 英寸。

016 和 015 的材料一样，但颜色是更深的灰色。里面有环形凸纹，似乎是旋转的工具留下的。高 $\frac{7}{8}$ 英寸，横向弦长 $\frac{7}{8}$ 英寸。

Md.（R.R.）I.017、019、026、027　玻璃镯子残件。横截面是龙骨形状，里面那个面是平的。017 呈深蓝色，龙骨上有突起的白色和黄色点。弦

长 $1\frac{13}{16}$ 英寸。

019 呈不洁净的白色，还有纵向的棕黄色条带。弦长 $1\frac{3}{8}$ 英寸。

026 呈不洁净的白色，外面几乎都是绿松石色，两条侧棱上各有一条柠檬黄色的带子。还有突起的白点，白点上有棕黄色、柠檬黄色和蓝色颜料。弦长 $\frac{3}{4}$ 英寸。

027 呈绿松石色，有突起的柠檬黄色和棕黄色点。弦长 $\frac{5}{8}$ 英寸。

Md.（R.R.）I.018、020、021　玻璃器皿残片。018 呈鲜艳的钴蓝色，朝一个方向弯曲，另一个方向是直的。长 $\frac{3}{4}$ 英寸，弦长 $\frac{5}{8}$ 英寸。

020 呈淡绿色，口沿朝外卷，口沿里侧还有一圈痕迹用来强调口沿。高 $\frac{5}{8}$ 英寸，弦长 $\frac{1}{2}$ 英寸。

021 呈淡绿色，是器皿的一部分腹部。横向弦长 $\frac{5}{8}$ 英寸，从外面量纵向弦长 $\frac{1}{2}$ 英寸。

Md.（R.R.）I.022、023、024、025、029　陶器残片。陶胎颜色从淡黄色到红色不等。上了绿松石色釉，画了黑色的环线或植物图案。022 最大，$1\frac{1}{2}$ 英寸×$1\frac{1}{2}$ 英寸。图版 CXVIII。

Md.（R.R.）I.032、036　陶器残片。深灰色，中等密度。032 里面是光滑的，外面刻画了三角形。三角形的边是用双线画成的，三角形里面是横向斜纹。横向弦长 $\frac{7}{8}$ 英寸，纵向弦长 $1\frac{1}{4}$ 英寸。

036 外面刻画着图案。一条边沿上有一条横线，从这条横线伸出三条不规则的垂直线条。一侧是一组横向的之字形，另一侧是斜纹。横向弦长 $1\frac{1}{4}$ 英寸，纵向弦长 $1\frac{1}{4}$ 英寸。

Md.（R.R.）I.042　**陶器残片**。器皿的足。灰色，表面暗棕色。底部微微凹陷，显然本想制成圈足。横向弦长 2 英寸，高 1 英寸。

Md.（R.R.）I.043~051　**石器**。043 是灰色石灰岩，椭圆形，带尖，两面都是平的，一侧的边上削得很陡。图版 CXII。

044 呈灰白色，一端是秃的，另一端是圆尖（尖已经折断）。

045 是粉灰色刀刃残件。

046 是灰绿色碧玉箭头。图版 CXII。

047 是深灰色碧玉箭头。图版 CXII。

048 是打火石（?），精细地加工成箭头，底下部分已经缺失。图版 CXII。

049~051 打火石的薄片（刮削器?）。047 最大，长 $1\frac{5}{8}$ 英寸，宽 $\frac{11}{16}$ 英寸。

在拉姆鲁德以北的土丘 Md.（R.R.）II 发现的遗物

Md.（R.R.）II.01、06、016、017、019、020　**陶器残片**。暗黄色，画着黑色直线图案，图案属于柳叶类型。06 最大，横向弦长 2 英寸，纵向弦长 3 英寸。

Md.（R.R.）II.02　**陶器皿残片**。粉黄色，到底部逐渐过渡为灰色，底部表面黄绿色（是泥釉?）。外面绘着图案。绕着短颈的底部绘着一对粗环线。底下是一个卷曲的旋涡饰，旋涡饰上端是羽毛般的穗子边。上方有两个黑点，最右边还有一个黑点。旋涡饰似乎和最左边的另一个旋涡饰连在一起。残件里面有一对粗略的刻线。横向弦长 $2\frac{7}{8}$ 英寸，纵向弦长 $2\frac{7}{8}$ 英寸。图版 CXIV。

　　Md.（R.R.）II.03、08、023　　**陶器残片**。03 陶胎粉黄色，外表面黄绿色。画着黑色图案，与 Md.（R.R.）I.09（图版 CXIII）图案类似。横向弦长 $3\frac{5}{8}$ 英寸，纵向弦长 3 英寸。

　　08 烧成了深灰色，但表面是深粉黄色的。图案和前一件类似。横向弦长 $2\frac{1}{2}$ 英寸，纵向弦长 2 英寸。图版 CXIII。

　　023 是器皿的肩、颈和口沿，在烧制的过程中变了形，而且已经变色。口沿涂成一条带子，颈底下画了两条带子，再往下是和前一件类似的正方形图案。横向弦长 2 英寸，纵向弦长 $2\frac{1}{8}$ 英寸。

　　Md.（R.R.）II.04　　**陶器残片**。粉黄色，两面都画了棕黑色图案。口沿是一条实心的黑色带子。外面在口沿下面 $\frac{3}{8}$ 英寸的地方有一条环线，环线之下是一行连在一起的菱形的轮廓线，菱形中是交叉的斜纹。残件里面有一个大菱形，一条宽宽的锯齿状带子穿过菱形的中央，和菱形的边平行。横向弦长 3 英寸，纵向弦长 2 英寸。

　　Md.（R.R.）II.05　　**陶碗上半部分残片**。里面隐约有凸纹，暗黄色。口沿涂成一条宽带子。在残片里面，从口沿的宽带子上垂下来三条之字形线，画得特别洒脱。横向弦长 4 英寸，纵向弦长 $2\frac{1}{4}$ 英寸。

　　Md.（R.R.）II.07、018　　**陶器侧壁残片**。陶胎粉黄色，表面黄绿色。07 绘有棕色图案，画的是叶子和之字形线。横向弦长 $2\frac{1}{4}$ 英寸，纵向弦长 $2\frac{1}{4}$ 英寸。图版 CXIII。

　　018 绘着和 07 类似的黑色图案。横向弦长 2 英寸，纵向弦长 $1\frac{3}{4}$ 英寸。

图版 CXIII。

Md.（R.R.）II.09、010　**陶器残片**。红色。绘着两条环形带子，彼此间隔 $1\frac{1}{4}$ 英寸。带子之间是一组细细的垂直线条，大概是三联线装饰。纵向弦长 $1\frac{7}{8}$ 英寸，横向弦长 $1\frac{1}{8}$ 英寸。

Md.（R.R.）II.011　**陶器残片**。鲜艳的红色，表面打磨过。外面有两条互相分离的刻线，刻线之间的地方稍微突起。大概是柄的根部。纵向弦长 $\frac{5}{8}$ 英寸，横向弦长 $1\frac{3}{4}$ 英寸。

Md.（R.R.）II.012、041　**陶器侧壁残片**。黄绿色。画有相对的半圆形，背景是不同方向的斜纹。012 最大，纵向弦长 $1\frac{1}{4}$ 英寸，横向弦长 $1\frac{3}{4}$ 英寸。

Md.（R.R.）II.013　**陶器残片**。黄绿色。画有一条环线，从环线上垂下来半圆形，半圆形里面是纵向的斜纹。底下又是一行半圆形，从这行半圆形垂下来短"穗子边"。纵向弦长 $1\frac{5}{8}$ 英寸，横向弦长 $1\frac{3}{16}$ 英寸。图版 CXIII。

Md.（R.R.）II.014、022　**陶器残片**。014 呈粉灰色，表面黄绿色。画有两条宽环线，间隔 $\frac{3}{4}$ 英寸。环线之间是一组相连的等腰三角形，一条长边几乎是垂直的。三角形里面画满了与底边平行的斜纹。

022 呈深灰色，表面黄绿色。一端是和 014 类似的图案，另一端有一部分曲线，曲线中是斜纹。014 纵向弦长 $1\frac{7}{8}$ 英寸，横向弦长 $2\frac{1}{4}$ 英寸。022 纵向弦长 2 英寸，横向弦长 1 英寸。

Md.（R.R.）II.015　**陶器残片**。陶胎暗黄色，外表面黄绿色。画的好像是柳叶图案的变体。纵向弦长 $1\frac{7}{8}$ 英寸，横向弦长 $2\frac{1}{8}$ 英寸。

Md.(R.R.)II.021　**陶罐残片**。深灰色，表面暗黄色。口沿上画着实心的带子。底下有两条环线，从底下那条环线垂下来一组之字形线（共三条）。右边和左边是排成纵行的相连的菱形，菱形中是交叉的斜纹。纵向弦长 $2\frac{1}{8}$ 英寸，横向弦长 $2\frac{5}{8}$ 英寸。图版 CXIV。

Md.(R.R.)II.024、042　**陶器残片**。暗黄色。024 表面黄绿色，绘了两对环线，环线之间是两条带子，带子由之字形线构成。042 是类似的图案，但缺失了一部分。

024 纵向弦长 $1\frac{1}{2}$ 英寸，横向弦长 $1\frac{1}{8}$ 英寸。042 纵向弦长 $\frac{5}{8}$ 英寸，横向弦长 $1\frac{1}{4}$ 英寸。

Md.(R.R.)II.025　**陶器残片**。深灰色，特别坚硬，没有画图案。纵向弦长 $\frac{13}{16}$ 英寸，横向弦长 $3\frac{1}{4}$ 英寸。

Md.(R.R.)II.026　**陶器残片**。紫棕色，没有画图案，隐约有凸纹。纵向弦长 $2\frac{1}{4}$ 英寸，横向弦长 $1\frac{3}{4}$ 英寸。

Md.(R.R.)II.027　**陶罐**。暗黄色到灰色。口变形并破碎了。整个陶罐呈梨形，宽的一头朝下，底下是逐渐变细的实心足。关于它的足，参见普姆白利《在突厥斯坦探险》第一卷图版 20 中的图 1。高 $3\frac{3}{4}$ 英寸，最大直径 $2\frac{5}{16}$ 英寸。图版 CXIV。

Md.(R.R.)II.028　**石罐残片**。白色和米色，有灰色斜纹。大概是车出来的，四面都破碎不全。平底，直边在朝上伸展的时候稍微朝里收。里面的罐底是碗形的，像普姆白利《在突厥斯坦探险》第一卷图版 45 中的图 5 和埃及石罐。高 $2\frac{1}{2}$ 英寸，底座弦长 $2\frac{1}{4}$ 英寸。

Md.(R.R.)II.029　**青铜棍**。共五截，不完整。朝两端都逐渐变细，末端缺失。长 $4\frac{1}{2}$ 英寸，最粗处 $\frac{5}{16}$ 英寸，最细处 $\frac{1}{8}$ 英寸。

Md.(R.R.)II.030、031　**两块粗糙加工过的打火石**。030 为尖弧形，大概是打孔用的，长 $1\frac{1}{16}$ 英寸，最大直径 $\frac{5}{16}$ 英寸。

031 为长方形，一端凸圆，另一端断了。一个面是平的，另一个面突起，侧棱加工过。是刮削器（?）。长 $1\frac{1}{8}$ 英寸，直径 $\frac{1}{2}$ 英寸。

Md.(R.R.)II.032　**石珠子残件**。灰色，是皂石（?）。桶形，绕着中部有一条凸纹，凸纹每一侧都有一行圆圈和点。钻了个大孔。长 $\frac{5}{8}$ 英寸，直径 $\frac{5}{8}$ 英寸。

Md.(R.R.)II.033　**大理石罐的平沿残片**。外侧朝外下方折，里侧已磨损，大概是和罐的内表面平齐的。参见 Md.（R.R.）I.014。高 $\frac{1}{4}$ 英寸，外弦长 $\frac{7}{8}$ 英寸。

Md.(R.R.)II.034、035　**青铜残片**。$\frac{1}{2}$ 英寸 × $\frac{3}{8}$ 英寸；1 英寸 × $\frac{7}{16}$ 英寸 × $\frac{1}{4}$ 英寸。

Md.(R.R.)II.036　**陶罐残片**。暗黄色，足已缺失。最高处 2 英寸，弦长 $3\frac{1}{8}$ 英寸。

Md.(R.R.)II.037　**陶罐**。淡赤褐色，侧壁基本上是直的，连到了宽口上，口沿很简单。侧壁上掉下来很大一块，参见普姆白利《在突厥斯坦探险》第一卷图版 II 中的图 1。高 5 英寸，足径 $1\frac{3}{4}$ 英寸。图版 CXIV。

Md.（R.R.）Ⅱ.038 **陶器残片**。灰色，里面隐约有凸纹。口沿涂成一条带子，底下是一对不太明显的粗线。粗线之间是相连的菱形，每个菱形中都布满了纵向斜纹。高 1 英寸，横向弦长 $1\frac{7}{16}$ 英寸。

Md.（R.R.）Ⅱ.039 **陶器残片**。黄灰色，表面是暗黄色。颈（?）底部画了一条环线，再往下是一条 S 形带子，似乎是变形的纽索饰。底下又有一条环线，并垂下来纵向的斜纹。纵向弦长 $1\frac{1}{4}$ 英寸，横向弦长 $1\frac{5}{8}$ 英寸。

Md.（R.R.）Ⅱ.040 **陶器残片**。暗黄色。颈底部画着一对环线。底下是两对弧线，弧线的上方用隐约的短线装饰成羽毛的样子。从每对弧线中的底下那条朝下伸出斜纹。纵向弦长 1 英寸，横向弦长 $2\frac{1}{8}$ 英寸。图版 CXIII。

Md.（R.R.）Ⅱ.043 **矿渣**。灰色，长 $1\frac{3}{4}$ 英寸，最大直径 $\frac{3}{8}$ 英寸。

在拉姆鲁德以北的土丘 R.R.Ⅲ 发现的遗物

R.R.Ⅲ.Md.Ⅲ.01～05 **青铜残片**。都已被锈蚀。01 是棍子残件，2 英寸 $\times\frac{1}{4}$ 英寸。图版 CXVI。

R.R.Ⅲ.Md.Ⅲ.06、07 **石器残片**。06 是一个破碎的刃，由碧玉做成，背面凹凸不平，对面是被使用的锋。长 $\frac{7}{8}$ 英寸。

07 是粗糙加工过的薄石片。$\frac{3}{4}$ 英寸 $\times\frac{1}{4}$ 英寸。

R.R.Ⅲ.01 **浅口陶碗残片**。淡黄色。形状像海胆，绘有深紫棕色图案。口沿是一条实心的带子，口沿底下在碗外边有一条粗线。粗线和口沿之间的空白处有一条由菱形构成的带子，菱形的水平方向的角是相连的，纵向的角接触到了粗线和口沿上的带子。菱形中布满了交叉的斜纹。约 $2\frac{1}{8}$ 英寸 $\times$

$2\dfrac{1}{4}$ 英寸。

R.R.III.02　陶器残片。淡黄色，绘有深紫棕色图案。在器皿呈弧形鼓起的部分有两条粗环线，环线上方是两组微呈弧形的斜纹，斜纹交汇在一起，构成了 V 形。2 英寸×2$\dfrac{1}{2}$英寸。

R.R.III.03　陶器残片。温暖的暗黄色，外面稍微发绿，图案紫黑色。口沿涂成实心的带子，在颈的底部有一条粗环线。底下是两条带子，带子边是直线。每对边线之间都是网格。网格是由一系列成对的正方形构成的，正方形中是纵向斜纹。图案大致为模仿芦苇编织物。加口沿高 2$\dfrac{1}{2}$英寸，从颈的底部起弦长 2$\dfrac{1}{2}$英寸。图版 CXIII。

R.R.III.04　陶器残片。温暖的暗黄色，外面是深橄榄的黄绿色。画着紫黑色的带棱角的图案，图案里面是细交叉线。2$\dfrac{1}{4}$英寸×1$\dfrac{1}{4}$英寸×$\dfrac{5}{16}$英寸。

R.R.III.05　陶器残片。暗黄色。画着两条黑色的带子，带子由双线构成。在两条带子之间是长长的柳叶排列成之字形，叶子里面带斜纹。上方和下方还各有一条环线，似乎说明同一个图案（?）在延续。高 6$\dfrac{3}{4}$英寸，横向弦长 5$\dfrac{1}{8}$英寸。图版 CXIII。

R.R.III.06　陶器残片。淡赤褐色，外面是发绿的暗黄色。形状像 08，绘有棕色图案。肩上环绕着一条 1$\dfrac{1}{16}$英寸宽的带子，带子的边线是宽阔的直线，边线之间是 07 那样的三角形。底下是另一条线和两条朝下弯曲的弧线，弧线之间的地方有斜纹。高 2 英寸，颈的弦长 3 英寸。

R.R.III.07　陶器残片。形状大概接近于 08。发红的暗黄色，外面是发绿的暗黄色，图案棕黑色。绕着颈底部有一条粗线，底下是一条由长三角形构成的带子（三角形中有斜纹），三角形夹在两条粗线当中。弦长 $1\frac{1}{2}$ 英寸，宽 2 英寸，厚 $\frac{5}{16}$ 英寸。

R.R.III.08　陶器残片。外面是发绿的暗黄色，里面是淡赤褐色。绕着肩部绘有一条带子，带子中是之字形，夹在一对粗线之间。上方绕着颈的底部有一条粗线。底下还有一条粗线。再往下是一部分实心的长方形图案，图案边沿呈扇贝状，图案里面是空的。$4\frac{3}{4}$ 英寸 × $2\frac{1}{2}$ 英寸 × $\frac{1}{4}$ 英寸。

R.R.III.09　陶罐残片。发棕的赤褐色，折沿，侧壁稍微鼓起。口沿涂成黑色。底下在外面有一条粗线，粗线下是一条带子。带子由菱形构成（菱形的边为弧形，里面有斜纹），菱形夹在粗线之间。里面有明显的凸纹，外面是光滑的。高 $1\frac{7}{8}$ 英寸，弦长 $1\frac{3}{4}$ 英寸。

R.R.III.010　陶器残片。颗粒很细腻，淡赤褐色，表面特别光滑。从很长的颈部朝下，是极和缓地朝外鼓的肩。颈最细的地方绘了三条平行的环线，再往下画着一头巨角山羊的轮廓线。山羊的眼睛是圆的，角呈很大的弧度朝后弯曲，耳朵是一条细线，羊毛用波浪线来表示。山羊脊背的线条几乎是直的，脊背中央似乎有一条实心的垂直带子。再往后是另一个角，和第一个角方向相反。都用棕色颜料绘成。器皿的形状、工艺和图案都不同于画着几何图形的陶器。烧得很好。高 $3\frac{3}{8}$ 英寸，最宽处弦长 $3\frac{3}{4}$ 英寸，最厚 $\frac{1}{4}$ 英寸。图版 CXIV。

R.R.III.011　陶器残片。器皿大致为海胆形。口沿涂成紫黑色。肩上有两条线，线之间是八条垂线构成一组，还有一组朝上弯曲的不规则的扇贝形。弦长 $2\frac{1}{4}$ 英寸，高 $1\frac{5}{8}$ 英寸，厚 $\frac{5}{16}$ 英寸。图版 CXIII。

R.R.III.012　**陶碗残片**。赤褐色，似乎是一个碟子般的浅口碗的底部。里面粗糙，外面光滑。小平足没有修饰过。在离足约 $\frac{5}{8}$ 英寸远的地方有一对隐约的环形刻线，环形的末端不合在一起，于是无意中形成了螺旋形。碗可能是倒放在陶轮上制成的。弦长 4 英寸，足直径 $1\frac{3}{8}$ 英寸，最厚处约 $\frac{3}{16}$ 英寸。

R.R.III.013　**陶罐**。本来都是碎片，如今把碎片粘连了起来。用陶轮制成，淡黄色，海胆形状，没有足。上半部分画着一条之字形带子，带子由四条线构成，之字形夹在两条粗粗的边线之间。绕着短颈有一条宽线，在罐子朝上弯的弧线和朝下弯的弧线衔接的地方也有一条粗线。图案棕色，工艺粗糙。高 4 英寸，直径 5 英寸，口宽 $2\frac{3}{4}$ 英寸。图版 CXIV。

R.R.III.014　**陶器残片**。赤褐色，与 019 类似，大概和 019 属于同一件陶器。$1\frac{1}{8}$ 英寸×$1\frac{1}{4}$ 英寸×$\frac{1}{8}$ 英寸。

R.R.III.015　**石器残片**。暗蓝灰色，外面用尖朝上的工具刻着图案。在一条平带子底下是三条凸纹，从凸纹朝下垂着五条波浪形的带子。右边的图案发生了变化，但太不完整了，无法看清楚。整块残片削成圆弧形，但四面都破碎了。横向弦长 $1\frac{1}{4}$ 英寸，高 $\frac{7}{8}$ 英寸，厚 $\frac{3}{16}$ 英寸。图版 CXIII。

R.R.III.016　**小陶罐**。完整，发粉的暗黄色。大致为海胆形，底下是平的。里面似乎本来装了发白的铅质玻璃，铅质玻璃沿着侧面泼溅了一些。没有装饰。高 $2\frac{1}{4}$ 英寸，直径 $2\frac{1}{2}$ 英寸，口宽 $1\frac{7}{16}$ 英寸，底座宽 1 英寸。图版 CXIV。

R.R.III.017　**陶器侧壁残片**。暗黄色。画了一条环线，从环线上垂下来一对垂直的之字形线。左边有一部分长长的叶形，叶子里面是斜纹。弦长

$2\frac{5}{8}$ 英寸，高 $1\frac{1}{2}$ 英寸。

R.R.III.018 陶器残片。 通体都是暗蓝灰色。口沿稍微朝外折，口沿的横截面逐渐变细，看起来很精美。用温暖的棕色线绘着图案。口沿上涂成实心，底下有一条线，再往下是一行07那样的三角形，但三角形的方向与07是相反的。陶胎质地有点像瓷器。高 $1\frac{7}{8}$ 英寸，弦长 $1\frac{7}{16}$ 英寸，厚 $\frac{1}{8}$～$\frac{1}{16}$ 英寸。图版CXIII。

R.R.III.019 陶器侧壁残片。 细腻的赤褐色，外面涂了更鲜艳的黏土。没有装饰。横向弦长 $1\frac{1}{2}$ 英寸，高2英寸，厚 $\frac{1}{8}$ 英寸。

R.R.III.020 陶器残片。 发粉的暗黄色，外面是黄绿色。画有一条带子，带子边线上伸出一行紫黑色弓形线，背景上画满了朝两个方向伸展的斜纹。纵向弦长 $1\frac{5}{8}$ 英寸，横向弦长 $1\frac{1}{4}$ 英寸，厚 $\frac{1}{8}$ 英寸。

R.R.III.021～030 加工过的石头残件。 021呈白色，圆锥形，钝尖，高 $1\frac{1}{4}$ 英寸。

022呈白色，是半个锭盘，直径 $1\frac{1}{4}$ 英寸。

023、024、026～030是打火石的薄片，是刮削器。026最大，$1\frac{1}{8}$ 英寸× 1英寸。

025呈白色，不透明，是一个薄圆盘，中间钻一个孔，两个面上都有凸纹，切削得特别精确。直径 $\frac{1}{4}$ 英寸。

Md.(R.R.)III.01 陶罐。 暗黄色，管状，侧壁朝上延伸时极不明显地朝里收，在接近罐口的地方又极不明显地朝外鼓。罐口缺失，平底。在最宽的部分上方画了两条环线。侧壁被一对对垂线划分成了四个垂直的区域。每个区域中都有一条宽线从环线上生成，朝右伸展，一直到达罐高一半的地方。一条方向相反的曲线与这条线衔接在一起，朝上伸展。高 $3\frac{1}{2}$ 英寸，最大直径为 $2\frac{1}{8}$ 英寸。图版 CXIV。

　　Md.（R.R.）III.02　**陶器残片**。灰黄色，表面颜色比较浅。烧得很硬，烧制过程中颈部变了形。肩的上半部分绘了一对环线，环线上方是一部分之字形线，环线下方是 Md.（R.R.）II.06 那样的柳叶图案。纵向弦长 $2\frac{1}{2}$ 英寸，横向弦长 3 英寸。

　　Md.（R.R.）III.03　**陶器残片**。陶胎灰色到暗黄色，表面黄绿色。绕着上半部分有一对环线，上方中央开始了一个实心的黑色区域。底下垂着两个半圆形，半圆形里面画满了斜纹，像 Md.（R.R.）II.012 一样。纵向弦长 $1\frac{3}{8}$ 英寸，横向弦长 $2\frac{1}{2}$ 英寸。

　　Md.（R.R.）III.04　**陶器残片**。灰色，残留着暗黄色的表面，海胆形状。短颈的底部画了一对环线，底下 $\frac{1}{2}$ 英寸处又是一对。在这两对环线之间是稍微倾斜的区域，区域中是一条由相连的三角形构成的带子。在第三对环线之间有一枚垂直的宽叶子，叶子的中脉是三条直线，叶子两侧各有两个半片叶子。纵向弦长 3 英寸，横向弦长 $3\frac{1}{4}$ 英寸。图版 CXIII。

　　Md.（R.R.）III.05　**陶器残片**。深灰色，外表面深黄色。画有一对粗环线，$\frac{7}{8}$ 英寸处还画有第三条环线。在空白处有一条由相连的三角形构成的带子。纵向弦长 $1\frac{3}{4}$ 英寸，横向弦长 2 英寸，最厚 $\frac{3}{8}$ 英寸。

　　Md.（R.R.）III.06　**陶罐残片**。深灰色，外表呈深黄色。画了一对环线，还有一部分半圆形图案，半圆形里面布满了斜纹。磨损比较严重。纵向弦长 $1\frac{1}{2}$ 英寸，横向弦长 $2\frac{1}{8}$ 英寸。

Md.（R.R.）III.07　陶器残片。用陶轮制成，暗黄色。颈底下有两对环线，两对环线之间是由两条之字形线构成的带子。纵向弦长 $1\frac{3}{4}$ 英寸，横向弦长 $1\frac{3}{8}$ 英寸。

在土丘 R.R.III 和塔苏吉水井之间的地方带回来的遗物

R.R.01　陶器残片。赤褐色，刻画着图案。可以看到一条朝下伸展的带子，夹在双线之间。带子里面是用双线构成的粗略的方格，每个正方形中都刻着两个痕迹。左边有残痕，可能是柄所在的位置。横向弦长 $2\frac{7}{8}$ 英寸，高 $2\frac{3}{4}$ 英寸，厚 $\frac{5}{16}$ 英寸。图版 CXV。

R.R.02~05　陶碗残片。陶胎是白色的粗陶（?），上了白色釉，绘着蓝色图案。02包括一部分深圈足。里面有两条由帷幔构成的带子，带子连在一起，后面延伸着植物图案。纵向弦长 $1\frac{1}{2}$ 英寸，横向弦长 $1\frac{7}{8}$ 英寸。

03、05可以粘连在一起，包括深圈足。里面的蓝地上有一团白色旋涡饰，构成了肾一般的形状。外面是细细的旋涡状叶子。图案轮廓线呈灰色。绕着圈足有两条灰线，灰线之间是折线。风格很中国化。纵向弦长 $1\frac{3}{4}$ 英寸，横向弦长 $2\frac{3}{4}$ 英寸。图版 CXVIII。

04是一部分口沿。里面绘着一条 $1\frac{1}{8}$ 英寸宽的带子，带子里面是曲曲折折的蓝色云彩或飘带。纵向弦长 $1\frac{1}{2}$ 英寸，横向弦长 $1\frac{1}{8}$ 英寸。

　　R.R.06、012　陶碗残片。用陶轮制成，淡黄色。06 里面和口沿上涂了发灰的黄瓜绿色釉，在两个地方钻了孔。纵向弦长 $1\frac{7}{8}$ 英寸，横向弦长 $1\frac{1}{4}$ 英寸。

　　012 上了与 06 同样的釉，但颜色稍深些，比较斑驳。纵向弦长 $1\frac{3}{8}$ 英寸，横向弦长 $1\frac{3}{4}$ 英寸。

　　R.R.07~09　陶碗（?）残片。粗陶器（?），大致是白色，上了白色釉，画有棕黑色植物图案。08 最大，纵向弦长 $\frac{7}{8}$ 英寸，横向弦长 1 英寸。

　　R.R.010　方形石板。灰棕色，一条边附近有一个圆形的空心凹陷，大概有石板厚度的一半那么深。正方形边长 $1\frac{1}{8}$ 英寸，厚 $\frac{1}{2}$ 英寸。

　　R.R.011　陶器碎片。是粗陶器（?），灰白色，外面上了细腻的蓝色釉。纵向弦长 $\frac{3}{4}$ 英寸，横向弦长 1 英寸。

　　R.R.014~020、024　玻璃珠子和玻璃碎片。除了 019、020，其余均为深浅不一的琥珀色。014、015、017 大致为球形，但加工出了侧面。014、017 破碎了。016、018 为半卵形珠子。019 呈绿色，桶形，一半已经缺失。020、024 为铅蓝色玻璃碎片。019 最大，$\frac{1}{2}$ 英寸×$\frac{1}{2}$ 英寸。

　　R.R.015　青铜薄片碎片。半椭圆形，一端伸出一个长方形的突起。长轴长 $\frac{3}{4}$ 英寸（长轴只剩下了一半）、突起部分为 $\frac{3}{8}$ 英寸×$\frac{1}{4}$ 英寸。

　　R.R.021、022　铅质玻璃珠子。021 为不规则的球形，绿松石色。022

比较粗略，环形，一半已经缺失，斑驳的钴蓝色。022 最大，直径 $\frac{5}{8}$ 英寸，深 $\frac{3}{16}$ 英寸。

R.R.023　光玉髓珠子。大致呈球形。直径 $\frac{1}{4}$ 英寸。

R.R.025~032　玻璃镯子残件。025 是两层混合在一起，里面一层白绿色，外面一层钴蓝色。半透明。外表面有两条交叉的之字形，形成了菱形，图案是不透明的白色。横截面长方形。弦长 $1\frac{1}{16}$ 英寸，宽 $\frac{5}{16}$ 英寸，厚 $\frac{5}{32}$ 英寸。

026~030、032 不透明，028 绿棕色，其余的都是从灰色过渡到黑色。026 上面隐约有突起的红色和白色折线。028 上残留着突起的红色折线。029 最大，弦长 $1\frac{3}{8}$ 英寸。

031 半透明的深黄色，外面一层薄片是龙骨形，里面一层是平的。龙骨上有一条细细的纽索，是不透明的白色和红棕色。弦长 $2\frac{1}{8}$ 英寸。图版 CXVI。

R.R.033~040　石器。033 为碧玉箭头，椭圆形，带尖。图版 CXII。

034、036~037、039 为刀刃或刮削器残件。

035 为碧玉刀残件，因使用而破碎了。图版 CXII。

038 为石英做的尖，已折断。图版 CXII。040 为打火石做成的弧形的薄片，已折断。040.a 为精致的玉髓小片，颜色发黄。

R.R.041、042　器皿碎片。口沿稍微朝外折，上面涂了颜料。口沿底下有一条宽环线和一组垂线（由八九条垂线构成），里面是一部分 D 字形（参见 K.G.01.a）。出自一件与 K.G.097 类似的器皿。041 尺寸为 $1\frac{1}{2}$ 英寸×

$1\frac{1}{4}$英寸。

042 里面画了一条弧线，有穗子边。$2\frac{1}{2}$英寸×$\frac{7}{8}$英寸。

R.R.043、066 石器碎片。043 为半个石圆盘，是锭盘（？）。很光滑，边沿呈龙骨形，可以看到中心的半个孔。石头深灰色，有大理石般的斜纹。直径$1\frac{1}{2}$英寸，厚$\frac{5}{16}$英寸。

066 为大理石罐的一部分口沿。侧壁厚$\frac{1}{10}$英寸，朝外弯出，到达口沿的外侧。口沿宽$\frac{5}{16}$英寸。1英寸×$\frac{5}{8}$英寸。

R.R.044 器皿残片。外面有环形窄凹槽。2英寸×$1\frac{3}{4}$英寸。

R.R.045、063 梨形陶罐。无花纹，暗黄色。045 上半部分已经缺失，直径$2\frac{3}{4}$英寸，高$1\frac{3}{8}$英寸。

063 粗的一端朝下，并继续朝下延伸到实心的小足。顶部缺失。高6英寸，最宽的部分直径3英寸。图版CXIV。

R.R.046~054、058 绘了图案的陶器碎片。暗黄色。046 为管状罐子的残件。外面装饰着环线及垂直的菱形，菱形里面是交叉斜纹。参见S.S.039。2英寸×$1\frac{3}{4}$英寸。

047 与 R.R.VIII.011 一样，$1\frac{3}{4}$英寸×$1\frac{3}{16}$英寸。

048 与 K.G.020 一样，$1\frac{3}{4}$英寸×$1\frac{1}{2}$英寸。

049 装饰着一对垂线，一侧是一条锯齿状的带子，与S.S.085类似。2英寸×$1\frac{1}{4}$英寸。

050 装饰着三条带子，每条都由垂直的之字形构成。$1\frac{1}{4}$英寸×$\frac{3}{4}$英寸。

051 装饰着一条区域，区域中是之字形的锯齿状线，夹在成对的环线之间。3英寸×$1\frac{7}{8}$英寸。

052 为器皿的一部分口。口沿上着了色，底下装饰着环线和斜线。$1\frac{1}{2}$英寸×$1\frac{1}{4}$英寸。

053 的装饰和046一样。$1\frac{1}{2}$英寸×$\frac{7}{8}$英寸。

054 装饰着环线和一小部分柳叶图案。$\frac{5}{8}$英寸×$1\frac{1}{16}$英寸。

058 外面装饰着一对环线，底下是三角形或菱形。$1\frac{1}{2}$英寸×$1\frac{3}{8}$英寸。

R.R.055　器皿壁残片。无装饰，暗黄色溅出红色外。$1\frac{1}{2}$英寸×$\frac{3}{4}$英寸。

R.R.056、057、059　碗残片。056里面画了一条宽环线，底下是一行穗子边。2英寸×$1\frac{3}{8}$英寸。

057 口沿涂了色。外面在口沿下有一对粗环线，口沿和环线之间的区域被竖线划分开来，有穗子边的痕迹。$2\frac{5}{8}$英寸×$1\frac{3}{8}$英寸。

059 外面画了一对环线。环线一侧是一个区域，区域中是由交叉的之字形线构成的菱形，菱形中都画有斜纹。环线另一侧是一组垂线（共三条）。$1\frac{1}{4}$英寸×$1\frac{3}{8}$英寸。

R.R.060、061　器皿残片。灰色。060边沿涂了颜料，外面在口沿之下有一对环线。再往下是一个由带斜纹的菱形构成的区域。1 英寸×$\frac{7}{8}$英寸。

061 里面画了一个 V 形，外面环绕着穗子边。$1\frac{3}{8}$英寸×1 英寸。

R.R.062、067　成团的青铜和矿渣。

R.R.064　碗残片。碗的圈足和下半部分，烧成了黑色。$3\frac{1}{4}$英寸×2 英寸。

R.R.068　陶器碎片。灰色，很薄，画有两条带穗子边的斜线。$1\frac{9}{16}$英寸×$1\frac{1}{4}$英寸。图版 CXIV。

在要塞 R.R.V 发现的遗物

R.R.V.01、05　陶器残片。覆盖着鲜艳的红色泥釉，泥釉不均匀地打磨过。01 有宽宽的折缘和鼓出的侧壁，可能出自浅口碗。$3\frac{1}{4}$英寸×$1\frac{3}{4}$英寸。

05 形状与 01 类似，但更小、更薄。2 英寸×$1\frac{1}{2}$英寸。

R.R.V.02、04、07　粗糙的陶器碎片。红色。02 最大，$3\frac{5}{8}$英寸×3 英寸。

R.R.V.03　陶器碎片。上了淡绿色釉。2 英寸×$2\frac{3}{8}$英寸。

R.R.V.06　大理石（?）器皿残片。可能是浅口碟子，原来的直径一定很大。口沿弦长 $1\frac{1}{4}$英寸，口沿到中心的宽度为 $1\frac{5}{8}$英寸。

R.R.V.08、011~013、015　各种玻璃、铅质玻璃、青铜碎片。015 为绿松石色的铅质玻璃，做成管状珠子。$\frac{3}{16}$英寸×$\frac{3}{16}$英寸。

R.R.V.09　**碧玉箭头**。黑色，叶形。图版 CXII。

R.R.V.010　**燧石箭头**。棕灰色。图版 CXII。

R.R.V.014　**陶器残片**。红色，表面是鲜红色，无花纹，不均匀地打磨过。$2\frac{3}{8}$ 英寸×$2\frac{3}{8}$ 英寸。

在土丘 R.R.VI、VII 发现的遗物

R.R.VI.01　**碧玉箭头**。椭圆形，带尖。图版 CXII。

R.R.VI.02　**陶碗残片**。陶胎灰色，海胆形状。口沿上涂成黑色，底下还画了一组带子，有的带子是简单的直带子，有的带子边上则是扇贝状。$2\frac{7}{8}$ 英寸×$2\frac{9}{16}$ 英寸×$\frac{1}{4}$ 英寸。

R.R.VI.03、04、07　**陶器碎片**。里面是鲜红色，外面深灰色。03 最大，$2\frac{1}{8}$ 英寸×$2\frac{1}{8}$ 英寸。

R.R.VI.08　**大理石碗残片**。弦长 $1\frac{3}{8}$ 英寸，侧壁厚 $\frac{3}{16}$ 英寸。

R.R.VI.09~012　**石器残片**。石头白色，有细细的灰色斜纹，车成了器皿。09 为器皿的一部分侧壁，可以看到车出来的线痕。

010 为碗的一部分底和侧壁。

011、012 为一部分侧壁。010 最大，里面横向弦长 $1\frac{1}{4}$ 英寸，厚 $\frac{1}{4}$ 英寸。

R.R.VI.013~017、033　**石箭头**。013 为绿色碧玉，椭圆形，带尖。014 为黑色燧石，削成粗糙的薄片，已毁坏。015 为黑色燧石，不完整。016 为棕色玉髓，逐渐变细，铤缺失。017 为发黄的燧石，椭圆形，带尖。033 为玉髓，椭圆形，带尖，只剩下了一半。图版 CXII。

R.R.VI.018~021　**石头小片和矿渣**。

R.R.Ⅶ.01　**陶器碎片**。深灰色，刻画着图案。可以看到一对环形刻线。环线上方是一个由刻出来的之字形构成的区域，另一对环线构成这一区域的上限。之字形区域左右各有一组竖线为边，每组三条。$1\frac{7}{8}$英寸×$2\frac{1}{8}$英寸。图版CXIII。

R.R.Ⅶ.02~05　**陶器碎片**。灰色，坚硬，刻着红铜时代的图案，没有画图案。02外面在口沿下方刻着一对环线、一条竖线，右边刻着三条之字形横线。$1\frac{7}{8}$英寸×$1\frac{1}{2}$英寸。

03在一对稍微倾斜的刻线之间，是一对横线，横线上下各有成行的横向之字形线。$1\frac{7}{8}$英寸×$1\frac{1}{4}$英寸。

04出自罐的底和侧壁。底平，侧壁从底部直着朝上延伸，也可能像大理石罐和红铜时代的罐一样稍微朝里收。底座附近有几条刻得不好的环线，环线上方是一组斜纹。底座弦长$1\frac{7}{8}$英寸，高$1\frac{1}{8}$英寸。

05出自器皿的侧壁，刻满了交叉线。$1\frac{1}{4}$英寸×$\frac{1}{2}$英寸。

R.R.Ⅶ.06、07、010~012、014、016、020　**陶器碎片**。06灰色，外面有泥釉或釉的痕迹，里面隐约有凸纹。$2\frac{1}{4}$英寸×$2\frac{1}{2}$英寸。

07呈鸽灰色，圈足，朝下的那个面是凹陷的。直径$1\frac{7}{8}$英寸，高$\frac{1}{2}$英寸。

010呈深棕色，残留着棕色的泥釉或釉。口沿朝外折，口沿朝上的那个面是波浪形的。里外隐约有凸纹。$2\frac{3}{4}$英寸×$2\frac{3}{8}$英寸。

011与010类似，但口沿更粗糙些。$2\frac{1}{2}$英寸×3英寸。

012 呈红色，无花纹。$1\frac{3}{4}$英寸×$1\frac{3}{4}$英寸。

014 出自大圈足，细腻的红色，稍微打磨过。$2\frac{1}{2}$英寸×$1\frac{3}{4}$英寸。

016 折沿，沿的顶部是平的。暗黄色，涂了细腻的红色泥釉，可能曾打磨过。$3\frac{1}{8}$英寸×1英寸。

020 上侧壁的上半部分朝里收，形成了优雅的口沿。红色，表面原先很好地打磨过。$1\frac{3}{4}$英寸×$1\frac{1}{8}$英寸。图版 CXV。

R.R.Ⅶ.08、09、013、027　陶器碎片。属红铜时代。08 呈暗黄色，可以看到一对棕黑色环线。$2\frac{1}{8}$英寸×$1\frac{3}{4}$英寸。

09 呈红色，可以看到一条龙骨形状的凸纹，凸纹涂成黑色，底下是几条环线。与 Machi.010+011 属于同一类型。$3\frac{1}{2}$英寸×$2\frac{1}{2}$英寸。

013 呈暗黄色，无花纹。$1\frac{3}{4}$英寸×$1\frac{3}{8}$英寸。

027 呈暗黄色，有颜料的痕迹。$1\frac{3}{4}$英寸×$1\frac{1}{2}$英寸。

R.R.Ⅶ.015　陶器碎片。灰色，粗糙，刻着图案。图案包括一组之字形区域，区域中画满了斜纹，夹在成对的环线之间。上方有一组竖线构成的区域，和一组横向之字形构成的区域。$3\frac{1}{4}$英寸×$2\frac{1}{8}$英寸。图版 CXV。

R.R.Ⅶ.017　被水冲刷过的石头残件。2 英寸×$\frac{7}{8}$英寸。

R.R.Ⅶ.018、019、021、022　大理石器皿残片。018 出自小碗的侧壁。石头上有灰色斜纹。$1\frac{1}{4}$英寸×1 英寸。

019 出自罐子的口，是常见的折沿，折沿朝上的那个面宽而平。石头上有灰色斜纹。弦长 $1\frac{3}{4}$ 英寸，高 $\frac{5}{8}$ 英寸。

021 出自碗的口和侧壁。黄色，有红色斜纹。$1\frac{1}{2}$ 英寸×$1\frac{3}{4}$ 英寸。

022 是厚厚的碗圈足，还包括一点侧壁，淡粉色。底座直径 $1\frac{1}{4}$ 英寸，残件高 $\frac{1}{2}$ 英寸。

R.R.VII.024~026　石箭头。024 呈灰色，椭圆形，带尖。025 是棕色碧玉，椭圆形，带尖。026 是黑色燧石，特别薄。图版 CXII。

在土丘 R.R.VIII、IX、XI 发现的遗物

R.R.VIII.02、017、018、030　大理石罐或碗残片。030 最大，2 英寸×$1\frac{1}{2}$ 英寸。

R.R.VIII.03、04、07　打火石（?）小片。

R.R.VIII.010、016　陶器碎片。很薄，灰色，是红铜时代的。每片的口沿都涂上了颜料，口沿底下画着一对环线。里面画着一对帷幔状的线，"帷幔"里面稍微画了斜纹。016 最大，$1\frac{1}{8}$ 英寸×$1\frac{1}{16}$ 英寸。

R.R.VIII.011　陶器碎片。口沿上涂了实心的棕黑色带子。外面在口沿下方有两条宽环线，这对线之间画着重复的一对阶梯状线。$2\frac{3}{4}$ 英寸×$2\frac{1}{4}$ 英寸。图版 CXIII。

R.R.VIII.012、024　陶器碎片。暗黄色，画着图案。012 绕着颈的底部画了一对环线，再往下是一个钩子形状，钩子中布满了交叉线。3 英寸×$3\frac{5}{8}$ 英寸。图版 CXIII。

024 出自罐的侧壁。图案是四组纵向延伸的大之字形,一侧还有一对竖线。$3\frac{1}{2}$ 英寸×$3\frac{1}{2}$ 英寸。

R.R.VIII.014、019、021、023、025、028 陶器碎片。画有图案,暗黄色。014 画有一条环线带子和不规整的之字形。$1\frac{1}{2}$ 英寸×1 英寸。

019 画有一对直线,左边有一条纵向的带子,由三条平行的之字形构成。$2\frac{7}{8}$ 英寸×$3\frac{5}{8}$ 英寸。

021 可以看到两条不规则的宽之字形的一部分。$1\frac{3}{8}$ 英寸×1 英寸。

023 画有两条环线,底下是两条之字形线。$1\frac{5}{16}$ 英寸×1 英寸。

025 画有一对粗环线,还有一部分不规整的图案。2 英寸×$1\frac{3}{4}$ 英寸。

028 画有两对垂直相交的直线。$1\frac{3}{4}$ 英寸×$1\frac{3}{8}$ 英寸。

R.R.IX.01 陶器残片。暗黄色。用棕色双线画有之字形,还有一个画满了交叉线的风筝形状物。$2\frac{1}{4}$ 英寸×$2\frac{1}{4}$ 英寸×$\frac{3}{16}$ 英寸。图版 CXIII。

R.R.IX.02 陶器残片。陶胎灰色,外表黄绿色,图案棕黑色。上方有一条带子,带子中是正方形,正方形侧边凹陷,里面都有斜纹。再往下是一对线,线底下是长长的带斜纹的叶子形状,叶子尖相碰。$3\frac{1}{4}$ 英寸×$3\frac{3}{8}$ 英寸×$\frac{1}{4}$ 英寸。图版 CXIII。

R.R.IX.03 小陶器残片。暗黄色,外表发绿。用棕黑色线画着两条带子和一枚带斜纹的窄叶子图案。$1\frac{5}{8}$ 英寸×$1\frac{1}{8}$ 英寸×$\frac{3}{16}$ 英寸。

R.R.IX.05 **碧玉箭头**。棕色，发粉，有缺口。图版 CXII。

R.R.IX.06 **碧玉箭头**。红色，椭圆形，带尖，不完整。图版 CXII。

R.R.IX.09 **陶器碎片**。暗黄色，有棕色图案的痕迹。$\frac{9}{16}$ 英寸×$\frac{1}{4}$ 英寸。

R.R.IX.010~021 **打火石碎片**。

R.R.IX.022 **青铜残件**。横截面像是双锋的剑刃。$1\frac{3}{8}$ 英寸×$1\frac{5}{16}$ 英寸。

R.R.IX.026 **青铜棍**。朝一端逐渐变细，朝另一端急剧变细。已被锈蚀，断成了几截。长 $5\frac{3}{8}$ 英寸，最粗处 $\frac{5}{16}$ 英寸。图版 CXVI。

R.R.XI.01 **大理石罐残片**。有粉色斜纹，大概是车出来的。是罐的一部分底和侧壁，平底。侧壁圆柱形，朝底座逐渐扩展，侧壁里面和外面不是平行的。里面的底为碗形，而外面逐渐扩展的侧壁呈方形收成了底座。外面弧形的弦长 $2\frac{1}{2}$ 英寸，高 $1\frac{3}{4}$ 英寸，侧壁厚 $\frac{5}{16}$~$\frac{7}{16}$ 英寸。

R.R.XI.02 **大理石罐（?）残片**。有红棕色斜纹。弦长 $1\frac{1}{4}$ 英寸，高 $1\frac{1}{4}$ 英寸。

R.R.XI.03~08 **陶器残片**。灰色，画了棕黑色线和带斜纹的叶子。05 最大，1 英寸×$\frac{15}{16}$ 英寸×$\frac{3}{16}$ 英寸。

R.R.XI.010 **陶碗残片**。暗黄色。里面画了一条边，由扁长的三角形构成，每个三角形中都有一条不规整的弧线。外面已锈蚀。$3\frac{3}{4}$ 英寸×$3\frac{3}{4}$ 英寸。

R.R.XI.011 **石灰岩挂饰**。黑色和白色，钻孔。图版 CXII。

R.R.XI.012、013 **2 个青铜线圈**。可能是一个将其他物件衔接起来的东西，已断成两截。$\frac{3}{4}$英寸×$\frac{3}{4}$英寸。图版 CXVI。

R.R.XI.014　青铜印戳。装饰着浮雕图案，不完整，可能是蘸着墨汁用的。正面呈正方形，中间有一个四瓣图案，每个角落里有一个圆圈，每个圆圈里面都有两个同心圆。正方形的每条边中间都有一个小环形，填补了空白。所有的图案都由简单的突起的线构成。背面有一个圆环，可以纳入绳子。$1\frac{1}{8}$英寸×$1\frac{1}{8}$英寸。图版 CXVI。

R.R.XI.015　燧石做成的尖。灰色，被沙子磨损了。图版 CXII。

R.R.XI.016　玉髓箭头。只剩下一部分，被烧得变了色。图版 CXII。

在要塞 R.R.XII 发现的遗物

R.R.XII.01　大理石器皿残片。白色，是一部分口沿和侧壁，形状与 02 类似，但比 02 厚。弦长 2 英寸，高 1 英寸，厚约$\frac{3}{8}$英寸。

R.R.XII.02　大理石罐残片。淡米色，是旋成的。平底，侧壁圆柱形，朝底部稍微扩展，朝上经过弓形弧线扩展成折沿。里面没有遵循折沿的方向，而是几乎直着朝下伸展。口沿顶部是平的。弦长 $2\frac{1}{2}$英寸，高 $1\frac{5}{16}$英寸，厚$\frac{1}{8}$英寸。

R.R.XII.03　石罐残片。白色，有波浪形的灰色斜纹。形状与 R.R.XI.01 完全一样，但直径稍大些。里面弦长 $1\frac{3}{4}$英寸，高 $1\frac{1}{2}$英寸，原来的直径约 4 英寸。

R.R.XII.04~09　打火石薄片。

R.R.XII.010　大理石残片。可能是罐子。$1\frac{7}{16}$英寸×$\frac{3}{4}$英寸。

R.R.XII.037　**铁刀**。刃是优雅的弧形，刀尖朝后翘起，铤很细。$4\frac{1}{4}$ 英寸×$\frac{5}{8}$英寸。图版 CXVI。

在要塞 R.R.XIII 发现的遗物

R.R.XIII.01　**石灰岩珠子**。椭圆形，扁平，钻一纵向孔。图版 CXII。

R.R.XIII.02　**石杯子**。灰绿色，扁球形。直径 1 英寸，高$\frac{9}{16}$英寸。

R.R.XIII.018　**陶器碎片**。暗黄色，画了一组纵向的之字形线，共三条。$2\frac{1}{4}$英寸×$1\frac{3}{4}$英寸。

在土丘 R.R.XV 发现的遗物

R.R.XV.01~022、026、028、030、031　**石器**。还有碧玉薄片等。01 为带凸纹的棕色碧玉刃。02 为棕色碧玉箭头的尖。03 为绿色碧玉箭头，但不完整。05 为一部分石英做成的宽刃，大概是当作箭头用的。07 为碧玉薄片。08 为叶形燧石箭头，灰色和黑色。09 为一部分叶形碧玉箭头。011 为碧玉薄片。012 为碧玉薄片。014 为碧玉箭头的尖。015 为碧玉薄片，有一个鼓起部分。017 为石英做成的尖，比较薄。018 为碧玉薄片。019 为玉髓薄片。020 为石英箭头，粗糙地削薄过。021 为牛奶色石英做的箭头，椭圆形，带尖。026 为碧玉箭头，椭圆形，带尖。028 为玉髓箭头，尖已经缺失。图版 CXII。

R.R.XV.023　**陶器碎片**。红色薄片。$\frac{5}{8}$英寸×$\frac{1}{2}$英寸。

R.R.XV.024、025　**陶器碎片**。上白色釉，有中国风格的蓝色图案。024 陶胎红色，$\frac{7}{8}$英寸×$\frac{3}{4}$英寸；025 陶胎白色，$\frac{1}{2}$英寸×$\frac{3}{8}$英寸。

在要塞 R.R.XVI、XVII、XVIII、XIX 发现的遗物

R.R.XVI.01 **大陶器残片**。陶胎红色，里面上铜绿色釉。$3\frac{3}{4}$ 英寸 × $4\frac{3}{4}$ 英寸 × $\frac{3}{4}$ 英寸。

R.R.XVII.01 **陶罐残片**。断成了两截，如今粘连在了一起。暗黄色，图案画成棕黑色。在两对环线之间，画了两条垂线和两条水平的互相平行的帷幔状线。在这些线中，底下的那条有短穗子边。$3\frac{1}{2}$ 英寸 × $2\frac{1}{2}$ 英寸。图版 CXIII（是带图案的部分）。

R.R.XVII.02～04、06～08 **陶器残片**。画了图案。02 呈暗黄色。里面画了一对斜线和一条与它们平行的不规整的线。$1\frac{7}{8}$ 英寸 × $1\frac{7}{8}$ 英寸。

03 呈暗黄色。画有一对环线和一对竖线。$1\frac{3}{4}$ 英寸 × $1\frac{3}{8}$ 英寸。

04 呈暗黄色。里面画了一个长方形，边突起，中间有一条不规整的线。$2\frac{3}{4}$ 英寸 × $2\frac{3}{8}$ 英寸。

06 呈暗黄色。画了两个连在一起的菱形，菱形中布满了交叉线。2 英寸 × $1\frac{3}{4}$ 英寸。

07 呈暗黄色。画了一对环线和一条竖线，还有三条排列很紧密的垂直的之字形线。$1\frac{7}{8}$ 英寸 × $1\frac{1}{8}$ 英寸。

08 外面涂了特别薄的灰色颜料，颜料上是浓黑色图案。图案中可以看出环线围成的宽带子，一对垂线把这条带子划分成两个区域。每个区域中都有一个三角形，三角形的底边与环线吻合。一个三角形尖朝上，另一个尖朝下，两个三角形中都布满了交叉线。三角形朝外的边上有锯齿，一条垂线上

也有锯齿。质地特别细腻。2 英寸×2 $\frac{3}{8}$ 英寸。图版 CXIII。

　　R.R.XVII.05　陶器碎片。暗黄色，是罐子的一部分口沿。口沿涂成棕黑色。外面的区域中有一组组斜置的圈，交替连在顶上和底下的边线上。2 $\frac{1}{4}$ 英寸×1 $\frac{1}{4}$ 英寸。图版 CXIII。

　　R.R.XVII.010　陶碗残片。灰色，有足，是简单的扁球形。黏土纹理细腻。弦长 2 $\frac{3}{8}$ 英寸，高 1 $\frac{1}{2}$ 英寸。

　　R.R.XVII.011~014、034　大理石残件。出自罐和碗。011 最大，1 $\frac{3}{8}$ 英寸×1 $\frac{3}{8}$ 英寸。

　　034 是一个很小的圆锥形大理石杯子，一部分侧壁已缺失，直径 $\frac{15}{16}$ 英寸，高 $\frac{3}{4}$ 英寸。

　　R.R.XVII.016、020~027　陶器碎片。没有画图案，大多数陶胎都很粗糙，多颗粒，外表暗黄色。026 呈灰色，上绿色釉，3 $\frac{1}{4}$ 英寸×1 $\frac{7}{8}$ 英寸。

　　R.R.XVII.017~019　青铜残片。

　　R.R.XVII.030　燧石尖。灰色，被沙子磨过。图版 CXII。

　　R.R.XVII.031　青铜棍。中间的部分比较细，一端有一个缺口，像半个针眼。1 $\frac{3}{8}$ 英寸×$\frac{1}{10}$ 英寸。图版 CXVI。

　　R.R.XVII.032、035~037　石头、玻璃和铅质玻璃碎片。032 是已经磨损的石英（?），原先可能加工过，1 $\frac{5}{8}$ 英寸×1 $\frac{1}{8}$ 英寸。

　　035 是打火石薄片。036 是蓝色铅质玻璃珠子，短桶形。037 是方形玻璃珠子，淡灰色，钻一个大圆孔。

R.R.XVIII.01 **青铜箭头**。三角形，边朝外突起，已断，长$\frac{3}{4}$英寸。图版 CXVI。

R.R.XVIII.02、03、05 **陶器碎片**。出自器皿侧壁，没有画图案。05 陶胎深棕色，外面涂暗黄色泥釉，用梳子状工具画出一条环形带子。$1\frac{3}{8}$英寸×$1\frac{7}{8}$英寸。

R.R.XVIII.04 **陶碗残片**。暗黄色，口沿黑色。里面画了一个菱形，一条不规整的带子穿过菱形的中间。$2\frac{3}{8}$英寸×$2\frac{7}{8}$英寸。图版 CXIII。

R.R.XIX.01、02 **陶器皿残件**。里面隐约有凸纹。外面上了泥釉，泥釉上用梳子画出成组的环线。$3\frac{3}{8}$英寸×$1\frac{3}{4}$英寸；$2\frac{1}{4}$英寸×$1\frac{7}{8}$英寸。

在沙依索克赫塔遗址发现的遗物

S.S.01、05、06 **陶器残片**。01 里面的边附近画了三条互相平行的之字形线，之字形斜着朝下伸展，并突然终止。6 英寸×$3\frac{1}{4}$英寸。图版 CXIII。

05 口沿上涂了色，底下有一对环线。再往下，右边有一条垂直的之字形带子，由很多条线构成。左边是一条垂直的波浪形带子，看起来像是一条盘曲的蛇，蛇身上的花纹画得很巧妙。$5\frac{1}{2}$英寸×4 英寸。图版 CXIV。

06 画了一条横向带子，由粗糙的正方形构成，正方形里面是斜纹，正方形水平的角相连。$3\frac{1}{2}$英寸×$3\frac{1}{4}$英寸。图版 CXIV。

S.S.02+053 **陶器残片**。赤褐色，扁球形，短颈朝外伸展成折沿，画有黑色图案，口沿黑色，颈底部有一条线。再往下是由多条线构成的一条之字形带子，夹在两条边线之间。再往下又是一条带子，由两行半圆形构成，半圆形之间隔得比较远。这些半圆形的背景中朝两个方向画了斜纹。如果这样的半圆形面对面出现并且相碰，那么背景就会形成正方形或菱形（正方形的边会稍微朝里凹陷），像 R.R.III.01、IX.02 等一样。表面已经磨损。最大直径 $6\frac{3}{8}$ 英寸，高 $2\frac{1}{4}$ 英寸。图版 CXIV。

S.S.03　陶碗残片。在模子中手工（?）制成。质地很硬，像瓷器一般，但不透明。深鸽灰色。口沿涂成黑色。外面有一条脏污的黑带子，从黑带子上伸出长之字形，连到了上方的带子上。在之字形里面是一个纯黑的三角形，三角形底边在底下的那条带子上。残件里面，在碗底上有一朵大花，大致呈半圆形的花瓣环绕在一个粗圆四周，圆圈里面的图案几乎已经消失。外表面上有打磨的工具朝各个方向留下的痕迹，有几处地方在窑里面烧得变了色。口沿弦长 $4\frac{1}{4}$ 英寸，厚约 $\frac{1}{8}$ 英寸。图版 CXIII。

S.S.04　陶器残片。暗黄色。画了三条平行的棕黑色竖线，竖线两侧各有清晰的椭圆形和 D 形旋涡饰，旋涡饰上隔一段距离就生成一对段线。$6\frac{1}{2}$ 英寸×$3\frac{1}{2}$ 英寸。图版 CXIII。

S.S.07、026、032、033、063、070~072　器皿碎片。有黑色直线图案。063 里面有凸纹。07 最大，长 $5\frac{3}{8}$ 英寸。

S.S.08　陶碗残片。暗黄色。口沿涂成黑色，碗里面有一对线，粗糙的双之字形构成碗边。$3\frac{1}{2}$ 英寸×$2\frac{1}{4}$ 英寸。

S.S.09、014、039、048、054　器皿残片。画有图案。09 可以看到边特别长的方形，方形和外角都涂成实心，外角朝外的那一侧是粗糙的锯齿形。3 英寸×$2\frac{3}{4}$ 英寸。图版 CXIII。

014 是罐的一部分底座，暗黄色，可以看到垂直的双线之字形的末端。直径 $3\frac{1}{8}$ 英寸，高 $1\frac{1}{2}$ 英寸。图版 CXIV。

039 装饰着一条垂直的带子，带子由画满了交叉线的菱形构成，一侧还有一对竖线。$1\frac{5}{8}$ 英寸×2 英寸。

048 图案与 S.S.09 类似，$4\frac{2}{3}$ 英寸×$2\frac{5}{8}$ 英寸。图版 CXIII。

054 是器皿的一部分颈。可以看到一对宽环线和由宽宽的锯齿状线构成的之字形。$1\frac{1}{2}$ 英寸×$1\frac{1}{2}$ 英寸。

S.S.015 陶碗残片。碟子形状。里面有环线为边，环线之间有云朵一般的线。从这条边上延伸出线（交替为直线和锯齿线），这些线相交，构成了一个套一个的三角形。表面在画完之后似乎打磨过，外面有令人赏心悦目的用机器车出来的图案，底下是简单的圈足。5 英寸×$3\frac{1}{2}$ 英寸。图版 CXIII。

S.S.016、019、021、023、025～030、047、049、061、062、066、075、080、085、0117、0118、0120 陶器残片。暗黄色，画了棕黑色的图案，大多数是环形带子和之字形。

026 见图版 CXIII。066 见图版 CXIV。

021、085 上有空心椭圆形，椭圆形中有之字形。图版 CXIII。

021 最大，长 $3\frac{3}{8}$ 英寸。

027 肩上有一条飞蝙蝠般的之字形带子，一侧还有一条由四条之字形线构成的带子。$2\frac{1}{4}$ 英寸×$1\frac{1}{4}$ 英寸。

061 上有一条宽带子，由多条之字形线构成，夹在实心的宽边线之间。$2\frac{1}{4}$ 英寸×$1\frac{7}{8}$ 英寸。

075 有三条粗环线，还有一条带子，由三联线和带斜纹的三角形交替构成。$2\frac{1}{2}$英寸×2英寸。

062 上有两条稍微分开的竖线，中间是阶梯状的斜纹，右边和左边像S.S.04 那样有一组弧形。$2\frac{1}{4}$英寸×$1\frac{3}{8}$英寸。

030 上有纵向放置的首尾相连的风筝形状，风筝里面是交叉线。$2\frac{1}{4}$英寸×$1\frac{5}{8}$英寸。

0120 似是 S.S.09 的一种变体。025、040、0114 弧形，有斜纹。

S.S.020、037、095 **陶碗残件**。红色。020 无花纹的口沿朝里收，并且比侧壁厚。外面有切削时留下的痕迹。$2\frac{3}{8}$英寸×$1\frac{1}{4}$英寸。

037 外面有刮削器留下的波浪形痕迹。$2\frac{5}{8}$英寸×$1\frac{3}{8}$英寸。

095 里面有柔和的凸纹，外面有陶轮留下的不规则刮痕。$1\frac{7}{8}$英寸×2英寸。

S.S.024 **陶碗残片**。画有图案。用双线划分成了两个区域，两个区域中是一样的装饰图案。图案是成对的线勾勒成的半圆形，这些线分别出自顶上和底下的边线。半圆形里面是三角形，三角形的边朝里凹陷，三角形里面是交叉线。$4\frac{1}{2}$英寸×3英寸。图版 CXIII。

S.S.031、034、036、073、076、084、090、099、0102~0104、0106、0109（在下文中又说到，可能有误——译者） **陶器残片**。纹理细腻，灰色，较薄。大多数用浓黑色画着直线图案。0104 最大，2英寸×$1\frac{1}{2}$英寸。

S.S.050　陶器碎片。暗黄色，外面画了一条宽宽的纵向之字形带子。$1\frac{3}{4}$英寸×$2\frac{1}{4}$英寸。图版 CXIII。

S.S.051　陶器碎片。似乎并非出自器皿。暗黄色，画了图案。在两对线之间有四行平行的之字形，外面有 S.S.04 那样的旋涡饰的痕迹。$3\frac{3}{16}$英寸×$2\frac{1}{4}$英寸。图版 CXIII。

S.S.055　青铜薄片残片。锈蚀严重。长 $2\frac{7}{8}$英寸，最宽 $1\frac{1}{8}$英寸。图版 CXVI。

S.S.057　浅口碗残片。暗黄色，表面是发绿的暗黄色。下半部分仿佛是碟子，侧壁从碟子骤然朝上伸展。有裂纹，浸了盐。弦长 $4\frac{3}{8}$英寸，外面深 $2\frac{1}{8}$英寸。

S.S.058、059、063、070、0112　陶器残片。暗黄色。057 外面有几条刻线。$4\frac{1}{2}$英寸×2 英寸。

059 是块扁平的圆板，侧壁角度很陡，板和侧壁上都钻了直径约 $\frac{3}{8}$英寸的孔。用途不明。3 英寸×1 英寸×$1\frac{1}{2}$英寸。

063 用陶轮制成，无花纹，磨损得比较严重。3 英寸×$2\frac{1}{4}$英寸。

0112 外面是脏污的和发绿的暗黄色，已经被推挤成不规则的波纹（使表面粗糙），波纹分成一系列条带。长 $2\frac{1}{8}$英寸。

S.S.074　陶器碎片。灰色，黏土淘洗得很细腻。外面和里面在暗黄色的脏污薄表面上画了图案。口沿黑色。外面在口沿底下，有两条宽环线和一个尖朝下的三角形，三角形的侧边画成了大胆的扇贝状，三角形里面布满了交叉线（参见 R.R.XVII.08）。里面在口沿底下有一对环线。上面那条环线与口沿之间是斜线，斜线构成了不规则的三角形，三角形里面是纵斜纹。底下还有一条扇贝状细线。$1\frac{3}{4}$ 英寸×$1\frac{7}{8}$ 英寸。图版 CXIII。

S.S.081、090、099、0100+0106、0101、0102+0103、0105、0107～0110　陶器残片。与 S.S.03 质地类似，但可能都是用陶轮制成的。图案是深浅不同的黑色。

081 口沿黑色。外面的口沿底下 $\frac{1}{4}$ 英寸处，有一条脏污的宽带子，从这条带子朝下伸出四条竖线。右边是三只飞鸟图案。

090 里面有一条由飞蝙蝠构成的竖带子。左边的图形似乎是字，但也可能并不是有意为之的。

099 口沿几乎是平的，涂成黑色，外面在口沿底下有一条由脏污的线构成的带子。

0100+0106 口沿涂成黑色，外面涂得比里面宽，外面的口沿底下又有一条粗黑线。

0101 里面有陶轮留下的明显痕迹，粗线之间是纵向的蝙蝠构成的条带。图版 CXIV。

0102+0103 与 S.S.0110 类似。口沿上残留着黑颜料，有陶轮留下的痕迹。

0105 口沿黑色。外面有成条的飞鸟，左边还有竖线。图版 CXIV。

0107 口沿涂成黑色，外面的口沿底下有两条黑色带子。外面有打磨的工具留下的痕迹。一个地方还有鼓起的波纹，这是罐子还在陶轮上时，工具抖动造成的。图版 CXIII。

0108 装饰着一对黑带子，底下还有另一组带子。

0109 口沿涂成黑色。从口沿到底下的宽带子之间有纵向的线条，外面用窄线和宽线画成的之字形，连到了口沿和底下的实心带子上。

0110 黑色口沿上的颜料一直朝外延伸成了一条宽带子。底下是一条之字形，之字形中布满了斜纹。所有碎片上的颜料都是黑色，有的浓些，有的淡些。0107 最大，弦长 $1\frac{7}{8}$ 英寸，高 $2\frac{5}{16}$ 英寸。

S.S.089　雕刻过的火成岩印戳。黑色，本来是正方形或长方形，沿着对角线断了，只残留下两角。一个面上刻着深深的图案，另一个面上打磨得很光滑。边凸圆。$\frac{7}{8}$ 英寸× $\frac{7}{8}$ 英寸× $\frac{3}{16}$ 英寸。

S.S.091　青铜钉。一端的横截面几乎是正方形的，逐渐变细成另一端的尖。锈蚀得比较严重。长 $1\frac{3}{4}$ 英寸，宽约 $\frac{3}{8}$ 英寸。

S.S.0119　陶罐残片。灰色，表面烧成了红色。外面画着三条黑色的之字形线，最上面一条的上方和最底下那条下方的画满了斜纹。里面无花纹。侧壁比较薄，陶胎纹理细腻。2 英寸×2 英寸。图版 CXIII。

S.S.0121　陶罐。梨形，暗黄色。从最宽的部分往下朝里收，变成了实心的"茎"一般的足。上半部分稍微朝外扩展，变成了口（口缺失）。$5\frac{1}{4}$ 英寸×$2\frac{7}{8}$ 英寸。图版 CXIV。

第四节　一条古代边境线遗址

发现了边境线

我在第三节中说到了出现史前遗物的那些遗址。在南部三角洲，我已经发现了一些要塞，标明了一条古代边境线的遗迹。因此，在说这条边境线之前，我就没有必要再说一遍这一地区的大致状况了。让我们先从醒目的要塞 R.R.IV 遗址即查卡堡说起，该遗址第一次把我的注意力吸引到了这条长城般的边境线上，它大概是比亚班河河口以北的那段边境线的中心。

从图 480、481 中可以看出，这个要塞特别坚固，仍有 25 英尺高。从附图 59 中看得出它大致呈正方形，墙是南北走向和东西走向的，从外面量正方形的边长有 60 英尺。为了加固正方形的四角，又添筑了不足 10 英尺的小塔，这些小塔如今几乎已经完全坍毁。要塞里面有两层，但我们只能推测出底下那一层的结构。这一层有三个带拱顶的房间，每间长 31 英尺，中间那个有 14 英尺宽，两侧的是 10 英尺 4 英寸宽。要想到这三个房间去，得分别通过沿南墙分布的三个小房间，大门就开在南墙上。但南面小房间之间的界墙朽坏得太严重了，我们无法进行精确的测量。要塞 R.R.V 遗址的结构与此极为相似。根据在要塞 R.R.V 发现的情况，我们在要塞 R.R.IV 东南角也发现了到第二层去的台阶的痕迹。要塞内部墙的厚度从 3 英尺到 4 英尺不等，而围墙足有 7 英尺厚。第一层每个带拱顶的房间北面都有一个窄观察孔。在其他地方，除大门外，围墙都很坚实，说明这座建筑是一个防御工事。上层的房间好像有窗子（图 481），可能是人们居住的地方，而底下可能是储存东西用的。

查卡堡（R.R.IV）要塞

建筑特点　　　　大厅和小房间中残留下来的拱顶的拱，和加加沙的拱属于同一类型，都是把大土坯沿长边竖放。土坯尺寸为 28 英寸×7 英寸×2 英寸。整个建筑上使用的都是大土坯，平均尺寸为 24 英寸×13 英寸×4 英寸。在围墙上离地面 13 英尺以下的部分，土坯的放置方式是我在以前的任何遗址都没有见过的：土坯竖放，短边朝外。有趣的是，在这里以及边境线上的其他要塞，制作得很好的大土坯中都含有不少秸秆（似乎是麦秆）。这说明，不论土坯实际上是在哪里制造的，制造点离农田都不太远。拱的样式和土坯的尺寸都说明，这是一个十分古老的建筑。从它的结构和极为坚固的围墙来看，它的目的无疑是为了进行防御。在大门所在的南面，还有一堵较小的外围墙的痕迹，也证实了这一点。从图 480 上可以看出，这道外围墙已经朽坏得太厉害了，无法进行精确的测量。前面已经说过，遗址坐落在地面上的一座低丘上，地表的砾石保护了遗址。因此，尽管这个遗址很古老，但墙角被风蚀挖削过的地方都没有被挖到 2~3 英尺深。

要塞 R.R.V　　　　要塞 R.R.V 遗址（图 479）坐落在查卡堡北边约 3 英里
遗址　　　的地方，也位于同一条晚期水渠的边上。这条水渠也经过了查卡堡，朝霍兹达尔和马吉延伸过去。要塞 R.R.V 遗址在所有建筑细节方面都很接近要塞 R.R.IV。因此，尽管它并不恰好在边境线上，而是在边境线上最近的要塞 R.R.XVII 后面约 1.5 英里远的地方，我们还是要描述一下它。从建筑和位置来看，它也是边境线防御体系的一部分，很可能是为了加倍地保护某一条穿过边境线的大路的。从附图 59 中可以看出，它的建筑结构实际上与要塞 R.R.IV 是一样的，只不过小了点。如果从外面测量，它有 48 英尺见方，四角用圆塔加固，如今圆塔已经朽坏得很严重了。围墙厚约 4 英尺，还有一道小门引到东南角的那间屋子里。在那里仍可以分辨出一条旋转的台阶，通向顶层。顶层只残留下一点。底层的房间除了东南角的那间外，也都被碎石深埋了。土坯特别坚硬，里面只有一点秸秆，有的甚至没有秸秆。土坯尺寸为 25 英寸×13 英寸×4.5 英寸，和阿克忽尔伊鲁斯塔木的土坯大体一样。① 土坯中嵌有史前陶器碎片，说明制坯的地方可能就在一个布满碎石的史前遗址，或是离这样的遗址很近。墙上 7 英尺高以下的地方，土坯都是竖放，与要塞R.R.IV一样，再往上是横放。这个遗址仍高达 21 英尺，脚下只受了一点风蚀的影响。

现在让我们把目光从要塞 R.R.V 转到那一系列要塞遗址所构成的边境线上去。先来说朝西北的哈木恩湖边上延伸过去的那一段边境线。在离要塞 R.R.IV 约 1.75 英里的地方，我们遇到了一个很重要的防御要塞（R.R.XVII）②，坐落在一块覆盖着砾石的低矮高地上。它包括一个朽坏得很严重的要塞（见图 485，要塞约 60 英尺见方，在附图 59 中标作 A），还包括营房遗址 B，在 A 的东南角外还有一圈大围墙。所有这些建筑都是东西、南北走向的。要塞里面塞了很多碎石，只能在几个地方费力地辨认出把各个房间隔开的墙。但可以肯定的是，它的结构和前面所说的那几个要塞是一样的，只不过底层好像有四个带拱顶的房间，而不是常见的三个。要塞的围墙有 5 英尺厚，入口开在南墙上。土坯都比较人，和外面的营房中所用的土坯（20 英寸×12 英寸×4 英寸）基本上一样。顶上原先有一个顶层。东南角已看不出形状的土坯

要塞 R.R.XVII
的遗物

① 参见本章第一节。
② 这些发现了史前遗物的要塞遗址和土丘号，是按照我在这一地区考察时发现它们的先后顺序编号的（如 R.R.IV、R.R.V 等），和它们在地图上的相对位置并不完全一致。

堆仍比外面倾斜的地面高 14 英尺。后来的清理证明，在入口附近，原来的地面上覆盖了 9 英尺多高的碎石和沙子。

要塞 R.R.XVII
外面的围墙

1915 年 12 月 27 日我第一次查看要塞 R.R.XVII 时，南边地面上发灰的砾石中露出了几条发白的土，引起了我的注意。仔细查看后我很快发现，它们是一条低矮土丘的顶部。原来要塞南面有外围墙围住了一块大区域，北面的围墙也围住一块小区域，如今这些围墙都已经变成了这样的土丘，风蚀以及偶尔下的雨使围墙朽掉了。在几个地方发掘过之后，我们发现这道围墙原来可能有 4 英尺厚。南面被围住的地方长约 596 英尺，宽约 536 英尺。北墙经过了离要塞外的营房 B 很近的地方。要塞北边被围住的地方东西也是长 596 英尺，但从附图 59 中可以看出，它的宽度只有 202 英尺。后来我们的发掘证明，有一堵约 5 英尺厚的墙，把两个被围区域之间的墙与要塞的西墙连了起来。这堵墙和要塞东南角外的营房 B 一起，形成了一个外院（C），然后才能进入要塞 A 的大门。在北面那个被围区域的西南角，我发现地表有墙的迹象。后来的发掘表明，这一角原来曾有一个小屋子（D），其面积为 12 英尺×14 英尺，能清晰地辨认出它的北面和东边都有入口。可见，守卫北边那个被围区域的东墙和北墙的人，可能就栖身在这个小屋子里。

在要塞外进行
清理

要塞 R.R.XVII 外面有大围墙，旁边还有营房，这表明它是防卫线上一个特别重要的要塞。因此，一个月后，在我离开锡斯坦之前，我带着几个民工又回到了这里，想进行简单的试掘。要塞 A 里面塞满了坚硬的碎土坯，发掘起来很困难。但除了清理出了最东边那个带拱顶的房间外，我们还是将南墙大致清理了出来，证明入口在南墙中央。我们在这面墙外挖了一条沟，使墙脚下露出 9 英尺多。挖掉的部分最顶上一层是硬土，即掉落下来的碎土坯。在建筑背风的这一侧的碎土坯下堆积了细沙。在细沙层中，我们在入口外面发现了一层垃圾层。这正是我意料之中的事。从颜色和气味上很容易就能辨认出这是垃圾。但除了腐烂的毛织品外，垃圾中的东西都已经烂掉了。在这些没有受到保护的垃圾层上，不可能像在敦煌长城上那样发现有纪年的文书，这是很不幸的事。锡斯坦尽管处处看起来都很干旱，但年降水量一般有2英寸，所以气候还不够"干旱"，无法保存下对考古研究来说很有价值的遗物。[①]

营房群 B 位于要塞东南角外，占地长约 110 英尺，宽 55英尺。目前，营房群 B 的残墙和斜坡的砾石表面是平齐的。我们发掘了这个区域的西北角，因为那里是最高的（图 487）。我们发现，营房里面堆积了疏松的沙子，保护了约 5 英尺高的残墙，使其不被风磨蚀和刮走。之后上方形成了一个砾石层，制止了风的进一步侵蚀。古人在放弃这里的时候或那之后，曾彻底清理过营房。在附图 59 的房间 i 中，我们发现了两个供人坐的小平台，一个平台旁边有个一灶，灶上一口大锅的底部嵌在变硬的黏土中。另一间屋子 ii 长 27 英尺，宽14.5 英尺，也有一个供人坐或睡觉的平台和两个灶。平台长6 英尺3 英寸，宽 2 英尺 8 英寸，用土坯筑成。有一个灶比较有趣（即 a，见图 487），位于南墙的一个凹陷之中。这个灶上有一个 10 英寸宽的陶罐，嵌在土中，以便烘烤不发面的面包，也叫查帕提斯（Chapātis）。这种做法如今在印度一些地方仍有人用。东北角是一个与此类似的灶（b），但更

在要塞 R. R. XVII 外的营房里面进行发掘

---

① 1916 年 1 月 28—29 日我在此停留期间，下了不少雨，沙漠平原上的浅沟中都积了一层水（见图 487 的远景），所以我们的用水就不成问题了。

大，已经破碎了。清理了这两个房间后，我们只发现了无花纹的粗陶碎片、几块小青铜片（R.R.XVII. 017~019）和几块绵羊骨。陶器碎片都是用淘洗得不好的红色或发白的黏土制成的。要塞 R.R.XVII 的围墙附近和里面就有这样的土，在其他要塞的碎石中或要塞外面也发现了这样的土。

小堡垒的位置　　要塞 R.R.XVII 的大围墙表明，以前这里曾是防卫线上一座小堡垒，或是某段边境线的"总部"。东边的古代中国长城线的围墙就有这样的用意。① 值得注意的是，就在这一点附近，我们发现了要塞 R.R.V，也就是一个收缩在边境线后面的要塞（在边境线上，这样位置的要塞只有这一个），它好像是为了支持这座堡垒。这两个遗址之间的距离是 1.5 英里，比要塞 R.R.XVII 和 R.R.IV 之间的距离稍短一些。看一下地图我们就知道，要塞遗址所构成的边境线在要塞 R.R.IV 那一点朝西突了出来。这使我最初想到，要塞 R.R.XVII 和 R.R.XII 之间可能有一条直线相连接（R.R.XII 是东南方离 R.R.IV 最近的要塞）。但仔细考察之后，在这个方向上我没有发现什么遗址。为什么要塞 R.R.IV 会朝外突出，对此我还无法作出解释。但值得注意的是，要塞 R.R.IV 的视野特别开阔，西北可以一直望到昆达尔和阿克忽尔伊鲁斯塔木，东南可以望到要塞 R.R.XIII。总体来说，可以肯定的是，从现在的波斯—阿富汗边界一直到哈木恩湖边上，沿着整个边境线传递视觉信号都非常容易。

要塞 R.R.XVI、R.R.XVIII 遗址　　沿这条边境线朝东北走，就来到了要塞 R.R.XVI。这个要塞与要塞 R.R.IV 的大小及样式都很接近，而且朽坏得很厉害，但仍可辨认出它里面有三个自北朝南伸展的长房间。

① 参见《西域考古图记》第二卷 637 页以下、688 页以下的 T.IV.a~c，T.XIV。

顶部露出来的土坯中掺有很多秸秆，土坯尺寸为 22~24 英寸×12 英寸×4 英寸。地面上有大量史前陶器碎片，土坯中也嵌了很多这样的碎片。在遗址附近，我们发现有上了绿釉的碎片 R.R.XVI.01，可能是遗址有人驻守那一时期遗留下来的。朝西北再走 1.5 英里，我们就到了要塞遗址 R.R.XVIII。它虽然朽坏得很厉害，比前面所说的那些遗址小些，但建筑结构与它们很接近。遗址仍可以分辨出底层三个带拱顶的房间，南边的入口两侧有两个小房间（与 R.R.V 一样），角上还残留着小塔。东墙面上土坯竖放，与 R.R.IV、V 一样，土坯也是长 24~25 英寸，宽 12~13 英寸，厚 4 英寸。外墙厚约 4 英尺，高 12 英尺。在西墙脚下发现的碎屑中，我们拾到了一枚已经折断的三角形箭头（R. R. XVIII.01，图版 CXVI），形状像在罗布沙漠发现的箭头。①

在要塞 R.R.XVIII，朝西北看不到什么遗址。但当我们朝西北方，向昆达尔南边的那些分散的低矮台地走并穿过了车马道后，就来到了土丘 R.R.XIX。它和要塞 R.R.XVIII 之间的直线距离是 3 英里，能很清楚地分辨出这是 R.R.V 那种类型的常见要塞，但可能比 R.R.V 要小些。它的东南角仍比平地高 12 英尺。土丘较低的部分露出一层层大土坯，和前面说到的那些遗址的土坯差不多。由于我们逐渐接近了每年都会被哈木恩湖水泛滥到的地面，土壤越来越多地受到盐霜的影响，因此，如果哈木恩边上还有一个要塞，它受到的水汽侵蚀就会更严重。在哈木恩湖那个方向我们望不到什么要塞遗址，只是在查伊里加瓦克（Chāh-i-Rigāwak）水井附近有两座看起来很现代的圆顶坟墓。于是，过了土丘 R.R.XIX

追踪边境线到土丘 R.R.XIX

---

① 参见本书第七章第八节。C.xcvi.013、016 等（图版 XXIII）。

之后，我没有再进行查找。但我的考察足以说明，不论土丘 R.R.XIX 是不是西侧的最后一个要塞，古代防卫线的西翼就在哈木恩沼泽边上。另一方面，土丘 R.R.XIX 离要塞 R.R. XVIII 很远。而我们在从要塞 R.R.XVIII 到土丘 R.R.XIX 的途中，由于没有明确的路标，必然绕得比较远。这途中我们很可能错过了一个要塞。在土丘 R.R.XIX，我们确实在要塞 R.R.XVIII 方向看到了一座小丘。但在天黑之前我们必须找到宿营地 [我已经先派人到霍兹达尔之外的阿西克（Asik）水井去扎营了]，所以我们无法查看一下那座小丘。我本来想后来再去看看，却未能做到，因为我一个月后回到南部三角洲时走的路线太靠东了。

要塞 R.R.IV.a 的位置

现在让我们折回去，看一看要塞连成的边境线朝要塞 R.R.IV 东南是怎样延伸的。过了要塞 R.IV，我们朝东—南东方向走了 0.5 英里多一点，来到了另一个要塞（R.R.IV.a）。它已经朽坏成了一座几乎分辨不出原来形状的小丘。有几处地方仍能辨认出外围墙，外围墙似乎围成了一个边长大约 64 英尺的正方形。丘顶上有几条南北走向的小谷，那就是底层的圆顶的位置，后来圆顶塌陷了。还可以辨认出南边的入口的位置。在丘顶上和周围，我们发现了一些粗糙的没有装饰的陶器碎片，不是红铜时代的那种，但在其他要塞上也发现过这种碎片。要塞 R.R.IV.a 也靠近那条古代水渠的右岸，那条水渠在下游经过了要塞 R.R.IV。这两个要塞位置这么近，是不是为了更好地监视被水渠挡住的地方呢？

要塞 R.R.XII、XII.a、XIII 遗址

要塞 R.R.IV.a 东边约 1.25 英里的地方，是要塞 R.R.XII 遗址（图 492、附图 59）。前面我曾提到过它，它坐落在一块台地顶上，台地上分布着很多史前的陶器碎片。由于遗址朽坏得很严重，所以附图 59 中的测量数据只是约数。它显

然是常见的那种结构，底下也有三个带圆顶的房间。但它的外面长 43 英尺，宽 40 英尺，比要塞 R.R.IV 要小。在图 492 中可以看到其中一个房间的葱形（ogival）穹顶，右边是入口的位置。下一个要塞 R.R.XII.a 位于要塞 R.R.XII 南—南东方向 1 英里多的地方，朽坏得更厉害，只比地面高 6~7 英尺。显然，它和要塞 R.R.XII 一样，也是比较小的那种要塞。在下一个要塞 R.R.XIII，我们就又遇到了约 64 英尺见方的那种大要塞。它在 R.R.XII.a 正南约 1.25 英里的地方，朽坏得也比较严重，但要塞南边的外墙仍高达 10 英尺。

要塞 R.R.XIV 在要塞 R.R.XIII 西南约 0.5 英里的地方，似乎比其余的要塞都大（附图 59），内部结构也有所不同。要塞里面中间形成了一条水道，所以里面受到了很大损坏。围墙从外面量长 77 英尺，宽 54 英尺。围墙四角都用小塔进行加固，东墙上还伸出第五座塔。南面好像也有某种伸出的部分，可能是为了保护南边的入口。东南角还可以分辨出另一个入口，入口上方有一个带尖的圆顶。北面中央的那个房间上也残留着一部分这样的圆顶，圆顶的跨度大约有 15 英尺。东墙和南墙上露出的土坯（24 英寸×13 英寸×4 英寸）竖放，长边朝上，土坯中掺杂有不少秸秆。东墙仍高达 15 英尺多。春天有植被的那几个星期里，在这附近放牧的人把这里当作歇脚的地方，他们的羊群留下的粪便就证明了这一点。这也可以解释，为什么我在这里注意到了看起来是近代的上釉的陶器碎片。这个遗址东—南东方向约 0.5 英里的地方有一个用夯土筑成的小建筑，里面包括三个房间。它似乎也建得比较晚，大概可以上溯到比亚班河河口附近有人耕种的最后那段时期。

要塞 R.R.XIV 遗址的布局

在要塞 R.R.
XX 清理的房
间

要塞 R.R.XIV 正南方向不到 1.5 英里的地方，有一个比较小的要塞（R.R.XX），从外面量长 45 英尺，宽 42 英尺，里面也是典型的带拱顶的房间（附图 59）。该要塞坐落在一片长满灌木的宽阔洼地右岸，这片洼地源自比亚班河河口。一个世纪以前，这片洼地中的水渠把水带到了马吉和霍兹达尔，我们在要塞 R.R.IV、R.R.V 就注意到了这条水渠。入口左侧的小房间 i 里面塞着颓墙的碎屑，但不像别的房间那么多。我在另一条古代水渠边上待了两天，那里离地图上标作亚克拱拜孜的地方不远。利用这两天时间，我让人清理了这个房间。在房间里，我们发现了一个环绕在屋子三面的平台（是供人坐的，见图 493 和附图 59 中的详细描绘图），平台底下是条火炕般的通道，显然是为了给屋子供暖。在朝向入口的开口 A 和 B，灰泥曾经煅烧过。整个平台都特别像中国房屋里的"炕"。屋子地面上铺了土坯（16 英寸×15 英寸），地面比入口过道的地面高 2 英尺，平台又比屋子的地面高 1 英尺 10 英寸。开口 A 上方是用土坯筑成的抬高的凳子般的地方，"凳子"上有一个小凹陷处，也许是用来烧水等用的。在 A 这个火炕的开口处里面，有几堆土块，每堆约 2.5 英寸高，形状像金字塔一般。它们也许在被烧过后作织机上的重垂物。

在干涸的河口
附近寻找遗址

在宽洼地的另一侧，离要塞 R.R.XX 西—南西方向约 400 码的地方，我们发现了一个属于同一类型的严重朽坏的遗址（R.R.XXI）。它的南墙最容易分辨出来，约有 40 英尺长，土坯尺寸也是 24 英寸×12 英寸×4 英寸。这座建筑显然受到了水汽的侵蚀。从要塞 R.R.XII 开始，我们发现的要塞都大致在正南方向，我自然也就往这个方向寻找边境线继续延伸的部分。但在要塞 R.R.XXI，我们到达了比亚班河三角洲的北界，边境线似乎也到头了。迄今为止，从一个遗址一直可以望到下一个遗址，这给我们指引了方向。我从要塞 R.R.XXI 这最后一点向南进行了仔细的勘察，依次越过了四条古代河床（它们都是从宿营地附近那一点岔出来的），离以柱子为标志的波斯—阿富汗国界很近了。干河床之间覆盖着河砾石的低矮高原极为平坦，雨后的空气也极为明净。尽管如此，在足足 5 英里的距离内，我们却没有再发现任何建筑遗存或史前遗物。在从北面穿过的第二条河床里，有一个小建筑。它的尺寸大小为 12 英寸×12 英寸×2 英寸，附近还有上了釉的陶器碎片。由此看来，它属于伊斯兰时期晚期，与亚克拱拜孜以及它西南和北边的伊斯兰墓葬属于同一时期。

但当我们过了第四个也就是最后一条河床［人们称之为哈达里（Hadālī）河口］后，我们很快又看到了东—南东方向由要塞遗址连成的一条线。这条线是从国界线上的第 16 号柱子开始的，地图上标出了这根柱子。第一个要塞 R.R.XXII 遗址就在国界那一边的阿富汗境内，我毫不犹豫就决定暂时"侵入"阿富汗境内一会儿。这个遗址朽坏得很厉害，但大致测量之后我就看出，它与下面的两个遗址一样都是建得很坚实的小要塞或塔，和即将说到的要塞 R.R.XXV 大小一样，也属于同一类型。它建在一块风蚀台地上（以下的要塞也是如此），在台地上可以看到红铜时代的遗物。只过了 0.25 英里之后，又是一个保存得比较好的要塞 R.R.XXIII。能清楚地看出它的土坯（24 英寸×12 英寸×4 英寸）竖放，和边境线西北段的要塞土坯一样。再过了 0.33 英里后的要塞 R.R.XXIV 又是一个朽坏得很厉害的遗址。又过了 0.5 英里后，我们到了要塞 R.R.XXV 遗址（图 502）。幸运的是，它的结构和建

比亚班河以南的塔 R.R.XXII~XXIV

筑形式仍能清晰地分辨出来（附图 59）。

要塞 R.R.XXV 遗址的建筑布局

　　要塞 R.R.XXV 遗址仍高达 10 英尺多，南边仍保留着带拱顶的入口。它的三面墙各有 6 英尺厚，第四面有 9 英尺厚。在墙里面只有一个房间，长 16 英尺，宽 8.5 英尺。房间上方的拱顶以及入口的土坯都制作得很好，沿长边竖放，土坯长 42 英寸，宽 6 英寸。西墙特别厚，墙上留出了一段 3 英尺宽的台阶，通到顶层。这个极为坚实的小建筑的特点表明，它是一座可以进行防守的瞭望塔。瞭望塔建在一块风蚀台地顶上这一点，也完全与我的结论相符合。

朝济里盐沼方向继续追踪古代边境线

　　我们可以望到，这条由瞭望塔连成的线沿着类似的孤立台地，继续朝东南延伸。但我在这里已经清楚地知道了这条线的性质，所以觉得没有必要再深入到阿富汗境内去了（我是不允许到那里去的）。我们迄今为止追踪到的古代边境线的方向清楚地说明，这条边境线位于济里盐沼的最西端。在那里，它的一翼可以安全地处于济里盐沼边上。先前我们已经看到，它的西北段就处于哈木恩湖边上。为什么在比亚班河岔出了几条河口的地方，边境线会中断了一段呢？关于这一问题，我还没有任何明确的解释。可能那里的河床在历史上曾经发生过大变动，在很大程度上改变了地表的面貌。也可能晚近的时候，在那里进行的农耕活动（对此我们是有明确证据的）抹去了早期的遗迹。

古代边境线的大致年代

　　考虑到我匆匆查看的这一连串要塞的总体情况，我们大致可以肯定，这条边境线可以上溯到伊斯兰时期之前很久。要塞的建筑细节、土坯的尺寸，以及没有发现上釉的陶器碎片等事实，都可以证实这一点。这些要塞是按照同一"规格"建的，说明它们应该建于同一时期，遵循的是同样的布局。只有系统清理了其中一些要塞后，我们才能知道比较确

切的年代。我把这些要塞和我在锡斯坦查看的其他建筑遗存
比较之后，再参照着一些历史情况，觉得这条边境线大概建
于公元后的最初几个世纪里。如果整个波斯包括呼罗珊在
内，都处在一个有力的统治之下（萨珊时代就是如此），就
没有必要建这样一串旨在进行防御的要塞了。

　　这样一条边境线显然不是为了抵挡"正规军"的进攻，边境线的目的
而只能是为了保护赫尔曼德河三角洲的农田不受游牧部落的
劫掠。考虑到地理上的情况，可以肯定这条"长城"是朝南
的。南面绵延的那片光秃秃的山区在古代必定被游牧部落占
据过，那些部落在性质和习俗上与现在居住在那里的俾路支
人及布拉灰（Brahui）人都是一样的（在种族上也可能如
此）。直到今天，对锡斯坦的定居人口来说，布拉灰人仍是
不好相处的邻居，他们在这方面的名声远播在外。居住在锡
斯坦正南的波斯俾路支斯坦"萨尔哈德"（意为边境）山区
的布拉灰人，当统治者企图使他们屈服的时候，曾多次反抗
过"沙"（意为王）的军队，或是"沙"手下的大封建主比
尔詹德的酋长（此酋长是这些地区的首脑）的军队。①

---

　　① 萨尔哈德的俾路支人利用战争的机会，劫掠了附近的英属俾路支斯坦，还袭击了锡斯坦—努什
吉那条道，证实了他们的古老本性。印度在罗巴特·塔纳（Robāt Thāna）以及锡斯坦最南边的边境都派
了哨卡，但仍无济于事。

图 494　拉姆鲁德的村庄要塞遗址的大门，从村庄里面看到的景象

图 495　喀拉伊帖木儿的主建筑，从西北面看到的景象

图 496　阿富汗堡遗址，从南面看到的景象

图 497　比比多斯特的可进行防御的大厦，从西面看到的景象

图 498　马吉附近的风车遗址

图 499　马吉的可进行防御的大厦的阿依旺

图 500　　风蚀丘 R.R.VII，发现了史前陶器等物

图 501　　拉姆鲁德附近结着盐壳的烽燧台地，从南—南东方向看到的景象

图 502　要塞 R.R.XXV 遗址，从南面看到的景象

图 503　拉姆鲁德以西的风蚀岭和沟

图 504　喀拉特伊吉尔德附近风蚀台地上的圆顶墓葬

图 505　努什吉—锡斯坦商道上喀罗达克处的近代要塞

类似于中国和
近东的长城线

　　关于这条防卫线的建筑年代，我们还缺乏明确的证据。所以，讨论帕提亚时期或萨珊时期锡斯坦及其周围的民族和政治状况（这些状况大概和这条边境线所表明的政策有关），就没有什么意义了。我们更没有办法从这条边境线推断出，当时被耕种的赫尔曼德河三角洲的位置究竟在哪里，范围究竟有多大。这条边境线，很像我在遥远东方的甘肃边界追踪到的中国古代长城线以及西方的罗马长城线，对此我也只能最简单地提一下。中国那条长城线沿中亚古道深入到了敦煌沙漠中。罗马帝国的长城线则建在阿拉伯、叙利亚和近东的其他地方，以便更好地保卫这些地区不受蛮族的劫掠。我至少可以指出一个有趣的考古学问题。锡斯坦的这条沙漠边境线，有没有可能在地理上形成中国长城线与罗马帝国长城线之间的联系呢？未来的研究工作也许会给我们一个答案。

第五节　从锡斯坦到印度和伦敦

启程返回印度

　　如果我能把研究工作扩展到阿富汗境内（那里如今只有沙漠），我是很愿意克服春天临近时，在沙漠地区进行长期工作将面临的自然条件上的困难的。亨利·麦克马洪爵士和其他的早期旅行家曾在那一地区发现了重要的遗址，它们仍有待于进行细致的考察。但我无法得到许可探访那一地区。考虑到战争的原因，这并不太出乎我的意料。于是，在考察完了古代南部三角洲处在波斯这一侧的古代边境线后，我于2月初出发回到印度去。

锡斯坦商道

　　在科赫伊马里克西阿赫（Kōh-i-Malik Siāh），我来到了英属俾路支斯坦最西部的边防哨，之后我便沿着锡斯坦商道走。30多年前，印度政治部的韦伯·瓦尔上尉（如今已经晋升为上校）凭着一腔热忱，第一个探索了这条道。尽管这条道很有名，我仍在接近 400 英里的沙漠行程中注意到了一个大约有历史意义的事实。这一地区的查该事务处（Chagai Agency）虽然跨越了五个多经度，却只有 5 000 人，几乎都属于游牧部落。两年前，我曾在罗布地区无水的沙漠中成功地找到了已经废弃了 16 个世纪的早期中国商道。现在，"锡斯坦商道"上的交通状况很好地告诉我，从前罗布沙漠中的商道大概会是什么样子。这条近代"锡斯坦商道"的历史，在很多方面也很接近那条古代沙漠道。和后者一样，它也是为了扩大贸易而修的。但世易时移，如今它已经被用于政治和军事目的。

　　如果骑骆驼，急行 15 天就可以走完这条道。的确，道上的大部分站点都有可供饮用的淡水井，所有的站点都有政府设的舒适客舍，而且六七个站点还有为骆驼提供草料的牧场。因此，与从楼兰往东的中国古代大路上遇到的艰难险阻相比，走这条道简直如同儿戏。而且在古代，中国早期修路者所克服的自然困难，也肯定要比这条从努什吉到锡斯坦的道在没有改造之前遇到的任何困难都严峻得多。但在这条道上，我们也绕过了寸草不生的小山，穿过了长长的砾石萨依或覆盖着沙丘的地面，遇到了荒凉的小站（图 505）。古代疲惫的路人在穿过罗布沙漠往前走，经过干山（Dry Mountains）脚下时，很可能就遇到过类似的景象。我在远方望到济里盐沼旁边覆盖着盐的水面时，也不由得想起了中国的大盐泽罗布泊。一路上，我看到了成百头死掉的骆驼。在过去的几个月里，从努什吉那条铁路的起点一直在向锡斯坦运送军用物资等，这些死骆驼就是运物资的军队留下来的。这使我更深刻地体会到，在汉朝的商队和军队使用着从敦煌

与罗布沙漠道相比较

到楼兰的那条道的几百年间，人们在那条难走得多的道上受了多少苦。我得知，1918 年修的从努什吉到杜兹达伯（Duzdāb）的为满足军事需要的铁路，将使人们不必再付出这样沉重的代价，这使我感到很欣慰。

到达基达

2 月 21 日，我到达努什吉，从那里坐火车第一次来到基达（Quetta，在今巴基斯坦西部，俾路支省省会——译者）。之后，我到了西比（Sibi），这个气候寒冷的地方是总督在俾路支斯坦的代理人和首席司法、行政长官约翰·拉姆塞爵士的总部所在地。在基达，我有机会在当地的博物馆参观了亨利·麦克马洪爵士的考察队从锡斯坦带回的文物。这些文物都十分有价值，摆放得特别好，应该另文叙述。在西比，我见到了我的老朋友约翰·拉姆塞爵士，并亲自向他极为有益的帮助致谢（他的帮助大大方便了我从锡斯坦来的行程）。我还告诉他，当时这条沙漠道上靠骆驼运输会造成多么大的损失。

探访德里、台
拉登和拉合尔

之后我在德里待了一个星期。在那期间，我再次受到了总督阁下哈丁格勋爵的亲切关怀。他的关心从一开始就陪伴着我，鼓励着我，我将永远心怀真挚的感激之情，牢记他的关怀。在德里（也就是印度的新首都），我还遇到了两位在印度的老朋友。一位是爱德华·麦克拉根爵士，当时他是英国教育部派驻印度政府的国务卿。另一位是马尔考姆·海雷（如今已被晋封为爵士）先生，他当时是德里的首席行政长官。这两位朋友在任何时候都准备对我的中亚探险给予尽可能多的官方支持。后来我在台拉登停留了一阵，那里是印度测量局的三角测量分局（如今更名为大地测量分局）的总部所在地。在那里，我得到了锡德尼·布拉德爵士上校的热情帮助，他当时是印度的首席测量员。我还得到了杰拉德·勒诺克斯-考尼恩加姆上校（如今他已经被晋封为爵士）的帮助，于是得以出版了我三次探险中获得的全部地形资料，这也就是本书所附的地图集。同时，我还设法使阿弗拉兹·古尔进入测量部工作，这样，这位能干的年轻助手就有远大前程了。他后来的表现证明，他是完全能够胜任自己的工作的。我在经过拉合尔（Lahore，印度旁遮普省省会——译者）时，仓促拜访了麦克尔·奥德威爵士，当时他是旁遮普的副总督。从这位老朋友那里，我特别高兴地得知，我在测量活动中的伙伴拉伊·巴哈杜尔·拉尔·辛格由于一生中为政府作出了杰出的贡献，已经得到了贾吉尔（Jāgīr，即一块封地）。自从我在探险中熟悉了他不屈不挠的精神和毅力后，我就一直想给他谋得这样的封赏。

最后，3 月中旬之后，我来到了克什米尔，那里是我历次中亚探险的基地。大约在两年零八个月之前，我的这次探险就是从那里开始的，如今探险已经结束了。前一年的 10月，我在中国境内收集到的 182 箱文物安全运抵了那里。在印度政府的许可下，我把这些收集品交给了我的老朋友安德鲁斯先生，由他来进行编排和仔细研究，这使我十分高兴。在大英博物馆和我合作过之后，他已经被任命为克什米尔省技术学院（Technical Institute of the Kashmīr State）的校长。我在前两次旅行中收集到的文物的所有研究工作，都和安德鲁斯先生密切相关。现在，我能把最新收集到的文物也托付给这位专家，更觉得十分幸运。我本想把文物暂时运到伦敦去，但由于是战时，这样做将是很不明智的。于是我就把文物都存放在斯利那加，那里的气候很适合保存古物。

把收集品存放在斯利那加

回到英国　　我于是漂洋过海回英国去。我打算利用在英国的时间准备一篇关于这次工作的先期报告，并完成我在第二次旅行后的那些繁重工作（以前，我还没有做完那些工作，就启程开始第三次探险考察了）。我回到了英国。这之前的两年是人类历史上斗争最激烈的两年，我也为重大的变故做好了心理准备。但幸运的是，我的工作并没有受到太大的影响。印度政府和学术界的朋友们对我的学术活动的帮助和兴趣并没有消减。我第一次到达伦敦的时候，就受到了奥斯丁·张伯伦先生（如今已晋封为爵士）（张伯伦是英国保守党领袖和外交大臣，因签订《洛迦诺公约》获 1925 年诺贝尔和平奖——译者）的欢迎，当时他是英国的印度事务大臣。因此我受到了很大鼓舞。我在撰写本书的过程中，一直为这样的鼓励深深地感动着。

附录 A
吐鲁番阿斯塔那的汉文碑铭

马伯乐翻译并注释

法兰西大学教授

第 1 号 Ast.09（图版 LXXV）

　　延昌①十一年卒卯岁，三月朔戊申，八日乙卯，谘议参军转民部司马追赠长②史王元祉之墓表。

---

　　①　延昌：是当地年号，不是中国年号。见"年表"。

　　②　民部长史：根据《周书》卷五〇 4a，在公元 11 世纪，高昌国的中央行政机构包括一个"令尹"，他要对由汉人担任的宰相负责（4 号碑铭中的"上柱国"显然指的就是这样的宰相）。再往下有八个部：吏部、祠部、库部、仓部、主客部（负责与中国之外的所有外国的事务）、礼部、民部、兵部。每个部的长官都叫"长史"，长史底下还有司马和侍郎、校郎、主簿等。左右"五大卫大将军"的职位在宰相之下，但在各部长史之上。还有五个将军的职位在各部长史之下，但《周书》中提到的这些将军的职位没有出现在碑铭和手稿中。（麹氏高昌官制，以《周书》记载最详。《周书》卷五〇"高昌传"记载："官有令尹一人，比中夏相国；次有公二人，皆其王子也，一为交河公，一为田地公。次有左右卫；次有八长史，曰吏部、祠部、库部、仓部、主客、礼部、民部、兵部等长史也。次有建武、威远、陵江、殿中、伏波等将军，次有八司马，长史之副也。次有侍郎、校郎、主簿、从事，阶位相次，分掌诸事。次有省事，专掌导引。"此外，吐鲁番所出麹氏时期的表、碑刻、文书等，对麹氏高昌官制又多有补充。请参见现代中国学者关于麹氏高昌官制的研究，以正马伯乐之误。——译者）

第 2 号 Ast.i.6.08（图版 LXXV）

古①敦煌张侍郎讳□新□侍郎，追赠谘议参军。志仁禀义，性笃温恭。夙夜存公，不失忠贞之节；竭诚，亦未废严恪之心。宜延选录，禅赞国务，如何不淑奄钟此祸。春秋七十有三，于延寿②九年五月甲寅朔，二日乙卯，致使六亲哀戚③，九挨悲酸。呜呼哀哉，殡于斯墓。

第 3 号 Ast.v.i.07（图版 LXXIV）

伪④武邪将军范永隆故夫人贾氏墓志

夫人无讳，字阿女，西州高昌人，伪中郎贾师苟之女也。幼敦女教，巧丽无穷，名誉外彰，言归范氏。妇功四德⑤，一行不亏。长好□言，虔恭内正。志谐琴瑟⑥，千载克期。天夫非龄，降年弗永，遂使荆山碎璧，合浦沉珠⑦。谢□□□归厚夜，寮妻稚子，即日孀居。三从⑧之□莫□寿一之名绝

---

① 古：在这个碑铭和 4 号碑铭中，第一个字是"古"。我认为它是"故"（即已经过世的意思）。第一行：我按照 4 号碑铭的格式填补了这里（见 4 号碑"讳字相衮"注）。"讳"字是能辨认出来的，但"字"字已经被磨光了。拓片出来的后面一个字是"张"，我觉得这似乎是不大可能的，但我在照片上也无法看出这是什么字。

② 延寿（?）：活更长的时间。（延寿为高昌王麹文泰的年号——译者）

③ 六亲哀戚：这是程式化的语言，意思是"死"，但却没有说出"死"这个字。下面的文字也是这样的程式："六亲……"意思是他使"六亲"哀悼，也就是说他死了。

④ 伪：我把"伪"字翻译成"不合法的"。"伪"一方面指的是诸侯国中不被中国承认的某一地区，另一方面指这一地区的所有官员。

⑤ 妇功四德：妇女的四德是"妇德、妇言、妇容、妇工"。

⑥ 琴瑟：夫妻。（琴瑟，在此指夫妇和好——译者）

⑦ 荆山、合浦：意思是她守寡了。荆山的著名宝石经常出现在中国古典文献中。合浦在现在的广西，那里有个产珍珠的渔场，在汉代的时候很有名。

⑧ 三从：一个妇女应该未嫁从父，既嫁从夫，夫死从子。由于贾夫人曾守寡，和儿子一起生活，所以在她生命中的三个阶段她依次实践了这"三从"。

矣。携持保抱，育养成于教诲，□方不异过庭之训①。闺门侍省，孝行内□□□□□光显先□，不□寒暑，来往□□□□□乾封二年十月六日，遇斯时疾，奇方绝验，妙药无瘳。至十二日丑晨卒于私第，春秋七十有五，即以其月廿八日同葬②于城西北原□也。少阙供侍，智逐年生。事亲之志方兴，慈母之颜已灭。号天扣地，无益于魂灵；追远慎终③，实资于孝道。亲罗内烈，仆从捶胸。巷路悲酸，衢间抱泣。绝音罢社④，止想停歌。呜呼哀哉，葬于斯墓。

隙光非固⑤，电影难遮。□穷命尽，转益时疴。宝根凋朽，玉树摧柯。长辞白日，永翳尘罗。宗亲□志，路泣停歌。哀子擗踊⑥，痛当奈何。

第 4 号 Ast.010（图版 LXXV）

古⑦搇师⑧张上柱国

---

① 过庭之训：过庭，从房子的庭院中走过，意思是儿子接受父亲的教诲。出自《论语·季氏》，见莱格（Legge）《中国经典》（*Chinese Classics*）第一卷 179~180 页。那里说的是孔子如何教导自己的儿子伯玉（?）。孔子也是在庭院中教导自己的弟子的。（《论语·季氏》："尝独立，鲤趋而过庭。"鲤，孔子之子，字伯鱼。后人遂谓定省其父为过庭，以父教为过庭之训。——译者）

② 同葬：根据礼节，在妇女死的时候应该把她与丈夫合葬。见德·格鲁特《中国的宗教体系》（*Religious System of China*）第二卷 800~806 页。同葬于城西北原：显然就是发现这块石碑的墓地。

③ 追远慎终：这段话将《论语·学而》中的一句话反着说了，见莱格《中国经典》第一卷 5 页。（《论语·学而》："曾子曰：慎终追远，民德归厚矣。"——译者）

④ 社：向土地之神献上牺牲（?）：这是由全村人一起做的牺牲。在杀牺牲的时候，全村（不光是村子里的人）都举丧。人们之所以献牺牲，因为这仿佛是个欢庆的节日。从字面上看，我们就会察觉到一个有趣的现象：中国的影响是如此深远，以至于在乡村中引入了"土地神"这个完全中国化的信仰。但我觉得，这可能只是个套语，没有什么实际价值。

⑤ 最后三行：下面的文字都是四言诗。

⑥ 擗踊：跳起来，这是一种举哀的表示。（擗踊，指悲痛时捶胸顿足——译者）

⑦ 古：参见 1 号碑"古"注。

⑧ 搇师（?）：我不知道第一个字的读音是什么。这是张相欢的籍贯，比如敦煌就是张侍郎（chelang）的籍贯。（墓表明记为"西州高昌人也"——译者）

　　君讳字相欢①，西州高昌县人也。曾祖俱伪明威将军②今日者。权任伪王帐右③城宾之际，投化归朝，为上赤诚蒙补怀音队正④。旋归本邑，旧位转复。重飞朴大力于乡部，嘉声四方远震。谁谓松竹与蒲柳而先凋，子路贤人同鬼神而为侣，妻昆季等追诸耆域⑤，并□救疗。未遇西山之童⑥，俄悲逝川之水。遂使诸亲躃踊行路，咸以钱之，既而泣动寒泉⑦，啼伤龙树⑧，春秋六十有二，其年正月廿一日□于西原⑨。一从辟此下方，翻□他方上界。呜呼哀哉，殡于斯墓。

　　　　　　　　　　　　　　　　　粤□永隆二年正廿一日勒铭

---

　　① 讳字相欢：大概为了表示尊敬，没有写出死者的姓。只写了字。

　　② 明威将军：通过《西域考古图谱》中发表的那些碑铭，我们已经知道高昌的"明威将军"这一官职了。

　　③ 帐右：这大概是当地人称呼碑铭开头提到的"上柱国"的。我知道，在当地人眼里，右边是比较尊贵的一边，这和中国人的看法是正相反的。这很可能指的是"上柱国"，因为这个职位是汉人官员体系中位置最高的，而不是像中国人那样认为左边是最尊贵的。（中国古礼主居右，客居左，以左为尊位之称。但古代通常多尚右，以指较高地位，而以左为下位。——译者）如果这是按照中国人的用法，那就是说当时在高昌的宫廷里有两个"上柱国"，一个在左（名字我们还不知道），一个在右（也就是张相欢）。

　　④ "队正"是唐朝的等级体系中一个比较低的官职。"队正"前面加了"怀音"。"怀音队正"这个官职我似乎没有在哪里见过，但存在着其他一些类似的官职。

　　⑤ "耆域"是佛陀时代的一种著名的药，在这里是奇妙的药的意思。

　　⑥ 西山之童：这是引用曹植的一首题为"飞龙"的诗中的典故，见《曹子建集》卷六14a。在那里曹植叙述到，他遇到了两个年轻的神人，乘着白鹿，拿着草药，他们给曹植指出了到西王母的"西堂"去的路。

　　⑦ 寒泉：借用的是《诗经·凯风》中的一个典故，在《诗经》卷一第三节第八首，见莱格《中国经典》第四卷50页。那首诗说的是一个寡妇和七个儿子在一条冰冷的溪流边哀悼她的丈夫和他们的父亲。这一典故可以用于留下了孀妻弱子的死者。（《诗经·邶风·凯风》："爰有寒泉？在浚之下。有子七人，母氏劳苦。"用作子女孝顺母亲的典故。——译者）

　　⑧ 龙树：我还没有找到这个典故的出处，这里的"龙树"可能是人名。

　　⑨ 西原：城西边的墓地。

年 表

这四个碑铭都有纪年，其中两个用的是唐朝年号（公元 667 年和 681 年），这对我们来说不成什么问题。另外两个用的是高昌麴氏王朝的年号。1915 年的《西域考古图谱》中发表了西本愿寺（Nishi-hongwanji）探险队发现的墓志铭和手稿照片，在那些资料中，我们看到了这些当地年号。我们可以用下面的形式来表示麴氏王朝的年表：

高昌王	在位时间	年 号
1. 麴嘉（麴灵凤）	公元 497—520 年	
2. 麴光	公元 521—530 年	
3. 麴坚（麴子坚）	公元 531—547 年	
4. 麴玄喜	公元 548—554 年	
5. 麴茂	公元 555—560 年	公元建昌 555—560 年
6. 麴韩固	公元 561—601 年	公元延昌 561—601 年
7. 麴伯雅	公元 602—623 年	公元延和 602—623 年
8. 麴文泰	公元 624—640 年	公元延寿 624—640 年
9. 麴智 meou（或麴智盛）	公元 640 年	

（此年表不全，有误，引用时请参见现代中国学者的新年表——译者）

碑铭中发现的两个纪年和上面这个表格是符合的：

第 1 号（Ast.09，图版 LXXV）：延昌十一年，即公元 571 年（延昌元年是公元 561 年）。

　　（这一年的阴历三月一日的确是戊申）

第 2 号（Ast.i.6.08，图版 LXXV）：延寿九年，即公元 632 年（延寿元年是公元 624 年）。

　　［这一年的阴历五月一日的确是甲寅（kia-yin）］

因此说，这些纪年都是正确无误的。

　　我以前曾在《法国远东学院杂志》第 15 期 1915 年第 4 号 57～60 页上，发表了一个年表。罗振玉先生也发表了一个《高昌麹氏年表》。本附录中的年表填补了上述两个早期年表的某些空白，还做了一些更正。

　　1. 罗振玉先生的表中"延昌"那一时期的高昌王名字是个空白。Toy.042提供了这个名字。

　　2. 除了这个填补的地方，我还做了一个重要的更正，在高昌麹氏的建国者麹嘉和麹坚之间又补充了一个高昌王。罗振玉先生认为麹坚是紧接着麹嘉的，当时他也注意到了一个很重要的问题，但没有找出问题的答案来。麹嘉死于公元 520 年（麹嘉于公元 502—525 年在位——译者）。而中国的历史学家直到公元 531 年才提到麹坚派来的使节（麹坚于公元 531—548 年在位——译者），那一年他第一次被北魏赐予"平西将军"（以前这个封号曾授予麹嘉）、瓜州刺史、麹氏王朝的创始人、泰临县伯、高昌王。然而，在《魏书》卷十 2b 中又记载，公元 528 年，王世子光接受过这些封号。严格说来，这段文字意味着"王世子光"在这一年就算是登基为王了（麹光于公元526—530 年在位——译者）。但这就是说，在公元 521 年到 527 年之间，有一个我们还不知道名字的高昌王，这样麹姓的高昌王就有 10 个了。而我们知道，麹氏族高昌王只有 9 位（见《旧唐书》卷一九八 4a）。于是我们只能得出这样的结论：这是因为中国朝廷对高昌王的认可太迟了。实际上，这位高昌王几年前就已经登基了，但直到公元 528 年才同中国发生联系。于是，在麹嘉和麹坚之间，应该加入高昌王麹光的名字。这也是和《旧唐书》的文字一致的，《旧唐书》中说，麹伯雅是麹嘉的六世孙。当然，人们可以根据土峪沟出土的一篇手稿，来对这个年表提出反对意见。那篇手稿是西本愿寺探险队获得的，上面有"延昌"年号。在那篇手稿中，高昌王麹就（?）（根据文书 Toy.042，延昌年号时的高昌王应该是麹韩固，而不是《西域考古图谱》中的麹伯雅或我以前说的麹坚）谈起了他的"先七世考妣"，而他只不过是麹嘉之后的第五个继位者。这件文书对罗振玉先生的年表也是个严峻的挑战。因为这位学者认为，延昌时期的高昌王（他没有指出这个王的名字，实际上就是麴韩固）是麴嘉之后的第四个继位者。但照我看来，这只是个表面上的困难，实际上并不存在这样的困难。我们忽略了高昌王的继承关系。而且，代的数目和王的数目并不一定一致。即便不考虑到上述这些因素，也很容易驳倒人们的反对意见。在土峪沟的那件文书中，说的是对祖先的崇拜，而不是高昌王的世系。在王朝建立者之前的那几代祖先，在宗祠中也有自己的位置了。

可以说高昌麴氏王朝的谱系如今已经大致完整了，但不幸的是，年号问题却不能令人满意。罗振玉先生已经注意到一个事实：敦煌的一件文书《维摩诘记》卷二的文末题识中的年号是甘露二年。由于缺乏证据，难以在年表上断定甘露（甘露为麴光年号——译者）年代是何时期。

（附录 A 注释有误，慎用——译者）

附录 B
发现和购得的钱币目录

以 F.M.G. 罗立梅和 J. 阿兰的笔记为基础撰写而成

I. 在喀什和巴楚之间的遗址发现和购得的钱币
（见本书第三章第一节）

a. 从汗奥依（Khān-oi）带回来的两枚伊斯兰教钱币，是穆罕默德阿尔斯兰汗（Muhammad Arslān，黑汗朝历史上一位著名领袖——译者）钱，参见《古代和田》第二卷图版 XC 第 43 号。

b. 3 枚伊斯兰教钱币，据卖主说是在下阿图什的库尔干发现的，是苏莱曼克哈欠汗（Sulaimān Khāqān）钱。参见《古代和田》第一卷 575 页。

c. 3 枚伊斯兰教钱币，是在拜什塔木和博伽其库勒（Bogach-köl）之间发现的，穆罕默德阿尔斯兰汗钱。

d. 乌鲁克阿克浑（Ulūgh Ākhūn）从下阿图什和巴楚之间的山脚下带回来的伊斯兰教钱币。

2 枚是苏莱曼克哈欠汗钱，参见《西域考古图记》第四卷图版 CXLI 中的第 29 号。

1 枚是穆罕默德阿尔斯兰汗钱。

2 枚已经完全磨损。

e. 1 枚伊斯兰教钱币，苏莱曼克哈欠汗钱，是在到拉勒塔格遗址的路上发现的。参见霍恩雷（Hoernle）《中亚考古学报告》（*Report on C.-A. Ant.*）第一卷图版 III 中的第 13 号。

II. 从麻扎塔格遗址带回来的钱币

（见本书第三章第四节）

1 枚带缺口的晚期五铢钱。

1 枚乾元重宝（公元 758—760 年）。

III. 在和田收集到的钱币

（见本书第四章第一节）

A. 各种来源的钱币

a. 铜钱，编号为 Kh.040~047.a，b。

1 枚元丰通宝（公元 1078—1086 年）。

1 枚崇宁重宝（公元 1102—1107 年），图版 CXX 中的第 11 号。

4 枚乾隆通宝（公元 1736—1796 年）。

1 枚嘉庆通宝（公元 1796—1821 年）。

2 枚磨损严重的中国古钱，无法辨认年代。

b. 李师爷带来的青铜钱。

2 枚中国王莽钱（公元 9—22 年），镌着"货布"二字。图版 CXIX 中的 1、2 号。

c. 毛尔多瓦克先生带来的铜钱。

8 枚汉文—佉卢文二体钱，图版 CXIX 中的第 5、6 号。

1 枚迦腻色迦（Kaniska）时期的库车铜钱，图版 CXIX 中的第 7 号。

1 枚穆罕默德阿尔斯兰汗钱。

d. 据说从阿尔喀库都克（Arka-kuduk）和库马特（Kumat）获得的铜钱。

6 枚伊斯兰教钱币，磨损严重，无法辨认。

3 枚伊斯兰教钱币，是苏莱曼克哈欠汗钱。

e. 据说在吉格代库都克（Jigda-kuduk）发现的铜钱。

7 枚中国五铢钱。

10 枚带缺口的晚期五铢钱。

1 枚乾元重宝（公元 758—760 年）。

1 枚熙宁通宝（公元 1068—1078 年）。

1 枚元丰通宝（公元 1078—1086 年）。

f. 从拉沁阿塔带回来的铜钱。

8 枚中国五铢钱，有缺口。

1 枚开元通宝。

3 枚伊斯兰教钱币，是苏莱曼克哈欠汗钱。

g. 从喀拉里克带回来的铜钱。

8 枚中国乾元重宝（公元 758—760 年）。

1 枚中国大历（？）元宝（公元 766—780 年）。

1 枚中国崇宁重宝（公元 1102—1107 年），图版 CXX 中的第 9 号。

h. 从巴什库马特带回来的铜钱。

11 枚中国五铢钱，大多有缺口并被严重锈蚀。

1 枚中国熙宁通宝（公元 1068—1078 年）。

10 枚伊斯兰教钱币，大多数都已经磨损，可能是苏莱曼克哈欠汗钱。

i. 从克孜尔亚（Kizil-yār）带回来的铜钱。

1 枚汉文—佉卢文二体钱。

8 枚伊斯兰教钱币，是苏莱曼克哈欠汗钱。

11 枚伊斯兰教钱币，已经锈蚀，可能是穆罕默德阿尔斯兰汗钱。

j. 从卡里木阿克浑（Karīm Ākhūn）带回来的铜钱。

3 枚晚期中国五铢钱。

2 枚乾元重宝（公元 758—760 年）。

1 枚大历元宝（公元 766—780 年）。

15 枚中国钱币，严重锈蚀，无法辨认。

k. 阿巴斯从和田的塔提带回来的铜钱。

11 枚晚期中国五铢钱，有缺口。

1 枚乾元重宝（公元 758—760 年）。

l. 穆罕默德·沙里夫（Muhammad Sharif）带来的铜钱。

1 枚伊斯兰教钱币，可能是穆罕默德阿尔斯兰汗钱。

3 枚伊斯兰教钱币，可能是苏莱曼克哈欠汗钱。

半枚伊斯兰教钱币，无法辨认。

m. 据说是从约特干带来的很多铜钱。

300 多枚中国钱币，已成堆地锈蚀，可能都是五铢钱。

1 枚乾元重宝（公元 758—760 年）。

1 枚大历元宝（公元 766—780 年）。

n. 穆罕默德·沙里夫说他从约特干带来的铜钱。

10 枚中国五铢钱。

3 枚乾元重宝（公元 758—760 年）。

1 枚大历元宝（公元 766—780 年）。

o. 托乎提阿洪从阿尔喀里克的杭桂附近的塔提带回来的铜钱。

1 枚晚期库车钱币，有缺口并已磨损。

1 枚中国五铢钱。

1 枚开元通宝。

1 枚乾元重宝（公元 758—760 年）。

4 枚苏莱曼克哈欠汗钱。

p. 从恰勒马喀赞获得的铜钱。

2 枚中国乾元重宝（公元 758—760 年）。

1 枚政和通宝（公元 1111—1118 年）。

（注意，文中所注中国钱币年号的年代有出入，下同——译者）

B. 从巴德鲁丁汗那里购得的铜钱

a. 铜钱，编号为 Badr.0147～0164。

1 枚大五铢钱。

3 枚晚期五铢钱，有缺口。

1 枚开元通宝。

2 枚乾元重宝（公元 758—760 年）。

2 枚大历元宝（公元 766—780 年），图版 CXIX 中的第 22 号。

1 枚熙宁通宝（公元 1068—1078 年）。

1 枚北周静帝时期的"永通万国"钱（公元 580—581 年）（公元 579 年始铸——译者）。

2 枚伊斯兰教钱币，苏莱曼克哈欠汗钱。

1 枚穆罕默德阿尔斯兰汗钱。

b. 铜钱，编号为 Badr.0199～0201。

1 枚威玛卡德非西斯（Wima-Kadphises）时期的库车钱，图版 CXIX 中的第 8 号。

2 枚汉文—佉卢文二体钱。图版 CXIX 中的第 4 号。

c. 据说是从杭桂"塔提"带回来的铜钱，编号 Badr.0202～0245。

26 枚中国钱币，还有很多残片，是各种五铢钱，大多数都有缺口。

4 枚乾元重宝（公元 758—760 年）。

1 枚崇宁重宝（公元 1102—1107 年）。

1 枚大观通宝（公元 1107—1111 年），图版 CXX 中的第 14 号。

2 枚宋代（?）钱币，无法辨认年号。

2 枚苏莱曼克哈欠汗钱。

d. 据说从约特干带回来的铜钱，编号为 Badr.0246～0247。

45 枚中国钱币，粘在一起，似乎都是五铢钱。

1 枚开元通宝。

1 枚天福元宝（公元 936 年）（公元 938 年始铸——译者）。

1 枚至道元宝（公元 995—998 年）。

1 枚元丰通宝（公元 1078—1086 年）。

e. 据说是从阿克提坎带回来的铜钱，编号为 0262~0267。

37 枚粘在一起的中国五铢钱，锈蚀得比较厉害。

3 枚开元通宝残件。

3 枚乾元重宝（公元 758—760 年）。

1 枚宋元通宝（公元 960—976 年）（为宋太祖在位年代——译者）。

1 枚咸平元宝（公元 998—1004 年），图版 CXX 中的第 1 号。

1 枚祥符通宝（公元 1008—1017 年）。

1 枚皇宋通宝（公元 1038—1040 年）（为"宝元"年号——译者）。

1 枚祐通宝（公元 1056—1064 年）。

1 枚熙宁通宝（公元 1068—1078 年）。

3 枚元丰通宝（公元 1078—1086 年）。

1 枚元祐通宝（公元 1086—1094 年）。

1 枚元符通宝（？）（公元 1098—1101 年），磨损严重。

1 枚正隆元宝（公元 1156—1161 年）。

2 枚伊斯兰教钱币，可能是穆罕默德阿尔斯兰汗钱。

f. 铜钱，编号为 Badr.0268~0269。

16 枚中国五铢钱，大多数有缺口。

1 枚开元通宝。

8 枚乾元重宝（公元 758—760 年）。

1 枚治平通宝（公元 1064—1068 年）。

1 枚熙宁通宝（公元 1068—1078 年）。

g. 据说出自阿尔卡里克的铜钱，编号为 Badr.0270~0271。

35 枚中国五铢钱，大多数已经磨损或变成了残片。

1 枚开元通宝。

1 枚乾元重宝（公元 758—760 年）。

1 枚大历元宝（公元 766—780 年）。

1 枚祥符通宝（公元 1008—1017 年）。

1 枚崇宁重宝（公元 1102—1107 年）。

1 枚伊斯兰教钱币，是苏莱曼克哈欠汗钱。

h. 铜钱，编号为 Badr.0434~0435。

45 枚中国五铢钱，许多很小并有缺口。

3 枚开元通宝。

1 枚乾元重宝（公元 758—760 年）。

1 枚至道元宝（公元 995—998 年），图版 CXIX 中的第 25 号。

2 枚祥符通宝（公元 1008—1017 年）。

1 枚天禧通宝（公元 1017—1022 年）。

2 枚天圣元宝（公元 1023—1032 年）。

2 枚皇宋通宝（公元 1038—1040 年）。

22 枚熙宁重宝（公元 1068—1078 年），图版 CXX 中的第 2 号。

31 枚元丰通宝（公元 1078—1086 年），图版 CXX 中的第 5 号。

6 枚元祐通宝（公元 1086—1094 年），图版 CXX 中的第 4 号。

1 枚绍圣通宝（公元 1094—1098 年）。

1 枚元符通宝（公元 1098—1101 年）。

2 枚圣宋通宝（公元 1101—1102 年）（为建中靖国年号——译者）。

1 枚崇宁重宝（公元 1102—1107 年）。

4 枚政和通宝（公元 1111—1118 年）。

2 枚宣和通宝（公元 1119—1127 年），图版 CXX 中的第 8 号。

1 枚嘉祐通宝（公元 1056—1064 年）。

1 枚建炎通宝（公元 1127—1131 年）。

1 枚汉文—佉卢文二体钱。

16 枚伊斯兰教钱币，都是苏莱曼克哈欠汗钱。

2 枚伊斯兰教钱币，类似（？）《西域考古图记》第四卷图版 CXLI 中的第 32 号。

1 枚伊斯兰教钱币，是穆罕默德阿尔斯兰汗钱。

IV. 在达玛沟或其附近收集到的钱币
（见本书第四章第三节）

a. 巴德鲁丁汗收集到的铜钱，编号为 DK。

1 枚汉文—佉卢文二体钱。

6 枚中国五铢钱，有缺口。

1 枚开元通宝。

6 枚乾元重宝（公元 758—760 年）。

1 枚天福元宝（公元 936—943 年）。

1 枚太平通宝（公元 976—984 年），图版 CXIX 中的第 23 号。

1 枚咸平元宝（公元 998—1004 年）。

2 枚祥符通宝（公元 1008—1017 年）。

1 枚明道元宝（公元 1032—1034 年）。

1 枚皇宋通宝（公元 1038—1040 年）。

1 枚至和通宝（公元 1054—1056 年）。

2 枚嘉祐通宝（公元 1056—1064 年）。

1 枚治平通宝（公元 1064—1068 年）。

2 枚熙宁重宝（公元 1068—1078 年）。

1 枚元丰通宝（公元 1078—1086 年）。

5 枚元祐通宝（公元 1086—1094 年）。

1 枚绍圣通宝（公元 1094—1098 年）。

1 枚元符通宝（公元 1098—1101 年）。

2 枚政和通宝（公元 1111—1118 年）。

4 枚穆罕默德阿尔斯兰汗钱。

7 枚苏莱曼克哈欠汗钱。

b. 据说在乌尊塔提发现的铜钱，编号为 U.Z.。

13 枚中国五铢钱，有缺口。

2 枚乾元重宝（公元 758—760 年）。

1 枚崇宁重宝（公元 1102—1107 年）。

1 枚宣和（？）通宝（公元 1119—1126 年）。

4 枚苏莱曼克哈欠汗钱。

2 枚穆罕默德阿尔斯兰汗（？）钱。

c. 在阿琪玛买到的铜钱，据说是在达玛沟的塔提发现的。

1 枚中国五铢钱，有缺口。

12 堆伊斯兰教钱币，已锈蚀，粘在一起。

V. 从尼雅、车尔臣和瓦石峡遗址收集到的钱币

1 枚中国五铢钱，在佛塔附近发现（见本书第四章第四节）。

1 枚至和通宝（公元 1054—1056 年），在车尔臣购得（见本书第五章第一节）。

1 枚崇宁重宝（公元 1102—1107 年），在瓦石峡遗址获得（见本书第五章第一节）。

Ⅵ. 在罗布沙漠遗址发现的铜钱

A. 在 L.K 要塞和 L.M 遗址发现的钱币

（见本书第六章第一、三节）

a. 在 L.K 要塞附近发现的中国钱币。

3 枚大五铢钱。

3 枚五铢钱，有缺口或是残片。

1 枚货泉钱。

b. 6 枚大五铢钱，在 L.M 遗址发现。

B. 在楼兰 L.A 要塞或其附近发现的钱币

（见本书第六章第五节，第七章第一节）

a. 过了 c.xciii 号营地之后 8.5 英里处发现的钱币。

1 枚大五铢钱，已破残。

1 枚有缺口的五铢钱，图版 CXIX 中的第 14 号。

1 枚有缺口的货泉钱。

b. 在带围墙的 L.A 要塞或其附近发现的钱币，图版 CXIX 中的第 15、16 号。

29 枚五铢钱，很多枚有缺口。

1 枚五铢钱，在遗址 L.A.I 里面发现。

2 枚五铢钱，在 L.A.VI.ii 垃圾堆里挖掘出来。

21 枚没有铭义的小中国钱币（鹅眼），图版 CXIX 中的第 17、18 号。

3 枚货泉钱，图版 CXIX 中的第 9、10 号。

C. 在 L.C 墓地及其附近发现的钱币

（见本书第七章第六节）

a. 在墓穴中发现的钱币。

1 枚大五铢钱。

1 枚没有铭文的大中国钱币。

b. 在 L.C 墓地附近和到 L.E 去的路上发现的钱币。

4 枚五铢钱。

1 枚没有铭文的中国大钱。

D. 在 L.E 小堡垒和 L.F 台地发现的钱币
（见本书第七章第七节）

a. 1 枚大五铢钱，在 L.E 的围墙附近发现。

b. 1 枚有缺口的五铢钱，在 L.F.iii 房间里发现。

5 枚五铢钱，在 L.F 台地脚下发现。

4 枚晚期的五铢钱，有缺口，出自 L.F 台地脚下。

E. 在小遗址 L.D、L.G、L.I、L.J、L.Q 发现的钱币
（见本书第七章第一节，第八章第一、二节，第二十章第四节）

a. 在 L.D 遗址发现的钱币。

11 枚大五铢钱，没有铭文。

1 枚 Lotus root（"莲花根"？——译者）钱，应是元延（公元前 12 年—前 9 年）时期的，图版 CXIX 中的第 3 号。

9 枚带缺口的小五铢钱。

b. 在 L.G 遗址或其附近发现的钱币。

7 枚五铢钱。

1 枚货泉钱。

3 枚没有铭文的中国大钱。

4 枚中国小钱币，有缺口。

c. 在 L.I 东北发现的 2 枚五铢钱。

d. 211 枚大五铢钱，保存极好，在 L.J 东—北东方向的古道上发现，图版

CXIX 中的第 12 号。

e. 1 枚五铢钱，在 L.Q 西北—北西方向发现。

F. 在罗布沙漠中行走的路上发现的钱币

（见本书第七章第八节，第八章第一、三节，第二十章第四节）

a. 2 枚五铢钱，在 xcvi 号营地附近发现。

b. 1 枚五铢钱，在 xcix 号营地以南发现。

c. 1 枚五铢钱，在 ci 号营地以东 0.5 英里处发现。

d. 5 枚五铢钱，在 ci 号营地以东 6 英里的台地上发现，图版 CXIX 中的第 11 号。

e. 2 枚五铢钱，分别在 ciii 号营地东南 13 英里处和 14.5 英里处发现。

f. 1 枚中国钱币，大概是五铢钱残片，在 ccxlix.a 号营地西北发现。

g. 1 枚五铢钱，在托格拉克布拉克西南发现。

VII. 在汉代长城线上发现的铜钱

（见本书第十章第一节，第十一章第一、二、三、四节）

a. 1 枚晚期带缺口的五铢钱，在 T.XXII.d 烽燧发现。

b. 1 枚带缺口的五铢钱，在烽燧 T.XXIII.b 发现。

c. 1 枚五铢钱，在烽燧 T.XXIII.f 发现。

d. 1 枚五铢钱，在烽燧 T.XL.b 发现。

e. 1 枚五铢钱残片，在烽燧 T.XLI.c 发现。

f. 1 枚带缺口的五铢钱，在烽燧 T.XLI.d 发现。

g. 1 枚五铢钱，在烽燧 T.XLI.e 发现。

h. 1 枚货泉钱残片，在烽燧 T.XLI.f 底下发现。

2 枚磨损严重的清代钱币，在 T.XLI.f 附近发现。

i. 1 枚中国钱币，似乎是康熙通宝（1662—1723 年），在 T.XLI.g 遗址发现。

j. 1 枚五铢钱，在要塞 T.XLI.k 发现。

k. 1 枚中国钱币，似乎是五铢钱，在烽燧 T.XLI.l 发现。

l. 1 枚五铢钱，在烽燧 T.XLI.r 发现。

m. 1 枚五铢钱，在烽燧 T.XLIII.a 发现。

n. 1 枚五铢钱，在烽燧 T.XLIII.g 发现。

o. 1 枚中国钱币残件，可能是王莽时期（公元 9—23 年）的，参见洛克哈特（Lochhart）的第 73~76 号，在烽燧 T.XLIII.h 发现。

p. 1 枚中国钱币，是五铢钱，在烽燧 T.XLIII.i 发现。

q. 1 枚中国钱币，可能是五铢钱，在烽燧 T.XLIV.a 发现。

r. 2 枚中国钱币，分别是五铢钱和货泉钱，在烽燧 T.XLIV.c 发现。

s. 1 枚康熙通宝（公元 1662—1723 年），在烽燧 T.XLIV.d 附近发现。

VIII. 在哈喇浩特或其附近发现的铜钱

A. 在哈喇浩特城遗址发现的钱币
（见本书第十三章第二节）

a. 1 枚熙宁重宝（公元 1068—1078 年），在 K.K.I 庙宇的雕像底座下发现。

b. 1 枚崇宁通宝（公元 1102—1107 年），在围墙里面的西北角发现。

c. 在哈喇浩特城里面或外面发现的钱币。

1 枚五铢钱。

3 枚开元通宝。

1 枚太平通宝（公元 976—984 年），见图版 CXIX 中的第 24 号。

1 枚至道元宝（公元 995—998 年）。

2 枚中国钱币，可能是祥符通宝（公元 1008—1016 年）。

1 枚至和通宝（公元 1054—1056 年）。

1 枚嘉祐通宝（公元 1056—1064 年）。

1 枚治平通宝（公元 1064—1068 年）。

1 枚元丰通宝（公元 1078—1086 年）。

2 枚元祐通宝（公元 1086—1094 年）。

1 枚绍圣通宝（公元 1094—1098 年），见图版 CXX 中的第 7 号。

2 枚崇宁重宝（公元 1102—1107 年），见图版 CXX 中的第 10 号。

1 枚宣和通宝（公元 1119—1127 年）。

1 枚正隆元宝（公元 1156—1161 年），见图版 CXX 中的第 12 号。

1 枚至大通宝（公元 1308—1312 年），见图版 CXX 中的第 13 号。［从图版看，似为"大元通宝"（公元 1308—1311 年）——译者］

B. 在哈喇浩特城以东的民居遗址发现的钱币

（见本书第十三章第四节）

a. 1 枚圣宋通宝（公元 1101—1102 年），在 K.E.VI. 遗址发现。

b. 在遗址 K.E.IX~X 发现的钱币。

1 枚五铢钱。

1 枚带缺口的五铢钱。

1 枚开元通宝。

1 枚天禧通宝（公元 1017—1022 年）。

2 枚元祐通宝（公元 1086—1094 年）。

1 枚宋朝钱币残件。

1 枚嘉庆通宝（公元 1796—1821 年）。

c. 在 K.E.XIV~XIX 遗址发现的钱币。

1 枚开元通宝。

1 枚景祐元宝（公元 1034—1038 年）。

1 枚熙宁通宝（公元 1068—1078 年），见图版 CXX 中的第 3 号。

1 枚元祐通宝（公元 1086—1094 年）。

2 枚中国钱币，似乎是宋代的，没有辨认出确切年代。

1 枚非中国的钱币，没有辨认出来。

C. 在阿都那克拉要塞遗址发现的钱币
（见本书第十三章第二节）

4 枚开元通宝。

1 枚咸平元宝（公元 988—1004 年）。

IX. 在骆驼城和北庭遗址发现的清代钱币
（见本书第十四章第一节）

a. 85 枚在骆驼城发现的钱币，都残破不全，是顺治、雍正、乾隆、道光、咸丰时期（公元 1644—1851 年）的。

b. 从北庭的庙宇遗址发现的 1 枚中国清代钱币，没有辨认出来。

X. 在哈喇和卓挖掘或购得的钱币
（见本书第十八章第一节）

a. 5 枚开元通宝，在 Kao.I 遗址发现。

b. 在 Kao.I 遗址附近发现的钱币。

1 枚开元通宝。

1 枚建中通宝（公元 780—784 年）。

1 枚元祐通宝（公元 1086—1094 年）。

c. 在 Kao.III 遗址的藏品中发现的钱币。

27 枚开元通宝。

5 枚乾元重宝（公元 758—760 年）。

1 枚建中通宝（公元 780—784 年）。

6 枚中国钱币残片，有的无法断定年代，有些是乾元或大历时期的。

1 枚淳化元宝（公元 990—995 年）。

1 枚祥符通宝（公元 1008—1017 年）。

1 枚皇宋通宝（公元 1038—1040 年）。

2 枚熙宁重宝（公元 1068—1078 年）。

4 枚元丰通宝（公元 1078—1086 年），见图版 CXX 中的第 6 号。

13 枚崇宁重宝（公元 1102—1107 年）。

d. 在哈喇和卓发现或购得的钱币。

1 枚萨珊银币。

2 枚开元通宝。

1 枚镌着 4 个字的中国钱币，无法辨认。

7 枚无法辨认的伊斯兰教钱币。

XI. 在吐峪沟购得的钱币
（见本书第十八章第三节）

10 枚开元通宝，见图版 CXIX 中的第 19 号。

2 枚乾元重宝公元（公元 758—760 年），见图版 CXIX 中的第 21 号。

1 枚祥符通宝（公元 1008—1016 年）。

2 枚天圣元宝（公元 1023—1032 年）。

1 枚宋朝钱币，已经磨损，年代不明。

1 枚景祐元宝（公元 1034—1038 年）。

1 枚至和通宝（公元 1054—1056 年）。

XII. 出自阿斯塔那古墓的钱币

（见本书第十九章第一、二节）

a. 1 枚金币，很薄，模仿公元 5—6 世纪的拜占庭金币，在 Ast.i.3 号墓死者的口中发现，见图版 CXX 中的第 17 号。

2 枚萨珊银币，分别是霍尔玛兹德四世（Hormazd IV，公元 579—590）和胡斯劳一世（Khusrau I，公元 531—579）的，在 Ast.i.3 号墓死者眼睛上方发现，见图版 CXX 中的第 18、19 号。

1 枚镌着"长平五铢"（*Ch'ang p'ing wu shu*）字样的中国钱币，是隋代（公元 581—618 年）时期货币，在 Ast.i.3 号墓中发现，见图版 CXIX 中的第 13 号。

b. 1 枚金币，比较薄，模仿公元 5—6 世纪的拜占庭金币，在 Ast.i.5 号墓的死者口中发现，见图版 CXX 中的第 16 号。

c. 1 枚金币，比较薄，模仿公元 5—6 世纪的拜占庭金币，在 Ast.i.6 号墓的死者口里发现，见图版 CXX 中的第 15 号。

2 枚五铢钱，在 Ast.i.6 号墓里发现。

d. 1 枚开元通宝，在 Ast.iii.2 号墓里发现的，见图版 CXIX 中的第 20 号。

e. 1 枚萨珊银币，碎成了小块，在 Ast.v.2 号墓的死者口中发现。

XIII. 在营盘遗址发现的铜钱

（见本书第二十一章第一节）

1 枚五铢钱，在主佛塔 Y.I 附近发现。

1 枚五铢钱，在 Y.II 东边的塔提上发现。

1 枚严重锈蚀的中国钱币，在 Y.II 附近发现。

XIV. 在烽燧 Y.I（库尔干）发现的铜钱

（见本书第二十一章第三节）

1 枚开元通宝残件。

XV. 在库车收集到的铜钱

（见本书第二十三章第三节）

a. 7 枚汉文—佉卢文二体钱。

1 枚非中国的钱币，磨损严重，无法辨认。

4 枚五铢钱。

3 枚晚期带缺口的五铢钱。

3 枚小五铢钱，还可以看到圆圈和椭圆，其中 2 枚的铭文缺失。

1 枚开元通宝。

3 枚乾元重宝（公元 758—760 年）。

1 枚建中通宝（公元 780—784 年）。

1 枚政和通宝（公元 1111—1118 年）。

b. 据说在尤勒都斯巴格（Yulduz-bāgh）以南发现的钱币。

2 枚伊斯兰教银币，无法辨认。

3 枚伊斯兰教银币，是公元 14 世纪的某个当地蒙古王朝发行的，见图版 CXX 中的第 22、23 号。

c. 据说从尤勒都斯巴格遗址带回来的钱币。

3 枚汉文—佉卢文二体钱。

9 枚五铢钱。

3 枚无铭文的中国钱币。

9 枚带缺口的中国五铢钱。

d. 据说从达坂库木（Dawān-kum）的塔提遗址带回来的钱币。

2 枚中国五铢钱。

10 枚带缺口的中国小五铢钱。

1 枚中国钱币残件，年代不明，可能是北周静帝时期即公元 580—581 年（？）发行的。

XVI. 在库车以西的遗址发现的铜钱
（见本书第二十三章第二节）

a. 3 枚中国五铢钱，其中一枚有缺口，在塔吉克（Tajik）发现。

b. 1 枚大历元宝（公元 766—780 年），在托格拉克艾肯（Toghrak-akin）的 T.A.I 号遗址发现。

c. 在托格拉克艾肯的 T.A.IV 号洞中发现的钱币。

1 枚晚期带缺口的五铢钱。

1 枚开元通宝。

1 枚大历元宝（公元 766—780 年）。

14 枚建中通宝（公元 780—784 年）。

7 枚中国钱币，磨损太厉害，无法辨认铭文，可能是唐币。

d. 1 枚开元通宝，是在达坂库木的塔提发现的。

XVII. 在锡斯坦遗址发现的钱币

a. 1 枚萨珊银币，属女王包兰时期（公元 630—631 年），写有"元年"字样，是在帕依喀什依鲁斯塔木发现的（见本书第三十章第一节），见图版 CXX 中的第 20 号。

b. 在马吉遗址发现的钱币（见本书第三十章第一节）。

1 枚伊斯兰教银币，磨损太严重，无法辨认出铭文。

1 枚伊斯兰教钱币残件，大概是公元 17—18 世纪的。

c. 在喀拉特伊吉尔德发现的钱币（见本书第三十章第一节）。

1 枚尼穆罗孜王库特巴丁（Qutbaddīn，Shāh of Nīmrōz，尼穆罗孜即锡斯坦——译者）时期的伊斯兰教钱币，图版 CXX 中的第 21 号。

1 枚伊斯兰教钱币，可能是德里的菲鲁孜二世（Fīrūz II of Delhi）时期的。

11 枚伊斯兰教钱币，无法辨认，大多数有缺口并严重磨损。

图版 CXIX 和 CXX 中的钱币样品表
图版 CXIX

序号	类别	年号、时期或铭文	发现地或购买地
1	中国	王莽时期的货布钱（公元 9—22 年）	和田
2	中国	王莽时期的货布钱（公元 9—22 年）	和田
3	中国	"莲花根"钱（公元前 12 年—前 8 年?）	楼兰的 L.D 遗址
4	和田	汉文—佉卢文二体钱	和田
5	和田	汉文—佉卢文二体钱	和田
6	和田	汉文—佉卢文二体钱	和田
7	印度—斯基泰	迦腻色迦时期	和田
8	印度—斯基泰	威玛卡德非西斯时期	和田
9	中国	王莽时期的货泉钱（公元前 9 年—前 22 年）	楼兰 L.A 遗址
10	中国	王莽时期的货泉钱（公元前 9 年—前 22 年）	楼兰 L.A 遗址
11	中国	五铢钱	罗布沙漠
12	中国	五铢钱	罗布沙漠

（续上表）

13	中国	五铢钱（隋代）	阿斯塔那
14	中国	晚期带缺口的五铢钱	楼兰 L.A 遗址
15	中国	晚期带缺口的五铢钱	罗布沙漠
16	中国	晚期带缺口的五铢钱	楼兰 L.A 遗址
17	中国	晚期带缺口的五铢钱	楼兰 L.A 遗址
18	中国	晚期带缺口的五铢钱	楼兰 L.A 遗址
19	中国	唐朝开元通宝	吐峪沟
20	中国	唐朝开元通宝	阿斯塔那
21	中国	乾元重宝（公元 758—760 年）	吐峪沟
22	中国	大历元宝（公元 766—780 年）	和田
23	中国	太平通宝（公元 976—984 年）	达玛沟
24	中国	太平通宝（公元 976—984 年）	哈喇浩特
25	中国	至道通宝（公元 995—998 年）	和田

图版 CXX

序号	类别	年号、时期或铭文	发现地或购买地
1	中国	咸平（公元 998—1004 年）	和田
2	中国	熙宁（公元 1068—1078 年）	和田
3	中国	熙宁（公元 1068—1078 年）	哈喇浩特
4	中国	元祐（公元 1086—1094 年）	和田

（续上表）

5	中国	元丰（公元 1078—1086 年）	和田
6	中国	元丰（公元 1078—1086 年）	喀拉霍加
7	中国	绍圣（公元 1094—1098 年）	哈喇浩特
8	中国	宣和（公元 1119—1126 年）	和田
9	中国	崇宁（公元 1102—1107 年）	和田
10	中国	崇宁（公元 1102—1107 年）	哈喇浩特
11	中国	崇宁（公元 1102—1107 年）	和田
12	中国	正隆（公元 1156—1161 年）	哈喇浩特
13	中国	至大（公元 1308—1312 年）	和田
14	中国	大观（公元 1107—1111 年）	和田
15	中国	模仿公元 4—5 世纪的拜占庭金币	阿斯塔那
16	中国	模仿公元 4—5 世纪的拜占庭金币	阿斯塔那
17	中国	模仿公元 4—5 世纪的拜占庭金币	阿斯塔那
18	萨珊	霍尔玛兹德四世（公元 579—590 年）	阿斯塔那
19	萨珊	胡斯劳一世（公元 531—579 年）	阿斯塔那
20	中国	包兰女王（公元 630—631 年）	锡斯坦
21	伊斯兰教	尼穆罗孜王库特巴丁	锡斯坦
22	伊斯兰教	年代不明的公元 14 世纪当地王朝	库车
23	伊斯兰教	年代不明的公元 14 世纪当地王朝	库车

附录 C
关于帕米尔地区和阿姆河盆地的人类学所做的笔记

T.A.乔伊斯

艺术学硕士，大英博物馆副馆长，皇家人类学学院副主席

下面的笔记所依据的测量数据，是奥雷尔·斯坦因爵士在 1915 年第三次中亚考古考察中收集的。这些资料极为有益地补充了他在 1906—1908 年间的第二次考察中，在东帕米尔和中国新疆获得的数据。奥雷尔爵士特许我研究他第二次考察的资料，我的研究结果都汇总在《皇家人类学学院杂志》1912 年第 42 卷的一篇文章中，文章的题目是《中国新疆和帕米尔地区的人类学》。后来，在皇家人类学学院理事会的许可下，那篇论文附加了表格后，作为附录重印在《西域考古图记》（牛津大学出版社，1921 年）后面。

下面这篇笔记是补充刚才提到的那篇文章的。奥雷尔爵士在他最后一次考察中获得的数据，不仅让我们对瓦罕人和吉尔吉斯人的生理特征有了新的认识，而且他还继续朝西进行了测量，一直到了喷赤河右岸的那些与世隔绝的谷地，并到了喀拉特金和布哈拉地区。最后，这些数据还提供了赫尔曼德河尾水地区的锡斯坦人和萨亚德人以及附近的俾路支人的重要信息。

方 法

我记录数据和处理数据的方法，和前一篇论文完全一样（在那篇论文里已详细描述我的方法）。因此在这里我只提一下，以便节约篇幅。但我要多

说一句：我在前一次计算中使用的"差别指数"（Differential Index）方法，再一次证明是极为有效的。但我不得不承认，由于有如此多的部族要处理，计算量几乎是使人望而生畏的。

居 民

奥里尔爵士搜集了以下人群的数据：

（1）吉尔吉斯人：帕米尔地区的游牧部落，蒙古—突厥血统，见图365、439。

（2）乌兹别克人：也是说突厥语的游牧部落，是最后侵入撒马尔罕—布哈拉地区的人。

（3）塔吉克人：说波斯语，居住在布哈拉地区的山谷和绿洲中。

（4）喀拉特金人：可能是塔吉克血统的移民，从阿姆河下游谷地迁来，正在逐渐把住在克孜勒苏（苏尔赫河）上游谷地中的过着半游牧、半农耕生活的突厥人后裔排挤出去，那些突厥人可能和乌兹别克人有血统关系。

（5）达尔瓦孜人和（6）万吉人：是逊尼派穆斯林，如今说塔吉克人的波斯语，居住在喀拉特金和喷赤河朝北大拐弯之间的地区，见图446。

（7）亚兹古拉密人、（8）洛山人、（9）舒格楠人和（10）伊什卡什米人（Ishkashmi）：他们是说伊朗语的居民，住在从喷赤河大拐弯上游的右岸朝东延伸的那些与世隔绝的谷地中，见图366、441、442、443、444、445。

（11）瓦罕人：住在伊什卡什米东边的喷赤河南岸，其方言同舒格楠语和洛山语有关联，参见图440。

（12）锡斯坦人和（13）萨亚德人：住在赫尔曼德河的尾闾盆地中。锡斯坦人显然成分极为混杂。萨亚德人是一个害羞、原始的部落，靠渔猎为生，其生活方式和排外性说明，他们很可能是已经没落的当地土著人，见图454。

（14）俾路支人：从俾路支斯坦征招来的士兵。

上面提供的历史资料和语言情况只是补充材料。在下面的部分中，我们将集中讨论这些民族的生理特征。也许从其他方面可以看出他们之间的联系，但那些方面在本文中不予考虑。

头长（表 I）

锡斯坦人的头是最长的（平均指数为 186.24），紧随其后的是萨亚德人（185.55）、塔吉克人（185.19）和俾路支人（184.83）。

在另一端，头最短的是伊什卡什米人（174.71）。隔了很大一段距离后，是瓦罕人（176.74）、亚兹古拉密人（178.90）、舒格楠人（179.22）和乌兹别克人（179.22）。在这两组之间，是洛山人、达尔瓦孜人、喀拉特金人和吉尔吉斯人。所以，就头长来看，喷赤河沿岸的居民彼此接近，而布哈拉的塔吉克人则和锡斯坦及其附近地区的居民接近。

头宽（表 I）

可以预想的是，吉尔吉斯人的头是最宽的（154.59），但塔吉克人紧随其后（154.06），之后是瓦罕人（153.50）和乌兹别克人（153.44）。在头长上，塔吉克人接近锡斯坦那一组（锡斯坦人、萨亚德人和俾路支人）。但在头宽上，锡斯坦那一组却在另一端。俾路支人的头最窄（141.97），之后是锡斯坦人（142.35）、萨亚德人（143.18），之后出人意料的是达尔瓦孜人（145.54）。其余的人都是生活在喷赤河沿岸的谷地中的，他们头宽的平均数字很接近，足足有 8 组人的头宽在 148.45～150.00 之间。

颅指数（表 I）

锡斯坦人、俾路支人和萨亚德人形成了头最瘦长（dolichocephalic）的一组（颅指数分别是 76.50、76.81 和 77.21），隔了很大的一段距离后是达尔瓦孜人（79.88）。最接近圆头型（Brachycephalic）的是瓦罕人（86.89）、乌兹别克人（86.19）和伊什卡什米人（85.71）。其余的人，包括布哈拉地区的塔吉克人，都处在达尔瓦孜人（79.88）和吉尔吉斯人（84.04）之间。

从头部测量数据来看，锡斯坦人—萨亚德人—俾路支人似乎构成了一组，而瓦罕人、伊什卡什米人、乌兹别克突厥人和更蒙古化的吉尔吉斯人则构成另一组。在这两组之间是喷赤河沿岸和岸边谷地中的居民，他们之间差别不是太大。但布哈拉地区的塔吉克人在头长上是一个极端，在头宽上则是另一个极端，所以其颅指数基本上在中间。

鼻长（表Ⅱ）

如果把鼻长的测量结果同头长的结果相比较，是比较有趣的。鼻子最长的是锡斯坦人（50.31），最短的是乌兹别克人（44.44）。萨亚德人（49.35）和俾路支人（49.00）接近锡斯坦人，而吉尔吉斯人（45.02）接近乌兹别克人，所以仍可以看出锡斯坦人—俾路支人这一组和蒙古—突厥那一组之间的对立。但不同的是，瓦罕人（49.78）和伊什卡什米人（49.38）虽然在头的测量数据上与吉尔吉斯人和乌兹别克人接近，但在鼻长上却落在了锡斯坦人—俾路支人那一组中。其余各组都在 48.62（舒格楠人）和 46.00（亚兹古拉密人）之间。万吉人是个例外，他们的平均鼻长是 44.74，落在乌兹别克人和吉尔吉斯人之间。

鼻宽（表Ⅱ）

鼻宽的测量结果比较"混乱"。万吉人的鼻长处在乌兹别克人和吉尔吉斯人之间，是最短的之一，而且是最窄的（25.04）。乌兹别克人离万吉人不远（26.56）。但吉尔吉斯人的鼻子却是最宽的（34.20）。隔一段距离后是塔吉克人（31.43），之后是伊什卡什米人（29.35）和瓦罕人（28.41）。在其余各组中，锡斯坦人—俾路支人这一组仍很接近，都落在中间部分。达尔瓦孜人和亚兹古拉密人接近最低一端，仅次于万吉人，其平均鼻宽分别是26.08和25.80。

鼻指数（表 II）

从鼻长和鼻宽的绝对值我们就可以猜到，鼻子指数也很混乱。而且，这个指数用处也不大，因为在每一组人中，标准差（standard deviation）都很大。吉尔吉斯人的鼻子是最扁平的（77.14），隔了很远是布哈拉地区的塔吉克人（平均指数为66.54），再隔一段是万吉人（60.87）。锡斯坦人的鼻子是最细瘦的（54.48）。其余的各组都在中间，俾路支人和萨亚德人（分别是57.44和57.68）离得很近，都在乌兹别克人底下（59.96）。

从鼻子的测量数据来看，尽管瓦罕人和伊什卡什米人在头的数据上接近吉尔吉斯人和乌兹别克人，他们的鼻子却细瘦得多。而且，从鼻宽上看，吉尔吉斯人和乌兹别克人之间有很大差距。但锡斯坦人—萨亚德人—俾路支人这一组仍没有发生"分化"。瓦罕人仍和伊什卡什米人很接近，达尔瓦孜人和万吉人很接近，阿姆河沿岸的居民彼此之间很接近。塔吉克人的位置仍很不固定。

两颧（bizygomatic）宽（表 III）

伊什卡什米人和瓦罕人脸最窄（分别是122.50和122.84），其次是塔吉克人（124.37）。在另一端则是萨亚德人（135.39）、乌兹别克人（135.33）和喀拉特金人（134.27）。因此，跟鼻子的绝对测量数据一样，瓦罕人—伊什卡什米人和乌兹别克人差别很大，萨亚德人则和乌兹别克人处在一组，而不与瓦罕人—伊什卡什米人在一组。在这个数据中，萨亚德人、锡斯坦人（132.30）和俾路支人（130.63）之间的相近关系几乎有被打破的危险。达尔瓦孜人和万吉人（分别是131.88和133.74）则分别位于锡斯坦人两边。

脸长（表Ⅲ）

由这个绝对数据可以得出与上面不同的分组。舒格楠人（118.11）、锡斯坦人（117.65）和瓦罕人（117.25）的数值是最大的。数值最小的亚兹古拉密人（110.05）、达尔瓦孜人（113.28）和乌兹别克人（113.89）。就这个数据看，伊什卡什米人（114.79）和瓦罕人隔得很远，锡斯坦人、萨亚德人（116.73）和俾路支人（114.43）之间的相似性变得更小了。塔吉克人仍是接近瓦罕（116.75）人，吉尔吉斯人（116.89）仍与乌兹别克人差别很大。

全脸指数（表Ⅲ）

绝对数据似乎破坏了某些联系，但考虑到全脸指数后，某些联系又恢复了。脸最细瘦的是瓦罕人（95.68）、舒格楠人（94.20）、塔吉克人和伊什卡什米人（均为94.03）。脸最阔的是亚兹古拉密人（84.03），之后是乌兹别克人（84.47）。在这一端，达尔瓦孜人和万吉人靠得很近（分别是86.28和86.69）。而萨亚德人、俾路支人和锡斯坦人（分别是86.29、87.64和89.26）比绝对数值中靠得近得多。

总的看来，全脸的测量数据和我们前面得出的结论没有矛盾的地方。显然，锡斯坦人—萨亚德人—俾路支人之间的联系稍微弱化了一些，而吉尔吉斯人和乌兹别克人之间的差别则被突出了。同时，我们可以看出，塔吉克人与瓦罕人—伊什卡什米人—舒格楠人之间的联系得到了加强。

上脸长（表IV）

这个数据和全脸长的测量结果顺序虽然不一样，但差别不是很大。在"全脸长"中，数据最大的依次是舒格楠人、锡斯坦人、瓦罕人。在"上脸长"中，数值最大的依次是锡斯坦人（74.73）、萨亚德人（73.03）、瓦罕人（72.73），舒格楠人（72.12）则下降到了俾路支人（72.20）底下。在另一端，仍然是乌兹别克人（68.20）和亚兹古拉密人（68.35），但达尔瓦孜人则朝中间靠近了一点（其平均数值是 71.56）。塔吉克人（72.06）仍然和长脸的那些部族处在一组中。

上脸指数（表IV）

从这个指数看，瓦罕人（59.57）、伊什卡什米人（58.50）、塔吉克人（57.56）和舒格楠人（57.39）仍是构成脸最细瘦的一组。乌兹别克人（50.30）、亚兹古拉密人（52.08）和万吉人（52.83）则是脸最阔的一组。万吉人和达尔瓦孜人（54.30）的位置分别都和上一个数值相反了。之所以产生这种差别，显然是由于下颌的相对发达造成的，但目前我们对这个问题还不是很清楚。但可以看得出，下颌发达程度的差别并没有从根本上影响脸部比例。比如：前面已经说过，在头和鼻子的数据上，锡斯坦人、萨亚德人、俾路支人之间建立了联系，但在考虑到全脸长时，这种联系一定程度上削弱了。从"上脸长"看，这种联系也削弱了，削弱的程度和"全脸长"不同，但方向是一样的。

	锡斯坦人	俾路支人	萨亚德人
全脸指数	89.26	87.64	86.29
上脸指数	56.55	55.31	53.96

所以说，上脸的数值和指数和全脸测量的结果大体上是一致的。

头周长（表Ⅳ）

伊什卡什米人的绝对值最小（539.71），随后隔一小段距离是瓦罕人（546.78）、亚兹古拉密人（547.50）和舒格楠人（549.63）。吉尔吉斯人绝对值最大（560.98），隔他们不远就是塔吉克人（559.75）和锡斯坦人（557.78）。锡斯坦人的位置离萨亚德人（551.24）和俾路支人（552.46）比较远，后两者靠近数值低的那一端。达尔瓦孜人（553.86）和万吉人（552.61）彼此挨得很近，处在数值的中间。

这个绝对值不是太重要，因为每组人中的标准差都很大。

身高（表Ⅴ）

身高差别不是太大。最高的是乌兹别克人（169.78），最矮的是达尔瓦孜人（160.68）。在最高的人中，紧随乌兹别克人后面的是锡斯坦人（168.51）、舒格楠人（168.40）、俾路支人（167.89）和塔吉克人（167.56）。在最矮的人中，紧随达尔瓦孜人后面的是万吉人（163.74）、喀拉特金人（163.96）、伊什卡什米人（164.32）和萨亚德人（164.55）。所以说，在身高上，锡斯坦人和俾路支人靠得很近，萨亚德人离他们则比较远。但在头周长上，萨亚德人和俾路支人靠得很近，锡斯坦人则离他们比较远。

两臂尖间距离 （表 V）

两臂尖间距离（span，指两臂伸开，从背后量出的两手中指之间的距离——译者）最大的是锡斯坦人（176.35），随后是舒格楠人（174.53）、乌兹别克人（173.67）、俾路支人（173.51）、塔吉克人（172.44）和萨亚德人（172.33）。两臂尖间距离最小的是达尔瓦孜人（165.88），随后依次是吉尔吉斯人（168.31）、伊什卡什米人（168.41）和亚兹古拉密人（168.50）。吉尔吉斯人和乌兹别克人之间的差别在这个数据中比较大。

身高/两臂尖间距离指数 （表 V）

指数最高的是萨亚德人（104.78），随后是锡斯坦人（104.70）。指数最低的是吉尔吉斯人（101.59）。可以看出来最高的和最低的差别很小。其余的人都落在这么小的一段距离之内，所以其排列顺序意义不大。

值得注意的是，在考察以上这些绝对值和指数时，有一类人我始终没有提到，那就是洛山人。他们住在一片与世隔绝的谷地中，奥雷尔·斯坦因爵士测量了其中的 58 个人，这 58 人的平均数据应该可以比较准确地代表洛山人的特点。我上面之所以没有提到他们，是因为在每个数据中他们的平均值都在各组的中间或中间附近。我得出的推论是，他们大概可以代表我们所考察的这些人中的大部分在血统最纯正时的状况。有人可能会说，他们之所以每次都出现在中间位置，大概是因为他们杂糅了各种因素。有两点可以驳斥这种推测。其一，他们的居住地是与世隔绝的。其二，如果他们是杂糅了各民族特点，那么，根据孟德尔法则，在一两个数据中他们应该出现在极端的位置才更对。

差异指数（ΣΔ）（表VI、VII）

前面最后一段中我提到了洛山人的中间位置。这说明，在考虑各种差异指数的时候，可以把洛山人作为一个很好的起点。实际上，从表 VI、VII 中可以看出，他们和其他部族的关系是最密切的，在这一点上，任何别的部族都无法与他们相比。从表中我们还能看出，相对于洛山人来说，只有锡斯坦人的 ΣΔ 高于 8（8.44），ΣΔ 第二高的萨亚德人其数据就低达 6.59 了。

从和洛山人的关系来看，ΣΔ 的情况似乎是这样的：

喀拉特金人	3.46
舒格楠人	3.83
万吉人	4.19
亚兹古拉密人	4.86
达尔瓦孜人	4.91
伊什卡什米人	4.91
塔吉克人	5.26
乌兹别克人	6.01
瓦罕人	6.08

这些 ΣΔ 中没有一个 Δ 到了 1.00 的。所以我猜想，洛山人和上面这些部族之间也许有某种关系。

有两个 ΣΔ 比 4.00（就是喀拉特金人和舒格楠人）还低，说明他们和洛山人之间的关系是很密切的。但喀拉特金人相对于舒格楠人的关系指数 ΣΔ 却相对比较高，是 5.31。而且，当我们考察这个指数的 Δ 时，我们可以看到，两颧宽指数和全脸宽指数都超过了 0.90，说明喀拉特金人的宽面特征是他们和舒格楠人的主要差别。喀拉特金人和舒格楠人分别居住在洛山人的西北和南边，他们似乎和洛山人的关系十分密切，而他们之间的关系却远没有那么密切。这使我想到，如果把与洛山人有关系的那些部族，分别同这两个部族相比较，也许会得出有价值的结论。在比较的时候我略去了乌兹别克人和塔吉克人。我承认，这样做说明我的心中是有所预测的。但我想，如果将各种因素尽可能简化，有助于使局面更明了。

先来说喀拉特金人。除了与洛山人和舒格楠人的关系，从 $\Sigma\Delta$ 来看，他们和其他部族的关系指数如下（斜体数字表示 $\Sigma\Delta$ 中有一个 Δ 高于 1.00）：

万吉人	2.68
达尔瓦孜人	4.07
亚兹古拉密人	4.48
瓦罕人	*7.35*
伊什卡什米人	*7.43*

看来，喀拉特金人同万吉人显然有密切关系，同达尔瓦孜人和亚兹古拉密人关系也很密切。他们同瓦罕人和伊什卡什米人的明显差别，主要在于他们的面更宽。

下面来看舒格楠人：

瓦罕人	3.82
伊什卡什米人	4.87
达尔瓦孜人	*7.21*
亚兹古拉密人	*7.43*
万吉人	*7.69*

这些数字说明，洛山人是两组部族之间的联系纽带，其中一组住在洛山人西北，其特点是面比较宽；另一组住在洛山人南边，其特点是面比较窄。这两组部族如下：宽面的有喀拉特金人、万吉人、达尔瓦孜人、亚兹古拉密人（按照指数所显示的面宽程度递增排列）；窄面的有伊什卡什米人、舒格楠人、瓦罕人（按照面窄程度递增排列）。

联系面部数据来看一下这两组部族的鼻绝对值和指数是比较有趣的。把洛山人作为标准，把三个 Δ（鼻长、鼻宽和鼻指数）的和列成表（这些和显示了他们彼此之间的关系），其结果如下：

洛山人

舒格楠人	0.71	达尔瓦孜人	0.90
伊什卡什米人	0.85	亚兹古拉密人	0.99
瓦罕人	0.99	万吉人	1.39
喀拉特金人	0.71		

现在，如果我们考察一下表现瓦罕人和万吉人（他们是每一组中和洛山人差别最大的）的关系数据，我们发现鼻子测量数据和指数的 Δ 的和高达2.42。这说明，在这两组中，随着面部数据差别越来越大，鼻子的测量数据差别也越来越大。

在以前考察中亚居民的生理特征时，我总是觉得鼻宽的绝对值是很重要的，实际上比鼻指数更重要，因为在鼻指数中，标准差总是很高。

现在来看一下这些部族的鼻宽：

伊什卡什米人	29.35
瓦罕人	28.41
洛山人	27.88
舒格楠人	27.37
喀拉特金人	26.73
达尔瓦孜人	26.08
亚兹古拉密人	25.80
万吉人	25.04

我们马上就能看出，鼻宽得出的结论是和面宽相符的。的确，舒格楠人落在了洛山人的另一侧，但整个分组情况却没有被打破。这些数据说明了一个重要事实，那就是面越宽，鼻子越窄；面越窄，鼻子越宽。我猜想，如果能用一个指数反映一下鼻宽和两颧宽的比例，对于澄清这些中亚部族之间的亲缘关系问题将是很有用的。但我只是顺便提一下而已。总之，在这两组人中，面越宽，鼻子越窄；面越窄，鼻子越宽。

让我们换一个角度。如果考察洛山人和其他这些部族的关系，即各种 Δ

（鼻长、鼻宽和鼻指数），我们就会发现，瓦罕人—伊什卡什米人—舒格楠人这一组和洛山人的主要区别是前者的鼻子更长。而喀拉特金人—亚兹古拉密人—万吉人和洛山人的主要区别是前者的鼻子更窄。

下面是反映洛山人和其他部族之间差别的鼻 Δ：

	万吉人	亚兹古拉密人	达尔瓦孜人	喀拉特金人	舒格楠人	伊什卡什米人	瓦罕人
鼻长	0.42	0.17	0.08	0.09	0.34	0.47	0.59
鼻宽	0.88	0.49	0.47	0.31	0.12	0.36	0.14
鼻指数	0.09	0.33	0.35	0.31	0.25	0.02	0.26
	1.39	0.99	0.90	0.71	0.71	0.85	0.99

从指数来看，除了万吉人和伊什卡什米人，所有部族的鼻子都比洛山人细瘦得多。伊什卡什米人的鼻子同洛山人相比是既长且宽的，而万吉人的鼻子同洛山人相比则是既短且窄的。伊什卡什米人和万吉人的指数表明，他们同洛山人的鼻子相比都更阔。我们可以比较说明瓦罕人和万吉人关系的鼻子 Δ（就鼻子特征来看，这两类人在各自的组中离洛山人最远），由此就能很明显地看出这两组人之间的差别。这些数字是这样的：

鼻长　　1.09

鼻宽　　0.97

鼻指数　0.36

　　　　2.42

从身高数字中，也可以得出同样的结论。达尔瓦孜人、万吉人和喀拉特金人是被测量的部族中最矮的。舒格楠人和瓦罕人都比洛山人高。的确有一点是出人意料的：伊什卡什米人比亚兹古拉密人矮，而亚兹古拉密人自己又比洛山人稍微矮一点。如果不看伊什卡什米人，身高情况就与面部和鼻子的测量结论完全一致。

同样，从颅指数也可以得出类似的结论。瓦罕人、伊什卡什米人和舒格楠人同洛山人相比都算是圆头型的，而达尔瓦孜人、万吉人和亚兹古拉密人同洛山人相比都是长头型的。

如果我们考察一下能反映每一组中不同部族的关系的 $\Sigma\Delta$，我们就会看到，喀拉特金人、万吉人、达尔瓦孜人和亚兹古拉密人的 $\Sigma\Delta$ 从来都不超过 5.00。舒格楠人、瓦罕人和伊什卡什米人之间也是如此。从这一点几乎可以断定，每一组中的"成员"之间都是很接近的。

另一方面，如果把喀拉特金人暂时排除在外，每一组中的任一成员同另一组人一成员的 $\Sigma\Delta$ 都高于7.00，有时还高达 9.00。而且，每次的 $\Sigma\Delta$ 中都含有一个达到或超过 1.00 的 Δ。

只有喀拉特金人同另一组的舒格楠人相比时，其 $\Sigma\Delta$ 显示他们之间的关系比较近。$\Sigma\Delta$ 的数值是 5.31，但其中没有达到或超过 1.00 的 Δ（面宽的 Δ 是 0.91）。但喀拉特金人同另一组的其他成员相比的 $\Sigma\Delta$ 说明他们与万吉人、达尔瓦孜人和亚兹古拉密人要接近得多。

看来，在洛山人两侧有两组人，每一组内部关系都很密切。两组的特征如下（当然指的都是相对特征）：

1. 住在洛山人的北边和西北的亚兹古拉密人、万吉人、达尔瓦孜人和喀拉特金人。其特征是头较长、鼻较窄、面比较宽，个子比较矮。

2. 住在洛山人南边和东南的舒格楠人、伊什卡什米人和万吉人。其特征是头比较短、鼻子较长、面比较窄、个子较高。

如果从 $\Sigma\Delta$ 来考察乌兹别克人的亲缘关系，我们可以看出，和乌兹别克人最接近的是万吉人（指数为5.42），然后依次是亚兹古拉密人（5.61）、洛山人（6.01）、喀拉特金人（6.17）、达尔瓦孜人（7.83）和舒格楠人（8.00）。乌兹别克人比万吉人—亚兹古拉密人—喀拉特金人—达尔瓦孜人这一组的任何一个部族个子都高，头也更短。实际上，同达尔瓦孜人相比，乌兹别克人在头宽和头指数上的差别是很显著的。但乌兹别克人与舒格楠人—伊什卡什米人—瓦罕人这一组的最大区别在于他们的面更宽，鼻子更短。

从数字上看，乌兹别克人显然更接近于前一组，与后一组则有很大差异。而且，他们与后一组的最大不同之处在于脸和鼻子的数据。实际上，西北那一组和东南那一组之间的主要区别之一就是西北组是宽面、窄鼻子的，而乌兹别克人可以说是把宽脸和窄鼻子结合在一起的最极端的例子。可以得出的结论是：帕米尔地区的典型人种是阿尔卑斯人种（Homo Alpinus），但在北边和西边，由于同蒙古—突厥家族的一支（乌兹别克人就属于这一支的一员）的通婚，"阿尔卑斯人种"的特征已经发生了变化。

下面我们来看塔吉克人。十分有趣的是，我们发现，他们与舒格楠人和吉尔吉斯人是同样接近的。下表就是从 $\Sigma\Delta$ 来考察他们的亲缘关系：

疏格南人	4.75
吉尔吉斯人	4.85
洛山人	5.62
瓦罕人	6.79
伊什卡什米人	7.18
喀拉特金人	7.19

从这些数字中我们首先能够看出，塔吉克人似乎更接近舒格楠人—洛山人—瓦罕人那一组，而不是喀拉特金人—万吉人—达尔瓦孜人那一组。细看之下，我们还会发现，就鼻子的宽度和鼻子指数来看，塔吉克人位于舒格楠人（和其亲缘部族）和吉尔吉斯人之间（吉尔吉斯人的鼻子比舒格楠人那一组的鼻子宽得多）。诚然，考察的塔吉克人中，并不都适用于这种中间位置。但大体来说似乎可以得出这样的结论：塔吉克人从本质上讲是阿尔卑斯人种，但在与宽鼻子的蒙古人（吉尔吉斯人）接触的过程中，发生了变化。

至于吉尔吉斯人，他们只与塔吉克人有一点接近之处。

除了同塔吉克人的 $\Sigma\Delta$，吉尔吉斯人只同洛山人的 $\Sigma\Delta$ 是小于 7.00 的，即 6.00，但鼻子宽度的 Δ 和鼻子指数的 Δ 分别高达 1.43 和 1.24，说明吉尔吉斯人同洛山人相比鼻子明显更宽了。

有趣的是，表示吉尔吉斯人和乌兹别克人关系状况的 $\Sigma\Delta$ 是特别高的

（8.63），而这两个部族一般都被划分为蒙古—突厥族。这主要是由两者的鼻子数值造成的。虽然两者鼻子都短，但吉尔吉斯人鼻子要宽得多，乌兹别克人的鼻子则很窄。情况如下：

	吉尔吉斯人	乌兹别克人	Δ
鼻长	45.02	44.44	0.18
鼻宽	34.20	26.56	1.74
鼻子指数	77.14	59.96	1.23

这似乎是这两个部族之间的主要差异。看一下全脸的数据也是有趣的：

	吉尔吉斯人	乌兹别克人	Δ
两颧宽	131.36	135.33	0.44
脸长	116.89	113.89	0.34
脸指数	89.43	84.47	0.53

尽管脸部数据的差别不大，算不上是本质差别，但我们仍能看出，乌兹别克人的脸比吉尔吉斯人更宽、更短，更属于宽面型。所以说，乌兹别克人混合了鼻子较窄、面较宽这两个特征，而吉尔吉斯人则混合了鼻子较宽、面较窄这两个特征。值得注意的是，喀拉特金人—达尔瓦孜人—万吉人—亚兹古拉密人这一组和舒格楠人—伊什卡什米人—瓦罕人那一组之间大致也是这种差异，只是程度不同而已。窄鼻子倾向于和宽脸联系在一起，这说明，在判断亚洲民族之间的亲缘关系时，由这两个绝对值构成的指数可能是比较有用的。

还有三个民族没有讨论，即锡斯坦人、萨亚德和俾路支人。他们居住在赫尔曼德河尾水地区，离前面说的那些民族都比较遥远。从 ΣΔ 上立即就能看出，他们之间有很近的亲缘关系。这些 ΣΔ 的数据如下：

萨亚德人—俾路支人	2.92
萨亚德人—锡斯坦人	4.17
锡斯坦人—俾路支人	4.78

诚然，锡斯坦人和俾路支人之间的 $\Sigma\Delta$ 包含一个超过 1.00 的 Δ，但这个 Δ 是两臂尖间距离，而两臂尖间距离在这些部族中似乎不是一个特别重要的数据。目前，考虑到锡斯坦人和俾路支人在其他方面都很接近，两臂尖间距离上的差别是可以忽略的。

看一下这一组部族的数据我们就会知道：在测量的所有部族中，这一组的头是最长①最窄的，是最属于长头型的。

这与洛山人—舒格楠人—伊什卡什米人—瓦罕人那一组有显著不同，后者显然是圆头型的。而且，锡斯坦人—萨亚德人—俾路支人的两颧更宽，脸部指数更低，所以说同后者相比还明显属于宽面型。另一方面，他们的鼻子绝对值和指数则跨越后者的两极。

如果我们把锡斯坦人—萨亚德人—俾路支人同喀拉特金人—万吉人—达尔瓦孜人这一组相比较，我们会发现，从头长、头宽、颅指数来看，他们更属于长头型。而且，他们的鼻子也明显更长、更宽。但从鼻指数来看，结果是特别有意思的。下面就是按照递减的顺序给出的鼻子的绝对值和指数：

鼻 长		鼻 宽		鼻指数	
锡斯坦人	50.31	萨亚德人	28.26	万吉人	60.87
萨亚德人	49.35	俾路支人	28.11	萨亚德人	57.68
俾路支人	49.00	锡斯坦人	27.36	俾路支人	57.54
达尔瓦孜人	47.24	喀拉特金人	26.73	喀拉特金人	56.87
喀拉特金人	47.19	达尔瓦孜人	26.08	达尔瓦孜人	55.86
万吉人	44.74	万吉人	25.04	锡斯坦人	54.48

我以前就发现，鼻子的宽度一般来说是鼻指数中的决定性因素。在考察

---

① 实际上，塔吉克人的平均头长要高于俾路支人，但仍低于萨亚德人和锡斯坦人。

亚洲居民时，鼻宽比鼻长或鼻指数都更有价值。的确，就鼻指数来看，萨亚德人和俾路支人比喀拉特金人和达尔瓦孜人鼻子更阔。锡斯坦人就其分组来看，本来也应该在阔鼻那一侧，却成了鼻子最窄的。而万吉人则成了鼻子最阔的，尽管他们的鼻宽数据是最低的。之所以如此，是因为锡斯坦人的鼻子特别长，万吉人的鼻子特别短。而在鼻子的长短上，应该记住锡斯坦人和万吉人都是"忠实"于自己那一组的。

所以，锡斯坦人—萨亚德人—俾路支人这一组同喀拉特金人—达尔瓦孜人—万吉人那一组相比，除头更长外，鼻子还更长、更宽。

从面宽和面部指数来看，这两组之间没有太大差别，并彼此重叠在一起。

在进行总结的时候，我将把洛山人—舒格楠人—伊什卡什米人—瓦罕人称为 A 组，喀拉特金人—达尔瓦孜人—万吉人—亚兹古拉密人称为 B 组[①]，锡斯坦人—萨亚德人—俾路支人称为 C 组。

C 组头很长，在绝对值和指数上都使其显著区别于 A 组和 B 组。在鼻子特征上，C 组接近 A 组，但与 B 组差别则很大。在面部特征上，C 组接近于 B 组，与 A 组差别很大。所以，作为一组来看，C 组在两点上都接近 B 组，而不是接近 A 组。在讨论 C 组时，为了节省篇幅，我只给出了考察 $\Sigma\Delta$ 和 Δ 后得出的结果，$\Sigma\Delta$ 可以在表 VII 中查到。

在这里我还要提前说一下我将在"描述性特征"那一部分中提到的一个特征，这个特征也把 C 组同 A 组和 B 组特别明显地区别开来。除吉尔吉斯人外，C 组的成员是仅有的皮肤上有天然色素的人。其他各组的成员100%都可以被称为"红白色"，锡斯坦人、萨亚德人和俾路支人部族中的人大部分则可以被称为"棕白"。其比例如下：锡斯坦人 64%，萨亚德人 71%，俾路支人 86%。

---

① 迄今为止，我在把锡斯坦人那一组同达尔瓦孜人那一组进行比较时，都略去了亚兹古拉密人，因为他们的 $\Sigma\Delta$ 和锡斯坦人差别太大了，可以略去不说的。

这些数据是特别有价值的。它们不仅把这一组同其他两组明显区别开来，还表明 C 组中可能有印度—阿富汗血统。前面已经说过，其余的人中只有吉尔吉斯人皮肤中有天然色素，但在吉尔吉斯人中，"棕白色"的人只占 7%。而考虑一下 ΣΔ 就会看出，吉尔吉斯人与 C 组之间几乎没有什么关系。

为了比较一下奥雷尔·斯坦因爵士这次获得的数据和前一次获取的数据（见《西域考古图记》第三卷，《皇家人类学学院杂志》1912 年第 42 卷），我计算了这次测量的所有部族同前一次测量的五个部族（19 个瓦罕人、22 个奇特拉尔人、28 个马斯图吉人、18 个卡菲尔人、38 个吉尔吉斯人）的差异指数。先来说吉尔吉斯人。前一次测量的 38 个吉尔吉斯人和最后一次测量的所有部族都几乎没关系，ΣΔ 从 10.92（与喀拉特金人）到20.27（与锡斯坦人）。我略去了这一次测量的 54 个吉尔吉斯人。前一次的吉尔吉斯人同这一次的 54 个吉尔吉斯人相比，ΣΔ 是 9.52。这是个很重要的事实，它说明，这两组吉尔吉斯人之间除了名字相同，其余地方几乎没有什么共同点。在考察构成 ΣΔ 的因素时我发现，足足有三个因素超过了 1.00，即两颧宽、脸指数和上脸指数，说明前一次测量的吉尔吉斯人同最后一次测量的吉尔吉斯人相比，脸要宽得多。而且，它们的头也更宽、更短，鼻子更长、更宽。但这两组的指数比较接近，说明他们都是奥雷尔·斯坦因爵士测量的所有部族中鼻子最阔的。

既然前一次测量的吉尔吉斯人鼻子特别阔、头特别短、面特别宽，由此似乎可以推测出，最后一次测量的吉尔吉斯人由于和阿尔卑斯人种或伊朗人种通婚，已经受到了影响。所以最后一次测量的吉尔吉斯人和塔吉克人比较接近，和洛山人也有一点接近。我们都知道，阿尔卑斯人种的特点是鼻子比较宽，所以混入了阿尔卑斯人的成分，会更多地影响吉尔吉斯人的面部和头部数据，而对鼻子数据的影响则不大。

前一次测量的吉尔吉斯人鼻子特别宽，最后一次测量的吉尔吉斯人鼻子也很宽。如果把这同乌兹别克人的鼻子数据和指数相比较，又会得出一个有趣的结论：在中亚地区生活着两支差别很大的蒙古—突厥人。一支的鼻子特别宽且比较阔，另一支鼻子特别窄（虽然鼻子还比较短，但仍是属于窄鼻子类型）。

　　在前一次考察中，奥雷尔·斯坦因爵士还在塔克拉玛干山坡上测量了一小群瓦罕人（共 19 名），我将称他们为瓦罕人（1）。而在最后一次考察中，他测量山区中 54 个瓦罕人，我将称他们为瓦罕人（2）。第一组人数较少，因此就产生了样本可能缺乏代表性的问题。但可以看到，这两组人之间的差别是很显著的。他们之间的差异指数高达 8.99，其中包含两个超过 1.00 的 Δ，即鼻宽和鼻指数，同瓦罕人（2）相比，瓦罕人（1）的鼻子更宽、更扁平。而且，瓦罕人（1）的脸比瓦罕人（2）更宽、更扁平。在所有这些方面，瓦罕人（1）都处在瓦罕人（2）和塔克拉玛干沙漠边上的居民之间。在我的前一篇论文中，我把塔克拉玛干边上的那些居民看作是"沙漠部族"的核心部分，他们包括：库尔勒、吐鲁番、和田和若羌的居民。在那篇论文中，我说，瓦罕人（1）是"沙漠部族"朝帕米尔地区继续延伸的部分，由于和"帕米尔部族"［其核心是萨里库勒人、马斯图吉人和帕克玻人（Pakhpo）］的通婚，所以发生了变化。现在我想我当时的看法是错误的。对瓦罕人（2）的测量发现，瓦罕人作为一个整体，与舒格楠人、伊什卡什米人和洛山人构成了真正的"帕米尔部族"，更能代表阿尔卑斯人种。而瓦罕人（1）是这一部族朝"沙漠部族"延伸的部分，由于和蒙古—突厥人的一支［吉尔吉斯人，尤其是最先测量的那组吉尔吉斯人，即吉尔吉斯人（1）］通婚，所以被改变了。最后一次测量的吉尔吉斯人，即吉尔吉斯人（2），是蒙古—突厥人的一支，由于和帕米尔部族通婚而被改变了。

　　如果我们看一下在最后一次考察中测量的部族中和瓦罕人（1）最接近的那些的 $\Sigma\Delta$，就更容易看出瓦罕人的位置了。这些部族的 $\Sigma\Delta$ 如下：

吉尔吉斯人（2）	4.48
塔吉克人	6.05
洛山人	6.57
舒格楠人	8.71

伊什卡什米人	9.13
瓦罕人（1）	9.41

瓦罕人（1）和吉尔吉斯人（2）的主要区别在于瓦罕人（1）鼻子更长，而吉尔吉斯人（2）鼻子要短得多，也更扁平。瓦罕人（1）和洛山人、舒格楠人、伊什卡什米人、瓦罕人（2）的主要区别在于瓦罕人（1）的鼻子更宽，而洛山人、舒格楠人、伊什卡什米人、瓦罕人（2）鼻子要窄得多、细瘦得多。

塔吉克人和瓦罕人（1）之间没有太大的不同，最明显的差别就是鼻长和鼻宽，塔吉克人的鼻子同瓦罕人（1）相比更短、更窄、更细瘦。

根据差异指数，同马斯图吉人和奇特拉尔人最接近的人如下（如果 $\Sigma\Delta$ 中含有超过 1.00 的 Δ，那么相应的指数就标在了括号中）：

奇特拉尔人

塔吉克人	4.56
洛山人	6.45（鼻宽）
舒格楠人	6.56（鼻宽）
伊什卡什米人	7.35（头长，颅指数）
吉尔吉斯人（2）	7.35（鼻长）
瓦罕人（2）	7.54（鼻宽、鼻指数）

马斯图吉人

塔吉克人	5.61
吉尔吉斯人（2）	5.70（Biz、上脸长）
洛山人	6.70（鼻宽，鼻指数）
舒格楠人	8.06（鼻宽，鼻指数）

所以说，奇特拉尔人、马斯图吉人，和洛山人—舒格楠人—伊什卡什米人—瓦罕人（2）之间的差别，同瓦罕人（1）和后一组之间的差别是一样的，即奇特拉尔人、马斯图吉人的鼻子更宽，更扁平，有时这些指数的 Δ 会超过 1.00。而另一方面，吉尔吉斯人（2）同奇特拉尔人和马斯图吉人相比，

鼻子更短、更扁平。但马斯图吉人同吉尔吉斯人之间的最主要差别是，前者的脸特别窄（卡菲尔人也是这样的）。从以上这些情况中可以推断出，尽管洛山人居住在与世隔绝的地方，但他们和周围的居民都有更多的相似性，可见他们大概是血统最纯正的当地土著居民，即真正的阿尔卑斯人种。朝着西边（塔吉克）和东边（塔克拉玛干边缘），这个人种由于和宽鼻子的蒙古—突厥人接触而发生了变化。喀拉特金人—万吉人虽然基本上属于帕米尔血统，但由于和蒙古人中窄鼻子的一支接触而发生了变化。锡斯坦人—萨亚德人这一组基本上是印度—波斯人或印度—阿富汗人，但也包括一点古代的帕米尔血统。

描述性特征（见表Ⅷ）

现在，让我们来看一下这些部族的"描述性特征"。当然，从某种角度来讲，这些特征不如测量数据那么令人满意。首先，它们不是"明确无误的"，因为它们依靠观者的眼睛，而观察者的标准会受到最后一次考察的部族的影响。其次，要想比较一下各种观察结果，唯一的办法是用百分比。而如果样本数量很少，百分比会得出不准确的结果。比如，观察的乌兹别克人只有10个，所以在算百分比的时候，每个人都"以一当十"了。10个人中有一个是金发的，结果就变成了乌兹别克人中有10%是金发的。由于随机抽样，这个百分比可能是完全错误的。而如果样本数量更多，就能更正这种错误。但无论如何，这些"描述性特征"在表明某些倾向性时，也是很有价值的。

肤色。我前面已经说过肤色了，现在再简述一下。除了下表中的例外情况，所有的部族都是100%的"红白色"。例外情况是：

吉尔吉斯人	7%棕白色
锡斯坦人	64%棕白色
萨亚德人	71%棕白色

俾路支人   86%棕白色

从测量数据上看，吉尔吉斯人和其他三个部族之间是没有关系的。所以说，一小部分吉尔吉斯人的皮肤中有色素这一事实，应该归于其他原因。看一下前一次考察中测量的吉尔吉斯人我们就知道，他们的皮肤中带色素的倾向更明显，塔克拉玛干沙漠中宽鼻子的居民也有这一特征。所以，蒙古—突厥人的宽鼻子的这一支，可能皮肤中天生就有色素。沙漠居民也从他们那里获取了这一特点（但他们的特点不是太明显）。

锡斯坦人—萨亚德人—俾路支人这一组带色素的比例却高得多，这可能是因为他们中有很强烈的印度—波斯或印度—阿富汗血统。

眼睛的颜色。眼睛的颜色共分成三类：深色、中等色、浅色（包括蓝色）。大部分居民的眼睛都是深色的部族有：

	百分比（%）
俾路支人	97
锡斯坦人	90
乌兹别克人	90
万吉人	74
萨亚德人	65

这些部族的居民中没有一个眼睛是浅色的。所以说，俾路支人—锡斯坦人—萨亚德人的眼睛颜色和他们的肤色是一致的。如果继续朝下，就是：

	百分比（%）
洛山人	61
达尔瓦孜人	60

这两个部族中都有眼睛是浅色的人，所以有必要看一下他们当中眼睛为"中等色"和"浅色"的比例，然后才能判断他们的相对位置。

	中等色百分比（%）	浅色百分比（%）
洛山人	25	14
达尔瓦孜人	32	8

　　所以，整体看来，达尔瓦孜人同洛山人相比，眼睛是深色的比例更大。

　　以上这些部族中，都有超过 50% 的人的眼睛是深色的。这其中包括锡斯坦人—萨亚德人—俾路支人这一组中的全部部族、乌兹别克人、万吉人—达尔瓦孜人—喀拉特金人—亚兹古拉密人这一组中的两个部族、洛山人—舒格楠人—伊什卡什米人—瓦罕人这一组中的一个部族。从下文中我们能看出，洛山人中眼睛是浅色的比例也是很高的，抵消了眼睛是深色的高百分比。

　　除了上述部族，再往下依次看深色眼睛比例较高的部族就是：

百分比（%）

喀拉特金人	44
吉尔吉斯人	41
亚兹古拉密人	40

　　在这三个部族中，喀拉特金人只有 4% 人的眼睛是浅色的，亚兹古拉密人中则没有一个人眼睛是浅色的。于是万吉人—达尔瓦孜人—喀拉特金人—亚兹古拉密人这几个部族都集中在这里。尽管洛山人和他们重叠在了一起，但洛山人中高比例的浅色眼睛可以将洛山人同那一组区别开来。

　　现在我们从相反的角度来看眼睛的颜色。下面这个表是按照"浅色眼睛和中等色眼睛的百分比"递减排列的，并进一步分析了"浅色眼睛"和"中等色眼睛"的百分比，这样可以节省时间：

	浅色和中等色眼睛	中等色眼睛	浅色眼睛
	百分比（%）	百分比（%）	百分比（%）
塔吉克人	88	63	25
伊什卡什米人	72	49	23
瓦罕人	72	70	2
舒格楠人	63	56	7

（续上表）

吉尔吉斯人	60	54	6
亚兹古拉密人	60	60	0
喀拉特金人	56	52	4
达尔瓦孜人	40	32	8
洛山人	39	25	14

从这个表格的第一列中可以看出，塔吉克人的眼睛颜色是最浅的，随后依次是伊什卡什米人、瓦罕人和舒格楠人。尽管洛山人在"浅色和中等色眼睛比例"中落得如此之低，但从最后一列中可以看出，洛山人中浅色眼睛的比例有舒格楠人的两倍高。

这个表格也告诉我们，这一次考察中测量的吉尔吉斯人由于和帕米尔部族通婚，已经发生了很大变化。这也有助于说明，为什么他们的测量数据会和塔吉克人那么接近。

头发颜色。在所有样本中，只有一个人（一个俾路支人）是黑色头发。所以我只把发色划分成三类：深棕色、浅棕色和金色。

有7个部族100%都是深棕色头发。这些部族是：俾路支人、锡斯坦人、萨亚德人、喀拉特金人、达尔瓦孜人、亚兹古拉密人、塔吉克人（塔吉克人出现在这里是比较奇怪的）。再往下是：

吉尔吉斯人   98%（2%是金发）
万吉人   96%（4%是金发）

实际上，在吉尔吉斯人和万吉人中，"金发"的都只有一个人。这个分组情况也和测量数据、肤色、眼睛颜色得出的结论一样，即俾路支人—萨亚德人—锡斯坦人同达尔瓦孜人等相比，色素更重。这一次塔吉克人也接近吉尔吉斯人（塔吉克人中100%都是深棕色头发、25%是浅色眼睛是一个比较奇怪的组合）。

显然，帕米尔部族又彼此接近。他们的百分比如下：

	深棕色	浅棕色	金色
	百分比（%）	百分比（%）	百分比（%）
舒格楠人	92	3	5
洛山人	91	2	7
瓦罕人	89	7	4
伊什卡什米人	85	3	12

我还没有说乌兹别克人。被观察的乌兹别克人只有 10 个，其中有一个是"金发"。如此一来，乌兹别克人中就有 10% 是金发的了，这个结果肯定是错误的。

头发的生长状况。共分成三类：浓密、中等、稀疏。这个表格最引人注目的特征是，这一次，塔吉克人和吉尔吉斯人分别处在了两个极端。塔吉克人 100% 的头发都很"浓密"，而吉尔吉斯人 78% 的头发都"稀疏"。略去乌兹别克人不提，在"稀疏"那一端，在吉尔吉斯人之后的是俾路支人、锡斯坦人、萨亚德人，比例分别是 29%、22%、18%。而且，除了吉尔吉斯人，从头发"浓密"的百分比来看，这三个部族的百分比都是最低的，所以他们仍是一组。

其他的人则彼此交叉，从"稀疏""中等""浓密"的百分比来看，他们的情况如下：

稀　疏	百分比（%）	中　等	百分比（%）	浓　密	百分比（%）
洛山人	16	瓦罕人	21	亚兹古拉密人	95
舒格楠人	15	喀拉特金人	15	达尔瓦孜人	88
达尔瓦孜人	8	伊什卡什米人	9	伊什卡什米人	88
亚兹古拉密人	5	万吉人	9	万吉人	87
喀拉特金人	4	洛山人	7	喀拉特金人	81
万吉人	4	舒格楠人	7	洛山人	78

| 瓦罕人 | 4 | 达尔瓦孜人 | 4 | 舒格楠人 | 78 |
| 伊什卡什米人 | 3 | 亚兹古拉密人 | 0 | 瓦罕人 | 75 |

　　这些数字不太容易进行分析。但我认为，它们说明从整体来看，喀拉特金人—达尔瓦孜人—万吉人—亚兹古拉密人这一组的头发比帕米尔部族要浓密。它们至少可以说明，虽然达尔瓦孜这一组（简称）在色素问题上处在帕米尔部族和锡斯坦人那一组（简称）之间，但从头发的浓密程度来看，达尔瓦孜组和帕米尔部族更接近，离锡斯坦人那一组则比较远了。头发的生长状况是一个很持久的特征，所以很有意义。所以最终我们的结论是：达尔瓦孜组中有色素并不是因为和锡斯坦人那一组之间的什么联系，而是因为和乌兹别克人之间的联系（测量数据也证明了这种联系）。尽管测量的乌兹别克人数量很少，但乌兹别克人似乎绝大部分是深色眼睛、深色头发的。

　　注：载有各组中每个人数据的卡片，存放在英国皇家人类学学院图书馆中。

　　又注：在下面的表中，指数用下列符号来表示：

M.＝平均值	E.M.＝平均值的或然误差
σ＝标准差	Eσ＝σ 的或然误差
C.＝变量系数	E.C.＝C 的或然误差

（详细解释见《皇家人类学学院杂志》第 42 卷 451 页）

表 I

	No.	头　长						头　宽						颅指数			
		M.	E.M.	σ.	Eσ.	C.	E.C.	M.	E.M.	σ.	Eσ.	C.	E.C.	M.	E.M.	σ.	Eσ.
1. 吉尔吉斯人	54	184.00	0.63	6.86	0.44	3.73	0.24	154.59	0.64	6.92	0.45	4.48	0.29	84.04	0.41	4.48	0.29
2. 乌兹别克人	9	179.22	1.22	5.45	0.87	3.04	0.48	153.44	1.02	4.55	0.72	2.97	0.47	86.91	0.90	4.21	0.64
3. 塔吉克人	16	185.19	0.73	4.35	0.52	2.35	0.28	154.06	0.72	4.25	0.51	2.76	0.33	83.14	0.35	2.07	0.25
4. 喀拉特金人	26	180.85	0.92	6.94	0.65	3.84	0.36	148.46	0.72	5.42	0.51	3.65	0.34	82.37	0.50	3.81	0.36
5. 达尔瓦孜人	24	182.58	0.82	5.95	0.58	3.26	0.32	145.54	0.69	5.00	0.49	3.44	0.33	79.88	0.45	3.30	0.32
6. 万吉人	23	181.43	0.74	5.24	0.52	2.89	0.29	149.35	1.01	7.22	0.72	4.83	0.48	82.41	0.71	5.05	0.50
7. 亚兹古拉密人	20	178.90	0.81	5.39	0.58	3.01	0.32	148.45	0.99	6.54	0.70	4.41	0.47	83.03	0.61	4.07	0.43
8. 洛山人	58	180.59	0.56	6.31	0.40	3.49	0.22	149.97	0.49	5.58	0.35	3.72	0.23	83.27	0.34	3.79	0.24
9. 舒格南人	40	179.22	0.73	6.62	0.50	3.70	0.28	150.00	0.63	5.89	0.44	3.93	0.30	83.78	0.41	3.85	0.29
10. 伊什卡什米人	34	174.71	0.68	5.91	0.48	3.38	0.28	149.21	0.48	4.19	0.34	2.81	0.23	85.71	0.41	3.54	0.29
11. 瓦罕人	54	176.74	0.52	5.63	0.37	3.13	0.20	153.50	0.47	5.12	0.33	3.34	0.22	86.89	0.33	3.58	0.23
12. 锡格坦人	37	186.24	0.76	6.81	0.53	3.67	0.29	142.35	0.43	3.84	0.30	2.69	0.20	76.50	0.28	2.55	0.20
13. 萨里德人	33	185.55	0.69	5.83	0.48	3.14	0.26	143.18	0.55	4.62	0.39	3.23	0.27	77.21	0.30	2.58	0.21
14. 俾路支人	35	184.83	0.62	5.50	0.44	2.98	0.24	141.97	0.50	4.51	0.35	3.11	0.25	76.81	0.29	2.53	0.20

表 Ⅱ

	No.	鼻 长						鼻 宽						鼻指数			
		M.	E.M.	σ.	Eσ.	C.	E.C.	M.	E.M.	σ.	Eσ.	C.	E.C.	M.	E.M.	σ.	Eσ.
1. 吉尔吉斯人	55	45.02	0.37	4.18	0.26	9.15	0.59	34.20	0.31	3.41	0.22	9.97	0.63	77.14	1.05	11.50	0.74
2. 乌兹别克人	9	44.44	0.41	1.84	0.29	4.14	0.66	26.56	0.62	2.75	0.44	10.35	1.65	59.96	1.79	7.95	1.26
3. 塔吉克人	14	47.50	0.52	2.91	0.37	6.13	0.78	31.43	0.41	2.29	0.29	7.29	0.93	66.54*	1.36	7.55	0.96
4. 喀拉特金人	26	47.19	0.35	2.62	0.25	5.55	0.52	26.73	0.31	2.31	0.22	8.64	0.81	56.87	0.83	6.24	0.58
5. 达尔瓦孜人	25	47.24	0.59	4.41	0.41	9.34	1.06	26.08	0.34	2.50	0.24	9.59	1.09	55.86	1.19	8.80	0.84
6. 万吉人	23	44.74	0.42	2.99	0.30	6.68	0.66	25.04	0.34	2.41	0.24	9.62	0.96	60.87	0.99	7.05	0.70
7. 亚兹古拉密人	20	46.00	0.38	2.49	0.27	5.41	0.58	25.80	0.47	3.12	0.33	12.09	1.29	56.31	1.18	7.84	0.84
8. 洛山人	58	46.76	0.33	3.77	0.24	8.06	0.50	27.88	0.25	2.86	0.18	10.26	0.64	59.98	0.68	7.67	0.47
9. 舒格楠人	40	48.62	0.42	3.93	0.30	8.08	0.61	27.37	0.33	3.13	0.24	11.44	0.86	56.89	1.01	9.43	0.71
10. 伊什卡什米人	34	49.38	0.47	4.04	0.33	8.18	0.67	29.35	0.35	2.99	0.24	10.19	0.83	60.17	0.97	8.42	0.69
11. 瓦罕人	54	49.78	0.32	3.52	0.23	7.07	0.46	28.41	0.23	2.53	0.16	8.91	0.58	57.36	0.60	6.57	0.43
12. 锡格坦人	36	50.31	0.33	2.91	0.23	5.78	0.46	27.36	0.27	2.47	0.20	9.03	0.71	54.48	0.58	5.12	0.41
13. 萨亚德人	34	49.35	0.38	3.26	0.27	6.59	0.54	28.26	0.29	2.51	0.21	8.88	0.73	57.68	0.78	6.72	0.55
14. 俾路支人	35	49.00	0.37	3.28	0.26	6.69	0.54	28.11	0.28	2.45	0.20	8.72	0.70	57.54	0.60	5.30	0.43

* 仅有 14 个样本。

表Ⅲ

		脸　长						两颧宽						全脸指数			
	No.	M.	E.M.	σ.	Eσ.	C.	E.C.	M.	E.M.	σ.	Eσ.	C.	E.C.	M.	E.M.	σ.	Eσ.
1. 吉尔吉斯人	55	116.89	0.60	6.57	0.42	5.61	0.36	131.36	0.71	7.77	0.50	5.91	0.38	89.43	0.67	7.41	0.48
2. 乌兹别克人	9	113.89	1.34	5.95	0.95	5.22	0.83	135.33	1.05	4.67	0.74	3.45	0.55	84.47	1.23	5.76	0.87
3. 塔吉克人	16	116.75	1.41	8.36	1.00	7.16	0.85	124.37	1.11	6.59	0.79	5.30	0.63	94.03	1.20	7.09	0.84
4. 喀拉特金人	26	115.81	0.72	5.43	0.51	4.69	0.30	134.27	0.90	6.78	0.63	5.04	0.47	86.71	0.75	5.64	0.53
5. 达尔瓦孜人	25	113.28	0.81	6.03	0.58	5.32	0.51	131.88	0.92	6.85	0.65	5.19	0.50	86.28	0.56	4.16	0.40
6. 万吉人	23	115.87	0.92	6.52	0.65	5.63	0.56	133.74	0.71	5.05	0.50	3.78	0.38	86.69	0.66	4.68	0.47
7. 亚兹古拉密人	20	110.05	0.91	6.03	0.64	5.48	0.58	131.20	0.81	5.34	0.57	4.07	0.43	84.03	0.80	5.28	0.56
8. 洛山人	58	114.17	0.55	6.21	0.39	4.88	0.31	127.12	0.66	7.43	0.47	5.84	0.37	90.30	0.52	5.84	0.37
9. 舒格楠人	38	118.11	0.71	6.52	0.50	5.52	0.43	125.58	0.73	6.68	0.52	5.32	0.41	94.29	0.63	5.74	0.44
10. 伊什卡什米人	34	114.79	0.83	7.15	0.58	6.23	0.51	122.50	0.48	4.14	0.34	3.38	0.28	94.03	0.74	6.38	0.52
11. 瓦罕人	55	117.25	0.54	5.95	0.38	5.07	0.33	122.84	0.53	5.79	0.37	4.71	0.30	95.68	0.60	6.62	0.43
12. 锡斯坦人	37	117.65	0.60	5.38	0.42	4.57	0.36	132.30	0.50	4.54	0.36	3.43	0.27	89.26	0.55	4.96	0.39
13. 萨亚德人	33	116.73	1.24	10.52	0.87	9.01	0.75	135.39	0.63	5.32	0.44	3.93	0.33	86.29	0.92	8.01	0.67
14. 俾路支人	35	114.43	0.76	6.65	0.54	5.81	0.47	130.63	0.51	4.45	0.36	3.41	0.27	87.64	0.60	5.27	0.42

表 IV

	No.	上脸长						上脸指数				头周长					
		M.	E.M.	σ.	Eσ.	C.	E.C.	M.	E.M.	σ.	Eσ.	M.	E.M.	σ.	Eσ.	C.	E.C.
1. 吉尔吉斯人	55	72.04	0.42	4.60	0.30	6.39	0.41	55.10	0.43	4.76	0.31	561.0	1.34	14.70	0.95	2.62	0.17
2. 乌兹别克人	10	68.20	0.79	3.68	0.56	5.40	0.81	50.90	0.77	3.60	0.54	555.2	2.05	9.14	1.45	1.65	0.26
3. 塔吉克人	16	72.06	0.97	5.77	0.69	8.01	0.95	57.56	0.85	5.06	0.60	559.8	2.00	11.85	1.41	2.12	0.25
4. 喀拉特金人	26	72.42	0.43	4.76	0.31	6.57	0.61	54.04	0.54	4.08	0.38	554.8	1.88	13.92	1.33	2.51	0.23
5. 达尔瓦孜人	25	71.56	0.65	4.82	0.46	6.73	0.64	54.30	0.41	3.02	0.29	552.7	1.83	13.60	1.30	2.46	0.23
6. 万吉人	23	70.61	0.48	3.41	0.34	4.83	0.48	52.83	0.35	2.50	0.25	552.6	1.60	11.40	1.13	2.06	0.20
7. 亚兹古拉密人	20	68.35	0.63	4.15	0.44	6.07	0.65	52.08	0.56	3.74	0.40	547.5	1.61	10.68	1.14	1.95	0.21
8. 洛山人	57	69.96	0.34	3.78	0.24	5.40	0.34	55.14	0.32	3.63	0.23	553.4	1.12	12.51	0.79	2.26	0.14
9. 舒格楠人	40	72.12	0.49	4.61	0.35	6.40	0.48	57.39*	0.39	3.55	0.27	549.6	1.03	16.15	0.84	2.94	0.22
10. 伊什卡什米人	34	71.41	0.50	4.32	0.35	6.05	0.49	58.50	0.44	3.77	0.31	539.7	1.42	12.25	1.00	2.27	0.19
11. 瓦罕人	55	72.73	0.39	4.34	0.28	5.97	0.38	59.57	0.42	4.65	0.30	546.8	1.19	13.14	0.84	2.43	0.16
12. 锡斯坦人	37	74.73	0.39	3.50	0.27	4.68	0.37	56.55	0.36	3.22	0.25	557.8	1.52	13.90	1.09	2.50	0.20
13. 萨亚德人	33	73.03	0.70	5.94	0.49	8.13	0.68	53.96	0.58	4.90	0.41	551.2	1.65	14.01	1.16	2.54	0.21
14. 俾路支人	35	72.20	0.49	4.29	0.35	5.94	0.48	55.31	0.38	3.33	0.27	552.5	1.70	14.93	1.20	2.52	0.20

* 仅有 38 个样本。

表 V

		身　高						两臂尖间距离						身高—两臂尖间距离指数			
	No.	M.	E.M.	σ.	Eσ.	C.	E.C.	M.	E.M.	σ.	Eσ.	C.	E.C.	M.	E.M.	σ.	Eσ.
1. 吉尔吉斯人	55	165.74	0.48	5.26	0.34	3.17	0.20	168.31	0.57	6.26	0.40	3.72	0.24	101.59	0.23	2.52	0.16
2. 乌兹别克人	9	169.78	1.32	5.89	0.94	3.47	0.55	173.67	1.09	4.88	0.77	2.81	0.45	102.46	0.44	1.97	0.31
3. 塔吉克人	16	167.56	0.86	5.11	0.61	3.05	0.36	172.44	1.16	6.86	0.82	3.98	0.47	102.84	0.48	2.85	0.36
4. 喀拉特金人	26	163.96	0.84	6.38	0.60	3.88	0.36	169.50	0.74	5.56	0.52	3.28	0.31	103.38	0.33	2.51	0.23
5. 达尔瓦孜人	14	160.68	0.96	7.12	0.68	4.43	0.41	165.88	1.26	9.36	0.89	5.64	0.54	103.21	0.49	3.61	0.34
6. 万吉人	23	163.74	0.72	5.13	0.51	3.13	0.31	170.00	0.85	6.09	0.61	3.58	0.36	103.74	0.36	2.59	0.26
7. 亚兹古拉密人	20	155.10	0.59	3.94	0.42	2.39	0.26	168.50	0.82	5.42	0.59	3.22	0.34	102.07	0.29	1.94	0.21
8. 洛山人	58	155.26	0.49	5.59	0.35	3.32	0.21	170.67	0.62	6.94	0.44	4.07	0.25	103.06	0.46	5.30	0.33
9. 舒格楠人	40	168.40	0.68	6.36	0.48	3.18	0.24	174.53	0.75	6.99	0.53	4.01	0.30	103.48	0.24	2.27	0.16
10. 伊什卡什米人	34	164.32	0.52	4.47	0.37	2.73	0.22	168.41	0.43	3.84	0.31	2.28	0.19	102.54	0.36	3.12	0.26
11. 瓦罕人	55	165.69	0.56	6.17	0.40	3.72	0.24	169.78	0.72	7.89	0.51	4.65	0.30	102.39	0.54	5.90	0.38
12. 锡斯坦人	25	168.51	0.56	5.08	0.40	3.01	0.24	176.35	0.59	5.36	0.42	3.04	0.24	104.70	0.21	1.91	0.15
13. 萨亚德人	33	164.55	0.67	5.73	0.48	3.48	0.29	172.33	0.70	5.96	0.50	3.46	0.29	104.78	0.38	3.21	0.27
14. 俾路支人	35	167.89	0.57	5.00	0.40	2.90	0.23	173.51	0.69	6.07	0.49	3.62	0.29	103.40	0.16	1.37	0.11

表VI 差别指数表 (Σ△)

	吉尔吉斯人(2)	乌兹别克人	塔吉克人	喀拉特金人	达尔瓦孜人	万吉人	亚兹古拉密人	洛山人	舒格楠人	伊什卡什米人	瓦罕人(2)	锡斯坦人	萨亚德人	俾路支人	卡菲尔人	瓦罕人(1)	马斯图吉人	奇特拉尔人
乌兹别克人	8.63	—	—	—	—	—	—	—	—	—	—	—	—	—	—	—	—	—
塔吉克人	4.85	9.94	—	—	—	—	—	—	—	—	—	—	—	—	—	—	—	—
喀拉特金人	7.19	6.17	8.64	—	—	—	—	—	—	—	—	—	—	—	—	—	—	—
达尔瓦孜人	8.29	7.83	11.70	4.07	—	—	—	—	—	—	—	—	—	—	—	—	—	—
万吉人	0.37	5.42	9.09	2.68	3.95	—	—	—	—	—	—	—	—	—	—	—	—	—
亚兹古拉密人	8.41	5.61	10.01	4.48	4.94	4.73	—	—	—	—	—	—	—	—	—	—	—	—
洛山人	6.00	6.01	5.26	3.46	4.91	4.19	4.86	—	—	—	—	—	—	—	—	—	—	—
舒格楠人	8.31	8.00	4.75	5.31	7.21	7.69	7.43	3.83	—	—	—	—	—	—	—	—	—	—
伊什卡什米人	8.94	9.75	7.18	7.43	9.09	9.73	8.45	4.91	4.87	—	—	—	—	—	—	—	—	—
瓦罕人(2)	8.22	9.61	6.79	7.35	9.65	9.31	8.78	6.08	3.82	3.12	—	—	—	—	—	—	—	—
锡斯坦人	9.86	12.52	8.90	7.79	7.31	9.77	11.73	8.44	7.07	12.74	10.91	—	—	—	—	—	—	—
萨亚德人	9.49	9.49	9.60	4.61	4.90	6.77	8.16	6.59	7.35	11.67	10.13	4.17	—	—	—	—	—	—
俾路支人	8.36	10.02	9.02	5.95	5.05	7.30	8.55	6.00	6.22	10.21	9.58	4.78	2.92	—	—	—	—	—
卡菲尔人	8.79	13.68	8.16	11.72	11.06	12.58	12.25	8.52	10.37	11.18	11.94	12.71	10.58	10.06	—	—	—	—
瓦罕人(1)	4.48	9.78	6.05	9.52	10.20	9.59	9.86	6.57	8.71	9.13	8.99	12.93	9.25	10.27	8.99	—	—	—
马斯图吉人	5.70	11.20	5.61	9.17	9.17	9.70	9.54	6.70	8.06	8.92	10.17	12.43	10.47	10.10	4.18	5.76	—	—
奇特拉尔人	7.35	11.07	4.56	9.18	9.46	10.11	10.44	6.45	6.56	7.35	7.54	9.74	8.98	8.49	5.92	6.76	4.84	—
吉尔吉斯人(1)	9.52	11.98	13.56	10.92	16.30	13.50	13.94	13.13	15.68	16.14	15.23	20.27	16.51	17.90	15.72	9.89	12.39	15.22

注：斜体数字表示 ΣΔ 中至少包含一个达到或超过 1.00 的 Δ。*仅有 38 个样本。

表VII　差别指数表

	∑Δ 低于 3	∑Δ 低于 4	∑Δ 低于 5	∑Δ 低于 6	∑Δ 低于 7
吉尔吉斯人（2）	—	—	塔吉克人、瓦罕人（1）	万吉人、马斯图吉人	洛山人
乌兹别克人	—	—	—	万吉人、亚兹古拉密人	洛山人、喀拉特金人
塔吉克人	—	—	舒格楠人、吉尔吉斯人（2）、奇特拉尔人	洛山人、马斯图吉人	瓦罕人（1）、瓦罕人（2）
喀拉特金人	万吉人	洛山人	亚兹古拉密人、萨亚德人、达尔瓦孜人	舒格楠人、俾路支人	乌兹别克人
达尔瓦孜人	—	万吉人	洛山人、亚兹古拉密人、喀拉特金人、萨亚德人	俾路支人	—
万吉人	喀拉特金人	达尔瓦孜人	洛山人、亚兹古拉密人	乌兹别克人、吉尔吉斯人	萨亚德人
亚兹古拉密人	—	—	洛山人、万吉人、喀拉特金人、达尔瓦孜人	乌兹别克人	—
洛山人	—	舒格楠人、喀拉特金人	万吉人、亚兹古拉密人、伊什卡什米人、达尔瓦孜人	塔吉克人	瓦罕人（2）、乌兹别克人、萨亚德人、俾路支人、吉尔吉斯人（2）、瓦罕人（1）、奇特拉尔人、马斯图吉人

（续上表）

	ΣΔ 低于 3	ΣΔ 低于 4	ΣΔ 低于 5	ΣΔ 低于 6	ΣΔ 低于 7
舒格楠人	—	瓦罕人（2）、洛山人	伊什卡什米人、塔吉克人	喀拉特金人	俾路支人、奇特拉尔人
伊什卡什米人	—	瓦罕人（2）	舒格楠人、洛山人	—	—
瓦罕人（2）	—	舒格楠人、伊什卡什米人	—	—	洛山人、塔吉克人
锡斯坦人	—	—	萨亚德人、俾路支人	—	—
萨亚德人	俾路支人	—	锡斯坦人、达尔瓦孜人、喀拉特金人	—	洛山人、万吉人
俾路支人	萨亚德人	—	锡斯坦人	达尔瓦孜人、喀拉特金人	舒格楠人、洛山人
卡菲尔人	—	—	马斯图吉人	奇特拉尔人	—
瓦罕人（1）	—	—	吉尔吉斯人（2）	马斯图吉人	塔吉克人、洛山人、奇特拉尔人
马斯图吉人	—	—	奇特拉尔人、卡菲尔人	塔吉克人（1）、吉尔吉斯人（2）	洛山人
奇特拉尔人	—	—	塔吉克人、马斯图吉人	卡菲尔人	舒格楠人、洛山人、瓦罕人（1）
吉尔吉斯人（1）		—			

注：斜体字表示ΣΔ中至少包含一个达到或超过1.00的Δ。

表Ⅷ

	人数	眼睛颜色百分比（%）			头发颜色百分比（%）			头发数量百分比（%）		
		深色	中等色	浅色	深棕色	浅棕色	金色	浓密	中等	稀疏
吉尔吉斯人	54	41	54	6	98	0	2	7	15	78
乌兹别克人	10	90	10	0	90	0	10	60	10	30
塔吉克人	16	13	63	25	100	0	0	100	0	0
喀拉特金人	27	44	52	4	100	0	0	81	15	4
达尔瓦孜人	25	60	32	8	100	0	0	88	4	8
万吉人	23	74	26	0	96	0	4	87	9	4
亚兹古拉密人	20	40	60	0	100	0	0	95	0	5
洛山人	59	61	25	14	91	2	7	78	7	16
舒格楠人	41	37	56	7	92	3	5	78	7	15
伊什卡什米人	35	29	49	23	85	3	12	88	9	3
瓦罕人	56	29	70	2	89	7	4	75	21	4
锡斯坦人	39	90	10	0	100	0	0	59	19	22
萨亚德人	24	65	35	0	100	0	0	56	26	18
俾路支人	35	97	3	0	97 *	0	0	51	20	29

* 3%（一个人）是"黑头发"。

附录 D
在中国新疆、甘肃和波斯锡斯坦出土的陶瓷

R.L.霍普森

大英博物馆陶瓷和人种学部部长

出于几种原因，唐代之前的遗址出土的陶瓷碎片很难分类。其一，许多陶瓷碎片受到了沙子的磨蚀，表面被破坏了，有时釉也受到了损坏。其二，在这些偏远的地区，当地制作的陶器在工艺上常常极为原始。很多陶器在制作时不用陶轮，在露天的火中烤。它们大多没有装饰，即便有，装饰也十分简陋。在巴楚附近的拉勒塔格遗址和吐峪沟遗址，上述情况尤其明显（这两个地方都是有名的唐代遗址），在楼兰和敦煌长城的较早的遗址上也是同样的情况。那里的陶器虽然是汉代的，但看起来就仿佛出自史前时代一般。其结果是，除了很少几块还保留着釉的或是有我们熟悉的席纹等特征的陶器碎片，宋代以前的陶瓷本身是没有太多的实证价值的。到了宋代以及后来，陶瓷就显然不再是当地制作的，而是从中国的东部省份运来的了。

敦煌长城。根据火候的不同，在这里发现的早期陶器在颜色上从红色、灰色一直到黑色不等。有些是手工制作的。有些是在陶轮上制成的，制得很好，底部有绳子的痕迹，里面有最后加工时留下的螺旋形痕迹。器皿的底是平的，口沿朝外折，有些时候侧壁的底部稍微分成几个平面（在中国东部省份发现的早期陶器中也发现了这个特点）。

如果有装饰，装饰物是用席子或织物印下的简单印痕，有的则是成条的灯芯绒般的图案（绳子编成的席子压过后，就会留下这样的图案）。也有的

装饰是用一种多尖的工具（或是梳子）画上去的，画出了一条条线，或是画出帷幔的形状。在中国东部的早期陶瓷上也发现了类似的图案。

我们大概可以得出这样的结论：大多数陶器是在当地制造的，但出自汉族匠人之手。它们的性质和在中国其他地方发现的周、汉、三国时期的陶器是一致的。

晚期的带釉瓷器有蓝色的，有白色的，有些甚至有可能像公元 17 世纪这样晚。还有带棕色釉的瓷器，可能出自宋代。这些带釉的瓷器必定是宋朝或其后的。

罗布沙漠。出自这一地区的被沙子磨蚀的陶瓷碎片是红色（有些表面为黑色）或粗糙的黑色陶器，显然都是手工制成的。其装饰图案包括压上去的圆圈、画上去的一种粗糙的人字形图案、突起的带缺口的带子。世界上很多地方出土的原始陶器上都有这些图案。

楼兰。出自楼兰地区的陶器总的来讲比罗布地区的碎片要先进得多，更接近于敦煌陶器。尽管如此，它们似乎主要是手工制成的。陶胎有红色和灰色。其装饰图案有：（1）刻画上去的交叉网格纹、波浪形带子、人字形等，还有用一种多尖的工具画出来的直线或波浪线；（2）印上去或刻画上去的柳条图案、圆圈等；（3）突起的锁链状图案。可能是汉族匠人在当地制作的。

在这里还发现了几块玻璃，似乎是晚期的罗马类型。

米兰（若羌附近）。与楼兰地区发现的陶器类似。

阔玉马勒（若羌附近）。有几片坚硬的红色陶瓷，在叶绿色的釉底下装饰着黑线和条纹，有些地方的绿釉还泛着虹彩。这是沿用汉代的那种绿色的铅—硅釉，这种釉肯定一直沿用到了唐代。这种釉的出现，和阔玉马勒遗址的断代（公元 4—7 世纪）是一致的。

在拉勒塔格发现了一块类似的陶瓷。在库车附近的通古孜巴什（Tonguz-bāsh）也发现了一块上了无花纹绿釉的陶瓷，釉稍微泛着虹彩。通古孜巴什遗址似乎一直沿用到了唐代。

瓦石峡。在这里发现的陶瓷不早于宋代，其中包括灰黄色的陶瓷（有黑色和棕色釉），以及上了乳白色釉的 Chün Chou（春州？——译者）陶瓷。

在这里发现的几块玻璃可能也是中国产的，和陶瓷属于同一时期，人们显然是想用它们来模仿绿玉。

尼雅遗址。在这里发现的几块陶片包括：（1）一块古老的蓝灰色陶片，夹杂着白色的粗砂（在楼兰地区也发现了一块类似的陶片）；（2）一种红色或红黄色的陶器，也是手工制成的，刻画着图案，和在营盘发现的瓶子没什么两样。

阿都那克拉。在这里发现了中国的 Tzechow［Tzu Chou（紫州？）——译者］陶瓷和北方的青瓷，年代不早于宋代。

哈喇浩特。在哈喇浩特发现的陶瓷碎片是很有名的宋瓷和明瓷，包括中国北方的青瓷和其他青瓷，Chün Chou 瓷，Tzechow 陶瓷（有的上了棕色釉，有的装饰着阴阳菱形图案，有的刻画着圆圈或刮掉一部分釉来形成图案，有的画着黑色图案；还有一种类似的陶瓷，上了米色釉，涂成番茄红色），上了釉的大理石般的陶瓷，白色瓷器（有的有图案，有的没有），蓝色或白色瓷器（大多数是明朝的）。

这些陶瓷在哈喇浩特城和城东的遗址都有发现，几乎所有的陶瓷碎片都是宋元时期的。但有些蓝色和白色的瓷器除外，它们大概是公元 16 世纪的。

木头沟（吐鲁番）。M.B.I 是伊斯兰时期带釉陶瓷残片，可能是公元 13 世纪的。

M.B.III 是两块 Chün Chou 的陶瓷碎片，是宋元时期的。

阿斯塔那墓。此墓地的年代可以推断到公元 7—8 世纪，所以在这里发现的陶器就具有特别的价值。这些陶器很粗糙（但也是在陶轮上制成的），陶胎蓝灰色，底部有线的痕迹，侧壁底部些微分成几个平面。这些都是其他地方的中国早期陶瓷的特点。

装饰法是先涂一层黑色底色，再用红色和白色颜料画上图案。图案有旋涡饰（几个世纪之前的中国早期彩绘陶器上常有这种图案），还有奇特的点状图案（点是白色圆圈），和唐代的带点的带釉陶瓷类似。

吐峪沟。这里发现的陶瓷似乎是用陶轮制成的，但比中国东部发现的唐代陶瓷粗糙、原始些。有的上面刻画着波浪形带子和其他图案，是用多尖的工具画上去的，早期遗址的碎片上就常有这样的图案。

在此发现的另一类陶瓷更有趣，也更特殊。其陶胎是从红色到灰色，外面有一层黑色黏土（这层黏土部分打磨过），外表是规则的条纹图案，是席纹条带和打磨过的条带交替出现构成的（科赫伊瓦贾的锡斯坦陶器上用了类似的工艺）。

营盘。在这里发现的几个陶器包括一个有意思的单柄罐。它似乎是手工制成的，陶胎粗糙、红色，肩上装饰着一条刻上去的菱形图案。

黑大爷协亥尔。在这里发现的碎片是楼兰和早期敦煌类型的，为红色和灰色，装饰着突起的绞索纹，或波浪形带子等用多尖的工具刻画上去的图案。

库车。在这里发现的陶瓷是中国产的那些有名的类型，比如中国北方的青瓷、Tzechow 陶瓷、大理石般的陶瓷（上了绿色釉，大概是宋代或元代时期的）、蓝色和白色的明朝陶瓷。在这一地区的通古孜巴什出土了一块带绿色釉的陶瓷，属于汉代和唐代之间的早期类型。

拉勒塔格（巴楚）。在这里发现的两件残片是手工制成的陶器碎片。陶胎粗糙，灰色，看上去很简陋。

锡斯坦。在锡斯坦和呼罗珊发现的陶瓷大概可分成两类。（1）没有上釉的陶器，几乎全部是伊斯兰时期之前的；（2）伊斯兰时期的上釉陶瓷。

在第（1）类中，有一个很容易分辨出来的大组，数量很多，是用陶轮制成的，暗黄色或发红，黑色泥釉上画着图案。还有几片细腻、坚硬的蓝灰色陶瓷也有类似的图案。这类陶器上的图案类型特征极为明显（见图版 CXIII、CXIV）。几乎可以肯定地说，这类彩绘陶器属于红铜文化（其代表就是两河流域地区在苏美尔人之前的遗址①）。在波斯的穆罕默德阿巴德（Muhammadābād）、阿瑙和达拉加孜（Darragaz）地区［见帕西·西克斯所著的《波斯史》（*History of Persia*）第一卷 57 页］、中国东北的沙锅屯（Sha Kuo Tun?）、河南仰韶［见 J.G.安特生所著的《中国古物》（*Palaeontologia Sinica*）D 系列第一卷的复印件 1，1923 年出版于北京；以及《中国地理学简报》（*Bulletin of the Geological Survey of China*），1923 年第 5 期］，以及最近 J.G.安特生在中国西北的其他地方，都发现了这样的文物。这些遗址的年代在公元前 5000 年—前 2000 年之间。

发现这类文物的锡斯坦遗址有（见本书第三十章第二节）：沙依索克赫塔（SS）、土丘 I~Ⅲ、拉姆罗德（R.R）、喀拉特伊吉尔德（简写为 K.G）、

① 参见 H.R.哈尔（Hall）博士对 1919 年在爱尔欧拜德（el-Obeid）地区的穆加亚尔（Muquayyar）和阿布·沙莱（Abu Shahrein）的发掘所作的笔记，刊载在《皇家亚洲学杂志》1924 年的百年特刊上。另参见皇家人类学学院的亨利·弗兰克弗尔特（Henri Frankfurt）发表在《只言片语》（*Occasional Paper*）1924 年第 6 期上的文字。

马吉。在这些地方还发现了没有画装饰物的类似碎片。

第（1）类中其他的陶瓷和红铜文化不一定有什么关系，主要是陶轮制成的红陶。这些红陶很细腻，简单地装饰着刻画上去、印上去的图案或突起的图案，比如用梳子画出来的线和帷幔、印上去的叶子形状、打击上去的圆圈、突起的带子（有的无花纹，有的带缺口，或是刻有槽纹等）（见图版 CXV）。还有数量不多的一组，其打磨过的红色表面上有突起的绳圈，是在陶轮上浅浅地刮出来的（参见吐峪沟陶器上的类似工艺）。

这类陶器出自加加沙、沙利斯坦、加拉塔帕。在加加沙遗址发现了红陶，其中有一些带有上面那一段所说的浅浅轮痕，有的表面则是明显的凸纹。凸纹似乎是锡斯坦陶器的一个普遍特征。

在阿提什·卡达赫遗址发现了红陶碎片，有的无花纹，有的简单地刻画着圆圈或波浪形带子图案，有一块陶片上装饰着用多尖的工具画出来的帷幔图案。这一遗址是萨珊时期的。把在这里发现的陶器与在沙利斯坦遗址发现的陶器做比较后，可以推断沙利斯坦遗址可能也是萨珊时期的。在 K.G 发现的陶器中，也有萨珊时期带凸纹的红陶。

第（2）类中包括在锡斯坦和呼罗珊的其他地方发现的伊斯兰时期的陶瓷（图版 CXVIII）。

这些陶瓷大多数是暗黄色、红色或沙白色，上了无色或绿松石色釉，无色釉底下画着蓝色和棕色图案，绿松石色釉底下是棕黑色图案。陶瓷的年代在公元 13—17 世纪。

这类陶瓷是在以下遗址发现的：波斯的比比多斯特、Gh、Sal、K.G、R.R（1 件）、马吉、土丘 I、苏尔赫迪克、普什特（Pusht）、阿富汗堡和木吉纳巴德。

在锡斯坦附近的遗址 A（见本书第二十九章第四节）发现了一些有趣的碎片（图版 CXVII）。有的在红色陶胎上刻了图案，上了绿色釉，使人想起公元 9—11 世纪的波斯陶瓷。而更多的则像是公元 12—14 世纪的撒马尔罕陶瓷。这样的碎片是红色陶胎，外面上了一层白色泥釉，在无色的釉底下，装饰着黑色、棕色、红色和赭黄色的泥釉，以及带金属光泽的颜料（黄色和锰一般的紫色），产生了欢快的效果。有的装饰是刮掉一部分釉形成的。图案大多数是蔓藤花饰，这样的图案在伊斯兰时期的陶瓷上很常见。伊斯兰时期陶瓷的共同特点是，在碗等器皿的口沿上有黑边，并装饰着点状图案。

在哈吉尔德的古代清真寺发现的瓷砖（Khar.01 等，见图版 CXVIII）比较有趣。此清真寺建于公元 1400 年。最早的瓷砖可能是建筑初建时期的，它们的蔓藤花饰和几何图案是由蓝色、绿松石色、绿色、黄色和白色釉镶嵌而成的。

还有一类有类似的图案和着色，但并不是真正的镶嵌。其颜色是用刷子画在瓷砖表面的，用暗红棕色的线条隔开，看起来就像是镶嵌的一般。这些瓷砖显然是早期在进行修复时用的。第三类出自再后来的修复，其图案只是用棕色画在瓷砖的白色表面上，涂上颜色，整个瓷砖外再上一层透明的釉。这一工艺完全是常见的彩绘陶器的工艺，一点也没有模仿镶嵌的意思了。

还应该补充的一点是，在中国新疆的遗址上，如在吐鲁番地区（M.B.I.027），发现了几块伊斯兰教或近东的陶片。

附录 E
手稿目录（主要是梵文）

F.E.帕吉特

艺术学硕士，印度陶瓷学会会员（已退休）

注：帕吉特先生对大多数手稿残件都进行了细致的转写，但我们发现在此无法把他的全部转写内容登载于此。所以，我们把从他那里得到的关于目录的"条子"打出来后，存放在印度局图书馆中，以便未来的学者们进一步研究。——奥雷尔·斯坦因

概　述

这些手稿一般都写在纸上，但有一张菩提页（B.Koy.i.020）是写在丝绸上的。出自阔玉马勒和巴什考玉玛勒的手稿还有写在桦树皮和棕榈叶上的。

文字都是北方笈多体，但细分起来又有很多差异。有时字母写得很大、很粗，很扁；有时则写得较小，娟秀而工整；有的棱角分明，有的则很圆润；有的很生硬、笔直，有的则是斜体。还有几个写的似乎是其他文字，比如 Kuduk-köl.043。

残件大小不一。有的特别小，有的则有 $23\frac{1}{2}$ 英寸×$7\frac{3}{4}$ 英寸（Far.07）这么大。残件的朽坏程度也各不相同。有的保存得很好；有的破碎、折损或皱缩得特别严重，几乎很难分辨出字来。

不是很清楚但大体可以猜出来的字母，用斜体来表示。几乎被磨光的字母放在圆括号中。被毁掉、撕掉或缺失的地方，放在方括号中。

在大多数残件中，很难说出哪一面是正面，哪一面是背面。如果从内容上能够分辨出正面和背面，会在文中标清。但如果无法判断正背面，为方便起见，写有"遗址号码"的那一面被当作正面，没有写号码的那一面被当作背面。

残件的大小如下表示：第一个数字表示顺着文字方向的长度；第二个数字表示与文字垂直方向的宽度。长度是指最长的地方，宽度指的是最宽的地方。

语言一般是梵文的不规范形式，受了普拉克里特语（Prakrit）的影响。有时这种语言被称为"混合梵语"。但根据"低级拉丁语"（low Latin）的说法，我们称它为"低级梵语"（low Sanskrit）。有几个残件写的是和田语，Dom.0124 似乎是巴利文，而不像是梵文。

如果一个字母（aksara）被毁掉了，或无法释读，就用 .. 来来表示。如果无法释读的字母是混合字母，就用 ... 来表示。如果辅音能释读，但元音却不能释读，就用 k.. 来表示。如果元音能释读，辅音无法释读，就用 .ā 表示。

关于书写方法，最后我还要说几句。末尾的辅音在正常的梵文中是用 virāma 来表示。在我们的手稿残件中，末尾辅音写得比文字稍低些［一般也没有正文顶上的"小楔子"（top wedge）］，上面还有"⌒"这样的符号。在转写的时候，末尾辅音也用类似的方法书写，上面也写上"⌒"。末尾辅音有时和前面一个字母连在一起。

还有很多小错误或是省略的地方。元音的长度有时是错误的。anusvāra 和 visarga 常常被错误地插进来，或是被错误地省略。而且，visarga 似乎最常被当作标点符号用。还用一个大点（有点像·）来作标点符号。这个符号似乎用在诗歌的第一行末。

我努力想找出这些残件中文字的出处，但成果不大。我查阅了 Anecdota Oxoniensia 的"雅利安系列"（Aryan Series）第一部分佛教经典中的《金刚经》、小无量寿如来会（Sukhāvatīvyūha）和般若菩萨（Prajñāpāramitā）；该系列第七部分的《佛所行赞》（Buddha-carita）；以及天鼓雷音佛

（Divyāvadāna）和《普罗经》（*Lalitavistara*），还有霍恩雷前面说的书中发表的残件。但我没能发现任何有关文字。

Khad.016 和 017、Ile-dong.09、Domoko.0120 和 0124、Balaw.0153 出自《妙法莲华经》（*Saddharmapuṇḍarīka*）。

在 Avadānaśataka、中观派的经文（Madhyamikasūtras）、《大乘集菩萨学论》（*Śikṣāsamuccaya*）、《大事》（*Mahāvastu*）中，我也没找到这些残件中的任何文字。

［关于巴拉瓦斯特（Balaw）、达玛沟、法哈德伯克亚依拉克（简写为 Far.）、喀达里克遗址，见《西域考古图记》第一卷 155 页以下、197 页以下；第三卷 1246 页以下。关于库都克库勒和山普拉，见本书第四章第一、三节——奥雷尔·斯坦因］

I. 巴德鲁丁汗在和田收集到的手稿，主要出自达玛沟附近的遗址

A. 梵文文书残件

Balaw.0153 纸赭色。一页纸的右部分，纸页宽 $3\frac{1}{4}$ 英寸。$5\frac{1}{4}$ 英寸× $3\frac{1}{4}$ 英寸。字小，工整、圆润。

包括用 Upajāti 诗体写的诗，有时还多出第 12 个音节。诗 18 似乎是以背面第 2 行诗结束；诗 20 似乎以背面第 3 行结束；诗 25 以背面第 3 行结束。这些诗出自《妙法莲华经》，Kern-Nanjio 版本，第八部分，19~25 页。第 2 行中的数字 "8" 应该是 "9"。本残件是该版本 281 页诗 19 到 282 页第 13 行。5 首诗（第 21—25 号）似乎占了 6 行。从这些诗中的音节数量以及诗的数量可以看得出，完整纸页的每一行平均大约有 36 个字母。由于大约 17 个字母平均占据 $4\frac{3}{4}$ 英寸长的位置，所以可以推断出，完整的纸页包括页边没有写字的地方长约 $10\frac{1}{2}$ 英寸。所以，纸页的左半边，一直到大约 $5\frac{1}{4}$ 英

寸的地方（包含 18 或 19 个字母）都已经缺失。

Balaw.0155　**纸棕色**。残片尺寸 $2\frac{3}{4}$ 英寸×3 英寸，出自一张纸页的中部。字体中等大小，非常倾斜，字母不完全在一条直线上。

Domoko.0120　**一张纸页**。大致完整，只是右边撕破了，左边的纸页空白处缺失。左边部分一直到至少 $1\frac{3}{4}$ 英寸的地方都受了湿气的作用，字母已经无法释读。$9\frac{1}{2}$ 英寸×$3\frac{1}{8}$ 英寸。纸棕色。图版 CXXII。

文字中等大小，是直立的。在某几处地方，另外的手稿中的文字印在了本件手稿上，使人辨认起来很困难。

另外那两件手稿见下文。

文字出自《妙法莲华经》，Kern-Nanjio 版本，第三卷 79 页第 10 行到 80 页第 10 行。

和前面这件手稿在一起的，还有两件没有标记号的手稿。（i）是一件不规则的手稿，最长处 $7\frac{1}{2}$ 英寸，最宽处 $3\frac{1}{4}$ 英寸，出自某张纸页的右半边。

（ii）是一张小残片，$2\frac{1}{4}$ 英寸×1 英寸。

这些手稿用的都是同样的纸，字体也和第一件一样，但折损、破碎得特别严重，只能零星分辨出几个字母来。

Domoko.0122　**一张纸页的右侧**。纸页实际上是双页，由两张纸粘在一起构成。$7\frac{1}{4}$ 英寸×$2\frac{5}{8}$ 英寸。纸棕色。字体很大，特别粗，直立，字母间隔得比较远。图版 CXXII。

正面

....la-duhitur＝vā rakṣā paripālana

....m＝āyu-pālanī-vidyā kālya murthāya ⌒ v̇ạ

....su puṣpe · dhūma-parihāre ārya praśasta

...ṇa garbhe stave stavite svāhā ‖ Atha khalu hāri

....[v] ocâ Aham=api bhadaṃta Bhagavarṁs=tasya *ku*la

背面

....vayiṣyati · tad=yathā vinivāraṇi ⌒ v̂adaṁ*da*

......ra samāna vajraṁv̂arṇi jāla-mālini · ca

....hā ‖ Atha khalu vaiśramaṇo mabārāj=â*dhrr*atirā

....ji⌒v̂irūpâkṣau mahārāji · yena Bhagavās=te

....vocâ Vayam=api bhdata BhagavaṁŚak*rra*

Domoko.0123 纸棕色。一张纸页的左侧。字体粗大，棱角分明，直立，很扁。$8\frac{1}{2}$英寸×$6\frac{1}{8}$英寸。图版 CXXII。

正面

staṁ lokadhātuṁ tena jihv-êndriyeṇa s*ph*ari....

ruḥ sarve ca te raśmayo ratnamayā ni....

yad=*u*t-êmā me vaṣaṭ=pāramitā ni....

m=evam=anuvidikṣuḥ sarva-samantatau daśa....

varṇāni raśi-kamuṭ-iśata-sahasrāṇi....

ca padmeṣu Tathāgata-vigrahā....

tan=dharmaṁ suśruvuḥ..... i sarā....

背面

tire śabdāś=ca su....

ḥ jiyitsitāni ca paripū....

vuḥ hīna-kāya-śarīrāṇi pa....

sama-cintāni babhūvuḥ mātṛ-pi（tṛ）....

ku śaleṣu karma · patheṣu śikṣā sa....

tāni babhūvuḥ eva rūpeṇa su....

smiṁ samaye · evaṁ-rūpayňnyā....

Domoko.0124　一张纸页。右侧撕掉了约 $2\frac{1}{2}$ 英寸宽的一部分，由此每行失掉了 5~7 个字母。$11\frac{3}{4}$ 英寸×$3\frac{1}{8}$ 英寸。图版 CXXI。

字体中等大小，几乎是笔直的。纸页和其他纸页对折在一起。在湿气的作用下，另一张纸页上的某些字母印在了这张纸上，使字很难辨认。纸棕色。

内容是诗歌，主要是 Upajāti 诗体。但有时格律是不规则的（实际上是普拉克里特语或巴利语格律），有时一个 pāda 有 12 个音节，由此接近于 Vaṁsasthavila 诗体。

语言是普拉克里特语或巴利语，已经部分地梵语化了。文字出自《妙法莲华经》，Kern-Nanjio 版本第一卷 12 页的诗 30。

Domoko.0167　各种手稿的残件。压在了一起，已经朽坏。大多数手稿已经变成了混杂着尘土的纸浆。其中有些已经被分成了三个包裹：（1）上是大婆罗米字母；（2）上是较小的婆罗米字母；（3）上是吐蕃文和其他文字。

Far.01　较厚的棕色纸。残片呈三角形，约 3 英寸×3 英寸大小，出自一张纸页的中部。字体相当小，是竖直的。背面磨损得很严重，看不清楚。

Far.02　残件呈三角形。与 Far.01 类似，可能和 Far.01 出自同一件手稿。从绳子孔的位置判断，一页的完整宽度约 5 英寸，每页有 9 行字。出自纸页的中部。4 英寸×$4\frac{3}{8}$ 英寸。

Far.03　粗糙的纸，赭色。残件呈三角形，字体很小，有点呈斜体。出自纸页的中部。$2\frac{1}{2}$ 英寸×$3\frac{3}{4}$ 英寸。

Far.04　纸赭色。字体中等大小，是直立的。字母很粗，扁。出自纸页的中部。$2\frac{3}{4}$ 英寸×$2\frac{3}{4}$ 英寸。

Far.06　大量极小的纸片。出自很多手稿，是不同的人写的。纸一般是浅棕色。

有一组字母写得很大，另一组字体很小，还有一组上有特殊的符号，此外有一片上像是随便涂鸦的东西。

Far.07 棕色纸。纸页特别大，边已经磨损，尤其是左边的空白处。右边有一片三角形的部分已经完全磨掉了。标"Far.07"的那一面似乎是背面，另一面是正面。纸页中间有个绳子孔。绳子孔离左边沿 6 英寸远，位于一个直径 $1\frac{1}{2}$ 英寸的圆圈里。$23\frac{1}{2}$ 英寸×$7\frac{3}{4}$ 英寸。图版 CXXI。

字体粗大，大体上是直立的。除了几处地方（尤其是左侧和右侧），字迹保存得很好。纸页背面的右侧斜着折了过来，上面的一些字母在湿气的作用下印到了纸页主体上。

背面有个大圆圈，直径 2 英寸，圆心离左边沿 $2\frac{1}{2}$ 英寸，打断了第 9~12 行的文字。Visarga 有时位置正确，有时则不正确，似乎是标点符号，而不被当作 h̥。在背面的第 8 行，是第 84 节，即被称为 Śūnyatāparivarta 的部分结束的地方。下一节似乎是从第 9 行开头部分开始的。这说明这是一篇关于般若菩萨的论文。

正面

ramitāyāṁ caramāṇa：paramârthaṁ na cācalāti：stvānāṁ ca kṛtyaṁ ca karīti：tad＝yathā dānena priya-vacanena · artha-caryayā · samanârthatayā cet. [约缺 11 个字母] Subhūtim＝etad＝avaucat Evam＝eta Subhūte tathā yathā vadasi：yathā khalu sarvba-dharma-śūnyatā：na kasyaci dharmasya kṛty-âkṛtyaṁ karauti：Tat＝kathaṁ bodhisatvo mahāsatva：prajñ（ā）[约缺 8 个字母]

....*paramâarthaṁ* cācalati：satvānāṁ ca kṛtyaṁ carīkarīti：tad＝yathā dānena vistara：yadi Subhūte etāni satvāni svayam＝evaśūnyatā jāīyu：na bhūya ta [约缺 7 个字母] viṣa-

yā bhave î ya：sūnyatāyā ś＝ca na cācalāti：satvāni c-âtma-sajñāyā ṁ vivekayati：vivekayitvā ca śūnyatāyāṁ saṁsārāṁ n＝vimokṣayati：Evaṁ....saṁjñāyā.. ... ... daṛsaka-saṁjñāyā · Evaṁ-rūpa-saṁjñāyāṁ · yāva dharma-saṁjñāyā ṁ · prthivī-dhātu-saṁjñāyāṁ · yāva vijñāna-dhātu-dhātu-saṁjñāyāṁ · Evaṁ saṁsk

r̥ [ta].. .. .. (saṁ) jñāyāṁ vive-

kayati · vivekayitvā ca sa ṁ sk r̥ te dhā ⊙ tau prati ṣ ṭ hāpayati: loka-

vyavahāreṇa · sau pi ca samskr̥ta-dhātuśūnya iti: Āha · Kena śūnyau · Bhagavaān

=āha · *sarvba* [.. ..] śūnyau pi tu [Su-]

bhūte yo nirmitam=abhinirmi*to* ti: kaṁ⊙ ci tasya nirmitasya *tas*=tv=asti ·

ya: n=naśūnyam=iti· Āha · na nirmitasya bhadanta Bhagavaⁱ kaṁcid=*b*astv=

asti: ya: n=naśūnya [Bhaga] vān=āha: ya (ś=ca)

Subhūte nirmitau · yā ca sūnyatā: hy=u ⊙ bhāv=etau dharmau na saṁ

yuktau na *vi*saṁyuktau ubhāv=etau śūnya-tā: śūnyatāyāṁ c-âśūnyo: tat=kim=

atra vinigūhita bhavaty: ayaṁ nirmita: ya

yaṁś ūnyat-êti: tat = kasmid = dheto tathā hy = etāv = ubhau paramârtha ś

ūnyatāyāṁ n-aupalabhyante: ayaṁ nirmitā iyaṁśūnyat-êti: n-âsti Subhūte rūpaṁ vā

vedanā vā saṁjñā vā · na sa*nti* saṁ-

.. .. .. (n) -âsti vijñānaṁ · ya ṁ na nirmitaṁ · ya ṁ ca nirmita: tac =

chūnyatāyāṁ yuktam = iti: Ath-âyu ṣ mā ṁ Subhūti Bhagavantam = etad = avaucaⁱ

Yadi bhadanta Bhagavaⁱ *v*=ime lokikā dharmā nirmitā:

.. .. lokikā dharmā nirmitā: tad = yathā catvāri smr̥ty = upasthānāni ·

yāvad = āryâṣṭâṅgo mārga · eva ṁ trīṇi vimokṣamukhāni · n = daśa Tathāgata-

balāni · catvāri vai *śā*radyāni · *catasra* pra

.. .. hā-maitrī · mahā-karuṇ-âṣ ṭ ādaśā vedanika Buddha · dharmā: yaṁ c

=âimeśā ṁ dharmāṇāṁ phala: yāc = âiya ṁ pudgala-prajñapti: tad = yathā srota-

āpanna · sakr̥dāgāmī (a) nāgāmī.. mu.. ..pratye*ka*-

[Buddha Tathā] gato rhā samyaksaṁbuddha: *api* [tv] = i*mepi* dharmā ṇ

irmitā iti: Evam = ukto Bhagavān = āyu ṣ man-ta ṁ Subhūtim = etad = vavucaⁱ Ye

puna: Subhūte sarvba-samskr̥ tā dharmā nirmitā: tatra

背面

...... （ni）rmitā · keci pratyeka-*Buddha*- ［nirmitā · ］keci bodhisatva-nirmitā · keci Tathāgata-nirmitā · keci karmanirmitā · keci kleśa-nirmitā · S = ta*d* = a*n*ena Subhūte（va?）paryāy e*ṇ*a sarvba-saṃsk*ṛ*tā dha-［rmā .. Subhū］ti： āha · Yān-îmāni bhadanta Bhagava͡tprahāṇa-phalāni： tad = yathā srautâpatti-phala： yāvad = arha*n*ta*ṃ*：partyeka-bodhi · r = anuttarā ca samyaksaṃ · bodhi： sarvba-kleśa-vāsan-ânusandhi prahā-

［ṇa ..... dha］rmā nirmitā： bhagavān = āha： Yat = ka*ś*ci subhūte dharma utpāda-vyaya-yukta：sarvbo so nirmita iti： Āha： katamo bhadanta bhagava͡t dharmau yo na nirmita： Bhagavān： yasya Subhūte dha-

［rma......］.au · na vyayau · na virodha · nirmita · Āha · sa puna： katama： Bhagavān = āha · A-sa*ṃ*mo *ṣ*a dharma nirvbā *ṇ*a： rma yan = *dh*armau *na* nirmita： Aha · Yad = etad = ukta Bhagavatā śūnyatā śūnyatāyā na calati：

na ca *rv*ba ye hy = upalabhyate： na ca ka*ś*ci dharmo yo naśūnya：kasmi bhadanta Bhagava͡tna samo*ṣ*a *dharmā na* nirmito bhavi *ṣ* yati： Bhagavān = āha： Evam = eta Subhūte tathā yathā vadasi · sarvba-dharmā Subhūtu

śūnyatā：svabhāva-śūnyatāyāṃ · te ca na ⊙ *ś* rāvakebhi k*ṛ*tā： na pratyeka-Buddhai · na bodhisatvai · na Tathāgatai rhadbhi samyaksaṃbuddhai k*ṛ*ta： yā ca svabhāva-śūnyatā....： nirvbānam = iti · *E*vam = *uta*

āyusmāṃ Subhūtī Bhagavantam = etad = a ⊙ vauca͡t Ādi-karmikau bhadanta Bhagava͡tpudgala： kathaṃm = anu-vadi*tavya*ṃ͡t kathaṃ *a*nuśāsitavyaṃ： yathā so *ya* *m*ā*m*.. vā*da* śūnya ....*parijā*① *n*īyo：

Bhagavā*n* = āha： Kin = puna： Subhūte *pū*rvbe ⊙ so bhāva*u* bhū͡t paścăd = abhāvau bhaviṣyat-îti： ⨆śūnyatā-parivartau nāmnā caturāśītima： samapta .. .. dāya dharma yaṃ......*tiji* ..②.. rā *rv*ba

---

① 印到了正面第8行上。
② 印到了正面第8、9行上。

drasya：）） ○）） Punar = apara ṁ Subhūte bodhisatvena mahā-satvena：tathā khalv = iyaṁ prajñā-pāramitā parye ṣ itavyā yathā sadā praruditena bodhi ［缺失一些字］ *ya*：①

eta ○rhi bhīṣma-garjita-*sv*arasya Tathāgatasy-ârhata： sam-yaksaṁ buddhasy-ântike brahmacāryaṁ caṁ*c*ūryate： Āyus-māṁ Subhūtir = āha： Yathā ha*th*aṁ ［约缺 11 个字母］ *ne*② · na bodhi-

satvena ○ mahāsatven-âiya ṁ prajñā-pāramitā parye ṣ itā： Bhagavān = āha：Sadā praruditena subhūte bodhisatvena mahāsatvena pūrvbe janman-îyaṁ pa ［约缺 9 个字母］ k ā-yen-â na ○ rthikena · jīviten-ânarthikena · lābha-satkāra-ś laukāni： śrtena： sa c-âimāṁ prajñ-pāramitā-paryeṣaṇo raṇya-gatau ntarikṣā yo ṣ aṁ śu śru ［约缺 8 个字母］ yathā..

.. kāya klamatā-manasikāram = api n-aû tpādayasi： na sthī*na*-mindha③-manasikāra ṁ m = utpādayasi： n-âpi bhaujana-mana-sikāram = utpādayasi： n-âpi pānā-manasi ［kāram = utpādayasi：］........

lle-dong.08 棕色纸。纸页的左侧，有一个角。字体大而粗，倾斜度很大。在正面的空白处有 "32" 这个数字。$1\frac{3}{8}$ 英寸×$2\frac{1}{8}$英寸。

lle-dong.012 棕色纸。一张纸页的左侧。与 08 类似，可能和 08 出自同一件手稿。$1\frac{3}{8}$英寸×$2\frac{1}{4}$英寸。

lle-dong.09 赭色纸。纸页的左侧。质量很差，离左边沿 $5\frac{3}{4}$英寸的地方有个绳子孔。字体大而粗，很扁，直立，棱角分明，部分地方已经磨损。$8\frac{1}{2}$英寸×$3\frac{1}{2}$英寸。图版 CXXI。

标了号码的那一面是正面。背面左侧的空白处有三个无法释读的数字。

---

① 印到了正面第 10 行上。
② 印到了正面第 11 行上。
③ Read 'sthīna-middha'。

文字出自《妙法莲华经》，Kern-Nanjio 版本第 26 卷 478 页第 10 行到 480 页第 5 行，但在措辞上有很多与之不同的地方。

背面

Atha khalu Bhagavāñ = Cchakyamunis = Tathāgato rhat = sam-yaksaṁbuddhaḥ sama....

tvaṁ eva bahu-jana-hitāya pratipannaḥ ev-âcintya-guṇa-dhar（m）ai....

tt-ôtpādena yas = tvaṁ syayam = eva teṣāṁ su ☉ trânta-dhārakā n....

vedayitavyaṁ Śākyamunis = tais = Tathāga ☉ to rhat = sam-yaksaṁbu....

kāc = chrutaḥ Śākyamuniś = ca tais = Tathāgato rhat = sam-yaksaṁbuddhaḥ pū....

viṣyaty = anumoditaś = c-âyaṁ dharma-paryāyo bhāṣ-yamāṇo bha....

正面

yiṣyati · tasya kālaṁ kurvato maraṇa-kāla-samaye....

devānāṁ sābhavyatāyām = upapatsyati · yatra tiṣṭhati....

to sahasra parivrtaḥ puraskrto dha ☉ rmaṁ deśayati....

yaḥ satkrya likhitavyaḥ satkrty-ôddeṣa ☉ vyaḥ satkrtya pa ....

paryāyaṁ likhitvā uddiśtvā svādyāyitvā cintayitvā bhā....

n = tarhi（Bha）-gavann = aham = eva tāvatimaṁ dharmaparyāyam = adhiṣṭha hāmi ma ....

Īle-dong.011　**5 张小纸片**。粗糙的赭色纸，有点磨损。字体中等大小，斜体。正面很不清楚。最大残片 2 英寸×2 $\frac{1}{4}$ 英寸。

Īle-dong.013　**纸赭色**。出自特别窄的纸页（纸页宽仅 2 英寸）。只有一面有文字，字体很小，很工整，像是斜体。出自纸页的中部。1 $\frac{1}{2}$ 英寸× 2 英寸。

Īle-dong.019　**大量小纸片**。出自不同的手稿，有的是梵文，有的似乎不是。纸片太小了，无法释读出什么有价值的东西。

Īle-dong.020　**纸棕色**。字体粗大且清楚，直立，棱角分明。出自纸页的中部。$1\frac{3}{4}$英寸×$2\frac{1}{4}$英寸。

Īle-dong.021　**纸棕色**。残片是纸页的右侧，纸页宽2英寸。字体小而工整，直立，棱角分明。4英寸×2英寸。

Īle-dong.022　**棕色纸**。出自纸页的左侧，有一个角。字体大而粗，是直立的，棱角分明。$5\frac{3}{8}$英寸×$3\frac{5}{8}$英寸。

Khad.016　**浅棕色纸**。一张纸页中部的一大部分，纸页宽$3\frac{1}{2}$英寸。右侧和左侧缺失。残片长$11\frac{3}{4}$英寸，没有绳子孔的痕迹。

似乎没有标号码的那一面是正面。这一面有一些史诗音步（Ślokas），可以看到第2~6号史诗音步的一部分。从史诗音步缺失的部分以及字母的大小来看，似乎两端总共缺失了9英寸，纸页长约21英寸。

这段文字出自《妙法莲华经》，是 Kern-Nanjio 版本第18卷的355页第3行到356页第10行。

Khad.017、021、022、023、025、026　**棕色纸**。这6张纸片是一张纸页的一部分，如今被粘连在了一起。见下文的 Khad.024。

纸棕色，纸片粘连起来后形成了纸页完整的左侧，纸页宽$7\frac{7}{8}$英寸，纸页右侧缺失。中线上有个绳子孔，离左边沿有6英寸。没有被纸纤维覆盖的那一面是正面。字体很大，直立，很粗。长$9\frac{1}{2}$英寸。图版 CXXII。

这部作品的第67节结束于正面的第2行。从背面的第2行和第8行看，似乎是《般若波罗蜜经》。

Khad.019　**棕色纸**。纸页的左侧，纸页宽$3\frac{1}{8}$英寸。残片有11英寸长，左侧的空白处大致是完整的。绳子孔离文字左侧有$3\frac{1}{2}$英寸远。字体中等大小，大致直立。图版 CXXII。

正面

..rbya..ramtā · Anen-âpid = Bhagavāyeṇa tasya

puruṣasya n-âsti mṛṣā-vādakaḥ puna....

puruṣeṇa bahu me ko śa-koṣṭh-âgārā hy = ast-îti kṛtvā putra-priyaṁ tay-êva

mṛgayamānena ślā....

varṇāny = eva yānāni da ☉ trtāni yad = ida ṁ mahā-yānānidattāni n-âsti

Bhagavāṁs = tasya....

cin = mṛṣā-vāda ṁ · Evam = u ☉ kto bhagavā ṁ n = āyu ṣ manta ṁ Śaradbatī-

putram = etad = avocat Sā....

tī-putr-âivam = etac = Chāradbati-putra tathā yathā vadasi（evam = eva）

śāradbatī-putra tath.....

ksaṁbuddhaḥ sarvba-bhayavī nitānta ·（sa）r（vb）a......

........-ôpāyāsa-parimuktah.

背面

maraṇa- ［ś o ］ ka-pari ［ de ］ va-du（ḥkh）a-daurmanasya-................

avidy-ândhākāras = tamas =（t）i....

ryava-naddhāt = saṁsaāra-nive śanāt = Tathāgato sarvb（e）ṇa saviv..r..u.t.s

= Tathāgata-jñāna-darśana.....

vaiṇik-êndriya-bodhya ṁ ga-dhyā ☉ na-vimokṣa- samādhi-samāpatti ḥ Buddha-

dharma-samanvāgato....

balavān = sarvba-loka-pi ☉ tā mah-ôpāya-kau śalya-jñāna-dar śana-parama-

pārami prāpto m ....,

apara khinna-mānaso hit-âir ṣī anuka ṁ pako mahā-dharma-rājā mahā-dharma-

svāmī sa ādīpte traidhā....

......gni-skandhena ādipta-dīrṇapa ṭala-śaṇa-nive śana-sadṛ śe sa ṁ sāra-nive

śane utpa....

Khad.020 **棕色纸**。残片呈三角形，出自纸页左侧，纸页宽 4 英寸。残

片长 $1\frac{1}{4}$~$4\frac{1}{2}$英寸。

字体中等大小，很粗，直立。

Khad.021~023　参见 Khad.017 等。

Khad.024　纸棕色。粗糙，很厚。出自纸页右侧。字体很大，是直立的，与修补过的纸页 Khad.017 等类似。$4\frac{1}{4}$英寸×$2\frac{3}{4}$英寸。

Khad.025、026　参见 Khad.017 等。

Khad.027　棕色纸。出自纸页右侧，右边的空白几乎是完整的。字体中等大小，直立。内容是诗歌。诗 31、32 是 Upajāti 诗体，有时会多出第 12 个音节。通过计算发现，在缺失的左半边中，每一行中缺失了 16~19 个字母。也就是说左侧大约缺失了 6 英寸，包括绳子孔。$7\frac{1}{8}$英寸×$3\frac{1}{8}$英寸。

在背面，出自另一张纸片的字母反着印在了上面，使很多字母读起来很困难，甚至无法释读。

这些诗是《妙法莲华经》（Kern-Nanjio 版本）的第二部分 57~59 页的诗 134~143。

Khad.028　粗糙的赭色纸。纸页左侧的一块不规则残片，左边的空白处可以看到一部分。$2\frac{1}{2}$英寸×$4\frac{1}{8}$英寸。字体大而扁，很粗，棱角分明，字母间隔比较大。

Khad.029　手稿残件。这个包裹中只有小残件，其中很多已经压皱了，出自至少 8~9 件手稿。字体基本上是婆罗米文，但有些地方似乎有所不同。残件太小了，无法明确看出任何东西。有些残件上有火烧过的痕迹。

Khad.039　棕色纸。出自纸页的中部，有一个空白处。右侧和左侧缺失。从绳子孔的位置看，纸页宽 5 英寸，每页有 10 行。字体中等大小，大致竖直，很粗，但棱角并不分明。3 英寸×4 英寸。

Khad.041　棕色纸。出自纸页的右下部分。从绳子孔的位置看，纸页宽约 $4\frac{1}{2}$英寸，每页有 9 行字。6 英寸×$2\frac{3}{4}$英寸。

字体中等大小，很粗，斜体，比较潦草。文字中有史诗音步，但保留下来的不多，无法判断出缺失了多少和纸页的长度。Visarga 似乎用来标在第2个pāda（印度的一种情歌——译者）的末尾。

Khad.042　棕色纸。形状不规则，出自纸页的中部。字体较小，直立而工整，棱角不分明。纸上隐约打了格，来表示每一行顶部的位置。文字中不时出现小空白，在转写的时候把这些空白也记录了下来。字体和 B.Koy.09 相同。4英寸×4$\frac{1}{4}$英寸。

正面

....ya na dy aya-kṣānti　　ya samant....

....rma-jñān＝ânuparivarttana pāramita sta ⌒ ẏa ma....

....*pa* vīrya　　ya moha-vigame aya-dhyāna　　..apra ....

....parikṣa aya-dāna-da　　ya skandha-parikṣa a ....

....tihata-jñāna-dar śana-pāramita sṭa ....

...śīla-da　　ya pudgala sambhe*da*....

....gati ad*dhe*ḥ aprati ....

....ya kṣānti　　ya nirodha-pa（r）y ....

....r śana pāramita sṭa　 ⌒⫫ tattra *ka*....

....he ta ta aymṁ vīryya　*ya*

背面

....pāramita sṭa ⫫ tattra ka*la* ....

....*n*ti　　ya irddhi pāda parigra（h）e....

....pāramita sṭa　 ⌒　ẏa prajña i*ndri*....

....heta prajña aya-dhyāna　.....

.....aṁ ・ ya ga na vā sā do n......

....da jñāna-vāsan-âpagata aya-pra....

....ya asaṁkāra dar śana aya-sīla da....

....*na* pariharamāna apārihāni prajñā-vimukti aya....

....ya-dāna ya kāya-karmma niyata aya-sī....

....jña ima kāya-karmma jñān＝ânupari....

Khad.044 棕色纸。出自纸页的中部，纸页宽 $3\frac{1}{4}$ 英寸，残片长 $2\frac{1}{8}$ 英寸。字体很小，直立。

正面右侧的字母常常突然中断，不完整，似乎文字在另一张如今已经找不到的纸上继续书写。正面的右边沿剪掉了，因而有些字母缺失。

Khad.045 赭色纸。残片出自纸页中部的左侧。纸页宽 $2\frac{3}{4}$ 英寸，长 2 英寸。字体很小，几乎直立，倾斜。

Kuduk-köl.031 纸赭色。出自纸页的右侧，字体很大，很粗，棱角分明，直立，和 Kuduk-köl.037 一样。$7\frac{1}{4}$ 英寸×$4\frac{1}{4}$ 英寸。

Kuduk-köl.032 棕色纸。出自纸页的右侧，字体特别大且扁粗。$2\frac{3}{4}$ 英寸×$2\frac{1}{2}$ 英寸。

Kuduk-köl.033 纸。出自纸页右侧的残片，朽坏得很厉害。字体和纸与 Kuduk-köl.031、037 类似。$7\frac{1}{2}$ 英寸×$5\frac{1}{2}$ 英寸。

Kuduk-köl.036 浅棕色纸。残片出自纸页的中部，字体与 Kuduk-köl.032 类似，但字母间隔比较大。字特别大且扁粗，各行之间离得较远。参见 Kuduk-köl.039。$3\frac{1}{2}$ 英寸×$4\frac{1}{2}$ 英寸。

Kuduk-köl.037 赭色纸。出自纸页的右侧，字体像 Kuduk-köl.031、033 一样。$7\frac{1}{2}$ 英寸×$5\frac{3}{4}$ 英寸。

Kuduk-köl.038：纸深棕色。残片出自纸页的中部，字体很大且扁粗，字母间隔很大，像 Kuduk-köl.036 一样。2 英寸×4 $\frac{1}{4}$ 英寸。

Kuduk-köl.039　**赭色纸**。残片与 Kuduk-köl.036 类似，字体也和 Kuduk-köl.036 一样。行间隔得很开，出自纸页的中部。2 英寸×4 英寸。

Kuduk-köl.041　**棕色纸**。小残片，出自纸页的中部。3 $\frac{3}{4}$ 英寸×2 英寸。字体很大，粗度中等，大致直立。

Kuduk-köl.045　**纸**。很薄，很粗糙。磨损、皱缩得很严重。字体很大。3 $\frac{1}{2}$ 英寸×1 $\frac{1}{2}$ 英寸。

Kuduk-köl.046　**浅棕色纸**。残片出自纸页的右侧。2 $\frac{3}{8}$ 英寸×2 $\frac{1}{2}$ 英寸。字体和 Kuduk-köl.038 一样。

Kuduk-köl.047　**纸**。很粗糙，字体粗糙，与 Kuduk-köl.034 类似。似乎两面都写了字，但有一面上的字已经消退了，另一面上只能看出三四个零星的字母。5 $\frac{1}{4}$ 英寸×2 $\frac{1}{4}$ 英寸。

Kuduk-köl.048　**纸**。大量残片，都很小，出自不同的手稿。有些残片上的文字大而粗，有的中等大小，有的很小。残片都磨损得很厉害，已经皱缩，形状不规则，无法看出任何内容。

Sampula.028　**赭色纸**。残片形状不规则，出自纸页的中部。字体很大，很扁粗，直立。5 英寸×5 $\frac{1}{2}$ 英寸。

Sampula.029　**浅赭色纸**。很粗糙。残片出自纸页的中部，字大，直立，很粗，很扁。2 $\frac{1}{2}$ 英寸×3 英寸。

Sampula.030　**棕色纸**。出自纸页的右侧，字体很粗大，直立，棱角分明，很扁。8 $\frac{1}{4}$ 英寸×9 $\frac{3}{4}$ 英寸。

Sampula.031　**纸**。与 Sampula.029 类似。字母很大，很扁。皱缩、磨损得很厉害。出自纸页的中部。3 英寸×2 $\frac{1}{2}$ 英寸。

Sampula.032　**纸**。5 英寸×2 英寸，纸像 Sampula.029 那样。磨损得很严重，已经褪色并变得不清楚。几乎无法释读。

Sampula.033　**棕色纸**。出自纸页的中部。字体大而扁，很粗，直立。还有两个小残件，与 Sampula.033 类似。3 英寸×1 $\frac{3}{4}$ 英寸。

Sampula.034　**浅棕色纸**。出自纸页的中部。字体与 Sampula.033 类似。只能读出几个零星的字母。3 英寸×2 $\frac{1}{8}$ 英寸。

Sampula.035　**纸**。出自纸页的中部。纸棕色。字体与 Sampula.034 类似。只能读出几个字母，其中有 "prajñā" 一字。残片尺寸1 $\frac{1}{2}$ 英寸×2 $\frac{1}{4}$ 英寸。

Sampula.036　纸棕色。字体接近 Sampula.037，棱角分明。3 英寸×2 $\frac{1}{4}$ 英寸。

Sampula.037　**棕色纸**。出自纸页的中部。字体与 Sampula.036 类似，特别粗大，是直立的，很扁。3 $\frac{1}{4}$ 英寸×1 $\frac{1}{2}$ 英寸。

Sampula.038　**纸**。残片与 Sampula.032 类似。

Sampula.039　**棕色纸**。与 Sampula.034 类似。1 $\frac{3}{4}$ 英寸×2 $\frac{3}{4}$ 英寸。

Sampula.041　**棕色纸**。纸页右端的一窄条。字很大，每行只有最后一两个字母看得出来。1 $\frac{5}{8}$ 英寸×2 $\frac{3}{4}$ 英寸。

Sampula.042　**纸**。与 Sampula.032 类似。

Sampula.043　**粗糙的赭色纸**。出自纸页的中部。字体与 Sampula.034

类似。残片尺寸 2 英寸×3 $\frac{1}{4}$ 英寸。

Sampula.044　**赭色纸**。残片出自纸页的中部,。磨损得很严重。字体中等大小，直立，褪色严重。2 英寸×2 $\frac{3}{4}$ 英寸

B. 非梵文的文书残件

Kuduk-köl.034　**浅棕色纸**。残片出自纸页的中部，只有一面有字。字体很大，是和田语笈多体，像霍恩雷书中图版 XVII 里第 2 号的正面，而不太像该书图版 XV 中的第 7 页和第 8 页。语言似乎都是和田语。4 $\frac{1}{2}$ 英寸× 2 $\frac{3}{4}$ 英寸。

Kuduk-köl.035　**棕色纸**。残片出自纸页的中部，字体很大，很粗，是直立的，棱角分明，接近霍恩雷书中图版 V~X 中的文书。语言似乎是和田语。4 英寸×2 $\frac{1}{8}$ 英寸。

Kuduk-köl.040　**纸**。不规则残片，纸棕色。字体很大，其中有些有点像婆罗米文，但更像是汉字。写得不连续，也可能是竖着写的。4 $\frac{1}{2}$ 英寸× 4 英寸。

Kuduk-köl.042　**浅棕色纸**。残片出自纸页的中部，皱得很厉害。只在一面上写了字。字母很大，间隔得比较开。有点像 Kuduk.köl.034，也有点像霍恩雷书中图版 I 中的第 2 号。文字不是梵文，内容似乎是某种账目。5 英寸×4 英寸。

Kuduk-köl.043　**纸**。特别粗糙。残件磨损、皱缩得很厉害。字体很大，墨迹不太浓，有点像婆罗米文，但似乎不太连续，像汉字似的。5 $\frac{1}{2}$ 英寸× 2 英寸。

Kuduk-köl.044　**纸**。粗糙。字体像 Kuduk-köl.034，但只在一面写了字。

语言似乎是和田语。$3\frac{1}{4}$ 英寸×$1\frac{1}{2}$ 英寸。

Kuduk-köl.047 纸。粗糙。残片出自纸页的中部。$3\frac{1}{2}$ 英寸×2 英寸。只在一面写了字，字体像 Kuduk-köl.034。语言似乎是和田语。

Kuduk-köl.077 纸。很粗糙。似乎两面都写了字，但如果是这样，有一面的字已经褪光了，另一面只能看出零星的三四个字。字体似乎和 Kuduk-köl.034 一样。$5\frac{1}{4}$ 英寸×$2\frac{1}{4}$ 英寸。

Samp.040 赭色纸。只在一面写了字，似乎是吐蕃文。$2\frac{1}{2}$ 英寸×$1\frac{1}{4}$ 英寸。

II. 在阔考玉玛勒、巴什阔玉玛勒、吉格代里克的遗址发现的梵文手稿残件

（见本书第五章第二节，第二十四章第一节）

Koy.i.09 棕榈叶。左侧部分，很脆。字体较小，很工整，竖写，与一般手稿的风格不同。图版 CXXI。在正面的左边空白处有两个数码，像是 6 和 80。3 英寸×$1\frac{5}{8}$ 英寸。

正面

natpannanaṁ Ku śalānāṁ dhammeṇa......

naaprabandhaṁ praty＝etad＝*u*ktaṁ na kṣaṇa

evaṁ bhaviteṣu ṛddhī pāde.....

ti＝Punar＝āha Mārggaṁ mārgga....

背面

yada ca indr（i）ya n-âdhipatya n....

tre prayogotsadata ādhipatya.

ti atha vyatirikta sva*bh*ava dhi....

yadi c-ôrddhva*ṁ* mīmā*ṁ*sāya *citte* ka....

Koy.i.010　**小棕榈叶**。字体接近 B.Koy.i.09，可能与后者出自同一件手稿。$1\frac{1}{4}$ 英寸×$1\frac{1}{4}$ 英寸。

正面

....*ku*śalaśabda mṛs....

....ko kuśalo hi....

背面

....rva*ṁ* kali kalu*ṣ*a....

....nanu na śodhaya.i....

......tya e ....

Koy.i.011　**小棕榈叶**。出自中部。字体接近 Koy.i.010。沿中间有一块空白，空白两侧是字。文字没有延至伸整片叶子，但至少形成了两块。只能读出几个字母。$1\frac{1}{4}$ 英寸×$\frac{7}{8}$ 英寸。

Koy.i.012　**小棕榈叶**。似乎出自左侧。字体比 Koy.i.010 大一些，棱角分明一些，并朝后倾斜。每一面上只有两行，每一行有两三个字母，都不可释读。背面的左侧似乎有一些数码，其中一个好像是5。1 英寸×$\frac{3}{4}$ 英寸。

Koy.i.013　**小棕榈叶**。只在一面有字。字体很小，很粗，直立，有点像 Koy.i.010。$\frac{5}{8}$ 英寸×$\frac{3}{4}$ 英寸。

Koy.i.015　**桦树皮残片**。另外还有四张小残片 Koy.i.016~019。正面是两行字的一部分，背面是三行字的一部分。字体是小而直立的北方笈多体，与 Koy.i.09 类似。$2\frac{1}{2}$ 英寸×$1\frac{1}{8}$ 英寸。图版 CXXI。

正面

....yāti ko nv＝asy-â*ṁ* śa*ḥ* yādi *pū*. v ...

....sa gha*ṭ*a*ḥ*（？）⌒ 7 para-lokam.....au.au....

背面

....ndhan = dhanam = utsṛjat*i* v......

....*s*a ciram = aha m̐avicaryya *bh*......

....palabhya *p*rajāgaro me ....

B.Koy.i.014　小包裹。包括很多小棕榈叶残片和桦树皮残片，如今都已经很脆。字体小、直立、工整、特别紧凑，有点像 Koy.i.010。只能在大残件上读出几个词，比如：

indriya (often)，nāvik, tatra katarāṇī, śaikṣasya, catuṣkoṭi, jñāna, śairṣo; dveṣṭi prā, srota, sama (often)，nivṛavya.

B.Koy.i.020　写在丝绸上的手稿。手稿上涂了白色颜料，文字是北方笈多体，字体粗大而直立。由于在发现后发生了朽坏，丝绸已经分成了 5 个部分。

丝绸宽 5 英寸，长 $13\frac{1}{4}$ 英寸多。有 7 行字，从一边延伸到另一边，没有留空白。绳子孔在中线上，离左边沿 $3\frac{7}{8}$ 英寸。

在白色颜料保留下来的地方，文字很清楚。但白颜料已经磨掉了很多，于是字体就特别模糊，难以辨认，有的甚至全部消失。右侧是唯一能够辨认的地方。图版 CXXI。

正面

..............*yady* = evam = arhata sam = Bhagavān = a*bh*

............da *bh*ya..*ti*ṇ = kutaḥ⌒ âsārāt = sa (ṁ) sār

....kadali nissāraka

..........ṣpratinibhā*t* sa-duḥkhān = nistrāṇā..dahana-dīpârcci-sadṛśād = dhi *mo*
(？) ktuṁ samya.. m = puruṣavṛ［sa］bh-âdyā..*d*i......gu

......ām*a*..bhogeṣu jātā-vinīvaraṇa-paryyavas*ā* natāñ = ca manasasyamyag = dhu

ḥkhâdīny①= a.....ya nide śayā-mā［sa］.......

---

① ḥ is written here as jihvāmúlīya with a special character.

.... śa mo ....ā .ikaṁśivaṁ(sā) saha śravaṇā.ya ［pū］rṇṇāsya duḥkh-âdi

pāryya...y...

.... dharmaś

ca paripūrṇṇā-manorathaṃ = imaṃ Bhagavantam = abravī［t］..āyi..

....

pro......na......bradamāṃpunuḥ ka.āya

va sa

....

.ṣana......sy-ânugraha-cikīrṣu na pūrṇṇamā

(mu na)

背面

....

saṃva na..ka..........satvāna

mu..pū........

....

vo ya rambarana ha......pu la ....

ta ba.indha ja ga..da

. ..

sāriṇo māṇavāḥ = pūrṇṇa..da jagmuḥ

sa ha.ai..........ta

.... kṣ..ū......

.....ṅka sā ya vā sa (ma) ṃdadṛśur – māṇava sarvve

pūrṇṇaṃ pūrṇṇa-manorathā....

.... ［brā］hmaṇyaṃ =

utsṛjya śramṇya .kr.....ddhṛtaṃhim = evan = ta..

ny = eva gṛhītan = tad = bravīti......

.... nuttamāv = atra paraṁ yan = me gr̥hītaṁ mahat =

saṁsāre parivattat-âhisata tan = n-âitat = kadācid = dhr̥tamadya

hy = agrahanād = *dh*asi..ka...āddhai

....gatau gatin = na dadr̥śus = saṁsāra eva sthitāḥ ｜ sa

tatas = ［t］e mānavās = tat pratyay-âvarjita-manasa*h* = pūr ［ṃṃ］ a-

（ku）śala-mūla sañcod*i*

Jig.I.02 一个包裹。包括四块残片，都是用不同字体写成的。

I.浅赭色纸，出自一张纸页的中部。字体比较小，倾斜、潦草，比较特别。2 英寸×3 英寸。

一面

...ḥ ṣu taṁ....

....katama...*ṇḍ*a....

....upetya pu.....e....

....ti patita tam = aṁtarā....

....te pateta tam = aya...

....syā....vā dā pūr*ṇ*a....

....pā *ca* ṣma....

另一面

....cetasa pu....

....yuṣma..me vartate....

....tasmāt = tarhi⌒....

......tame..tya ga da....

....saumata syaṁdā.e....

....yuṣmā du....

....vedyate....

II.浅赭色纸。出自纸页的中部，字体较粗，棱角分明，斜体。$1\frac{1}{2}$英寸×$2\frac{1}{4}$英寸。

一面

....puṇa mā *k*a ga....

....sa ki t*pū* rka....

....ta gṛhitvā *k*a....

....ti va tasya....

另一面

....rga prakav....

...śiti....tti....

....*v*ā.aṁ jāti....

....te sa *rtha* saṁ m....

III.纸棕色，出自纸页的中部，字体中等大小，粗，倾斜。1 英寸×1 $\frac{3}{4}$ 英寸。

一面

.....utpadya....

....tthato vā....

....te prāmo....

另一面

....*n*a....

....jñaḥ t*n*e....

....sta da pra....

.....ā te*n*a....

IV.纸棕色。出自纸页的中部，字体是北方笈多体，和霍恩雷书中图版 I 中的图 1、图版 IV 中的第 2 号、图版 XIX 中的第 2 号一样。字母较大，较粗，斜体。语言不是梵文，大概是和田语。1 $\frac{1}{2}$ 英寸×1 $\frac{1}{4}$ 英寸。

附录 F
梵文、和田文、库车文手稿残件目录

斯坦·科诺（Sten Konow）

奥斯陆大学教授

I. 巴德鲁丁汗在和田收集到的手稿残件，主要出自达玛沟遗址

[关于巴拉瓦斯特、法哈德伯克亚依拉克、依勒墩（Īle-dong）、喀达里克（Khādalik）遗址，见《西域考古图记》第一卷 155 页以下、197 页以下，第三卷 1246 页以下。关于山普拉，见本书第四章第一节。]

Balaw.0149　**薄木板**。一端有个穿绳的孔，隐约有中亚婆罗米字母的痕迹。

Balaw.0150　**薄木板**。写有大约公元 8 世纪的竖体中亚婆罗米文。

Balaw.0151　**长条木头**。隐约有竖体中亚婆罗米文。

Balaw.0152　**佛经菩提纸页残片**。用和田语写有竖体中亚婆罗米文。纸页有四行字，描述了某种极乐世界。

Balaw.0154　**文书残件**。大约是公元 8 世纪的竖体中亚婆罗米文，用和田语写成。

Balaw.0173　**众多片菩提纸页残片**。用梵语写有竖体中亚婆罗米文。

Balaw.0174　**佛教菩提纸页残片**。用梵语写有竖体中亚婆罗米文。

Balaw.0175　**佛教菩提纸页残片**。用梵语写有竖体中亚婆罗米文，提到了戒波罗蜜菩萨（Sīlapāramitā）。

Balaw.0176　**佛教菩提纸页残片**。用和田语写有竖体中亚婆罗米文。

Balaw.0177~0185　9 张佛教菩提纸页残片。用梵语写有竖体中亚婆罗米文。0180 中出现了须菩提的名字。

Balaw.0186　**大量佛教菩提纸页残片。**用梵语写有竖体中亚婆罗米文。

Balaw.0187　**佛教菩提书的第 210 页残片。**用梵语写有竖体中亚婆罗米文。

Balaw.0188~0191　**4 张佛教菩提纸页残片。**用梵语写有中亚婆罗米文。

Balaw.0192　**佛教菩提书的第 194 页残片。**用和田语写有竖体中亚婆罗米文。

Balaw.0193　**佛教菩提纸页残片。**用梵语写有竖体中亚婆罗米文。

Balaw.0194　**纸页残片。**其中用竖体中亚婆罗米文写有复合音节表，含有 ya 这个音节。

Balaw.0195　**佛教菩提纸页残片。**用和田语写有竖体中亚婆罗米文。

Balaw.0196~0199　**4 张佛教菩提纸页残片。**用梵语写有竖体中亚婆罗米文。

Balaw.0200~0222　**各种菩提书小残件。**还有一件文书（？）。用竖体中亚婆罗米文写成，年代不尽相同，最晚约到公元 8 世纪，是梵语和和田语。

Domoko.0119　**98 页佛教菩提书的左侧。**用和田语写有中亚婆罗米文。纸页上有五行字，超过三分之一的纸页缺失。大概是《众合地狱经》（*Saṃghātasūtra*）的一部分。

Domoko.0121　**佛教菩提书的两张纸页残片。**用和田语写有中亚婆罗米文，列举了 10 种不同的人。

Domoko.0125　**佛教菩提书小残片。**用梵语写有竖体中亚婆罗米文。

Domoko.0168　**木片。**刻有吐蕃文。

Farhād-Bēg.05　**佛教菩提纸页残片。**纸页上有四行字，用和田语和中亚婆罗米文写成，内容是修功德才能带来幸福。

Īle-dong.01~03　**3 张佛教菩提纸页残片。**用梵语写有竖体中亚婆罗米文。

Īle-dong.04　佛教菩提纸页残片。用和田语写有竖体中亚婆罗米文，内容似乎是《金光明经》。

Īle-dong.05　佛教菩提纸页。一部分，纸页上有 6 行字，用和田语的中亚婆罗米文写成，内容是《众合地狱经》。

Īle-dong.06　佛教菩提纸页残片。纸页上有 4 行字，用和田语写有竖体中亚婆罗米文。

Īle-dong.07　大菩提纸页残片。用梵语写有中亚婆罗米文，含［须］菩提这个人名。

Īle-dong.010　菩提纸页的 23 张小残片。写有中亚婆罗米文，似乎是梵语。

Īle-dong.014　大量小纸片。写有竖体中亚婆罗米字母。

Īle-dong.015　残毁的纸页。只有一面上写有大约公元 8 世纪的竖体中亚婆罗米文，其中谈到在佛的命令下施舍东西。

Īle-dong.016　竖体中亚婆罗米文写成的音节表。其中含复合字母 ya。

Īle-dong.017　佛教菩提纸页残片。用和田语写有竖体中亚婆罗米文。

Īle-dong.018　佛教菩提纸页的 1 张纸页残片和 6 张小残片。写有竖体中亚婆罗米文，似乎都是和田语。

Īle-dong.023　佛教菩提纸页残片（每页有 7 行字）。用和田语写有竖体中亚婆罗米文。

Īle-dong.026　木板。正面刻有 5 行用和田语写的约公元 8 世纪的竖体中亚婆罗米文，背面有 3 行。其中谈到与僧侣界的联系。

Khad.04　佛教菩提纸页的一角。用和田语写有中亚婆罗米文。

Khad.05、06　佛教菩提纸页残片。用梵语写有竖体中亚婆罗米文。06 中出现了须菩提的名字。

Khad.07　文书残件。用和田语写有竖体婆罗米文。

Khad.08　**佛教菩提纸页的一角**。用梵语写有竖体中亚婆罗米文，含须菩提这个名字。

Khad.09　**佛教菩提纸页的一角**。用梵语写有竖体中亚婆罗米文。

Khad.010　**佛教菩提纸页残片**。用和田语写有竖体中亚婆罗米文。

Khad.011　**佛教菩提纸页残片**。用梵语写有竖体中亚婆罗米文。

Khad.012　**佛教菩提纸页残片**。用和田语写有竖体中亚婆罗米文。

Khad.013~015　**佛教菩提纸页残片**。用梵语写有竖体中亚婆罗米文。

Khad.018　**佛教菩提纸页残片的左侧**。只在一面上写有竖体中亚婆罗米文。大多数字行都是用和田语写的，但现存的第 4 行和第 5 行开头是梵语。第 3 行中提到了 Jambvīyai 的名字。

Khad.038　**纸页残片**。i 是多张纸页的小残片，每张上面都有几个字母，用梵语或和田语写成竖体中亚婆罗米文。ii 是纸页残片，纸页上有 4 行字，用和田语写有竖体中亚婆罗米文。似乎是菩提的末尾，包含抄写者和他的姐妹的祈祷。背面是后来乱写的东西。

Khad.040　**佛教菩提书的第 10 页残片**。用和田语写成竖体中亚婆罗米文，似乎是诗体。

Khad.043　**佛教菩提纸页的小残片**。用梵语写有竖体中亚婆罗米文。

Khad.046、047　**菩提纸页小残片**。用和田语写有竖体中亚婆罗米文。

Khad.048　**菩提纸页小残片**。用梵语写有竖体中亚婆罗米文。

Khad.049　**木棍**。用和田语写有公元 8 世纪的那种婆罗米文。

Khad.050　**木棍**。上面有吐蕃文。

Khad.051　**木棍**。刻有图案，还有几个模糊不清的婆罗米字母。

Mazar-tāgh.0443　**佛教菩提纸页残片**。用梵语写有竖体中亚婆罗米文。

Sampula.08　**佛教菩提纸页的右侧部分**。纸页上有 5 行字，是用和田语写的中亚婆罗米文。

Sampula.09　**佛教陀罗尼的第 6 页**。用不规范的梵语写有竖体中亚婆罗米文。

Sampula.011　**文书残件**。一面写的是汉字，另一面是模糊不清的和田语写成的中亚婆罗米文。

Sampula.012　**佛教菩提纸页残片**。用和田语写有竖体中亚婆罗米文。

Sampula.013　**佛教菩提纸页残片**。用和田语写有公元 8 世纪的那种竖体中亚婆罗米文。

Sampula.014　**佛教菩提纸页残片**。写有模糊不清的约公元 8 世纪的那种竖体中亚婆罗米文，似乎是用和田语写成。纸张曾被吐蕃人做抄写练习用。

Sampula.015　**纸文书残件**。用和田语写有公元 8 世纪的竖体中亚婆罗米文。

Sampula.017　**长纸条**。一面是模糊不清的约公元 8 世纪的竖体中亚婆罗米文。似乎是和田语文书残件。

Sampula.020　**小纸片**。写有约公元 8 世纪的竖体中亚婆罗米文，似乎是和田语。

Sampula.021～027　**小纸片**。上面是很模糊的约公元 8 世纪的竖体中亚婆罗米文。

II. 在库都克库勒、托格拉克麻扎、L.M、库车、黑大爷巴扎、塔吉克、吉格代里克遗址发现的梵语、和田语和库车语手稿

Kuduk.köl.029、030　**佛教菩提纸页残片**。用梵语写有竖体中亚婆罗米文。其中一张残片中出现了须菩［提］的名字。（见本书第四章第三节）

T.M.iii.01、02　**佛教陀罗尼的最后一页**。不完整，用不规范的梵语写有约公元 8 世纪的那种竖体中亚婆罗米文。（见本书第四章第一节）

L.M.I.036、037　**2 张纸页残片**。写有斜体的中亚婆罗米文，似乎是库车语。（见本书第六章第三节）

L.M.II.ii.08（据本书英文版"补遗和勘误"应为"L.M.II.ii.08.a."——译者）　纸片。用梵语写有行书体的婆罗米文。（见本书第六章第三节）

Kucha.0188　**木板**。断成了两截，隐约有斜体中亚婆罗米文，似乎是库车语。

Khitai-bāzār（Kuchā）01　小纸片。写有斜体中亚婆罗米文，似乎是梵语和库车语。（见本书第二十三章第三节）

Taj.I.iii.01　小纸片。写有斜体的中亚婆罗米文。（见本书第二十三章第二节）

Taj.I.iii.02　小纸片。是用斜体中亚婆罗米文写的音节表。

Jig.I.01　3张很小的棕榈叶形手稿残片。写有婆罗米文。一张残片两面都写了字，剩下的两张只有一面写了字。写的似乎是梵语。（见本书第二十四章第一节）

Jig.I.03　2张纸页。用库车语写有斜体的中亚婆罗米文。

Jig.I.04　小纸片。用梵语和库车语写有习题的中亚婆罗米文。

Jig.I.05　小纸片。用梵语写有斜体的中亚婆罗米文。

Jig.I.i.02　8张写有中亚婆罗米文的小纸片。其中一张用梵语写有竖体婆罗米文，还有一些段落似乎是用和田语做的翻译。其余残件是用梵语和库车语写的斜体婆罗米文。

Jig.I.i.03、04　小纸片。用梵语和库车语写有斜体的婆罗米文。

附录 G
库车文手稿残件笔记

西尔文·列维

法兰西大学教授

Kao.0146~0148 似乎是在汉文文书背面写的梵文—库车文双语文书。

0146：yā...saṁkalpaṁ ‖ m.h.s.karṣa hitaṁ

　　　　在背面？

0147：‖ ....satyāhi　　　　　　　背面

tāmalahamahārā-tamaṁ　　　raho ‖ vici

　　　tvante ‖ utta

0148：数字　　　　　　　　　　　　背面

　　　udakavitpu?　　　　　　　　　yāska

sādha　　　　　　　　　　　　　　bhani

　　pya... ‖　　　　　　　　　　　　‖ viśāra

‖（a）parādhalaṁ uddānaṁ　　ma kuśalaṁ ‖ pa...kuśalaṁ l śikṣitaṁ

　　　　　　　　　　　　　　　　hā kalpaṁ ‖ ...upa

　　　　　　　　　　　　　　　　yaśaṁ la...rthaparicheda ‖

　　　　　　　　　　　　　　　　　　‖ saṁsā

　　Bez.xii.03 **库车文文书**。写有 ñakti śai ṣ ṣe 'les dieux monde'，意思是"第二个月"。

　　Toy.vi.089 **书写练习**。重复着一个名词：

　　　　　śik ṣapālipti śśik ṣapālita sikṣ

残件上的第三行仍是重复这个名词。

Kucha.0187　论文或信件残件。（图版 CXXIII）

māghśu su…waśmo	ntr mlaweñpo
to ku ṣṭpalo-palsko	ette ywartse yu
ṛse ketwemteṅkaṣṣalle re	ttau mā empreṁ palsko
ktsecci tlet.ewaṣpaṅkäṅs—	lkaskteṣäś
—karstau—śettoyewe	nttsaṁsarnn walletse
ṅkalump—śale	—ntsaṁ ślakka aismo
…wate rimntā śle	teramp ynāñmeetsñ
ykeṣṣe ṣitketwa	wästa yāś su snai
ñye tketaw yärtto	kaṅkau pokweṣe wässi
ṣatpattu eṣke	waṣanta tmetkrapoklanta

Kucha.0190~0191　会计文书残件。（图版 CXXIII）

0191：第 2 行　…stwāra cakaṁma pi ś nom ysāre sa

我们在第 3 行又看到了这个词：ysāre

0190：wattiśke wi cakaṁma sa wai naum lpoko naum..eksa o…

Taj.02　小木板。（图版 CXXIII）我还不知道这块小木板大概是做什么用的。一般用于通信的木板上都有 encroches，但这块木板却没有。而且，木板表面刨平过。字，尤其是似乎写在正面的那些字，都写得很不规范，难以辨认。

我的释读如下：

s.k（e）? { s （?）　muwīri.i } （?）　　cai（ce）rni（ṣa）lwaṣi
　　　　{ hi　　　　　bi }

我无法解释其中的任何一个词。

在背面有一行很清楚的字：

　　　mike po ptama（ṣem）cā（te）asālai kamāte psāka

最后这两个词的意思是："花了他 50。"在对边上写有三个反语序的字：sa ka mai。

附录 H
粟特文手稿残件笔记

E.班威尼斯特

L.M.Ⅱ.ii.09（据本书英文版"补遗和勘误"应为"L.M.Ⅱ.ii.09.a"——译者） **手稿残件**（图版 CXXIV）。残件，共 20 行。前 10 行和最后一行毁坏得特别厉害，中间那些行保存得还比较好，但也无法进行连续解读。

字体类型很像奥雷尔·斯坦因爵士在敦煌长城的 T.XII.a 要塞发现的古老文字（见《西域考古图记》第四卷，图版 CLIIIVI），但比那些文字要稍晚一点儿。似乎是一封商业信函。

L.A.Ⅱ.x.01 **手稿残件**（图版 CXXIV）。留有 1 英寸到 $2\frac{1}{2}$ 英寸的边。字体很古老，但比前一件文书要晚。

似乎是一封信或向人提要求的便条上的地址（不完整）：

βγw γwt'wβγ'...

意思是"众王之王"。

L.A.Ⅱ.x.02 **手稿残件**（图版 CXXIV）。小残件，是前一件字体的变体。除零星几个字母，很难辨认。

Kao.070、071 可以粘连起来，形成一个残片。纸黄色，笔迹特别整洁。字体紧密、规范，很像我们的佛教典籍。很可能是公元 8 或 9 世纪的佛经残件。由于残件保存状况不佳，无法看出其他更确切的信息。

Kao.072、073 **手稿残件**。同样也应该粘连起来。和前一件是同一时期的，可能出自同一个人之手。纸保存得没有前一件好，墨迹已经褪色。似乎也是佛经残件。

附录 I
汉文碑铭和文书

由艺术学硕士、文献学博士、大英博物馆
东方印刷品和手稿部副馆长
L.吉列斯翻译并作注

I　阿斯塔那墓志铭

　　下面翻译的13篇墓志铭都出自哈喇和卓附近的阿斯塔那墓（见本书第十九章第一、二、三节）。奥雷尔·斯坦因爵士无法把石碑带回来，只好将这些墓志铭拍了照片，并让他的中国助手把墓志铭抄写下来。不幸的是，这些照片中的大多数在哈喇和卓冲洗出来之后，在运输途中遭受到了很大损害。其中只有4篇比较清楚，还能有些用处。所以我主要依靠的是中国助手的抄件，但这些抄件的准确程度也并非尽如人意。

I. Ast.i.4
（依据抄件和不清晰的照片）

延和七年戊辰岁四月癸酉
朔十三日乙酉故张叔庆妻
○氏女太明禀性贞洁体行
纯笃四德内融然称外著用
能○谐九族雍穆五亲幼仕

舅姑有敬顺之名长训闺庭

无简言之号可谓窈窕之淑女

张氏之良配者也宜延遐算光○

大化天不憖遗奄然陨逝宗亲悲

○○○○○春秋卅八殡葬斯墓

注释:

1.（第1~2行——行数为译者所加，即纵写的列数。）延和七年戊辰岁四月癸酉朔十三日乙酉：即公元608年5月2日。关于从公元507年到641年统治高昌的君主年号，见马伯乐在BEFEO第XV.4卷57页以下的论文。

2.（第1行）日期的干支标志说明，"四月"实际上指的是闰三月。

3.（第3行）○氏女：第一个字无法断定是什么，照片和抄件都不清楚。但这个字似乎是"麹"，也就是刚才提到的高昌王族之姓。"麹"字在墓志铭 IV、IX 中也出现了。

4.（第4行）四德：称为"四德"的有几组概念。在《左传·僖公二十四年传》中，"四德"是"庸勋""亲亲""昵近""尊贤"。在《易经》中则是"仁、义、礼、智"为一组，相对于"元、亨、利、贞"这几个普遍法则（《易·乾·文言》："文言曰：元者，善之长也；亨者，嘉之会也；利者，义之和也；贞者，事之干也。君子体仁，足以长人；嘉会足以合礼；利物，足以合义；贞固足以干事。君子行此四德者，故曰乾元亨利贞。"）在《大戴礼记》中，"四德"是"孝、弟、信、忠"，但这一组不太为人们所熟知。但这篇墓志铭的作者所说的"四德"，大概就是班昭《女诫》中的"四行"，也就是"妇德""妇言""妇容""妇功"。（此四德见于《礼·天官·九嫔》，《后汉书·后纪序》"九嫔掌教四德"的李贤注——译者）

5.（第5行）九族：最早提到"九族"的是《尚书·尧典》。关于"九族"，人们有不同的理解，但一般认为"九族"指的是直系亲属：（1）高祖父，（2）曾祖父，（3）祖父，（4）父亲，（5）自己，（6）儿子，（7）孙子，（8）曾孙，（9）玄孙。（此为汉代古文尚书家之说——译者）也可能指旁系亲属，就是同一个高祖父的后代。但在《白虎通》一书中，"九族"中有四族是父亲一边的，三族是母亲一边的，两族是妻子一边的（此为汉代今文尚书夏侯欧阳说，《白虎通》从之——译者）。

6.（第5行）五亲：我以前没有看到过这种表达形式，"六亲"的说法倒是很普遍的。"六亲"一般指父、子、兄、弟、夫、妻（见王弼撰写的对《老子》第十八章的注释）。在这篇墓志铭中，"九族"和"五亲"都是泛指亲属，尤其是生活在一个大家庭里的人。

7.（第5行末）仕：事。

8.（第7行末）窈窕之淑女：引自《诗经·周南·关雎》。

9.（第8行末）宜延退算光：显然指的是她在道德上的影响。

10.（第9行初）大化天不愁遗：参见《左传·哀公十六年》："旻天不吊，不愁遗一老"，意思是"老天无法给我以安慰，竟不放过这个老大臣（孔子）"。这大概是《诗经·小雅·祈父之什·十月之交》第六章的一段类似话的回应。（《诗经·小雅·祈父之什·十月之交》中的那段话是"不愁遗一老，俾守我王"——译者）

II. Ast.ix.3

（只有抄件）

延寿二年乙酉
岁正月丙申朔
十二日丁未中
郎王伯瑜妻晋
昌唐氏春秋七
十三殡葬斯墓
之墓表也

注释:

1.延寿二年乙酉岁正月丙申朔十二日:公元 625 年 2 月 24 日。"延寿"是高昌王朝的又一个年号。

2.王伯瑜:见墓志铭 III。

3.晋昌:瓜州以北 50 里的一座城。唐朝初年,那里是玉门关的所在地。

III. Ast.ix.3

（依照抄件,照片特别不清楚）

延寿五年戊子岁九
月乙巳朔廿日甲子
故太原王王伯瑜初
民部参军转碑堂将
迁殿中中郎将春秋
七十二殡葬斯墓

注释:

1.（第 2 行）根据杭神甫（PereHoang）的表格,"乙巳"是九月的第二日。

2.（第 1~2 行）延寿五年戊子岁九月乙巳朔廿日:即公元 628 年 10 月22 日。

3.（第 4 行）参军:在东汉末年,"参军"是个比较重要的官职。但随着时间的进展,"参军"被剥夺了所有的军事职能,成了一个纯粹的民事官员。（"参军"为"参军事"的省称,为麴氏高昌王国各部司马以下之官吏之称——译者）

4.（第 5 行）殿中中郎将:字面意义就是统领宫中"中郎"的将军。（殿中中郎将,属麴氏高昌王国戍卫系统兵将,位在郎将之下——译者）

IV. Ast.i.4

（依照抄件，照片特别不清楚）

贞观廿年岁次丙午

六月辛酉朔廿七日

骑都尉张延衡妻

麴氏春秋五十有

二即以其年六月

廿八日殡葬斯墓

注释：

1.（第 1~2 行）日期相当于公元 646 年 8 月 13 日。

2.（第 3 行）骑都尉：在唐代，这只是个荣誉性的称呼，赏赐给无官职的人。

3.（第 3 行）张延衡：见墓志铭 V。

V. Ast.i.4

（依照抄件，照片很不清楚）

贞观廿年岁次丙午十

月己未朔廿一日乙卯新

除侍郎转门下校郎迁洿

林令迁陵江将军洿林令

如故更迁陵江将军〇部（空白处应为"祀"字——译者）

长史后迁仓部郎中洿林

令如故大唐统御泽被故

老蒙授骑都尉春秋八十

有二张延衡之墓表

注释：

1.（第1~2行）日期相当于公元646年12月3日。

2.（第2~3行）新除侍郎、门下校郎：在皇室中工作的官员。关于"新除"，见《佩文韵府》，（？），第6章 f.136v°。

3.（第4行）陵江将军：这是个夸大其词的说法，字面意思是"越过江河的将军"。见《北史》，卷一二七，那里提到来了五个级别的将军，即"建武""威远""陵江""殿中""伏波"。O.弗兰克教授误以为这些都是地名，见他的《在吐鲁番高昌一个寺院获得的汉文碑铭》（*Eine chinesische Tempelinschrift aus Idikutsahri bei Turfan*）一文，26页。

4.（第7行）故老：故国的长者，为前朝效力过的长者。

5.（第8行）骑都尉：见墓志铭 IV 的注释2。

VI. Ast.ix.4

（有抄件，照片也很好，图版 CXXVII）

维贞观廿二年岁

次戊申五月辛巳

朔廿日庚子新除

云骑尉王欢岳春

秋六十有七即以

其月廿日奄丧老

年殡葬斯墓

注释：

1.（第1~3行）日期相当于公元648年6月16日。

2.（第3~4行）新除云骑尉：没有相应职责的官衔之一，原来被称作"散官"，唐代时称作"勋官"。

3. （第6行）其月廿日：大概是抄错了。如果没有抄错，那么第3行的"廿日"大概是指下葬的日期，第6行的"廿日"只是重复而已。参见墓志铭 IX 的注释7。

VII. Ast.ix.1

（有抄件，照片清楚，图版 CXXVII）

惟永徽三年岁次壬
子九月乙卯朔十六
日庚午新除侍郎转
殿中将军属大唐启
运泽被西州授骁骑尉春
秋七十四王欢悦之墓表

注释：

1. （第1~3行）日期相当于公元652年10月23日。这似乎指的是立墓碑的日期。

2. （第4行）殿中将军：见墓志铭 III 的注释4。

3. （第5行）骁骑尉：完全是个荣誉称号。

4. （第6行）王欢悦：显然是墓志铭 VI 中的王欢岳的哥哥。他们的名字中有一个字是相同的。关于此人的详情，见墓志铭 IX。

VIII. Ast.ix.2

（有抄件，照片特别清楚）

○○○○○○前官○○仕○童氏○○○
夫○○○字○○英西州高昌县人也幼○○○○
行不○言轨外彰言归○族贞明为志恭慎在○

〇劳无乖姬姜养志以乾封二年九月上旬〇〇〇〇
良医无验妙药无瘳以十一月十八日丑辰卒于〇室〇〇
〇十有一遂使宗亲丧志路泣停歌以十二月四日葬〇〇
西北〇之礼也〇〇礼教无〇母仪可纪嘉猷〇
为铭曰
萤〇昼照　烛〇晨燃〇〇命尽　气疾〇〇
〇〇〇授　奄影生天宗亲〇志　路泣称贤
〇〇〇〇　〇泪如泉

注释：

1.（第1行）童氏：这个妇女和 Ast.ix.2.053 文末题识中的"董氏"是同一个人，所以"童氏"大概是抄写者写错了。从 Ast.ix.2.053 中我们还可以知道，她丈夫名叫"氾延仕"，他的墓志铭就是本系列墓志铭中的 XII 号。Ast.ix.2.053 还告诉我们，这位夫人的宗教字是"真英"，她成了佛教的一名俗家弟子后就取了这个字。

2.（第1行）前官：墓志铭 XII 中没有提到"氾延仕"当过任何官。前官后两个字是"氾延"。

3.〇行不〇：当是"一行不亏"。

4.（第3行）"言轨"是个很奇怪的词，再加上后面就紧接着"言归"，"言轨"就更显得奇怪了。

5.（第3行）言归〇族：这些话显然指的是她的婚姻，所以我倾向于认为是"夫族"，而不是更常见的"宗族"。在《诗经·小雅·鸿雁之什·黄鸟》第一章中，有这样的句子："言旋言归，复我邦族"。但在那首诗中，说话人是个想要回到自己亲人那里去的妇女。严格说来，"于归"（而不是"言归"）应该被用于婚姻，见《诗经·周南·桃夭》第一章。（"桃夭"中说："之子于归，宜其室家。"——译者）

6.（第3行）贞明：《易经》中称日月为"贞明"。（《易·系辞下》："日月之道，贞明也。"又作"贞节贤明"解，旧题晋王嘉《拾遗记》六

"后汉"："贾逵年五岁，明慧过人，其姊韩瑶之妇，嫁瑶无嗣而归居焉，亦以贞明见称。"——译者）

7.（第 3 行）恭慎在〇：缺字应当是"怀"。

8.（第 4 行）姬姜：从字面意义上讲，意思是"姬"或"姜"。"姬"是黄帝的姓（出自一条河名），后来周朝承袭了这个姓。"姜"是神农的姓，也出自一条河，齐国承袭了这个姓。这是古代中国两个最显赫的姓。《左传·成公九年传》中引用了《诗经》中一首已经失传的诗："虽有姬姜，无弃蕉萃。"所以，"姬姜"就被用于称赞任何一位贵夫人。

但我们的这段墓志铭则比较复杂，因为它又引用了《列女传》卷五的文字，那段文字有助于我们理解下面的"养志"二字。《列女传》中说，有个叫"姜诗"的人的妻子，特别孝顺她的婆婆，经常鸡鸣就起床，到 7 里外的地方的一条河中取新鲜的水回来。但有一次是暴风雨天气，她没能取回水来，被她丈夫休掉了。她于是住在了一个邻居的家里，靠纺织赚钱，买了很多美味，通过一位朋友之手孝敬给她婆婆。最后婆婆问了起来，羞惭地发现给自己东西的人原来就是儿媳，于是又把她招了回来。不久之后，一眼清泉从房子附近冒了出来，这是上天对她的孝心的奖赏。

9.（第 4 行）养志：相对于养"口体"，见《孟子·离娄上》。（承顺父母的心意。《孟子·离娄上》："此所谓养口体者也。若曾子则可谓养志也。"——译者）

10.（第 4 行）乾封二年九月上旬：即公元 667 年 9 月末。

11.（第 5 行）十一月十八日：公历 12 月 8 日。Ast.ix.2.053 中记述到，在这一天，僧人们为这位字"贞英"的亡妇抄诵了不少经文。

12.（第 5 行）丑辰：凌晨 1 点到 3 点之间。

13.（第 5 行）卒于〇室〇〇〇十有〇：我认为，应该将其填补成"卒于［私］室春秋［五］十有［一］"。从墓志铭 XII 中我们知道，她丈夫死于公元 689 年，享年 83 岁。所以在公元 667 年，他就是 61 岁。由于妻子一般比丈夫年轻，她死的时候大概是 51 岁。

14.（第 6 行）以十二月四日葬：公历 12 月 24 日。

15.（第6~7行）葬○○西北○之礼也：比较了墓志铭 IX、XI、XII 之后，我们应该这样填补空白："葬［于城］西北［原］礼也"。但如果抄件中的"之"字没有抄错，那么"之"前面就不应该是"原"，而是别的什么字了。

16.（第7行）○○礼教，无○母仪："礼教"前面似乎是"有功"或类似意义的词。无○母仪，"母"前面大概应加上一个"亏"字。参见墓志铭 X 的第4行，墓志铭 XI 的第3行。根据孔子的说法，学了《礼记》就会"恭俭庄敬"，见《礼记·经解》。

17.（第9行）萤○昼照，烛○晨燃：空白处应该是"非"或类似的字。

18.（第10行）生天：这个词比较别扭，是"在天堂中重生"（?）的意思。我觉得应该是同样发音的"升天"，这个词更常见。

19.（第10行）宗亲○志：空白处应该是"丧"，和第6行一样。

IX. Ast.ix.I.03

（有抄件，照片清晰，又见图版 LXXV）

伪殿中将军皇朝骁尉骑王○○夫人麹○
墓铭　　君讳欢悦字姓王高昌都下也人惟
君志敦孝悌奉国忠诚代袭相丞拜授
殿中之职位属大唐启运泽被西州首
望乡官　诏赐骁骑之尉至都督归国
知堪部分强干灼然遣摄天山县丞经余一载春
秋七十有四即以斯晨殡葬于城西北原礼也其夫人
麹氏天夫早逝即日孀居训女教男并已成立
忽乾封二年十二月九日卒于私第春
秋七十即以其年其月十一日葬
于斯墓

注释：

1.（第 1 行）伪殿中将军：抄件中是"为"，这肯定是不对的。"伪"一般用来称呼所有独立的地方王朝，或其官员。关于"殿中将军"，见墓志铭 III 注释 4。

2.（第 1 行）骁尉骑：应该将"尉""骑"换位，即"骁骑尉"。

3.（第 1 行）王〇〇夫人：指王欢悦夫人，参见墓志铭 VII。

4.（第 2 行）字姓王：字没有表明，大概因为王欢悦没有字。

5.（第 2 行）高昌都下也人："也人"是刻墓志铭者的又一个笔误，应该是"人也"。

6.（第 6 行）知堪部：这个从句太简约了，所以意思比较难懂。大概"知"是"智"的意思，"部"则应该是其狭义。整个从句的意思就是：他的智慧使他足以胜任在前线军队中任职。在墓志铭 VII 中，没有提到这次任命。

7.（第 7 行）以斯晨殡葬于城西北原礼也：在死亡的当天就下葬，这必定是个不寻常的举动（百岁老人"王雅者"死时就是当天下的葬，见墓志铭 X）。而且，这篇墓志铭中没有指明日期，所以"斯晨"更有可能指的是写墓志铭的这一天。

8.（第 9 行）乾封二年十二月九日：即公元 667 年 12 月 29 日。

X. Ast
（不知出自哪座墓，只有抄件）

〇〇元年岁次戊辰九月壬午朔
〇〇日己亥除萨纳王雅者西州
〇〇〇〇也斯乃禀性纯和景行
〇〇〇〇俱备百行无亏为乡里
〇〇〇作室之栋梁何期逝川靡
〇〇〇难留致使冬柏摧柯春条
〇〇一朝物化掩逐风光邻里悲

○○路摧泣仰思嘉德尚想余风
○泪垂珠更添斑竹春秋一百有
○○○陨逝即以其日殡葬斯陵
○○悲号乡闾痛惜呜呼哀哉其
○○○○○○宗族号啕邻里痛
○○○○○○○○○○之土尔

注释：

1.（第1~2行）○○元年……○○日：应该是"总章元年……十八日"，即公元668年10月28日。从"己亥"很容易推断出是这一月的哪一日。之所以说年号是"总章"，是因为唐代只有"总章"的年号是从"戊辰"年开始的。

2.（第2行）"除萨纳"大概是外国的头衔，也可能是一个地名，断句为"除萨纳王，雅者"。不管怎样，可以肯定死者不是汉人。

3.（第2行末~3行）第3行顶上缺失的字大概是"高昌县人"。参见墓志铭 VIII、XII。

4.（第3行末）景行句：引自《诗经·小雅·车辖》（《诗经》原文是"高山仰止，景行行止"，指高尚的德行。——译者）"景行"一般被认为是"大道"的意思。

5.（第5行）栋梁：本义是屋顶的小梁和大梁。

6.（第6行）冬柏：由于死者老而益壮，所以被比喻为常青的柏树。见《论语·子罕》（《论语》原文是："岁寒，然后知松柏之后凋也。"——译者）

7.（第7行）物化：道家对死亡的委婉说法。

8.（第8行初）○路摧泣：缺失的字大概是"巷"。

9.（第8行末）余风：这个词出现在《尚书·毕命》（原文："余风未殄，公其念哉！"——译者）在这里大概指的是"王"的道德在其死后继续影响着人们。

10.（第9行）斑竹：当舜帝死于苍梧山。（舜葬于苍梧之野，即今湖南宁远县九嶷山，斑竹亦称湘竹——译者）他的两个妃子到那里去悼念他。她们哭得十分凄惨，泪渗入了竹子中，使竹子变得斑斑点点的。如今在湖南和广西，这种"斑竹"仍很常见。

11.（第 9 行末）一百有○：个位数字缺失。

12.（第 10 行）即以其日殡葬斯陵：以下是诗体。参见墓志铭 VIII。

XI. Ast.ix.5

（抄件，照片不清楚）

○○○○○○○○县故○智○墓○○

○○○○○○○○人也秉志高明松○

○○○○○○○德无亏冰玉居心襟

○○○○○○言满乡间既能敬上顺

○○○○○○巳爱自弱龄之岁雕莹高

○○○○○年每以恭谨为美既得名

○○○○○台阁○衡擢任安西府

○○○○○抱○砥砺恒心冀应眉寿遐

○○○○○河图一旦风烛俄追以永淳元

○○○○○卒于任所寻绎春秋卅有○

○○○○○○五日葬于州城北原礼也

○○○○○○怆逝川之叹长悲宗族○而

○○○○○乎斯及量由受生奄殡○○○

○○○○○○少仕之美年实亦○○○○

○○○○○○铭之云尔

注释：

1.（第 1 行）死者名"智"，姓缺失，这一行余下的部分大概是"之墓表也"。

2. （第 3 行）冰玉居心：心如冰一样纯洁，如玉一样坚强。

3. （第 8 行）眉寿：指老年，长着长眉。（颂祝语，长寿之意——译者）

4. （第 9 行）河图：这是一匹龙马从黄河中驮出来的一张图。伏羲抄下了这张图，就是伏羲八卦的基础。（《河图》与《洛书》相连，是古代儒家关于《周易》来源的传说。《易·系辞上》说："河出图，洛出书，圣人则之。"传说伏羲氏时，有龙马从黄河出现，背负"河图"，有神龟有洛水出现，背负"洛书"。伏羲根据这种"图""书"，画成八卦，就是后来《周易》的来源——译者）

5. （第 9 行）风烛：风烛代表人命之危浅。古乐府有下面一句诗："百年未几时，奄若风中烛。"

6. （第 9 行末第 10 行初）永淳［元年］："元"字在抄件中是"九"，我想这大概本是"元"，但写错了，因为"永淳"年号只使用了一年（公元 682 年）。

7. （第 12 行）逝川：引自《论语·子罕》："子在川上曰：'逝者如斯夫！不舍昼夜。'"

8. （第 13 行）斯及量由受生：我不知道这是什么意思。

XII. Ast.ix.2

（只有抄件）

君姓氾讳延仕高昌县人也为人雅素

识性清高教阐前庭声余

后部无那年余顺耳疾疫诤

缠药石无征哲人斯逝粤以永

昌元年岁次己丑九月壬申朔廿

六日乙亥卒于私第春秋八十有

三即以其年闰九月三日葬于城西北

原礼也呜呼哀哉乃为铭曰

注释：

1.（第 1 行）在 Ast.ix.2.053 的题识中也提到了氾延仕。

2.（第 2~3 行）教阐前庭，声余后部：意思是说，他是个职业教师，但并不忽视对自己家人的教育。

3.（第 3 行下半部分）无那年余顺耳：不幸的是，过了六十岁后一年多一点。顺耳，是引用《论语·为政》中的句子（指"六十而耳顺"——译者）

4.（第 4 行）哲人斯逝：大概使人想起了孔子在死之前说的诗句"哲人其萎乎"，见《礼记·檀弓上》。

5.（第 5 行）壬申朔：这是个错误，九月的第一天是庚戌。但乙亥是正确的，是那一月的第 26 天。

6.（第 4 行末~第 6 行初）日期即公元 689 年 10 月 14 日。

7.（第 6~7 行）春秋八十有三：这是比较奇怪的，因为使他致命的疾病是在 20 多年前开始的。我怀疑抄件或墓志铭的镌刻者本人犯了错误，大概应该是"六十有三"，而不是"八十有三"。

8.（第 7 行）闰九月三日：当年的 10 月 21 日。

9.（第 8 行）为铭曰：参见墓志铭 VIII。但在这里诗句缺失。

XIII. Ast.iv.1

（依照抄件，照片清楚，见图版 CXXVII）

神功贰年腊月戊戌朔
贰拾捌日景丁西州高昌县武
城城上轻车都尉前城主范羔
之灵正月贰日亡春秋七十有四
殡埋武城东北四里恐后岁月
奄久子孙迷或不分今立此至后
凭所依
神功贰年腊月贰拾捌日葬

注释：

1.（第 1 行）戊戌朔：这与杭神甫的表格不符。这个错误大概是由这一年的干支造成的，因为公元 698 年的干支恰好也是"戊戌"。

2.（第 2 行）景丁："景"一般用来代替"丙"，因为"景"在唐朝是讳用的。丙、丁是天干的第三、四位。根据《礼记·月令》，"丙"、"丁"用来代表夏季的三个月。在这里，"丙丁"显然是指腊月的第 28 天。这大概是武则天搞的一个日历改革（见注释 3）。

3.（第 1~2 行）日期即是公元 698 年 2 月 14 日。这恰好是篡位女皇武则天的统治时期，因此我们看到了"年、月、日、正"的特色。根据新规定（这个规定从公元 690 年到 704 年有效），一年是从以前的第 11 个月开始的，即"正月"。"正月"之后是第 12 个月即"腊月"，然后才到"一月"。

"神功"年号并没有延伸两年，而只是从九月初延伸到丁酉闰十月（公元 697 年 9 月 21 日到 12 月 19 日）。因此我们可以推测，次年 2 月，高昌已知道了 9 月采用新年号的事，但还不知道 12 月 19 日的变化。

4.（第 3 行）前城主：我认为，这意思是"主管城上的防务"。

5.（第 4 行）正月贰日：697 年 12 月 21 日。

II　裹尸布上的题识
（见本书第十九章第六节，图版 CXXVII）

第 1 号 Ast.ix.2b.011
婺州信安县显德乡梅山里祝伯亮租布一端光宅元年十一月日

注释：

1. 婺州信安县显德乡梅山里：现在浙江省金华县。"里"下辖于"乡"，"乡"下辖于"县"，"县"下辖于"州"。

2. 祝伯亮："亮"字撕成了两半，要不是布条底部为了让人查证又重复了一遍"祝伯亮"这个名字，"亮"字就无法认出了。布条是缝上去的，所以两块题识并不在整块布相对的两角。

3. "布"前面的那个字不太容易辨认，但我觉得可能是"租"。"租"是指土地的租费，不用钱来缴纳，而是用土地上的出产来缴纳，见第 2 号的注。"租布"这个词出现在《吴志》第四卷中。

4. 端：帛的丈量单位，有时相当于两丈（20 尺），有时被认为是"一丈八"（18 尺）。

5. 光宅元年十一月日：公元 684 年 12 月 12 日到 685 年 1 月 10 日之间。"光宅"是女皇武则天在九月篡位后采用的第一个年号。

题识是用红色印戳印上去的，印戳上有 4 个字。遗憾的是，字迹不清，无法辨认出来。

第 2 号 Ast.ix.2a.07

婺州兰溪县瑞山乡从善里姚群（？）庸调布一端神龙二年八月日

注释：

1. 这个有趣的题识可以使我们窥到当时实行的租庸调制的一斑。《新唐书》卷五一中是这样解释这种制度的：

"授田之制，丁及男年十八以上者人一顷，其八十亩为口分，二十亩为永业……

丁岁输粟二斛，稻三斛，谓之租。丁随乡所出，岁输绢二匹，绫絁二丈，布加五之一，绵三两，麻三斤，非蚕乡则输银十四两，谓之调。用人之力，岁二十日，闰加二日，不役者日为绢三尺，谓之庸。有事而加役二十五日者，免调，三十日者，租调皆免。"

《旧唐书》卷四八的相应段落在细节上有几处不同。那里记载，关于土地的法律是公元 624 年实行的。"世业"（即"永业"）被解释为在土地拥有者死后可以传给子孙的土地，"口分"则是要在死后需归还国家的土地，国家可以将其再划给别人。"调"的规定是"绫绢絁各二丈，布加五分之一。

输绫绢绝者，兼调绵三两；输布者，麻三斤。"最后，要想免"调"，需要多服役的时间是 15 天，而不是《新唐书》说的 25 天。（原文为："有事而加役者，旬有五日免其调，三旬则租调俱免。"——译者）

III　花绸上的汉字

L.C.03

（见本书第七章第六节，图版 XXXV）

昌乐

L.C.07.a

（见本书第七章第六节，图版 XXXIV）

韩仁绣文厷吉子孙无亟

注释：

意思是，希望韩仁的这幅装饰图案给他的子孙带来万世的幸福。

L.奥罗梭（Aurousseau）先生在《法兰西远东学院学报》1920 年第四部分 175 页用很大篇幅讨论了这个句子。他把它读作"韩仁绣又（?）宏吉子孙万世"。

"韩"当然是姓，所以"仁"只能是名。开始我觉得"仁绣"应该合在一起，这样构成的名字就更常见。但几乎可以肯定第四个字是"文"，这样"文"就应该和"绣"连在一起构成一个意义。奥罗梭先生指出，"厷"大概写的是"宏"。最后两个字是最让人迷惑不解的。"万世"似乎只是臆测，以便使句子的意义完整，而没有太顾及字的实际形状。在我的释读中，我认为"亟"代表"极"，没有写"极"的部首，和"宏"一样。根据《康熙字典》，"亟"和"极"是可以互换的，"无亟"是个很常见的说法，在

《佩文韵府》中，"无亟"出现了21次。刺绣上的图案也支持我的读法（绣的是6个吉祥的动物，背景上还绣了一些鸟和其他象征吉祥的物体）。

[安德鲁斯发表在《伯灵顿杂志》1920年7—9月刊的文章中，没有把这句话的第六个字写清楚。这个字也不太确定，我想也有可能是"厷（或'法'）者"。这样句子的意思就是：希望"韩仁绣"和"文宏者"有无穷尽的子孙。这样认为的理由是，"仁"、"绣"这两个字靠得很近，形成了一对。"者"字也会出现在人名中，在墓志铭X中我们就看到了"王雅者"这个名字。]

L.C.08

（见本书第七章第六节，图版XXXIV）

登高明望四海

这似乎是引用《礼记·月令》中的"仲夏之月，可以居高明，可以远眺望"。

最后一个字没有部首，但肯定是"海"字。

L.C.i.09

（见本书第七章第六节）

万

L.C.ii.03

（见本书第七章第六节，图版XXXIV）

延年益［寿］

这句表示吉祥的套语的最后一个字是蒋先生添上去的。

L.C.ii.07.a

（见本书第七章第六节）

［长］乐明光

第一个字是我根据 L.C.iii.011 推断出来的。

L.C.iii.01

（见本书第七章第六节，图版 XXXIV）

永

L.C.iii.011

（见本书第七章第六节，图版 XXXIV）

长乐明光

和 L.C.ii.07.a 一样。

L.C.vii.02

（见本书第七章第六节，图版 XXXV）

孙子宜锦世续

"锦"本义是"绣"，指的是这句话出现在其上的那块花绸。

（附录 I 的录文和注释有误，慎用——译者）

附录 K
回鹘文、蒙古文、粟特文手稿残件目录

A.冯·勒柯克

柏林人种博物馆馆长

I. 出自吐鲁番遗址的手稿

A. 在喀拉霍加挖掘出来的手稿

Kao.III.E.04~06 行书体回鹘突厥文文书。几乎无法释读。显然，一位中国官员的大印在用过之后，曾用这张文书来擦拭，所以纸上渗透了朱砂。

一小张纸，每面都用回鹘行书体写有几个突厥文。

一小张粗糙的纸，出自庙中一幅幡的边，还连着一块丝绸，丝绸上有不清楚的回鹘文。

06：几张回鹘文书粘连在一起，一张上有几个清晰而令人赏心悦目的突厥字。

B. 在喀拉霍加购得的手稿

Kara-khōja.0112~0116 手稿。0112：一小张汉文佛经，背面有几个回鹘突厥文。

0115：一小张佛经，背面有几个突厥文，可能是一篇佛教的忏悔词（?）

残件。

0113、0114、0116：3 张写有大回鹘文的小菩提纸页。

Kao.014　印着字的纸页。据卖者说是在吐峪沟发现的。显然是一些近代的蒙古文（满文?）雕版印刷品，印在特别薄的棕色纸上。

C. 在木头沟挖掘出来的手稿

M.B.II.01~05　残手稿。01~03、05：残片出自一张写有大回鹘文的菩提纸页，磨损得很严重。语言是突厥文，纸是比较硬的发棕色的纸。

04：雕版印刷着突厥文的小纸片，纸比较柔软，发白。

M.B.II.06~09　06、09：残片出自一张写有大回鹘文的菩提纸页（突厥文）。

08：很小的纸片，出自写有大回鹘文的菩提纸页，有三个不清楚的行书体回鹘字。

07：一张佛教内容的雕版印刷品，印在粗糙的黄纸上。

M.B.III.015~019　5 小张汉文佛典。背面是后来写的行书体回鹘文。

M.B.IV.03　小薄纸片。10 厘米×9.5 厘米，写有 12 行行书体的回鹘突厥文。内容似乎是关于（吉凶?）的日子。纸特别不结实，不太容易拿。

M.B.IV.04　回鹘突厥文雕版印刷品残片（出自一本折页书）。可以看到三行字的底部，说的是"未来"之事。

M.B.V.02　一封回鹘突厥文的信。26.5 厘米×17.3 厘米。用后期那种特别粗心的行书体写成，似乎说的是节日（toi）和要送去的几件东西（其中包括一面镜子）。信开头是"我的话是"，结尾是一个复杂的宗教套语（rubrica）。和现在那一地区的许多信一样，此信也折成 2 厘米宽的纸条，放在头饰中或腰带中。图版 XXXVI。

M.B.V.03~04　2 小张纸。上面是无法识别的回鹘文。

M.B.VI~VII.01、02　菩提页残片。01：菩提页小残片，大概有五行很生硬的回鹘突厥文，边上有页码编号的残迹。纸较薄，发白，高 10 厘米。

02：菩提页小残片，高 11 厘米，有六行字，背面没有字。纸很硬，发棕。

M.B.IX.02~04　残汉文卷子。02：汉文卷子的小残片，并用红色墨汁印着千佛的形象（只残留下来一点儿）。

03：小残片，写有无法释读的行书体回鹘文。

04：一部分是极为潦草的回鹘突厥文。纸粗糙，特别脆。只有对纸进行了仔细的处理后，才能进行研究。在 21 厘米×17 厘米的空间内大约有 13 行字，有的不完整。背面也有一些无法释读的字。

M.B.XII.04~08　佛经残片。05：汉文佛经残片，背面有一些行书体回鹘文。

06：菩提纸页一角，写有回鹘突厥文。

07：菩提纸页一角，写有回鹘突厥文。

08：菩提纸页小残片，写有回鹘突厥文。

M.B.XII.09、010　佛经残片。09：一张文书残片，写有早期那种行书体回鹘文，很难辨认。

010：一张小残片，上面有几个回鹘文。

D. 在吐峪沟发现的手稿残片

Toy.I.ii.010　汉文佛经残片。背面残留约 10 行粟特文，写得很流畅。

Toy.III.031　回鹘突厥文文书残片。保存得很差，还有一小张粟特文文书。

Toy.III.ii.03　残纸。a：一小张纸页，由两张纸粘在一起构成，是汉文卷轴的一部分，上面有回鹘文。

b：一张回鹘突厥文文书的左侧部分，破损严重，只有每行的末尾保留了下来。背面是其他潦草的回鹘文。磨损严重，无法进行研究。图版 CXXVI。

Toy.IV.089　汉文手稿残件。背面是不可释读的回鹘突厥文。

Toy.IV.i.01　汉文卷子的几张残片。已经脏污的背面有几个突厥字，是用安色尔字体（uncial）写的回鹘字母表，其形式很少见也很有趣。在我看来，这是所有收集品中最有价值的文书残片了。我们只有一两片小纸片，上面是写得很不好的字母，很难辨认。

Toy.IV.iii.02　残文书。a：回鹘文书（约 12 厘米×11.5 厘米），纸很薄，字体很潦草。

b：一张收据的残片，用回鹘突厥文写成。纸张粗糙，残片尺寸 $2\frac{5}{7}$ 厘米×10 厘米，上面共有三行行书体的字。

c：一块骨头，上面有几个无法释读的回鹘文。

Toy.IV.vi.01　残文书。小纸片，上面是行书体的回鹘文。

Toy.IV.vii.01　残文书。a：汉文小纸片。

b：一张小纸片，上面有一行回鹘突厥文（行书体）。

c：一张小残片，出自写得很工整的回鹘突厥文菩提纸页。

Toy.IV.vii.02　残文书。a：汉文手稿卷子的上半部分，背面是蹩脚而潦草的回鹘文（是文盲试着写的）。

b：皱缩得很厉害，也脏污很厉害，写有潦草的回鹘突厥文，纸发白。

c：已经破碎并皱缩、脏污，只有文书的左侧保留了下来。

d：一张很结实的纸，写有四个蹩脚的回鹘突厥文。

e：字母刻得很小的雕版印刷品残片，已经脏污。

Toy.040　残文书（购得）。四页回鹘文雕版印刷品折叠成书，还按照原来的顺序连在一起，保存得很好。每页有五行字，内容是陀罗尼。用婆罗米字书写的梵文倒置在相应的回鹘文上。每页尺寸为 26 厘米×10.9 厘米。图版 CXXV。

E. 在雅尔和屯购得的手稿残片

Yār.041~058　手稿残片。041、048：同一件文书的两张残片，写有潦草的回鹘突厥文。048 的开头是一个人名 IlAlmïš sängün，结尾是"移交"（birgil），还提到了一张床。

042：小张文书，bilgälärim 这个字是完整的。

043：小张文书，可以读出 özümüz 和 ädgü 两个字。

044：角上的一小张，可读的字有 balïr tägninip。

045、047：小张文书。

046、046b、050：一个回鹘突厥文卷轴的三张残片。

046："冲洗［并］洁净了他们的身体后……"

　　　　　"想…………第十…………"

046b："我的母亲……"

050："众神之神，佛……"

　　　　"有生命之物…………"

　　　　"欢乐……"

　　　　"…………"

049：小残片，上面有汉文印戳。

051：较大的文书，破损较严重，开头是 küsküyïl，意思是"在鼠年"。

052：两面都写有字，开头是 lun yïl，意思是在"龙年"。

053：出自文书中间部分的残片，字体豪放。

054：出自文书中间部分的残片，有 yäpking sali 这个人名（?）。

055：小残片，上面有一个字，难以断定是什么。

056：小残片，只是几个字的一部分。

058：小残片，不可释读，有一个完整的字。出自汉文卷子。背面有一个回鹘字。

II. 出自哈喇浩特的于稿残片

K.K.0140.c　手稿残片。小残片，纸特别薄，发棕，上面有不可释读的回鹘文（蒙古文?）。

K.K.0151　手稿残片。A：回鹘突厥文文书，字体很潦草，纸特别薄，发白。文书撕破成了小条，保存得很差，现在无法进行研究。

B、C：另外两张类似的残片。

D：纸质类似，写有汉文。

K.K.0152.aa~cc、u~z　手稿残片。aa~cc：三小片回鹘突厥文文书，纸很软，发灰。

u~z：都和上面一样是小片回鹘文文书。只有在连续出现几行文字的情况下，才有办法进行释读。

K.K.I.03　手稿残片。I.03d（?）：小片回鹘突厥文文书。

I.03.f：软而发棕的小纸条，边不完整，宽约26厘米，高11厘米。沿中间对折，每一侧都有4行潦草的回鹘文。如果把纸放到你面前，可以读出左边的文字，右边的文字则是倒置的。图版CXXVI。

K.K.II.269.b　手稿残片。文书残件，纸柔软，发白，写有不可释读的潦草的回鹘文。

K.K.V-VI.010　手稿残片。回鹘文文书残片，有一行潦草的字，很难读。

III. 出自黑河三角洲遗址的手稿残件

E.G.013.a.xvii　手稿残片。大菩提书页，写有蒙古文，每侧17行。23.8厘米×9.6厘米。

E.G.013.a.x　手稿残片。小菩提书页，20.5厘米×7.1厘米。正面（?）有13行字，背面（?）有14行字。正面中间有4行用红墨水写的字，背面（?）中间有3行用红墨水写的字。

E.G.014.a.xvii.i.ii　手稿残片。两块蒙古文菩提纸页小残片。

E.G.021.a~f　手稿残片。a：有点不完整的纸页，31厘米×12厘米，纸白色，结实，写有23行西蒙古文（Qalmaq）。

b：菩提（?）纸页，不完整。纸结实，发白，18.2厘米×10.1厘米。写有16行西蒙古文，其中两行开头的字都是用红墨水写的。背面有7行文字。纸页的其余部分布满了用红墨水画成的方格，纵向有10行，横向有8行。有78个方格中各有一两个吐蕃文（日历?）。

c：菩提纸页，16 厘米×11 厘米，是纸的上半部分。纸张发黄棕色。一面上有 13 行西蒙古文，倒数第 4 行中有一个用红墨水写的字，倒数第 3 行全用红墨水写成，倒数第 2 行有一个用红墨水写的字。另一面上也有 13 行字，从上面数第 1、2 行中有一些用红墨水写的字，第 8 行也有几个。纸横着撕破了。

d：菩提（?）纸页的上半部分，写有西蒙古文。15 厘米×10.2 厘米（横着撕破了），两面各有 11 行字。页码是 arbin dörbön。纸黄棕色。

e：雕版印刷书页的小半部分，印着西蒙古文，书页被横撕破了。12 厘米×10.4 厘米，纸发白。底部用汉文和蒙古文标着页码。

f：用西蒙古文写的信，有 6 行字是完整的，写得很优美。纸柔软，白色。20.7厘米×26 厘米，折叠成 3.7 厘米宽的小纸条。

图版 CXXVI。

E.G.022.a.xxiii～xxxi　手稿残片。10 张很小的蒙古文手稿。

xxiii：蒙古文手抄书页的底端。一面有 5 行字，每行 3 个字。另一面每行 1 到 3 个字。纸较硬，发棕。

xxiv、xxv：两张蒙古文手稿，背对背粘在一起，形成了一页（是书页的一部分），但如今两张已经分离。正面和背面各约有 3 行字。

xxvi：蒙古文纸页的一角，由 4 张薄而发白的纸粘在一起构成。

xxvii：出自蒙古文纸页边沿的小纸片，残留 4 行文字。

xxviii：很小的纸片，写有几个潦草的吐蕃文。

xxix：很小的纸片，是蒙古文的信。

xxx：有一行蒙古文，是信或文书。

xxxi：出自书页的边沿，残留 6 行蒙古文。

IV. 出自麻扎塔格的手稿残片

M.Tagh.0449　手稿残片。一小张纸。一面写有粟特文，共 5 行，是各行左侧末端的部分。图版 CXXIV。

附录 L
在德尔果德山口发现的吐蕃文题识

由哲学博士 A.H.弗兰科翻译并作注
（见本书第二章第二节，图46）

Text.

ཤི་ནི་ར་
ལི་ར་ད་
དོ་ར་
གི་
ཡི་ས

翻译

Lirnidor ［的佛塔］

rMe-'or ［的人］，om！

注释：

　　Lirnidor 似乎是立佛塔的人的名字，rMe-'or 是他的族名或他的籍贯。在所有的古代藏族名字中，我们都发现族名或籍贯名放在本人的名字前面（见 La-dvags-rgyal-rabs）。在很多情况下，某些人的族名和籍贯名是一样的。

　　Lirnidor 似乎不是西藏名字，而可能是达尔德人的名字。rMe-'or 这个族名则明显是西藏的，它的意思接近于"不洁净的泥潭"，指的显然是 Lirnidor 或他的家族所出自的地方。

　　题识中的所有字母都表现出公元 8 或 9 世纪吐蕃文的典型特征，见我的文章《藏文字母表》（*The Tibetan Alphabet*），发表在《印度铭文》（*Epigraphia Indica*）第 11 卷 271 页上。

　　om 比较奇特，因为它是用两个字母 o 和 m 写成的，o 在 m 之上，没有用 Anusvāra。

　　题识是一组中的一个，这一组可以称作"佛塔上的文献"。在拉达克到处都能发现这些题识，我出版了其中的几个。大多数题识中都写有立佛塔者的名字的工具格，名字后面是 bzhens-so 这个词，意思是"所建"。只有在最古老的题识中，人名才用的是所有格（比如我们现在说的这个题识）。在格的方面，它们遵循的是类似的印度题识的传统，在哈喇茨（Khalatse）、拉达克附近就发现了这样的印度题识，是用古代婆罗米文、佉卢文和 Śāradā 文写的。最初，吐蕃文在使用格的时候遵照着印度文的习惯。

　　这些文献一般伴随着某些佛塔出现。我们说的这个题识所出自的佛塔，使我想起了基督教的十字架。我在《印度文物》（*Indian Antiquary*）1902 年第 31 卷 398 页发表了一篇题为《石刻笔记》（*Notes on Rock-carvings*）的文章，叙述了这类十字架形佛塔中最有代表性的例子（见该文的图版 VIII）。这种佛塔的样式是这样的：

前面这个题识十分重要，因为它证明，公元 8 世纪的时候吐蕃人占领了吉尔吉特。在 La-dvags-rgyal-rabs 中提到了这件事，说公元 8 世纪的 Khri-sroṅ-ldebtsan 征服了吉尔吉特。在那里，吉尔吉特用的是它的吐蕃文名字 aBru-shal。参见《古代和田》第一卷 8 页以下；《西域考古图记》第一卷 52 页以下。

附录 M
从和田带回来的文物目录
承驻中国领事馆的 H.I.哈定先生热心提供

撰稿人

F.H.安德鲁斯

曾获得大英帝国勋章

[下文描述的文物是英国驻喀什领事馆的前副领事 H.I.哈定先生从和田的巴德鲁丁汗那里购得的。1923 年 9 月，哈定先生在经过克什米尔的时候提供了这批文物，以便将它们存放在新德里的印度政府中亚文物博物馆中。

哈定先生还同时提供了很多有趣的壁画残片。自那之后，安德鲁斯先生在新德里的博物馆把这些残片拼了起来，将和其他壁画一起分别编目。

关于以下这些文物究竟出自什么地方，还没有明确的证据。它们大概是一些村民在达玛沟东北那些覆盖着红柳沙堆的沙漠地区遗址中挖掘出来，之后带到和田的。——奥雷尔·斯坦因]

Har.01　泥浮雕残片。印度风格的男子头像。眼睛半闭，眉毛呈弧形，鼻子、嘴和下颌都较小。嘴角深深凹陷；嘴唇分开，呈微笑状。双下颌。环绕着前额的是一部分花环（由叠盖在一起的叶子构成），花环上有烧过的颜料的痕迹。右半侧几乎全部缺失，露出了泥土核心。$3\frac{1}{2}$ 英寸×$2\frac{3}{8}$ 英寸。

图版 XII。

Har.04、018　两块泥浮雕残片。烧过。在某个较大人物的光环上有一个立佛像，大人物和立佛都施无畏印，与《西域考古图记》第四卷图版 X 中的 K.S.001、007 类似。两个人物的脚和莲花座都缺失。04 的双肩上有翼状火焰；018 人物的外衣上有粉色颜料的痕迹，踝部内衣上有绿色颜料的痕迹。$4\frac{3}{8}$ 英寸×$2\frac{1}{2}$ 英寸；$5\frac{1}{2}$ 英寸。图版 XII。

Har.06　泥浮雕残件。烧过。是立体的印度风格头像，技术特征接近《西域考古图记》第四卷图版 CXXIX 中的头像。

嘴角的凹陷表现得特别明显。鼻子上方一条凹形的波浪线把两条眉毛连在了一起。头发做成长发绺，是另外加上去的。头发造型极好，显然是希腊化风格（很多头发已缺失）。头像在脖颈处折断了。$4\frac{3}{4}$ 英寸×4 英寸。图版 XII。

Har.07　泥浮雕残件。烧过，是大象的头和肩。头是正面，呈高浮雕，鼻子弯向左上方，鼻子表面有横向的凸纹。两支象牙离上嘴唇很近，从鼻子根上伸出。脸扁平，眼睛仿佛人眼一般，离得很近。两眼之间有颗圆形宝石。

鼻根就在眼睛底下，形状像是椭圆形的凸饰。鼻子上的横向条纹都和椭圆形的底部平行。眉毛像人的眉毛一样皱在一起。额骨的突起表现得很明显，鼻子左右的下颚上可以看到牙齿。

耳朵很平，向左右伸，处理成一系列拱形凸纹，凸纹上是织物一般的褶皱。耳朵的底边托在肩前面。肩像人的肩，特别宽，胸特别明显。三角肌和胸肌底下什么也没有，可能浮雕到这里就结束了（如今底下已缺失）。还有建筑物的细部。$6\frac{1}{2}$ 英寸×$7\frac{1}{4}$ 英寸。图版 XII。

Har.08　泥浮雕残件。烧过。是 Bal.076 那样的犍陀罗人物残件。腿和前臂缺失，有粉色颜料的痕迹。$4\frac{1}{2}$ 英寸×$3\frac{1}{2}$ 英寸。图版 XII。

Har.09　泥浮雕残件。烧过。犍陀罗风格的人物残件，人物从莲花中出来，接近 Bal.050。莲花缺失，人物上举的手也缺失。有粉色颜料的痕迹。$3\frac{1}{4}$ 英寸×$2\frac{5}{8}$ 英寸。图版 XII。

Har.010~012　**3个泥塑头像**。烧过。大小不一，似乎是佛，每个头像后面都有一部分项光，011 的头发上有一点黑色颜料。头像的鼻子都短而宽，头发是"点刻"出来的。三个头像的边都残破了。$2\frac{1}{4}$ 英寸×2 英寸；$1\frac{3}{4}$ 英寸×$1\frac{5}{8}$ 英寸；$3\frac{1}{8}$ 英寸×3 英寸。图版 XII。

Har.013~014　**两个泥浮雕残件**。烧过。是出自一个模子的坐佛像，类似《西域考古图记》第四卷图版 VIII 中的 A.T.iii.0089 和 Bal.055，但莲花状的光环已缺失。$3\frac{1}{8}$ 英寸×$2\frac{3}{8}$ 英寸。图版 XII。

Har.015　**红陶猴子像残件**。与 Har.016 类似。最大残片 $3\frac{3}{4}$ 英寸×$2\frac{3}{4}$ 英寸。

Har.016　**红陶装饰物**。出自陶器皿。是个奇形怪状的立体猴子像，蹲在器皿的侧壁上，头上顶着一个小碗。

猴子双手举起，扶着碗。处理得特别模式化。宽宽的嘴轮廓明显，似乎在笑，可以看到上面一排牙齿。眼睛只是拍上去的两个圆圈，内眼角和外眼角都有直裂缝。鼻子是平的。身体上的毛用间隔很开的横线来表示。此猴子像似乎应该出现在器皿口沿附近的弧形上。已破裂，修补过，小碗的一部分缺失。参见 YO.014 头像残件，和《西域考古图记》第四卷图版 IX 中的 A.T.v.2 那个更大的残件。6 英寸×$4\frac{1}{8}$ 英寸。图版 XII。

Har.019、024　**泥浮雕残件**。烧过。019 是一个坐佛像，姿势接近 Bal.066，光环全部缺失。头是后来粘上去的，尽管头和躯干是同一类型，但头似乎并不属于这个躯干。左膝、左脚缺失。024 是和 019 完全一样的人物的头。$5\frac{1}{4}$ 英寸×$3\frac{1}{4}$ 英寸；$1\frac{7}{8}$ 英寸×$2\frac{3}{16}$ 英寸。图版 XII。

Har.020　泥浮雕残件。烧过。是一个佛，坐在莲花上，莲花瓣带尖，朝上翘。佛后面是无花纹的圆形光环（左侧光环缺失）。人像造型很简单，施无畏印。整个浮雕残件可能出自一个更大人像的光环。4英寸×$3\frac{5}{8}$英寸。图版 XII。

Har.022　泥浮雕残件。烧过。是一头呈左侧影的牦牛。从下颚到尾巴有一条连续的穗子边，以此来表示身体上的长毛。尾巴像刷子一样，朝前弯在后臀上。角和一条后腿缺失。$5\frac{1}{4}$英寸×$3\frac{1}{4}$英寸。图版 XII。

Har.023　红陶瓶。卵圆形。宽的一端朝下，上端连着窄颈，颈朝上变宽，形成喇叭状口。两个相对得很直的环柄从口沿附近垂到瓶肩上。环柄和肩相连的地方用两个人头像遮住，一个头像比另一个大得多。

在环柄之间的瓶肩上，依着瓶颈盘坐着两个佛像（各在瓶子的一侧）。佛像和 Har.013 属于同一类型。底下是一头熊（？）的头（几乎碰到每个佛像的脚）。熊脸朝前，大耳朵朝上竖立着。一侧的右边是个奇形怪状的人脸，头上戴着头巾，或是梳得像头巾一般的头发。左侧是个奇形怪状的动物头，长着大耳朵或角，脸上有穗子边一般的卷发。

背面右边是一只公羊（？）的头，左边是一个小佛头。全都做得特别粗糙。表面粗糙，结了一层盐。6英寸×$3\frac{3}{4}$英寸。图版 XII。

Har.025　红陶镶嵌饰物。出自陶器皿。雕的是奇形怪状的森林之神脸谱，正在微笑，嘴角是深深的凹陷。胡子和头发绕着脸形成了一圈旋涡饰，每个卷中间都是深深的凹陷。耳朵高高竖起。眼睛的瞳仁是深深的凹陷。鼻子缺失。脸谱三分之二的边沿都已缺失。$2\frac{3}{4}$英寸×$2\frac{3}{4}$英寸。图版 XII。

Har.026　红陶饰物残件。出自器皿，由朝上翘的莲花叶子尖构成，和 Yo.020a 属于同一类型。2英寸×$2\frac{5}{8}$英寸。

Har.027　红陶镶嵌头像。出自陶器皿的侧壁。是个设计很巧妙的奇形怪状的头像，可能是个女子。脸较窄，眼睛呈斜上形，小窄鼻子，嘴微微张开。头发从中间分开，像帘幕一样从左右垂下来，一直伸到一个圆形饰物（在耳朵的位置）底下。头发处理得很简单，只是在头发边沿附近有一条刻线。这条刻线在眼睛一线转过去，水平地伸到后面。朝下弯卷的头发似乎是从这条线底下伸出来的。

头顶是一块折叠的布，一直到达耳朵一线，形成了一条光滑的带子。布局上有明显的哥特风格。还残留一部分器皿的侧壁。$1\frac{3}{4}$ 英寸×$1\frac{1}{2}$ 英寸。图版 XII。

Har.028　红陶器皿残件。断成了 7 块，形成了球形器皿的一部分肩。颈很窄（大多已缺失），肩是一个连续的双曲线，在肩和颈的结合部是一条环形刻线。在这条线底下刻着一行婆罗米文，特别清楚也特别粗，大体完整。陶胎很细腻，外表面打磨过，颈里面也打磨过。没有陶轮留下的痕迹，可能是手工制成的。残件最低点的直径约 10 英寸，高约 $4\frac{1}{2}$ 英寸。图版 LVI。

Har.029　雕刻过的木板残件。雕的是施说法印的佛，坐在莲花座上。莲花放在一个高高的方形底座（或香案）上，香案上盖了一块布，无花纹的窄布边外是穗子边，布的地上布满了菱形图案。

佛佩戴着宝石饰物。胸前是一条沉重的项饰；手臂上有臂钏（上面有雏菊般的花朵）和手镯。除了这些饰物，佛只围了一条裹腰布。高肉髻上是卷曲的头发，背光处理成波浪特别明显的平行线。

左边有个较小的人物站在莲花上。莲花瓣朝上，分三层，重叠在一起。人物细腰，从臀到脚踝穿着衣物，头戴一个低而平的冠。肩上有突起，像是翅膀的顶部，大概是披巾的一部分。项光比较奇怪，中间无花纹，周围环绕着光芒线。头顶的光芒线特别短，越接近项光底边，光芒线越长。人物右手抬起，施无畏印；左手下垂，持净瓶。

在这个人物上方是从华盖（华盖已缺失）上垂下来的一角帷幔，华盖上方是一条装饰性的边（只有很小一部分保留下来）。

佛上方和右边部分缺失。再往下是一条由五瓣花构成的带子，把上面的画面和底下的内容分开。带子底下的画面几乎全部缺失，只残留由悬挂的模式化的蕨类叶子构成的华盖，每片叶子的最底下都有一朵六瓣花。空中飘浮着乐器，其中可以分辨出一个维那琴（vīnā，一种印度古代弦乐器——译者）、两个鼓、一支笛子以及另一个乐器。

再往下，在更不突起的平面上是一个带火焰边的项光的上半部分，项光的地上是光芒线。风格使人想起犍陀罗浮雕。断成了两块，如今粘连在一起。13 英寸×4$\frac{3}{4}$英寸×$\frac{7}{8}$英寸。图版 XIV。

Har.030　木雕光环残件。光环的外侧边沿是小鳞片。光环的地上是个大卷构成的植物旋涡饰，围成了一些椭圆盘。每个椭圆盘中都有一个生硬而细瘦的佛像，坐在莲花上，莲花擎在卷曲的茎的末端。茎上各个卷曲之间的地方用模式化的叶子来填充。每个佛像后面都布满了放射状的花瓣（像背光一样）。

可以看到两个基本完整的佛像。顶上还有第三个佛，围在鳞片边之中（和大光环的外侧边沿类似），周围没有卷曲的茎。三个佛都施定印。残件的左边沿粗略地斜削过，右边和上方的弧形边缺失。已经腐烂，底部附近有粉点的痕迹。8$\frac{3}{4}$英寸×3$\frac{1}{8}$英寸。图版 XIII。

Har.031　木人像残件。人物似乎是佛，垂双腿而坐，穿一件外衣，右臂、右肩和右胸赤裸。规则的衣纹设计得很好。双手、右臂、头和脚趾缺失，手的姿势似乎是无畏印或类似的手印。

衣服上残留蓝色颜料，外衣边底下似乎露出一窄条粉色内衣。5$\frac{1}{2}$英寸×2$\frac{3}{8}$英寸。图版 XIV。

Har.032　彩绘木板。画着一个人物，四分之三朝左站在一个圆盘上（圆盘上装饰着一行行黄色和红色的点）。人物右手与肩齐，持一根黑色长杖（或棒），杖的一端支在地上，另一端已磨光。

左手放在腰带前面，手心朝下，手指弯曲，似乎抓着一件深色之物。头发似乎较长，头顶有个宽宽的梨形头盔，头盔上装饰着三叉戟或火焰状的饰物。衣服很繁复。穿一件无袖的钢蓝色紧身铠甲，铠甲上的鳞片朝上重叠，每块鳞片上都有个白色条纹。

在 V 形的脖颈开口处有一条窄围巾。围巾打成一个结，末端直着垂到腰部。左右腋窝边上也各有一条类似织物。上臂覆盖着环形鳞片，前臂覆盖着棕黄色织物，织物上有椭圆形涡卷饰花纹。

一条裙子从细腰一直垂到脚踝上。裙子上是不同颜色的横向条纹，其中最底下三条是粉色、蓝色和栗色。再往上大概是红色，但已严重磨损。大腿附近有蓝色色块，大概是残存的鳞片甲。靴子黑色。项光花瓣形，红边。背光红边，红边外又有一圈栗色边。上方的背景是蓝色，再往下背景是红色，最底下的背景是栗色。红色和栗色背景上点缀着白色双短线。

底部附近有婆罗米文的痕迹。作品比较粗糙，但服装很有趣。磨损严重，背面无画面。顶上一角斜着切掉了，对面一角缺失。11 英寸×5 英寸×$\frac{1}{4}$英寸。

Har.033　彩绘木板。画一个佛像，头四分之三朝左。手放在腿上，脚放在对面的大腿上，脚心朝上。穿红色短裙。上身要么赤裸，要么穿着紧身衣，四肢和躯干上布满了有象征意义的图案。与 Har.034 类似。项光红边。

磨损得特别严重。正面有颜料的痕迹。上面两个角切掉了，木板有几处地方已破裂。$9\frac{1}{4}$英寸×$4\frac{1}{4}$英寸×$\frac{3}{8}$英寸。

Har.034　彩绘木板。正面画有一个四分之三朝右的佛像，施无畏印，站在莲花上，有项光和背光。穿淡黄色紧身袍，袍子似乎从项链一直垂到脚踝，再往下可以看到深红色的边（或是更长的内衣）。右胸和右臂上残留象征物。

肩上有个平放的新月形，托着一个轮子（有八个轮辐）。胸前有颗椭球形的发光的宝石，前臂上有个金刚杵，上臂上是一本用黑带子扎在一起的菩提书。大多数颜料已经烂掉了，但仍有土黄色、淡绿色和红色颜料残留了下来。左臂上大概是和右臂一样的象征物，但左肩上是个太阳，而不是月亮。

背面画有一个菩萨。脸部饱满，头戴由植物构成的复杂的宝冠。从宝冠上似乎垂下来披巾，垂在肩后，经过上臂前面和前臂里面一直垂到肩上。

菩萨坐在灰色莲花座上，莲花座装饰着淡蓝色花朵，托在一座土丘上或一块石头（?）上，土丘外面绕着一个圆圈。

菩萨右手放在胸前，大概持着某物（如今已缺失）。左手放得更低些，已缺失。袍子深栗色，袍子上有成对的灰色折线构成的花纹。在灰色折线每次方向发生变化的地方，都有绑结的带子。折线围成的空间里面是粗略画成的扭索饰。紧裹着腿的内衣是绿色的；前臂的内衣绿色，腕部栗色。背光大概是粉色，有明亮的蓝边。没有项光。项光底下和后面的背景是深红色。

磨损严重。$10\frac{3}{8}$ 英寸×5 英寸× $\frac{3}{8}$ 英寸。图版 XIV。

Har.035 彩绘木板。正面画有一个穿佛教红袍的坐姿人物，头戴宝冠。磨损严重。

背面有四个坐姿人物，分成上下两个区域。每对人物都朝对方看。顶上两个人物中，右边那个保存得最好。此人穿细腰的蓝灰色外衣，外衣上点缀着四瓣花。衣服的镶边和袖口为红色，也点缀着四瓣花。脚穿黑色长筒靴。右手放在腿上；左手抬到胸前，似乎持着某物。其余几个人物都太残破不全，无法辨认。底下那两个人物发型都很复杂，左边人物似乎穿鳞片甲，右边人物似乎穿红色和灰色外衣。

左上角和右上角切掉了。沿着中间有一条很深的裂缝。$9\frac{1}{2}$ 英寸×5 英寸× $\frac{11}{16}$ 英寸。

Har.036 彩绘木板。画有两个并排而坐的人物，头稍微偏向对方，背光重叠在一起。左边人物像是佛，穿一件红袍，手放在腿上，肉髻根部环绕着珠子串成的束发带。右边人物的姿势和左边人物一样，但只围了条束腰布。上身要么赤裸，要么穿了一件皮子一般的紧身衣。

人物身体和四肢上布满了象征物。脖颈上之物乍看似乎是项链，但并没有延伸到肩的前面。肩上和左胸上是双圈同心圆；每条前臂上各有两圈同心圆，每条小腿上则各有三圈。上臂上有一本菩提书，右胸上是双圈的同心三角形。

项光和背光边是深红色，轮廓线土黄色。项光地深绿色，背光地是较浅的绿色。莲花绿色。木板右侧的红地上有一个立姿人物的一部分，穿深红色和绿色长袍，长袍上系着珠子。此人似乎身体四分之三朝右，但目光则朝左看着先前那两个人。大概是个供养人。

颜料被磨掉的地方露出了底下的黑色婆罗米文，背面有几个字，说明这本是一块古代写板，后来被用来画画了。右侧两个角都斜削过。尖端附近打了两个孔，孔之间的距离是 2 英寸。两个背光结合的地方打了第三个孔。磨损严重。$4\frac{1}{8}$ 英寸 $\times 7\frac{3}{4}$ 英寸 $\times \frac{1}{4}$ 英寸。图版 XIV。

Har.037　彩绘木板残件。正面。画立姿观音像。左手在大腿附近，持净瓶。袍子下半部分红色，披巾大概是深绿色的。磨损很严重，左侧缺失。是对 Har.042 的比较拙劣的模仿。

背面。除了一个粗略画成的头的上半部分，都已磨光。头的脸部饱满，戴简单的 Mukuṭa。10 英寸 $\times 2\frac{3}{4}$ 英寸 $\times \frac{1}{4}$ 英寸。

Har.038　彩绘木板残件。画有坐姿佛像，头四分之三朝左。袍子红色，背景也是红色。背光深蓝色，项光紫色。右半边缺失，上半部分烧坏了，背面烧焦。工艺粗糙。

从保存下来的边看，背面的底部附近斜削过。在背面，木头被稍微削平了 $\frac{3}{4}$ 英寸的一条，似乎是为了合在某个框上。被削平的部分没有烧焦，说明木板还放在框上或架子上的时候就被烧了。$7\frac{1}{4}$ 英寸 $\times 2\frac{1}{4}$ 英寸。

Har.039　彩绘木板。只残留下来几点颜料。相对的两个长边上各钻了一个孔。$9\frac{3}{4}$ 英寸×$2\frac{1}{4}$ 英寸×$\frac{7}{16}$ 英寸。

Har.040　彩绘木板残件。立姿菩萨的右半边。头四分之三向左，目光朝下看。穿紧身红袍，披绿色披巾。右手抬起，与肩齐。项光蓝色，红边。可能是观音。表面已磨损，木板的右半边缺失。$9\frac{1}{2}$ 英寸×2 英寸×$\frac{3}{8}$ 英寸。

Har.041　彩绘木板残件。正面画有立姿佛像，施无畏印，赤脚站在莲蓬上。头发蓝色，外衣红色，内衣棕色。木板左上角和右上角削掉了，尖上钻了个孔。右边沿开裂了，左上角一部分也已缺失。木板的其余部分另外还有两处裂缝。背面有坐姿佛像的痕迹。12 英寸×$2\frac{1}{2}$ 英寸×$\frac{1}{8}$ 英寸。

Har.042　彩绘木板。画有立姿菩萨，可能是观音。菩萨四分之三朝左，右手持莲花，左手下垂，持卵形瓶。头发很长，戴植物构成的宝冠。胸衣黄色，已变色；肩附近的胳臂上装饰着涡卷饰。裙子很紧，粉色，点缀着由三个点构成的图案。窄披巾深绿色，背光和项光边是深红棕色。木板左上角和右上角被削掉了，表面严重磨损。画面底下有婆罗米文的痕迹。$10\frac{5}{8}$ 英寸×$3\frac{3}{8}$ 英寸×$\frac{3}{8}$ 英寸。图版 XIV。

Har.043　彩绘木板残件。由均匀分布的六瓣花构成的满地一式花纹，六瓣花之间是半开的（？）花朵。颜色已经消失，无法判断清楚。一条长边附近的部分已经缺失。离一端 $3\frac{1}{4}$ 英寸的地方钻了个孔。$12\frac{1}{4}$ 英寸×$2\frac{3}{4}$ 英寸×$\frac{1}{4}$ 英寸。

Har.044　彩绘木板。画的大概是一个坐姿佛像，穿黑袍。严重磨损。木板表面粗糙，两端都开裂了。$11\frac{3}{4}$ 英寸×$3\frac{7}{16}$ 英寸×$\frac{3}{8}$ 英寸。

Har.045 彩绘木板残件。一个坐姿佛像的左半边。手放在腿上，头稍向左转，头后是蓝色项光。穿一件深红棕色袍，轮廓线黑色，袍子在颈部和腕部翻转过来的地方各有一条白线。背光粉色。

工艺粗糙。木板半边缺失，底部破裂，背面也有一部分裂掉了。$7\frac{3}{8}$英寸×$2\frac{1}{4}$英寸×$\frac{5}{8}$英寸。

Har.046 彩绘木板。正面画有两个坐姿人物，一个在另一个上方。上面那人坐在绿色座位上（座位上点缀着颜色较淡的四瓣花），穿深绿色袍（袖子和袍边为红色）和黑靴，头缺失。底下那人似乎穿红色短外衣（镶边为绿色）、绿色披巾和栗色内衣，头戴低矮的冠，脸缺失。右手抬起，与肩齐，朝上翻转，手心朝上，大概托着某物。左手放在胸前。背景蓝色，环绕在椭圆形的边里面。边外面是红色背景。磨损得都特别严重。

背面的布局与正面类似，但只隐约残留下来几点痕迹，顶上有几个红色的字。

木板底下有一角缺失，附近打了个孔。就在木板中心的上方还有一个孔，孔中填满了灰泥。$10\frac{1}{8}$英寸×$2\frac{3}{4}$英寸×$\frac{1}{8}$英寸。

Har.047 木板。形状像板条，正面和背面各有两行婆罗米文。两端都稍微削成凹弧形，边沿斜削过。一端有个孔，还有一个孔只残留下来一半。$8\frac{3}{4}$英寸×1英寸×$\frac{1}{32}$英寸。

Har.048 长方形木板。是长而窄的木片，较粗的一端粗略地削过，成了像印戳底座一样的形状。另一端有个穿绳子的孔。一面上有两行吐蕃文，另一面上有类似文字的痕迹。$7\frac{3}{4}$英寸×$\frac{3}{4}$英寸×$\frac{1}{4}$英寸。

Har.049 长方形木板。两端稍微呈凹弧形，一端附近有个穿绳子的孔。一面上有两行斜体婆罗米文，另一面顺着中心有一条浅凹槽。保存得很好。

$5\frac{1}{2}$ 英寸 × $\frac{7}{8}$ 英寸 × $\frac{1}{8}$ 英寸。

Har.050　彩绘木板。画的是象头神，盘坐在深红色坐垫上（坐垫上装饰着一行行珠子）。头稍微朝左转，鼻子朝右卷，头戴三瓣冠。沉重的金项圈从鼻子前面穿过。

右手弯在胸前，拿着一个白色杯子。左手放在大腿上，抓着带尖的物体（大概是萝卜）。似乎只披了条披巾，并围了条裹腰布。双肩附近各有一个很大的珠宝臂钏，还戴着无花纹的手镯和脚镯。

披巾和裹腰布红色，皮肤深灰色。脸上有一种点状图案出现了几次，图案由三个棕色小点构成。背光暗绿色，背光边深栗色。再朝外的背景是某种浅色，上面分布着黄色大点和红点。

木板顶部削成方形，角削掉了一点。底部粗略地削成凸圆形。正面裂掉了一部分，保留下来的表面上残留文字。11 英寸 × $5\frac{1}{8}$ 英寸 × $\frac{5}{8}$ 英寸。图版 XIV。

Har.051、052、077　长方形木板。稍微呈弧形，两端削成凹弧形，一端附近有个穿绳子的孔。一面上有三行斜体的婆罗米文，另一面上有一长一短两行婆罗米文。断成了三块。$8\frac{1}{2}$ 英寸 × $\frac{3}{4}$ 英寸 × $\frac{1}{8}$ 英寸。

Har.053　不规则的长方形木板。所有边沿都粗略地削过，写有 7 行斜体的婆罗米文，文字特别清楚。背面空白。$5\frac{1}{8}$ 英寸 × $4\frac{1}{4}$ 英寸 × $\frac{3}{8}$ 英寸。

Har.054　长方形木板。一端凸圆，另一端是尖的，尖的一端附近有个孔（孔一直到尖端都已断裂）。一面有三行斜体的婆罗米文，中间一行在中部中断了。另一面在接近尖端的地方有一短行婆罗米文。7 英寸 × $1\frac{5}{8}$ 英寸 × $\frac{3}{16}$ 英寸。

Har.055　长方形木板。一端凸圆，另一端带尖，有穿绳子的孔。一面有四行斜体的婆罗米文，背面有两行婆罗米文。背面还有一条线，把凸圆的一端与木板的主体隔开。保存良好。$6\frac{1}{4}$ 英寸×$2\frac{3}{16}$ 英寸×$\frac{3}{16}$ 英寸。

Har.056　长方形木板。一面的字迹被刨光了一部分，一条长边是用带刃的工具砍出来的。$9\frac{1}{4}$ 英寸×$2\frac{3}{8}$ 英寸×$\frac{1}{2}$ 英寸。

Har.057　长方形木板。一端是方的；另一端削出了两个凹弧形，成了尖的。没有穿孔。一面上有三行斜体的婆罗米文；另一面一条边附近有一行，尖端附近还有一行婆罗米文。$7\frac{5}{8}$ 英寸×$1\frac{3}{4}$ 英寸×$\frac{3}{16}$ 英寸。

Har.058　长方形木板。一端稍微凸圆，两面各有三行（不完整的）斜体婆罗米文。保存良好。$5\frac{3}{4}$ 英寸×$1\frac{5}{8}$ 英寸×$\frac{3}{16}$ 英寸。

Har.059　长方形（？）木板残件。一面上有三行斜体的婆罗米文，背面空白。一端和一面已破碎。$5\frac{1}{2}$ 英寸×2 英寸×$\frac{3}{16}$ 英寸。

Har.060　长方形木板。朝两端都大致变细，一端有穿绳子用的孔。两面各有三行斜体的婆罗米文。保存较好。$14\frac{3}{8}$ 英寸×$1\frac{3}{4}$ 英寸×$\frac{3}{16}$ 英寸。

Har.061　木棍。一面被削平，保留着天然的弧度和逐渐变细的形状。削平的那个面上有四列斜体的婆罗米文，其中三列各有在行字，另一列有两行字。背面有三列婆罗米文，其中两列有三行字，另一列有两行字。保存良好。长 $14\frac{1}{8}$ 英寸，宽 $1\frac{1}{2}$～1 英寸，厚 $\frac{3}{8}$ 英寸。

Har.062　长方形木棍。两端各有窄榫舌，还各有一个榫钉孔，表明木棍是一个框或类似物体的一条边。一面上有一行斜体的婆罗米文。保存良好。加榫舌长 $10\frac{3}{8}$ 英寸，宽约 1 英寸，厚约 1 英寸。

Har.063　长方形木板条。一端缺失，另一端稍微削细，似乎是为了插入榫眼中。四个面上都隐约有斜体的婆罗米文的痕迹。木头保存良好。$11\frac{1}{4}$ 英寸 $\times 1\frac{3}{16}$ 英寸 $\times \frac{7}{8}$ 英寸。

Har.064　长方形木板。一个面是平的，另一面呈凸弧形。一端不规则，另一端是方的。空白。$6\frac{3}{4}$ 英寸 $\times 1\frac{9}{16}$ 英寸 $\times \frac{3}{8}$ 英寸。

Har.065　粗糙的木棍。从树枝上削下来，有些地方还保留着树皮。一个窄面削得比较光滑，上面有几个斜体的婆罗米文。$5\frac{3}{8}$ 英寸 $\times \frac{7}{18}$ 英寸 $\times \frac{3}{8}$ 英寸。

Har.066　长方形木板残件。一端凹弧形（这一端附近有个孔），另一端缺失。一面有两行不完整的斜体婆罗米文，背面有一行不完整的婆罗米文。保存良好。$2\frac{3}{4}$ 英寸 $\times \frac{7}{8}$ 英寸 $\times \frac{3}{16}$ 英寸。

Har.067　长方形木板残件。可以看到两行较小的斜体婆罗米文，一端缺失。$2\frac{3}{8}$ 英寸 $\times 1$ 英寸 $\times \frac{3}{16}$ 英寸。

Har.068　木板残件。形状不规则，一端带尖，另一端是方的。两面各有一行斜体婆罗米文。$6\frac{1}{4}$ 英寸 $\times \frac{9}{16}$ 英寸 $\times \frac{1}{8}$ 英寸。

Har.069　短木棍。两端凸圆，是从一根圆树枝上横着削下来的。一条边上有切口，似乎是作符木用的。7 英寸 $\times \frac{1}{2}$ 英寸 $\times \frac{1}{4}$ 英寸。

Har.070　木棍。除了削过的地方，都保留着树皮。是从圆树枝上削下来的，一个面削平。在削平的面上有一行斜体婆罗米文。$5\frac{3}{8}$ 英寸 $\times \frac{5}{8}$ 英寸 $\times \frac{1}{4}$ 英寸。

Har.071　**木棍残件**。一侧有均匀的切口，两端都已断裂。已腐烂。$2\frac{7}{8}$ 英寸 × $\frac{1}{2}$ 英寸 × $\frac{3}{8}$ 英寸。

Har.072、073　**木写板残件**。文字和 058 一样，大概和 058 是一块。072 最大，$1\frac{5}{8}$ 英寸 × $1\frac{1}{4}$ 英寸。

Har.074　**木写板残件**。一面上有字迹，另一面上有一块红色颜料。三条边都断裂了。$2\frac{1}{8}$ 英寸 × $\frac{5}{8}$ 英寸 × $\frac{1}{8}$ 英寸。

Har.075　**软毡子残件**。缝成了一个不规则的长方形口袋。$6\frac{1}{2}$ 英寸 × $4\frac{3}{8}$ 英寸。

Har.076　**长方形木板**。断成了很多块，如今粘连在一起。一端是方的，另一端凸圆。方的一端缺失了一部分，凸圆的一端有个已经破裂的孔。一面有三行斜体婆罗米文，另一面有四行。6 英寸 × $1\frac{3}{4}$ 英寸 × $\frac{5}{16}$ 英寸。

附录 N
塔里木盆地和锡斯坦的石器

R.A.史密斯

大英博物馆副馆长

注：R.A.史密斯先生提供的关于单个石器的描述文字，已经纳入了本书第六章第四节，第七章第二、六、七节，第三十章第三节的文物目录中。——奥雷尔·斯坦因

对此次探险所获石器的主要分析结果，证明了我以前的结论①。没有发现任何重要的新类型，说明这一文化是一致的，延续得比较短。尽管岩石学家从石器所用的材料上可能会得到一些启发，但却缺乏其他的内部证据。因此，要为这些石器断代，基本上得依靠这些样品被发现的环境。

毫无疑问的是，这些石器被发现的地点，都位于一条穿过亚洲的东西走向的商道上。商道的一端是中国，这是显然的。至于这条道朝西延伸了多远，则没有证明明确。但巴勒斯坦、埃及以及中亚都有与这完全一样的石器制造业。很可能在大西洋和太平洋之间的一个广大区域中，都有一个晚期的新石器文化（或称红铜文化），它是由游牧部落从某个盛产原材料的中心地点（可能是埃及）传播开来的。大英博物馆的斯图尔格（Sturge）收集品中，有很多来自法尤姆（埃及地名——译者）和利比亚沙漠的纺锤状的尖

① 参见 R.A.史密斯《中国新疆的石器时代》，发表在《人》（*Man*）杂志第 2 期（1911 年）81 页上。

器，和图版 XXII 中的第 13、14、23 号很接近。还有一些窄而长的刃则接近于图版 XXII 中的第 17~21 号，此外还有一些石核（窄而长的刃就是从这些石核打造出来的）。巴勒斯坦也有这样的尖器①。

和其他所有种类一样，叶形的箭头在埃及也出现过②。印度出土了打造窄刃用的 1~3 英寸长的石核，迦勒底（Chaldaea，古巴比伦南部一地区——译者）的约克哈（Yokha）也发现了大小不一的石核③。在印度还发现了为打造小刃用的圆锥形石核。

在此还要提一下在撒哈拉西部边缘的毛里塔尼亚发现的燧石文物。虽然那些文物中包括一些中亚没有发现过的精致的箭头，但那里不仅有细瘦带尖的椭圆形箭头，还有直边的石斧④。这就标志着，从椭圆形锋刃到直锋刃的进化已经结束了。J.德·摩根指出，在迦勒底、埃兰（Elam，亚洲西南部古代王国——译者）或是伊朗高原上，并没有纯粹的新石器文化⑤。除了明显是旧石器的物品，其他所有的东西总是与铜相伴出现的。这样就可以得知现在这些石器在时间上的上限了：它们显然是从亚洲一端朝另一端走的旅客遗落的，于是他们传播了一个文化，这个文化应该被看作是位于西边，因为当时中国显然还不是文明的中心。这一石器业的下限大体可以由奥雷尔·斯坦因爵士在古道上的其他发现来决定。如果纺锤形箭头与在同一情况下发现的钱币和其他可进行断代的东西是同时的（事实似乎就是如此），那么就可以推断出一个年代线索，这一线索可以应用于欧亚大陆和非洲大陆上很宽的一条区域。

① J.德·摩根《史前人类》（L'Humanité préhistorique）99 页图 38 出自耶路撒冷附近的苏·巴合尔（Sur Baher）。

② 参见摩根上书 94 页图 33，出自上埃及的内加达（Negadah）。

③ 参见摩根上书 97 页图 36。

④ 参见《考古学》（L'Anthropologie）第 30 期 339 页、351 页。刊载的是魏尔诺（Verneau）的文章《关于毛里塔尼亚古代民族状况的新资料》（Nouveaux documents sur l'ethnographie ancienne de la Mauritanie）。

⑤ 参见摩根《史前人类》109 页。

附录 O
岩石和沙子样品

由 W.J.索罗斯（科学博士，皇家学会会员，牛津大学教授）
和 R.C.斯比勒［艺术学学士，牛津大学的近期
布尔戴特-库茨（BURDETT-COUTTS）学者］
研究并描述

贝壳样品的笔记由
D.F.W.巴登-鲍威尔（BADEN-POWELL，艺术学硕士，科学学
士）撰写

奥雷尔·斯坦因爵士交付给我们研究的收集品包括沙子样品、岩石碎片样品，还有几个软体动物的贝壳以及矿物。

在本附录末尾，我们列出了这些收集品出自的地点。相应地点前面都加了一个数字，代表每一件样品。岩石的数字是从 1 到 70，沙子是从 100 到 146，贝壳用字母 S 来表示，矿物由字母 M 来表示。

岩石和矿物的分类以及相应样品的数字如下：

岩 石
火成岩
花岗岩：11、14、18、23。花岗伟晶岩：29a、42a。

细晶岩：9.1、30。

石英花岗岩：26、50、51、60。二长岩：37。

花斑岩：11、22、39、41、59。

闪辉正煌石：8。

流纹岩：16、45、47、65~67。碧玉般的致密长石：42。

安山岩：1、13。粒玄岩：36、55。

变质岩

云母片岩：9、10、17、25、34、35。

角闪片岩：15、20、68。闪岩：7、33。

绿帘石：28。片岩火山集块岩：48。

沉积岩

石英粗砾岩：6、24、30、32、57、62、64。Adinole（？）：56。

含钙的粗砾岩：61。

石灰岩：2~4、27、43、49、52、53、58。

白云石：29。煤：21。

矿　物

石英：9a、10a、11a、14a、24a、45a、63。石盐：2a、12a。

方铅矿：60a。孔雀石：44。雌黄：43。石膏：6、7a、58、59。

考虑到运输上的困难，只能收集很小的岩石碎片，这些碎片是从完全暴露在外的岩面上获得的。但幸运的是，由于气候很干燥，它们几乎仍然没有受到影响，很适合于用显微镜进行观察研究。这是很令人鼓舞的。这告诉我们，在干旱气候中的考察者可以带回来很多有代表性的岩石，同时又不至于加重他的负担。

我们的研究结果完全是岩石学上的，几乎无法由此看出当地的构造。但有一件样品是例外（即 6 号）。它出自和田河边的麻扎塔格，是块粗砾岩。但由于它里面含有很多石灰碳酸盐，所以它和拉勒塔格—却克塔格（Lāl-tāgh-Chok-tāgh）地区的石灰岩层也许有点关系。

对一个岩石学家来说，尤其使人感兴趣的是 27 号石灰岩。在这块石灰岩中，我们发现了长石颗粒。起初我们以为，这些颗粒是石灰岩中本来就有的。后来的研究表明，它们是外来的，是在石灰岩形成过程中进入沉积地区的。这一现象也许可以用来解释，为什么在某些变质石灰岩中会出现钠长石。

I.岩石和矿物

巴楚地区

1. 巴楚（01 和 02）。辉石安山岩。

01 和 02 出自巴楚东—北东方向 10 英里的策大雅塔什（Chādir-tāsh）小丘上。这两块样品出自同一块岩石。这块岩石成 75°角朝东—北东方向倾斜，走向是西北—东南，可能是条岩脉（dike）。

岩石全由细小颗粒构成，灰色。在显微镜下可以看到，之所以成这样的颜色，是因为岩石中掺杂了浅色和深色的成分。比重为 2.83。

岩石主体包括：（1）长方形的拉长石，方向各个不同，由于变异而变得污浊了。（2）辉石，呈五色小晶体，不规则地散布在各处，但有时汇集成小花朵状，它们由（110）、（100）、（010）等形式连接在一起，消光角为 39°。（3）很多颗粒的磁铁矿。（4）也有少量石英。石英总是在间隙中出现，从来都不是异晶。

不时会出现拉长石的斑晶。这些斑晶有时会出现断裂。从钠长石双晶的位移来看，这些斑晶也发生了断层。辉石也有受压的迹象，其解理层有时是弧形的，消失处（extinction）是波浪形的（undulose）。辉石一点也不像纤闪辉绿岩。

由于发生了变异，出现了绿泥石（多向色性 X，无色；Y 和 Z，发蓝的绿色）。绿泥石成块地出现在间隙中的地方，还像纤维一样生长在椭圆形区域周围。那些椭圆形区域是气泡（?），如今椭圆形区域的位置是长石。各种迹象都说明原来没有橄榄石的存在。

2. 却克塔格南脚下。 石灰石。

是一块深灰色石灰石，被风磨光了。

如果用显微镜看，石灰石由很小的颗粒状区域构成。这些颗粒一般是椭圆形或圆形，嵌在方解石构成的网络中。方解石的纹理比较粗糙。还可以看到一些很小的石英晶体。

我们很难确定，这些颗粒状区域是最初形成的，还是后来形成的，但有些结构显然是有机物的依存。

在溶解之后，沉淀物几乎全部是小石英晶体。这些石英晶体是典型的样式，即六棱柱形，两端各有一个金字塔形。但棱柱的侧面是无花纹的，没有横向条纹。最小的晶体直径为 0.002 毫米，长 0.006 毫米。有些大的直径为 0.055 毫米，长 0.143 毫米。长度一般是宽度的三倍，但也并非总是如此。有一些少见的大晶体直径为 0.11 毫米，长 0.176 毫米。

值得注意的是，这些晶体中常常包含很小的方解石菱形六面体。由此推断，这些晶体不是异晶，而是在原处形成的。在大不列颠群岛的钙化石灰石中，也观察到了类似的晶体。这些晶体是由硅构成的，硅有可能是有机体提供的，有机体可能是 Radiolaria。

2a. 却克塔格。出自 c.xxiv 号营地（02~04）南边的第二个定向点那里的山岭上。石盐

是一个石盐矿床的残片。矿床厚 25 毫米，由于矿床中的晶体不断地纵向生长，所以矿床呈棱柱体结构。

3. 拉尔塔格。(024) 出自 c.xviii 号营地的西侧岬上。石灰石。

是红棕色的颗粒状石灰石，由白色卵圆形小颗粒构成，这些颗粒嵌在粗糙的方解石中。颗粒几乎都互不相连，有时颗粒之间的距离有颗粒直径的一半大。颗粒直径在 0.16 毫米到 0.55 毫米之间，但有一个特例直径是 1.0 毫米。有些颗粒后面是灰色的氧化铁。有时，四周方解石中的颗粒定向排列，其纵轴呈放射状分布。

(025) 出自同一地点，是同一种岩石。

4. 拜勒塔格（01、02）。出自拜勒塔格山口的分层的岩石（21.X.1913）。石灰石。

石灰石有细腻颗粒，由很小的方解石小晶体构成，其中零星夹杂着一块块粗糙的方解石。这些粗糙的方解石常常是圆形或椭圆形的，在填质中显得很明显。它们似乎是取代了某些钙质有机物的位置。而且，在横截面上可以看到软体动物的壳的残片。

溶解之后的残留物是酸，由硅的隐晶生长物构成，看起来像是燧石，有时样子像是海绵般的针状体。

外来的矿物很少见。偶尔有极小的白云母片，还观察到了一小点角闪岩和金红石。但是有很多铁水化合物（ferric hydrate）。

这个样品和样品 01 出自拜勒塔格山口的同一块分层的岩石。

5. 塔克拉玛干沙漠，巴楚以南的 xxiv 号营地。石英沙砾。

是一块颗粒很细腻的红色石英，几乎完全由石英颗粒构成，大多数石英颗粒都是棱角分明的，还有较少一些是凸圆的。石英外面都有一薄层连续的氧化铁，轮廓很分明。石英中有时含有极小的不明矿物的晶体，还有气泡。有几个很小的颗粒成分比较复杂，使人想起某些花斑岩。

有不少长石的颗粒。有的是微斜长石，特别新鲜，没有发生什么变异；有的是奥长石。有很多绢云母化得很厉害，无法断定成分。

除了氧化铁，还有一块块黑色不透明的矿物。

2a 号之下的石盐残片中也有这样的岩石碎片。

6. 和田的麻扎塔格。（052）红色沙砾是颗粒特别细腻的沙砾，主要由很小的棱角分明的石英小颗粒构成，铁水化合物和碳酸钙把这些颗粒凝固在一起。

与此出现在一起的还有几块石膏样品（053~058）。

罗布沙漠

7. civ 号营地（01）。闪岩。

是致密的深绿色岩石，几乎全由角闪岩构成，消光角和多向色性是22°。X 淡黄色到几乎无色，Y 深灰绿色，Z 深绿色。没有出现黑云母，但白云母作为一种间隙中的成分出现了。

岩石中分布着他形结构（allotriomorphic）的钙长石和拉长石小颗粒。出现了黝帘石（经常是轮廓清晰的晶体），还有少量的磁铁矿（其中有时含有与磁铁矿伴生的榍石）。

7a. 地面上覆盖的一层硬壳，在 civ 号营地（01）东南 2~4 英里处采得。这是一层多孔的石膏，一个面上覆盖着一层不规则的致密的石膏。

8. civ 号营地（04）。出自 civ 号营地东南约 13 英里的萨依上。闪辉正煌石。

样品是一条不规则的灰色岩石，点缀着很小的黑色颗粒（角闪岩）以及较大一点的花岗伟晶岩颗粒（是白长石、石英、黑云母或角闪岩）。这块样品被风磨蚀过，本是长石花岗伟晶岩颗粒的地方出现了小坑。

岩石主体主要由板状的钠长石片和正长石片构成，还有很多扁长的棱柱形角闪岩，间隙中是石英。整块岩石中都有磁铁矿。由于外力的作用，钠长石发生了很大变异，出现了很多小颗粒，在反光的时候看起来是乳白色的。角闪岩的样式有 110、100 和 010，消光角是 19°；其多向色性为 X（淡棕黄色，几乎接近于无色）和 Y、Z（发黄的棕色）。角闪岩的分布不规则。而长石常常呈现为放射形的一束或一捆，有时呈现为扁长的形状夹杂在石英之中，使人想起某些在花斑岩中见到的某些 radioles。花岗伟晶岩中包括角闪岩、黑云母、奥长石和石英。同岩块中的其他成分相比，奥长石和石英是最大的。

黑云母在新鲜的时候是棕色的，有很强的多向色性。X 浅黄色，Y 和 Z 是温暖的棕色。黑云母中含有大磷灰石晶体和一些磁铁矿。黑云母被填质磨得比较厉害，在很多地方发生了变异。变异之后黑云母变成了绿色，其多向色性如下：X 是特别淡的绿色，Y 和 Z 深绿色。同时绿帘石也出现了。

奥长石以单个晶体出现或成团的晶体出现。它经常分区域分布，被填质磨得很厉害，有时填质侵入了奥长石之中。

石英呈个体分布，或呈粗糙的团块分布。在一处地方出现了接触带，是由生长在一起的石英和绿泥石构成的。绿泥石似乎是由附近的角闪岩变形而成的。

9. 和 8 号出自同一地点。云母片岩。

是一个很细的长条，颗粒细腻，长条的侧面彼此平行。是由石英和大量黑云母构成的，具有多向色性：X 无色；Y 和 Z 棕色。还含有一些白云母和氧化铁。

9. a。（05、06）两块磨蚀过的纯石英晶体。

10. 出自 civ 号营地南—南东 16 英里的石萨依。07 和 08 是云母片岩；09 和 010 是石英。

11. civ 号营地（011）。花斑岩主体颗粒特别细小，是交织型的（pilotaxitic），含有正长石、奥长石—钠长石、石英和黑云母的花岗伟晶岩。长石和石英出现在一个颗粒很细小的区域的中部，这个区域的生长过程似乎就是由长石和石英决定的。石英被填质磨损了，长石中布满了小颗粒。

黑云母残破不整，呈现不同色调的绿色，标志着黑云母的第一步变异过程。但这些黑云母几乎总是与大量无色的绿帘石和白云母结合在一起，绿帘石和白云母都是黑云母完全变异后的产物。

锆石不多见，但出现在黑云母中的锆石周围隐约有一圈多色的光环，其半径不超过 0.017 毫米。

出自 civ 号营地南—南东 6 英里的萨依，走向为东—南东到西—北西，倾角东北 75°。012 和 015 是石英；013 是石英片岩，无疑出自一块云母片岩。014 是花岗岩。

12. 出自库鲁克河的干河床附近。细晶岩（？）

是一块片红色石英长石残片，磨损过。

12a. 出自库木—库都克西北 8 英里处。石盐。

是不规则的小"瘤"，有的由结了层沙子的石盐构成，有的是沙子和石盐凝固在一起。

黑河尾水

13. 毛眉（01）。角闪安山岩

是很致密的深灰色（几乎接近黑色）的岩石，含有小花岗伟晶。比重是 2.73。

岩石主体很难分析，由不规则的长石构成，长石中有很小的颗粒和针状物，颗粒和针状物中有大量角闪岩。

花岗伟晶是自形结构（idiomorphic）的晶体，由角闪岩、斜长石和磁铁构成。斜长石像玻璃一样透明，有时带状分布，有的是波浪状消光（undulose extinction）。斜长石的视觉效果和特殊重量表明，它既包含安山岩，也包括拉长石。

角闪岩的形式包括110、010和100。消光角是19°，其多向色性为X（从无色到淡黄）、Y（棕色）和Z（棕色，但比Y色调更深）。

黑云母体现为几个罕见的花岗伟晶，出现在角闪岩和磁铁之间的互相作用带上。在其中一个地方，黑云母构成了一个斜长石晶体的核心，其解理薄片的一部分侵入到了长石中，长石和钠长石双晶层面平行。

磷灰石含量比较多，尤其和黑云母结合在一起出现。样品中还含有一些榍石，还有一小点绿帘石（绿帘石基本上是无色的，但稍微具有一点多向色性）。

14. 毛眉（02）。花岗岩。

是一块很粗糙的、发红的石英，长石、黑云母和白云母的半自形构造（hypidiomorphic）的晶体。

石英中包括大量液体气泡和互相分离的黑云母碎片。白云母常常是以小晶体的形式出现，这些小晶体经常聚成团。石英中还含有很多颗粒，似乎是某些没有被完全"消化"掉的矿物的残余物，可能是长石。液体气泡构成了长长的线性系列，常常朝一个方向伸展。有时，这些"线"跨越石英的一部分到达另一部分。

长石中包括正长石［多少有点像纹长石（perthitic）］、微斜长石。还包括斜长石，看起来似乎是钠长石般的奥长石。

黑云母棕色，具有强烈的多向色性：X麦秆黄色；Y和Z从深棕色到黑色。黑云母中含锆石和磷灰石晶体，锆石周围有多向色性的光环。

白云母既有原生的，也有次生的。原生的白云母有时侵入到黑云母中，使其不再生长。白云母和黑云母之间的解理层面都是严格平行的。

14a. （03）一块磨损的残片。石英。

15. 毛眉（04）。石英角闪岩片岩。

这块绿色片岩叶理很分明，包括石英、斜长石和平行的角闪岩叶片。一种棕色黑云母不时与角闪岩结合在一起，黑云母的解理层面大致就是叶片的层面。还含有很多磷灰石、磁铁矿和一些孤立的绿帘石晶体。

角闪岩草绿色，具有强烈的多向色性：X 淡麦秆黄色；Y 深绿色；Z 发绿的蓝色。消光角是 24°。

黑云母的多向色性如下：X 淡黄色，像角闪岩一样；Y 和 Z 深棕色。

石英中含有大量孤立的安山岩，有时安山岩变得比较大。有时，石英的脉络侵入到了长石中。也有磷灰石，有时是大晶体，有时是凸圆的颗粒。

清晰的石英扩散后，形成了"眼"，很像下文要说的米兰角闪片岩 (72)，但有时多出一种矿物。这种矿物是绿帘石，多向色性很弱，几乎是无色的。绿帘石常常位于一个"眼"的中间位置，周围是一圈从矿物中脱离出去的小碎片。有时，一个完整的晶体会分解成一堆小颗粒。

北山地区

16. 北山中的镜儿泉山 (013)。在明水西北，出自镜儿泉东南 1 英里的岭上。角砾岩化的流纹岩。

是致密的、带节理的巧克力色岩块，含浅色的小包体。节理的表面覆盖着有规则的黑色锈。

岩块的主要成分呈细腻的颗粒状，无色，像玻璃一般。在这个主要成分中零星散布着带棱角的石英碎片、破碎的正长石晶体和奥长石晶体。沉陷在这一基本成分中的，是流纹岩小碎片，这些碎片具有明显的流状构造 (flow structure)。这些碎片本身就是有断口 (fracture) 的，在细节上彼此不尽相同。它们构成了岩石的主要部分。这些碎片的主要成分是玻璃般的物质。用正交偏光镜 (crossed nicols) 来看，颜色较浅的条带和较深的条带交替出现。较浅的条带有时是由石英构成的。当条带特别薄的时候，石英变成了单个晶体构成的一条线。但有时较浅的带子是由球粒状的生长物构成的，似乎还在继续生长。

乍看之下，这块岩石似乎是一块坚固的火山灰，实际上它是一块流纹岩，在流动的过程中破碎了，破碎后的残片被仍在流动的岩浆裹夹着前进。

17. 北山中的明水（014）。出自明水西北 2 英里的石丘上。扭曲的云母片岩。

是一块深绿灰色的岩石，叶片表面上是发着银光的云母。比重为 **2.78**。

此岩石中最醒目的成分是白云母。白云母像一座极小规模的褶皱很多的山脉似的，包含有各种褶皱、倒转褶皱、上冲断层。石英晶体顺着云母的伸展方向一起伸展。在以前一度活跃的压力的方向上，石英颗粒多次中断，消失的方向呈现出明显的波浪形。完全绢云母化的长石颗粒已经无法断定其成分，这些颗粒常以"眼"的形式出现，造成了岩石如今的构造。长石颗粒与劈理平行着消失。劈理常常是轮廓很鲜明，有时沿劈理还发育出了成条的白云母，使劈理轮廓更分明，使人看起来会误以为这是钠长石双晶。

石榴石数量很多。它们是无色的。有的很新，而且是连续的。但更多的常沿着压力的方向断裂了。顺着这些压力线出现了绿泥石化现象，有时把整个物质的面貌几乎都改变了。在有的地方，石榴石变成了扁豆状构造（lenticles），有的石榴石和尖锐褶皱的顶端一致。白云母中夹杂着挤压的成条的磁铁矿，磁铁矿和白云母的褶皱方向一致地分布。

岩石是几个轮廓清晰的、蓝灰色的晶体，具有多向色性：O 蓝灰色；E 几乎接近无，或淡黄色。

还可以偶尔看到零星一点黑云母的残片，其多向色性为：X 淡黄色；Y 和 Z 深灰绿色。

18. 北山明水（015）。出自明水西北洼地附近的石岭，在大石沟西北 10 英里处。橙红色花岗岩。

这块花岗岩是由很大的正长石、微斜长石和奥长石晶体构成的，大多数晶体都是半自形构造，而且特别新鲜。还有大量石英，很小一点黑云母。黑云母的多向色性如下：X 棕色，Y 和 Z 黑色。还含有比黑云母多一些的白云母，有时白云母中还包含残留的黑云母。最后也是最有趣的是，岩石中还含有石榴石，石榴石晶体破碎、磨蚀得比较严重，是淡红色。

似乎不含铁矿砂和磷灰石。

19. 北山明水（016）。和015出自同一个地点。白色花岗岩。

含有正长石（有时是纹长石结构）。奥长石呈现为或大或小的自形构造或半自形构造的晶体。正长石和奥长石构成了这块岩石的主要部分。

石英填满了长石之间宽宽的空隙，石英中含有很多气泡。有时石英以单个晶体出现，更多的则是成堆出现。

也存在黑云母，但为数不多。有时黑云母中含有带光环的锆石。黑云母中含有大量磷灰石，磷灰石形成了相对比较大的晶体。大多数黑云母已经变成了绿泥石和绿帘石。

含很多磁铁矿，有时和变异的黑云母结合在一起。

长石（尤其是正长石）大多数已经绢云母化了，但有的还很新鲜。

20. 北山（018）。出自镜儿泉西北23英里的一处悬崖。黝帘石角闪片岩。

是一块浅绿色的石头，纹理发育得不好，石英脉络横穿这些纹理。

在显微镜下看时，石头表现出明显的平行结构，深色和浅色的条纹朝同一方向延伸。岩石中矿物的长轴也与此方向相同。

浅色条纹由几乎无色的透闪石和石英、钠长石和榍石构成。闪岩的消光角为15°，其多向色性很弱：X无色；Y和Z淡绿色。深色条纹也是由这些矿物构成，但多了一种颗粒状的矿物，其双折射（double refraction）很高，减小了它的透明度。这一矿物很难辨认，于是我们把这块岩石交给了总考察队的岩石学家H.H.托玛斯（Thomas）博士。他告诉我们，这一矿物表现出黝帘石的各种典型特征。

一些细纹理穿过岩石，与平行结构相交叉。这些纹理有的由方解石构成，有的由方解石和石英构成，有的则由一种各向同性（isotropic）的物质构成（托玛斯博士推测它为蛋白石）。

托玛斯博士还说，这块岩石使人联想起德文郡和康沃尔郡的花岗岩周围出现的"石灰燧石"（calcflintas）。

21. 北山中的煤窝（01）。在毛眉以远。带小泡的煤（vesicular coal）。

收集品中有这一奇特的煤的两小块样品。一个是由薄片构成的小块，主要由暗淡无规则的薄层构成，其颜色会染在手指上。这样的层之间是明亮有规则的薄层。整块物质看起来像是不纯净的煤。

这块煤是不透明的，似乎没有什么结构。但在显微镜下看的时候，我们发现它有很多小气泡。某些薄层中的气泡比较扁长而小，大多数气泡都是在薄片的片面中伸长的。在其他薄片中，气泡似乎大得多，特别不规则，即在薄片之内伸展，也朝上穿过薄片伸展。还有，我们发现，薄片中零星含有一点棱角分明的各种矿物碎片，这些矿物在沙漠地区的沙子里比较常见，其中最醒目的有正长石、斜长石和白云母。

这些特性使我们怀疑，这块碳质的物质究竟是不是煤。因为它使我们想起了带气泡的岩浆。这大概说明，这一物质曾以液态形式出现，可能是矿物油浓缩之后的产物。

它的重量是由较纯的部分扩散成的柱形决定的。它的重量就是家用煤的重量。当在密封的试管中加热时，它释放出水和柏油般的物质。燃烧时发出白色火焰。当与氯仿、乙醚和其他溶剂一起加热时，只会溶解一点。不管其起源如何，这块物质如今已经和普通的煤没有重大差别了。

第二块样品同第一块相比，气泡更多，而且不是分为薄层。从横截面看，其物质呈网格状，围住相对比较大的空白空间，这些网格并不朝任何方向伸长。在网格中有很多小气泡，但矿物的残迹则不多见。

这块煤的起源还不清楚。它可能是生长在静止水中的植物形成的，矿物颗粒同时也被风带入了水中。植物在腐烂时放出的沼气大概造成了这些气泡。在一块样品中，气泡是扁平的，分布在薄片的平面上，这大概是因为气泡是在接近沉积物的底部而不是顶部附近形成的，在顶上各层的压力下变成了这个样子。

22. 北山骆驼泉（01）。出自骆驼泉西北 1 英里的一座小石山。花斑岩是节理很多的发红的燧石般岩石，表明有一层深棕色的"锈"。岩石由颗粒很小的石英和正长石构成，其中包括负面的球粒。没有发现磁铁成分，但岩石中零星散布着细腻的氧化铁，岩石的红色就是由此而来的。氧化铁还分布成长条直线，似乎是顺着裂缝沉积下来的。有时，氧化铁有助于我们看清放射状发育成分的轮廓。

23. 骆驼泉（02）。出自骆驼泉西北 18 英里的一座石丘。黑云母花岗岩。

是白色花岗岩，点缀着黑云母的斑点。

由带纹路的正长石半自形构造的大晶体构成，有时还含有小的奥长石晶体或磨蚀过的白云母碎片。还有一点微斜长石。也存在石英，有时石英成堆出现。石英侵入到正长石中，似乎越生长越小。黑云母呈现为破碎的残留物，有时和绿帘石一起浸入到绿泥石中。黑云母的多向色性很强：X 淡黄棕色；Y 和 Z 深棕色到黑色。黑云母中含有磷灰石和锆石晶体，锆石伴有多向色性的光环。在被磨蚀的晶体中还有一点白云母。

24. 骆驼泉（03）。出自骆驼泉附近的小碎石丘。颗粒很小的粗砂岩。

深灰色粗砂岩。比重为 2.7。

这块石头的一个明显特征是颗粒特别细腻，含有很多次生的方解石，使得在显微镜下分析起来特别困难。用了盐酸之后，方解石就被除去了。也存在着大量石英，呈现为小片和棱角分明的小颗粒。还有一些长石，带有钠长石的双晶，其消光角为 16。并且有大量白云母，表现为小薄片和粗糙不齐、扭曲变形的薄层。还零星分布着一些不透明的白色小颗粒，大概是白钛石（leucoxene）。

24a.（04、05）。石英。

25. 骆驼泉（01）。出自骆驼泉西北 6 英里的一座小石丘。石英云母片岩。

是一块薄片而明显的岩石，主要成分是石英、斜长石和黑云母。

石英特别纯净，没有气泡或只有很少的气泡，可以看出明显的波浪状消光。石英同斜长石一起构成了一堆细腻程度不一的物质。斜长石和钠长石构成双晶，因此可以和石英区别开来，否则，斜长石和石英特别像。斜长石的折射率和石英特别接近，无法看出差别来。

黑云母是新鲜的，在所有特征上都极为一致。很纯净，颜色微呈棕黄，多向色性很明显：X 无色；Y 和 Z 棕黄色。黑云母的特别之处在于它有大量由多向色性而造成的光环，有的光环环绕着锆石，有的环绕着一种无法分辨清楚的矿物。其中有一个光环轮廓很清晰，圆形，环绕着一个锆石晶体的金字塔般的尖端。减去锆石的半径后，光环的半径是 0.0355 毫米。

岩石中还零星散布着一些磁铁矿的小颗粒。

26. 骆驼泉（02）。出自骆驼泉西北 18 英里的石丘。石英花岗岩。

主要成分是正长石和斜长石的半自形构造大晶体，正长石和斜长石大多数情况下都已经极度绢云母化。斜长石和钠长石构成双晶，最大消光角为 15°。但由于无法确定它的折射率，所以很难说它究竟是钠长石还是奥长石。石英出现在间隙中，构成粗糙的堆。角闪岩和黑云母也比较多。角闪岩是绿色的，其多向色性如下：X 淡麦秆黄色；Y 深绿色，Z 绿色。其最大消光角是 14°。

很少的黑云母保留着一点原来的棕色。由于变异，黑云母已经变成了绿色，其多向色性如下：X 麦秆黄色或无色；Y 和 Z 深绿色。黑云母中含有大量磷灰石（常常是很大的晶体）和一些锆石，锆石周围环绕着多向色性的光环。

有大量次生的绿帘石和绿泥石，没有发现铁矿砂。

27. 骆驼泉（03）。出自骆驼泉附近的碎石丘。石灰岩。

是一小块颗粒很细腻的灰色石灰岩，成分包括形成不规则的堆的方解石（单个晶体直径有 0.04~0.06 毫米），还有方解石构成的菱形六面体颗粒，颗粒的直径是 0.007~0.012 毫米。

石灰岩中到处散布着一些不规则的小立方体，反射的光是锈红色，有的外面还环绕着发棕色的光环，似乎是氧化了的黄铁矿。

在盐酸中溶解后，散发出石油的味道，残留物是黑色的粉末状含钙物质。用显微镜观察残留物时，发现残留物中还伴有很少一点矿物。其中大多数是小颗粒，许多的直径不足 0.0037 毫米，无色、透明。有的以各种不同方式结合在一起（两个构成一条链，或三个及三个以上结合在一起）。从这些结合体产生了晶体。有的晶体轮廓清晰而连续，但中间是空的；有的则很完整。这一物质的比重在 2.55~2.57 之间，折射率比 1.5 高一点。我们观察到了一两个大晶体，长 0.04 毫米，宽 0.08 毫米，很像常见的透长石。无疑这一物质就是正长石。在研究这一物质时，我们的第一个印象是，它向我们呈现了从颗粒到完整的晶体的不同发育阶段，其中颗粒就像是弗格桑（Vogelsang）的球雏晶（globulite）。但在细想之下，似乎另一种解释更可信：那些不完整的形式可能并不是晶体的萌芽状态，而是晶体分解后的产物。之所以这样说，是因为岩石成分的无疑存在着一些本来不是这块岩石中矿物，比如白云母的小片和石英颗粒。本来人们认为，变质岩中可能会存在着原生钠长石。如果这一结论是正确，就会对上面这个假设有明显的影响。

28. 北山的大石沟。绿帘石。

是一小块有很多节理的苹果绿色岩石，其中显然含有石英。

岩石的大部分是绿帘石的颗粒状晶体构成的一个聚合体。聚合体中有很多朝各个方向延伸的裂缝，如今这些裂缝已经被沉积物塞住，成了纹理。岩石显然曾经角砾岩化，但后来沿着某些裂缝又发生了运动。另一块岩石的一些扁豆状构造分布在这些裂缝中，还保留着原来的结构。

这些"扁豆状"构造包括粗糙的石英晶块，显示出波状消光，还有钠长石的大晶体。钠长石大晶体中有裂缝和断层，还因其他原因发生了变形。双晶层面弯曲了，并且穿过原来的双晶产生了次生双晶，都说明晶体变了形。

29. 北山野马井（01~06）。白云石。

是一些致密的粉色白云石，由方解石和石英构成的纹理横穿白云石。纹理被风磨蚀过，于是石英的纹理像浮雕一样凸现出来。

岩石颗粒特别细腻，由无色的白云石晶体和石英颗粒构成，由石英和方解石构成的纹理也很细腻。

用溶液使石英颗粒与岩石分离后，我们发现石英颗粒表面是红色的氧化铁，这种氧化铁在硝酸中很难溶解。

30. 北山野马井（07）。出自野马井以南4英里处。灰色粗砂岩。

是分成薄片的浅灰色粗砂岩，主要由凸圆的和带棱角的石英颗粒以及绢云母化的长石构成，还含有一些白云母和绿泥石。有些石英颗粒是复合的，大概出自花斑岩。

也有方解石，方解石主要是作为次生成分存在。

31. 北山野马井（08）。红色粗砂岩。

是颗粒很细腻的紫色粗砂岩，很接近 30 号。引人注目的是，它含有不少新鲜的长石，其中有些是正长石，但大部分是钠长石或奥长石。铁矿砂很丰富，还有少量黄铁矿。此外还有不少次生的方解石。

32. 北山。出自 209 号营地西北 2 英里远的山谷旁的岭上。倾角为东南 82°，走向为东北—西南。

是颗粒细腻的粗砂岩，主要由石英构成。还有一点长石。有些长石是安山岩。到处还分布着一些方解石颗粒和云母"针"。由方解石、赤铁矿和石英构成的细纹理贯穿整个岩石。

33. 北山 210 号营地（04）。闪岩。

是致密的不分层的深绿色岩石。

由细小的石英晶块构成。长长的绿色角闪岩和棕色黑云母片朝各个方向散布在石英中。

角闪岩的消光角是 20°，其多向色性很强：X 淡麦秆黄色；Y 深绿色，Z 灰蓝色。角闪岩中布满了石英，所以边上凹凸不平。

黑云母有时和角闪岩密切结合在一起，但并不总是如此。黑云母的多向色性也很强：X 淡黄色；Y 和 Z 深棕色。石英晶块中还含有一些斜长石（安山岩）。

磁铁矿比较丰富，也存在着磷灰石和锆石。锆石出现在黑云母中，周围环绕着多向色性的光环。

有一些由方解石构成的细纹理贯穿岩石。

34. 北山 212 号营地（06）。石英云母片岩。

是一块致密的发绿的卵石。

石头的主要部分是石英晶块，石英中的构成部分都朝一个方向伸长。同这些成分平行的是一些白云母片和次一级的黑云母。黑云母有时是单个晶体，有时构成一长串。

白云母和黑云母致密结合在一起，有时似乎一直延伸到了黑云母中。于是，一条长长的白云母的横向劈理薄片，会以黑云母而结束。当黑云母的方向使其看起来仿佛是无色的时候，就无法将横截面的两个部分区别开来。

黑云母的多向色性比较强：X 从无色到赭黄色；Y 和 Z 从深灰绿色到黑色；最常见的是黑色。黑云母中含有一些凸圆的锆石晶体。我们也试图寻找多向色性的光环，但没有找到。

还存在着其他几种矿物的晶体，有一点磷灰石和黝帘石。有一个扁长的黝帘石颗粒尤其引人注目，因为它在好几个地方都顺着压力的方向（即与整体平行线垂直的方向）裂开了，其中一条裂缝很大，构成了一个小断层，其中发育了白云母。

35. 北山 212 号营地（06）。石英片岩。

是一小块致密的石头，拿在手上的时候看不出有薄片的迹象。但放在显微镜下的时候，发现它分成明显的薄片。石头主要由石英晶块构成，晶块呈现成波状消光，朝一个方向伸长，岩石中的其他成分也朝这个方向伸长。其他成分有致密结合在一起的白云母和黑云母，实际上黑云母似乎伸进了白云母中。黑云母的多向色性很强：X 淡棕色；Y 和 Z 完全是黑色的，甚至在薄片中也是黑色。没有长石，但有时可以看到一点绿帘石的凸圆而破碎的颗粒。

36. 北山的南泉（04），出自南泉西北 19 英里处（9.ix.1914）。粒玄岩。

是一块深灰色岩石，比重为 2.95。

一片薄片呈现出板状的或偶尔管状的拉长石，常常是纤闪辉绿岩和辉石。有时这两种矿物大致形成放射状，彼此生长在一起，仿佛是大规模的球粒似的。

拉长石变异得很厉害（绢云母化?），布满了变异后的产物，尤其是在中间，只有边沿是纯洁的。奇怪的是，钠长石双晶很少见，而且常常表现出波状消光。新鲜的辉石是无色的，但变异后就像是绿色的绿泥石。

有大量的钛铁矿，有时只是晶体的骨架，但边上没有白钛石。

天山东段

37. 玉木塔格。出自 218 号营地西北 16 英里的峡谷中（01）。石英二长岩。

是由半自形构造的颗粒构成的岩石，由正长石、微纹长石、钠长石、石英、辉石、闪岩、黑云母、磷灰石、含钛的磁铁矿、榍石，还有一点锆石组成。

磷灰石以及锆石显然是最先结晶的，之后是含钛的磁铁矿。这一磁铁矿中保护磷灰石，被石英磨蚀了。磁铁矿周围环绕着无色透明的榍石。辉石是其次出现的，它是无色的透辉石，结构是异剥辉石。由于辉石朝外的部分变异成了绿色的角闪岩，所以辉石很少或从不呈现晶体的轮廓线。绿色的角闪岩的多向色性如下：X 无色或淡黄绿色；Y 深绿色，有时是发蓝的绿色；Z 绿色或蓝绿色。其消光角很高，为 25°。很像绿纳闪石花岗岩。

黑云母比角闪岩晚，至少部分黑云母是如此。在一个地方，黑云母中含有被磨蚀过的角闪岩晶体，角闪岩中又包含着一个辉石构成的核心。黑云母的晶体较大，在新鲜的时候是棕色的（变异后是绿色），其多向色性很强：X 纯黄色；Y 和 Z 深棕色。黑云母中含有大量磷灰石（有时其晶体特别大），但不含有锆石。发现的唯一的锆石出现在石英中。

黑云母之后出现的是长石，正长石和钠长石的晶体是自形、半自形构造，有时磨蚀过，夹在正长石或石英中。正长石和微纹长石构成了很大的半自形晶体。

石英是最后结晶的，出现在间隙中。它在大多数其他矿物上都充当了磨蚀剂的角色。

这块石头中还有一些次生的榍石和方解石。

38. 玉木塔格。出自 218 号营地西北 6 英里的大石壁上（02）。花岗伟晶岩。

粗糙的花岗伟晶岩和红色长石，主要是比重为 2.55 的正长石。岩石的比重为 2.61。

39. 玉木塔格。出自 218 号营地西北 13 英里处（03）。花斑岩。

是一小块颗粒细腻的棕灰色岩石，里面有很多裂缝。

由很小的石英和正长石构成。没有发现原生的磁铁矿，但含有很少的绿帘石晶体。

微文象构造的物质在压力下变了形，在很多情况下被切成了扁豆状。这些扁豆状有时轮廓线上是不透明的白色物质，似乎是变异的绿帘石。

微文象放射线偏离了它们原来的走向，边沿上的石英颗粒被挤压了，重新构造：这些石英体现出波状消光。长石晶体中的消光体现为不规则的条纹，条纹穿过一个横截面，与晶体的其他部分消光角稍微有所不同。

整块岩石体现出平行结构。

40. 玉木塔格。出自 218 号营地西北 9 英里的一条破碎的岭上。细晶岩。

是橙红色岩石，几乎完全由石英和长石构成。石英中有气泡，还有难以断定的颗粒。长石是正长石、微斜长石和钠长石，长石晶体为半自形构造。

还有些发生了变异的黑云母，被石英磨蚀过，和榍石结合在一起。还有一点磁铁矿。

41. 玉木塔格。219 号营地附近的悬崖（01）。纳闪石花斑岩。

是一块致密的、有节理的蓝黑色石头。

在显微镜下可以看出，石头的主体成分是无色透明的，基本成分中穿插着很多深色的鬃毛般的棱柱体，棱柱体的成分是含铁和镁的矿物。在正交偏光镜之间看时，主体成分分解成了放射形的很小的共生的石英和长石，大概是纳正长石。在这些共生物的中间附近，两种矿物的形状像是细线，有的细得好像球粒般，但在朝外放射的时候就变大了。长石结束后，石英继续伸展，一直到形成了楔形剖面或给整个发育物形成了一条连续的边才结束。

含铁和镁的矿物分成两类，从颜色上就很容易分开，一类是蓝色，另一类几乎是无色的，但稍微带一点绿色。蓝色矿物显然是纳闪石，它的消光角很小，有很强的多向色性：X 蓝色，Y 蓝色，Z 淡黄绿色。淡绿色矿物从种种特征看都像是霓石。

42. 巴依。219 号营地。碧玉和致密长石。

是一小块被磨蚀过的红色碧玉和深灰色致密长石。

碧玉由石英构成，石英中夹杂着很多氧化铁（氧化铁以球形和小颗粒的形式存在）。石头已经角砾岩化了，碎片的宽宽的间隙中填满了石英、绿帘石和小磁铁晶体。这样形成的一块结实的石头又再一次出现了裂缝，又被石英粘连在一起。石英在石头上形成了特别细的纹理，纹理朝各个方向伸展，长度不等，有的一直贯穿了整个剖面。

灰色石头与碧玉区别很明显，是原生的火成物质，后来变形成了如今的物质。尽管这一物质没有碧玉化，但变质也很厉害。这一物质并不完全一样。其大部分是比较一致的晶体很小的成分。其余的成分与此类似，但含有长石的花岗伟晶岩。尽管长石已经完全绢云母化了，或是已经变成了白云母晶体或绿帘石晶体，但在某些情况下，仍保留着钠长石的双晶。

整块黑色石头我们可以不太准确地叫作致密长石。石头上横贯着细纹理，有些纹理穿过致密长石和碧玉。纹理中一般填着石英。但有些形状不太规则也不太直、不太连续的纹理中填的是方解石。

43. 巴依。雌黄石灰石。

这是颗粒特别细腻的石灰石，由极小的方解石小颗粒构成，并贯穿着朝各个方向伸展的细纹理。在这些纹理里面和旁边，方解石构成了镶嵌在一起的晶体。显然，石灰石在形成后角砾岩化了，在某些角砾岩化过程中形成的空隙里，沉积了雌黄。雌黄有时候分布在纹理边上，并朝石头主体中伸出一些突出部。如果纹理特别窄，其中就会填着一串雌黄晶体，而不伴有方解石。在某些地方，雌黄形成了大"串"，似乎取代了方解石。

库鲁克塔格

44. 库鲁克塔格。ccxli 号营地。孔雀石。

是一块带纹理的石头，由粗糙的方解石晶体镶嵌在一起构成，还有石英和孔雀石侵入到方解石中。方解石中含有铁水化合物和一块块石英和孔雀石，但方解石又似乎是在已经沉积下来的孔雀石上发育出来的。孔雀石大多数呈颗粒状，颗粒显然是很小的晶体，但有的地方由球粒状的东西构成了长长的放射形棱柱体。这些棱柱体是多向色性的，X 无色，Y 蓝绿色。

45. 库鲁克塔格。ccxli 号营地（02）。流纹岩。

是一块被磨蚀过的浅红色流纹岩，比重为 2.59。主体成分由石英和长石的小颗粒构成，其中还零星散布着微文象构造的石英和长石，以及破碎和磨蚀过的石英花岗伟晶岩。

微文象的发育很少是球粒形的。大多数情况下，这些发育的形状是由长石决定的，于是发育出了长石的微文象晶体。但有时，发育过程摆脱了这种影响，边上是一条弧形的轮廓线。

没有发现含镁和铁的矿物，磁铁矿很少见，但有大量颗粒状的铁水化合物，岩石的颜色正是来源于铁水化合物。

45a. ccxli 号营地。石英。

46. 孔雀河。ccxlix 号营地（04）。云母片岩。

47. 库鲁克塔格，破城子？（05）。带气泡的流纹岩。

这块岩石约一半都是粗糙的方解石，填满了本来还没有凝固下来的岩浆中曲折的大气泡。另一半本身就含有很多气泡，气泡占的空间比石头本身的物质占的空间还大。气泡的剖面大多数是圆形或椭圆形，有时汇合在一起，偶尔还像在浮石中一样拉长成了平行的长管子。气泡中如今填着石英，有时还有长石，还有的气泡中是方解石或绿泥石，或是这些矿物中的好几种共同出现在一起。石英在与绿泥石同时出现的时候，一般都贴在气泡的壁上，气泡的中间部分则填着绿泥石。当石英和方解石共同出现的时候，石英会占气泡的一半空间，方解石占另一半。气泡周围是一层明确的壁，壁由不透明的白色物质构成。在高倍放大的情况下，看出这一物质是无色透明的颗粒状，折射率很高。

岩浆是由不规则地共生在一起的石英和长石构成的。常可以看到一些玻璃半纯洁的奥长石—钠长石，但没有看到正长石的晶体。

48. 库鲁克塔格，破城子？（08）片状火山集块岩。

由带棱角的火成岩碎片构成，在颗粒特别细腻的填质中散布着孤立的矿物。火成岩中最明显的就是流纹岩，其中包含石英、浑浊的正长石和钠长石花岗伟晶，分布在微嵌晶状（micropoecillitic）的基本物质中。还可以看到一些更基本的物质的残片。零星分布的矿物有安山岩、分解的长石、石英。还可以看到大量云母、绿泥石，以及少量电气石晶体。

岩石曾受过压，在石英中造成了波浪形消光，也产生了某种程度的片状结构。

49. 库鲁克塔格（010）。石灰石。

是致密的几乎白色的石灰石。本来颗粒特别细腻，后来角砾岩化了，又被方解石重新加固，如今方解石构成了粗糙的晶体镶嵌。岩石上贯穿的一些纹理中填着石英，与石英结合在一起的还有一点氧化铁或铁水化合物。石英中包括方解石的小颗粒（说明石英是在溶液中直接沉积下来的），有时石英以孤立晶体的形式出现。

溶解后的残留物包括石英（其样式有带棱角的碎片、晶体、隐晶颗粒）和白云母（其样式为粗糙不平的薄片）。

50. 库鲁克塔格（011）。石英花岗岩。

是晶体特别粗糙的岩石和红色长石。

长石中一部分是带纹路的正长石，一部分是钠长石。和岩石的其余部分一样，长石也受过压，因而钠长石的双晶薄片在某些地方被弯成了规则的弧形。

石英是粗糙的晶体镶嵌，有不规则的缝。石英的消光是波浪形的，石英中有大量一行行气泡。气泡成组出现，各组大致平行，似乎是填补好了的裂缝。这些气泡一直横贯整个石英镶嵌，作为变异线，侵入到了旁边的长石中。这些气泡共有三组。其中有两组比第三组更明显，这两组几乎垂直相交。

唯一的原生云母就是变质的黑云母，具有多向色性：X 淡麦秆黄色；Y 和 Z 深橄榄绿色。还可以看到大量磷灰石和锆石。磷灰石的晶体比较大。锆石出现在黑云母中，周围环绕着淡淡的多向色性光环。

有些晶体变异得很厉害，似乎说明原来有角闪岩，但这一点无法确定。

51. 库鲁克塔格（013）。花岗伟晶岩和红色长石，大概是 50 号的岩枝。

岩石比重为 2.61，红色长石比重为 2.56，钠长石比重为 2.615。

52. 库鲁克塔格 (014)。大理石。

是白色的大理石，纹理像砂糖一般，在溶解后残留下一点残留物。残留物主要是小片的白云母，有时白云母还保留着其典型的晶体形状。其他矿物有磷灰石、锆石和电气石。这块岩石大概和 53 号是一样的，仅有的不同是，此岩石残留物中的云母呈现晶体形状的频率不太高。

53. 库鲁克塔格 (015)。大理石。

一小块橙红色大理石，颗粒像砂糖一般。

是粗糙的方解石，构成方解石的晶体直径从 0.3~1.0 毫米不等，岩石之所以是红色，是因为细小的氧化铁颗粒散布在各处。在高倍放大之后还可以看到其他小颗粒，在很薄的切片中难以判断这些颗粒是什么。但在酸中溶解后，这些颗粒残留了下来。它们中最醒目的是白云母薄片。白云母片太薄了，在集束光中无法得出其轴的数字（axial figure）。这些薄片常常是标准的六边形。薄片中直径最小的是 0.01 毫米，最大的直径有 0.112 毫米。折射率大约是 1.57，比重为 2.715，有时比重还稍高一点。这些没有发生一点变异的完美的形式表明，它们似乎是在原地形成的，但后来我们放弃了这一想法，因为我们发现大量薄片的角是凸圆的，还有的薄片是椭圆形，甚至在很小的薄片中也有椭圆形的。最小的椭圆形薄片长度只有 0.004 毫米。而且，除了云母，还有其他矿物，比如金红石和电气石，它们显然是外来的成分。

所以我们的结论是，云母薄片肯定是风或水携带过来的，沉积在湖里。当我们收集溶解后的残留物时，我们发现，这些云母很容易从较粗糙的物质中分离出来。它们长时间地悬浮在溶液中，如果不小心，很容易在做倾析的时候被倒掉。

有些云母中含有鲜红色的氧化铁或铁水化合物颗粒。有时，这些颗粒排列形成互相平行的线，轴是 a 或 c。

54. 库鲁克塔格 (016)。石英云母片岩。

是有很多细密叶片并很容易分裂的石英片岩，叶片的平面上显然有黑云母。

由石英镶嵌构成。大部分石英特别纯净，有很多气泡。有时则比较浑浊，偶尔还含有一个磷灰石晶体。

黑云母新鲜而纯净，浅棕黄色，具有多向色性：X 从几乎无色到淡麦秆黄色；Y 和 Z 发黄的棕色。黑云母中含有很小的锆石晶体，晶体周围环绕着多向色性的光环。我们观察到的最大的光环半径为 0.0281 毫米。

白云母数量中等。我们也试图寻找长石，但没有找到。

55. 库鲁克塔格（017）。粒玄岩。

成分中有拉长石晶体组成的网络，晶体分别在板状的截面上，有时接近放射状分布。还有无色的透辉石。透辉石出现在大板中（和拉长石结合成纤闪辉绿岩），或是以晶体的形式出现在各层面之间。有时透辉石有双晶，有时一对双晶彼此渗透，形成一种微文象的发育。

透辉石常常构成一个角闪岩晶体的核心；这两种矿物之间的界限很分明，没有彼此反应后的产物。里面不含透辉石的角闪岩很少，甚至没有。角闪岩的形状是（110）、（010）和（100），黄棕色，具有多向色性：X 淡黄色；Y 浅棕色；Z 棕色，消光角为 14°。

含可以看到次生的辉绿岩，出现在间隙中，但看不出原来有橄榄石的迹象。有比较多的磁铁矿。

56. 库鲁克塔格中的阿其克布拉克（01）。纳长英板岩（？）。

是一小块节理紧密的岩石，磨蚀成了棕色，似乎顺着薄片的层面断裂了，具有羽毛般的裂缝。泥铁石中就常有这样的裂缝，本样品就很像泥铁石。它可以融化成一颗黑色珠子。由于含有纳和钾，燃烧时火焰有颜色。进行了定性分析后我们发现了铝、氧化铁和石灰。

在显微镜下，我们观察到了石英，其形状是带棱角的小残片、晶体或凸圆的颗粒；还有长石截面，但似乎常常是各向同性的；此外有方解石或菱铁矿，其形式是发棕色的颗粒，以及结合在一起的菱形六面体。最后还有很小的颗粒，平均长 0.001~0.002 毫米，分布得很广，似乎是一种具有各向同性的物质。为了使切片更纯净，我们用稀释的盐酸进行了处理，除去了所有的方解石或菱铁矿，但并没有影响到这些棕色或赭色的颗粒。

然后我们又用染色试剂处理了切片，试剂将很小的颗粒涂上了很深的颜色，但没有影响到岩石的主体成分。这样，就可以比没有经过处理的切片更清楚地显示岩石的主体成分，它还仍保留着各向同性的特点。

岩石的比重为 2.75。

57. 库鲁克塔格中的辛格尔（01、02）。片状粗砾岩。

是不规则的粗砾岩碎片，其中包括圆形的石英小颗粒。

58. 阿尔皮什莫（2）。石膏。

石膏的劈理薄片。

59. 伊尔托古什布拉克（01）。石膏。

残片，似乎本是一块很大的晶体。

60. 库鲁克塔格中的破城子。粗砾岩石灰石

是红色的石灰石残片，外表很像英国的某些三叠纪粗砾岩。

主要由方解石的小菱形六面体构成，其平均直径为 0.0186 毫米。有几个菱形六面体边上是铁水化合物。铁水化合物也以极小的红色透明颗粒的形式布满整个石头。还零星分布着一些石英残片（既有带棱角的，也有凸圆的）、变异的长石、不透明的变异钛铁矿。

这块岩石在稀释的盐酸中很快溶解，分析了溶液后，我们发现了铝、铁、二氧化锰、石灰和一点氧化镁。没有溶解的残留物中含有铁水化合物、正长石、石英、隐晶颗粒和一点白云母，还有电气石、锆石和金红石晶体。

切片中纵贯着一条比较粗糙的方解石纹理。伴着方解石的是一种纤维状无色矿物，其折射率和香油（balsam）一样，是比较低的双折射，光学上是负数（optically negative）。它很像流纹岩的球粒状物质，但我们手头的数量太少了，无法断定其成分。

61. 库鲁克塔格中的巴克里昌奇布拉克（01~04）。花斑岩。

这些样品特别接近，也许出自同一块岩石的不同部分。对它们我们只需进行一次描述即可。

基本物质中有一小部分是由很小的石英和长石晶体构成的，但岩石的大部分是共生的石英和长石，还有大量典型的阳性（positive）物质球粒。有

些球粒中含有小而长的长石晶体，晶体横在放射形结构中。

有大量正长石和一种斜长石的花岗伟晶（斜长石像是钠长石），有的花岗伟晶还比较大。黑云母由于变异已经成了绿色，呈现为粗糙的薄片或接近霓石长条，散布在整块石头中。

可以看到多向色性的光环，有时环绕着锆石，有时环绕着铁砂的小颗粒。光环的最大半径是 0.0185 毫米。

长石绢云母化得比较厉害，在所有样品中都可以看到一块块次生的白云母，有的样品中还有次生的方解石。

62. 巴克里昌奇布拉克（06、08）。石英花岗岩。

这两个样品以及 07 都很接近，07 没有切割下来。

它们是晶体很粗糙的岩石，主要由半自形构造的钠长石晶体和正长石晶体构成，还有一点微斜长石和一点纹长石。石英大多数分布在间隙中，或像牙齿般出现在长石晶体边上。有时偶尔可以看到一点花岗伟晶岩发育的迹象。

黑云母很少。岩石曾受过比较大的压力，某些成分破裂、错位甚至被压碎了。石英表现出波状消光。在样品 08 中，一个大钠长石晶体中有 6 条大致平行的裂缝，裂缝的方向与薄片双晶的方向基本垂直。顺着所有这些裂缝，大晶体都出现了断层。顺着某些裂缝的晶体已经完全角砾岩化了。

63. 雅丹布拉克。石英。

是两个乳白色的石英晶体，被水磨蚀得很厉害。

64. 库鲁克塔格中的阿尔特梅什布拉克（01）。含钙的粗砾岩。

是分成薄片的灰色粗砾岩，颗粒很细腻，主要由带棱角的石英、正长石和斜长石残片构成，还有次生的带气泡的火山玻璃、黑云母、白云母和绿泥石。含大量方解石。有几个方解石颗粒似乎是原生的，但大部分方解石是次生的，沉积在构成岩石的颗粒之间的空隙中，有时还取代了那些颗粒的位置。

空隙间的另一种物质在反射光下是白色的，在透射光（transmitted light）下是黑色的。它出现在火山玻璃中的气泡边上，还以轮廓清晰的颗粒形式出现。它的颗粒很细腻，颗粒是透明的。整个物质之所以显得不透明，是其结构的缘故。

65. 库鲁克塔格中的阿尔特梅什布拉克（02）。粗砾岩。

是灰色的颗粒细腻的粗砾岩，有不规则的裂缝。主要由带棱角的石英颗粒构成，但还有大量长石（既包括正长石，也有斜长石），大多数长石都很新鲜。有很多白色的不透明颗粒及一些铁砂。次生的方解石也出现了，但不多。基本物质很难分析：它中间散布着很多很小的颗粒，这些颗粒的形状常常像链条一般，大小和形状都像是细菌。它们的折射率比香油高，它们的消光角似乎与横向（length）平行。但这些颗粒太小了，无法分析出成分来。

塔克拉玛干沙漠的南部边缘

66. 喀拉塔什（01）。出自塔依里克土特坎（Tailik-tutkan，位于安迪尔到且末的路上）以西3英里的萨依边的石岭。颗粒细腻的粗砂岩

是颗粒特别细腻的粗砂岩，主要由石英颗粒构成，石英颗粒直径大多在0.004~0.02毫米之间。颗粒分布得特别致密，除了散布的一点绢云母，在常见光下，这块岩石看起来就像是个成分一致的连续带。不时出现几个绢云母化的正长石晶体，还有磁铁矿和黄铁矿晶体。切片中可以看到一两条石英构成的纹理，只有一点次生的方解石。

67. 喀拉塔什（02）。和66号出自同一地点。粗砂岩。

是比较粗糙的粗砂岩，主要由带棱角的石英颗粒构成，也有的石英颗粒是凸圆的。间隙中是比较细腻的成分。可以看到一些绢云母化的长石和新鲜的奥长石，以及次生的方解石、绿泥石和铁水化合物。

68. 伊玛目·贾法尔·萨迪克。在塔克拉玛干沙漠以南（01）。出自依曼加发萨迪克圣陵山的石头中（25.i.1901）。球粒状流纹岩。

这是块结构很不统一的岩石，但其最引人注目的特征是它"流动"的条纹，这些条纹虽然轮廓很清晰，但很不规则。

用正交偏光镜看，可以看到线状结构的条纹，其结构很像是球粒的结构。但这些线不是放射状的，而是和条纹的方向平行的。有时一个条纹中可

以看到很小的扁长的正长石棱柱体，也和条纹方向平行。这些棱柱体以及线的消光角都和长方向上平行，光学符号是阴性的。

在遇到花岗伟晶岩或出块的粗糙物质时，这些条纹绕过它们，或是包围住它们，形成眼。

在这些条纹边上（有时在条纹里面也有），有阴性的小球粒。有些地方有一些外来的大球粒。但这些大球粒很少是球形的，有时顺着条纹"流动"的方向伸成长长的流线形。

此外还可以看到成条或成块的石英（比较粗糙），或是共生的石英和长石。也可以看到正长石、微斜长石和奥长石钠长石的花岗伟晶，这些伟晶有的完整，有的不完整。从花岗伟晶中有时发育出球粒。

没有发现黑云母，但有几块绿帘石。磁铁矿似乎被偶尔出现的黄铁矿晶体所取代了。

69. 伊玛目·贾法尔·萨迪克（02）。流纹岩。

这是块很奇特的岩石。它的成分和前一块样品类似，但很少有球粒状发育。从间隙中玻璃般的基本物质上，可以清晰地看出岩石的"流动"结构，晶体成分都嵌在这一基本物质中。但更奇特的是，这些晶体成分都不完整。石英尤其引人注目，它已经破碎得像是火山灰中的碎玻璃。之所以这样，似乎是因为存在着气泡，或是原生的晶体中包含着小球形的基本物质。有时，一个破碎晶体的各个残片间隔不远，使我们能看出晶体是在原地破碎的。

看起来，岩浆在停止流动之后，正在固态化但仍有可塑性的时候，又运动了起来，之后才凝固下来。

长石和68号中的长石是一种类型，但有比较明确的证据表明，原来有黑云母，如今黑云母已经处在变异的最后阶段了。石头很新鲜，但可以看到一点次生的方解石。

70. 伊玛目·贾法尔·萨迪克（03）。流纹岩。

是由完整晶体构成的、带条纹的岩石，很像花斑岩。岩石的主要部分是大小不一、粗糙程度不一的球粒。石英是在凝固的最后阶段出现的。

71. 米兰（05）。石英角闪片岩。

这块深绿色的片岩主要由石英构成，还有绿色的角闪岩叶片，以及与之结合在一起的棕色黑云母。

角闪岩的多向色性很强：X是淡黄色到几乎无色；Y深绿色；Z发蓝的绿色。其消光角是23°。

黑云母的多向色性也很强：X淡黄色；Y和Z深棕色。黑云母和角闪岩都没有多向色性的光环。

石英中包含钙长石颗粒，在钠长石的平面上产生了双晶。这些颗粒像玻璃一般纯净，如果没有双晶，就很难看到钠长石。

岩石中散布着小磁铁矿晶体，在眼中尤其多。这些眼很多，是石英叶片扩张后形成的。有一个眼的大部分都是由比较大的扁豆状构造的磁铁矿构成的。

这些眼中一般散布着细小的不明矿物的颗粒，还常含有大量磷灰石。

II. 沙

我们把这些沙子样品用90孔、60孔、30孔的筛子过滤后大致进行了物理分析。它们由此可以分成四类：

（1）颗粒小于0.2毫米的。

（2）颗粒在0.2~0.4毫米之间的。

（3）颗粒在0.4~0.7毫米之间的。

（4）颗粒大于0.7毫米的。

我们测量了每一组的体积。并在装了目镜测微计的显微镜下测量了它们的大小。在做物理分析时，我们忽略了聚合体和结核。

我们用索罗斯（Sollas）分离漏斗将这些颗粒分离了开来。并利用溴仿（其比重为2.815）把它们分成三组：

（1）比重大于2.815的，称为重矿物。

（2）比重在2.815和2.60之间的。

（3）比重小于2.815的，称为轻矿物。

在探测成块物质或细粉末中的盐和石膏的时候，我们用了水或盐酸（HCI）来处理，让一滴溶液蒸发，如果存在盐和石膏，其晶体就会残留下来。磁铁矿是用一根磁铁测出来的。

我们把某些比较大的颗粒或卵石放在金刚臼中捣碎，然后用显微镜观察其结构和成分。

矿物颗粒的描述法

所说的消光角是观察到的最大值。当提到多向色性时，先说折射率最大的颜色。

几乎所有的颗粒中都有大量闪石。其颗粒有的是棱柱体类型，一般末端都是破碎的，各面很少结束在一端。有的颗粒几乎是凸圆的。大多数颗粒都有发育很好的劈理：这样的颗粒在聚合光（convergent light）下，会出现一部分负面干涉（a partial negative interference），光轴同劈理相比稍微有点斜。

可以分辨出五个种类：

（1）透闪石。无色，一般有细条纹。消光角 19°。

（2）阳起石。浅绿色。多向色性如下：浅蓝绿色浅绿色到浅橄榄绿色。消光角 19°。

（3）角闪岩。深绿色到蓝绿色。多向色性如下：深绿色到蓝绿色浅绿色到橄榄绿色。消光角 25°。

（4）玄武角闪岩。棕色。多向色性如下：深棕色浅棕色。消光角 10°，不像（1）、（2）、（3）那么常见。

（5）蓝闪石。发蓝的紫色。多向色性如下：蓝色＞紫色。消光角是直的。只在三个样品中能比较少地见到，呈凸圆的棱柱形颗粒。

第（1）类和第（2）类一般更呈棱柱形，不像第（3）、（4）、（5）类那么凸圆。

红柱石比较少见，以凸圆、无色的颗粒形式出现，还夹杂着不规则的黑色物质。有的地方的多向色性如下：无色＞粉色。

磷灰石比较常见，是无色、凸圆的棱柱体和颗粒。

辉石在一些样品中比较常见，呈现为浅绿色、大致凸圆的棱柱状颗粒。辉石不是多向色性的，棱柱体的最大消光角是45°。从有的颗粒得出了部分正向的干扰值。劈理发育得不太好。

在很多样品中都有大量黑云母，有的是很圆的薄片，有的是微有棱角的劈理。双折射率很低，光轴角度不一，但一般接近0°。有的薄片中含针状物，针状物彼此成的角度是60°，在一个薄片中则是30°。"针"朝正向伸长，偏振色（polarization colour）是第一级的灰色，消光角从0°到25°不等。它们大概是闪岩。在几个薄片中，无色的晶体外绕着光环。许多颗粒变白了，其他的则完全变成了绿泥石。

方解石在大部分样品中都比较丰富，是无色的、一般凸圆的劈理薄片，其中有很多可以看到双晶片。

硬绿泥石在一两个样品中比较常见，呈现为微有棱角的劈理薄片。它们表现出典型的多向色性：靛蓝色橄榄绿色。

蓝晶石出现在几个样品中，但都不多。劈理薄片似乎一般是带棱角的，很少是凸圆的，具有典型的光学特征。

绿泥石作为黑云母变异后的产物时比较常见，作为闪石变异后的产物时则不常见。

异剥辉石很少见，呈现为凸圆的棱柱体颗粒，里面含有和棱柱体平行的黑色链状物质。一条光轴几乎是正常的，光轴面与里面包含的物质平行。双折射是阳性的。

白云石只在一个样品（101号）中出现了。那一样品中白云石数量很多，呈现为黄色的劈理颗粒，凸圆的程度不等。颗粒只在热的稀释HCl中可以溶解，溶解时有泡腾（effervescence）现象。在轮廓清晰的劈理薄片中，罕见的光线折射率为1.586和1.60（白云石的折射率是1.588；方解石的折射率是1.567；球菱铁矿的折射率是1.748）。

绿帘石在很多样品中都比较常见，呈现为不规则的、微有棱角的颗粒，其多向色性为黄绿色>淡黄色或无色。偶尔有较小的棱柱形颗粒是很醒目的钢蓝色或黄色，都是偏振色中的第一类。可以看到一条光轴，其弥散

（dispersion）为 ρ>ν。光轴面横贯棱柱，双折射是阴性的。

石膏在一两件样品中很常见，呈现为凸圆的晶体，有的是简单的，有的是双晶的，大小不一。它也以颗粒细腻的结核的形式大量存在于几个样品中。

石榴石出现在几乎所有的样品中，有时形成带棱角的各向同性颗粒，有时是微有棱角的颗粒。这些颗粒一般是无色的，或淡粉色，但有时也可以看到淡褐色的。轮廓线为十二面体晶体的颗粒特别少见。有些颗粒中含有无色的晶体和不规则的黑色物质。

紫苏辉石在一两个样品中很常见，呈现为微有棱角、棱柱体的颗粒，多向色性为绿色>红色。有的颗粒中含有黑色链状物，与绿色振动平行。还含有棕色板片，成行分布，和红色振动平行。

磁铁矿很常见，呈现为黑色有规则的颗粒，其轮廓线常常是八面体。

微斜长石存在于大多数样品中，有的是带棱角的颗粒，有的是凸圆的颗粒。在同一样品中，有的颗粒是纯净的，有的则是浑浊的。

白云母比较常见，有时数量还很多。呈现为凸圆的、破碎的劈理薄片，有时薄片中还含有无色的磷灰石晶体。波状消光很常见，许多颗粒的边已经破碎了，折了上来，这样边沿就体现出比较明亮的偏振色。

正长石在所有样品中都很常见。颗粒有的是带棱角的，有的是凸圆的。同一样品中的颗粒有的是纯净的，有的是浑浊的。

斜长石一般都存在，但从不是很多见的。颗粒有的是带棱角的，有的凸圆；有的纯净，有的浑浊。从消光角和折射率上看，都与奥长石-andesine 有关。

石英在所有样品中都很丰富。其颗粒在凸圆的程度、纯净度以及其中含的物质的数量和形状来看，都呈现出很大的差别。既有简单的颗粒，也有复合的颗粒，波状消光比较常见。

金红石比较少见，只存在于几个样品中。可以分成两类：

（a）黄色棱柱体，末端凸圆，或一端以斜面结束；

（b）赤褐色而凸圆的棱柱体和颗粒。

盐作为黏合剂出现在一两个样品中。

十字石很少见，只出现在几个样品中。颗粒有的是带棱角的，有的微有棱角，从黄色到棕黄色不等。其多向色性如下：黄色或棕黄色无色或淡黄色。有的颗粒很纯净，有的其中含有凸圆无色的晶体，或是不规则的黑色物质。只有很少的颗粒呈现出发育很好的晶体轮廓线。

硅线石很少见，限于几个样品。呈现为纯净、无色的棱柱体，消光是直的，阳性伸长，双折射率很高。

榍石出现在很多样品中，有时数量比较多。其颗粒不规则、无色、微有棱角，得出典型的阳性干扰值，光轴弥散得很强烈。

尖晶石出现在两个样品中，形成带棱角的绿色各向同性颗粒。

电气石出现在很多样品中，但数量从来不大。呈现为多向色性的棱柱形颗粒，棱柱末端一般是凸圆的，有时一端以斜面结束。颜色是浅棕色。有时颗粒里面含有不规则的黑色小物质。

锆石出现在大多数样品中，但数量都很少。常见的类型是纯净无色晶体，末端为简单的金字塔形 {111}。但有几个晶体末端为尖金字塔形 {311}。有的则是把 {111} 和 {311} 结合在一起。也有凸圆、微有棱角的颗粒。许多晶体中含有凸圆的小晶体，还有几个含有长长的管状气泡。有一个晶体有清晰的分区，其双折射率比一般的双折射率低。

样品目录

括号中提到的地点指的是印度帝国高级勋爵（K.C.I.E.）奥雷尔·斯坦因 1900—1901 年、1906—1908 年、1913—1915 年发表的《奥雷尔·斯坦因爵士考察时绘制的中国新疆和甘肃地图》。例如，（7.B4）意思就是第 7 张地图上的 B4 图。

样品按编号大小从 101 号朝下排列。

101. 萨依边上地表砾石底下的土，出自拉尔塔格（7.B4）。

是浅棕色沙子，含有云母和某些不规则的集合体，其大小在 2~3 毫米之间。

物理分析：小于 0.2 毫米　0.2~0.4 毫米　0.4~0.7 毫米　大于 0.7 毫米

92%　　　　　3%　　　　　　3%　　　　　　2%

在重矿物中，白云母和黑云母比较丰富，绿色闪石也很常见。

白云石很丰富，呈现为凸圆的黄色劈理颗粒。白云石仅在此样品中出现过。

较大的颗粒主要是很圆的石英，还有一种不明岩石的特别小的灰色、棕色和黑色颗粒。有几个颗粒是斜长石、绿色闪石、无色的小"针"和黑色不透明的微粒。

集合体由松散的沙粒构成，由盐粘连在一起。

102. 巴楚附近的叶尔羌河床（8.A1）。

是浅灰色沙子，其中有几个大云母薄片，其直径达 1.5 毫米。

物理分析：小于 0.2 毫米　　　0.2~0.4 毫米　　　0.4~0.7 毫米

64%　　　　　　30%　　　　　　6%

重矿物中，磁铁矿、黑云母、白云母和绿色闪石很丰富，石榴石特别常见，无色的榍石也比较常见。

还有很多由特别小的颗粒构成的复合颗粒。

103. 库木塔格北端沙丘上的沙子和碎石。出自 xxiv 号营地以南（8.B1）。

是灰色沙子，含有很多彩色颗粒和不少云母。

物理分析：小于 0.2 毫米　0.2~0.4 毫米　0.4~0.7 毫米　大于 0.7 毫米

40%　　　　　44%　　　　　15%　　　　　1%

在重矿物中，黑云母、白云母和绿色闪石很丰富，石榴石和磁铁矿也很常见。

104. 细粉尘，出自 xxv 号营地东南 5 英里处（8.B2）。

是细腻的黄棕色沙子，含有云母，还有一些长达 20 毫米的不规则的集合体，似乎是绕在芦苇等物上形成的。

物理分析：小于 0.2 毫米　　　0.2~0.4 毫米　　　0.4~0.7 毫米

93%　　　　　　6%　　　　　　1%

石英颗粒都有棱角。黑云母和绿色闪石比较丰富。黑云母呈现为很多薄片，里面含有与薄片平行的针状物。磁铁矿也比较常见。以上为重矿物。

构成集合体的颗粒大的有 0.6 毫米大，小的特别小。但同松散的沙子中相比，集合体中的大颗粒（0.4~0.6 毫米的）比例要大些。将集合体粘连在一起的物质是碳酸钙。有一种矿物只出现在集合体中，那就是蓝晶石，呈现为带棱角的劈理薄片。

105. xxvi 号营地西北 2 英里处的沙丘上的沙子（8.B2）。

是细腻的浅棕色沙子，含有很多带颜色的颗粒，还有几片云母。

物理分析：
小于 0.2 毫米	0.2~0.4 毫米	0.4~0.7 毫米
43%	36%	21%

比较种的部分中是由复合的颗粒构成的。在简单的重矿物颗粒中，白云母、黑云母和绿色闪石很丰富，石榴石、磁铁矿和绿帘石比较常见。

106. 达坂坡上的红色粗沙，出自 xxvii 号营地西北 2 英里处（8.C2）。

浅棕色沙子，含有很多带颜色的颗粒和一些云母。

物理分析：
小于 0.2 毫米	0.2~0.4 毫米	0.4~0.7 毫米	大于 0.7 毫米
89%	5%	5%	1%

有很多复合的颗粒，其中一种细腻岩石的颗粒比较丰富，颗粒中含有不透明的黑色物质。在重物质中，绿色闪石很丰富，黑云母、白云母、磁铁矿、石榴石比较常见。

107. 被磨蚀过的碎石，出自 xxviii 号营地西北 6 英里的谷底地表（8.C2）。

浅棕色沙子，含有很多云母和带颜色的颗粒，还有几个管状集合体（约20 毫米 15 毫米 5 毫米）。

物理分析：
小于 0.2 毫米	0.2~0.4 毫米	0.4~0.7 毫米	大于 0.7 毫米
75%	6%	2%	17%

在重矿物中，黑云母、白云母和绿色闪石很丰富，磁铁矿很常见。

集合体和松散沙子是由同类的颗粒构成的，由碳酸钙粘连在一起。

大于 0.7 毫米的颗粒是由一种复合的岩石的薄片构成的。这种岩石颗粒很细腻，棕色，只有其特别薄的碎片才是透明的。这些薄片有的长达 2 毫米。

108. 一座沙丘底下的红色地方的沙子，出自 xxvii 号营地东南约 3 英里处（8.C2）。

是浅棕色沙子，含有很多带颜色的颗粒、云母片，还含有一种棕色岩石的薄片（薄片长达 7 毫米）。

物理分析：小于　0.2 毫米　0.2~0.4 毫米　0.4~0.7 毫米　大于　0.7 毫米

　　　　　　　75%　　　　　14%　　　　　2%　　　　　　9%

有很多复合的颗粒。在重矿物中，黑云母、白云母、绿色闪石很丰富，石榴石、绿帘石和榍石比较常见。

棕色岩石薄片和样品 107 号中的属于同一类，直径大于 0.7 毫米的部分就是由这种薄片构成的。

109. 风蚀台地上的土，出自 xxvii 号营地东南约 5 英里处（8.C2）。

是特别细的浅灰色粉末，容易集合成小球状。样品中的大部分都是直径不足 0.01 毫米的颗粒，含有很多黑云母。石英、黑云母、方解石和绿色闪石偶尔有带棱角的颗粒，直径达到 0.04 毫米。在做了倾析之后，我们得到了几个直径在 0.3~0.6 毫米直径的颗粒，主要是石英，还有一点黑云母、方解石、绿色闪石、正长石、微斜长石和斜长石。

110. 麻扎塔格的砂岩，出自堡垒底下（13.B4）。

是细腻的棕红色沙子，含有云母，还有几个颗粒直径在 1~2 毫米之间。

物理分析：小于　0.2 毫米　　　0.2~0.4 毫米　　　大于　0.4 毫米

　　　　　　　98%　　　　　　1%　　　　　　　　1%

重矿物中，黑云母、白云母和绿色闪石占多数。

在较大的颗粒中，可以辨认出石英、白云母、石英长石，还有一种颗粒细腻的闪岩片岩。

111. 尼雅遗址 N.III 下游风蚀河岸上的土（19.B1）。

是特别细的浅灰色粉末，含有一些碳酸钙。几乎所有颗粒的直径都不足 0.2 毫米，但有几个黑云母薄片，其最大直径是 0.35 毫米。样品中大量颗粒的直径不足 0.01 毫米。在较大的颗粒中，带棱角的石英居多，黑云母（有的变异了，有的没有变异）、白云母和绿色闪石也比较多。还有很多成分不明的复合颗粒。

112. 亚喀托格拉克（瓦石峡）西边沙丘上的沙子（26.B3）。

是比较圆的、颜色比较多的沙子，含有一些云母。

物理分析：
小于 0.2 毫米	0.2~0.4 毫米	0.4~0.7 毫米	大于 0.7 毫米
31%	22%	46%	1%

引人注目的是，在轻矿物中微斜长石特别多。在重矿物中，绿色闪石很丰富，石榴石和黑云母比较常见。其中有几个黑云母薄片里面含有无色的晶体，晶体外环绕折光环。

还有大量复合的颗粒。

113. 沙丘脚下的粗糙沙子，出自瓦石峡的乌尊查瓦尔（Uzun-chaval）（26.C3）。

很圆的浅棕色沙子，含有大量带颜色的颗粒。

物理分析：
小于 0.2 毫米	0.2~0.4 毫米	0.4~0.7 毫米	大于 0.7 毫米
24%	24%	24%	28%

重矿物中占多数的是石榴石和绿色闪石。黑云母不太常见，但有一个黑云母薄片中含有光环，光环绕在薄片中的无色晶体周围。另外一个薄片中含有彼此成60°角的针状物，针状物的消光角是25°。

比较大的颗粒直径达 1.5 毫米。除了石英和长石，还有很多复合颗粒。

114. 瓦石峡的乌尊查瓦尔沙丘顶上的流沙（26.C3）。

是很圆的浅灰色沙子，含很多带颜色的颗粒。

物理分析：
小于 0.2 毫米	0.2~0.4 毫米
40%	60%

只有几个颗粒直径达到 0.5 毫米。

在重矿物中，绿色闪石很丰富，白云母比较少，不含黑云母。有很多复合颗粒。

115. 萨依边上被风磨蚀的流沙，出自依里克（Yillik）以东（26.D3）。

是很圆的多色沙子。

物理分析：
小于 0.2 毫米	0.2~0.4 毫米	0.4~0.7 毫米	大于 0.7 毫米
8%	6%	17%	69%

大颗粒直径颗粒达到 2 毫米，包括石英、正长石、石灰石，还有很多不明的细小颗粒。

在较小的重颗粒中，黑云母、绿色和无色的闪石都比较多。

116. 沙子，出自米兰 M.XIII 遗址（30.B2）。

浅棕色沙子，含有很多带颜色的颗粒、云母，还有一些小石头直径达 20 毫米。

物理分析：小于 0.2 毫米　0.2~0.4 毫米　0.4~0.7 毫米　大于 0.7 毫米
　　　　　　50%　　　　　20%　　　　　15%　　　　　　15%

较大的颗粒和石块中包括正长石、石英和石灰石，以及颗粒细腻的绿色闪石片，此外还有不明的颗粒。

在重矿物中，黑云母和绿色闪石很丰富。

117. 库鲁克河岸上的沙子，出自楼兰 L.S 遗址东南 1 英里处（29.B3）。

是多种颜色的沙子，含有很多很圆的颗粒。

物理分析：小于 0.2 毫米　0.2~0.4 毫米　0.4~0.7 毫米　大于 0.7 毫米
　　　　　　29%　　　　　11%　　　　　 5%　　　　　　55%

较大的颗粒有的直径达 2 毫米，包括石英、长石、红色和紫色的细密粗砾岩，还有很多颗粒细小的不明颗粒。

在重矿物中，黑云母和绿色闪石很丰富。

118. 从雅丹上取得的沙子，出自库车 cclxi.a 号营地西南 3 英里处（17.D2）。

是多色的沙子，含有很多圆颗粒。

物理分析：小于 0.2 毫米　0.2~0.4 毫米　0.4~0.7 毫米　大于 0.7 毫米
　　　　　　34%　　　　　 7%　　　　　 4%　　　　　　55%

较大的颗粒直径可达 1.5 毫米。

在重矿物中，黑云母和绿色闪石很多，磷灰石也很常见。

在大颗粒中，石英和浑浊的红色长石很常见，包括正长石＋绿色闪石的紫色颗粒、石英＋长石的细腻颗粒，以及许多不明的颗粒。

119. 出自 ccxlviii.a 号营地北—北西约 12 英里处（29.C4）。

是特别细的浅棕色粉末，含有长达 5 毫米的不规则集合体。

物理分析：小于 0.2 毫米 0.2~0.4 毫米 0.4~0.7 毫米 大于 0.7 毫米
　　　　　　　94%　　　　2%　　　　　3%　　　　　1%

细颗粒中包括石膏、碳酸钙。在重矿物中，绿色闪石和黑云母很常见。在较大的颗粒中，有白云母、很圆的石英、浑浊的长石，还有由粉末构成的集合体（由石膏粘连在一起）。

120. 出自 ccxlviii.a 号营地北—北西 8 英里处（29.C4）。

由深棕色、分叉的集合体构成。许多集合体是管状的，长达 10 毫米。此外，还有少量浅棕色沙子，大多数沙粒不足 0.4 毫米，但也含有一两个很圆的大石英颗粒，直径可达 1 毫米。

集合体由棕色沙子构成，和松散沙子中一样，但含更多云母，由碳酸钙和石膏粘连在一起。沙子中包括石英、长石、方解石、黑云母、白云母和闪石。

121. 沙子样品，出自离 xciii 号营地 8.5 英里处（29.D4）。

浅棕色沙子，含大量云母。沙子的大部分颗粒直径都在 0.2~0.5 毫米之间。

重矿物中，黑云母、白云母和绿色闪石很丰富，榍石、石榴石、绿帘石和锆石很常见。有很多复合颗粒。

122. 粗沙，出自楼兰的 L.A 遗址西北 7.5 英里的古代河床上（29.D3）。

是浅棕色细沙，含很多云母。有几个大颗粒直径有 2 毫米。

物理分析：小于 0.2 毫米 0.2~0.4 毫米 0.4~0.7 毫米 大于 0.7 毫米
　　　　　　　80%　　　　8%　　　　　4%　　　　　8%

在重矿物中，黑云母、白云母和绿色闪石很丰富。可以看到几块带棱角的绿色尖晶石。

大颗粒一般都由成分不明的小颗粒构成，但从中可以分辨出石英和浑浊的长石。

123. 粗沙，出自楼兰 L.A 遗址东北 2 英里处（29.D3）。

是多色的沙子，含微带棱角的颗粒和很圆的颗粒，有的可达 5 毫米，还有这样大的集合体。

物理分析：0.2~0.4 毫米　　0.4~0.7 毫米　　大于 0.7 毫米
　　　　　只有几粒　　　　6%　　　　　94%

所有小于 0.4 毫米的颗粒都是石膏，没有发现简单的重矿物。在较大的颗粒中有灰色石灰石，石灰石中含棕色泥土、石英、长石、细腻的石膏、复合颗粒。复合颗粒含微有棱角的石英、正长石、绿色闪石、圆黑云母和白云母，这些物质都由碳酸钙粘连在一起。

124. 雅丹之间的土，出自楼兰堡垒 L.E 东南 4 英里处（29.D3）。

是一种混合物，包括很圆的多种颜色的沙子（直径不足 2 毫米）、不规则的集合体（直径可达 4 毫米），以及石膏晶体和直径达 5 毫米的结核。比较重的颗粒大多数是不透明的，但在压碎后，我们发现其中含有丰富的石榴石，还有一些绿色闪石和绿帘石。有很圆的石灰石、石英、浑浊的正长石、微斜长石和斜长石颗粒，还有石膏结核以及由小颗粒构成的复合颗粒。

集合体由石英颗粒、正长石、斜长石、白云母、新鲜或变异的黑云母以及绿色闪石构成，由石膏粘连在一起。只有很少一点碳酸钙，颗粒直径在0.1毫米以下。

125. 一座 4 英尺高的沙丘脚下的沙子，出自罗布沙漠 xcv 号营地西北 6 英里处（29.D3）。

是多色的沙子，颗粒在 1.5 毫米以下，还有一些云母。

物理分析：小于 0.2 毫米　0.2~0.4 毫米　0.4~0.7 毫米　大于 0.7 毫米
　　　　　32%　　　　5%　　　　　27%　　　　　36%

在重矿物中，黑云母和绿色闪石很丰富，白云母也常见。较大的颗粒很圆，除了很多复合颗粒，还含有石英、红色长石和石灰石。

126. ccxxxix.a 号营地的沙子，取自肖尔区域的边上（32.A3）。

是浅灰色细粉末，小于 0.2 毫米；还含有石膏晶体，可达 2 毫米；此外还有集合体和深灰色圆形颗粒，可达 3 毫米。深灰色颗粒由很小的颗粒构成，成分不明。集合体是粉末颗粒构成的，由石膏粘连在一起。粉末本身只含有很少的碳酸钙，但有丰富的石膏和一些盐。重矿物中主要有黑云母、白云母和绿色闪石。

127. 沙子，出自 ccxl.a 号营地，在恰依奴特湖东北（29.D4）。

包括浅灰色细粉末（颗粒不足 0.2 毫米），还有不规则的集合体（可达 10 毫米长）以及石膏晶体。

石膏晶体中含的粉末太多，以至于已经很不透明了。集合体由粉末构成，石膏将粉末粘连在一起。在重矿物中，黑云母和绿色闪石很丰富，磷灰石比较常见。

128. 沙子，出自 ccxxxviii.a 号营地西南 13 英里处，在阿尔特梅什布拉克以东（32.B3）。

成分有浅灰色细粉末（直径不足 0.2 毫米）、集合体和石膏结核（可达 5 毫米）以及很圆的颗粒（可达 3 毫米）。

集合体由粉末颗粒构成，由石膏粘连在一起。大颗粒包括浑浊的长石和石英，以及很多复合颗粒。有大量无色和绿色的闪石。在重矿物中，黑云母和白云母比较普遍。石膏在细粉末中特别丰富，还有一些盐。

129. 带有石膏和肖尔的土，出自罗布沙漠中的 ciii 号营地东南 8 英里处（32.B3）。

成分有浅灰色细粉末（不足 0.2 毫米）、可达 10 毫米的集合体、磨蚀过的石膏晶体（可长达 30 毫米）、直径在 0.5~5 毫米之间的圆颗粒。

粉末中含有一点碳酸钙，大量石膏和一些盐。在重矿物中，绿色闪石很丰富。

在大颗粒中，除了复合颗粒，还有石英。

130. 库鲁克塔格的萨依上的流沙，取自罗布沙漠 ciii 号营地以东 12.5 英里处（32.C3）。

粗糙、多色的沙子；含很多圆颗粒（直径在 0.7~2 毫米之间），只有很少几个颗粒之间不足 0.7 毫米。还包括不规则的石膏结核，直径可达 5 毫米。

没有简单的重矿物。大多数颗粒都由小颗粒构成，成分不明。但可以看

亚洲腹地考古图记

附 录

出有大量石英，还有一些红色长石和由小颗粒构成的石英岩。

131. 粗沙，出自罗布沙漠 civ 号营地南—南东 3 英里的风蚀谷地中（32.C3）。

是多色的圆沙子，颗粒在 1~4 毫米之间。彩色颗粒比无色颗粒数量多。最多的是一种由小颗粒构成的深灰色或紫色粗砂岩。石英、石英岩和云母结核都很常见。

132. 粗沙，出自羊塔克库都克北—北东 5 英里的植被带（35.A4）。

是粗糙的多色沙子，较小的颗粒很圆，较大的颗粒一般是微带棱角的。

物理分析：0.7 毫米　　　　0.7~5 毫米

　　　　　　2%　　　　　　98%

较小的颗粒一般都是复合的，但也有一些石英、浑浊的长石和方解石。较大的颗粒很多样，含有红色花岗岩（与浑浊的长石结合在一起）、浅绿色的闪石片岩、颗粒细腻的白色石灰石、颗粒细腻的石英和长石、颗粒细腻的红色和紫色石头（含很多长石，放射性同位素<1.536）。

133. 高 25~30 英尺的沙丘链上的沙子，沙丘链横在疏勒河尾闾盆地上，离 cxii 号营地 5 英里（35.C4）。

是多色的圆沙子，不足 1.5 毫米。

物理分析：小于 0.2 毫米　0.2~0.4 毫米　0.4~0.7 毫米　大于 0.7 毫米

　　　　　　　1%　　　　7%　　　　39%　　　　53%

复合颗粒居多。在重矿物中，粉色石榴石很丰富，紫苏辉石、蓝绿色和绿色闪石很常见。

134. 一座高 8 英尺的小山上的沙子，位于疏勒河尾闾盆地中，在拜什托格拉克以东 9 英里处（35.B4）。

是多色的圆沙子，不足 2 毫米。

物理分析：小于 0.2 毫米　0.2~0.4 毫米　0.4~0.7 毫米　大于 0.7 毫米

　　　　　　　13%　　　20%　　　　45%　　　　22%

复合颗粒居多，简单的重矿物很少，但有几个绿色闪石颗粒。长石很丰富。

135. 疏勒河尾闾盆地湿润的潟湖底的沙子，在拜什托格拉克以东 7 英里处（35.B3）。

浅棕色圆沙子，含有很多带颜色的颗粒。

物理分析：小于 0.2 毫米　0.2~0.4 毫米　0.4~0.7 毫米　大于 0.7 毫米
　　　　　　　　13%　　　　40%　　　　42%　　　　　5%

重矿物中，浅色不透明颗粒居多，但绿色闪石、磁铁矿和石榴石也很常见。

136. 粗糙的砾石和沙子，盖在萨依脚下的土壤之上，出自疏勒河尾闾盆地的台地区的北边缘附近，在拜什托格拉克以东 15 英里处（35.C4）。

多色的圆沙子，不足 2 毫米，还有大量微带棱角的小石块（在 5~15 毫米之间）。

物理分析：0.2~0.4 毫米　0.4~0.7 毫米　大于 0.7 毫米
　　　　　　　12%　　　　36%　　　　52%

在重矿物中，没有简单的矿物颗粒。

小石块中包括粉色石榴石、浑浊的长石、颗粒细腻的棕色粗砂岩、颗粒细腻的浅绿色闪石+长石、呈现花斑岩结构的流纹岩。

137.100 英尺高的土山上的沙子层，取自拜什托格拉克以东 14 英里处（35.C4）。

是圆沙子，含有大量浅棕色泥土。泥土覆盖在颗粒外面，有时把颗粒粘连成了比较松散的集合体。颗粒大小在0.7~3 毫米之间，直径在 1~1.5 毫米之间的居多。

沙子中的简单矿物颗粒只有石英、初始化石榴石。泥土中的简单矿物颗粒有石英、长石、云母和方解石。

138. 哈喇浩特西墙沙丘上的沙子（45.C1）。

是多色沙子，较大的颗粒很圆。

物理分析：小于 0.2 毫米　0.2~0.4 毫米　0.4~0.7 毫米　大于 0.7 毫米
　　　　　　　34%　　　　29%　　　　36%　　　　1%

颗粒中多数都是复合的，但重矿物中绿色闪石、白云母和黑云母都比较常见。

139. 沙子，取自哈喇浩特东北约 3 英里处（45.C1）。

是多色的微带棱角的沙子，颗粒不足 3 毫米，还含有分叉的管状集合体。

物理分析：小于 0.2 毫米　0.2~0.4 毫米　0.4~0.7 毫米　大于 0.7 毫米
　　　　　　　　9%　　　　　6%　　　　　　8%　　　　　　77%

在重矿物中，绿色闪石和黑云母很丰富，蓝闪石很引人注目。有很多由细小颗粒构成的复合颗粒。集合体中包括石英（不足 0.2 毫米大）、云母（不足 0.6 毫米大）及很多极小的物质，由碳酸钙粘连在一起。

140. 沙子，取自阿尔皮什莫以南 4 英里的红柳沙堆之间（29.B1）。

是多色沙子，既有圆颗粒，也有带棱角的颗粒，还有很多醒目的红色颗粒。

物理分析：0.2~0.4 毫米　　　0.4~0.7 毫米　　　大于 0.7 毫米
　　　　　　3%　　　　　　13%　　　　　　84%

在重矿物中，磁铁矿很常见。此外，重矿物中只有很少的简单矿物颗粒。在较大的颗粒中，浑浊的红色正长石（微带棱角）、石英和石英岩（有微带棱角的，也有棱角分明的）比较醒目。余下的有几个石灰石颗粒和很多复合颗粒。

141. "基木"土壤样品，出自锡斯坦的达什特依鲁塔克（Dasht-i-Lūtak）南端附近（冲积高原的风蚀地表）（Lūtak.01）。

棕色沙子，含有几块长 3~28 毫米之间的微带棱角的小石块。

物理分析：小于 0.2 毫米　0.2~0.4 毫米　0.4~0.7 毫米　大于 0.7 毫米
　　　　　　13%　　　　45%　　　　　26%　　　　　16%

小石块中包括石英和一种灰色的燧石状岩石。

细物质中含大量碳酸钙和一些石膏。在重矿物中，变异的和没有变异的黑云母和绿色闪石很常见。有很多大小不一的复合颗粒。

142. 沙丘顶流沙，取自正义村下游 13 英里的甘州河右岸（43.D1）。

是颜色不一的沙子，由不足 2 毫米的圆颗粒和微带棱角的颗粒构成。

物理分析：小于 0.2 毫米 0.2~0.4 毫米 0.4~0.7 毫米 大于 0.7 毫米

　　　　　　　60%　　　　30%　　　　7%　　　　　3%

较大的颗粒主要是复合的，含很多石英和一些长石。

比重很高的复合颗粒也和绿色闪石结合在一起。

143. 阔依鲁克托喀依（Koirük-tokai）的车尔臣河附近的沙丘（26.A3）。

各种式样的沙子，较大的颗粒很圆，较小的颗粒微带棱角。

物理分析：小于 0.2 毫米 0.2~0.4 毫米 0.4~0.7 毫米 大于 0.7 毫米

　　　　　　　1%　　　　42%　　　　12%　　　　45%

较大的颗粒主要是石英，还有一些长石，也有很多半透明的复合颗粒。在小颗粒中有很多的石英。长石很多。重矿物以复合颗粒居多，大的绿色闪石、黑云母和白云母也很常见。

144. 沙子样品，取自罗布沙漠中的米兰 M.V 遗址（29.B2）。

浅棕色沙子，有很多各种颜色的颗粒、云母以及小石块。小石块有微带棱角的，有圆的，可达 12 毫米。

物理分析：小于 0.2 毫米 0.2~0.4 毫米 0.4~0.7 毫米 大于 0.7 毫米

　　　　　　　47%　　　　12%　　　　10%　　　　31%

在小石块和大颗粒中有石英、灰色的碎石状岩石、云母片和红色花岗岩。

细小物质中含碳酸钙、石膏。在较重的矿物中，变异和没有变异的黑云母很丰富，绿色闪石也比较丰富。

145. 沙子。出自雅丹带之间的低沙丘，在干河床吉尔迪查以北 2 英里的 R.R.04.1（锡斯坦绿洲以南的沙漠遗址）。

物理分析：0.2~0.4 毫米 0.4~0.7 毫米 大于 0.7 毫米

　　　　　　　6%　　　　54%　　　　40%

有很多复合颗粒，尤其是在重矿物中。黑云母和绿色闪石比较常见。

146. 土丘顶沙子，出自甘肃营盘以东的疙瘩泉子（42.A1）。

棕色细沙，其中的石膏晶体可长达 30 毫米。石膏晶体被风蚀过，含有很多泥土。

物理分析：0.2~0.4毫米　　0.4~0.7毫米　　大于 0.7毫米
　　　　　　　6%　　　　　　14%　　　　　　80%

有很多复合颗粒和不少石膏。在重矿物中，绿色闪石、变异的和没有变异的黑云母都很常见。

147. 印度河床上的沙子，取自豪达尔（Hodar）山谷口。

浅灰色沙子，有很多黑色颗粒和大量有色和无色的云母。

物理分析：小于 0.2毫米　0.2~0.4毫米　0.4~0.7毫米　大于 0.7毫米
　　　　　　17%　　　　47%　　　　27%　　　　9%

重矿物比较有趣。以微带棱角的劈理薄片形式出现的黑云母和白云母居多，但很纯净的紫苏辉石和辉石也很丰富（有的棱角分明，有的微带棱角）。紫苏辉石里面有时含有典型的物质。绿色闪石和磁铁矿很常见。在较大的颗粒中，有的是复合的，有的是简单的。在简单的矿物中，呈现为带棱角的劈理薄片的绿色闪石很醒目。

我们用磁铁分离出一个颗粒，它含有蛇纹岩（?）和磁铁矿，看起来像是分解的橄榄石。

以上这些样品是在很大的一个区域内收集到的，在整体特征上很不同，但在矿物学构成上却大体类似。关于这一物质的最初来源，我们还无法得出任何结论。而且，尽管复合颗粒在样品中占很大比重，但这些颗粒的性质却差别很大，不能说哪一种就属于哪一特定区域。一个例外情况是出自巴楚之南的样品107、108号。在它们中，都出现了一种深棕色的岩石薄片。经过物理分析后我们知道，这些薄片不可能是和沙子的颗粒在同一时候沉积下来的。它们有可能是位于沙子底下的岩石脱屑（desquamation）后的产物。（关于这一结论的意义，见本书第三章第三节——奥雷尔·斯坦因）

通过物理分析我们发现，还有几个样品中也混合了来自两个来源的物质。比如，在样品136号中，我们发现了0.2~2毫米的圆颗粒，还有从5~15毫米的微带棱角的小石块。小颗粒肯定是被风带来的，被风沉积在小石头中。而小石头则是洪水从山上携带下来的。样品137号和136号出自一个地点（都是拜什托格拉克），也包含两种迥异的成分，即 0.7~3 毫米的圆颗粒，和浅棕色的细土。这个样品是"土壤中的一层"，颗粒是在土不断沉积的过程中，暂时汇入土中的。另一类是 126、128、129 号和 144 号这几个样品。它们都既包含 0.5~3 毫米的圆颗粒，也包含直径不足 0.2 毫米的细粉末，粉末中还含有丰富的石膏和一些盐。

此外还有一类中，两种不同成分在性质上有点接近。这一类的代表是样品 117、118、125 号和 143 号。在它们中，既有不足 0.4 毫米的颗粒（有的微带棱角，有的圆），也含有直径在 0.7~2 毫米之间的颗粒。

研究了重矿物的分布后，我们没有得出什么结论。出自各个地点的样品的重矿物中都有大量的绿色闪石、云母和磁铁矿。只有在极为例外的情况下，别的矿物才大量出现，尤其是样品 113 号和 133 号中的石榴石。其他虽极常见但数量都不大的矿物有磷灰石、绿帘石、紫苏辉石、榍石、电气石、锆石、棕色和无色的闪石。变质矿物如蓝晶石、十字石、硅线石和硬绿泥石只在被考察区域的西半部分才有，辉石也是如此。红柱石、金红石、尖晶石、蓝闪石和异剥辉石都很少见。

当然石英是很多的。样品中也都一律有大量的正长石、少量的微斜长石和更少量的斜长石。但在 112 号样品中，微斜长石却很丰富。

只在两个样品（112、113 号）中，观察到了黑云母中的光环，这两个样品都出自瓦石峡地区。

我们对石英颗粒做了大量测量，以便断定被风磨圆的最小限度是多少。完全是圆形的最小颗粒直径是 0.39 毫米，还有很多圆颗粒直径在 0.40~0.45 毫米之间。

沙子中的矿物分布表

数字指的是前面说的样品号码

	石英	正长石	微斜长石	斜长石	黑云母	绿泥石	白云母	方解石	石膏	盐	红柱石	磷灰石	硬绿泥石	蓝晶石	蓝绿石	石榴石	紫苏辉石	磁铁矿	金红石	十字石	硅线石	榍石	尖晶石	电气石	锆石	闪石	浅绿色闪石	深绿色闪石	棕闪石	蓝闪石	辉石	异剥辉石	白云石
101	+	+	+	+	+	+	+	+	·	+	·	+	·	·	+	+	·	·	·	·	·	·	·	·	+	+	+	+	·	+	·	·	+
102	+	+	+	+	+	+	+	·	·	·	+	·	·	+	+	·	+	+	·	+	·	·	+	·	+	+	+	+	·	+	·	+	·
103	+	+	+	+	+	·	+	+	·	·	·	+	·	+	+	·	+	·	·	+	·	·	+	·	+	·	+	+	·	·	+	·	·
104	+	+	+	+	+	+	+	+	·	·	·	+	·	+	+	·	·	·	·	·	·	·	·	·	+	+	+	+	·	·	·	·	·
105	+	+	+	+	+	+	+	+	·	·	·	·	·	·	+	+	·	·	·	·	·	·	·	·	+	+	+	+	·	·	·	·	·
106	+	+	+	+	+	+	+	+	·	·	·	·	·	·	·	·	·	·	·	·	·	·	·	·	+	+	+	+	·	·	·	·	·
107	+	+	+	+	·	+	+	·	·	·	·	·	·	·	·	·	·	·	·	·	·	·	·	·	+	+	+	+	·	·	·	·	·
108	+	+	+	+	·	+	+	·	·	·	·	·	·	·	·	·	+	+	·	+	·	+	·	·	+	+	+	·	·	·	·	+	·
109	+	+	+	+	·	·	+	·	·	·	·	·	·	·	·	·	·	·	·	·	·	·	·	·	+	+	+	+	·	·	·	·	·
110	+	+	+	+	·	+	+	+	·	·	·	·	·	·	·	·	·	·	·	·	·	·	·	·	+	+	+	+	·	·	·	·	·
111	+	+	+	+	+	+	+	·	·	·	·	·	·	·	·	·	·	·	·	·	·	·	·	·	+	+	+	+	·	·	·	·	·
112	+	+	+	+	+	+	+	+	·	·	·	+	·	·	·	+	·	+	·	+	·	+	·	·	+	+	+	+	·	·	·	·	·
113	+	+	+	+	+	·	+	+	·	·	·	·	·	+	·	+	·	·	·	+	·	·	·	·	+	+	·	·	·	+	+	·	·
114	+	+	+	+	·	·	·	·	·	·	·	·	·	·	·	+	·	·	·	·	·	·	·	·	+	+	+	+	·	·	·	·	·
115	+	+	+	+	+	·	+	+	·	·	·	·	·	·	·	·	·	·	·	·	·	·	·	·	+	+	+	+	·	·	·	·	·
116	+	+	+	+	+	+	+	+	·	·	·	+	·	·	·	+	·	+	·	+	·	·	·	·	+	+	+	+	·	·	·	·	·
117	+	+	+	+	+	·	+	·	·	·	·	·	·	·	·	·	·	·	·	·	·	·	·	·	+	+	+	+	·	·	+	·	·
118	+	+	+	+	+	+	+	+	·	·	·	+	·	+	·	+	·	+	·	+	·	·	·	·	+	+	+	·	·	·	·	·	·
119	+	+	+	+	+	+	+	+	·	·	·	·	·	·	·	·	·	·	·	·	·	·	·	·	+	+	·	·	·	·	·	·	·
120	+	+	+	+	+	+	+	+	·	·	·	·	·	·	·	·	·	·	·	·	·	·	·	·	+	+	·	·	·	·	·	·	·
121	+	+	+	+	+	+	+	·	·	·	·	+	·	+	·	+	·	·	·	+	·	·	·	+	+	+	·	·	·	·	·	·	·
122	+	+	+	+	+	+	+	·	·	·	·	·	·	+	·	+	·	+	·	·	·	·	+	+	+	+	·	·	·	+	·	·	·
123	+	+	+	·	+	·	·	·	·	·	·	·	·	·	·	·	·	·	·	·	·	·	·	·	+	+	·	·	·	·	·	·	·
124	+	+	+	+	+	+	+	·	·	·	·	·	·	·	·	·	·	·	·	·	·	·	·	·	+	+	·	·	·	·	·	·	·
125	+	+	+	+	+	+	+	·	·	·	·	·	·	·	·	·	·	·	·	·	·	·	·	·	+	+	·	·	·	·	·	·	·
126	+	+	·	+	+	+	+	·	·	·	·	·	·	·	·	·	·	·	·	·	·	·	·	·	+	+	·	+	·	·	·	·	·
127	+	+	+	·	+	·	+	·	·	·	·	·	·	·	·	·	·	·	·	·	·	·	·	·	+	+	·	·	·	·	·	·	·
128	+	+	+	+	+	·	+	+	·	·	·	·	·	·	·	·	·	·	·	·	·	·	·	·	+	+	·	·	·	·	·	·	·
129	+	+	+	+	+	·	+	+	·	·	·	·	·	·	·	·	·	·	·	·	·	·	·	·	+	+	·	·	·	·	·	·	·
130	+	+	·	·	·	·	+	·	·	·	·	·	·	·	·	·	·	·	·	·	·	·	·	·	·	·	·	·	·	·	·	·	·
131	+	·	·	·	·	·	+	·	·	·	·	·	·	·	·	·	·	·	·	·	·	·	·	·	·	·	·	·	·	·	·	·	·
132	+	·	·	·	·	·	+	·	·	·	·	·	·	·	·	·	·	·	·	·	·	·	·	·	·	·	·	·	·	·	·	·	·
133	+	+	+	+	·	·	+	·	·	·	·	·	·	·	·	·	·	·	·	·	·	·	·	·	+	·	·	·	·	·	·	·	·
134	+	+	+	+	·	·	+	·	·	·	·	·	·	·	·	·	·	·	·	·	·	·	·	·	·	·	·	·	·	·	·	·	·
135	+	+	+	+	·	·	+	·	·	·	·	·	·	·	·	·	·	·	·	·	·	·	·	·	+	+	·	·	·	·	·	·	·
136	·	·	·	·	·	·	+	·	·	·	·	·	·	·	·	·	·	·	·	·	·	·	·	·	+	·	·	·	·	·	·	·	·
137	+	·	·	+	·	·	+	·	·	·	·	·	·	·	·	·	·	·	·	·	·	·	·	·	+	·	·	·	·	·	·	·	·
138	+	+	+	+	·	·		·	·	·	·	·	·	·	·	·	·	·	·	·	·	·	·	·	+	+	·	·	·	·	+	·	·
139	+	+	+	+	·	+	+	·	·	+	·	·	·	·	·	·	·	·	·	·	·	·	·	·	+	+	·	·	·	·	·	·	·
140	+	+	+	·	+	·	+	·	·	·	·	·	·	·	·	·	·	·	·	·	·	·	·	·	+	+	·	·	·	·	·	·	·
141	+	+	·	+	+	·	+	+	·	·	·	·	·	·	·	·	·	·	·	·	·	·	·	·	·	+	·	·	·	·	·	·	·
142	+	+	·	+	+	·	+	·	·	·	·	·	·	·	·	·	·	·	·	·	·	·	·	·	·	+	·	·	·	·	·	·	·
143	+	+	·	+	+	+	+	·	·	·	·	·	·	·	·	·	·	·	·	·	·	·	·	·	·	+	·	·	·	·	·	·	·
144	+	·	·	+	+	·	+	·	·	·	·	·	·	·	·	·	·	·	·	·	·	·	·	·	·	+	·	·	·	·	·	+	·
145	+	·	·	+	+	·	+	+	·	·	·	·	·	·	+	·	·	·	·	·	·	·	·	·	·	+	·	·	·	·	·	·	·
146	+	·	+	+	·	·	+	+	·	·	·	·	·	·	·	·	·	·	·	·	·	·	·	·	·	+	·	·	·	·	·	·	·
147	+	+	+	+	+	·	+	·	·	·	·	·	·	·	+	+	·	·	·	·	·	·	·	·	·	+	+	·	·	·	·	·	·

III. 关于贝壳的笔记

D.F.W.巴登-鲍威尔（艺术学硕士，科学学士）撰写

S.1：巴楚。在 xxvi 号营地以东 3 英里的沙丘中发现。

有四个样品是椎实螺属（Limnaea），接近于林奈制（Lin.）中的耳萝卜螺（L.auricularia）和穆勒（Muller）制中的 L.peregra、拉马克制 intermedia、Ferrusac。有一个样品接近穆勒的沼泽椎实螺（L.palustris）和林奈的静水椎实螺（L.stagnalis）。

S.2：罗布沙漠。取自 xciii 号营地（02~09）。

是椎实螺的样品，接近于耳萝卜螺和 L.peregra。

S.3：罗布沙漠。楼兰 L.D 遗址下方 5 英尺处（031）。

三个样品属于沼泽椎实螺—静水椎实螺系列。一个的螺塔不完整，可能是林奈制中的耳萝卜螺。

S.4：库车。在 cclxia 号营地西南 3 英里的雅丹沙子中发现。

是林奈制中耳萝卜螺的一个破碎贝壳。

S.5：孔雀河。ccxlix 号营地东南 2 英里处。

穆勒制中的 Planorbis albus 和椎实螺，和 S.1 属于同一个亚群（intermediate group）。有大量贝壳都属于扁卷螺（Planorbis）这一种。它们都像是克列辛（Clessin）制中的 P.issik-kulensis，但比那一种露出来的壳阶更多。把大英博物馆收藏的克列辛贝壳与此比较之后，证实了我们的结论。

S.6：孔雀河。在（01）北边 1 英里处。

这三个样品都是林奈制中的耳萝卜螺。可以看到，螺塔伸得很长，这是很不常见的。

S.7：锡斯坦。锡斯坦绿洲南边的沙漠遗址中。

这三个贝壳都属于耳萝卜螺-L.peregra 这一类。口和耳萝卜螺一样宽，

在一个样品中，螺塔比其他两个长。

以上说的这些腹足纲软体动物都生活在静止的或缓慢流动的水中。如今，在中国新疆和甘肃地区及其周围仍生活着这类软体动物。

S.8：和田（0195）。是阿巴斯从和田的塔提上带回来的。

是一个磨损得特别厉害的贝壳，已经无法辨认。它属于笔螺科（Mitridae），大概是山黧豆螺属（Latirus）。

S.9：和田。Badr（0133）。

是磨损比较严重的贝壳，显然属于榧螺属（Oliva），大概是 Carmione 亚属。贝壳不但磨损得很厉害，而且"唇"部和与"唇"相对的部分似乎都打磨过，仿佛是为了悬挂似的。

后两个贝壳似乎都不是衍生化石。它们仿佛都是被人在热带海滩上拾到的，然后带到了这里。

沙子	岩石样品和贝壳	中国新疆和甘肃的地点	沙子	岩石样品和贝壳	中国新疆和甘肃的地点
		巴楚地区			罗布沙漠中的营地
102	1	巴楚	121	(S.2)	xciii 号营地
	2、2a	却克塔格	125		xcv 号营地
101	3	拉尔塔格			ci 号营地
	4	拜勒塔格	129、130		ciii 号营地
103	5	XXIT 号营地	131	7~11	civ 号营地
104		XXV 号营地		(S.3)	楼兰 L.D 遗址
105	(S.1)	XXVI 号营地	117		楼兰 L.S 遗址
106、108、109		XXVII 号营地	124		楼兰 L.F 堡垒
107		XXVIII 号营地（以上五个营地都在巴楚以南的塔克拉玛干沙漠中）	122、123		楼兰 L.A 遗址
		和田地区	118	12	库鲁克河的干河床
	6	和田的麻扎塔格			罗布盆地以东
110		麻扎塔格堡垒		M.	库木库都克西北 8 英里
	(S.8)、S (S.9)	和田	133		拜什托格拉克
		塔克拉玛干沙漠的南部边缘	137		疏勒河
	66、67	喀拉塔什			黑河尾闾
	68~70	依曼恰迪尔萨迪克	142		正义
111		尼雅遗址	146		疙瘩井子（疙瘩泉子）
113、114		瓦石峡		13~15	毛眉
112		瓦石峡的亚喀托格拉克	138、139		哈喇浩特
115		依里克			
116、144		米兰			
143		阔依鲁克托喀依	119、120		ccxlviii 号营地（孔雀河）
		北山	45、(S.5 和 S.6)		ccxlix 号营地（孔雀河）
	16	镜儿泉	56		阿其克布拉克

附　录

沙子	岩石样品和贝壳	中国新疆和甘肃的地点	沙子	岩石样品和贝壳	中国新疆和甘肃的地点
	17~19	明水	57		辛格尔
	20	北山	40~45		库鲁克塔格
	21	煤窝	47		破城子
	22~27	骆驼泉	140	M.58	阿尔皮什莫
	28	大石沟		M.59	伊勒塔尔古其布拉克
	29~31	野马井		61、62	巴克里昌奇布拉克
	32	219 号营地（北山）		M.63	雅丹布拉克
	33	220 号营地（北山）		64、65	阿勒提米什布拉克
	34、35	212 号营地（北山）			
	61	南泉	118	（S.4）	cclxi.a 号营地（库车）
		天山东段	147		印度河
	37~41	玉木塔格			
	42~43	天山下马崖			
132		吐鲁番的雅尔和屯			
		库鲁克塔格			
128		ccxxxviii 号营地			
126		ccxxxix 号营地			锡斯坦
127		ccxl 号营地	145	（S.7）	锡斯坦绿洲南边的沙漠遗址
44、45、45a		ccxli 号营地	141		达什特依鲁塔克

附录 P
出自喀拉霍加的摩尼教羊皮
手稿残件（手稿 Kao.0111）

W.兰茨

哲学博士

语音转写	翻译
tosu］m vuzurγōn	第四大的，
k］ē poδiX̌sor uδ gōh dōrēnd o uδ	占据尊贵①地位的，和
ponzum ōzōδōn kē poδiX̌sor uδ	第五个最尊贵的、有高贵
ōzōδē dōrēnd o o uš ēvēn uδ	地位的。他有着前厅和
.］...būδ ku nuXust Xuδ uβōγ	...，在那里他自己
o］mūstōn uδ frēstōγōn ōX̌ēzēδ	和悲伤的人、使节们一起起居
uδ ō homōγ ōXurōn poδ yok dž̌or	为了所有的客人②，在一年的时
oβēsor mei uδ rōyēn frōz ōvurēδ	间里。
uδ boX̌šc̄hēδ o ko hosōr.....	不停地②把酒和黄油运
murδōXmōn ē b.. ［	到这里，因为，人们...
.. ［	一起....
	...

---

① 参见巴陶罗马《古伊朗语词典》64~65 页，1906 年。
② 采用了安德拉斯（Andreas）的说法。

背面，在小画像的上方是：

…	…
ōēšōn tis nē ōfurδ uδ p [	他们什么也不做，而且…

　　读音：第1、2、6行的填补绝对是正确的。第5行开头少一个字母，然后大概是 א，再往后可以肯定是 ין。在第9行末尾肯定是 וא，然后大概是 ב，还有两个字母的痕迹。在第10行保存下来部分的末尾是 ב，然后是 ו 或 ' ，之后是 ב。第11行有一些字母的残迹，其中只有开头的 א 能辨认出来。元音符号是根据安德拉斯的《基本句子》（*Grundsatzen*）加的。

　　语言：这段话是用西南方言写的。其标志是 פנוזם, אואריה, נכוסת, כור 等，רויין 即"黄油"也是从北伊朗语中借用来的。

　　内容：这个文书是对一次摩尼教仪式的描述，背面的画像①大概就是以图画的形式来表现这个仪式。还保留着几个献祭的人物，他们是按照等级顺序列举的。第一位显然是国王，在往下的两个人从哈吉阿巴德（Hāǧīābādinschr）的题识第5~6行中可以看出来，头衔结束的地方也是 שתלראלאן ואואתאן וצלכאן ובלביתאן，意思是"诸侯、王公、大人物和贵族"。见 E.海兹菲尔德（Herzfeld）的 Paikuli，第1卷，87页，柏林：D.莱默出版社，1924年。

　　אמוסתאן 是"贵族"的意思，见 F.W.K.穆勒编辑的《柏林学院论文集》（*Abh.Berl.Akad.*）364页、367页以下。

---

① 参见图版 LXXVII。

附录 Q
出自喀拉霍加的如尼突厥文手稿残件 Kao.007

威尔海姆·汤姆森校订并翻译

哥本哈根大学教授

奥雷尔·斯坦因爵士在第三次中亚之行中发现了很多文物，其中包括一小块纸手稿残件（编号 Kao.0107，图版 CXXIV），上面写有突厥如尼文。这件文书只有一面写了字，但另一面似乎有画的痕迹，从中可以清楚地看出一两张脸，脸下面是红色的（或绘了红色轮廓线的）衣服。手稿包括一张纸片的左侧（i），只有上面的末端保留了下来。在这张纸片左侧是另一张完整的保存得很好的纸（ii）。与同类性质的文书相比，此文书字体很小，所以有几处地方的字已经模糊不清了。此外，手稿似乎被弄湿过，形成了一些无法弄平的褶皱，使字迹更难以辨认。因此，我释读起来是很困难的，很多地方都不敢肯定。

从形式上看，这些文字和出自塔里木盆地的其他文书是一样的，所以我把 š 和 s^2 区别开来，前者用 i̇ 表示，后者用 l 来表示。残件顶部似乎有一个用较大字体写的标题，但其中只有一个字（d^2）保存得很清楚。该行的下一个字，也就是最后一个字大体能看见，但无法明确地释读出来（我觉得它极有可能是个 q；或者，它会不会是缺了右半边的 z 呢？）。标题的其余部分都已经消失不见了。

从目前来看，文书有 15 行，但第一行除了在纸页 ii 上保留下来最后一个字，都已缺失。文书的最底下撕破了，无法断定朝下还有没有别的行。左侧的那页（i）只保存下来一部分。在这片纸上，前 10 行是用红墨水写的，后 5 行是用黑墨水写的。右侧的纸页（ii）保存得更好些，前 10 行是用黑墨水写的，后 5 行是用红墨水写的。如果最初每页用红墨水和黑墨水写的部分是一般长的，那么每一些本来应该有 20 行。文书显然是摩尼教内容（参见第 14 行的 nuyošäk，第 2 行大概也有这个字），似乎是一个传说故事残件，说的是一个叫 Sinqgur 的王子皈依摩尼教的事。

下面转写了文书中能释读的部分。在只能和后元音并用的字母旁，我加了个小 ^{1}，在只能和前元音并用的字母旁加了个小 ^{2}。[ ] 表示文字已缺失或模糊不清，我提供的释读只是假设。出现在圆括号中的音在手稿中是没有的，但在转写时必须加上。由于别无他法，我只好转写一行，然后在底下翻译一行。

ii

$--d$ [^{2}.]

1     $----] z$

    ?

2   : n (u?)] $roš$ [($ä$) k]: (a) lp: $s^1 in$

    听者   （人名）

3   qu] r: $tigin$: t ($ä$) nr (i)

    名字）   王子   我的神（即我的主）

（i）   4 m: [qt^1.] d^1n^1: $qutin$

] $t^2 m$ [.]   ??

  ?   人名

] r^1: s (a) nun: [.]   5 a: $öünti$: y (a) lb (a) r

称号   恳求（并）请求

    1   2

]: ki [.] ma 6 $tü$: m ($ä$) n (i) n: $äbimä$:

为 我的 房子

] *r*[1] [.] *n*[1]：*i* [.]　　7　*bir*：*nom*：[.] *ül*[2] [.]：*bi*

一个 法律 ? 让

s（*a*）] *ṅun*：*ïn*[1]　　8　*tizün*：*t*[2]（*i*）*p*：*m*（*ä*）*n* [.

（称号）

他写，说。我（?）

] *ïn*（*a*）*l*：*t*[1]（*a*）*r*[1]　　9　*iti*[2]：[..]：［*y*］（*a*）*buz*：*özüm*

人称（?）

?? ? ? ? ????

? 悲惨的? 我自己

]：[.] *r*[1]*γn*[1]　　10　：*uzs*［（*u*）*z*?］：*puγus*：（*a*）*lp*

?? ??

蹩脚的（?）? （人名

] [.]：（*a*）*pa*：　　11　*s*[2]*inqur*：*tigin*：*üčü*

（人名?）

名字） 王子 为了

3　　2　　1

] *sïl*（*ï*）*γ*　　12　*n*：*bit* ［*i*］*d*（*i*）*m*：*q*（*a*）*m*（*u*）*γ*：*b*（*a*）*γ*

我写。 所有 他的

2　　3

] *üg* [.] *us*[1]　　13　*rin*：*birlä*：*ögr*（*ä*）*nč*

? 与，他的教义（?）

1

] *pk*：*ïm*（*a*）*l*　　14　*in*：[.] *ip*：*n*（*u*?）*γoš*（*ä*）*k*：[..

人名

?

? 听者

] *b*[1] [.] *ši* [：] *s*[2]　　15　*i nčä*：*t*[2] [.] --

于是（?）

对第（i）页的注

从这一页的最后几个字中无法看出任何意义。我只想指出一点，saṅun 这个形式就是汉语中"将军"的意思，和叶尼塞题识形式是一样的，而鄂尔浑河题识中把这个称号写作 säṅün。第 12 行中的 sïlïɣ，和 Qutadɣu Bilig 中的同一形式的那个词大概是同一个词，而叶尼塞题识和鄂尔浑河题识写的都是 silik，意思是"洁净的"。在第 9 行和 14 行中都出现了人名 Ïnal，在第 9 行中这个人名后面是称号 tar［qan］。

对第（ii）页的注

第 2 行：n（u?）ɣoš（ä）k 是个起源于粟特文的大家熟知的摩尼教用语，意思是"听者，听众"。

第 4 行：［qt¹.］d¹n¹ 大概是个人名。

第 7 行：nom 后面的词似乎是 törü，但这样又似乎解释不通。

第 9 行到第 10 行意思很不清楚。

附录 R

对图版 CXXX~CXXXIII 中的吐蕃文题识所做的笔记

F.W.托马斯

艺术学硕士，哲学博士，F.B.A.，牛津大学波登（Boden）梵文教授

图版 CXXX

1. M.xiv.3 木简。约 9 厘米×2 厘米。第一行是常见的杜布坎（Dbu-can）字体，已经被抹去了一部分。是一个官员探访时用的卡片或身份片。

［1］⌒：tsḥar·dp［o］n｜Paṅ.Kuḥ：tshan·｜

［2］（只能辨认出一点）phra（？）

大意是：Paṅ Kuḥ-tshan 是 tshar 的头领。

tshar 是团或区下面的次一级划分单位（《皇家亚洲学协会杂志》，829页，1927 年）。

2. M.Tagh.083 木条。似乎是一支笔，约 17.5 厘米×0.75 厘米。卷起来的绳子似乎是作提手用的。

3. M.xiv.5 木简。约 1 厘米×1.3 厘米，削过（以便当笔用?），字迹已经磨光了一部分，类似上面的 1 号。

…：cho·lṅa：thun：gyi：rtse｜ni｜my［el·tse］

背面：gs·la｜mtshan：na：my［i］·blta｜ñ［i］n：na·dud

意思是：15 号观察顶（瞭望塔）的守兵。晚上看不见，白天…。

4. M.xiv.1 木简。完整，约 8.5 厘米×1.6 厘米，有一行字，已磨光了一部分。

Krelkr〔iḥ.背面：⌒｜yu〔1〕·rigs

Kre-kriḥ显然是个名字。*yul-rigs*（在别的地方写作 *zigs*）是"知道（或看到）某一地方情况的人"，应该是指"测量员"或"间谍"。

5. M.xiv.2　**木简**。完整，约 9 厘米×1.6 厘米，右侧有个绳孔，是常见的杜布坎字体。

⌒：Lha·goṅ｜

是个名字。

6. M.xiv.4　**木简**。完整，约 7 厘米×2 厘米，是常见的杜布坎字体。

⌒ Żar·cuṅ｜

是个名字。

7. M.Tagh.0281　**木简残件**。约 11 厘米×2 厘米，缠绕的绳子不知有何用途。是常见的杜布坎字体。

⌒‖khums·śig·‖bde·bar·s〔n〕o（应该是 son）〔ste〕

背面：brtsis·kyi·phyi·mo·dgu·dgu·brgyad·〔bgug〕（boug?）

意思是：注意（或应该执行）。快乐地离开。

背面意思是：根据点名，9，9，8。

8. M.Tagh.0616　**木简**。完整，约 13 厘米×1.5 厘米，是常见的杜布坎字体，磨光了一部分。

⌒‖Yel·rab·gyi·sde｜Lo·〔L〕egs·sroṅ

意思是：Yel-rab 团（或区）的 Lo Legs-sroṅ。

9. M.Tagh.0522　**木简**。完整，约 13 厘米×2 厘米，有两行常见的杜布坎字体，磨光了一部分。

〔1〕⌒｜：｜Ṅam·ru·pagi·rtse·rt〔i〕ṅ〔n〕on·gyi Śo

〔2〕rtsaṅ·ḥgram·gyi·so·pa｜…

"Ṅam-ru-pagi-rtse-rtiṅ-non 团（或区）下属的 Śo-rtsaṅ-ḥgram 的士兵…"

Rtiṅ-non 似乎在别的地方曾出现过，有可能是"殿后人员"的意思。

10. M.Tagh.0332 木简。大体完整，约 10 厘米×1.75 厘米，上面有一行常见的杜布坎字体。

⌣ | | Dags：po：[s] d [e] | s [o]：Khlu：rton

意思是：Dags-po 团（或区）的士兵 Khlu-rton。

11. M.Tagh.0524 木简。左侧缺失，约 16 厘米×1 厘米，有一行常见的杜布坎字体。

taha | gyu · m [o]：tshugs | ñ [i] s | par：ban

残破不全，无法释读。

12. M.Tagh.0383 木简。完整，约 12 厘米×2 厘米，有一行常见的杜布坎字体。

⌣ | . | Ṅam · ru · pag · ḥbyi（是 gyi？）· so

意思是：Ṅam-ru-pag [团] 的士兵...

13. M.Tagh.0382 木简。可能是完整的，约 14 厘米×1.75 厘米，有两行常见的杜布坎字。

[1] ⌣ | Khri · goms · gyi · sde ·Ḥol · god · byaṅ · bza [ṅ] s

[2] n...yaṅ · g [ch] ogs · te · so

背面：...l · myi · bthus | |

意思是：Khri-goms 团（或区）Ḥol-god-byaṅ-bzaṅ（可能也是一个团的名字？）..也在集合，士兵....没有到。*Khri-goms* 大概写错了，可能本应该是 *Khri-boms*，见《皇家亚洲学协会杂志》，1927 年，第 823 页。

14. M.Tagh.0343 木简。完整，约 13 厘米×2 厘米，有一行常见的杜布坎字体的藏文。

⌣ | ： | Maṅ · khar · sde · lā |

意思是：给 Maṅ-khar 团（或区）。

15. M.Tagh.0564 木简。削掉了一部分，以便作符木（？）。约 14 厘米×2 厘米，有一行常见的杜布坎字体吐蕃文。

[1] ⌣ ‖ Mṅaḥ · ris · byin · kyi

[2] rtse

是个地名，意思是：Mṅaḥ-ris-byin（两个前哨）的顶峰（的塔?）。

16. M.Tagh.0290　木简。不完整，约 6 厘米×2 厘米，有三行常见的杜布坎字体吐蕃文，磨光了一部分。

[1] ⌣: ǀ mkhyen chuṅ （rgyaṅ?）· skyuṅ · -e

[2]　 sbe（se?）· de · glo · ba · rab · tu · dga ·żiṅ · m..

[3]　 sbyen · ǀ zer · na · g-· dor · snan

背面：[1] ⌣ · ǀ jo · co · Skyi · bz̀er · [la]

[2] sñun · gsol ·żiṅ · mchis · so

[3] [r] · du · gsol · lo · de ·ḥi · slad

文书的开头在背面，是一封给名叫 Skyi-bz̀er 的 Jo-co（即 Coĵhbo 或地方长官的意思）的信。信的开头是常见的问候对方健康状况的套语（sñun-gsol）。写信人因某事而很高兴（glo-ba-rab-tu-dga），但从残件上却无法看出此事是什么。

17. M.Tagh.0356　木简。右侧残缺，约 16 厘米×2.5 厘米，有两行常见的杜布坎字体吐蕃文，磨光了一部分。

[1] ⌣ǀ : ǀ [jo] · co ·Ḥbliḥ（?）· [sgra] · la ‖ Rmaṅ · La · sky [e] s · ky [i] · mch [i] d · *gsol* · ba

[2] sku · rin · po · ce · la · sñun · tug · gis · ḥo · ma · brgyal · te · cha

背面：[1] ṅan · pa · smon · pa · bz̀in · te · glo · baḥ · dgaḥ · bdag · g...

　　　[2] daṅ · yan ·z̀al · mjal · te · glo · baḥ · gchags ǀ sṅa · slad · kyi

意思是：Rmaṅ L [h] a-skyes 呈给 Jo · co（官员）Ḥbliḥ-sgra 的一封请求信。您忠诚的仆从祝您的玉体不受疾病侵扰，那样他才会快乐...我内心急于与您见面。从 [您] 以前和后来的 [信]...

18. M.Tagh.0280　木简。有缺口，约 13 厘米×1.5 厘米，写有一行常见的杜布坎字体吐蕃文。

⌒｜：｜Yar・skyeṅ・gi・s［d］e・spun・Drug・legs

意思是：莎车团（或区）的 Drug-legs。

19. M.Tagh.0610　木简。左侧削掉了，约 22 厘米×2 厘米，写有两行工整的杜布坎字体吐蕃文，行之间还添写了小字。

［1］... ［b］żin：du：mchir：ma：bthub：laḥ‖chad・kyi：tus・kar・bo ［s］・żo（i?）ṅ：｜rkog

［2］..er・ni・myi・gnaṅo‖lo・phyed・tshun・chad・kyis・bdzer

行之间：dkoḥ・ñal・śe・dag・byas・pas｜de・ltar・myi・bde

背面：两行磨光的字。

意思是：如果你不能依照...按时到来，是不准许的。半年...

特别懒惰，那是不好的。

20. M.Tagh.0205　木简。残缺不全，约 7 厘米×2.5 厘米，是一块双层板的顶部，有一个放泥印封的小孔。

正面：只有收信人前面标的那个表示吉利的符号能辨认出来。

背面：［1］⌒‖Naṅ・rje・po・Ḥp（g?）rul...

［2］［bd］ag・ṅan・pa・［śu］gs・［dm］。

［3］bzaṅ・yaṅ・sñun・slar...

呈给内务大臣 Ḥphrul...您忠诚的仆人...力量...健康...其次...

21. M.Tagh.0256　木简。似乎削掉了，以便做成一支笔，约 25 厘米×1.5 厘米，有一行潦草的字，大概是杜布坎字体后来的变体。

22. M.Tagh.0617　木简。凿了缺口，以便作符木用，约 24 厘米×2 厘米。

正面：一些不清楚的字。

背面：blon｜Mdo｜bzaṅ・［la］

意思是：给参赞 Mdo-bzaṅ。

23. M.Tagh.0238　木简。有个绳子孔，大约 10 厘米×2.5 厘米。有两行常见的杜布坎字体吐蕃文，磨光了一部分。

正面:...［s］·lo·dres（res?）·pa·bcu

背面：〜‖ Li·Seṅ·ge ‖

正面的意思是：年岁加起来（?）是 10 岁。

背面的意思是：和田人 Seṅ-ge。

24. Khad.032　木简。大概是完整的，约 18 厘米×2 厘米，有一行很娇揉造作的杜布坎字体吐蕃文，磨光了一部分。

〜｜ : ri·skyal.ba·tsa | rtiṅ·non·［tshun·chad·］bcu·bdun·tsam·mchis

意思是"守山的人....殿后者来了约 17 个"。

25. M.Tagh.0344　木简。完整，约 9.5 厘米×2 厘米。写有两行常见的杜布坎字体吐蕃文，磨光了一部分。

［1］〜｜ : | Li：Byi：deḥi：nas：bre..-ca（-tsa?）

［2］bch［u］·gse（gol?）：chad:..s［t］e

意思是：和田人 Byi-de 的大麦 bre...十...

26. Khad.037　木简。大体完整，约 20.5 厘米×2厘米，有三行写得很斜的杜布坎字体吐蕃文，磨光了一部分。

［1］〜｜ · | Śiṅ·ṅan·nas·chas·phan·chad·dro·dgoṅs·lta·［bu］·chu·mgur·［dma·ṅ］.....［sca］

［2］glo·snar·thub·par·thob·la·mtshan·yaṅ·rkaṅ·ra·dmadu·gzu［g］s·ñin......

［3］par·bcad·de·so·sas（sṅas?）·kyis·bcah·ba·daṅ·dgras·［z］in·［slebs?］...

背面有三行字，大多已磨光，只能看到零星几个字（第三行是：sres·tshun·chad·dpuṅ·sl...par·mchi）。

信中说的是从Śiñśan（麻扎塔格？）来时途中的事，说了晚上和白天都做什么，还提到有某物被敌人夺去了。

27. M.Tagh.0252　木简残件。约 8 厘米×2.5 厘米，有两行常见的杜布坎字体吐蕃文。

［1］ ～ ‖ Dge・bzaṅ・gis・draṅs…

［2］　　　　yaṅ

意思是：由 Dge・bzaṅ 来运送。

28. Khad.034　木简。缺失了一部分，约 22.5 厘米×3 厘米，有三行常见的杜布坎字体吐蕃文，磨光了一部分。

［1］.. ［s］...la ‖ Legs・kyi・［m］chid・gsol・baḥ | bar・du・sug［s・pad］

［2］ mchid・yige・las・sñun・gsol・ziṅ・mchis・na・| ḥdrul・baḥi・ḥdabs

［3］ stsal・bar・ci・gnaṅ | bdag・ṅan・pas・rṅo・thog・paḥi・ẓoḥ・［śa・ḥ］…

背面：

［1］ cig・kyaṅ・ma・mchis・par・brtag・tu・rgyags・brtsaṅs・pa・klo・ba・rab・tu・dgaḥ

［2］ ẓin・mchis・ḥon・［c］o・［j］o・［lta・ci］g…| da・slan・cad・gyaṅ・brtag・tu・-igs

［3］..... slan・gyis・ḥo・myi・brgyal・bar・rta（g）・t［u］・［smon］・lam・gsol…

意思是：Legs 呈给……的请求信。由于我急于知道您的健康状况，请回函。尽管所捐物还没有到来，您卑微的仆人仍十分高兴物资能经常运来。他祝［您］今后远离烦恼。

图版 CXXXI

1. K.K.v.b.012.b　是一页纸。左侧残破不全，约27.5 厘米×10 厘米。有 8 行优美的杜布枚德（Dbu-med）字体吐蕃文，背面是 8 行同样字体的吐蕃文。

显然是对某个作品的评论，被评论的作品说的是誓言和密教仪式的事。

第 1 行：| ḫdir · żes · pa · la · sogs · las · ni · de · lta · buḫi · bsad · pa · de · ñid ·ḫgal · ba · med · par · luṅ · gis · bsgrub · paḫo ‖

第 2 行：| nam · khaḫi · dbyiṅs · kyaṅ（= ākāśa-dhātu, api）·żes · pa · la · sogs...

第 5 行：| ḫkhor · loḫi · dkyil · ḫkhor · ni · rdo · rje · ḫchaṅ · chen · po（= saṃsāra, cakra, vajra-dhara-mahā）。

2. M.Tagh.0430　1 页纸文书。左侧残缺不全，约21 厘米×19.5 厘米，有 17 行常见的杜布坎书信体吐蕃文。

此信转写如下：

[1]..laḫ ‖ Gsas | sroṅ | gyis | mchid：gsol | ba：thugs | bde |

[2].. [m] chid | yig | [gi] s | sñun | gsol | żiṅ | mchis | na | ḫdrul | ba | las

[3]..par | ci | gnaṅ | bdag | ṅan | yan | sug | las | ko：śiñ | dpyad |

[4].. | mchis | bdag | pyid | zla | ḫbriṅ | po：la | mchis | de：deḫi：bar | du | ni |

[5]..Ḫp [h] an | to | re | Khrom | zigs | dag | la | yañ | noṅ | żo | mchis

[6]..-u | dvag（Rbeg?）|ḫa | yaṅ | noṅ：żo | ma：mchis | rma | sbyin | gi：rta | bro...

[7].. [s] | ma | mchis | Ko | bdag：ni（?）| smas | pa | las：sos：śiñ：mchis | mchi

[8]..1：pha：Lha：zigs | sku：skyol | du | mchis | de | rmas | ma：[thod] | yul | nva | nod（noṅ?）

[9].. ［m］chis｜yul｜du：yaṅ｜rñiṅ｜chen：mchi｜ba｜la：bdag：gis：jo：cho：daṅ｜

[10].ẑiṅ｜mchis｜mchid｜yigi：ḫdis｜sñun｜du｜gsold｜slan｜chad｜thugs

[11].ẑal：myur｜du｜mthoṅ｜bar｜smon‖Khri：sña｜la｜Gsas｜sroṅ｜gi

[12]..bde・［｜ẖam］・myi・dbe（*sic*）yigi：las｜sñun｜gsol｜ẑi（ṅ）：mchis｜mchid｜yigi

[13]..slan：chad｜thugs：rtag｜tu：bde……［gsol］｜bar｜smon｜｜

[14]..kyaṅ［：mjald te］｜［gnad..skyu.bẑin・daṅ｜（?）］sṅ［o］n・chad・［s］kya：lugs・chi｜［?］mchis：pa：bẑin

[15]..skyald・paẖi・zla・la・brdzaṅ・ṅo｜khyi・gu・（ẑi）①・gñis・mchis・pa・las・gaṅ・che・ẑẑiṅ・bzaṅ・ba・d－－

[16].._htsal・bar・dom・ste・gchig｜Ṅam・ru・pag・ẖam・so・la・ẖdrul・bzaṅ・po・brtags・pa・ẑig

[17]..daṅ・mjug・pa・ma・［s］ad・par・skur・chig‖

Gsas-sroṅ呈给…的一封请求信。很高兴…通过信件来问候您。通过信…惠顾。我，您卑微的仆人，正在专心于工作中。

我是在仲春时节来的。在那之前,…Hphan-to-re 和 Khrom-zigs 都病了。Rbeg-ha 没有生病。Rma-sbyin 的马（或者应该是"一匹受伤的马"）的病…不是…我本人的伤已经痊愈了…Lha-zigs 的身体受到了危险（?），在先头（?）部队中受了伤。

我是………我的主：这封信是为了询问您的健康状况。我祝愿…快乐，并能很快见到您。

---

① zi 这个字划掉了，它本来是下一个词 *gñis* 所对应的汉字。大概写信的是个汉人，或者习惯于用汉字。

Gsas-sroṅ....发给 Khri-sña 的信。我写信是为了询问您的健康，不知您快乐与否。通过信...。我祝您将来永远快乐....按照....和以前对收成的做法...也来了，应该在忙月运来。选取两条大而好的小犬...送过去。送到了 Ṅam-ru-pag 或那个士兵那里，还有一件大文书，上面有个标记...尾巴没有...

3. M.Tagh.0436　1 张纸页。是完整的文书，约 27 厘米×6.5 厘米，有四行常见的书信体杜布坎字体文书。

此信内容如下：

［1］～ | : | tsha | bo | Btshan | ra ‖ daṅ | tsha | mo | Lha | ldem | staṅs | bsal · bya① ‖ La | Stag | brla | h̲i | mchid | gsol | ba | phyog

［2］s | su | tugs | bde | h̲am | myi | bde | mchid | yi · ge | las | sñun | gsol | z̲iṅ | mchis | na | h̲drul | ba | la | bag

［3］h̲sad | par | gsol | mchid · yi | ge | h̲di | gsol | na（?）| slan | chad | pyogsu | thug | bde | ba | daṅ | noṅ | z̲o |

［4］mchid | par | na | smon | chiṅ | mchis | |

大意：L (h) a Stag-brla 给孙子 Btshan-ra 和孙女 Lha-ldem（*staṅs-bsal-bya*?）的信。通过这封短信，我只是想探询一下你们身体如何，快乐与否。祝你们未来快乐健康。

我注意到，在文书中有好几封信都是写给"孙子"（*tsha-bo*）的。看来，这大概只是个礼貌用语。

图版 CXXXII

1. E.G.023.jj　纸文书。约 18 厘米×8 厘米，有六行常见的杜布坎字体吐蕃文。背面（实际上是正面）是六行同样字体的文字。

残件告诉人们怎样施行某个符咒。这个符咒能使水在干沟中流淌，枯木上长出叶子，不育的人生出孩子，等等。主要是用诗体写的：

第 2～3 行：gcig · gi · rjes · su · gcig · hoṅ · na |

----

① 是在字行底下加上去的。

klun · skam · las · kyan · chu · rgyun · ḥbab ǀ

śi [n] · skam · las · kyan · lo · ḥdab · rgyas ǀ

bu · tsha · med · p̈①na · bu · thob · ḥgyur ǀ

背面是该文的前一部分，提到了一个 *mo* 或掷骰子（？）的事。关于释读的方式，见 A.H.弗兰科教授的文章，该文发表在柏林科学院《会议纪要》（*Sitzungsberichte*）哲学—人文学科类（Phil.-Hist Klasse）上，1924 年，第 10~12 页。

2. E.G.023.aa　纸页。页码为 14，约 19 厘米×8.5 厘米，有 7 行优美、规范的杜布坎体吐蕃文。背面（实际上是正面）是一样字体的字。

文书内容是解释一个能给人带来运气的 *mo*，无人能见到它。

第 2~3 行：ǀ khyod · ci · byas · tshabs · su · ḥgro · bar · ḥdug ǀ khyim · cha · don · cha · bzan ǀ mo · ḥdi · mi · la · ma · bśad · sñin · la · ḥtshons

背面是该文的前一部分。

3. K.K.v.b.031.h　纸页。约 14.5 厘米×11 厘米。两个同心圆环环绕着一朵四瓣花，花心是圆的。在花的五个封闭部分中是很小的杜布枚德字体吐蕃文。花外左边有两行字，右边有一条短语，也是用杜布枚德字体写的。背面是类似的花。与此相连的一张纸页上有 9+8 行文字。

此物是一张护身符，花里面是对神的祈祷，外面是一条指令，大意说这件文书应该带在身上。

中间：[1]'Oṃ · maṃ · maṃ [2] nga · la · ' a · yu · [3] me · yon · su · sdu · ' an [4] dzi · dha · ra · ma · ma · sid · dha · [5] sa · rba · gsol · cig · [6] sā · ha [= Oṃmangala āyur me yonsu · sdu: añji dhara（？）mama siddha sarva gsol · cig: svāhā].

顶部：[1]' ōṃ: [2] ōṃ · ' a · tsa · la · nga · du [3] bhad · tra · bdag · la · dnos · grub · thaṃ [s · ca] d [4] gsol · I · sa · ha

① aksara 的特点就是省略。

［＝ōṃ āṃ acalāṅga（？）du bhadra bdag・la・dṅos・grub・thams・cad（sarvasiddhi）・gsolI.svāhā］.

左侧：［1］'ōṃ ［2］'a（？）・'In・tra・ni・la・bhad・tra・［3］'an・dzi・dhi・ra・ma・ma・si・ti・thaṃ［s・ca］d・［4］gsol・ḥdi・sā・ha［＝ōṃ hā Indranīla bhadra añji（？）dhīra（dhara？）mama siddhi thams・cad・gsol・ḥdi｜svāhā］.

底部：［1］'ōṃ ［2］tsaṅ・ma・ḥdu・tra・ma・dha・ra・［3］bhad・tra・'an・dzi・dha・ra・ma・ma［4］sa・rba・si・ti・gsol・I・［5］sa・ha［＝ōṃ tsaṅ mad（？）uttama dhara bhadra āñji（？）dhara mama sarva siddhi gsol I.svāhā］.

右边：［1］'ōṃ・［2］ta・tvad・bha・ba・dza・ka・ta・［3］bhad・tra・'an・dzi・dha・ra・bdag・［4］la・dṅos・grub・thaṃ［s・ca］d・gsol・I・［5］sa・ha［＝ōṃ tattva bhava jagad bhadra añji（？）dhara bdag・la・dṅos・grub・thams・cad（sarvasiddhi）gsol I.svāhā］.

左边：［1］lus・la・ḥchaṅ・paḥi・ḥkhor・lo・yin・phyi・sman・lo（mo？）lṅa・［2］naṅ・rig・pa・ḥdzin・paḥi・lha・mo｜｜gsaṅ pa［＝戴在身上的曼茶罗：此后五年内有吉祥效用：生而知之的女神。秘密］

右边：dar・kaṅ

所附纸页上的文字是一个 bla-ma（宗师）的预言和仪式指令。

4. K.K.V.b.012.c 纸页。页码为 5，约 18 厘米×9.5 厘米。写有 10 行工整的杜布枚德字体吐蕃文，上下是用小字作的注。背面与正面类似。

内容是关于医药方面的。

开头：sman・rnaṃs・btaṅ・yaṅ・sman・rtags・lṅa｜

lhag・par・skoms・dad・che・ba・ni｜｜

ḥtshoḥ・lṅa（？）・mi（？）..［2］ḥgyud・ḥchiḥ・bar・ḥgyur｜｜

ḥchi：ba・brtag・paḥo ‖

背面是该文的前一部分。‖ ǀ

5. K.K.v.b.07.d　纸文书。约 33 厘米×10 厘米，右侧残缺不全。有 5 行工整的杜布枚德字体吐蕃文，行与行之间是很小的注释。背面有 5 行字，是该文的前一部分，也有了类似的注释。

大意是，一首名叫 *Rdo-rjeḥi-glu*（*Vajra-gītā*）的歌安慰了悲伤的佛。但文中的歌似乎并不是已知的任何以此命名的歌。

开头：ḥdir・mthar・bcom・ldan・ḥdas・śin・tu・hjuṅs・par・mchog・

tu・bdeḥ・ba・chen・po・ḥi・ro・gcig・du・ldan・pas・rig・

ma・daṅ・lhan・cig・du・żu・ba・las・sa・bon・gyi・gzugs・

su・cher・yid・mi・bdeḥ・ba・thob・ste ‖ śin・tu・mya・ṅan・

kyis・gduṅs・ste ‖ bcom・ldan・ḥdas・kyi・thugs・sad・par・

byed・pa・ḥi・Rdo・rje・ḥi・glu・tiṅ・ḥdzin・spaṅs・nas・su ‖

ǀ bdeḥ・chen・ḥdod・nas・bdag・la・sbyor ‖

ǀ khyod・ma・bżugs・na・bdag・ḥgum・pas ‖

ǀ ḥdod・pa・ḥi・ḥjig・rten・sñan・mnan・nas ‖

ǀ gtso・bo・ci・phyir・stoṅ・ñid・bżugs ‖

6. K.K.v.b.07.f　纸文书。约 35 厘米×10.3 厘米，右侧和左侧都不完整。有 10 行常见的优美的杜布枚德字体吐蕃文，背面是 10 行同样字体的吐蕃文。

是关于一个仪式（*gtor-ma*，即 *bali*）的残件。

第 2 行：buṃ・pa・lhag・ma・la・lha・du・yod・pa・rnaṃs・ci・rigs・

par・bskyed ‖ cho・ga・lhag・ma・ḥdraḥo ‖ de・ñi・daṅ・

mtshan・mo・lan.3. du ‖ stor・ma・sbyin・żin・de・bżin・bzlas.

图版 CXXXIII

1. K.K.v.b.07.b　纸文书。约 40.5 厘米×10 厘米，左右都不完整。有 8 行优美的杜布枚德字体吐蕃文，行之间是小字注释。背面继续书写该文，也有类似的注释。

第 1 行提到了 Bsten-baḥi-rnam-par-dbye-baḥi-tshigs-su-bcad-pa 的 7 个 kārikās，可能是 Upāsanā（āśrayaṇa?)-vikurnaṇa-kārikā（?)，接着就开始引用并评论第 5 个 kārikā：

> bsten · pa · sten · daṅ · gżi · daṅ · ni |
>
> rgyu · mtshan · daṅ · ni · yoṅs · sṅa · de |
>
> rgyu · daṅ · ye · śes · żi....
>
> ——pa · brtson · bcas · luṅ · gis · phyug |

2. K.K.v.b.012.a　1 页纸文书。页码是 Ka 4，约 24 厘米×10 厘米。写有八行艺术性很强的杜布枚德字体吐蕃文。背面与正面类似。

文字是诗体，说的是一个分发食物的仪式（*gtor-ma*，*bali*)，提到了各种神。仪式的目的是为了避免生病。开头是这样的：

> ～ || hūṃ | re | gur | thuḥ | paḥi | naṅ | śed | na ||
>
> khram | kyi | bdag | mo | gtor | ma | bżes ||

3. K.K.v.b.010.a　1 页纸。编号为 1，约 20 厘米×13 厘米。有 9 行工整的杜布枚德 PB 体吐蕃文。背面是短短的一行文字。

文字开头提到了《福者之歌》（Bhagavad，印度教经典《摩诃婆罗多》的一部分——译者）Rdo-rje-gtum-po-gziḥ-brcid（gzi-brjid)-ḥbar-ba（Vajra-caṇḍa-pratāpojjvala?)。然后解释一个叫 Gtor-ma（巴利文，意思是"分散的献祭"）的仪式。

背面实际上是正面，写有一个称号 Rdo-rje-gtum-po-（bżugs-sto，意思是"由此开始"）。

4. K.K.v.b.017.d　1 页纸。编号为 13，约 21 厘米×10 厘米，有 8 行特别工整、有艺术性的杜布枚德字体吐蕃文。背面有 8 行同样字体的吐蕃文，之后是用小字写的注。

文字是诗体，描绘了某个地方，似乎是死者的国度（Gśin-rje＝Yama 阎摩），叙述了那一地方的悲惨。开头是：

.. ǀ dbus · su · dba**h** · rlabs · che ‖

gaṅs · di · rnams · ni · graṅ · la · bsil ‖

brag · di · la · bsdad · kyaṅ · skyo · dub · che ‖

tsha · rgo · can · la · lo · tog · bral ‖

gśin · rje · gnas · pa**h**i · sa · phyogs · su ‖

大概这出自米拉拉斯巴（Mila Ras-pa）的一首诗，符合米拉拉斯巴的风格。

文字在背面继续书写下去。

5. K.K.v.b.031.b　1页纸。页码为 39，约 22.5 厘米×9 厘米。有 8 行小而工整的杜布枚德字体吐蕃文，磨损得比较严重。背面是 8 行同样字体的吐蕃文。

是对儿子（bu）或年轻人的道德教诲。开头是这样的：

... nad · **h**du · ba · **h**khrug · pa**h**i · ñams · med ‖
bu · khyod · kyaṅ · bde · ba · bžed · pa · na ‖
mi · ṅa · zer · ñon · la · phyir · **h**breṅs · daṅ ‖
ṅa · spyod · ltos · laṅ · sṅa · na · sgoms ‖

文字在背面继续书写下去。